Lorentz

Industrieelite und Wirtschaftspolitik 1928-1950

BERNHARD LORENTZ

Industrieelite und Wirtschaftspolitik 1928-1950

Heinrich Dräger und das Drägerwerk

FERDINAND SCHÖNINGH
PADERBORN · MÜNCHEN · WIEN · ZÜRICH

Die Deutsche Bibliothek – CIP-Einheitsaufnahme

Lorentz, Bernhard:
Industrieelite und Wirtschaftspolitik 1928-1950: Heinrich Dräger
und das Drägerwerk / Bernhard Lorentz. – Paderborn; München; Wien;
Zürich: Schöningh, 2001
Zugl.: Berlin, Humboldt Univ., Diss., 1998/99
ISBN 3-506-75255-3

Umschlaggestaltung: INNOVA GmbH, D-33178 Borchen

Gedruckt auf umweltfreundlichem, chlorfrei gebleichtem
und alterungsbeständigem Papier ♾ ISO 9706

Internet: www.schoeningh.de

Printed in Germany. Herstellung: Ferdinand Schöningh, Paderborn

ISBN 3-506-75255-3

Inhaltsverzeichnis

Vorwort

Die vorliegende Darstellung ist die überarbeitete Fassung einer Doktorarbeit, die im Wintersemester 1998/99 an der Philosophischen Fakultät I der Humboldt Universität zu Berlin angenommen wurde. Die ersten Überlegungen für diese Studie gehen auf die Recherchen für ein Hauptseminar bei Prof. Dr. Hans-Peter Ullmann im Wintersemester 1991/92 in Tübingen zurück. An Anfang stand die Frage nach den Gründen für die ökonomische Entwicklung, die man gemeinhin mit Wirtschaftswunder bezeichnet und die Suche nach der Herkunft der industriellen Elite in der frühen Bundesrepublik im Vordergrund. Auf langen Umwegen ist daraus schließlich ein Buch über Industrieelite und Wirtschaftspolitik am Beispiel eines Unternehmers und seines Unternehmens zwischen Weltwirtschaftskrise und Nachkriegszeit geworden. Daß es so gekommen ist, dafür habe ich vielen Menschen zu danken und es ist ein guter Brauch, dies am Ende einer Arbeit und am Beginn des Buches, das daraus entstanden ist, zu tun.

An erster Stelle möchte ich Uwe Lorenzen, den Archivar im Schriftgut- und Dokumentenarchiv der Drägerwerk AG, nennen. Seine Vorarbeiten, seine stetige Unterstützung sowie sein nicht ermüdendes kritisches Interesse an »HD« waren ein Glücksfall für meine Arbeit. Der Dank an ihn steht auch stellvertretend für die Mitarbeiterinnen und Mitarbeiter der übrigen Bibliotheken und Archive, die ich benutzt habe. Die lange Lübecker Arbeitszeit haben mir C. J. Heinrich und seine Frau mit ihrer Gastfreundschaft verschönt und dabei oft auch den Arbeitsprozeß kritisch begleitet. Ich danke ihnen, wie ihrer Familie.

Daß Wissenschaft immer auch ein kommunikativer Prozeß sein kann, haben mir zahlreiche Freunde und Kollegen gezeigt, die sich mit der Arbeit auseinandersetzten. Uwe Queißer hat große Teile des Manuskripts intensiv gelesen und sachkundige Verbesserungsvorschläge gemacht. Der Berliner Freundeskreis begleitete die Arbeit mit großem Interesse. Ohne den Anspruch auf Vollständigkeit seien dafür stellvertretend Jochen Zigan und Deniz Sertcan genannt. Neben ihrer Unterstützung haben sie mir oft genug gezeigt, daß es auch noch interessante Dinge wie Rugby gibt. Ich hatte das große Glück, die außerordentliche Kollegialität des Mitarbeiterkreises am Lehrstuhl für Zeitgeschichte an der Humboldt-Universität zu Berlin zu genießen, dessen Mitglieder in zahlreichen Gesprächen eine Vielzahl von Anregungen gaben. Insbesondere Peter Helmberger M.A., Gerd Herzog M.A., Dr. Constantin Goschler und last but not least Edith Großmann, die lange Zeit eine wichtige Anlaufstelle an diesem Lehrstuhl bildete, sei dafür herzlich gedankt. Auch Dr. Paul Erker (München), Martin

Fiedler M.A. (Bielefeld) und Prof. Dr. Peter Hayes (Chicago) haben mir Anregungen gegeben.

Schließlich gilt mein besonderer Dank meinem Doktorvater und akademischen Lehrer Prof. Dr. Ludolf Herbst. Während meiner Zeit als Mitarbeiter an seinem Lehrstuhl hat er meine nicht immer geraden Wege gleichwohl wohlwollend unterstützt und meine Studien intellektuell angeregt. Seiner Förderung verdanke ich viel. Prof. Dr. Hartmut Kaelble bin ich für die Übernahme des Zweitgutachtens zu Dank verpflichtet. Michael Werner vom Verlag Schöningh danke ich für die angenehme Zusammenarbeit bei der Publikation. Dem Vorstand der Drägerwerk AG und der Dräger-Stiftung danke ich insbesondere für den ungehinderten Zugang zu den Quellen des Nachlasses und des Unternehmensarchivs.

Diese Arbeit wäre nicht vollendet worden ohne die Unterstützung meiner Eltern und meiner Geschwister. Mein Vater war es, der bei mir das kritische Interesse für historische Prozesse weckte. Manuela Dusch hat sicher am meisten unter meiner Arbeit an dieser Studie leiden müssen und gleichzeitig am meisten zu ihrem Abschluss beigetragen. Dafür werde ich ihr immer dankbar sein. Ihr ist dieses Buch gewidmet.

Berlin im Mai 2000 *Bernhard Lorentz*

Einleitung

Moderne kapitalistische Industriegesellschaften sind komplexe Systeme, die auf Eingriffe mit Anpassung und einer eigenen Veränderungsdynamik reagieren. Inwieweit Interventionen und ihre Auswirkungen kontrollierbar sind, ist die zentrale Frage jeder wirtschaftswissenschaftlichen und wirtschaftshistorischen Auseinandersetzung mit dem Problem der Organisation von Wirtschaft. Dabei steht die Debatte im Spannungsfeld der angeblichen Selbstregulierungsfähigkeit des Markts einerseits und des Problems einer Beherrschung der sozioökonomischen und politischen Folgen des Industriekapitalismus andererseits, also der Frage des Mischungsverhältnisses von Steuerung und der inhärenten Leistungsfähigkeit von Marktstrukturen.

Das Problem, Strukturen zu schaffen, die ein Funktionieren von Wirtschaft, Gesellschaft und Staat ermöglichen, ist seit der Entdeckung der kommerziellen Revolution durch Adam Smith immer wieder diskutiert und von ihm selbst als entscheidende Voraussetzung für einen erfolgreichen Kapitalismus begriffen worden.[1] In Phasen, die durch ein hohes Ausmaß an ökonomischer und politischer Veränderungsdynamik gekennzeichnet sind, werden die Möglichkeiten und Grenzen staatlicher Steuerungsansätze und damit die Auswirkungen von Wirtschaftspolitik besonders verdichtet erkennbar. Diese Feststellung gilt insbesondere für die Zeit zwischen der Weltwirtschaftskrise und dem Ende des Zweiten Weltkriegs, die zudem den zentralen Bezugspunkt der wichtigsten öffentlichen und wissenschaftlichen Diskussionen um den beschriebenen Problemkreis bis in die Gegenwart darstellt. Die Auswirkungen des systemischen Wandlungsprozesses lassen sich an der Entwicklung von Unternehmen sowie den Handlungen und dem Verhalten von Unternehmern, die diese leiteten, in außerordentlich konzentrierter Form aufzeigen. Es verwundert daher, daß unternehmenshistorische Themen innerhalb der Wirtschafts- und Sozialgeschichte einen vergleichsweise kleinen Raum einnehmen. Die Gründe hierfür liegen vor allem in den beiden Schwerpunkten innerhalb des genannten Diskurses über das Verhältnis von Wirtschaft und Ordnungspolitik, die zugleich auf das Spannungsfeld seiner politischen Dimension verweisen. So fand auf der einen Seite lange eine Konzentration auf den Staat als zentralen Ordnungsfaktor des Kapitalismus statt während auf der anderen die anonymen Marktkräfte untersucht wurden.[2]

---

[1] Vgl. Adam Smith, An Inquiry into the Nature and Causes of the Wealth of Nations, 2 Bde., London 1776, Bd. 2, S. 1ff; dazu: Stephan Böhm, Teil und Ganzes. Einige Bemerkungen aus ökonomischer Sicht oder: Smith, Keynes und die Heutigen, in: Karl Acham/Winfried Schulze (Hgg.), Teil und Ganzes, München 1990, S. 45-71.

[2] Vgl. für die unternehmenshistorische Forschung: Wolfram Fischer, Unternehmensgeschichte und Wirtschaftsgeschichte – Über die Schwierigkeiten, mikro- und makroökonomische Ansätze zu

Einzelne Unternehmer und Unternehmen kamen bei diesen Perspektiven nur am Rande vor. Dies gilt insbesondere für die zeithistorische Forschung, obschon gerade hier Unternehmer in den seit den dreißiger Jahren anhaltenden Auseinandersetzungen über den Zusammenhang von Industrieelite und Nationalsozialismus vor der Machtergreifung und während des Dritten Reichs von Beginn an eine entscheidende Rolle spielten.[3] Daß sich dieses nachhaltige Interesse erst in der letzten Zeit auf die Entwicklung einer »kritischen« und »modernen« Detailforschung auswirkt, hat darüber hinaus zwei weitere Gründe. Zum einen ist ein Großteil der Unternehmens- und Unternehmergeschichten von einem Wissenschaftsverständnis geprägt, das sich häufig durch eine positivistische Darstellung ohne sichtbares Erkenntnisinteresse oder Fragestellung ausdrückt. Zweitens verhindert häufig ein restriktiver Quellenzugang oder eine schlechtgeordnete und -erhaltene Überlieferung präzise Forschung. Erst in jüngster Zeit verändern sich diese Schwierigkeiten, und die Voraussetzungen für eine »kritische« unternehmenshistorische Forschung verbessern sich in demselben Maße wie das wissenschaftliche und öffentliche Interesse an ihr wächst.[4]

Diese Arbeit steht im Spannungsfeld all dieser Problemkreise. Sie handelt von der Geschichte eines Unternehmers und der Entwicklung seines Unternehmens zwischen Weltwirtschaftskrise und Nachkriegszeit. Im Zentrum der Analyse stehen die Zusammenhänge zwischen den dynamischen Wandlungsprozessen der Rahmenbedingungen einerseits und der Mikroebene eines Unternehmens und des unternehmerischen Handelns andererseits. Die Interdependenz der beiden Pole dieses Feldes läßt sich an einer Unternehmerpersönlichkeit wie Heinrich Dräger paradigmatisch darstellen, da er sich gerade als Unternehmer auch wirtschaftspolitisch exponierte.

Heinrich Dräger gehörte zu der großen Gruppe innerhalb der Industrieelite, die die deutschen Unternehmensleitungen – und damit Wirtschaftspolitik und industrielle Entwicklung – von der Weltwirtschaftskrise bis in die Bundesrepublik

---

vereinen, in: Hermann Kellenbenz und Hans Pohl (Hgg.), Historia Socialis et Oeconomia, Festschrift Wolfgang Zorn, Stuttgart 1987, S. 61-71; Hans Jaeger, Unternehmensgeschichte in Deutschland seit 1945. Schwerpunkte – Tendenzen – Ergebnisse, in: GG 18 (1992), S. 107-132. Jüngst in diesem Sinne auch Hartmut Berghoff, Zwischen Kleinstadt und Weltmarkt: Hohner und die Mundharmonika 1857-1961. Unternehmensgeschichte als Gesellschaftsgeschichte, Paderborn 1997.

3 Vgl. für diese Kontroversen die zusammenfassenden Erörterungen bei: Ian Kershaw, Der NS-Staat. Geschichtsinterpretationen und Kontroversen im Überblick, Reinbek 1994, S. 82ff. und Klaus Hildebrand, Das Dritte Reich, München 1991, S. 116ff.

4 Vgl. Paul Erker, Aufbruch zu neuen Paradigmen. Unternehmensgeschichte zwischen sozialgeschichtlicher und betriebswirtschaftlicher Erweiterung, in: AfS 37 (1997), S. 321-365 (321f.), der gerade bei den »Festschriften« in der jüngsten Zeit eine Tendenz zu »gehaltvolleren« Darstellungen zu erkennen meint.

der sechziger Jahre dominierte.[5] Die beiden bedeutendsten Bereiche von Drägers Wirken – Wirtschaftspolitik und unternehmerisches Schaffen – werden als Handlungsfelder verstanden und untersucht.[6] Durch eine Analyse dieser zentralen Handlungsfelder Drägers werden einerseits die entscheidenden Faktoren aufgezeigt, die den Unternehmer prägten, andererseits soll an der Entwicklung des Drägerwerks vom mittelständisch strukturierten Betrieb zum Konzern der Frage nach Handlungsspielräumen und Entscheidungszwängen des Eigentümerunternehmers unter den sich verändernden Systembedingungen nachgegangen werden. Welche Handlungsbedingungen lagen für den Industriellen unter den besonderen Voraussetzungen des zunehmenden Staatsinterventionismus nach der Weltwirtschaftskrise und der expansiven Geschäftsentwicklung in der Staatskonjunktur der NS-Zeit vor? Neben diesen Schwerpunkten werden die politischen Handlungen des Industriellen in den unterschiedlichen Systemen untersucht. Dabei wird nach den Wirkungen von zentralen Erfahrungen sowie nach den Brüchen und Kontinuitäten bei der Entwicklung des Konfliktverhaltens und der Mentalität gefragt. Im Spannungsfeld dieser beiden Handlungsfelder – Unternehmen und Politik –, die durch die Person Drägers immer wieder zusammengeführt werden, bewegt sich die biographische Studie. Sie ist damit zugleich eine Strukturanalyse, die zum Individuum als Quelle und Fokus regelmäßig zurückkehrt.

Zu den bekannten Repräsentanten der deutschen Industrieelite gehörte Heinrich Dräger nicht. Dennoch eignen er und das Drägerwerk sich in hervorragender Weise als Untersuchungsgegenstand für eine Mikrostudie mit den hier verfolgten Fragestellungen. Das Unternehmen ist durch seine traditionell hohe Exportquote stark in die internationalen Rahmenbedingungen eingebunden. Das gleiche gilt für seinen Binnenmarkt, der durch die Beteiligungen an Rüstungsaufträgen für die dreißiger Jahre einem großen Teil der deutschen Indu-

5 Eliten werden hier als Personen verstanden, die sich durch ihren Einfluß auf gesellschaftlich bedeutsame Entscheidungen definieren lassen. Vgl. dazu allgemein mit historischen Bezügen: Ursula Hoffmann-Lange, Eliten, Macht und Konflikt in der Bundesrepublik, Opladen 1992. Die Annahme einer großen Kontinuität schon früh bei Ralf Dahrendorf, Eine neue deutsche Oberschicht?, in: Die Neue Gesellschaft, 1962, S. 23-32 (25). Die alte Kontinuitätsthese entscheidend differenzierend jetzt Paul Erker, Einleitung: Industrie-Eliten im 20. Jahrhundert, in: ders./Toni Pierenkemper (Hgg.), Deutsche Unternehmer zwischen Kriegswirtschaft und Wiederaufbau. Studien zur Erfahrungsbildung von Industrie-Eliten, München 1999, S. 1-18. Sowie ähnlich argumentierend Hervé Joly, Patrons d'Allmagne. Sociologie d'une Élite Industrielle 1933-1945, Paris 1996.

6 Vgl. die grundsätzlichen Bemerkungen von Pierre Bourdieu und Siegfried Kracauer zu den methodischen Implikationen dieses Ansatzes: Pierre Bourdieu, Die biographische Illusion, in: BIOS. Zeitschrift für Biographieforschung und Oral History 3 (1990), S. 75-81; ders., Die politische Ontologie Martin Heideggers, Frankfurt am Main 1988; Siegfried Kracauer, Geschichte – Vor den letzten Dingen, Frankfurt am Main 1973. Das Konzept von Handlungsfeldern haben auch Lenger und Szöllösi-Janze explizit in ihren Biographien genutzt: Friedrich Lenger, Werner Sombart, München 1994, S. 16; Margit Szöllösi-Janze, Fritz Haber 1868-1934. Eine Biographie, München 1998, S. 11ff.

strie entspricht. Der Standort Lübeck ermöglicht darüber hinaus eine Erweiterung der bislang dominierenden unternehmenshistorischen Perspektive, die auf die industriellen urbanen Ballungszentren Deutschlands konzentriert ist, auf eine mittelgroße Stadt mit einer schwach ausgeprägten, späten Industrialisierung.[7] Die ausgesprochen diversifizierte Produktpalette, die technologieintensiven Endprodukte und die unterschiedlichen Branchen und Märkte des Unternehmens ermöglichen es, in der Analyse gleichzeitig mehrere Bedingungsfaktoren der industriellen Entwicklung in dem Untersuchungszeitraum detailliert aufzuzeigen. Für eine Untersuchung der Unternehmerpersönlichkeit Heinrich Dräger spricht neben seiner unternehmerischen Tätigkeit vor allem seine gleichermaßen umfangreiche und vielfältige politische Aktivität, die der Zielsetzung dieser Studie entgegenkommt.

Die beiden Handlungsfelder wurden für die Untersuchung ausgewählt, da sie die Bereiche darstellen, mit denen sich Dräger in der produktivsten Zeit seines Lebens am meisten beschäftigte und die ihn nachhaltig prägten. Ein weiterer Grund sind die Zusammenhänge zwischen politischem Interesse und unternehmerischen Entscheidungsfeldern und Handlungen, die in der Analyse immer wieder deutlich werden. Beide Felder eignen sich zudem für die Untersuchung der zentralen Leitfragen dieser Studie. Die Interdependenz der beiden ist nicht zu übersehen. Damit verbindet und integriert die Studie gleichzeitig zwei Schwerpunkte: eine Unternehmensgeschichte des Drägerwerks und eine Analyse der wirtschaftspolitischen Aktivitäten Drägers. Das Ineinandergreifen der beiden Felder wird erst im Gesamtzusammenhang deutlich. Die Gründe hierfür sind evident: Ohne seine intensive Auseinandersetzung mit den Gründen und den Möglichkeiten für eine Überwindung der Weltwirtschaftskrise hätte Dräger während der NS-Zeit nicht so sensibel die makroökonomischen Veränderungsprozesse und ihre Bedeutung für sein Unternehmen wahrgenommen. Ohne seine politischen Kontakte und sozialen Netzwerke in unterschiedlichen Machtzentren des nationalsozialistischen Staats und der Rüstungsbürokratie hätte Dräger mit seinem Unternehmen kaum in dem Ausmaß an der beeindruckenden Expansion teilnehmen können, die es in den dreißiger Jahren prägte. Schließlich hätte der Unternehmer ohne die politischen Kontakte zu Emigrierten sowie zu Oppositionellen in der militärischen und politischen Elite des Deutschen Reiches nicht so vergleichsweise früh im Krieg damit begonnen, sein Unternehmen auf die Nachkriegszeit vorzubereiten.

Es ist nicht zuletzt angesichts einer gegenwärtig zu beobachtenden Ökonomisierung wichtiger Lebensbereiche das zentrale Erkenntnisinteresse dieser Studie, die Spielräume und die Reichweite staatlicher Wirtschaftspolitik bzw. unternehmerischen Handelns in Anbetracht der Dynamik ökonomischer

[7] Vgl. zu Lübeck: Lübeckische Geschichte, hrsg. von A. Grassmann, 2. Aufl. Lübeck 1989.

Veränderungsprozesse auszuloten.[8] Es ist daher eines der wesentlichen Ziele dieser Studie, wirtschaftspolitisches und unternehmerisches Handeln im Zusammenhang zu untersuchen und damit methodisch die Brücke zwischen Unternehmensgeschichte und Unternehmerbiographie zu schlagen.

Die Untersuchung von Drägers wirtschaftspolitischem Handlungsfeld konzentriert sich im wesentlichen auf die Weltwirtschaftskrise, da dies die intensivste Zeit seines Engagements darstellt, auf die sich seine späteren Überlegungen immer wieder beziehen. Die Erfahrung dieser Zeit prägte sowohl seine politische Haltung wie sein unternehmerisches Handeln. Drägers Verhalten im Zusammenhang mit der auf dem Höhepunkt der Weltwirtschaftskrise von ihm gegründeten Studiengesellschaft für Geld- und Kreditwirtschaft stellt einen Aspekt der zeitgenössischen wirtschaftspolitischen Diskussion dar, der in der historischen Forschung immer wieder Gegenstand von unterschiedlichen Überlegungen gewesen ist und dabei für gegensätzliche Thesen als Beleg benutzt wurde.[9] In einigen Darstellungen werden Dräger und der Kreis der Studiengesellschaft als Beweis für die Zustimmung von Teilen der überwiegend mittelständischen Unternehmerschaft zu einer alternativen Wirtschaftspolitik[10]

[8] Diese fundamentale und dynamisch fortschreitende Entwicklung hat bislang bemerkenswerter Weise keine nennenswerten Auswirkungen auf die wirtschaftshistorische Forschung gehabt, obwohl nur auf diesem Weg die historischen Bedingungen für zentrale politische Handlungs- und Regelungsprobleme der Gegenwart erkennbar werden. In der gegenwärtigen Diskussion über die »Bodenverluste« der Disziplin findet sich dieses Argument kaum. Vgl. beispielsweise Jürgen Kocka, Bodenverluste und Chancen der Wirtschaftsgeschichte, in: VSWG 82 (1995), S. 503-510. Vgl. auch die Diskussion ebd., S. 387-422, 496-510. Paul Erker und Dieter Ziegler äußern eine ähnliche Beobachtung. Vgl. Erker, Aufbruch, S. 321; sowie Dieter Ziegler, Die Zukunft der Wirtschaftsgeschichte. Versäumnisse und Chancen, in: GG 23 (1997), S. 405-422 (406ff.).

[9] Gerhard Kroll, Von der Weltwirtschaftskrise zur Staatskonjunktur, Berlin 1958, S. 404ff.; Wilhelm Grotkopp, Die grosse Krise. Lehren aus der Überwindung der Wirtschaftskrise 1929-32, Düsseldorf 1954, S. 39ff.; Michael Wolffsohn, Industrie und Handel im Konflikt mit staatlicher Wirtschaftspolitik? Studien zur Politik der Arbeitsbeschaffung in Deutschland 1930-1934, Berlin 1977, S. 300ff.; Michael Schneider, Das Arbeitsbeschaffungsprogramm des ADGB. Zur gewerkschaftlichen Politik in der Endphase der Weimarer Republik, Bonn 1975, S. 41; Helmut Marcon, Arbeitsbeschaffungspolitik der Regierungen Papen und Schleicher. Grundsteinlegung für die Beschäftigungspolitik im Dritten Reich, Frankfurt 1974, S. 60ff.; Bertold Ries, Die Finanzpolitik im Deutschen Reich von 1933-1935, unver. Diss. Freiburg 1964, S. 10f.; Harold James, Deutschland in der Weltwirtschaftskrise 1924-1936, Stuttgart 1988, S. 320; Hans-Erich Volkmann, Die NS-Wirtschaft in Vorbereitung des Krieges, in: Das Deutsche Reich und der Zweite Weltkrieg, Band I, Ursachen und Voraussetzungen der Deutschen Kriegspolitik, Stuttgart 1979, S. 177-370 (193); Albrecht Ritschl, Die NS-Wirtschaftsideolgie – Modernisierungsprogramm oder reaktionäre Utopie?, in: Michael Prinz und Rainer Zitelmann (Hgg.), Nationalsozialismus und Modernisierung, 2. Aufl. Darmstadt 1994, S. 48-70 (64ff.); Werner Bührer, Zum Wandel der wirtschafts- und sozialpolitischen Zukunftsvorstellungen in der deutschen Industrie zwischen Weltwirtschaftskrise und Wirtschaftswunder, in: Matthias Frese und Michael Prinz (Hgg.), Politische Zäsuren und sozialer Wandel im 20. Jahrhundert. Regionale und vergleichende Perspektiven, Paderborn 1996, S. 81-105 (88f.).

[10] So Wolffsohn, Industrie, S. 300; Ursula Büttner, Politische Alternativen zum Brüningschen Deflationskurs. Ein Beitrag zur Diskussion über ökonomische Zwangslagen in der Endphase von Weimar, in: VfZ 37 (1989), S. 209-251 (245).

angeführt und in anderen als Nachweis für den »ideologischen und organisatorischen Ausdruck« der Vertreter der »Theorie des Staatsmonopolkapitalismus«.[11]

Bei der Untersuchung von Drägers wirtschaftspolitischen Handlungsfeld in der Weltwirtschaftskrise steht die Studiengesellschaft im Zentrum. Vor dem Hintergrund der politischen Interventionen und Entscheidungsabläufe in der Reichsregierung stand sie im Spannungsfeld der zeitgenössischen wirtschaftspolitischen Debatten und eines Netzwerks unterschiedlicher Interessengruppen, das in ihrem Umfeld entstand. Die Studiengesellschaft stellte eine Art Sammelbecken in der zeitgenössischen Diskussion dar. Sie bietet damit in hervorragender Weise die Möglichkeit, die Interventionen und Positionen der einzelnen an ihrem Netzwerk beteiligten Gruppierungen zu untersuchen. Damit wird auch die zentrale Frage nach der möglichen politischen Unterstützung für ein alternatives wirtschaftspolitisches Konzept der Reichsregierung gestellt und analysiert, inwieweit die Wirtschafts- und Finanzpolitik der Regierungen von 1931-1933 den Vorstellungen bestimmter gesellschaftlicher Gruppen und Organisationen entsprach.[12] Die Untersuchung von Drägers Aktivitäten ermöglicht darüber hinaus eine detaillierte Einsicht in das umstrittene Verhältnis von Unternehmern und der NSDAP unmittelbar vor der Machtergreifung und in der ersten Phase der Errichtung der nationalsozialistischen Diktatur.[13]

Die Studiengesellschaft war eine Vereinigung von Wissenschaftlern, Unternehmern und Politikern, die einen Braintrust bildeten, in dem wirtschafts- und konjunkturpolitische Vorschläge diskutiert wurden. Im Vordergrund steht daher die Frage nach den Zusammenhängen zwischen der Diskussion wirtschaftspolitischer Vorschläge parteipolitisch unabhängiger Wirtschaftswissenschaftler in einem Braintrust auf der einen und den Einflußmöglichkeiten dieser Gruppe auf real gestaltete Politik auf der anderen Seite. Die Diskussionen und Projekte der Studiengesellschaft und ihres Initiators Dräger konzentrierten sich auf die Frage nach denkbaren Handlungsmöglichkeiten und den in Deutschland tatsächlich vorhandenen Handlungsspielräumen. Dabei ging es in den Auseinandersetzungen vor allem um die Möglichkeiten von nachfrageerhöhenden Arbeitsbeschaffungsmaßnahmen durch die Reichsbank. Die Untersuchung von

---

11 Eberhard Czichon, Wer verhalf Hitler zur Macht? Zum Anteil der deutschen Industrie an der Zerstörung der Weimarer Republik, 3. Aufl. Köln 1967, S. 25. Diese widersprüchlichen Einordnungen der Studiengesellschaft sind die Folge davon, daß es eine eingehendere Analyse der Mitglieder, ihrer politischen wie gesellschaftlichen Positionen sowie des Netzwerkes, mit dem sie verbunden waren, nicht gibt. Das gleiche gilt für die Rolle Drägers.

12 Vgl. zu diesen Fragestellungen Büttner, Alternativen, S. 218ff.

13 Vgl. für diese Debatten mit detaillierten Hinweisen: Eberhard Kolb, Die Weimarer Republik, 3. Aufl. München 1993, S. 226ff.; Kershaw, NS-Staat, S. 82ff.; Hildebrand, Dritte Reich, S. 116ff.

Drägers Engagement in der Studiengesellschaft stellt sowohl einen Beitrag zur Wirtschaftsgeschichte der Krise und zur Geschichte der Wirtschaftswissenschaften als auch zum politischen Verhalten der Unternehmer und der Entwicklung und dem Prozeß wirtschaftspolitischer Beratung am Ende der Weimarer Republik und den ersten Monaten der Regierung Hitler dar.

Der Rahmen Drägers wirtschaftspolitischer Aktivität in diesem Zeitraum wird durch die Tätigkeit der Studiengesellschaft selbst vorgegeben, die von Herbst 1931 bis zum Sommer 1933 bestand. Damit wird die entscheidende Phase der Diskussionen um mögliche Arbeitsbeschaffungsmaßnahmen im Deutschen Reich erfaßt.[14] Die Untersuchung von Drägers Engagement ermöglicht es, am Beispiel der Studiengesellschaft das unterschiedliche »policy making«, also den Prozeß wirtschaftspolitischer Beratung und Entscheidungsfindung der verschiedenen Reichsregierungen, zu untersuchen und die politischen Interventionen und die Einflußnahme zu analysieren. Vor diesem Hintergrund bieten sich Einsichten in die Struktur und das spezifische Regierungssystem der Präsidialkabinette und des sich etablierenden nationalsozialistischen Herrschaftssystems.

Die Studiengesellschaft wirkte in drei zentralen Bereichen: Erstens in der Öffentlichkeit durch unterschiedliche Veranstaltungen und Publikationen, zweitens durch die Anregung von Verbänden sowie die Beeinflussung politischer Parteien und drittens durch unmittelbare politische Intervention bei Regierungsinstitutionen. Diese Tätigkeitsfelder bilden die drei Analyseebenen bei der Untersuchung von Drägers Initiative. Die Entstehung der Studiengesellschaft wird im Spannungsfeld der zeitgenössischen Diskussion analysiert und die Mitglieder sowie das Netzwerk untersucht, das in ihrem Umfeld entsteht. Auf einer zweiten Ebene steht die Frage nach dem Einfluß der Studiengesellschaft und vor allem der Drägerschen Arbeiten auf die Reichstagsrede Gregor Straßers vom 10. Mai 1932 sowie das wirtschaftliche Sofortprogramm der NSDAP im Zentrum stehen. Die Frage nach den Querverbindungen der Studiengesellschaft zu Teilen der »konservativen Revolution« sowie zu den wirtschaftspolitischen Entscheidungsträgern in der Anfangsphase der Regierung Hitler wird auf der dritten Analyseebene betrachtet. Hierbei ist der Einfluß Drägers auf die ersten Arbeitsbeschaffungsprojekte der neuen Reichsregierung ebenso im Focus der Untersuchung, wie der Prozeß der wirtschaftspolitischen Beratung und der Einfluß industrieller Interessenverbände auf die Gestaltung der Maßnahmen.

---

[14] Die Diskussionen des Jahres 1931 in der Regierung Brüning, die maßgeblich durch die Vorschläge des Oberregierungsrates im Reichswirtschaftsministerium Dr. Wilhelm Lautenbach geprägt waren, sowie die öffentliche Debatte des Jahres werden im folgenden nur angesprochen werden, wenn sie für die untersuchten Zusammenhänge von Bedeutung sind. Vgl. zu diesen Debatten des Jahres 1931: Borchardt, (Geheim)konferenz; ders., Aufarbeitung; Büttner, Alternativen, S. 225ff.

Dräger hat der einschlägigen Forschungsliteratur zu einem großen Teil selbst als unmittelbare Informationsquelle gedient.[15] Auf diese Weise hat er das in der Forschung über ihn bestehende Bild erheblich mitgestaltet.[16] Sein Einfluß ist sogar in Standardwerken über das Ende der Weimarer Republik zu spüren.[17] Bei der Analyse der von Dräger verantworteten Vorgänge entstand daher oft das Problem, sich von Drägers Sichtweise und ihren Niederschlägen in der Literatur frei zu halten. Dies gilt vor allem, da einige historische Studien erst auf seine Veranlassung hin entstanden sind.[18]

Das Problem der Steuerbarkeit von ökonomischen Prozessen, das Drägers wirtschaftspolitisches Engegagement hauptsächlich motivierte, bildet den Hintergrund der unternehmenshistorischen Fragestellung. Dem biographischen Ansatz der Studie folgend, werden Bedeutung und Steuerungsmöglichkeiten der einzelnen Unternehmerpersönlichkeit im Kontext des Spannungsverhältnisses von wirtschaftlichen Rahmenbedingungen einerseits und unternehmensorganisatorischer Eigendynamik andererseits analysiert. Bei der Untersuchung des unternehmerischen Handlungsfeldes sind einige methodisch-theoretische Vorüberlegungen von zentraler Bedeutung.

Eines der konstituierenden Merkmale der Errichtung der nationalsozialistischen Herrschaft ist die Zerstörung der intermediären Strukturen in Wirtschaft und Gesellschaft des Deutschen Reiches 1933/34.[19] Die Aufhebung der parlamentarischen Gesetzgebung und der bürgerlichen Grundrechte stellten nur den ersten Schritt einer Reihe von konsequenten Maßnahmen zur Errichtung eines

---

15 In Drägers umfangreichen Nachlaß finden sich zahlreiche Spuren von Anfragen verschiedener Historiker. Vgl. Avraham Barkai, Das Wirtschaftssystem des Nationalsozialismus. Ideologie, Theorie, Politik 1933-1945, Frankfurt a. M. 1988 (Originalausgabe Köln 1977), S. 54ff.; Udo Kissenkoetter, Gregor Straßer und die NSDAP, Stuttgart 1977, S. 105ff.; Andreas Korsch, Der Stand der beschäftigungspolitischen Diskussion zur Zeit der Weltwirtschaftskrise in Deutschland, in: Gottfried Bombach u.a. (Hgg.), Der Keynesianismus I, Berlin 1976, S. 9-132 (104ff.).

16 Vgl. auch die Darstellungen der Zusammenhänge durch Dräger selbst im Nachlaß Holtzendorff im Archiv des Instituts für Zeitgeschichte (IFZ) ZS/A 2; sowie: Heinrich Dräger, Quellen keynesianischer Wirtschaftspolitik in Deutschland und ihre Protagonisten bis 1935, in: Bombach, Keynesianismus II, S. 315-324.

17 Hans Mommsen, Die verspielte Freiheit. Der Weg der Republik von Weimar in den Untergang 1918-1933, Frankfurt 1989, S. 503; Gerhard Schulz, Von Brüning zu Hitler. Der Wandel des politischen Systems in Deutschland 1930-1933, Berlin 1992, S. 943f.

18 Vgl. die Edition und Sammlung Bombach, Keynesianismus, Bde. I-III. Das Bild, das die Forschung von der Tätigkeit der Studiengesellschaft zeichnet, konnte mit Hilfe der Quellenbestände des Archivs der Studiengesellschaft und des Nachlasses Heinrich Drägers, die im Unternehmensarchiv der Drägerwerk AG (Lübeck) lagern, wesentlich verändert und differenziert werden.

19 Rainer M. Lepsius, Das Modell der charismatischen Herrschaft und seine Anwendbarkeit auf den »Führerstaat« Adolf Hitlers, in: ders., Demokratie in Deutschland. Soziologisch-historische Konstellationsanalysen. Ausgewählte Aufsätze, Göttingen 1993, S. 95-118 (114); Karl-Dietrich Bracher/Wolfgang Sauer/Gerhard Schulz, Die nationalsozialistische Machtergreifung, Köln 1962.

neuartigen und singulären Unrechtsregimes dar. Begreift man diese Zerstörung intermediärer Strukturen jedoch in ihrer *funktionalen Bedeutung* für eine moderne industriekapitalistisch und demokratisch organisierte Gesellschaft, die von einem hohen Grad an Komplexität gekennzeichnet ist, öffnen sich neue Perspektiven, die von der historischen Forschung zum Nationalsozialismus bisher weitestgehend vernachlässigt wurden.[20]

Benutzt man für den analytischen Zugang zu diesem Prozeß das methodisch-theoretische Werkzeug der allgemeinen Systemtheorie,[21] so läßt er sich folgendermaßen beschreiben: Die *interne Komplexität* des Systems ist demnach durch eine starke Ausdifferenzierung zentraler Bereiche von Staat, Wirtschaft und Gesellschaft nach den grundsätzlichen Prinzipien der *Selbstorganisation* gekennzeichnet. Die selbstorganisierte Stabilität dieser Bereiche ist jedoch vom Funktionieren einiger *zentraler Schlüsselprinzipien* abhängig, die gerade in den intermediären Strukturen einer Gesellschaft verankert sind. In dem Maße, in dem diese Strukturen zerstört werden, fällt in den betroffenen Bereichen, die auch als *Subsysteme* des Gesellschaftssystems begriffen werden können, umgehend ein umfangreicher Regelungsbedarf an.[22] Dies gilt insbesondere, da die Umstellung eines gesellschaftlichen Subsystems auf ein anderes *Steuerungsmedium* umfangreiche Folgeprobleme nach sich zieht. Dies ist von entscheidender Bedeutung für das Verständnis der Systemtransformation, die in der Weltwirtschaftskrise einsetzt und erst nach dem Zweiten Weltkrieg zum Stillstand kommt bzw. im Trend umgekehrt wird. Die Umsteuerung des Subsystems Wirtschaft vom Steuerungsmedium Geld auf das Steuerungsmedium Macht hat die Einsetzung von bürokratischen Strukturen und die Institutionalisierung von Hierarchien zur Folge. Das signifikanteste Ergebnis dieses Eingriffs für das Wirtschaftssystem ist ein Verlust an Kapazität zur Reduktion von Komplexität.[23]

In komplexen Industriegesellschaften führt eine Intervention wegen des enorm hohen Regelungsbedarfs zur Notwendigkeit von Folgeinterventionen. Dadurch gewinnt der Prozeß eine Eigendynamik, die der politischen Steuerung entgleitet und sich in Staat, Wirtschaft und Gesellschaft gewissermaßen »naturwüchsig« weiterentwickelt. Diese Entwicklung verläuft, und das ist eine der zentralen Thesen dieser Untersuchung, in wichtigen Subsystemen des Wirtschaftssystems, den Unternehmen, ähnlich.

---

20 Vgl. hierfür grundlegend: Ludolf Herbst, Entkoppelte Gewalt – Zur chaostheoretischen Interpretation des NS-Herrschaftssystems, in: Tel Aviver Jahrbuch für deutsche Geschichte XXVIII (1999), S. 117-158.

21 David J. Krieger, Einführung in die allgemeine Systemtheorie, München 1996; Helmut Wilke, Systemtheorie, 4. Aufl. Stuttgart 1993; Niklas Luhmann, Soziale Systeme. Grundriß einer allgemeinen Theorie, Frankfurt am Main 1984.

22 Luhmann, soziale Systeme, S. 84; Wilke, Einführung, S. 27; Herbst, Gewalt, S. 139ff.

23 Ludolf Herbst operiert mit weitergehenden Zusammenhängen und betont darüber hinaus die prinzipielle Bedeutung der Unterschiede dieser beiden Steuerungsmedien. Vgl. Herbst, Gewalt.

Dieses erweiterte theoretische Modell des dynamischen Prozesses der Systemtransformation zwischen 1928 und 1945 wird im folgenden als analytischer Rahmen für die Untersuchung der Unternehmensentwicklung benutzt. Zentrale Fragestellung bei der Analyse des unternehmerischen Handlungsfeldes Drägers ist es, herauszufinden, inwieweit sich diese staatlichen Interventionen auf die Unternehmenspolitik auswirkten. Wie reagierte die Unternehmensleitung auf die politisch induzierten Systemimperative Aufrüstung, Rassismus und Krieg, und welche Handlungsspielräume blieben Dräger vor diesem Hintergrund für eine selbständige Gestaltung von Unternehmenspolitik? Welche Rolle spielten Innovationen oder die Entwicklungen des Wettbewerbs bzw. des Markts in diesem Anpassungsprozeß? Staatliche Interventionen und unternehmerische Strategie werden dabei als interdependent angesehen und daher zusammenhängend analysiert. In der Untersuchung bildet die Tätigkeit Drägers den Knotenpunkt im Spannungsfeld von makroökonomischen Rahmenbedingungen und Unternehmensentwicklung. Die methodisch-theoretische Perspektiverweiterung erlaubt eine klare Abgrenzung tatsächlicher unternehmerischer Handlungsspielräume unter Berücksichtigung der radikalen Transformation in der Unternehmensumwelt.

Die infolge der Interventionen zunehmende Umweltkomplexität seit der Weltwirtschaftskrise und verstärkt seit der nationalsozialistischen Machtergreifung veränderten das Unternehmen massiv. Ein entscheidender Aspekt dieses Wandlungsprozesses ist die innerbetriebliche Umorganisation als Reaktion auf den Regelungsbedarf, den die Eingriffe der staatlichen Institutionen in der Zeit nach der Weltwirtschaftskrise geschaffen haben. Im Unternehmen wird in Reaktion auf die zunehmende Einengung der Handlungsspielräume und auf das Außerkraftsetzen von Marktstrukturen eine ähnliche Zerstörung von Selbstorganisationsmechanismen deutlich wie in der staatlichen Wirtschaftspolitik. Abläufe, die zuvor einer Regelung nicht bedurften, mußten von nun an kontrolliert werden. Damit werden vergleichbare Vorgänge in der staatlichen und in der Unternehmensentwicklung sichtbar: Staatliche Interventionen in die Selbstorganisationsmechanismen der Wirtschaft führen zu einer Regelungsnotwendigkeit auch in betrieblichen Bereichen, die bisher selbständig abliefen. Diese Regelungs- und Planungsnotwendigkeit führt zur Bürokratisierung sowohl im Staat als auch im Unternehmen.

Die Umstrukturierung des Unternehmens läßt sich an der internen Verwaltungsorganisation deutlich machen: Die Erfordernis der detaillierten Kostennachweise nach den Preisbildungsvorschriften bei öffentlichen Aufträgen führte zu einem erheblichen Aufwand bei der Buchführung. Die Abhängigkeit von Rohstoff- und Abeitskräftezuweisungen durch die Bewirtschaftungsbürokratien hatte eine vollkommene Neuorganisation der unternehmensinternen Auftragsabwicklung zur Folge. Eine personell umfangreiche Sonderabteilung »Technische Organisation des Verkaufs« wurde gegründet und die Bürokratisierung des Unternehmens in allen Abteilungen nahm zu.[24]

Da die einzelnen Bereiche untereinander durch Abhängigkeitsstrukturen miteinander verflochten sind, zieht die Intervention in einen Bereich konsequenterweise die Notwendigkeit von Folgeinterventionen in anderen Bereichen nach sich. Die Außerkraftsetzung von immer mehr Regelungsmechanismen führt zu immer häufigeren Notoperationen wie der Konzentration von Entscheidungskompetenz in Sonderbehörden und schließlich zu einer immer komplexeren Planung. Diese Planungsbürokratie ist indes immer weniger in der Lage, die Komplexität, die durch das Außerkraftsetzen der Regelungsmechanismen spürbar wird, zu bewältigen. Dieser Prozeß kann als Verlust von Selbstorganisationsfähigkeit eines Systems begriffen werden, da hier dezentrale Informationsverarbeitung und Entscheidungsfindung durch zentrale Bürokratien substituiert werden müssen. Eine Dauerintervention wird notwendig.[25]

Das für die Analyse des unternehmerischen Handlungsfeldes Bedeutsame an diesem Bürokratisierungsprozeß als Auswirkung der nationalsozialistischen Wirtschaftspolitik ist die Untersuchung der Reaktion des Unternehmers auf diese Entwicklung. Hier ergeben sich neue Fragen: Wie und wann nahmen Unternehmer und Manager diesen Prozeß innerhalb und außerhalb ihres Unternehmens wahr?[26] Welche Konflikte entstanden dabei? Wie flexibel reagierten Unternehmer und Unternehmen auf die neuen Anforderungen? Widersetzten

---

24 Eine unternehmenshistorische Untersuchung zu diesen Bürokratisierungsprozessen liegt bislang nicht vor. Zum Problem der Bürokratisierung für die Zeit bis zum Ersten Weltkrieg: Bernd Dornseifer, Zur Bürokratisierung deutscher Unternehmen im späten 19. und frühen 20. Jahrhundert, in: JfW 1993, S. 69-91. Jürgen Kocka untersucht die Bürokratisierung von Unternehmen vor dem Hintergrund der Rahmenbedingungen, die durch eine massive staatliche Verwaltung in Deutschland vor dem Ersten Weltkrieg gekennzeichnet sind und die betriebsinterne Organisationsentwicklung nachhaltig beeinflußten. Jürgen Kocka, Unternehmensverwaltung und Angestelltenschaft am Beispiel Siemens 1847-1914, Stuttgart 1969; ders., Industrielles Management. Konzeptionen und Modelle in Deutschland vor 1914, in: VSWG 56 (1969), S. 332-372; ders., Industriebürokratie und »neuer Mittelstand« im Kaiserreich, in: ders. (Hg.), Die Angestellten in der deutschen Geschichte 1850-1980, Göttingen 1981, S. 64-89; ders.; Management in der Industrialisierung. Die Entstehung und Entwicklung des klassischen Musters, in: ZUG 44 (1999), S. 135-149.

25 Für diesen Prozeß auf staatlicher Seite: Herbst, Gewalt, S. 151.

26 Wenn im folgenden keine ausdrückliche Einschränkung über die eigentumsrechtlichen Differenzierungen vorliegt, wird die Gruppe der Eigentümerunternehmer und anderer, mit Entscheidungsmacht über Kapital- und Produktionsmittel ausgestatteter Manager, als »Unternehmer« zusammengefaßt. In den Fällen, in denen die Nichtübereinstimmung von Kapitalbesitz und Verfügungsmacht bei der Analyse zu notwendigen Differenzierungen führt, werden diese expliziert. Vgl. dazu Ralf Dahrendorf, Class and Class Conflict in Industrial Society, Stanford 1959, S. 41ff. Über diese Nutzung des Unternehmerbegriffs, der hauptsächlich durch die Entscheidungsfunktionen gekennzeichnet ist, existiert eine umfangreiche Literatur. Vgl. dazu die Zusammenfassung bei: Jürgen Kocka, Unternehmer in der deutschen Industrialisierung, Göttingen 1975, S. 13ff.; stärker positional orientiert: Toni Pierenkemper, Die westfälischen Schwerindustriellen 1852-1913. Soziale Struktur und unternehmerischer Erfolg, Göttingen 1979, S. 12ff.; international vergleichend: Youssef Cassis (Hg.), Business Elites, Aldershot 1994; Alfred D. Chandler, Scale and Scope. The Dynamics of Industrial Capitalism, Cambridge 1990, S. 9.

sie sich diesen Entwicklungen? Oder instrumentalisierten sie den Prozeß für ihre strategischen Ziele?

Die staatlichen Regulierungsbehörden, die in genuin marktwirtschaftliche Bereiche eingriffen, forderten von den Unternehmen eine immer stärkere Beteiligung an der Organisation und Regelung. Zunächst geschah dies nur durch passive Teilnahme beispielsweise in Form des »Formularwesens«, d.h. des Nachweises der Notwendigkeit für Einkauf, Produktion, Entwicklung, Investition und Verkauf. Mit dem zunehmenden Interventionismus in der zweiten Hälfte der dreißiger Jahre wurden die Eingriffe durch die Erfordernisse der forcierten Aufrüstung massiver und die Steuerungsversuche der Wirtschaftsbürokratien umfassender und radikaler. Der Schwerpunkt der Lenkung veränderte sich mit dem konsequenten staatlichen Zugriff auf die Schlüsselbereiche industrieller Produktion wie Rohstoffe, Preise und Arbeitskräfte. Mit der Übernahme der Kontingentierung bzw. der Planung dieser Wirtschaftsbereiche brach für die Unternehmen eine neue Phase an.

Die Organisation dieser Marktbereiche durch staatliche Wirtschaftsbürokratien erforderte auch in den Unternehmensteilen, die mit dieser neuen Umgebung zu tun hatten, eine Organisationsstruktur, die der staatlichen Struktur entsprach. Da ein Markt in diesen Bereichen nicht mehr existierte, mußten umfangreiche Vorarbeiten für die Organisation des Einkaufs, der Fertigung und des Verkaufs geleistet werden, um Prozesse abzuwickeln, die vor der Intervention der marktwirtschaftlichen Selbstorganisation unterlagen – und darüber hinaus im Unternehmen dezentral abgewickelt wurden. Ein zunehmend zentralisierter Bürokratisierungsprozeß wurde damit sowohl im Unternehmen als auch im staatlichen Bereich eine Notwendigkeit.

Das Eingreifen in einen bisher sich selbst organisierenden Bereich, das ist der methodische Leitfaden dieses Untersuchungsteils, erforderte eine Regelung dieses Feldes bzw. eine Organisation und Planung, die vorher aufgrund der Selbstorganisationsleistung des Systems nicht nötig war. Hier setzten im Nationalsozialismus die neuen Bürokratien ein, und auf diese Weise ist der oft beobachtete Bürokratisierungsprozeß in der NS-Zeit zu erklären.[27]

Kennzeichnend und konstituierend für die Entwicklung der Wirtschaftspolitik im nationalsozialistischen Staat ist ein wachsendes Bewußtsein dieses Prozesses in unterschiedlichen Machtzentren, denen jedoch keine ausreichenden Problemlösungskapazitäten zur Verfügung standen. Diese Entwicklungen werden insbesondere an den Gegensteuerungsversuchen in der zweiten Kriegshälfte deutlich. Der Prozeß, den man gemeinhin mit dem der zunehmenden »Selbstorganisation der Wirtschaft« in der »Ära Speer« bezeichnet, gewinnt unter dieser Perspektive eine neue Dimension, die sich anhand eines »kleinen« Großunternehmens, das in ein mehrfach gegliedertes Netzwerk integriert ist, besonders

[27] Herbst, nationalsozialistisches Deutschland, S. 17ff.; Herbst, Gewalt, S. 143ff.

deutlich aufzeigen läßt. Der Netzwerkbegriff, der jüngst wieder in den Mittelpunkt der unternehmer- und unternehmenshistorischen Analyse gerückt ist, gewinnt damit eine zentrale Bedeutung.[28]

Während über Drägers wirtschaftspolitische Tätigkeit in der historischen Forschung immer wieder Überlegungen angestrengt wurden, blieb sein unternehmerisches Handeln, wie auch die Geschichte des Unternehmens, fast vollständig unbeachtet. Eine Studie, die beide Aspekte integriert, existiert nicht.[29] Betrachtet man die internationale unternehmerbiographische Forschung, so sind sehr unterschiedliche Schwerpunkte festzustellen. In den fünfziger Jahren erwiesen sich die methodischen Ansätze zur Analyse unternehmerischen Verhaltens als wenig fruchtbar, um Unterschiede und Gemeinsamkeiten von nationalen oder branchenspezifischen Entwicklungen zu erfahren, wie Alan Milward konstatierte.[30] Vor allem in den USA, wo »Business History« zu dieser Zeit schon einen eigenen Stellenwert in der historischen Forschung besaß, wurden gerade über die Relevanz des Untersuchungsgegenstandes des »Unternehmers« intensive Auseinandersetzungen geführt.[31] Am Ende dieser Debatten manifestierte die Umbenennung der wichtigen Zeitschrift »Explorations in Entrepreneurial History« in »Explorations in Economic History« im Jahr 1969 den deutlichen Abwärtstrend, den die Bedeutung des Unternehmers in der wirtschaftshistorischen Forschung erfahren hatte.[32] In der Folge entwickelte Alfred D. Chandler eine Organisationstheorie, bei der, wie ein Schüler von ihm formulierte, der einzelne Unternehmer »a collective entity« wurde, »institutionalised among teams of managers within structures they themselves designed.«[33]

Chandler entwickelte einen »Institutionalismus«, mit dem er die Entwicklungen großer Firmen und ganzer Volkswirtschaften untersuchte.[34] Der Einfluß

---

[28] Jonathan Brown/Mary B. Rose (Hgg.), Entrepreneurship, networks and modern business, Manchester 1993; Hakan Hakansson/Jan Johanson, The network as a governance structure. Interfirm cooperation beyond markets and hierarchies, in: Gernot Grabber (Hg.), The embedded firm, London 1993, S. 35-51.

[29] Die Forschung zu Drägers Wirken in der konjunkturpolitischen Debatte der Weltwirtschaftskrise ist umfangreich und außerordentlich elaboriert. Sie wird daher im ersten Teil der Untersuchung detailliert dargestellt. Soweit einzelne Aspekte der Unternehmensgeschichte in der Literatur vorkommen, werden sie im jeweiligen Kapitel des zweiten Teils diskutiert.

[30] Vgl. dazu Alan S. Milward, Review of P. Matthias and M.M. Postan (Hgg.), Cambridge Economic History of Europe, VII, Cambridge, 1978, in: EHR XXXII (1979), S. 886.

[31] Vgl. zu den US-Amerkanischen Diskussionen der fünfziger Jahre, die sich um die 1948 erfolgte Gründung des (1958 wieder geschlossenen) Harvard Research Center in Entrepreneurial History konzentrierten: A. Gerschenkron, Social attitudes, entrepreneurship and economic development, in: Explorations in Entrepreneurial History VI (1953), S. 1ff.; Steven W. Tolliday, Entrepreneurs in Business History, in: BHR LXIII (1989) (preface).

[32] Vgl. T.A.B. Corley, The Entrepreneur: the central issue in business hstory?, In: Jonathan Brown and Mary B. Rose (Hgg.), Entrepreneurship, networks and modern business, Manchester 1993, S. 11-30.

[33] Thomas K. McCraw (Hg.), The essential Alfred Chandler, Boston 1988, S. 10.

[34] Alfred D. Chandler, Business History as Institutional History, in: G.R. Taylor/L.F. Ellsworth (Hgg.), Approaches to American Economic History, Charlottsville 1971, S. 17-24; zuletzt: ders., Scale and Scope. The Dynamics of Industrial Capitalism, Cambridge 1990.

Chandlers und der von ihm stark beeinflußten amerikanischen »Business History« führte in Deutschland zu einer »Verbetriebswirtschaftlichung« der Unternehmensgeschichtsschreibung, die lange eine Art Paradigma darstellte, das ohne eine explizite Untersuchung von Unternehmern auskam.

Betrachtet man die unternehmensgeschichtlichen Untersuchungen, die von dem Chandlerschen Paradigma der Organisationsgestaltung ausgehen, scheinen die Möglichkeiten der Verknüpfung unternehmerbiographischer Fragestellungen mit dem methodisch-theoretischen Rahmen dieses Modells der Analyse von Unternehmensentwicklungen sehr eingeschränkt zu sein. Folgt man Chandlers Organisationstheorie, bestimmt die unternehmerische Strategie, und hier vor allem das Ausmaß des Ausbaus der »organizational capabilities«, die Erfolgsmöglichkeiten einer Unternehmung.[35] Die Unternehmensstruktur folgt demnach den Strategien des Managements. Staatliche Regulierungen oder Marktveränderungen führen nur zu einer geringfügigen planvollen Anpassung durch das Unternehmen. Im Zentrum von Chandlers Analyse steht die funktionale Bedeutung der Betriebsstruktur für die unternehmerische Strategie. Formale Organisationskriterien werden so zum beherrschenden Paradigma unternehmensgeschichtlicher Analyse, die die Bedeutung und Rolle des Unternehmers rein funktional untersucht.[36]

Erst in der letzten Dekade kam es in den USA wie in Deutschland zu einer Wende in der Bewertung der Rolle des Unternehmers für die wirtschaftshistorische Analyse und damit auch zu einer grundlegenden Umorientierung in der Unternehmensgeschichtsschreibung. Zunehmend wird der Platz und Rang individueller Entscheidungen und damit der Einfluß kultureller Faktoren in den Mittelpunkt unternehmenshistorischer Untersuchungen gestellt. Damit ist eine Wende vom Chandlerschen Organisationsparadigma zu einer Fragestellung, die andere zentrale Kategorien in den Vordergrund rückt, erkennbar.[37]

Dabei werden methodisch ergiebige Ansätze miteinander verbunden: Zum einen der in der Sozialgeschichtsschreibung anhaltende Trend zur Untersuchung des Wirtschaftsbürgertums und zur historischen Elitenforschung;[38] zum anderen das wachsende Interesse von Unternehmenshistorikern, bei der Analyse von Entscheidungsprozessen und -strategien die Frage »nach der individuellen Dispositi-

[35] Chandler, scale and scope, S. 514f.

[36] Vgl. Erker, Aufbruch, S. 323f.; Susanne Hilger, Sozialpolitik und Organisation. Formen betrieblicher Sozialpolitik in der rheinisch-westfälischen Eisen- und Stahlindustrie seit der Mitte des 19. Jahrhunderts bis 1933, Stuttgart 1996, S. 54-57.

[37] Vgl. Erker, Aufbruch, S. 366ff.; Werner Plumpe, Stichworte zur Unternehmensgeschichtsschreibung, in: ders./Christian Kleinschmidt (Hgg.), Unternehmen zwischen Markt und Macht. Aspekte deutscher Unternehmens- und Industriegeschichte im 20. Jahrhundert, Essen 1992 (Bochumer Schriften zur Unternehmens- und Industriegeschichte Bd. 1), S. 9-13.

[38] Vgl. Erker/Pierenkemper, Unternehmer; Joly, Patrons; sowie der aus einer Tagung des Sonderforschungsbereichs »neuzeitliches Bürgertum« hervorgegangene, demnächst erscheinende Sammelband von Dieter Ziegler (Hg.), Die wirtschaftsbürgerliche Elite in Deutschland im 20. Jahrhundert.

on wirtschaftlichen Handelns in den Vordergrund« zu stellen.[39] Gerade die Frage nach den Gründen für eine bestimmte Unternehmenspolitik führt oft zur Untersuchung von personalisierbaren Erfahrungen, die zu diesen Entscheidungen geführt haben. Damit gewinnt die einzelne Unternehmerpersönlichkeit im Spannungsfeld von wirtschaftlichen Rahmenbedingungen und individuellen Strategien an Bedeutung, und die Frage nach unternehmerischen Handlungs- und Entscheidungsspielräumen wird virulent.[40] Gemeinsam mit der sozialhistorischen Eliteforschung zum Wirtschaftsbürgertum kann dabei auch die jüngst diskutierte Frage nach Unternehmenskultur fruchtbar sein, um habituelle Präformierungen sowie zentrale Wertvorstellungen von Unternehmern zu analysieren.[41] Auch in der wirtschaftswissenschaftlichen Forschung ist ein Trend in diese Richtung zu erkennen. In dem von der Ökonomie entwickelten »Entrepreneurship-Ansatz« werden Unternehmer wieder als konstituierende Faktoren in der Innovationsentwicklung – etwa im Sinne Schumpeters – verstanden.[42] Die Fokussierung auf die unternehmerische Politik vor dem Hintergrund der Lebenswelt und Erfahrungen eines einzelnen muß jedoch ebenso wie die Detailuntersuchung eines einzelnen Unternehmens mit einem methodisch-theoretischen Konzept verbunden werden, um plausible Begründungszusammenhänge entwerfen zu können.

Neben der Reduzierung der unternehmerischen Rolle auf die Organisationsplanung wird in der Forschung vor allem die Inkompatibilität des Chandlerschen Ansatzes mit Methoden der Sozialgeschichte kritisiert. Darüber hinaus stellt sich die Frage nach den tatsächlichen Aktions- und Reaktionsmöglichkeiten und -formen von Unternehmen in unterschiedlichen, sich dynamisch verändernden Umweltverhältnissen.[43] Welche Bedeutung besitzen strategische Zielsetzungen und unternehmerische Entscheidungen für die Entwicklung von Unternehmen und ihren Erfolg im Vergleich zur Bedeutung staatlicher Regulierungen, Interventionen und Marktveränderungen? Im Kern geht es bei diesem Problem um die Frage der Steuerbarkeit von Unternehmen und ihre Abhängigkeit bzw. Unabhängigkeit von »externen« Faktoren wie Marktentwicklung, neuen Technologien und wirtschaftspolitischen Determinanten.[44]

---

39 Erker, Aufbruch, S. 334.

40 Vgl. als Beispiele für diesen Trend Astrid Gehrig, Nationalsozialistische Rüstungspolitik und unternehmerischer Handlungsspielraum. Vergleichende Fallstudien zur württembergischen Maschinenindustrie, München 1996; Petra Bräutigam, Mittelständische Unternehmer im Nationalsozialismus. Wirtschaftliche Entwicklungen und soziale Verhaltensweisen in der Schuh- und Lederindustrie Badens und Württembergs, München 1997; Hartmut Berghoff/Cornelia Rauh-Kühne, Fritz K. Ein deutsches Leben im zwanzigsten Jahrhundert, München 2000.

41 Vgl. zur Unternehmenskulturforschung: Das Themenheft des JfW 1993/II, hrsg. von Hartmut Kaelble.

42 Corley, Entrepreneur, S. 26.

43 Vgl. in diesem Sinne: Plumpe, Einleitung, S. 11.

44 Die Untersuchung dieser »Außenbeziehungen« wird als zentrale Aufgabe einer kritischen Unternehmensgeschichte mehrfach eingefordert: Vgl. Plumpe, Stichworte, S. 11ff.; Jaeger, Unternehmensgeschichte, S. 120f.

Bei der vorliegenden Untersuchung werden gerade diese Faktoren neben den internen Entwicklungen in den Vordergrund gerückt. Damit wird explizit nach Reaktionsmöglichkeiten und –formen des Unternehmers auf die sich dynamisch wandelnden Umweltverhältnisse gefragt und vor diesem Hintergrund seine Lernfähigkeit bzw. die des Unternehmens analysiert. Der in der soziologischen und politologischen Theorie entwickelte »mikropolitische Ansatz« problematisiert in diesem Kontext die Steuerbarkeit von Organisationen und betont deren Selbstorganisationsdynamik.[45] Demzufolge hängt der Erfolg bzw. Nichterfolg einer Unternehmung von der Kapazität ab, Selbstorganisationsmechanismen zu entwickeln. Die unternehmensinternen Handlungs- und Interaktionsbeziehungen sowie die zentralen Kommunikationssituationen werden daher ebenfalls Teil der unternehmenshistorischen Analyse sein.

Darüber hinaus geht es um die Frage nach der Interdependenz und dem Spannungsverhältnis zwischen interner Unternehmensstruktur auf der einen Seite und Märkten bzw. volkswirtschaftlicher Gesamtentwicklung sowie staatlicher Wirtschaftspolitik und ihren Interventionen auf der anderen Seite. Wie gestaltete sich das Verhältnis zwischen den Organisationsstrukturen des Unternehmens und der sich dynamisch entwickelnden Umweltkomplexität? Der Kapazität des Unternehmens, mit der Komplexität bzw. dem Problem der Information umzugehen, kommt dabei große Bedeutung zu.[46] Bei der Untersuchung Drägers bekommen Netzwerkbeziehungen einen entscheidenden Stellenwert, da sie in vielen Fällen für den vergleichsweise guten Informationsstand des Unternehmers entscheidend waren.

Der zentrale Vorteil einer um diese methodisch-theoretischen Überlegungen ergänzten Analyse liegt in der größeren Kompatibilität mit einer modernen theoriegebundenen Sozial- und Wirtschaftsgeschichte. Der methodisch-theoretische Rahmen läßt sich insbesondere mit einem Verständnis des Unternehmers als Wirtschaftsbürger und als Angehöriger der Industrieelite verbinden, da die Bedeutung des Eigentümerunternehmers gerade in »kleineren« Großunternehmen trotz der zunehmenden Bedeutung des Managements in keiner Weise geringer geworden ist. So müssen hier individuelle »kulturelle« Faktoren wie Erfahrungen in die Analyse von Entscheidungen einbezogen werden.[47] Andererseits wird die Rolle der einzelnen Unternehmerpersönlichkeit durch die

---

[45] Vgl. dazu Werner Plumpe, »Unternehmen«, in: Gerold Ambrosius u. a. (Hgg.), Moderne Wirtschaftsgeschichte. Eine Einführung für Historiker und Ökonomen, München 1996, S. 47-66 (60f.); Karl Lauschke/Thomas Welskopp (Hgg.), Mikropolitik im Unternehmen. Arbeitsbeziehungen und Machtstrukturen in industriellen Großbetrieben des 20. Jahrhunderts, Essen 1994.

[46] Plumpe, Einleitung, S. 13; dazu: Kaspar Hellmut, Die Handhabung des Neuen in organisierten Sozialsystemen, Berlin 1990; Peter Temin (Hg.), Inside the Business Enterprise. Historical Perspectives on the Use of Information, Chicago 1991; Naomi R. Lamoreux/Daniel M.G. Raff (Hgg.), Coordination and Information: Historical Perspectives on the Organization of Entreprise, Chicago 1995.

[47] Vgl. Erker, Aufbruch, S. 323.

relationale Ausrichtung auf Kommunikations- und Marktstrukturen im Kontext gesehen und damit die Wirkungsmöglichkeit relativiert.

Die Möglichkeiten einer individualbiographischen Studie sind dabei offensichtlich: Hier kann explizit nach der Bedeutung der Unternehmerpersönlichkeit für den Erfolg des Unternehmens gefragt werden und damit detailliert der Frage nach Auswirkungen von politischer Erfahrungsbildung und betrieblichen Lernprozessen auf Entscheidungen und Mentalität nachgegangen werden. Dies ist eines der zentralen Anliegen dieser Studie.

Dennoch besteht in großen Teilen der Geschichtswissenschaft ein weitverbreitetes Unbehagen gegenüber biographischen Untersuchungen. Die Vorwürfe konzentrieren sich im wesentlichen auf die theoretischen und methodischen Defizite des Ansatzes.[48] Aus dieser Kritik sind wohlbegründete theoretische Ansprüche an die biographische Forschung entstanden, die eine Verbindung strukturaler und personaler Faktoren fordern, der bei der vorliegenden Untersuchung durch die Nutzung eines theoretischen Rahmens Rechnung getragen wird, mit dem die Bedingungen analysiert und in die Gesamtentwicklung eingeordnet werden. Die Studie begreift dabei die biographische Perspektive keineswegs als Selbstzweck im Sinne der Erforschung eines Lebenslaufs, sondern als Methode, um neue Erkenntnisse zu gewinnen.[49]

Der Forschungsstand zum Wirtschaftsbürgertum ist durch eine deutliche Diskrepanz zwischen der Literatur zum 19. Jahrhundert und der zum 20. Jahrhundert gekennzeichnet. Während zu Unternehmern des 19. Jahrhunderts mehrere Studien vorliegen, bleibt die Untersuchung der Industrieelite des 20. Jahrhunderts ein Desiderat der Forschung.[50] Neben dem in der sozialgeschichtlichen Forschung oft angewandten kollektivbiographischen Zugang gewinnen gerade in den wenigen Studien zur Unternehmerschaft des 20. Jahrhunderts Individualuntersuchungen durch ihre qualitativen Möglichkeiten an Gewicht.[51] Kollek-

---

48 Vgl. jüngst: Ulrich Raulff, Der große Lebenshunger. Erlösende Literatur: Das biographische Verlangen wächst, in: FAZ Nr. 53, 4.3.1997, S. 33; Ernst Engelberg/Hans Schleier, Zur Geschichte und Theorie der historischen Biographie, in: ZfG 38 (1990), S. 195-217; Andreas Gestrich, Einleitung: Sozialhistorische Biographieforschung, in: ders./Peter Knoch/Helga Merkel (Hgg.), Biographie – sozialgeschichtlich. Sieben Beiträge, Göttingen 1988, S. 5-28; Theodor Schieder, Strukturen und Persönlichkeiten in der Geschichte, in: ders., Geschichte als Wissenschaft. Eine Einführung, 2. Aufl. München 1965, S. 157-194.

49 In diesem Sinne argumentieren mehrere neuere biographische Studien. So beispielsweise Szöllösi-Janze, Haber, S. 9ff.

50 Vgl. für den kollektivbiographischen Zugang: Hartmut Berghoff, Englische Unternehmer 1870-1914. Eine Kollektivbiographie führender Wirtschaftsbürger in Birmingham, Bristol und Manchester, Göttingen 1991; ders./Roland Möller, Unternehmer in Deutschland und England 1870-1914. Aspekte eines kollekiv-biographischen Vergleichs, in: HZ 256 (1993), S. 353-386; Dirk Schumann, Bayerns Unternehmer in Gesellschaft und Staat 1834-1914. Fallstudien zu Herkunft und Familie, politischer Partizipation und staatlichen Auszeichnungen, Göttingen 1992; vgl. den Überblick bei: Erker, Aufbruch, S. 334ff.

51 Vgl. Volker Berghahn/Paul J. Friedrich, Otto A. Friedrich. Ein politischer Unternehmer, Frankfurt a. M. 1993; Gerald D. Feldman, Hugo Stinnes. Biographie eines Industriellen, 1870-1924,

tivbiographische Untersuchungen existieren für das 20. Jahrhundert nicht, wenn man von soziologischen Arbeiten zur Industrieelitenforschung absieht.[52]

Im Kern nutzt der methodische-theoretische Rahmen der Studie die Komplementarität der aktorzentrierten Perspektive und der Systemperspektive. Die biographische Detailstudie beansprucht jedoch Repräsentativität weder in einem statistischen noch in einem übertragenen, methodisch unreflektierten Sinne. Vielmehr werden in der Fallstudie die Vorzüge, Verbindungslinien und Zusammenhänge in einem »mikroskopischen« Zugriff analysieren zu können, genutzt. Dadurch ist es möglich, Kontinuitäten und Brüche des unternehmerischen Selbstverständnisses vor dem Hintergrund der gesellschaftlichen, ökonomischen und politischen Entwicklung zu untersuchen und damit auch die Erfahrungen des Unternehmers mit unterschiedlichen wirtschaftspolitischen Konzepten zu bestimmen. Mit dem hier angedeuteten Ansatz der System-Umwelt-Relation zwischen Unternehmen und Rahmenbedingungen können zudem die Faktoren der Entwicklung im Zusammenhang analysiert und Ergebnisse gewonnen werden, die auch über die »alten« Fragen nach unternehmerischen Handlungsspielräumen und wirtschaftlichen Zwangslagen neue Erkenntnisse bringen.[53]

Der Aufbau der Studie ist grundsätzlich chronologisch, doch die beiden zentralen Handlungsfelder Drägers werden systematisch getrennt untersucht, um der Einbindung in die Komplexität des politischen Kontextes und der ökonomischen Rahmenbedingungen gerecht zu werden. Nach einem Prolog über Jugend und Ausbildung Drägers und die Entwicklung des Unternehmens bis 1928 wird

München 1998; Joachim Scholtyseck, Robert Bosch und der liberale Widerstand gegen Hitler 1933-1945, München 1999; Susanne Wiborg, Walter Blohm. Schiffe und Flugzeuge aus Hamburg, Hamburg 1993; Tobias Kampmann, Vom Werkzeughandel zum Maschinenbau. Der Aufstieg des Familienunternehmens W. Ferd Klingelnberg Söhne 1990-1950, Stuttgart 1994; Gehrig, Rüstungspolitik; Bräutigam, Unternehmer; Erker/Pierenkemper, Unternehmer; Berghoff/Rauh-Kühne, Fritz.

[52] Eine Ausnahme bildet die Studie Hartmut Kaelbles, der auf entscheidende generelle Wandlungsprozesse in der Industrieelite nach 1918 hinweist: Hartmut Kaelble (unter Mitarbeit von Hasso Spode), Sozialstruktur und Lebensweisen deutscher Unternehmer 1907-1927, in: Scripta Mercaturae 24 (1990), S. 132-178, sowie: Hervé Joly, Die »Ingenieurs du Corps des Mines« und die Bergassessoren. Ein Vergleich industrieller Eliten, in: JfW 1992, S. 45-68. Für die soziologische Forschung: Wolfgang Zapf, Wandlungen der deutschen Elite. Ein Zirkulationsmodell deutscher Führungsgruppen, 1919-1961, München 1965. Sowie die allgemeinen Darstellungen: Paul Erker, Industrie-Eliten in der NS-Zeit: Anpassungsbereitschaft und Eigeninteresse von Unternehmern in der Kriegs- und Rüstungswirtschaft 1936-1945, Passau 1994; Volker Berghahn, Unternehmer und Politik in der Bundesrepublik, Frankfurt 1985.

[53] Vgl. für den Zusammenhang des Problems System-Umwelt: Luhmann, Soziale Systeme, S. 32; Krieger, Einführung. Es ist ein bemerkenswertes Phänomen, daß ein großer Teil der jüngsten unternehmenshistorischen Forschung – vornehmlich zur NS-Zeit – mit methodischen Teilen der Systemtheorie arbeitet, ohne dies zu explizieren. So z.B. Lutz Budraß, Flugzeugindustrie und Luftrüstung in Deutschland 1918-1945, Düsseldorf 1998, S. 11; Berghoff, Kleinstadt, S. 16ff. Explizit dagegen: Gottfried Plumpe, Die IG Farbenindustrie AG. Wirtschaft, Technik und Politik 1904-1945, Berlin 1990, S. 11ff.

im ersten Teil die wirtschaftspolitische Tätigkeit Drägers in der Weltwirtschaftskrise analysiert, während im zweiten Teil das unternehmerische Handlungsfeld im Vordergrund steht.

Für die Untersuchung wurden im wesentlichen zwei Hauptgruppen von Quellen herangezogen. Auf der einen Seite die umfangreiche Überlieferung des Nachlasses Dr. Heinrich Drägers sowie die unternehmensgeschichtlichen Bestände im Schriftgut- und Dokumentenarchiv der Drägerwerk AG in Lübeck. Bei den Quellen des Nachlasses handelt es sich hauptsächlich um die ausführliche Korrespondenz Drägers sowie einzelne Sammlungen von Aktennotizen, Notizbüchern und Denkschriften. Die Bestände des unternehmenshistorischen Archivteils sind von sehr unterschiedlicher Überlieferungsdichte, die hauptsächlich vom zeitgenössischen Interesse der Leitungsebene an den einzelnen Sachthemen abhängig ist. Mit dem Kriegsende bricht die Überlieferung in allen Bereichen nahezu vollständig ab.[54] Die Archivalien sind vor allem auf die unmittelbare Unternehmensleitung sowie die kaufmännische und technologische Arbeit einzelner Abteilungen beschränkt. Wenngleich der Bestand relativ umfangreich ist, fehlen zentrale Bereiche vollkommen. Unterlagen über Arbeitsbeziehungen und Sozialpolitik sind ebenso verloren gegangen, wie große Teile der Personalabteilung. Diese Verluste wiegen um so schwerer, als sie im Unterschied zu anderen Teilen durch keine staatliche Überlieferung ergänzt werden konnten. Betriebs- und Vertrauensratsakten wie auch die entsprechenden Bestände der DAF sind nicht erhalten. Dasselbe gilt für die regionalen Arbeitsämter. Akten aus den einzelnen Niederlassungen und ausgelagerten Betrieben des Konzerns sind ebenfalls nicht vorhanden. Einige Felder der Unternehmensentwicklung konnten mit Beständen aus den Unternehmensarchiven der Dresdner Bank AG, der Commerzbank AG und anderen einzelnen Provenienzen ergänzt werden.

Für die Entwicklung der wichtigsten Konkurrenz, der Berliner Auergesellschaft, die zum Vergleich in einigen Untersuchungsfeldern herangezogen wird, existiert kein zentraler originärer Bestand. Im Unternehmensarchiv der Degussa AG, der Eigentümerin ab 1933, konnten jedoch die umfangreichen Akten des Aufsichtsrats der Auergesellschaft, sowie die Handakten von Hermann Schlosser eingesehen werden, die als hervorragende Ersatzüberlieferung gelten können.

Die zweite Quellengruppe stellen die Akten aus staatlichen Provenienzen dar. Um das Bild aus den Beständen des Drägerschen Nachlasses zu überprüfen, wurden vor allem für den wirtschaftspolitischen Untersuchungsteil die zentra-

[54] Dies ist in erster Linie durch die Veränderung, die das Jahr 1945 für das Unternehmen bedeutete, begründet. Diese Zäsur in der Überlieferungsdichte gilt sowohl für den Nachlaß als auch für das Unternehmensarchiv und hängt auch mit der komplizierten Überlieferungsgeschichte der Bestände in dem Unternehmen zusammen.

len Bestände der Reichskanzlei, des Reichsfinanzministeriums, des Reichswirtschaftsministeriums und des Reichsarbeitsministeriums im Bundesarchiv ausgewertet. Für die Analyse des Wirkungsfeldes Drägers in der konjunkturpolitischen Debatte am Ende der Weimarer Republik konnten darüber hinaus verschiedene Unterlagen aus dem Institut für Zeitgeschichte (München) und dem Archiv des Instituts für Weltwirtschaft in Kiel herangezogen werden.

Die Quellenlage zur Untersuchung des unternehmerischen Handlungsfelds konnte durch Bestände des Bundesarchivs sowie des Bundesarchiv-Militärarchivs in Freiburg erweitert werden. Auch wenn die Unterlagen der regionalen Rüstungsdienststellen nicht überliefert sind, boten die Kriegstagebücher, sowie die Akten des Heereswaffenamts an zentralen Punkten eine detailreiche Ergänzung. Das gleiche gilt für die Bestände der Wirtschaftsgruppen, der personenbezogenen Akten und einzelner Provenienzen des Bundesarchivs, des Archivs der Gedenkstätte Neuengamme, der National Archives in Washington D.C. und unterschiedlicher Staatsarchive. Ergänzend wurden Interviews mit ehemaligen Firmenangehörigen geführt. Hierdurch ließen sich Informationen gewinnen, die in der schriftlichen Überlieferung keinen Niederschlag fanden.

Im Unterschied zu anderen Untersuchungen zur Geschichte der Industrieelite in der NS-Zeit konnte diese Studie nicht auf die Unterlagen von Prozessen aus der Besatzungszeit oder der Bundesrepublik zurückgreifen.[55] Sie mußte es auch nicht; denn gegen Heinrich Dräger wurden keine juristischen Verfahren angestrengt.

[55] Vgl. beispielsweise: Gehrig, Rüstungspolitik; Bräutigam, Unternehmer; Wiborg, Blohm.

Prolog
Jugend im Wirtschaftsbürgertum: Zwischen Kaiserreich und Republik

Zwischen Hansestadt und Weltmarkt: Dräger im Kaiserreich

Heinrich Dräger wurde am 2. Juli 1898 in Lübeck als Sohn des Eigentümerunternehmers Dr. Ing. h.c. Alexander Bernhard Dräger und seiner Frau Elfriede Dräger geboren. Die politischen, sozioökonomischen und familiären Umstände weisen ihn einer bestimmten Gruppe seiner Altersgenossen zu: Aufgewachsen in einer hanseatischen Unternehmerfamilie, die zum Lübecker Wirtschaftsbürgertum gehörte, erlebte er Kindheit und Jugend gelöst von finanziellen Sorgen und geprägt vom Lebensstil und -umfeld seiner Klasse. Seit 1886 lebte die Familie Dräger in Lübeck, wo sie zunächst ein Geschäft zur Vertretung unterschiedlicher Eisenwerke, Molkerei- und Nähmaschinenbetriebe führte.[1] 1889 gründete der Uhrmacher Johann Heinrich Dräger, der Großvater Heinrichs und Vater des 1870 geborenen Alexander Bernhard Drägers, in Lübeck das kleine Unternehmen »Dräger und Gerling«. Der Kaufmann Carl Adolf Paul Johannes Gerling versorgte den Laden- und Werkstattbetrieb zum Verkauf von verschiedenen technischen Handelsartikeln in der Lübecker Brunnenstraße mit dem notwendigen Kapital, während Dräger die kaufmännische Seite betreute.[2]

Dräger verkaufte neben anderen Produkten Druckgasreduzierventile zum Anreichern von Faßbier mit Kohlensäure – sogenannte Kohlensäuredruckminderer. Die bisher ungenügende Technologie dieser Ventile brachte den jungen Schlosserlehrling Bernhard Dräger dazu, für den väterlichen Betrieb ein eigenes »Druckmindererventil mit Kniehebel und zwei in Richtung der Kniehebelwirkung entgegengesetzt wirkende Federn« («Lubeca-Ventil«) zu entwickeln, dem am 31. März 1889 vom Patentamt das Schutzrecht zugestanden wurde.[3] Schon 1891 wurde eine neue Firma, die »Lübecker Bierdruckapparate- und Armaturenfabrik Heinrich Dräger«, deren Alleininhaber Johann Heinrich Dräger war, gegründet.[4] Das neue Druckreduzierventil bedeutete die entscheidende technologische Innovation für das Familienunternehmen. Nach seinem Eintritt in den

---

1 Johann Heinrich Dräger, Alte Geschichten aus Vierlanden, Lübeck 1969 (Erste Auflage 1915). Zum Begriff des Wirtschaftsbürgers, vgl. Hans-Ulrich Wehler, Deutsche Gesellschaftsgeschichte. Dritter Band. Von der »Deutschen Doppelrevolution« bis zum Beginn des Ersten Weltkrieges, München 1995, S. 716ff.; Dirk Schumann, Wirtschaftsbürgertum in Deutschland: segmentiert und staatsnah, in: Österreichische Zeitschrift für Geschichtswissenschaften 3 (1992), S. 367-384.

2 Chronik 1.1.1889-30.6.1944 (Personalstatistiken), SUD BS 36/62; Dräger, Alte Geschichten.

3 Vgl. Patent DRP 52 238 »Lubeca-Ventil«, SUD KS.

4 Vgl. hierzu verschiedene Darstellungen, SUD BS 36; Dräger, Alte Geschichten.

expandierenden Betrieb des Vaters wurde Bernhard Dräger zum maßgeblichen Erfinderunternehmer des Familienbetriebs. Der Innovationsschub, den man mit dem »Lubeca-Ventil« genannten Druckreduzierer gewonnen hatte, begründete eine technologische Führung in diesem feinmechanischen Bereich, die bald zu einer überregionalen Verbreitung der Produkte führte. Mit dem Drägerschen Ventil und seinen Weiterentwicklungen wurde es weltweit erstmals möglich, komprimierte Gase in einen anderen Druckbereich zu überführen und damit kontrolliert nutzbar zu machen. Die Technologie ließ sich auf andere Produktsegmente anwenden, bei denen es um die Nutzung von komprimierten Gasen und damit um das Problem der Druckreduzierung ging.[5]

Von 1893 an studierte Bernhard Dräger an der Technischen Hochschule in Berlin Charlottenburg Chemie und Physik. Seine Studien waren Grundlage für die Entwicklungsarbeiten der folgenden Jahre. Sie machten es erstmals möglich, den Druck von Gasen beim Austritt aus den Flaschen zu regulieren. Für die technologischen Innovationen, die Dräger im Bereich des Umgangs mit Gasen und dem Schutz vor denselben produzierte, verlieh ihm die Technische Hochschule Berlin Charlottenburg am 22. Dezember 1916 die Ehrendoktorwürde.[6] Damit erhielt der Unternehmer eine der wichtigsten institutionalisierten Auszeichnungen, die ein Wirtschaftsbürger im Kaiserreich erreichen konnte. Zugleich manifestierte der Titel eindrucksvoll die enge Verbindung Drägers zur universitären Wissenschaft und zum Staat.[7]

Im Drägerwerk, wie das expandierende Unternehmen seit 1897 hieß, setzte mit der Rückkehr Bernhard Drägers eine umfangreiche Forschungs- und Entwicklungsarbeit und die Umsetzung eigener Innovationen in Produkte ein. Seit 1900 wurden im Zuge einer Diversifizierung der Produktpalette von Bernhard Dräger bahnbrechende Fortschritte bei der Entwicklung der Armaturen für Sauerstoffatemgeräte und die Autogentechnik gemacht. Der Durchbruch der Expansion des jungen Unternehmens manifestierte sich in dem Umzug auf ein

---

[5] Vgl. Berichte Bernhard Dräger, SUD BS 36/11.

[6] Die Doktorwürde wurde ausdrücklich wegen der Verdienste um die Entwicklung von Bergbauschutzgeräten und der technischen Lösung von Gasschutzgeräten für den »gegenwärtigen Krieg« vergeben. Ehrendoktorwürde von Dr. Ing. h.c. Bernhard Dräger. Urkunde der Königlich Technischen Hochschule Berlin Charlottenburg 19.12.1916, SUD BS 19/26.

[7] Vgl. Lübecker Generalanzeiger Nr. 298, S. 3, 20.12.1916; Korrespondenz Bernhard Dräger 1916, SUD BS 19/26; zur Staatsnähe vgl. im Anschluß an Max Weber: Jürgen Kocka (Hg.), Bürgertum im 19. Jahrhundert. Deutschland im internationalen Vergleich, 3 Bde., München 1988, S. 75; sowie: Hartmut Kaelble, Wie feudal waren die deutschen Unternehmer im Kaiserreich? Ein Zwischenbericht, in: Richard Tilly (Hg.), Beiträge zur quantitativen vergleichenden Unternehmensgeschichte, Stuttgart 1985 (=Historisch-sozialwissenschaftliche Forschungen Bd. 19), S. 148-174 (164ff.); Toni Pierenkemper, Die westfälischen Schwerindustriellen 1852-1913. Soziale Struktur und unternehmerischer Erfolg, Göttingen 1979, S. 73. Pierenkemper konstatiert einen Wandel in der Auszeichnungspraxis vom Kommerzienrattitel zum Ehrendoktor, was zweifelsfrei mit der zunehmenden Akademisierung der Unternehmer zusammenhängt. Vgl. dazu: Dirk Schumann, Bayerische Unternehmer in Gesellschaft und Staat, 1834-1914. Fallstudien zu Herkunft, Familie, politischer Partizipation und staatlichen Auszeichnungen, Göttingen 1992, S. 250f., 265ff.

neues Betriebsgelände in der Lübecker Moislinger Allee und dem Bau einer neuen Gießerei sowie eines repräsentativen Verwaltungsgebäudes 1897/98.[8] Diese Bemühungen führten zur Anmeldung von 42 Patenten des Unternehmens bis 1909 und zur Einstellung von 50 Arbeitern und 11 Angestellten bis 1902. In diesem Jahr wurde die offene Handelsgesellschaft »Drägerwerk, Heinrich und Bernhard Dräger« gegründet, deren Alleininhaber der junge Ingenieur wurde. 1909 beschäftigte der Betrieb 130 Arbeiter und 30 Angestellte. In dem einheitlich familiengeführten Betrieb waren Vater und Sohn Dräger sowie zeitweise die Frau des Ingenieurs beschäftigt.[9]

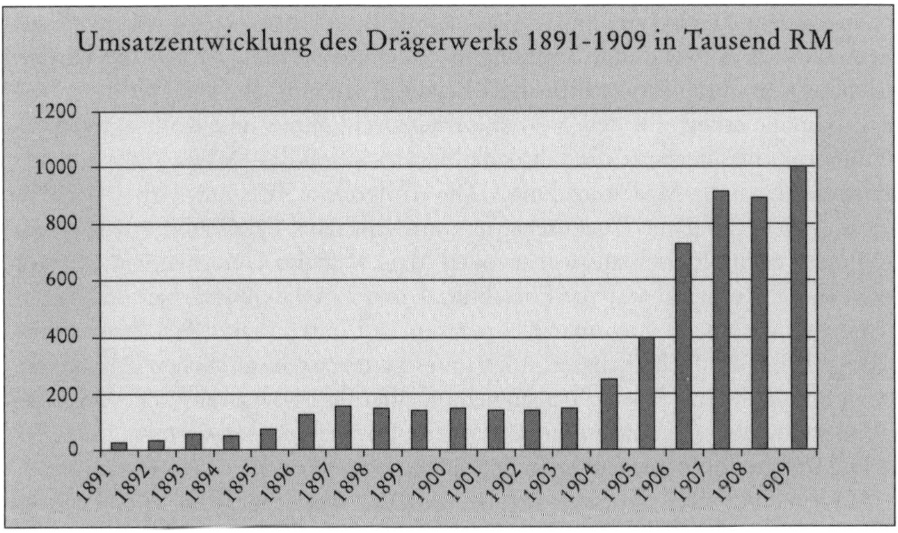

Die Druckgasreduziertechnik entwickelte sich zu einer Schlüsseltechnologie, die dem Unternehmen die Möglichkeiten für einen breiten Anwendungsbereich bot. Die Technologie konnte für unterschiedliche Produkte vollkommen divergierender Märkte verwendet werden. Sie schuf die Voraussetzung für beträchtliche Synergieeffekte in der Grundlagenforschung des Unternehmens. In Löt- und Schweißgeräten wurde dasselbe Reduzierventil verwendet wie in den medizinischen Sauerstoffbeatmungsgeräten des Drägerwerks. Die Weiterentwicklungen gewannen zunehmend an Bedeutung: neben den »klassischen« Bereich der Druckreduzierventile trat die Löttechnik mit eigenen Brenninjektoren sowie in der Medizintechnik unterschiedliche Formen der Sauerstoffnutzung für Beatmungsgeräte. Hier wurden mit den neuentwickelten Geräten teilweise Märkte erst geschaffen und gegenüber der Konkurrenz weitgehend beherrscht. Gleiches gilt für die Erschließung im Bereich des Atemschutzes, der Tauchtechnik und der Luftfahrt. Vor allem die

---

8 Vgl. verschiedene Berichte, SUD BS 33/1.

9 Vgl. Chronik, SUD BS 32/62.

bahnbrechenden Entwicklungen im Bereich der Atemschutzgeräte für den Untertagebergbau führten zu der weltweiten technologischen Führung des Unternehmens auf diesem Gebiet. Dies manifestierte sich durch zahlreiche Preise auf internationalen Messen und der Gründung einer eigenen Niederlassung in den USA 1907.[10] Die Rettungsmöglichkeiten von durch Sauerstoffmangel bedrohten Bergleuten bei mehreren Grubenunglücken seit der Jahrhundertwende in Frankreich, Oberschlesien, dem Ruhrgebiet und den Montanregionen der USA begründeten die weltweite Anerkennung der Geräte auf dem Gebiet des Atemschutzes und der Sicherheitstechnik. Der Bergbau wurde international zu dem entscheidenden Markt für das Unternehmen vor dem Ersten Weltkrieg.[11]

Neben dem Atemschutz im Bergbau konnte Bernhard Dräger mit seinen Ingenieuren durch Anwendungsforschung im Sauerstoffbereich erstmals die Wiederbelebung von durch Sauerstoffmangel Bewußtlosen ermöglichen. Der dazu 1908 in Zusammenarbeit mit den Medizinprofessoren Zuntz und Roth entwickelte »Pulmotor« manifestierte die führende Marktposition des Drägerwerks auf zentralen Gebieten der Medizintechnik.[12] Die erfolgreiche Zusammenarbeit der Entwicklungsabteilung mit Wissenschaftlern medizinischer Fakultäten wurde gerade in diesem technologisch anspruchsvollen Markt für das Unternehmen wegweisend. In der Folgezeit war die Forschungs- und Entwicklungsarbeit des Unternehmens zunehmend von einer Kooperation mit universitären Wissenschaftlern geprägt.[13] Bei der Sicherheitstechnik kam es zu einer sehr ähnlichen Zusammenarbeit mit den zuständigen »Grubenwehren« und Bergassessoren.[14] Diese Kooperation stellte über die anwendungsorientierte Entwicklungsarbeit hinaus eine enge und unmittelbare Beziehung zu den späteren Kunden der neuen Geräte her.

Aufgrund der internationalen Erfolge verkaufte das Drägerwerk seine Produkte in dem Jahrzehnt vor dem ersten Weltkrieg auf einem über den nationalen Rahmen hinausgehenden Markt, der neben den USA vor allem aus den Ländern der europäischen Montan-Kernregion sowie den Bergbauregionen in Oberschlesien, Böhmen und Polen bestand. Dreißig Prozent des Gesamtumsatzes wurde in den USA erwirtschaftet, wo man durch die Gründung der »Dräger Oxygen Apparatus Co.« in New York seit 1907 eine Niederlassung besaß, die kurze Zeit später nach Pittsburgh umzog und dort bis zum Kriegseintritt der USA 1917 den Verkauf der Drägergeräte leitete.[15] Darüber hinaus exportierte das Drägerwerk über eigene Niederlassungen und langjährige Vertretungen nach England (seit

[10] Verträge mit Walter Mingramm, Drägerwerk-New York und Pittsburg 1907-1911, SUD BÄD V 7.1.1 a-d; Draeger-Hefte, 137 A (1928), S. 1583; Draeger Mitteilungen, Nr. 111, August 1926 (Beilage).

[11] Vgl. verschiedene Berichte, SUD BS 36; In den USA und Kanada führte diese marktbeherrschende Stellung zur Adaption des Namens »Draegermen« für Bergbaurettungsmannschaften, der noch heute im nordamerikanischen Bergbau diesen Beruf bezeichnet. Vgl. ebd.

[12] Vgl. zur Entwicklung des Pulmotors: Verschiedene Berichte, SUD BS 36/24-40.

[13] Vgl. Korrespondenz, Berichte und Patente, SUD BS 19/3.

[14] Vgl. die Korrespondenz mit den Bergassessoren, SUD BS 36/41-60.

[15] Niederschrift Bernhard Dräger 1919, SUD BS 19/20.

1903), Rußland (1905), Frankreich (1909), Finnland (1912), sowie Schweden, Polen und Österreich/Ungarn. Eigene Verkaufsbüros besaß man vor dem Krieg in Beuthen (Oberschlesien), Berlin, Dresden und Essen sowie eine Generalvertretung für Österreich und Südosteuropa in Wien.[16] Der Exportanteil am Gesamtumsatz lag in dem Jahrzehnt vor dem Ersten Weltkrieg bei über 40 %.[17] Vor dem ersten Weltkrieg wurden in dem neuen Fabrikgebäude in der Moislinger Allee mehr als 300 Angestellte und Arbeiter beschäftigt, und 1913 erwirtschaftete das Unternehmen einen Umsatz von 2,4 Mio. RM. Die Fertigung in der Fabrik war dabei noch immer weitestgehend von handwerklichen Strukturen geprägt. Eine Serienfertigung war bei der breiten Produktpalette kaum möglich, und in den Werkstätten war der Maschinisierungs- und Technisierungsgrad gering.[18]

Die entscheidende Zäsur in der Unternehmensentwicklung bis zu Heinrich Drägers Übernahme 1928 stellte der Erste Weltkrieg dar, der die Firma in allen Bereichen einem dynamischen Veränderungsprozeß unterwarf. Konnte man in den ersten Kriegsmonaten noch einen relativ normalen Auftragseingang vermerken, veränderte die Entwicklung im zweiten Kriegsjahr die Nachfragesituation grundlegend. Auf Anregung von Fritz Haber kam es im Auftrag des Preußischen Kriegsministeriums in Zusammenarbeit mit den zuständigen Heeresstellen sowie der Kaiser-Wilhelm-Gesellschaft von 1915 an zu Entwicklungsarbeiten, die das deutsche Militär auf einen Gaskampfstoffeinsatz vorbereiten sollten.[19] Dabei war man für die Gasschutzausrüstung von Anfang an auf die Dräger-Atemschutzgeräte, vor allem das im Bergrettungswesen führende Gerät »Dräger-Selbstretter«, angewiesen.[20] Die Nachfrage des Heeres nach den eigentlich für den Bergbau gebauten Atemschutzgeräten nahm 1915 deutlich zu, und im Laufe des Jahres kam es durch die gemeinsamen Forschungsarbeiten von Bernhard Dräger und Fritz Haber zur ersten Entwicklung einer Atemschutzmaske für den militärischen Gebrauch, die zunächst im Drägerwerk und dann in mehreren Fabriken im Reich hergestellt wurde. An der Erfüllung der umfangreichen Heeresaufträge wurde neben anderen vor allem die Berliner Auergesellschaft A.G. maßgeblich beteiligt.[21]

---

16 Niederlassungen: Europa und Deutschland, SUD BÄD V 1-3.

17 Vgl. verschiedene Denkschriften Bernhard Drägers 1919, SUD BS 19/20; Umsatz-Hauptbuch, SUD BÄD I 1.34; Bilanzen 1911-1928, SUD BÄD I 1.21-25.

18 Niederschrift über meine Maßnahmen zum Wiederaufbau des Betriebes im Drägerwerk für die Friedenswirtschaft. Von Dr. Ing. h.c. Bernh. Dräger 5.4.1919, SUD BS 19/10.

19 Vgl. Dietrich Stoltzenberg, Fritz Haber. Chemiker, Nobelpreisträger, Deutscher, Jude, Weinheim 1994, S. 246ff.; Szöllösi-Janze, Haber, S. 340f., 357; sowie die Berichte Bernhard Drägers in den Briefen an seinen Sohn Heinrich, SUD BS 10/10.

20 Vgl. die Erinnerungen von Otto Lummitsch, der mit den Drägers eng befreundet war. Stoltzenberg, Haber, S. 246; Szöllösi-Janze, Haber, S. 414ff. Lummitsch stellte offensichtlich die Kontakte her und arbeitete in verschiedenen Bereichen auch später noch für das Drägerwerk. Vgl. Korrespondenz, SUD BS 15/5.

21 Stellungnahme Dr. Heinrich Dräger zu den Erinnerungen von Otto Lummitsch vom 19.9.1955, MPG, Abtlg. V, Rep. 13, 1445. Schreiben F. Haber an das Drägerwerk vom 25.3.1915, MPG, Abtlg. V,

Gesamtumsatz des Drägerwerks in Tausend RM (1910-1918)[22]

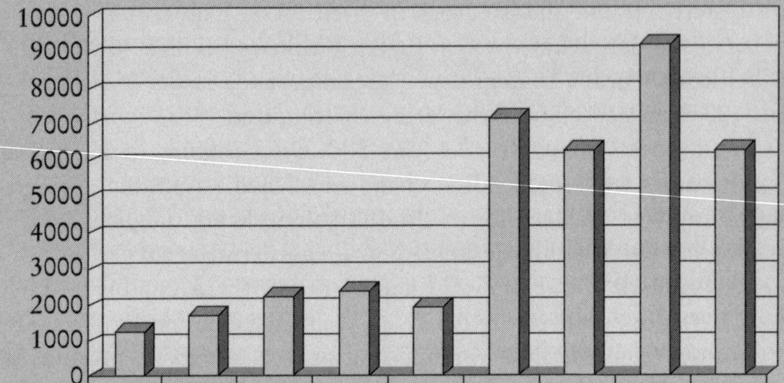

	1910	1911	1912	1913	1914	1915	1916	1917	1918
Umsatz	1325	1725	2225	2402	1980	7240	6311	9266	6365

Für die weitere Entwicklung des Lübecker Unternehmens wurden die Heeresaufträge, die die Vorkriegskapazitäten des Werkes bei weitem überstiegen, entscheidend. Das Berliner Kriegsministerium drängte auf eine Produktionserweiterung und auf den Austausch der Entwicklungsergebnisse der beteiligten Unternehmen. Beide Forderungen setzten das Drägerwerk einer umfassenden Veränderungsdynamik aus. Dabei wandelten sich die unternehmensinternen Strukturen nachhaltig und paßten sich sowohl der Geschäftsexpansion, als auch dem Wandlungsprozeß der makroökonomischen Rahmenbedingungen an. Der Wettbewerb der Branche verlagerte sich zunehmend in die Vorhallen der zuständigen staatlichen Bürokratien, um die Rüstungsaufträge zu erhalten. Zwischen den Konkurrenten kam es dabei immer wieder zu Auseinandersetzungen. Es ging in erster Linie um die Aufteilung der immensen Aufträge des Kriegsministeriums und um die Patentrechte an verschiedenen Teilen der Gasschutzgeräte.[23] Die Wettbewerbssituation spitzte sich im Verlaufe der Entwicklung immer mehr auf die beiden größten Unternehmen – das Drägerwerk und die Auergesellschaft – zu und führte zu massiven Konflikten.[24]

Der Berliner Konzern hatte schon in der Vorkriegszeit versucht, gegenüber dem technologischen Marktführer Dräger Anschluß zu gewinnen. Von 1905 an

Rep. 13, 856 zit. bei Stoltzenberg, Haber, S. 284f.; Anmerkungen und Korrespondenz von Heinrich Dräger, SUD BS 27/5 und SUD BS 11b/9. Dazu Siegfried Francke, Militärchemie, Bd. 1, Militärverlag der DDR, Berlin 1977, S. 346.

22 Quelle: Umsatz-Hauptbuch, SUD BÄD I 1.34.

23 Vgl. die umfangreiche Korrespondenz und Memoranden 1915-1918, SUD BÄD VII 2.20.

24 Vgl. die Verträge und Gerichtsurteile, SUD BÄD VII 2.20.

war die »Gesellschaft für Verwertung chemischer Produkte (GVP)« im Marktsegment Atemschutz für das Drägerwerk eine Konkurrenzfirma. Seit ihrer Übernahme durch den Auerkonzern 1906 arbeitete sie an der Entwicklung eigener Produkte und der Ausnutzung bestehender Patente der Lübecker.[25] Sowohl der regierungsnahe Standort der Auergesellschaft in Berlin als auch die finanzielle Förderung der Kaiser-Wilhelm-Gesellschaft durch den Hauptaktionär und Konzernvorstand der Auergesellschaft – den Geheimen Kommerzienrat Leopold Koppel – machte eine gleichberechtigte Beteiligung an den staatlichen Aufträgen für das Lübecker Drägerwerk von Anfang schwierig.[26] Umsatz und Gewinn der Auer-Tochter waren im Ersten Weltkrieg im Vergleich zu dem Lübecker Familienunternehmen wesentlich höher. Das Drägerwerk spielte in der »special relationship« zwischen »Auer« und »Dräger«, die von nun an die Entwicklung der beiden Unternehmen und die der Branche prägte, die neue und ungewohnte Rolle eines »Juniorpartners«.[27] In zunehmendem Maße bestimmte die Auseinandersetzung mit dem Konkurrenten das Wettbewerbsverhalten und die Strategie des Familienunternehmens. Die besondere Wettbewerbsbeziehung der beiden Firmen wurde durch den engen Markt der Gasschutzgerätebranche – wo neben diesen Konkurrenten in Deutschland kein nennenswerter anderer Betrieb existierte – zusätzlich verstärkt.

Die Massenproduktion der Atemschutzmasken, die 1915 im Drägerwerk anlief, führte insgesamt zu einer umfassenden Expansion des Unternehmens, die den mittelständischen Rahmen und die Struktur erstmals deutlich sprengte. Für die Bewältigung der Aufträge des Kriegsministeriums wurde die Fertigung zu großen Teilen neuorganisiert und moderne Fabrikgebäude errichtet. Die Zahl der Mitarbeiter erhöhte sich von 300 (1914) auf 1500 (1917/18), und der Umsatz stieg von 2,4 Mio. RM im letzten Vorkriegsjahr auf 9,3 Mio. RM (1917).[28] Im Krieg wurde infolge der hochgradigen Konzentration auf die Rüstungsproduktion insgesamt ein Umsatz von 27,4 Mio. RM durch die Heeresaufträge erwirtschaftet. Auch die Gewinne entsprachen dieser Expansion.

Im Kontext der langfristigen Entwicklung bedeutete die Rüstungsproduktion im Weltkrieg *in zwei Aspekten* eine entscheidende Zäsur für das Unternehmen: *Erstens* banden die Rüstungsaufträge Bernhard Dräger und sein Unternehmen immer stärker an den Staat. Dieser wurde mehr als bisher der entscheidende Auftraggeber und darüber hinaus durch die Zusammenarbeit mit öffentlichen Forschungseinrichtungen wie der Berliner Kaiser-Wilhelm-Gesellschaft in einem weiteren Bereich maßgeblicher Partner der Innovationstätigkeit.

---

25 Geschichte der Auergesellschaft von der Gründung im Jahre 1892 bis zum Jahre 1958. Hrsg. von Friedrich Klauer (Technischer Direktor), Auer Berlin (Manuskript im Besitz des Autors), S. 25ff.

26 Vgl. zu den engen Bindungen Koppels an Haber Szöllösi-Janze, Haber, S. 240ff.

27 Verträge, Lizenzen, Abkommen, Drägerwerk-Auer 1915-1918, SUD BÄD VII 2.1; Vertrag über Maskenproduktion, Drägerwerk-Auer 1915, SUD BÄD VII 2.2 und 2.3.

28 Chronik, SUD BS 32/62; Umsatz-Hauptbuch, SUD BÄD I 1.34.

Zweitens führte sie unternehmensintern zu einer Modernisierung der Fertigung – im Sinne einer Massenfertigung mit einem hohen Maschinisierungsgrad – und einer Konzentration der Forschungs- und Entwicklungsarbeit auf den Bereich Atemschutz. Die notwendige Expansion der Fertigung führte dabei zu einer vollkommenen Neugestaltung der betriebsinternen Struktur. So wurden erstmals regelmäßige Besprechungen der leitenden Mitarbeiter, Oberingenieure und Werkstattleiter abgehalten, über deren Ergebnisse Protokoll geführt wurde. Diese wöchentlichen »Betriebskonferenzen« machten eine stärkere betriebsinterne Kontrolle möglich und leiteten die Trennung der Aufgabenbereiche einzelner Abteilungen und leitender Mitarbeiter ein.[29] Betrachtet man die Entwicklung der Unternehmensstruktur insgesamt, kann man eine Bürokratisierung der Verfahren und der Kommunikation beobachten, was angesichts der Expansion einen normalen Prozeß darstellte, der in dem Familienunternehmen traditionelle, rückständige Verwaltungsstrukturen beseitigte. Große Teile der Produktion blieben jedoch weiterhin den Werkstattleitern überlassen und damit außerhalb der bürokratischen Kontrolle durch die Unternehmensleitung.[30] Im Verlaufe des Krieges setzte Bernhard Dräger in dem Unternehmen eine neue Organsationsstruktur durch, indem er die Produktionsbereiche erstmals systematisch in Abteilungen voneinander trennte und eine klare Unterscheidung des Verkaufs von der Fertigung betrieb. Die Konsequenzen dieser Divisionalisierung vermied Bernhard Dräger jedoch. Bis 1926 bestand eine zentrale Entwicklungsabteilung, die erst mit dem Eintreten Dr. Gerhard Stampes als Leiter der neugegründeten »chemischen Abteilung« in funktionale Bereiche unterteilt wurde.[31] Mit der Erweiterung der Anzahl der beschäftigten Angestellten setzte gleichzeitig eine Akademisierung und Professionalisierung der Belegschaft ein.[32]

Unter dem Druck der Rüstungsaufträge wurden darüber hinaus Rationalisierungsbemühungen vorgenommen, im Verlaufe derer das immer noch weitestgehend wie ein größerer Handwerksbetrieb aufgebaute Unternehmen in seiner Fertigungsstruktur und -organisation modernisiert wurde.[33] Die notwendige Massenproduktion von Gasschutzmasken für das Heer führte zu einer nachhaltigen Veränderung von Arbeitsprozessen und den damit verbundenen Arbeits-

---

29 Protokolle der Betriebskonferenzen ab 1916, SUD BS 19/11. Vgl. dazu allgemein: Kocka, Unternehmensverwaltung.

30 Vgl. zu diesen Zusammenhängen die Auseinandersetzungen zwischen Bernhard Dräger und einzelnen Meistern, SUD BS 19/11. Vgl. mit ganz ähnlichen Ergebnissen: Dorothea Schmidt, Massenhafte Produktion? Produkte, Produktion und Beschäftigte im Stammwerk von Siemens vor 1918, Münster 1993, S. 295ff.

31 Chronik, SUD BS 32/62; Dr. Gerhard Stampe (Nachlaß), SUD BS 17/3; verschiedene Berichte der Ingenieursabteilungen, SUD BS 36/40ff.; Bernhard Dräger an Chemische Abteilung des Kriegsministerium (Geheimrat Haber) 20.10.1918, SUD BS 19/10.

32 »Belegschaft«, SUD BS 36/14.

33 Vgl. Chronik, SUD BS 32/62.

bedingungen. Im Verlaufe des Krieges stellte das Drägerwerk insgesamt 4,6 Mio. Atemschutzgeräte her. Dabei wurden nach tayleristisch/fordistischen Prinzipien die Produktionsprozesse erstmals zunehmend unterteilt und die einzelnen Teile eines Endproduktes von spezialisierten Abteilungen hergestellt. Diese Entwicklung führte zu einer zunehmenden Hierarchisierung der Arbeitsprozesse.[34] Die Fertigung wurde unter dem Druck immer größerer Massenaufträge zunehmend technisiert und eine geregelte Serienproduktion für die großen Stückzahlen eingeführt.[35] Dennoch wurden nur Teile der Produktion auf eine Massenfertigung umgestellt; weite Bereiche blieben handwerklich und neben den mechanisierten Arbeitsformen entstanden auch neue Formen von Handarbeit. Der Betrieb blieb auch angesichts dieser Expansion ein familiengeführter.[36]

Bürgerliche Familie, Jugend und Ausbildung – Der Weg zum Unternehmer

Das familiäre Umfeld, in dem Heinrich Dräger aufwuchs, hat er später selbst immer wieder im Rückblick als »behütet« und »glücklich« bezeichnet.[37] In vielerlei Hinsicht verweisen Kindheit, Erziehung und Ausbildung des Unternehmersohnes auf das wohlhabende Wirtschaftsbürgertum der Zeit.[38] Bernhard Dräger hatte 1897 die Arzttochter Elfriede Stange geheiratet, mit der er eine Ehe bis an sein Lebensende 1928 führte. Der Lebensstil der Familie war zur Zeit der Kindheit und Jugend Heinrich Drägers, in den Jahren zwischen Jahrhundertwende und 1925, durch die ökonomische Expansion gekennzeichnet: 1914 baute man eine repräsentative Villa in unmittelbarer Fabriknähe, den sogenannten »großen Finkenberg«, seit 1910 besaß man die größte Yacht in Travemünde, die der Kaiser – der Kronprinz war mehrfach Gast Drägers – zu grüßen pflegte, und der Kauf eines Rittergutes 1918 in Nütschau (Holstein) vervollständigte die Statussymbole eines für diese Klasse typischen Lebensstils.[39] Obwohl man weiterhin in der geräumigen Stadtvilla wohnte, bot der Landsitz der Familie die Aura von adliger Tradition und nicht zuletzt eine Rückzugs-

34 Bernhard Dräger 1919: verschiedene Berichte, SUD BS 19/10.

35 Vgl. Berichte Bernhard Drägers über die Veränderungen durch den Krieg 1919, SUD BS 19/10.

36 Vgl. Berichte über Fertigungsprobleme des Betriebes im Krieg 1919, SUD BS 19/10.

37 Vgl. Rückblicke, SUD BS 10/3. Die langjährige und umfangreiche Korrespondenz Drägers mit seiner Mutter Elfriede drückt diese Erfahrung deutlich aus. Vgl. dieser Briefwechsel zwischen 1911 und 1955, SUD BS-KS.

38 Vgl. dazu Gunilla-Friederike Budde, Auf dem Weg ins Bürgerleben. Kindheit und Erziehung in deutschen und englischen Bürgerfamilien 1840-1914, Göttingen 1994, S. 411ff.

39 Vgl. zur Villa Finkenberg SUD BS 19/6; zu Nütschau SUD BS 2/6; zur Yacht »Elfriede«, der Brigg und den anderen Segel- und Motorbooten von Bernhard Dräger: SUD BS 20/23; vgl. zu diesen Zusammenhängen und der Einordnung: Kaelble, Unternehmer; Wehler, Gesellschaftsgeschichte Bd. III, S. 721ff.

möglichkeit. In Lübeck lebte die Unternehmerfamilie im Umfeld des protestantischen oberen Wirtschaftsbürgertums. Politische Überzeugungen, Mentalität und unternehmerisches Verhalten werden zusammenfassend am besten mit dem Begriff der Staatsnähe gekennzeichnet.[40] Die zunehmende Kooperation des Unternehmens mit öffentlichen Institutionen, vor allem in der Zeit seit der Jahrhundertwende, sowie die größer werdende Abhängigkeit von öffentlichen Auftraggebern schufen eine durch unterschiedliche Motivbündel begründete Unmittelbarkeit dieses Verhältnisses. Diese Staatsnähe fand ihren Ausdruck in unterschiedlichen Bereichen wie der auffallend häufigen Rekrutierung von leitenden Angestellten aus dem Staatsdienst.[41]

Der Unternehmer Bernhard Dräger war ein einflußreicher Bürger der Stadt Lübeck. In zahlreichen regionalen Verbänden und Vereinen war er Mitglied, und in der Handelskammer sowie im Bund der Arbeitgeber bestimmte er industrielle Interessenpolitik maßgeblich mit.[42] Parteipolitisch war er zwar unabhängig, tendierte aber stark zu den Liberalen. Als Eigentümer eines exportorientierten Unternehmens der Fertigwarenindustrie stand er in den großen wirtschaftspolitischen Auseinandersetzungen des Kaiserreichs auf seiten der freihändlerisch orientierten Gruppe innerhalb der Liberalen. Diese Haltung veränderte sich auch in der Weimarer Republik nicht. Auch im Betrieb verhielt sich die Unternehmerfamilie vergleichsweise liberal.[43] Einer der langjährigen Direktoren, erster Inhaber der Gesamtprokura für das Drägerwerk und Vertrauter der Unternehmerfamilie, Wilhelm Haase-Lampe, war schon im Kaiserreich erklärter Sozialdemokrat, was einer engen Zusammenarbeit bei der Leitung der Firma nicht im Wege stand.[44] In diesen Zusammenhang ist auch die ausgeprägte paternalistische Sozialpolitik des Unternehmens einzuordnen, die kontinuierlich seit der Gründung von den Eigentümern betrieben wurde. Die Staatsnähe fand hier ihren Ausdruck in den Bemühungen um eine Befriedung der »industrial relations« des Unternehmens.[45] Lebensstil und Normen der Unternehmerfamilie waren insgesamt von einer Mentalität gekennzeichnet, die sich an der bürokratisierten Staatlichkeit als Konstanten orientierten.

Heinrich Dräger wuchs im Lübecker Elternhaus auf, machte 1916 das Notabitur am »Johanneum«, einem traditionsreichen Lübecker Gymnasium, und folgte einem Gestellungsbefehl in das kaiserliche Heer.[46] In einem Feldartillerie-

---

[40] Für den Begriff und die Einordnung vgl. Wehler, Gesellschaftsgeschichte Bd. III, S. 724.

[41] Vgl. Personalien, SUD BS 32/36.

[42] Vgl. Unterlagen und Berichte Bernhard Drägers und Berichte des Industrieausschusses der Handelskammer sowie der Kaufmannschaft Lübeck, SUD BS 36/17.

[43] Bernhard Dräger: Wie ich seit jungen Jahren für das Wohl meiner Arbeiter eingetreten bin 15.7.1919, SUD BS 19/10.

[44] Vgl. Nachlaß Haase-Lampe, SUD BS 17/4.

[45] Vgl. Chronik, SUD BS 32/62; Berichte Bernhard Drägers 1919, SUD BS 19/10.

[46] Vgl. Lebensläufe, SUD BS 10/3. Sein jüngerer Bruder Bernhard studierte unmittelbar nach dem Abitur Ingenieurwissenschaften. Briefwechsel mit der Mutter Elfriede, ebd. sowie Korrespondenz, SUD KS.

regiment war er zwischen 1917 und dem Kriegsende an mehreren Schlachten der Westfront beteiligt.[47] In Zusammenarbeit mit seinem Vater begutachtete der junge Soldat an der Front die neuen Atemschutzmasken des Drägerwerks und sandte aufgefundene französische und britische Masken mit Verbesserungsvorschlägen nach Lübeck.[48] An der Westfront erlebte der Feldartillerist selbst mehrere schwere französische Gasangriffe und erfuhr die lebensrettende Bedeutung eines funktionsfähigen und einfach handhabbaren Atemschutzes.

Das Kriegsende erlebte Dräger leicht verwundet in einem Lazarett. Im Januar 1919 wurde er als Vizewachtmeister aus der Armee entlassen und immatrikulierte sich zum Sommersemester 1919 an der Universität Braunschweig im Fach Technik. Der Student wurde hier sogleich in die politischen Auseinandersetzungen der Nachkriegszeit und der Demobilmachung verwickelt. Zu Beginn seines ersten Semesters, unmittelbar nach der Entlassung aus der Armee, trat er der Akademischen Burschenschaft »Alemannia« bei. Dadurch war er im Februar 1919 gemeinsam mit anderen Braunschweiger korporierten Studenten in Bremen an der Aufstellung eines studentischen Freikorps beteiligt. Es war zusammengestellt worden, um gegen den Braunschweiger Arbeiter- und Soldatenrat zu kämpfen. An Kampfhandlungen nahm Dräger jedoch nicht teil.[49] Angesichts der nur vorübergehenden Macht der Braunschweiger Räteherrschaft löste sich das studentische Freikorps schon im März in Münster wieder auf, und Dräger trat einem anderen Verband, dem »Landesschützenkorps«, der im Ruhrgebiet operierte, bei.[50] Aus diesem Korps zog er sich – immer noch geschwächt durch die Kriegsverwundung und auf das energische Verlangen der Eltern hin – bald zurück. Nach einem längeren Aufenthalt in einem Lazarett in Münster beschloß er noch im März, das gerade erst begonnene Studium in Braunschweig aufzugeben. Ab Mai 1919 arbeitete er im väterlichen Unternehmen.[51] Kurz darauf zog er jedoch auf ein landwirtschaftliches Lerngut in Mecklenburg. Von November 1919 bis Oktober 1920 war er dort als landwirtschaftlicher Eleve.[52]

Im Wintersemester 1920/21 immatrikulierte er sich in München und studierte ein Semester Physik.[53] Danach arbeitete er auf dem elterlichen Rittergut Nütschau in Holstein als Hofwirtschafter, um schließlich Ende 1921 kurzzeitig das

47 Vgl. Regimentsgeschichte des Feldartillerieregiments No. 108. 1915-1919, Hamburg 1919.

48 Feldpost Heinrich Dräger an Bernhard Dräger 21.4.1918 und 24.4.1918, SUD BS 10/1.

49 Sommersemester-Programm 1919 der akademischen Burschenschaft Alemannia zu Braunschweig, SUD BS 10/1; Heinrich Dräger an Bernhard Dräger 17.3.1919 und Heinrich Dräger an Elfriede Dräger 13.3.1919, SUD BS 10/3. Für den Zusammenhang: Eberhard Kolb, Die Arbeiterräte in der deutschen Innenpolitik 1918-1919, Berlin 1962, S. 326f.; Hans Wenzel, Das Revolutionsjahr 1918/19 in Braunschweig, 1949 (ungedruckte Staatsexamensarbeit der PH Braunschweig).

50 Heinrich Dräger an Bernhard Dräger 17.3.1919 und Heinrich Dräger an Elfriede Dräger 13.3.1919, SUD BS 10/3.

51 Bericht Bernhard Dräger 21.6.1919, SUD BS 19/10.

52 Landgut Klein Lavens, SUD BS 10/3; sowie Korrespondenz, ebd.

53 Lebenslauf, SUD BS 10/3, demnach studierte Dräger hier auch Kulturtechnik, Mechanik und Wärmelehre.

Rittergut Grabow bei Magdeburg als Voluntärsverwalter zu übernehmen. Von Februar 1922 an war er wieder in Kleinlabens in Mecklenburg, seinem vormaligen Lerngut. Darüber hinaus studierte er von 1922 an Agrarwissenschaften mit dem Schwerpunkt Ökonomie an unterschiedlichen Universitäten: erst ein Semester in München, darauf in Kiel und abschließend in Berlin, wo er im Sommer 1924 sein Diplom in Agrarökonomie ablegte und danach an einer Promotion arbeitete.

Die fünf Lebensjahre zwischen Weltkrieg und 1924 waren von Unsicherheit und dem Suchen nach Entscheidungen geprägt. Der Entschluß, als Landwirt und Gutsbesitzer zu leben, entsprach einer Agrarromantik, die bei bürgerlichen Angehörigen der »Frontgeneration« weitverbreitet und mit einer starken Skepsis gegenüber den Auswirkungen der Moderne verbunden war.[54] Für das Bürgertum im deutschen Kaiserreich bedeutete der Erste Weltkrieg eine Herausforderung und zugleich in seiner Wirkung eine zentrale Erfahrung. Sowohl in der Wahrnehmung nationaler Zusammengehörigkeit wie auch in der besonderen politischen gesellschaftlichen Grunderfahrung bildete er die entscheidende Bedingung und den Bezugspunkt derjenigen, die in der Zwischenkriegszeit selbst dazu übergingen, Politik, Wirtschaft und Gesellschaft zu gestalten.[55] Dies hängt neben anderen Faktoren mit der Bedeutung zusammen, die die Veränderungen als politisch nachwirkende Zäsuren lange Zeit hatten.[56] Die zentrale Erfahrungsdimension der jungen Männer bildete das Weltkriegserlebnis und die Nachkriegszeit. Gerade in dieser Zeit sammelte auch Dräger seine ersten entscheidenden politischen und persönlichen Erfahrungen. Lebensgefühl und politisches Weltbild waren in erster Linie von Kriegsende, Revolution und den unruhigen ersten Jahren der Republik gekennzeichnet.

Gemeinsam mit dem Rückzug auf das Landleben und der Entscheidung, als ältester Sohn die Nachfolge im väterlichen Familienunternehmen nicht zu übernehmen, ist nach den unmittelbaren Revolutionswirren auch ein politischer Rückzug zu erkennen. An unterschiedlichen Faktoren wird die Verunsicherung des jungen Mannes deutlich. Offensichtlich bot ihm die Erfahrung der gefestig-

---

54 Vgl. Detlev Peukert, Die Weimarer Republik. Krisenjahre der klassischen Moderne, Frankfurt 1987, S. 25ff.; Ulrich Herbert, Best: Biographische Studien über Radikalismus, Weltanschauung und Vernunft 1903-1989, Berlin 1996, S. 49ff.; Uwe K. Ketelsen, »Die Jugend von Langemarck«. Ein poetisch-politisches Motiv der Zwischenkriegszeit, in: Thomas Koebner u.a. (Hgg.), »Mit uns zieht die neue Zeit«. Der Mythos Jugend, Frankfurt 1985, S. 68-96, S. 73ff.

55 Vgl. Peukert, Weimarer Republik, S. 26; Thomas Nipperdey, Deutsche Geschichte 1866-1918. Machtstaat vor der Demokratie, München 1992, S. 778f.; Hans-Peter Ullmann, Das Deutsche Kaiserreich 1871-1918, Frankfurt 1995, S. 252f; Reinhart Koselleck, Der Einfluß der beiden Weltkriege auf das soziale Bewußtsein, in: Wolfram Wette (Hg.), Der Krieg des kleinen Mannes. Eine Militärgeschichte von unten, München 2. Aufl. 1995, S. 324-344; Koebner, neue Zeit; vgl. auch die Verhandlungen der Sektion des deutschen Historikertages in Berlin 1984: Generationenkonstellationen und Jugendprotest in Deutschland 1890-1933.

56 Das ist an vielen Zusammenhängen erkennbar und in der Korrespondenz Drägers bis zu seinem Lebensende unübersehbar.

ten Rahmenverhältnisse eines Landlebens als Gutsbesitzer einen Ausweg aus den Entscheidungszwängen. Das Landleben bedeutete gegenüber dem Vater, der das klassenbewußte großbürgerliche Verhalten mit der Liberalität eines international geachteten Forschers und Unternehmers verband, eine grundlegende Opposition. Dieser Konflikt drückte sich nicht zuletzt in der traditionellen landwirtschaftlichen Kleidung aus, die Heinrich Dräger trug und mit der er auch auf offiziellen Einladungen und Empfängen seines Vaters, des angesehenen Lübecker Wirtschaftsbürgers, erschien.

Im Mai 1925 heiratete er die Arzttochter Ruth Martha Stubbe und lebte gemeinsam mit ihr als Gutsverwalter auf dem elterlichen Rittergut Nütschau.[57] Hier beschäftigte er sich neben der Betriebsführung mit Studien an einer Dissertation, die sich mit den Möglichkeiten ländlicher Ansiedlung in Schleswig-Holstein auseinandersetzte. Am 27. Dezember 1927 wurde Heinrich Dräger an der Landwirtschaftlichen Hochschule in Berlin in Agrarökonomie zum Doktor rerum politicum promoviert.[58] Durch eine schwere Krankheit des Vaters veränderten sich Drägers Leben und seine Planung jedoch schon 1926 vollkommen. Seit Ende 1926 arbeitete er erneut in der Unternehmensleitung des Familienbetriebs mit, in der mit der zunehmenden Abwesenheit Bernhard Drägers eine schwerwiegende Lücke entstand. Inzwischen wurde sein erster Sohn in Nütschau geboren, und Heinrich Dräger reiste zwischen der Universität in Berlin, dem Gut in Nütschau und dem Betrieb in Lübeck hin und her. Von März 1927 an trat er als ständiger Mitarbeiter in das Lübecker Werk ein. Zunächst war er Stellvertreter des Vaters; mit dessen Tode im Januar 1928 übernahm er die technische Leitung und nach dem Ausscheiden des zuständigen Direktors im Juli auch die kaufmännische Leitung des Unternehmens.

Die Nachfolge des Vaters in der Unternehmensleitung kennzeichnete in Drägers Leben eine entscheidende Zäsur. Der junge promovierte Agrarökonom reagierte erstaunlich flexibel und anpassungsfähig auf die ungewohnte Herausforderung. Umgehend setzte er eigene Akzente in dem Unternehmen. Noch im Herbst 1928 reiste er für drei Monate in die USA und nach Kanada, wo er die Vertretungen und Märkte des Drägerwerks kennenlernte und amerikanische Konkurrenzfirmen besuchte.[59] Zu diesem Zeitpunkt befand sich das Lübecker Unternehmen in einem Konsolidierungsprozeß. Die Entwicklung in der ersten Hälfte der zwanziger Jahre war insgesamt durch eine Erholung von den katastrophalen Auswirkungen der Demobilmachung gekennzeichnet. Das Drägerwerk war wie seine Berliner Konkurrenz von den wirtschaftlichen Problemen des Kriegsendes ernsthaft betroffen, weil die Aufträge des Reichskriegsministe-

[57] Vgl. Chronik, SUD BS 32/62.

[58] Heinrich Dräger, Die Instleute oder Insten in Schleswig-Holstein. Ihre Geschichte, ihre Bedeutung und ihre Entlohnung, Innaugural-Dissertation zur Erlangung der Würde eines Doktors der Landwirtschaft, Langenselza 1927.

[59] Vgl. Chronik, SUD BS 32/62, S. 46f.

riums, auf die man sich während des Krieges in hohem Maße konzentriert hatte, fehlten. In der Zeit von Januar bis September 1919 entstand im Drägerwerk ein negatives Saldo von über einer Million Mark. Der Verlust der internationalen Marktposition und der Patente sowie die Problematik der Konzentration auf die militärische Gassschutzausrüstung offenbarten sich als die entscheidenden Ergebnisse des Krieges für das Unternehmen. Bis zur Mitte der zwanziger Jahre konnte man nominal kaum an die Umsatzgrößen des letzten Vorkriegsjahres anknüpfen.[60] Erst eine relative Stabilisierung ab 1924, nach der Überwindung der Inflation, die man für das Auslandsgeschäft offenbar kaum nutzen konnte, brachte einen Anschluß an die Vorkriegsentwicklung. Vor allem im Export konnte jedoch nur in einigen Produktbereichen eine internationale Wettbewerbsfähigkeit wiedererreicht werden. Die Positionsverluste, die der Erste Weltkrieg auf den Märkten bedeutet hatte, konnten erst Ende der zwanziger Jahre mit technologischen Neuentwicklungen ausgeglichen werden. Als Heinrich Dräger die Unternehmensleitung 1928 übernahm, erwirtschaftete man erstmals in der Nachkriegszeit eine deutliche Umsatzsteigerung und die Fabrik besaß wieder dauerhaft etwa 300 Mitarbeiter.

Nach seinem Eintritt in das väterliche Unternehmen 1926 konzentrierte Dräger sukzessiv die leitenden Funktionen auf sich. Mit dem Tode seines Vaters wurde Elfriede Dräger, die Witwe des Verstorbenen, zunächst Eigentümerin des Unternehmens. Auf den Vorschlag des Hamburger Anwalts der Familie hin gründete die Alleineigentümerin, um sowohl den steuerintensiven testamentarisch vorgesehenen Nacherbenfall als auch eine Schenkung zu Lebzeiten zu umgehen, eine Kommanditgesellschaft, an der außer ihr nur ihr ältester Sohn Heinrich beteiligt war.[61] Im August 1931 wurde der promovierte Agrarökonom Alleineigentümer des Drägerwerks.[62]

60 Berichte Bernhard Drägers an den Hauptausschuß der Industriekammer Lübeck, SUD BS 36/17.

61 Korrespondenz Dr. Ihde mit Frau Elfriede Dräger 1929-1931, SUD BS 36/37.

62 Nach einer Aufstockung der Anteile Heinrich Drägers wurde die Kommanditgesellschaft in eine Offene Handelsgesellschaft umgewandelt, die er durch einen Kauf übernahm. Denkschrift Heinrich Dräger 1960, SUD BS 3/9. Steuerbilanzen der Dräger-Geräte GmbH 1930-1931, SUD BÄD I 2.57.

ERSTER TEIL

POLITIK UND WIRTSCHAFT IN DER KRISE: DRÄGER UND DIE STUDIENGESELLSCHAFT FÜR GELD- UND KREDITWIRTSCHAFT

I. Unternehmerisches Engagement und Wirtschaftspolitik während der Weltwirtschaftskrise: Die Studiengesellschaft für Geld- und Kreditwirtschaft in der öffentlichen Diskussion

1. Die Gründung der Studiengesellschaft für Geld- und Kreditwirtschaft

Über die mentalen Auswirkungen der Weltwirtschaftskrise auf die Weimarer Gesellschaft, insbesondere die Unternehmerschaft, wissen wir bis heute wenig. Man kann jedoch davon ausgehen, daß die Auswirkungen des Krisenbewußtseins auf Verhalten und Mentalität der Unternehmer kaum überschätzt werden können.[1] Als der junge Lübecker Unternehmer Heinrich Dräger im Frühjahr 1931 sein wirtschaftspolitisches Engagement durch Gespräche mit verschiedenen Persönlichkeiten aus seinem Wirkungskreis begann, war dies eine alltägliche Form der unternehmerischen Auseinandersetzung mit der vorherrschenden Krise.[2] So fanden sich unter dem Druck der Depression verschiedene Diskussionskreise und lose Gruppen zusammen, die über die Lage berieten und nach Lösungen suchten.[3] Zunehmend breitete sich gerade nach der Bankenkrise im Herbst 1931 der Wunsch nach einer grundsätzlichen Änderung der Finanz- und Wirtschaftspolitik aus.[4]

Dräger führte im September Gespräche mit dem Berliner Niederlassungsleiter des Drägerwerks, seinem Doktorvater, dem Professor der Agrarökonomie Friedrich Aerobe an der Landwirtschaftlichen Hochschule in Berlin, Prof. Carl Mühlenpfort aus Braunschweig sowie dem Göttinger Privatdozenten Jens Jessen und gründete mit diesen gemeinsam am 31. Oktober 1931 die »Deutsche Gesellschaft für Währungsfragen«. Man zielte, so liest man in der Satzung, auf »die Erforschung von Währungsfragen, um damit den Zwecken der Allgemeinheit zu dienen.«[5] Eine politische Betätigung wurde ausgeschlossen. Treibende Kraft der Gesellschaft war Dräger, der seine Freunde und Kollegen zu dieser Institutionalisierung drängte. Der Lübecker Unternehmer war allerdings offenbar mit dem Erreichten unzufrieden, denn angeregt durch einen Artikel Rudolf Dalbergs in der *Berliner Börsen Zeitung* über Devalvation im September 1931

---

1 Kolb, Weimarer Republik, S. 120.

2 Zu Dräger vgl. Deutsche Wirtschaftsführer. Lebensgänge deutscher Wirtschaftspersönlichkeiten, Bearb. v. Georg Wenzel, Hamburg 1929, S. 485; Reichshandbuch der Deutschen Gesellschaft, S. 343f.; Grotkopp, Grosse Krise, S. 35ff.

3 Vgl. Büttner, Alternativen, S. 245; vgl. dazu auch SUD Bestand BS 23.

4 Vgl. beispielsweise die Schreiben des geschäftsführenden Präsidiumsmitglieds des RDI, Ludwig Kastl, an den Staatssekretär Pünder 14.8.1931 Bundesarchiv (BArch) R 43 I 2372. Zur Position der Wirtschaftsverbände siehe Büttner, Alternativen, S. 246f.; Wolffsohn, Industrie, S. 215.

5 Satzung der Deutschen Gesellschaft für Währungsfragen, SUD BS 22/13.

nahm er Kontakt zu diesem und über ihn zu Wilhelm Grotkopp, dem Herausgeber der Berliner Zeitschrift *Europa Wirtschaft*, auf.[6]

Dalberg sowie Grotkopp gehörten zum Kreis der Berliner wirtschaftstheoretischen »Reformer«, die an den öffentlichen Diskussionen über Alternativen zur Deflationspolitik der Regierung Brüning teilnahmen.[7] Dr. Rudolph Dalberg beschäftigte sich seit dem Ersten Weltkrieg mit Währungsfragen und hatte 1923 an der Überwindung der Hyperinflation als Hauptreferent für Geld-, Kredit- und Finanzwesen im Reichswirtschaftsministerium mitgewirkt.[8] Zudem spielte Dalberg besonders in der zeitgenössischen währungspolitischen Diskussion um die Lösung der Reichsmark vom Goldstandard eine maßgebliche Rolle. Im Reichswirtschaftsministerium hatte er aufgrund der Leistungen während der Inflationsjahre als Währungsspezialist einen hervorragenden Ruf und besaß darüber hinaus aus seiner Tätigkeit im Ministerium Kontakte sowohl zu Reichsbankpräsident Luther wie auch zu dessen Vorgänger Hjalmar Schacht und verschiedenen anderen Ministerialbeamten und Politikern.[9]

Dalberg und Grotkopp kannten sich aus der »Deutsche(n) Liga für Völkerbund«, in der sie beide mitarbeiteten. Grotkopp, Dalberg und Dräger gründeten dann gemeinsam mit Walter Grävell, einem Mitarbeiter Ernst Wagemanns im Statistischen Reichsamt, am 18. November 1931 die »Studiengesellschaft für Währungsfragen«, die dann ab 1932 »Studiengesellschaft für Geld- und Kreditwirtschaft« hieß.[10] Dräger war zu diesem Zeitpunkt stark von den Gedanken des Münchner Publizisten Robert Friedlaender-Prechtl beeinflußt, die dieser in seinem einflußreichen Buch »Wirtschaftswende« im Mai 1931 und der gleichnamigen Zeitschrift äußerte.[11] Im November 1931 schrieb er parallel zu den Ge-

[6] Rudolph Dalberg, Wirtschaftslähmung durch Prinzipien, in: Berliner Börsen Zeitung, 6.9.1931; Dalberg an Dräger 6.11.1931, SUD BS 23/1; Dräger an Dalberg 13.11.1932, ebd.; vgl. Drägers eigener Bericht, in: Bombach, Keynesianismus, S. 315ff., sowie die verschiedenen Darstellungen dieses Kontakts durch Dräger in: SUD BS 23/1 und in dem von ihm selbst im Institut für Zeitgeschichte deponierten Bericht vom 2.3.1953 in: IFZ ZS/A 36/2. Zu diesen Zusammenhängen auch: Grotkopp, Grosse Krise, S. 36.

[7] Vgl. dazu James, Weltwirtschaftskrise, S. 312ff.

[8] Dalberg verfügte neben seinen Verwaltungserfahrungen und seinen Kontakten zur Ministerialbürokratie über hervorragende Verbindungen nach Großbritannien, was sich durch seine internationalen Beziehungen als Berater verschiedener Firmen und Trusts erklärt. Daneben verfaßte Dalberg umfangreiche Veröffentlichungen zu währungspolitischen Fragen im Deutschen Reich, so unter anderem: Deutsche Währungs- und Kreditpolitik 1923-1926, Berlin 1926; zu Dalberg vgl. Reichshandbuch, S. 294; Grotkopp, Grosse Krise, S. 35f.

[9] Paul Beusch/Goetz Briefs/C.A. Fischer (Hgg.), Währungszerfall und Währungsstabilisierung, Berlin 1928, S. 51f.; Dalberg galt als Mittelpunkt der Anhänger einer Devalvation, vgl. Guido Golla, Zielvorstellungen und Auswirkungen der Brüningschen Sparmaßnahmen, Köln 1994, S. 117; Charles P. Kindleberger, Die Weltwirtschaftskrise 1929-1939 (Geschichte der Weltwirtschaft im 20. Jahrhundert Band 4), München 1973, S. 172.

[10] Zu Walter Grävell: vgl. Grotkopp, Grosse Krise, S. 40; Dräger und Bullrich an Grotkopp 23.12.1931, SUD BS 23/36; Bullrich an Grotkopp und Dräger o.D., SUD BS 23/1.

[11] Robert Friedlaender-Prechtl, Wirtschaftswende. Die Ursachen der Arbeitslosen-Krise und deren Bekämpfung, Leipzig 1931; Die Wirtschaftswende (WW). Wochenschrift für deutsche Wirtschafts-

sprächen mit Grotkopp und Dalberg an Friedlaender, der dann auch an den ersten Diskussionen der Studiengesellschaft in Berlin teilnahm. Darüber hinaus finanzierte Dräger von November 1931 an zu großen Teilen Friedlaenders Zeitschrift *Wirtschaftswende*.[12]

Auch mit Jens Jessen, den er schon von den Arbeiten an seiner Dissertation kannte, hatte Dräger seit September 1931 einen regen Austausch über wirtschaftspolitische Fragen.[13] Der Göttinger Privatdozent Jessen bezog für seine Beiträge und Anmerkungen zu Papieren und Denkschriften von Dräger teilweise umfangreiche Honorare.[14] Er arbeitete zu diesem Zeitpunkt schon aktiv im »Studienkreis für sozialwirtschaftliche Probleme« sowie im »Kreis für Weltwirtschaft« mit. Dies waren Foren, die der Wirtschaftspolitischen Abteilung (WPA) der NSDAP unter Dr. Otto Wagener zuarbeiteten.[15] Die WPA war im Januar 1931 bei der Münchner Reichsleitung innerhalb der »Organisationsabteilung II« unter Konstantin Hierl gebildet worden. Ihre Konstituierung als wirtschaftspolitisches Gremium innerhalb der Partei übernahm auf Befehl Hitlers und Betreiben Straßers hin Wagener.[16]

Dräger regte im November/Dezember 1931 die ersten Gespräche der Studiengesellschaft an und lud dazu ein. Für die Aufwendungen der neugegründeten Gesellschaft hatte er zunächst einen Fonds in Höhe von 13000 Reichsmark zur Verfügung gestellt. Geschäftsführer, ausgestattet mit einer monatlichen Aufwandsentschädigung und den Kosten für ein Büro, wurde Grotkopp, der diese Tätigkeit mit seiner journalistischen verband und eine umfangreiche Korrespondenz mit Regierungsstellen, Reformerkreisen und verschiedenen Institutionen, Verbänden und Vereinigungen aus dem Umfeld der wirtschaftspolitischen Diskussion aufnahm.[17] Das Büro wurde in der Potsdamer Straße in Berlin eröffnet, zunächst in loser Bürogemeinschaft mit der Vertretung der »Deutsche(n) Liga für Völkerbund«, mit der man teilweise zusammenarbeitete.[18]

---

erneuerung, Hrsg.: Robert Friedlaender-Prechtl. Programmheft 30.9.1931; vgl. Grotkopp an Dräger 10.12.1931, SUD BS 23/26; dazu auch Barkai, Wirtschaftssystem, S. 54, der sich vornehmlich auf Mitteilungen Drägers ihm gegenüber stützt und keine Unterlagen Drägers oder der Studiengesellschaft eingesehen hat; Grotkopp, Grosse Krise, S. 36 und 42; vgl. zu Robert Friedlaender-Prechtl auch Kroll, Weltwirtschaftskrise, S. 435ff.

12 Dräger an Friedlaender-Prechtl 6.11.1931, SUD BS 23/20.

13 Dräger, Instleute.

14 Jessen an Dräger 27.10.1931, SUD BS 23/20; Ernennung zum a.o. Professor (nichtbeamtet) in Göttingen im Juni 1932, Archiv des Institut für Weltwirtschaft in Kiel, Nachlaß Jessen. Erst im Juli 1933 wird Jessen ordentlicher Professor in Kiel und Direktor des Instituts für Weltwirtschaft, siehe ebd. Entscheidend für diese Zusammenhännge auch der Bericht von Otto Donner, Mitarbeiter Jessens in Kiel. Befragung Otto Donner, RG 260, Folder 1, Box 172 NARA II.

15 Vgl. Aufzeichnungen Wagener IFZ ED 60 Heft 16, S. 999-1034.

16 Vgl. ebd.; sowie die Edition: Henry A. Turner (Hg.), Hitler aus nächster Nähe: Aufzeichnungen eines Vertrauten 1929-1932, Frankfurt am Main 1978 (Hier insbesondere die Bemerkungen des Herausgebers in der Einleitung zum Quellenproblem).

17 Vgl. die umfangreiche Sammlung der Korrespondenz in SUD BS 22, 23 und 24.

18 Informationen verschiedener Auskunfteien über die Studiengesellschaft, SUD BS 22/11.

Liest man die Richtlinien der Studiengesellschaft, die, so Grotkopp, »gewissermaßen als Ersatz für Satzungen anzusehen« sind,[19] werden die Unverbindlichkeit und die Vorsicht bei der Formulierung deutlich: Ziel der »wirtschaftspolitisch neutralen Vereinigung« sei es, so heißt es dort, »für die Erörterung der Probleme der Geld- und Kreditwirtschaft einen neutralen Rahmen zu schaffen.« Man wollte, das ist offensichtlich, allein »Gutachten und Denkschriften (erstellen), die geeignet erscheinen, ein besseres Funktionieren des Geld- und Kreditapparates herbeizuführen und so den Konjunkturverlauf günstig beeinflussen.« »Zu diesem Zweck« sollten »Vortrags- und Diskussionsabende« veranstaltet und wissenschaftliche Untersuchungen durchgeführt werden. Vorsichtig fügte man hinzu, daß zunächst »keine Stellungnahmen zu diesen Vorschlägen« abgegeben werden.[20]

Vergleicht man diese Richtlinien mit anderen Schriften der finanz- und wirtschaftspolitisch der Reichsregierung gegenüber oft dezidiert kritischen Position der Unterzeichner des Dokuments und vor allem Drägers, fällt die Zurückhaltung und Neutralität der »Richtlinien« auf. Man vermißt deutliche Urteile über die Deflationspolitik der Regierung Brüning.

Ganz offenbar war man in der Studiengesellschaft davon überzeugt, daß mit einem politisch zunächst neutralen Forum, das zur Auseinandersetzung einlud, die stark verhärteten Fronten in der zeitgenössischen Debatte eher aufzubrechen wären. Dafür spricht, daß sich Dräger, Grotkopp und Dalberg, obwohl sie wie die anderen Mitglieder der Studiengesellschaft dezidierte Kritiker der Deflationspolitik waren, bis zum Februar 1932 nicht auf ein Programm verständigen konnten.[21] Man einigte sich schließlich darauf, zu den Veranstaltungen jeweils eine eigene Broschüre herauszugeben, und im übrigen Veröffentlichungen der Mitglieder beizulegen oder auf sie zu verweisen. Darauf legten auch die Mitglieder des noch in den ersten Wochen des Bestehens der Studiengesellschaft gebildeten, einladenden Ausschusses Wert. An den Auseinandersetzungen über die Konstituierung und Zusammensetzung dieses Gremiums läßt sich ein Bild der von Dräger, Dalberg und Grotkopp avisierten gesellschaftlichen und politischen Gruppe gewinnen und zudem das breite Interesse an der Tätigkeit der Studiengesellschaft erkennen. Darüber hinaus wird durch die Wahl der Mitglieder die klare wirtschaftspolitische Motivation des Unternehmens auf der einen Seite, aber auch die Problematik eines eindeutigen politischen Engagements auf der anderen Seite deutlich.

So konnte der Präsident des statistischen Reichsamtes und Leiter des Deutschen Instituts für Konjunkturforschung Professor Ernst Wagemann für die Organisation eines Vortrags von John Maynard Keynes, den man in der Studi-

---

19 Grotkopp an Dräger 12.1.1932, SUD BS 22/36.
20 Richtlinien der Studiengesellschaft für Geld und Kreditwirtschaft, SUD BS 22/13.
21 Vgl. Grotkopp an Dräger 12.1.1932, SUD BS 23/36.

engesellschaft zunächst plante, gewonnen werden, jedoch nur unter der Bedingung, »dass vorläufig von dem Anschluß an das Pfund im Programm noch nicht geredet werden sollte«.[22] Von der Zustimmung Wagemanns hatte auch der ehemalige Reichsinnen- und Justizminister sowie Partei- und Fraktionsvorsitzende der DDP bis 1930 Erich Koch-Weser seine Mitarbeit an dem sich konstituierenden Ausschuß abhängig gemacht.[23] Ähnlich vorsichtig verhielt sich zunächst auch der Privatdozent Jens Jessen, der von Dräger noch Anfang November für die Stellung Grotkopps vorgesehen war. Jessen stellte gemeinsam mit Dalberg, der über die nötigen englischen Verbindungen verfügte, den Kontakt zu Keynes her, der jedoch zunächst etwas über die »inviters and any other relevant particulars« des Vortrags wissen wollte.[24]

2. *Öffentliche Wahrnehmung und Wirkung: Die Vorträge Ernst Wagemanns und Werner Sombarts im Frühjahr 1932*

Überblickt man die umfangreiche Literatur zur Weltwirtschaftskrise, fällt auf, daß seit der sogenannten Borchardt-Kontroverse über die »Zwangslagen und Handlungsspielräume« der ganz überwiegende Teil der Forschung sich mit Borchardts Thesen von den zu hohen Löhnen in der Weimarer Republik, der »kranken« Wirtschaft schon vor dem konjunkturellen Einbruch der Weltwirtschaftskrise und von den fehlenden Handlungsspielräumen der Regierung Brüning auseinandersetzt.[25] Während die Forschung zu den Fragen, die Borchardt

---

22 Grotkopp an Dräger 2.12.1931, SUD BS 22/36; zu Wagemann vgl. Reichshandbuch S. 1968; sowie: J. Adam Tooze, Weimar's statistical economics: Ernst Wagemann, the Reich's Statistical Office, and the Institute for Business-Cycle Research, 1925-1933, in: EHR LII (1999), S. 523-543; ders., »Thesen zur Geschichte des IfK/DIW 1925-1945«, DIW Diskussionspapier Nr. 82 (Berlin, 1993); Albert Wissler, Ernst Wagemann. Begründer der empirischen Konjunkturforschung. Mit einem Geleitwort von Ferdinand Friedensburg, Berlin 1954.

23 Ebd., S. 2; vgl. Reichshandbuch S. 966.

24 Jessen an Grotkopp 21.11.1931, SUD BS 22/11; vgl. dazu Büttner, Alternativen, S. 245 mit wichtigen Veränderungen der Interpretation von Barkai.

25 Vgl. in diesem Sinne Claus-Ludwig Holtfrerich, Zur Debatte über die deutsche Wirtschaftspolitik von Weimar zu Hitler, in: VfZ 44 (1996), S. 119-132. Borchardts wichtigste Aufsätze sind: Zwangslagen und Handlungsspielräume in der großen Weltwirtschaftskrise der frühen dreißiger Jahre: Zur Revision des überlieferten Geschichtsbildes (1979); Wirtschaftliche Ursachen des Scheiterns der Weimarer Republik (1980); Zur Frage der währungspolitischen Optionen Deutschlands in der Weltwirtschaftskrise (1980); Trend, Zyklus, Strukturbrüche, Zufälle: Was bestimmt die deutsche Wirtschaftsgeschichte des 20. Jahrhunderts (1976), in dem Sammelband: Knut Borchardt, Wachstum Krisen Handlungsspielräume: Studien zur Wirtschaftsgeschichte des 19. und 20. Jahrhunderts, Göttingen 1982, S. 179; Christoph Buchheim, Michael Hutter, Harold James (Hgg.), Zerrissene Zwischenkriegszeit. Wirtschaftshistorische Beiträge. Knut Borchardt zum 65. Geburtstag, Baden-Baden 1994; Clemens Zahr, Lohnkosten und Lebenslagen zwischen Inflation und großer Krise. Zur Geschichte der Weimarer Lohnbewegung, Diss. München 1993; Albrecht Ritschl, Zu hohe Löhne in der Weimarer Republik? Eine Auseinandersetzung mit Holtfrerichs

seit 1979 an die Wirtschaftsgeschichte der Präsidialkabinette gestellt hat, infolgedessen als außerordentlich elaboriert gelten kann, ergibt sich ein anderer Befund, wenn man die Literatur zur zeitgenössischen Diskussion in der Weltwirtschaftskrise betrachtet. Ursula Büttner, Rainer Meister und Hak-Ie Kim haben darauf hingewiesen, daß es in dieser Diskussion sowohl die theoretischen Bedingungen für eine aktive Konjunkturpolitik als auch die wirtschaftspolitische Kritik bereits gab, die spätere Historiker an der Deflationspolitik übten.[26] Auch wenn die Studie von Hak-Ie Kim die konjunkturpolitische Diskussion 1931 und 1932 in zentralen Bereichen ausführlich untersucht, ist die neuere Literatur zu der wirtschafts- und konjunkturpolitischen Diskussion insgesamt überschaubar.[27] Die Initiativen Drägers und der Studiengesellschaft bilden einen hervorragenden Focus zu ihrer Analyse.

Das frühe Engagement Wagemanns, der schon im November 1931 Gespräche mit Grotkopp führte, ist besonders bemerkenswert, da das von ihm geleitete unabhängige Deutsche Institut für Konjunkturforschung noch im Herbst 1931 ein mehr als vorsichtiges Gutachten zur Frage der Wirtschaftsbelebung unter dem Titel »Die Wege zum Aufschwung« vorgelegt hatte.[28] Wagemann selbst hatte jedoch schon im Oktober des Jahres dem Reichsbankpräsidium seinen (später) sogenannten »Wagemann-Plan« vorgestellt, der für Bewegung in der Debatte sorgte.[29] Er beschäftigte sich angesichts der Bankenkrise und der erfor-

---

Berechnungen zur Lohnposition der Arbeiterschaft 1925-1932, in: GG 16 (1990), S. 375-402. Demgegenüber bemühten sich die Kritiker Borchardts zunehmend, Argumente und Belege für die Ablehnung seiner Thesen in die Debatte zu bringen. Vgl. mit weiteren Nachweisen Holtfrerich, Wirtschaftspolitik, 120ff.

26 Hak-Ie Kim, Industrie, Staat und Wirtschaftspolitik. Die konjunkturpolitische Diskussion in der Endphase der Weimarer Republik 1930-1932/33, Berlin 1997, S. 231ff.; Büttner, Alternativen, S. 238; Rainer Meister, Die Große Depression. Zwangslagen und Handlungsspielräume der Wirtschafts- und Finanzpolitik in Deutschland 1929-1932, Regensburg 1991, S. 396ff.

27 Kim, Industrie; Knut Borchardt, Wege aus der Arbeitslosigkeit: Die Diskussion in Deutschland in den frühen dreißiger Jahren, in: Vierteljahrsheft für Wirtschaftsforschung 1/1984, S. 6-16; ders., Zur Aufarbeitung der Vor- und Frühgeschichte des Keynesianismus in Deutschland. Zugleich ein Beitrag zur Position von W. Lautenbach, in: Jahrbücher für Nationalökonomie und Statistik 197 (1982), S. 359-370; ders./Hans Otto Schütz (Hgg.), Wirtschaftspolitik in der Krise. Die (Geheim)Konferenz der Friedrich List-Gesellschaft im September 1931 über die Möglichkeiten und Folgen einer Kreditausweitung, Baden-Baden 1991; Bombach, Keynesianismus I-III; Claus Dieter Krohn, Wirtschaftstheorien als politische Interessen. Die akademische Nationalökonomie in Deutschland 1918-1933, Frankfurt 1981; ders., Die Krise der Wirtschaftswissenschaft in Deutschland im Vorfeld des Nationalsozialismus, in: Leviathan 13 (1985), S. 311-333; Harald Hagemann, Lohnsenkung als Mittel der Krisenbekämpfung? Überlegungen zum Beitrag der <Kieler Schule> in der beschäftigungspolitischen Diskussion am Ende der Weimarer Republik, in: H. Hagemann, H.D. Kurz (Hgg.), Beschäftigung, Verteilung und Konjunktur. Festschrift für Adolph Lowe, Bremen 1984, S. 97-129; Michael Hudson, German Economists and the Depression of 1929-1933, in: History of Political Economy 17 (1985), S. 35-50.

28 Grotkopp an Dräger 2.12.1931, SUD BS 23/36; vgl. Schneider, Arbeitsbeschaffungsprogramm, S. 40.

29 Ernst Wagemann, in: Wochenberichte des Instituts für Konjunkturforschung, 4. Jg., Berlin 13.7., 20.7. und 28.7.1931 sowie 4.8.1931; dazu Ernst Wagemann, Geld und Kreditreform, (= Staatswissenschaftliche Zeitfragen 1), Berlin 1932; vgl dazu Krohn, Wirtschaftstheorien, S. 159.

derlichen Reform des Geldwesens mit der Inflationsproblematik: Eine defizitäre Kreditpolitik, die er forderte, rufe keinerlei Inflationsgefahr hervor, »sofern man nur die Kredite scharf befristet.«[30] Wagemann wollte nach dem Beispiel Englands die Golddeckung der Währung aufheben und durch verzinsliche öffentliche Anleihen ersetzen, um unter anderem die Finanzierung von öffentlichen Arbeitsbeschaffungsprogrammen zu ermöglichen. Das vorsichtige Taktieren Wagemanns gegenüber der Studiengesellschaft konnte jedoch nicht verhindern, daß es nur vereinzelt Zustimmung, im übrigen aber heftige öffentliche Kritik an seinen Vorschlägen gab.[31] Die Polemik von etablierten Nationalökonomen und Wirtschaftspublizisten wie Albert Hahn, Carl Landauer, Gustav Stolper und Adolf Lampe war massiv.[32]

An der Debatte über den Wagemann-Plan um die Jahreswende 1931/32 konnte man unschwer erkennen, daß eine öffentliche Diskussion über Fragen einer Reform der Finanz- und Wirtschaftspolitik der Reichsregierung aufgrund der spannungsgeladenen innenpolitischen Situation außerordentlich schwierig war. Vor diesem Hintergrund müssen die oft tastenden und taktischen Bewegungen der »Reformer« im Umfeld der Studiengesellschaft in diesem Zeitraum gesehen werden. Um die Jahreswende 1931/32 stießen Vorschläge für eine aktive Konjunkturpolitik bei der Mehrheit der Politiker, der Wirtschaftswissenschaftler sowie der Interessenverbände in Deutschland auf Ablehnung.[33]

Offenbar aus diesen Gründen wollte Dräger die Studiengesellschaft mit einem Vortrag des in Deutschland in der konjunkturpolitischen Debatte stark rezipierten Keynes Anfang Januar erstmals in der Öffentlichkeit präsentieren.[34] Keynes hatte insbesondere in Fragen der Geld- und Konjunkturpolitik einen Namen und wurde in Deutschland wegen seiner Polemik gegen den Versailler

[30] Wagemann, in: Wochenberichte, 4.9.1931; zu Wagemann vgl. Rudolf Regul, Der Wagemann-Plan, in: Bombach, Keynesianismus III, S. 421ff.; vgl. dazu die kritischen Bemerkungen Knut Borchardts, in: Borchardt, Aufarbeitung, S. 359ff.; James, Weltwirtschaftskrise, S. 320f. betont den starken Einfluß Wagemanns auf die Studiengesellschaft.

[31] Vgl. Meister, Große Depression, S. 343ff.; Gerhard Steiger, Die dogmenhistorische Entwicklung der Lehre vom notwendigen Haushaltsdefizit, Meisenheim am Glan 1958, S. 25; Schneider, Arbeitsbeschaffungsprogramm, S. 40; Korsch, Keynesianismus, S. 82; Ries, Finanzpolitik, S. 7; Grotkopp, Grosse Krise, S. 3.

[32] Zustimmend Wilhelm Kord-Ruwisch, Der Wagemann-Plan zur Reform des Geldwesens, in: Der deutsche Oekonomist (DDO), 50. Jg. Nr. 3, S. 77-79, 22.1.1932; sowie: Ein Plan zur Kredit- und Bankenreform. Die Vorschläge Wagemanns, in: Vorwärts, Nr. 33, 21.1.1932; dagegen kritisch: Adolf Lampe, Reform der Notendeckung. Zum Wagemann-Plan, in: DDO, 50 Jg. Nr. 6, 12.2.1932, S. 179-182; Gustav Stolper, Wagemanns Theorien, in: Der Deutsche Volkswirt, 5.2.1932; ders., Wagemanns Reformideen, in: ebd., 12.2.1932; Albert Hahn, Deckungsnebel. Zur Wagemannschen Geld- und Kreditreform, in: ebd., 29.1.1932.; Carl Landauer, Hände weg von der Währung, in: ebd., 3.2.1932; zudem ein Aufruf von 32 Professoren gegen den Wagemann-Plan, veröffentlicht am 9.5.1932 in der Kölnschen Zeitung. Eine Kopie des Briefes befindet sich im Bundesarchiv BArch R 2 14525; sowie: Anti-Wagemann. Drei Kritiken von Carl Landauer, Albert Hahn und Gustav Stolper. Schriftenreihe des Deutschen Volkswirt (DV), Berlin 1932.

[33] Vgl. James, Weltwirtschaftskrise, S. 319f.; Büttner, Alternativen, S. 225ff.

[34] Grotkopp an Dräger 7.12.1931, SUD BS 23/36.

Vertrag aus dem Jahr 1919, die wie andere seiner Schriften ins Deutsche übersetzt worden war, aufmerksam gelesen. Die Reaktionen auf Keynes Schriften über eine Abwertung des Pfundes waren überwiegend zustimmend, und die anschließende Diskussion in den Reformerkreisen in Deutschland wurde in demselben Tenor geführt.[35]

Trotz dieses positiven Umfeldes und trotz der Bemühungen Dalbergs und Jessens sagte Keynes am 21. Dezember 1931 auf Anraten des Nationalökonomen Moritz Julius Bonn ab.[36] Offensichtlich unter dem zunehmenden Einfluß Wagemanns schlug Grotkopp Wagemann als neuen Kandidaten für den Eröffnungsvortrag vor. Der Präsident des statistischen Reichsamtes und Dräger einigten sich noch im Dezember auf Termin und Honorar.[37]

Für den einladenden Ausschuß konnten neben Wagemann und Koch-Weser der Vorstandsvorsitzende der Commerz- und Privatbank Friedrich Reinhart[38], das Vorstandsmitglied der Reichskredit-Gesellschaft-AG und Vorsitzender der Studiengesellschaft zur Finanzierung des Wegebaus Otto Christian Fischer[39], der Professor der Agrarwissenschaften und -ökonomie und Doktorvater von Dräger Friedrich Aerobe, der Vorsitzende der Deutschen Gesellschaft für Öffentliche Arbeiten (Öffa) und der Bau- und Bodenbank Direktor Eberhard Wildermuth,[40] der Bergrat und Rektor der Technischen Hochschule Berlin Prof. Tübben, der Landrat a. D. Bittner, der Bankdirektor und Vorsitzende der Gesellschaft für innere Kolonisation Erich Keup sowie Walter Grävell gewon-

[35] John Maynard Keynes, The Economic Consequences of the Peace, London 1919; deutsch: ders., Die wirtschaftlichen Folgen des Friedensvertrages, München 1920; ders., Die große Krise des Jahres 1930, in: Wirtschaftsdienst 1930/2, S. 2165-216; zur zeitgenössischen Diskussion: Claus Hartwig, Englands schicksalsschwere Entscheidung, in: Europa-Wirtschaft (EW) 1.1.1932, S. 31-37; Wilhelm Röpke, Besprechung von Keynes 'Treatise on Money, in: DV, 25.9.1931, S. 1742-1747. Vgl. dazu George Garvy, Keynes and the Economic Activists in Pre-Hitler Germany, in: Journal of Political Economy 83 (1975), S. 391-405.

[36] Dalberg und Grävell nahmen eine Intervention der Reichsbank an, wie Grotkopp an Dräger schreibt vgl. Grotkopp an Dräger 22.12.1931, SUD BS 23/36; diese Annahme findet sich auch in der Literatur zur Studiengesellschaft so Barkai, Wirtschaftssystem, S. 54; Garvy, Activitists, S. 391; in den Quellen der hier eingesehenen Archive findet sich kein Beleg für diese Annahme. Büttner, Alternativen, S. 245 weist darauf hin, daß in der Marshall Library Camebridge neben der Korrespondenz mit der Studiengesellschaft kein Hinweis auf eine Intervention der Reichsbank zu finden sei.

[37] Vgl. Korrespondenz Grotkopp-Dräger November/Dezember 1931, SUD BS 23/36; Dräger war bereit, Wagemann 2000 Mark als Honorar zu zahlen, wie er Grotkopp am 31.12.1931 mitteilte, vgl. ebd.

[38] Schulz, Von Brüning, S. 614ff. und 986 betont, daß Reinhart schon seit 1931 politisch mit der NSDAP sympathisierte, auch als Mitglied des Wirtschaftsbeirats der Reichsregierung, und unter anderem dem Kepplerkreis angehörte; vgl. dazu auch Henry A. Turner, Die Großunternehmer und der Aufstieg Hitlers, Berlin 1985, S. 297f.

[39] Wenzel, Deutsche Wirtschaftsführer, S. 619; Reichshandbuch, S. 4471; Fischer stand der WPA und der NSDAP nah, spielte bei deren Fühlungnahme zu industriellen Kreisen eine entscheidende Rolle und wurde später neben seiner Vorstandstätigkeit bei der Reichskreditgesellschaft Leiter der Reichsgruppe Banken. Vgl. Barkai, Wirtschaftssystem, S. 47 und Schulz, von Brüning, S. 559.

[40] Eberhard Wildermuth, der spätere Minister in Württemberg-Hohenzollern und Bundesminister für Wohnungswesen, vgl. Grotkopp, Grosse Krise, S. 41.

nen werden.[41] Die Mitglieder stammten aus dem weiteren intellektuellen und geschäftlichen Umfeld Drägers. Insgesamt ist zu konstatieren, daß es sich – mit Ausnahme Wagemanns – bei diesem engeren Kreis der Studiengesellschaft um politisch nicht exponierte Persönlichkeiten handelte, jedoch ausnahmslos um Angehörige der wirtschaftsbürgerlichen Elite, die teilweise unmittelbar – wie Fischer und Reinhart – oder zumindest mittelbar mit den zeitgenössischen konjunkturpolitischen Fragen und Diskussionen konfrontiert waren und über wirtschaftspolitischen Einfluß in verschiedenen Parteien oder Verbänden verfügten.

Wagemann stellte am 1. Februar 1932 vor der Studiengesellschaft seinen Plan unter dem Titel »Geld und Kreditreform als Ausweg aus der Krise« erstmals öffentlich vor.[42] Der Vortrag fand an einem bemerkenswerten Ort statt, im Plenarsaal des ehemaligen preußischen Herrenhauses in der Leipziger Straße in Berlin-Mitte. Die Studiengesellschaft verschickte zu dieser öffentlichen Veranstaltung über 1000 Einladungen und inserierte in den Tageszeitungen.[43] Im unmittelbaren Vorfeld des Vortrags hatte es noch Probleme gegeben, da Wagemann wußte, daß sein Plan vom Reichskabinett innerhalb der nächsten zwei Wochen besprochen wurde. Der Präsident des statistischen Reichsamtes befürchtete, daß sein Vortrag die Ansichten der Reichsregierung negativ beeinflussen könnte.[44] Erst nach Rücksprache mit Regierungskreisen stimmte er den Vorschlägen Grotkopps schließlich zu. Die Befürchtungen Wagemanns waren berechtigt: Sein Plan wurde im Kabinett am 28. Januar 1932 beraten, wobei Brüning betonte, daß die öffentliche Debatte darüber seine Verhandlungen über die Reparationszahlungen erschwert habe.[45] Der Staatssekretär im Reichsfinanzministerium Hans Schäffer notierte über die Diskussion, »Kanzler hat die Einladung der ›Gesellschaft für Geld- und Kreditreform‹ (gemeint ist die Einladung der Studiengesellschaft für Geld- und Kreditwirtschaft für den Vortrag, B.L.) vor sich und erklärt, er komme durch die Wagemannschen Veröffentlichungen in eine schwere Lage. Es wird der Eindruck erweckt, als ob es noch andere Mittel als die Deflationspolitik gebe, um unsere Lage zu bessern (...).«[46]

---

41 Goetz Briefs, in: Magazin der Wirtschaft, 10.10.1931; Walter Grävell und Rudolf Dalberg, Ein Programm der Devalvation, in: DDO, 11.12.1931; Angaben zu den übrigen nach SUD BS 23/36 (Einladender Ausschuß).

42 Einladungen in: SUD BS 23/36.

43 Ebd.

44 Grotkopp an Dräger 7.1. und 12.1.1932, SUD BS 23/36; Kroll, Weltwirtschaftskrise S. 401. Vgl. auch den Briefwechsel zwischen Brüning und Wagemann in BArch R 43/I, 1158, Nr. 60f.

45 Vermerk des Ministerialrats Feßler über eine Besprechung am 28.1.1932, Akten der Reichskanzlei (AdR) Kabinette Brüning, Bd. 3, Nr. 651; Brüning an Dräger 13.9.1954, SUD BS 10/1 Akte I; vgl. Notiz von Staatssekretär v. Bülow über einen Besuch von Francois-Poncet vom 28.1.1932, BArch R 43 I/2438, vgl. auch AdR, ebd., Nr. 653 (Fn.).

46 Tagebucheintragung Schäffers vom 28.1.1932, IfZ ED 93, NL Schäffer, Bd. 17, S. 134; vgl. Einladung der Studiengesellschaft, BArch R 43/I 2438, Bl. 45; sowie Schäffer an Wagemann 28.1.1932, IfZ ED 93, NL Schäffer Bd. 32, Bl. 65-69.

Brüning führte aus, man müsse auf Wagemann »einwirken, daß er den Vortrag (vor der Studiengesellschaft, B.L.) absage.«[47] Auch Reichsbankpräsident Luther sorgte sich um die öffentliche Wirkung des Auftritts des Spitzenbeamten Wagemanns vor der Studiengesellschaft und verlangte gemeinsam mit dem Kanzler am 29. Januar 1932, daß Wagemann wenigstens eine Erklärung abgebe, »daß es sich lediglich um eine wissenschaftliche Arbeit handle, ohne jede Beteiligung der Reichsbank.«[48] Dies erreichte man über Reichswirtschaftsminister Warmbold, den Schwager Wagemanns und Vertrauten der Studiengesellschaft, nachdem sich Luther im Kabinett noch einmal für ein Unterbleiben des Vortrags ausgesprochen hatte.[49]

Wagemanns Vortrag hatte für ein öffentlichkeitswirksames erstes Auftreten der Studiengesellschaft gesorgt. Einem Pressebericht vom März zufolge gab es allein 49 Artikel in deutschen Zeitungen, die »durchweg unter Nennung der Studiengesellschaft veröffentlicht worden sind«.[50] Darüber hinaus kam es neben der schnell wachsenden Korrespondenz der Studiengesellschaft und der umfangreichen Liste der »Freunde und Unterstützer« von verschiedenen Seiten zu Anfragen an den Deutschen Industrie- und Handelstag (DIHT) mit der Bitte, Informationen über die Studiengesellschaft zur Verfügung zu stellen, damit man sie wirksam unterstützen könne.[51] Der DIHT riet nachdrücklich von einer Unterstützung der Studiengesellschaft ab und verschickte im Gegenzug Rundschreiben, worin man gegen die Vorschläge Wagemanns und der Studiengesellschaft Front machte. Dem öffentlichen Interesse an der Studiengesellschaft schadete diese Intervention indes nicht. Für den Vortrag Wagemanns im Herrenhaus waren bei der Studiengesellschaft nahezu 5000 Platzreservierungen bestellt worden.[52]

Nach diesem ersten Vortrag Wagemanns wurde Mitte Februar – den Kontakt stellte Dalberg her – ein Referat von Werner Sombart in der Studiengesellschaft organisiert. Zunächst hatte Dräger versucht, Joseph Schumpeter zu gewinnen. Zu einer Zusage kam es jedoch nicht.[53] Schumpeter hatte ein vielzitiertes Modell zur Überwindung der Krise entwickelt.[54] Sombart, der nur sehr selten öf-

---

47 Vgl. Vermerk Feßler, AdR, a.a.O., Nr. 651.

48 Tagesbericht Luther 29.1.1932, in: Politik und Wirtschaft in der Krise 1930-1932. Quellen zur Ära Brüning. Eingeleitet von Gerhard Schulz, Zweiter Teil, Düsseldorf 1980, S. 1247f.

49 Vermerk Feßler über Chefbesprechung am 29.1.1932 AdR, a.a.O., Nr. 653.

50 Pressestimmen Februar/März 1932, SUD BS 23/12; ein Pressebericht findet sich auch im Nachlaß Luther, BArch Nl. Luther Nr. 339.

51 Vgl. Barkai, Wirtschaftssystem, S. 54.

52 Dräger an Gehlhoff 3.2.1932, SUD BS 23/1 und SUD BS 23/36.

53 Grotkopp an Dräger 17.2.1932, SUD BS 23/36; Dalberg an Dräger 18.2.1932, SUD BS 23/1; zu diesem Kontakt, unter Hinweis auf die Korrespondenz von Grotkopp und Dalberg mit Sombart, auch Friedrich Lenger, Werner Sombart, München 1994, S. 355. Dräger an Gehlhoff 3.2.1932, SUD BS 23/1 und SUD BS 23/36; Tagebucheintrag, 5.4.1932, SUD BS 22/7 Heft 4.

54 Vgl. Joseph Schumpeter, Theorie der wirtschaftlichen Entwicklung. Eine Untersuchung über Unternehmergewinn, Kapital, Kredit, Zins und den Konjunkturzyklus, München/Leipzig 2. Aufl.

fentlich auftrat, hielt in der Studiengesellschaft einen Vortrag über »Die Zukunft des Kapitalismus«, aus dem später die gleichnamige Schrift entstand. Seine Ausführungen waren ein vehementes Plädoyer für Planwirtschaft und Autarkie als Auswege aus der Krise, wobei er eine Reagrarisierung in den Mittelpunkt seiner Forderungen stellte.[55]

Mit Wagemann und Sombart waren zwei engagierte – wenn auch sehr unterschiedliche – Kritiker der Deflationspolitik der Reichsregierung in der Studiengesellschaft zu Wort gekommen. Zusammenfassend läßt sich konstatieren, daß mit der Institutionalisierung des einladenden Ausschusses und der ansteigenden Anzahl von prominenten Mitgliedern der Studiengesellschaft aus Unternehmerkreisen und anderen Gruppen der wirtschaftsbürgerlichen Elite innerhalb kurzer Zeit eine Institution geschaffen worden war, die erheblichen Anteil an der wirtschaftspolitischen und zunehmend beschäftigungspolitischen Diskussion des Jahres 1932 hatte.

3. Arbeitsbeschaffung durch Konjunkturpolitik? Die Diskussionen im Vorfeld der Notverordnungen Brünings

Die Studiengesellschaft gelangte mehr und mehr in das Zentrum der wirtschafts- und konjunkturpolitischen Debatte des Frühjahrs 1932. Unter weitgehender Beachtung der Berliner wie der überregionalen Presse veranstaltete der einladende Ausschuß im März zwei Diskussionsabende zu Fragen der »Deflation, Inflation und Devalvation«.[56] Die einleitenden Referate hielt Dalberg, der im Frühjahr 1932 immer wieder öffentlich eine Reichsmarkabwertung und Lösung von der Goldwährung nach dem Beispiel Großbritanniens forderte und damit viel Beachtung fand.[57] Bei der äußerst kontroversen Diskussion anläßlich der Vorträge Dalbergs stritten Dräger und der Vortragende unter anderem mit den Professoren der Nationalökonomie Adolf Lampe und Albert Hahn, Reichsbankdirektoren und Unternehmern über verschiedene konjunkturpoliti-

1928; vgl. auch die publizistischen Äußerungen des Liberalen: Joseph Schumpeter, Dauerkrise?, in: DV, 25.12.1931, S. 418-422; ders., Weltkrise und Finanzpolitik, in: DV, 4.3.1932, S. 739-742.

55 Vgl. Lenger, Sombart, S. 355; Werner Sombart, Die Zukunft des Kapitalismus, Berlin 1932; Jürgen Backhaus, Werner Sombarts Konjunkturtheorie, in: Bertram Schefold (Hg.), Studien zur Entwicklung der ökonomischen Theorie VII, Berlin 1989, S. 77-98.

56 Vgl. Pressebericht zu dem Vortrag Sombarts mit 14 Auszügen aus Tageszeitungen, SUD BS 23/12.

57 Grotkopp Rechenschaftsbericht Mai 1932, SUD BS 22/10; Rudolph Dalberg, Wirtschaftslähmung durch Prinzipien, Berliner Börsen Zeitung 6.9.1931; ders. u. Walter Grävell, Ein Programm der Devalvation, in: DDO 11.12.1931; ders., England seit der Aufgabe des Goldstandards. Die Währungspolitik im Kampf gegen die Weltkrise, in: Der Internationale Kapitalismus und die Krise. Festschrift für Julius Wolf zum 20.4.1932, hrsg. v. S. v. Kardorff u.a., Stuttgart 1932, S. 315-339.

sche Maßnahmen.[58] Hier zeichnet sich die gesellschaftliche und politische Konstellation ab, die für die Studiengesellschaft in dieser Phase typisch war. So sprachen bei einem auf Drägers Drängen hin von der Studiengesellschaft veranstalteten Vortragsabend über »Die Probleme der Arbeitsbeschaffung und deren Finanzierung« neben dem ersten Vorsitzenden des Volksbundes für Arbeitsdienst, dessen Auftreten Dräger gegen Widerstand im einladenden Ausschuß durchgesetzt hatte, Otto Christian Fischer und Eberhard Wildermuth.[59] Die Auseinandersetzungen um diesen Vortragsabend sowie die Zusammensetzung der Referenten und Diskutanden eröffnen einen Zugang zum Verständnis des umfangreichen intellektuellen und sozialen *Netzwerks* Drägers und der Studiengesellschaft im Jahre 1932.

Unter *Netzwerk* wird hier der Kontakt unabhängig voneinander in verschiedenen gesellschaftlichen Funktionen stehender Angehöriger der sozialen Elite verstanden, der allein zur Erörterung und Durchsetzung ähnlicher politischer und lobbyistischer Ziele oder Vorteile besteht. Auf das Umfeld der wirtschaftspolitischen Diskussionskreise und Organisationen zu dieser Zeit ist in der Forschung verschiedentlich schon hingewiesen worden.[60] Die wirtschafts- und finanzpolitische Debatte, die im Umfeld der Reichsregierung stattfand und diese teilweise unmittelbar beeinflußte, ist vor allem durch die Tätigkeit und die beiden Teil-Gutachten der Brauns-Kommission, die Beratungen des vorläufigen Reichswirtschaftsrates (Wirtschaftsbeirates) und die Beratungen im Umfeld der Konferenz der Friedrich List-Gesellschaft im September 1931 bekannt.[61] Die Stellung der Studiengesellschaft innerhalb dieser nur teilweise öffentlichen Debatte, an der immer wieder dieselben Personen teilnahmen, ist in einem entscheidenden Punkt ungewöhnlich: Hier trafen die Vertreter von Interessengruppen (wie im Reichswirtschaftsrat) aufeinander, sprachen unmittelbar mit Politikern (wie bei der Geheimkonferenz der List-Gesellschaft) und setzten sich zudem mit Unternehmern, Journalisten *und* Wissenschaftlern auseinander. Auf

[58] Vgl. Bericht über den Dalberg-Diskussionsabend 17.3.1932, SUD BS 23/14; dazu Dalberg, Die Deflation am Ende. Und was nun?, in: Bank-Archiv XXXI., Nr. 11 vom 1.3.1932; zu Lampes Position: Adolf Lampe, in: Der Deutsche Oekonomist 15.4.1932, vgl. Grotkopp, Grosse Krise, S. 111; Hahns Position war umstrittener, er war aber einer der Unterzeichner der Anti-Wagemann-Erklärung im Deutschen Volkswirt vom 9.3.1932; vgl. zu Hahn auch James, Weltwirtschaftskrise, S. 319f.

[59] Vgl. Bericht und Presseerklärung der Studiengesellschaft zu der Veranstaltung am 29.4.1932, SUD BS 23/36.

[60] Eine systematische Darstellung dieser Diskussionen steht bisher aus. Knapp die Diskussion zusammenfassend Borchardt, Wege, S. 6-16; Büttner, Alternativen, S. 223ff.

[61] Vorgänge und Gutachten, BArch R 43 I 2039; vgl. dazu Schulz, Brüning, S. 328f.; Michael Grübler, Die Spitzenverbände der Wirtschaft und das erste Kabinett Brüning. Vom Ende der Großen Koalition 1929/39 bis zum Vorabend der Bankenkrise 1931. Eine Quellenstudie, Düsseldorf 1982; Karl Dietrich Bracher, Die Auflösung der Weimarer Republik. Eine Studie zum Problem des Machtverfalls in einer Demokratie, 4. Aufl. Villingen 1964, S. 439; Borchardt/Schütz, (Geheim) Konferenz.

ihren Foren kamen während der zunehmend polarisierten und radikaleren wirtschaftspolitischen Auseinandersetzungen auf dem Höhepunkt der Weltwirtschaftskrise unterschiedliche Vertreter politisch und gesellschaftlich relevanter Interessengruppen zusammen. Studiert man die Diskussions- und Teilnehmerlisten der Veranstaltungen, so finden sich Unternehmer neben Bankiers, Ministerialbeamten und Wirtschaftswissenschaftlern, Mitarbeitern der industriellen Spitzenverbände, der bürgerlichen, konservativen und nationalistischen Parteien und Verbände – auch der NSDAP – sowie der Gewerkschaften und Sozialdemokratie.[62]

Diese Konstellation eines Braintrusts, der neben seiner öffentlichen Wirkung über politische Kontakte und Einfluß verfügte und den gesellschaftlichen Interessengruppen als Forum der Auseinandersetzung diente, ist das Besondere an der Studiengesellschaft im Spannungsfeld der wirtschaftspolitischen und wirtschaftswissenschaftlichen Auseinandersetzung der Jahre 1931-1933.[63] Gerade in der für die Jahre 1931-1933 typischen undurchsichtigen Zusammensetzung aus Verbänden, Parteien und Organisationen mit ihren zahlreichen Beiträgen zur Frage der wirtschafts- und finanzpolitischen Reformen bietet die Studiengesellschaft damit einen hervorragenden Focus, um die Diskussion auf der einen und die oft diskutierten Ergebnisse der politischen Interventionen dieser Kreise auf der anderen Seite zu analysieren. Dabei wird in der Studiengesellschaft ein Netzwerk sichtbar, das die unterschiedlichen politischen und gesellschaftlichen Kreise zusammenführte.

Hierbei müssen *drei Bereiche* unterschieden werden: Da ist zunächst der engste Kreis der Mitglieder, der im wesentlichen aus dem einladenden Ausschuß sowie einigen weiteren Protagonisten bestand, auf die noch einzugehen sein wird. Hier diskutierte man die wirtschaftspolitischen Vorschläge, beurteilte die Publikationen anderer, beschloß, an wen man näher herantreten sollte, tauschte die Manuskripte zum gegenseitigen Lesen vor der Veröffentlichung aus, unterstützte mit den Mitteln der Studiengesellschaft, d.h. vor allem Drägers, verschiedene Schriften und diskutierte das strategische Vorgehen für die nächsten Veranstaltungen sowie das Vorgehen bei der politischen Einflußnahme. Der zweite Bereich hängt eng hiermit zusammen: Die Versuche der politischen Intervention. Liest man die im Mai als Verteiler fertiggestellte Liste der »Freunde der Studiengesellschaft«, die 250 Einträge umfaßt und durch Eintragungen bei Vorträgen oder durch Anfragen entstanden ist, so überrascht das breite Spektrum von politischen Entscheidungsträgern, Verbandsvertretern und Partei- und Gewerk-

[62] Auf diesen besonderen Aspekt verweisen im Ansatz schon Lenger, Sombart, S. 355; Grotkopp, Grosse Krise S. 41; Wolffsohn, Industrie, S. 301ff.; Barkai, Wirtschaftssystem, S. 52ff.

[63] Vergleichbar mit den Diskussionen in der Studiengesellschaft waren allein die der (Geheim)Konferenz der Friedrich List-Gesellschaft, wobei hier keine Öffentlichkeit hergestellt wurde, so auch Schäffer an Grotkopp 18.8.1953, IFZ ED 93 Nr. 46.

schaftspolitikern.[64] Auf dieser Ebene – gewissermaßen der *Lobbyarbeit* – wurde versucht, durch Schriften, Einladungen, Empfehlungen und Gespräche eine Verbreitung der wirtschaftspolitischen Vorschläge und Ideen der Studiengesellschaft zu erreichen. In der Korrespondenz der Studiengesellschaft finden sich bemerkenswerte Reaktionen unterschiedlichster Funktionsträger auf diese Einflußnahme. Schließlich muß als dritter Bereich das teilweise massive politische Engagement der Studiengesellschaft ab dem Sommer 1932 analysiert werden.[65]

Wenn man mit Hilfe dieser analytischen Differenzierung das Engagement der Studiengesellschaft untersucht, fällt auf, daß auf den Veranstaltungen über Arbeitsbeschaffung und deren Finanzierung im Mai des Jahres neben den Hauptrednern vom April mit Wilhelm Eggert, Franz Spliedt und Bruno Bröcker erstmals drei maßgebliche Redner des Allgemeinen Deutschen Gewerkschaftsbundes (ADGB) auf der Wortmeldungsliste standen, die vorab über den Verteiler und in der Presse veröffentlicht wurde. Eggert hatte im April in enger Anlehnung an den WTB-Plan einen eigenen Vorschlag veröffentlicht, der eine Kreditexpansion in Höhe von zwei Milliarden Mark vorsah.[66] Neben den Gewerkschaftern sprach der Ministerialdirektor im Reichsarbeitsministerium Oskar Weigert. Dräger hatte mit dem sozialdemokratischen Agrarexperten Fritz Baade und Fritz Tarnow vom ADGB zwei Mitverfasser des WTB-Plans vorgeschlagen und darüber hinaus den Oberregierungsrat im Reichswirtschaftsministerium Wilhelm Lautenbach und Erich Lübbert eingeladen.[67] Lübbert, der zugleich Wirtschaftsberater des Stahlhelm und Generaldirektor der Berliner AG für Verkehrswesen war, hatte Kontakt zu verschiedenen Kreisen der politischen Rechten, unter anderem der Nationalsozialisten, wie z. B. zu Gregor Straßer. Daneben war er ein Vertrauter des späteren Reichskanzlers Schleicher.[68] Die Vorsichtigeren in der Studiengesellschaft, Wagemann, Dalberg und Grotkopp, rieten von dem politisch exponierten Lübbert ab, Tarnow und Baade sagten ab, und Lautenbach hielt sich bedeckt, sprach aber in den Diskussionen, ebenso wie der Statistiker der Gewerkschaften und führende Kopf des WTB-Plans Wladimir Woytinsky.[69]

---

[64] Freunde der Studiengesellschaft (Liste), SUD BS 23/12.

[65] Vgl. Dräger an Grotkopp 15.7.1932, SUD BS 23/36; Grotkopp an Dräger 8.9.1932, ebd.; Dalberg an Dräger Juni 1932, SUD BS 23/1.

[66] Vgl. Grotkopp an Dräger 7.5.1932 (Diskussionsabend 9.5.1932), SUD BS 23/36; Wilhelm Eggert, Die Notwendigkeit der Arbeitsbeschaffung, in: Gewerkschafts Zeitung (GZ) Nr. 17 vom 23.4.1932, S. 261-264. Der WTB-Plan war das Arbeitsbeschaffungsprogramm des ADGB, das nach seinen drei Autoren Woytinsky, Tarnow und Baade benannt war.

[67] Dräger an Grotkopp 6.4.1932. Vorschlag für Diskussionsabend, SUD BS 23/36; vgl. dazu Schneider, Arbeitsbeschaffungsprogramm, S. 93ff.; zu Lübbert vgl. Reichshandbuch, S. 1158; sowie Neue Deutsche Biographie, Bd. 15, S. 439f.

[68] Aktennotiz von L. Erdmann vom 29.8.1932, abgedruckt in: Hannes Heer, Burgfrieden oder Klassenkampf. Zur Politik der Sozialdemokratischen Gewerkschaften 1930-33, Neuwied und Berlin 1971, S. 161f.; Reichshandbuch, S. 1059; Grotkopp, Grosse Krise, S. 279; Schneider, Arbeitsbeschaffungsprogramm S. 147.

[69] Grotkopp an Dräger 22.10.1932, SUD BS 23/36.

Schon in den Vorbereitungen zu den Veranstaltungen im April/Mai wurden die Konfliktlinien innerhalb der Studiengesellschaft deutlich, die sich während der Projekte im Sommer verhärteten. Während Dräger auf eine deutliche Stellungnahme der Studiengesellschaft für ein Programm von *direkten* Arbeitsbeschaffungsmaßnahmen und einer Finanzierung mittels Kreditausweitung durch die Reichsbank drang, blieben Grävell, Wagemann und Dalberg, schon mit Rücksicht auf ihre Rollen in der Ministerialbürokratie, bei einer von politischer Zurückhaltung geprägten Position. Dalberg und Wagemann argumentierten, daß eine klare politische Linie im Wahlkampf zu den Reichstagswahlen im Juli, der sich im Frühjahr 1932 schon abzeichnete, die Möglichkeiten der Beeinflussung gerade der konservativen Parteien und Entscheidungsträger einschränken würde.[70] Vor dem Hintergrund der Kabinettsberatungen der Reichsregierung über ein Arbeitsbeschaffungsprogramm im April 1932[71] sowie des Krisenkongresses der Gewerkschaften im April wurde zunehmend deutlich, welche politische Brisanz die Auseinandersetzungen in der Studiengesellschaft zu diesem Zeitpunkt hatten.[72]

Es ist auffällig, daß mit Wildermuth vom Vorstand der Gesellschaft für öffentliche Arbeiten (Öffa) und Otto Christian Fischer vom Vorstand der Reichskredit-Gesellschaft-AG und der Gesellschaft für die Finanzierung des Straßenbaus zwei Hauptakteure des Brüningschen Arbeitsbeschaffungsprogramms in der Studiengesellschaft auftraten, die auch weiterhin die Pläne der Reichsregierung mitgestalteten.[73] Insbesondere Wildermuth war im Rahmen des Vorstandes der Öffa maßgeblich an den Finanzierungsvorstellungen des Programms von Reichswirtschaftsminister Dietrich beteiligt, das im April im Kabinett diskutiert wurde. In den nächsten Wochen wurden bei den Beratungen der neuen Regierung Papen wiederum öffentliche Arbeiten projektiert und mit der Öffa verhandelt.[74]

Doch auch Otto Christian Fischer hatte sich über die Reichskredit-Gesellschaft-AG gemeinsam mit Wildermuth schon seit 1930 immer wieder mit den Fragen der Finanzierung von Arbeitsbeschaffungsprogrammen beschäftigt.[75]

---

70 Vgl. Dräger an Grotkopp 6.4.1932 Vorschlag für Diskussionsabend, SUD BS 23/36; Dietmar Petzina, Hauptprobleme der Deutschen Wirtschaftspolitik 1932/33, in: VfZ 15 (1967), S. 18-55, 21ff.

71 Vgl. Protokoll der Ministerbesprechung vom 12.4.1932 mit Anlage, BArch R 43 I, 2085; dazu insbesondere Schneider, Arbeitsbeschaffungsprogramm, S. 183f.; Grotkopp, Grosse Krise, S. 154; Henning Köhler, Arbeitsbeschaffung, Siedlung und Meliorationen in der Schlußphase der Regierung Brüning, in: VfZ 17 (1969), S. 276-307 (283).

72 Dräger an Grotkopp 22.4.1932, SUD BS 23/36; vgl. Meister, Depression, 388ff.

73 Grotkopp, Grosse Krise, S. 154ff.; Schneider, Arbeitsbeschaffungsprogramm, S. 183; Fischer hatte darüber hinaus einen guten Kontakt zu Luther, vgl. dessen Tagesberichte, zum Teil abgedruckt in: Politik und Wirtschaft.

74 Vgl. dazu die Korrespondenz von Reichsministerium der Finanzen und Öffa im Juni, BArch R 2 18647; Schneider, Arbeitsbeschaffungsprogramm, S. 193; Petzina, Hauptprobleme, S. 24; Wolfram Fischer, Deutsche Wirtschaftspolitik 1918-1945, 3. Aufl. Opladen 1968, S. 57; Anlage an Oberregierungsrat Prause mit Informationsmaterial zur Öffa 8.9.1930 BArch R 2 18615.

Wie Wildermuth und Fischer zu den in der Diskussion der Studiengesellschaft vermehrt geäußerten Forderung nach einer »umfassenden Kreditausweitung« standen, bleibt in der Presseerklärung und dem Bericht Grotkopps über die Veranstaltungen, auf denen die beiden Vorstandsmitglieder der Öffa sprachen, unklar.[76] Sicherlich war es jedoch kein Zufall, daß die Öffa vor allem Wasser- und Straßenbaumaßnahmen vornehmen lassen wollte und damit Projekte, wie sie in der Studiengesellschaft zunehmend diskutiert worden waren.[77] Die Frage der *Finanzierung* von Arbeitsbeschaffungsprogrammen wurde von Dräger, Wildermuth und Fischer zunehmend in den Mittelpunkt der Diskussionen in der Studiengesellschaft gebracht.[78] Im Vorfeld der Notverordnungen der Regierung Brüning war dies eine der entscheidenden politischen Fragen, da sich die Regierung, gegen den Widerstand von Teilen der Unternehmerschaft, durch den Reichsarbeitsminister Stegerwald im Frühjahr grundsätzlich für die Notwendigkeit auch *direkter* Arbeitsbeschaffungsprogramme ausgesprochen hatte.[79] Innerhalb der industriellen Verbände waren diese beschäftigungspolitischen Fragen äußerst umstritten. Eine Differenzierung dieser Positionen nach der jeweiligen Branchenzugehörigkeit oder Unternehmensgröße vorzunehmen, ist außerordentlich schwierig.[80] Insgesamt ist trotz einer zeitweiligen gewissen Öffnung der Positionen des Reichsverbandes der Deutschen Industrie (RDI) und des DIHT bis auf Ausnahmen eine ablehnende Haltung gegenüber einer aktiven Konjunkturpolitik zu konstatieren. Diese Position war jedoch nie einheitlich. Einzelne Unternehmer, die sich zu beschäftigungspolitischen Fragen im Sinne der Studiengesellschaft äußerten, wurden in den industriellen Spitzenverbänden jedoch oft isoliert und fanden so zur Studiengesellschaft.[81] Darüber hinaus hatte im Februar 1932 die konkrete Diskussion über das Problem der Arbeitsbeschaffung im Reichswirtschaftsrat begonnen, und auch hier bestand gerade in der Frage der Finanzierung keine Einigkeit.[82] Da Teile des personellen

---

75 Aktenvermerk Wildermuths vom 7.11.1932 über eine Besprechung am 6.11.1930, BArch R 2 18614; zu den Verbindungen Wildermuth-Fischer auch die Anlagen der Öffa an Poerschke (RdF) 28.6.1932, BArch R 2 18616.

76 Dräger an Grotkopp 22.4.1932, SUD BS 23/36.

77 Vgl. das Protokoll der 7. Sitzung der Aufsichtsrates der Öffa am 1.7.1932, BArch Nl Kastl 37 Nr. 97-106, 110-114 und Nr. 116-130.

78 Dräger an Grotkopp am 6.4.1932, 11.4.1932, 19.4.1932, SUD BS 23/36.

79 »Stegerwald auf neuem Gleis«, in: Deutsche Bergwerks Zeitung Nr. 104, 4.5.1932; vgl zur Haltung der Industriellen: Czichon, Wer verhalf, S. 39; differenzierender und quellenkritisch: Reinhard Neebe, Großindustrie, Staat und NSDAP 1930-1933. Paul Silverberg und der Reichsverband der Deutschen Industrie in der Krise der Weimarer Republik, Göttingen 1981, S. 109ff.; Schneider, Arbeitsbeschaffungsprogramm, S. 176f.

80 Vgl. Michael Wolffsohn, Banken, Bankiers und Arbeitsbeschaffung im Übergang von der Weimarer Republik zum Dritten Reich, in: Bankhistorisches Archiv 3 (1977), S. 54-70; ders., Industrie, S. 370ff.; Büttner, Alternativen, S. 246f.

81 Vgl. Wolffsohn, Industrie, S. 304ff.; Büttner, Alternativen, S. 247.

82 Hebung der Produktion durch Arbeitsbeschaffung. Gutachten des Reichswirtschaftsrates (von W. Woytinsky), in: GZ Nr. 14 vom 2.4.1932 S. 209ff.; vor allem zu der Auseinandersetzung um

Umfeldes der Studiengesellschaft Mitglieder im Reichswirtschaftsrat und Berater in den entscheidenden Ministerien waren, waren die Gespräche und Diskussionen in der Studiengesellschaft, die meist parallel zu denen in den politischen Gremien liefen, von erheblicher politischer Bedeutung.

In den beschäftigungspolitischen Vorschlägen und Diskussionen ging es um die Frage, ob direkte oder indirekte Arbeitsbeschaffungsmaßnahmen des Staates zu bevorzugen seien. Die Idee, öffentliche Mittel für beschäftigungspolitische Maßnahmen einzusetzen, also »Arbeitsbeschaffungsmaßnahmen« durchzuführen, war schon vor der Weltwirtschaftskrise bekannt.[83] Als »Arbeitsbeschaffungsmaßnahmen« werden im folgenden alle ordnungs-, wirtschafts-, finanz-, sozial- und allgemeinpolitischen Instrumente verstanden, die durch öffentliche Investitionen zur Überwindung der Arbeitslosigkeit beitragen.[84] Dabei werden direkte Maßnahmen, die primär der Einstellung von Arbeitslosen dienen und daher eher sozialpolitischer Motivation sind, von indirekten oder mittelbaren unterschieden, die den wirtschaftspolitischen Ansatz haben, vor allem die unternehmerische Initiative anzuregen.[85] Diese Trennung nach dem Ansatz der Maßnahmen war schon in der zeitgenössischen Diskussion bekannt.[86] Insgesamt verfolgten die Projekte ein Konzept der Arbeitsbeschaffung, bei dem der Staat durch die Vergabe von öffentlichen Aufträgen mithilfe von antizyklischem »deficit-spending« die Initiative ergreifen sollte, um die Wirtschaft zu beeinflussen und Beschäftigungsimpulse zu erreichen.

Arbeitsbeschaffungsprogramme und ihre Finanzierung wurden – forciert durch die Rundfunkansprache des Gewerkschafters Leiparts vom Februar 1932, die Resolution des Bundesausschusses des ADGB vom 16. Februar, den Krisenkongreß im April des Jahres sowie die Auseinandersetzungen innerhalb des Kabinetts Brüning – mehr und mehr zu der zentralen wirtschaftspolitischen Frage in den öffentlichen Debatten im Frühsommer 1932.[87] Die Reichsregierung wurde in zunehmendem Maße genötigt, zur Frage der Beschäftigungspolitik Stellung zu beziehen.

---

mittelfristige und langfristige Kreditaufnahme im Reichswirtschaftsministerium vgl. Schneider, Arbeitsbeschaffungsprogramm, S. 180f.; Köhler, Arbeitsbeschaffung, S. 280; zum Reichswirtschaftsrat: Bracher, Auflösung, S. 439.

[83] Vgl. Alfred Müller-Armack, Art. »Konjunkturforschung und Konjunkturpolitik«, in: Handwörterbuch der Staatswissenschaften, 4. Aufl., Ergänzungsband, Jena 1929, S. 627; Eduard Düll, Art. »Arbeitsbeschaffung« in: Handwörterbuch der Rechtswissenschaft, Bd. VIII (Rechtsentwicklung der Jahre 1935/36), Berlin 1936, S. 32.

[84] Vgl. Wolffsohn, Industrie, S. 17.

[85] Marcon, Arbeitsbeschaffungspolitik, S. 11f.

[86] Ausarbeitung des Reichsverkehrsministers (Treviranus) über Arbeitsbeschaffung an den Staatssekretär der Reichskanzlei 19.3.1932, BArch R 2 18646.

[87] Theodor Leipart, Entschiedene Außenpolitik, Tatkräftige Wirtschaftspolitik (Rundfunkvortrag), in: GZ Nr. 6 vom 6.2.1932 S. 81-83; zum ADGB: Schneider, Arbeitsbeschaffungsprogramm, S. 172ff;zur Kabinettsdiskussion: Schulz, von Brüning, S. 646.

Die scharfen Auseinandersetzungen über die Maßnahmen zur Bekämpfung der Krise spiegelten sich auch in den Reaktionen auf das Engagement der Studiengesellschaft wieder. So hatte der Vorsitzende des Holzarbeiterverbandes Fritz Tarnow, der zugleich Mitglied im Bundesausschuß des ADGB war, die Einladung zu dem Diskussionsabend der Studiengesellschaft abgesagt, da er, wie Grotkopp von Woytinsky erfuhr, die Studiengesellschaft für eine »inflationistische Organisation« hielt.[88] Darüber hinaus erklärte Woytinsky Grotkopp, daß er für eine Kooperation im Rahmen einer Diskussion mit der Studiengesellschaft bereit sei, einer gemeinsamen Publikation oder weitergehender Zusammenarbeit jedoch skeptisch gegenüber stehe, da er gerade die von Dalberg vertretenen Gedanken der Devalvation für gefährlich halte. Woytinsky und Grotkopp hatten seit Ende 1929 Kontakt, und der Statistiker der Gewerkschaften hatte mehrere Beiträge in Grotkopps Zeitschrift *Europa-Wirtschaft* geschrieben.[89] Hier wird ein zentrales Problem der Studiengesellschaft offenbar, das sich in internen Diskussionen wie auch in der Wirkung auf die Öffentlichkeit stellte: Durch den Anspruch der politischen Neutralität und Ungebundenheit hatte man zwar in der stark polarisierten und polemischen Debatte den Vorteil, als Forum von allen Seiten genutzt zu werden, es bestand aber auch die Gefahr, in der Intention mißverstanden zu werden. So ist die Begründung der Tarnowschen Absage nur das eine Extrem, während umgekehrt auch angenommen wurde, daß die Studiengesellschaft eine propagandistische Vereinigung der Reichsbank sei.[90]

Überwiegend jedoch wurde die Studiengesellschaft in der Presse und der Öffentlichkeit in dieser Frühphase als eine für eine alternative Wirtschaftspolitik der Reichsregierung eintretende Organisation dargestellt und wahrgenommen. Auf ihren Diskussionsabenden kam »der Skeptiker (...) neben dem Theoretiker« zu Wort.[91] In den Verlautbarungen der Studiengesellschaft wird das Bemühen deutlich, die prinzipielle Neutralität der Gesellschaft zu wahren, auch wenn sich in der Diskussion insgesamt abzeichne, »daß Arbeitsbeschaffung eine politische Notwendigkeit sei.«[92] In der so umstrittenen Frage der Finanzierung blieb man unentschieden. Dies war sicher nicht im Sinne Drägers, der sich zu dieser Zeit schon mehrfach deutlich für eine »Kreditschöpfung« zur Finanzierung von Arbeitsbeschaffungsmaßnahmen, wie sie unter anderem im WTB-Plan des ADGB vertreten wurde, ausgesprochen hatte.

---

88 Grotkopp an Dräger 25.4.1932 (Ladendorf), SUD BS 23/36.

89 Ebd.; W. Woytinsky, Europa an der Schwelle zweier Geschichtsphasen, in: Europa-Wirtschaft (EW)1, Februar 1930, S. 15-25; ders., Der Zusammenschluß Europas und der soziale Fortschritt, in: EW 9, September 1930, S. 397-404; ders., Internationale Arbeitsbeschaffung, in: EW 24, Januar 1932, S. 18-26.

90 Grotkopp an Dräger 11.5.1932, SUD BS 23/36.

91 Bericht und Presseerklärung, SUD BS 23/36; so auch: Gustav Stolper, Wagemanns Theorien, in: DV, Nr. 19, 5.2.1932, S. 607-609; ders., Arbeitsbeschaffung, in: DV, Nr. 21, 19.2.1932, S. 671-674.

92 Bericht und Presseerklärung, SUD BS 23/36, S. 2.

Nach der Vortragssaison im Frühjahr 1932 liefen auf Anregung Drägers im Sommer verschiedene Projekte der Studiengesellschaft parallel an.[93] Dräger war offenbar mit der bisherigen Durchsetzung der Ziele der Studiengesellschaft unzufrieden. Es läßt sich in der zunehmend ungeduldigen Haltung des Unternehmers feststellen, daß er Grotkopp und den anderen Mitarbeitern gegenüber höhere Erwartungen hegte als diese erfüllten. Die von Dalberg, Grävell und vor allem dem engagierten Grotkopp organisierten Veranstaltungen, die Lobbyarbeit in der Presse, den Verbänden und Parteien sowie die Arbeit an den Publikationen reichten Dräger offenbar als Ergebnis seines Engagements nicht aus. Er war zunehmend an einer direkten politischen Umsetzung der konjunkturpolitischen Vorschläge, die in der Studiengesellschaft gemacht wurden, interessiert. Die ersten Maßnahmen der Regierung Brüning, die nach den wesentlich weitergehenden Diskussionen verschiedener Vorschläge im Kabinett am 19. und 20. Mai 1932 verabschiedet wurden, hielt der Lübecker Unternehmer für vollkommen unzureichend.[94] Dräger drängte die Studiengesellschaft dazu, direkten politischen Einfluß auf die Regierungspolitik zu nehmen. Seit April 1932 arbeitete man daher auf seine Anregung hin in der Studiengesellschaft an einer Eingabe an die Reichsregierung.

4. Handlungsmöglichkeiten – Die Eingabe der Studiengesellschaft an die Regierung Papen

»Von tiefster Sorge für die wirtschaftliche und politische Entwicklung erfüllt, haben eine größere Anzahl sachkundiger Personen im Rahmen der Studiengesellschaft für Geld- und Kreditwirtschaft die gegenwärtige Lage in langen Beratungen durchgeprüft und zur Vorlage eines Aktionsprogramms einen aus den Unterzeichnern dieser Eingabe bestehenden Ausschuß gebildet.«[95] Mit diesen Worten begann die Eingabe, an der die Studiengesellschaft nach den Debatten in der Öffentlichkeit und der Reichsregierung im Frühsommer 1932 über eine Arbeitsbeschaffungspolitik und eine mögliche Finanzierung gearbeitet hatte. Dräger hatte geplant, diese Eingabe, mit der eine andere Finanz-

---

[93] Grotkopp an Dräger Bericht 11.5.1932, SUD BS 22/10; Presseberich SUD BS 23/36.

[94] Vgl. dazu Protokoll der Ministerbesprechungen vom 19. und 20. 5.1932, BArch R 43/I 1456 sowie »Zusammenstellung der in vorläufige Aussicht genommenen Beschlüsse zum Entwurf einer fünften Verordnung zur Sicherung von Wirtschaft und Finanzen« vom Mai 1932, BArch R 43/I, 2376; Köhler, Arbeitsbeschaffung, S. 285; Schneider, Arbeitsbeschaffungsprogramm, S. 184; Grotkopp, Grosse Krise, S. 154.

[95] Grotkopp an Dräger 6.8.1932, SUD BS 10/22; Eingabe, BArch R 43/I 2045 Nr. 273-276 und Anlage (Gutachten von Werner Sombart) Nr. 277-284; vgl. die anderen zu dieser Zeit an die Reichsregierung herangetragenen Vorschläge, freilich weniger detailliert und bekannt, BArch R 2, 18531f., 18815f., BArch R 2 14519-14541 und BArch R 43/I, 1138.

und Arbeitsbeschaffungspolitik gefordert wurde, mit dem Gutachten eines angesehenen Fachmanns zu verbinden. Hierfür hatte man Werner Sombart gewonnen, der seit seinem Vortrag im März mit verschiedenen Publikationen in der Debatte hervorgetreten war und zum näheren Umfeld der Studiengesellschaft gehörte. So schrieb Sombart im Anschluß an seinen Vortrag in der Studiengesellschaft einen Artikel in der Dräger nahestehenden *Wirtschaftswende* Friedlaender-Prechtls. Inhaltlich war der Artikel, wie verschiedene andere Beiträge Sombarts zu dieser Zeit, im wesentlichen ein Teilabdruck der »Zukunft des Kapitalismus«.[96] Sombart stellte im übrigen mit seinen Beziehungen zum Kreis um den Herausgeber der *Tat*, Hans Zehrer, sowie zu Othmar Spanns Zeitung *Ständisches Leben* für Dräger und die Studiengesellschaft einen wichtigen Kontakt zu diesen gerade im rechten politischen Lager einflußreichen Medien dar.[97]

Erst mit diesem Gutachten zu der Eingabe der Studiengesellschaft gab Sombart eindeutig ein Bekenntnis zur kreditfinanzierten Arbeitsbeschaffung ab.[98] In einem Brief begrüßte Friedlaender-Prechtl, der an den Verhandlungen über die Eingabe beteiligt war, ihn dann auch konsequenterweise »in der Reihe der wirtschaftlichen Neudenker«.[99] In der Eingabe, die auch Sombart unterzeichnete, wurde vorgeschlagen, mit Krediten in Höhe von »zunächst einer Milliarde Mark (...) ein großzügiges Arbeitsbeschaffungsprogramm aufzustellen«, das Arbeiten, die insbesondere »die landwirtschaftliche Produktion steigern und verbessern«, finanzieren sollte. Genannt wurden im folgenden »Landeskulturarbeiten verschiedener Art, Förderung des Genossenschaftswesens, Straßenbau« und »die Besiedlung des deutschen Ostens.«[100]

Neben Sombart versuchte man in der Studiengesellschaft Wagemann zu einer Unterzeichnung der Eingabe zu bewegen. Schon in der Vorbereitung und den Diskussionen über die Eingabe wurde jedoch deutlich, daß Wagemann sich nicht noch einmal ähnlich exponieren wollte wie zu Beginn des Jahres mit dem Vortrag in der Studiengesellschaft. Er arbeitete jedoch intensiv an der Eingabe mit und versuchte seinen Schwager, den Reichswirtschaftsminister Warmbold, zu überzeugen, für eine Diskussion der Eingabe im Kabinett zu sorgen.[101] Über den Berliner Bankdirektor Erich Keup wurden der Reichswehrminister Schleicher sowie über andere Beziehungen der Studiengesellschaft der Reichsinnen-

---

96 Werner Sombart, Was ist Planwirtschaft?, in: WW, XXIII vom 1.6.1932. Vgl dazu im Urteil ähnlich: Lenger, Sombart, 354ff.

97 Vgl. dazu Lenger a.a.O.; Dräger an Prof. Dr. Walter Heinrich (vom »Ständischen Leben«) 24.6.1932, SUD BS 23/2 sowie die Korrespondenz Drägers mit Heinrich und Othmar Spann, ebd., und SUD BS 23/3.

98 Vgl. Lenger, Sombart, S. 355f.; zu Sombarts Gutachten vgl. Schulz, von Brüning, S. 991f.

99 Zit. nach Lenger, Sombart, S. 493.

100 Text der Eingabe in Grotkopp, Grosse Krise, S. 349.

101 Grotkopp an Dräger 10.8.1932, SUD BS 23/36; für den Zusammenhang Tooze, statistical economics.

minister und der Reichsminister für Ernährung und Landwirtschaft vorab informiert und um Unterstützung gebeten.[102]

Zu den Unterzeichnern der Eingabe gehörten schließlich aus dem Kreis der Studiengesellschaft neben Sombart, Dalberg, Dräger und Grotkopp die Industriellen Meyer zu Schwabedissen, der Siemens-Direktor Dr. Hans Lambrecht, der Mainzer Zementfabrikant Walter Dyckerhoff, der Journalist Dr. Ullmann sowie die Bankdirektoren Erich Keup und Friedrich Reinhart.[103] Die eingehende Vorbereitung und »Bearbeitung« der Kabinettsmitglieder verhinderte die ablehnende Antwort der Regierung nicht, die in einem Schreiben des Staatssekretärs eindeutig war: »Bei aller Würdigung« der vorgebrachten Ansichten und der Positionen der Verfasser könne von der bisherigen Wirtschaftspolitik der Reichsregierung nicht abgegangen werden.[104] Dabei waren die Eingabe und das Sombartsche Gutachten in der Tat durch alle Ministerien gelaufen und dort kommentiert worden.[105] In einer Denkschrift der Reichskanzlei setzte man sich abschließend noch einmal intensiv mit den Vorschlägen auseinander und verglich sie mit den übrigen Eingaben, was jedoch an dem Urteil nichts mehr änderte.[106]

Das der Eingabe der Studiengesellschaft beigelegte Gutachten Sombarts wurde von der Studiengesellschaft bald darauf publiziert und in der Öffentlichkeit unter dem Namen »Sombart-Plan« diskutiert.[107] Das Gutachten Sombarts forderte für die durchzuführenden Arbeitsbeschaffungsmaßnahmen »mindestens 3-4 Milliarden Mark«. Sombart betonte die Notwendigkeit der Reagrarisierung und von Investitionen in alle Bereiche der Landwirtschaft.[108] Im übrigen forderte der Nationalökonom die einheitliche Planung der Maßnahmen durch den Staat. Die Sombartschen Vorschläge stimmten vor allem in den Fragen der Größenordnung der zu investierenden Summen sowie in der sektoralen Richtung mit den Vorstellungen eines großen Teils der Studiengesellschaft überein. In der Frage der von Sombart so stark akzentuierten Reagrarisierung und Konzentration auf den Binnenmarkt waren dagegen

[102] Vgl. ebd.

[103] Zu Dyckerhoffs Rolle im RDI im Sommer 1932 vgl. Wolffsohn, Industrie, S. 301 und 305ff.; vgl. Lenger, Sombart, S. 345.

[104] Lammers an Grotkopp 19.10.1932 Antwortbrief, BArch R 43/I 2045. Auf eine Nachfrage hin bekam Grotkopp noch einmal eine ähnliche Antwort von Staatssekretär Lammers, ebd.

[105] Im Reichsarbeitsministerium: »Nach Vortrag beim Minister am 24.8.1932 kann das Hauptreferat der Ansicht der Eingabe und insbesondere Herrn Sombart nicht folgen (...)« Denkschrift von Oberregierungsrat Dr. Oppenheimer, BArch R 39.01 10633.

[106] Vgl. die resümierende und kritische Zusammenfassung der entscheidenden Pläne in einer Denkschrift von Ministerialrat Feßler »Arbeitsbeschaffung, Kreditvorschläge, Planwirtschaft« vom 18. August 1932 für den Staatssekretär in der Reichskanzlei zur Vorlage an den Reichskanzler, BArch, R 43/I 2377.

[107] Werner Sombart, Zum Problem der Arbeitsbeschaffung, in: WW, Sonderheft Gereke Plan, S. 25-30.

[108] Vgl. Lenger, Sombart, S. 350ff.; Backhaus, Sombarts Konjunkturtheorie, S. 94ff.

Grotkopp und einige der Unternehmer anderer Auffassung.[109] In den entscheidenden inhaltlichen Standpunkten der Studiengesellschaft gelang es jedoch Dräger offensichtlich immer wieder, sich durchzusetzen. Auch wenn er in der Frage der Bedeutung des Exports als Unternehmer anderer Auffassung war als Sombart, teilte er dessen Vorschläge zur Reagrarisierung und Siedlung seit seinem landwirtschaftlichen Studium und seiner Promotion in Agrarökonomie.[110]

In der von Sombart besonders betonten Notwendigkeit einer zentralen Planung lag allerdings ein klarer Widerspruch zu den Drägerschen Vorstellungen.[111] Mit diesen planwirtschaftlichen Vorschlägen befand sich Sombart zweifelsfrei in der gedanklichen Nähe des *Tat-Kreises*, der sich zunehmend in seinen wirtschaftspolitischen Äußerungen auf ihn bezog.[112] Bei der Veröffentlichung der Sombartschen Denkschrift in dem Sonderheft der *Wirtschaftswende* sah sich der Berliner Nationalökonom in zunächst ungewohnter Umgebung. Neben dem Herausgeber Friedlaender-Prechtl schrieben in diesem von Dräger weitestgehend finanzierten letzten Band der Zeitschrift Wladimir Woytinsky, der einflußreiche Vertraute der Stahlhelm-Bundesführung Erich Lübbert, Dräger selbst, der Reichstagsabgeordnete der Wirtschaftspartei und Vertrauensmann Schleichers Gotthard Sachsenberg und der Unternehmer Meyer zu Schwabedissen.[113] Die Zusammensetzung der Autoren ist ein Querschnitt durch das Netzwerk der Studiengesellschaft zu dieser Zeit, das damit zunehmend im Sinne der später von der Regierung Schleicher angestrebten *Querfront* wirkte.

---

[109] Vgl. Grotkopp, Die Gefahren des Preisabbaus. Preis- und geldpolitische Betrachtungen zur gegenwärtigen Krise, Berlin 1932; Walter Grävell, Der Zwang zur Ein- und Ausfuhr, in EW 3, März 1932, S. 89ff.

[110] Dräger, Instleute, S. 81ff.

[111] Vgl. Sombart, Arbeitsbeschaffung, S. 27f. Eine Distanz der Studiengesellschaft gegenüber Sombarts Konzept der Planwirtschaft, die Schulz, Von Brüning, S. 992 annimmt, und von Lenger, Sombart, S. 494 mit dem Hinweis auf spätere Beziehungen von Meyer zu Schwabedissen zu Sombart abgelehnt wird, bestand sicherlich in großen Teilen der Studiengesellschaft, insbesondere in der Unternehmergruppe um Dräger. Dessen ungeachtet versuchte man mit dem Namen des berühmten Nationalökonomen die übrigen Vorschläge einer kreditfinanzierten Arbeitsbeschaffungspolitik zu unterstützen.

[112] Lenger, Sombart, S. 350ff.; Barkai, Wirtschaftssystem, S. 91ff.; Kurt Sontheimer, Der Tatkreis, in: VfZ 1959, S. 229-260 (233ff.).

[113] Sachsenberg war Unternehmer und Reichstagsabgeordneter der WP von 1928-1932. Während der Röhm-Affäre entkam Sachsenberg nur knapp der Ermordung. M.d.R. Die Reichstagsabgeordneten der Weimarer Republik in der Zeit des Nationalsozialismus. Politik, Verfassung, Emigration und Ausbürgerung 1933-1945, Eine biographische Dokumentation, hrsg. v. Martin Schumacher, 3. Aufl. Düsseldorf 1994, S. 409.; Schulz, von Brüning, S. 562; WW, Sonderheft »Der Gereke-Plan«, Februar 1933.

5. *Querverbindungen, Interventionen und die Diskussionen über den »Papen-Plan«*

Neben den öffentlichkeitswirksamen Aktivitäten diskutierte der engere Kreis der Studiengesellschaft nach den Juliwahlen zum Reichstag zunächst das weitere Vorgehen. Mit einer internen Gruppe besprachen Wagemann, Dalberg, Dräger und der einladende Ausschuß die neue politische Situation, denn »(...) nach den Wahlen erscheint (...) der Zeitpunkt gekommen, um erneut zu diesen Fragen (der Arbeitsbeschaffung, B.L.) Stellung zu nehmen«.[114] Bei den Vorbereitungen für die Veranstaltungen im Herbst 1932 beriet sich der Ausschuß mit dem Herausgeber der *Wirtschaftswende*, die ebenso wie die Grotkoppsche *Europa-Wirtschaft* trotz der Drägerschen Förderung notorisch in finanziellen Schwierigkeiten steckte. Bei diesen Gesprächen sprachen sich Dalberg, Dräger und Grotkopp intensiv mit Woytinsky und Friedlaender-Prechtl über ein weiteres strategisches Vorgehen in der Arbeitsbeschaffungsproblematik ab.[115] Die gemeinsame Absprache zwischen dem rechten Publizisten Friedlaender-Prechtl auf der einen und dem Gewerkschafter Woytinsky auf der anderen Seite belegt die zunehmende Funktion der Studiengesellschaft als *Querverbindung* zwischen den entgegengesetzten politischen Richtungen. Zunehmend traten in den Diskussionen neben konservativen und liberalen Publizisten, Unternehmern und Wissenschaftlern auch Vertreter des gesamten rechten politischen Spektrums auf. Darüber hinaus weist das in der umfangreichen Korrespondenz belegte Interesse der verschiedenen gesellschaftlichen Gruppen an der Tätigkeit der Studiengesellschaft darauf hin, wie stark die Unterstützung für eine aktive Konjunkturpolitik inzwischen war.

Die wirtschaftspolitischen Pläne der Regierung Papen führten in der Studiengesellschaft zu intensiveren tagespolitischen Auseinandersetzungen. So veranstaltete man in der Herbstsaison 1932 zunächst einen weiteren Vortragsabend mit Wagemann, der zu dem Thema »Wirtschaftssteuerung durch Steuerpolitik« vor dem Hintergrund der entsprechenden Pläne des Kabinetts sprach.[116] Der sogenannte »Papen-Plan«, der im September die Diskussionen in der Presse und der Öffentlichkeit bestimmte, veränderte die Wirtschaftspolitik der Reichsregierung jedoch nur teilweise. Ausgelöst wurde die Debatte durch die Ankündigung Papens in seiner Rede am 28. August 1932 in Münster und schließlich durch die Notverordnungen vom 4. und 5. September 1932.[117] Der entscheiden-

---

114 Grotkopp Einladung 28.7.1932, SUD BS 23/36.

115 Vgl. Grotkopp an Dräger 22.10.1932, SUD BS 23/36.

116 Grotkopp, Rundschreiben, Mitte September 1932, SUD BS 32/36.

117 »Verordnung des Reichspräsidenten zur Belebung der Wirtschaft« vom 4. September 1932, Reichsgesetzblatt I, 1932, S. 425ff., »Verordnung zur Vorbereitung und Erhaltung der Arbeitsgelegenheit«, ebd., S. 433ff.; Fritz Koppe, Die Belebung der Wirtschaft. Die Notverordnungen zur Belebung der Wirtschaft vom 4. September 1932 sowie die Verordnung über Zollveränderungen vom 23. August 1932 mit einer Einführung, Anmerkungen und Schlagwortverzeichnis, Berlin

de Punkt an den beschäftigungspolitischen Plänen Papens war die Einführung von Steuergutscheinen zur Ausweitung der volkswirtschaftlich wirksamen Nachfrage. Für alle Umsatz-, Real- und Beförderungssteuern, so plante man, würden den Steuerzahlern vom Reich Gutscheine übereignet werden, die man für die Steuern, die zwischen 1934 und 1938 gezahlt werden müßten, einreichen könne. Dies sollte, unter Vorgriff auf kommende Staatseinnahmen, eine Ausweitung der Kreditbasis um 1,5 Milliarden Mark ermöglichen. Die Konzeption der Steuergutscheine entsprach insofern »traditionellem Wirtschaftsdenken, als staatliche Hilfe auf indirekte Unterstützung der privaten Unternehmer beschränkt wurde, also Hilfe zur Selbsthilfe der Wirtschaft sein sollte.«[118] Gleichzeitig wurden die bereitgestellten Mittel für die direkte Arbeitsbeschaffung um rund 179 Millionen Mark erhöht.[119]

Grundsätzlich begrüßte man in der Studiengesellschaft das Papen-Programm vom September 1932.[120] Während bei Unternehmerschaft und Gewerkschaften die Kritik des Programms überwog, sah Dräger und mit ihm ein überwiegender Teil der Studiengesellschaft in dem Ansatz eine grundsätzliche Wende und damit auch einen Erfolg des eigenen Engagements. Zunächst anerkannte man die Verordnung als einen »sehr wertvollen Ansatzpunkt« und betonte, daß »die Steuergutscheine nicht dazu dienen, die Liquidität zu verbessern, sondern zur Finanzierung neuer Aufträge ausgegeben werden.«[121] Auch Woytinsky schrieb

---

1932; Papens Rede in: Schulthess' Europäischer Geschichtskalender, hrsg. v. U. Thürauf, Neue Folge Jg. 48, 1932, München 1933, S. 145-149; dazu Petzina, Hauptprobleme, S. 24; Fischer, Wirtschaftspolitik, S. 57; Schulz, Von Brüning, S. 956f.; Schneider, Arbeitsbeschaffungsprogramm, S. 194ff.; Grotkopp, Grosse Krise, S. 82; Guido Golla, Nationalsozialistische Arbeitsbeschaffung in Theorie und Praxis 1933-1936, Köln 1994, S. 50f.; Willi A. Boelcke, Die Deutsche Wirtschaft 1930-1945. Interna des Reichswirtschaftsministeriums, Düsseldorf 1983, S. 27; Kroll, Weltwirtschaftskrise, S. 411; Marcon, Arbeitsbeschaffungspolitik, S. 161; Harold James, The Reichsbank and Public Finance in Germany 1924-1933: A Study of the Politics of Economics during the Great Depression, Frankfurt 1985, S. 321f.; Dietmar Petzina, Die Deutsche Wirtschaft in der Zwischenkriegszeit, Wiesbaden 1977, S. 106.

[118] Petzina, Hauptprobleme, S. 22.

[119] Vgl. die Vermerke über das Ergebnis der Ressortbesprechung vom 6.9.1932, BArch R 2, 18648.

[120] »Es muß als wirtschaftspolitische Tat bewertet werden, dass es dem Kabinett Papen gelungen ist, der sehr starken Kräfte im eigenen Lager, die alle monetären Massnahmen für die Krisenbekämpfung ablehnen (...), Herr zu werden und neue fortschrittliche Methoden der Krisenbekämpfung durchzusetzen. (...) So soll hier an dieser Stelle betont werden, dass das Kabinett Papen es verstanden hat, gewisse grundsätzliche Forderungen der Nationalsozialisten (...) gegenüber den Widerständen der Bürokratie und der wirtschaftlichen Verbände durchzusetzen. (...) Es scheint als durchaus wahrscheinlich, dass direkt oder indirekt, mehr oder weniger unter dem Einfluss der Nationalsozialisten, es eines Tages noch dazu kommen wird, dass der Plan im Kabinett von Papen erweitert werden wird durch die Reichsbank für ein grösseres staatliches Investitions-Programm als wie es bisher vorgesehen ist.« So formulierte Dräger in einer internen Denkschrift, Dräger 5.9.1932 Registratur, SUD BS 23/19.

[121] Grotkopp an Dräger 5.9.1932, SUD BS 23/36. Zu den Positionen der Interessenverbände vgl. Schneider, Arbeitsbeschaffungsprogramm, S. 196; ders., Unternehmer, S. 108ff.; James, Reichsbank, S. 324; Ursula Hüllbüsch, Die Deutschen Gewerkschaften in der Weltwirtschaftskrise 1929-1933, in: W. Conze/H. Raupach (Hgg.), Die Staats- und Wirtschaftskrise des Deutschen Reiches 1929/1933, Stuttgart 1967, S. 126-154 (148ff.).

an Friedlaender-Prechtl, daß »das Wirtschaftsprogramm der Reichsregierung einen recht kühnen Versuch dar(stellt, B.L.), die geldschöpferische Ankurbelungsaktion mit einer prinzipiellen Bejahung und Förderung der unbeschränkten Planlosigkeit in der Wirtschaft zu verbinden.«[122] Friedlaender-Prechtl betonte in seiner Antwort an Woytinsky den Mut Papens.[123] Diese Meinung teilte er auch in Gesprächen in der Studiengesellschaft. Beide, sowohl Woytinsky als auch Friedlaender-Prechtl, nahmen in der Presse zu diesem Thema Stellung, wobei es auffallend ist, daß sich letzterer in der linksbürgerlichen Wochenschrift *Das Tagebuch* äußerte, deren liberaler Herausgeber Leopold Schwarzschild zwar auch zu den wirtschaftspolitischen »Reformern« zu zählen war, jedoch eine dezidiert andere politische Auffassung vertrat als Friedlaender-Prechtl, der einen autoritären Führerstaat forderte.[124]

6. Der Gereke-Plan im Zentrum der konjunkturpolitischen Auseinandersetzungen

Als Woytinsky anläßlich einer Diskussion in der Studiengesellschaft im September 1932 auf die massive öffentliche Polemik hinwies, die den Vorschlägen des Landrates, Präsidenten des Deutschen Landgemeindetages und Reichstagsabgeordneten der DNVP Günther Gereke in der Presse und von Seiten der Reichsbank entgegengeschlagen war, beschloß man, den sogenannten »Gereke-Plan« weitestgehend zu unterstützen. Die Vorschläge, die in enger Zusammenarbeit mit der Studiengesellschaft entstanden waren, wurden am 5. September der Reichsregierung vorgestellt.[125]

Auf einem von der Studiengesellschaft organisierten Vortragsabend im Herrenhaus stellte Gereke den beschäftigungspolitischen Plan der Landgemeinden vor, der im Herbst 1932 zunehmend im Mittelpunkt der Diskussionen um mögliche Arbeitsbeschaffungsmaßnahmen stand.[126] Die Vorschläge Gerekes, die er schon im Juli mit Dräger und dem einladenden Ausschuß in der Studiengesell-

---

[122] Woytinsky an Friedlaender-Prechtl 1.9.1932, zit. nach Schneider, Arbeitsbeschaffungsprogramm, S. 196.

[123] Friedlaender-Prechtl an Woytinsky 6.9.1932, zit. nach Schneider, ebd.

[124] Friedlaender an Grotkopp und Dräger 1.12.1932, SUD BS 23/36; Friedlaender-Prechtl schrieb im November/Dezember verschiedene Artikel im »Tagebuch«; W. Woytinsky, Das Wirtschaftsprogramm der Reichsregierung, in: Die Arbeit 10.10.1932, S. 586-597; vgl. auch ders., Erhebung des ADGB über die Neueinstellung von Arbeitskräften auf Grund der Notverordnung vom 5.9.1932. Nach dem Stand vom 22. November 1932, in: GZ, Nr. 49 3.12.1932, S. 770-773 und ders., Arbeitsbeschaffung, ebd., S. 773.

[125] Vgl. Niederschrift der Besprechung vom 7.9.1932, BArch R 43/I 2045. Sowie Gerekes eigene Darstellung des Vortrags: Günther Gereke, Ich war königlich-preußischer Landrat, Berlin 1971, S. 208.

[126] Vgl. Bericht Grotkopp Mitte Oktober 1932, SUD BS 23/36; dazu Bombach, Keynesianismus II, S. 319f.

schaft diskutiert hatte, waren nach ihrer Veröffentlichung tatsächlich stark kritisiert worden.[127] Woher kamen diese Pläne und welchen Einfluß hatte die Studiengesellschaft auf sie gehabt? Schon am 2. Juli 1932 hatte sich der deutsche Landgemeindetag in einem Beschluß für eine direkte Arbeitsbeschaffungspolitik der Reichsregierung ausgesprochen. Die Pläne ruhten auf der Vorstellung, daß die Gemeinden als Auftraggeber Arbeitsbeschaffungsmaßnahmen durchführen sollten, die durch ein gesteigertes Steueraufkommen im Einkommensbereich sowie eine zusätzliche »Kreditschöpfung« finanziert werden sollten.[128] Besonders die Zinslosigkeit der geplanten Kredite wurde in der öffentlichen Debatte, unter anderem von dem Assistenten am Vershofen-Institut Ludwig Erhard, aber auch von gewerkschaftlicher Seite, stark kritisiert.[129] Auch in Unternehmerkreisen wurde der Plan wegen der Betonung der öffentlichen Arbeiten und der »inflationistischen« Finanzierungsvorschläge angegriffen.[130] Die NSDAP unterstellte dem »Gereke-Plan«, daß das Positive an ihm der Reichstagsrede Straßers entnommen sei. Im übrigen seien seine Verfasser von den Gedanken Gottfried Feders beeinflußt.[131]

Betrachtet man das Umfeld der Diskussionen um den »Gereke-Plan« in der Studiengesellschaft, fällt erneut die Beteiligung der unterschiedlichen Interessengruppen auf. Der Leiter der kommunalen Spitzenverbände wies mehrfach darauf hin, daß an seinen Arbeiten »von Anfang an Vertreter des Reichslandbundes, des Verbandes der Landeskulturgenossenschaften, des Stahlhelms, des Reichsbanners, der Nationalsozialisten wie gewerkschaftlicher Kreise aktiv mitgearbeitet« hatten.[132] Im Umfeld der Diskussionen um den »Gereke-Plan« wird die öffentliche und politische Funktion der Studiengesellschaft in der zeitgenössischen konjunkturpolitischen Auseinandersetzung deutlich. Offenbar trafen in der Studiengesellschaft alle an einer Arbeitsbeschaffungspolitik interessierten gesellschaftlichen Gruppen in unterschiedlichen Konstellationen zusammen. Das Netzwerk, das hier sichtbar wird, bestand zu einem großen Teil aus Vertretern der Gruppen, die an der sich in diesem Zeitraum konstituierenden »*Querfront*« beteiligt waren. Damit wird die politische Konstellation sichtbar, auf der Schleicher im Dezember 1932 seine Regierung gründen woll-

[127] Vgl. Wirtschaftsdienst 14.10.1932; Deutsche Wirtschafts-Zeitung 27.10.1932.

[128] Denkschrift des Landgemeindetages vom 5.7.1932, BArch R 2 18820; Aufzeichnungen der Diskussion des Reichskanzlers mit dem Präsidenten des deutschen Landgemeindetages und Lübbert über das Arbeitsbeschaffungsprogramm vom 5.9.1932, BArch R 43/I 2045 Nr. 314-316.

[129] Ludwig Erhard, in: Wirtschaftsdienst 13.1.1933; J. Orlopp, Arbeitsbeschaffung durch Gemeinden, in: GZ Nr. 14 vom 2.4.1932, S. 212-215.

[130] Petzina, Hauptprobleme, S. 26.

[131] Bernhard Köhler, »Wir wollen das Recht auf Arbeit«, in: Arbeitertum, 15.1.1933.

[132] Zit. nach Heer, Burgfrieden, S. 83; aber auch E. Lübbert, Krieg gegen die Arbeitslosigkeit, in: WW, Sonderheft Gereke-Plan, Februar 1933, S. 38-41 sowie die Anlage zum Schreiben Gerekes vom 27.9.1932, BArch R 43 I 2046 Nr. 2ff.; vgl. zu den gewerkschaftlichen Kontakten neben Heer, Burgfrieden, auch Schneider, Arbeitsbeschaffungsprogramm, S. 42, 147 und 153f.

te.[133] Angesichts der engen Zusammenarbeit ist die partielle Ähnlichkeit der beschäftigungspolitischen Vorschläge, die in diesen Gruppen gemacht wurden, kaum verwunderlich.

Neben dem ständigen Berater Gerekes, Erich Lübbert vom Stahlhelm, der von Beginn an im engeren Diskussionsrahmen der Studiengesellschaft auftrat und Dräger selbst gut kannte, bestand vor allem zu Gerekes direktem Mitarbeiter Dr. Ludwig Herpel Kontakt. Herpel war Herausgeber der Zeitschrift »Volk, Freiheit, Vaterland« und Präsident des von ihm gegründeten »Verbandes für Arbeitsbeschaffung und Erwerbsförderung«.[134] Die Vorsitzenden des Gereke nahestehenden Verbandes gehörten ebenso zum engeren Umfeld der Studiengesellschaft wie Herpel selbst, dem Dräger schon um die Jahreswende 1931/32 begegnet war.[135] Über verschiedene personelle Querverbindungen läßt sich so eine enge Zusammenarbeit zwischen den Mitarbeitern Gerekes und der Studiengesellschaft nachweisen.[136] Die vieldiskutierte Frage, ob auch Sombart an den Entwürfen mitgearbeitet hat, läßt sich auf der Basis des durchgesehenen Materials nicht klären.[137]

Insbesondere bei den Diskussionen über den Gereke-Plan fand eine offensichtlich fruchtbare gegenseitige Wahrnehmung und Auseinandersetzung auf dem Forum der Studiengesellschaft zwischen den hier zusammmentreffenden bürgerlichen Industriellen, Wissenschaftlern, Vertretern des ADGB, Schleichers und des Stahlhelms bzw. des sogenannten »Straßer-Flügels« der NSDAP statt. Die spätere Schleichersche *Querfrontkonzeption* konkretisierte sich hier in Ge-

---

133 Vgl. dagegen die Betonung der Uneinigkeit dieser Kreise bei Schneider, Arbeitsbeschaffungsprogramm, S. 43; Heinrich August Winkler, Der Weg in die Katastrophe. Arbeiter und Arbeiterbewegung in der Weimarer Republik 1930-1933, Berlin 1987, S. 715ff.; zur Querfrontkonzeption vgl. Axel Schildt, Militärdiktatur mit Massenbasis? Die Querfrontkonzeption der Reichswehrführung um General von Schleicher am Ende der Weimarer Republik, Frankfurt 1981, S. 109ff.; Peter Hayes, »A Question Mark with Epaulettes?« Kurt von Schleicher and Weimar Politics, in: JMH 52 (1980), S. 35-60, 48ff.

134 Vgl. Schich an Dräger 3.2.1933, SUD BS 23/22 (J) sowie der Bericht des Vorsitzenden des Verbandes ebd. und in ähnlicher Fassung, bei Willy Hof, »Interview«, in: Die Autobahn, Nr. 12, 1.12.1932; Barkai, Wirtschaftssystem, S. 154; Grotkopp, Grosse Krise, S. 101; vgl. zu Herpel und dessen angeblichen Beiträgen zum Gereke-Plan: Petzina, Hauptprobleme, S. 23; zur Querfrontkonzeption: Schildt, Militärdiktatur, S. 109ff.

135 Dräger, in: Keynesianismus II, S. 316; dazu auch SUD BS 23/1, hier Protokolle vom Frühjahr 1932, wo eine enge Zusammenarbeit des Allgemeinen Verbandes und des Verbandes der Landeskulturgenossenschaften geplant war, als der Allgemeine Verband noch Reichsbund für Arbeitsbeschaffung hieß. Dräger unterstützte beide Verbände finanziell. Die Idee der »zinslosen Selbstkreditierung« war hier entstanden und dann von Herpel weitergetragen worden, bis er im »Gereke-Plan« erschien.

136 Vgl. auch Gereke, Landrat, S. 192.

137 Vgl. Lenger, Sombart, S. 494 Anm. 104 in Auseinandersetzung mit Czichon, Wer verhalf, S. 31f. und Barkai, Wirtschaftssystem, S. 154 sowie Michael Appel, Werner Sombart. Theoretiker und Historiker des modernen Kapitalismus, Marburg 1992, S. 241; Sombart gehörte jedoch ebenso wie der Kreis um Gereke zu dem Umfeld der Studiengesellschaft, so daß eine gegenseitige Unterrichtung oder ein Kontakt nicht auszuschließen sind.

sprächen zunehmend schon seit dem Jahreswechsel 1931/32.[138] Maßgebliche Verbindungsmänner neben den erwähnten Mitarbeitern und Zuarbeitern Gerekes waren der Offizier und spätere Referent für Fragen der wirtschaftlichen Mobilmachung Walter von Etzdorf, der zu dieser Zeit ein enger Vertrauter Schleichers war sowie der Mitarbeiter Otto Wageners in der Wirtschaftspolitischen Abteilung Hermann Cordemann, der Kontakte zur NSDAP besaß und zudem ein enger Vertrauter Schleichers und Straßers war.[139]

Cordemann führte während dieser Zeit für Gregor Straßer und Schleicher verschiedene Gespräche, unter anderem auch mit dem Gewerkschafter Fritz Tarnow.[140] Mit der Teilnahme von Cordemann, Lübbert und Gereke auf der einen sowie Woytinsky und den übrigen Gewerkschaftern auf der anderen Seite waren an den zentralen Gesprächen und Entscheidungen um den »Gereke-Plan« Vertreter der am Ende der Regierungszeit Papens entscheidenden Gruppen in der Studiengesellschaft konzentriert. Betrachtet man diese Entwicklung vor dem Hintergrund der im Sommer 1932 herrschenden »Bürgerkriegsatmosphäre, wirkten diese Kontakte aufregend und unheimlich«, wie der Gewerkschafter Franz Josef Furtwängler resümierend feststellte.[141]

Neben diesen in der Literatur zur Schleicherschen Querfrontkonzeption immer wieder angeführten Protagonisten sammelten sich in der Studiengesellschaft eine Anzahl anderer Gruppen oder Einzelpersonen, die an den Publikationen und Diskussionen zur Wirtschaftspolitik des Jahres 1932 beteiligt waren. Es würde den Rahmen dieser Arbeit sprengen, dieses Feld detaillierter zu beschreiben.[142] Für die hier verfolgten Fragen sind nur die Kontakte Drägers und

---

[138] Aufschlußreich für diese Zusammenhänge sind die Gäste- und Diskutandenlisten sowie das Mitgliederverzeichnis der Studiengesellschaft, SUD BS 23/36. In diesem Sinne über die Studiengesellschaft äußert sich im Ansatz auch Barkai, Wirtschaftssystem, S. 41ff.; Schulz, von Brüning, S. 976; Kissenkoetter, Straßer, S. 105ff.

[139] Bericht Schich an Dräger 17.8.53, SUD BS 23/22 (J); Heer, Burgfrieden, S. 83 unter Bezug auf Gereke (der Cordemann als seinen Personalreferenten im Herbst 1932 bezeichnet), wonach Cordemann im Frühjahr 1931 auf Wunsch Schleichers zur WPA gegangen war; vgl. Barkai, Wirtschaftssystem, S. 36; Schneider, Arbeitsbeschaffungsprogramm, S. 42, 153f.; Grotkopp, Grosse Krise, S. 101; Cordemanns eigene Aussage belegt dies, vgl. Turner, Nähe, S. 496; im Urteil ähnlich auch Winkler, Katastrophe, S. 715ff.

[140] Vgl. Schneider, Arbeitsbeschaffungsprogramm, S. 152; Winkler, Katastrophe, S. 715ff.; zu Cordemanns Rolle: Schulz, von Brüning, S. 977; Kissenkoetter, Straßer, S. 129f.

[141] Franz Josef Furtwängler, Die Gewerkschaften. Ihre Geschichte und internationale Auswirkung, 4. Aufl. Hamburg 1964, S. 219; Heer, Burgfrieden S. 58; Schneider Arbeitsbeschaffungsprogramm, S. 154f.; zum Problem der Quellen hier insbesondere Henryk Skrzypczak, Fälscher machen Zeitgeschichte. Ein quellenkritischer Beitrag zur Gewerkschaftspolitik in der Ära Papen und Schleicher, in: IWK 11 (1975), S. 452-471.

[142] Vgl. die Kontakte zu dem Verband deutscher Landeskulturgenossenschaften und insbesondere Hermann Tholens und Linkelmann, dem Rendsburger Landrat Theodor Steltzer und den Verfassern des Agrarplans des Landkreises Rendsburg, der maßgeblich zu den Vorarbeiten des »Gereke-Plans« gehört. Die persönliche Korrespondenz Drägers mit dem späteren Ministerpräsidenten Schleswig-Holsteins Steltzer in SUD BS 23/3 sowie SUD BS 23/36; Korrespondenz und Berichte, SUD BS 23/36 und SUD BS 23/3; Linckelmann, Tholens, Schröder, Landeskultur, Staat und Arbeit, Berlin 1931, ebd.; Bernhard Endrucks, Das Ende der Erwerbslosigkeit: Die National-

der Studiengesellschaft zu Teilen der »konservativen Revolution«, wie zu Othmar Spann und seiner Zeitschrift *Ständisches Leben* sowie zu dem *Tatkreis* und deren Herausgeber Hans Zehrer von Bedeutung.[143] Zu einer über die gegenseitige Information hinausgehenden Zusammenarbeit der Studiengesellschaft mit diesem Kreis kam es jedoch 1932 offensichtlich nicht. Zum Stahlhelm hatte die Studiengesellschaft und Dräger selbst über Erich Lübbert sowie auch Franz Seldte einen direkten Kontakt.[144]

Betrachtet man die Diskussionsberichte und die Korrespondenz zwischen Dräger, Grotkopp und den anderen, so ist zu konstatieren, daß es der Studiengesellschaft erfolgreich gelang, die unterschiedlichen Interessengruppen zusammenzubringen und mit Vorschlägen für eine alternative Wirtschaftspolitik zu konfrontieren. Die Diskussion über den »Gereke-Plan« war gegen Ende der Regierungszeit Papens aktueller denn je: Auf der Kabinettssitzung am 18. November 1932 wurde klar, daß der Reichspräsident unmißverständlich die Notwendigkeit weiterer Arbeitsbeschaffungsmaßnahmen betont hatte. Es ist nicht mehr eindeutig zu rekonstruieren, ob Gereke selbst bei dem ihm persönlich gewogenen Staatsoberhaupt interveniert hatte. Unzweifelhaft verkörperte Gereke zu diesem Zeitpunkt einen Machtfaktor in der Wirtschaftspolitik der Reichsregierung.[145] In der Frage einer alternativen Wirtschaftsprogrammatik sammelten sich in den letzten Wochen der Regierung Papen immer mehr Gegner der Regierungspolitik um Gereke und die Studiengesellschaft, die gemeinsam für eine direkte und umfassende Arbeitsbeschaffungspolitik durch öffentliche Aufträge eintraten, was einen deutlichen Gegensatz zur Politik der Reichsregierung darstellte, die in ihrer Notverordnung vom 4. und 5. September 1932 mit dem System der Steuergutscheine eine klare Betonung von indirekten Stützungsmaßnahmen vorgenommen hatte, die nur langfristig wirken konnten.[146]

Der Regierungswechsel am 3. Dezember 1932 änderte an den Aktivitäten der Studiengesellschaft nichts. Allein die propagandistisch erfolgreiche Einsetzung

---

unternehmung, Berlin 1932; Franz Ladendorff, Wie Deutschland seine Arbeitslosigkeit beheben kann, Berlin 1932; Eugen von Mickwitz, Die Bekämpfung der deutschen Arbeitslosigkeit durch Kreditausdehnung. Wissenschaftliche Thesen zu den Vorschlägen von F. Ladendorff, Hamburg 1932, SUD BS 23/5, vgl auch die entsprechende Korrespondenz, SUD BS 23/2. Seit April 1932 fanden nachweislich in Berlin verschiedene Sitzungen Drägers mit den Gruppen um Endrucks sowie Herpel statt, vgl. Terminkalender mit Vermerken zu den Treffen am 15.4.1932, SUD BS 22/7 Heft 4; Dräger wollte offensichtlich im Vorstand der Studiengesellschaft eine Vereinigung dieser Gruppen durchsetzen, vgl. ebd.

143 Korrespondenz, SUD BS 23/22 K und SUD BS 23/3.

144 Vgl. Einträge, SUD BS 22/7 Heft 4.

145 Vgl. Ministerbesprechung vom 18.11.1932, AdR, Kabinett von Papen Bd. 2, Nr. 216; dazu Petzina, Hauptprobleme S. 25ff.; Michael Schneider, Unternehmer und Demokratie. Die freien Gewerkschaften in der unternehmerischen Ideologie 1918-1933, Bonn 1975, S. 110.

146 Vgl. Petzina, Hauptprobleme, S. 21ff. Zur Einschätzung der Auswirkungen dieser Politik ist die vertrauliche Denkschrift des Reichsministers der Finanzen aus dem Jahre 1937 erhellend: »Die Arbeitsbeschaffungsmaßnahmen der Reichsregierung 1932-1935«, BArch R 2 13716.

eines Reichskommissariats für Arbeitsbeschaffung am 15. Dezember 1932 durch den Reichspräsidenten konzentrierte die Versuche der politischen Einflußnahme.[147] Der überwiegende Teil der Mitglieder der Studiengesellschaft unterstützte das Kabinett Schleicher und seine Versuche, der Politik der Reichsregierung eine breite Basis durch die Verbindung zu organisierten Interessen zu verschaffen. Insbesondere die von der neuen Reichsregierung geplante *direkte* Arbeitsbeschaffung wurde von Dräger und der Studiengesellschaft wohlwollend aufgenommen. Diese Unterstützung der Querfrontkonzeption sowie der unmittelbaren Beschäftigungspolitik Schleichers ist ungewöhnlich, da sie im Widerspruch zur Position der Mehrheit der Unternehmer stand.[148]

Mit der Institutionalisierung Gerekes als Reichskommissar und der Übernahme eines Teils seiner engsten Mitarbeiter in die Reichsbürokratie ergaben sich für die Studiengesellschaft neue Möglichkeiten der politischen Einflußnahme. Ein großer Teil der neuen Referenten Gerekes im Reichskommissariat waren ja alte Mitarbeiter aus der Zeit davor. So fanden umgehend weitere Gespräche statt. In der Studiengesellschaft war man sich aber der Widerstände bewußt, die dem institutionalisierten Reichskommissar entgegenstanden. »Es ist keineswegs so«, schrieb Grotkopp nach einer ausführlichen Besprechung mit dem für Arbeitsbeschaffung zuständigen Oberregierungsrat Niemetz vom Reichskommissariat an Dräger, »dass die Idee der Arbeitsbeschaffung sich durchgesetzt hat. Gereke muß mit ungeheuren Widerständen rechnen (...) Insbesondere in den Kreisen der Reichsbank ist man heute der Auffassung, dass man die Arbeitsbeschaffungsidee erledigt habe.«[149] Wie man bald feststellte, stimmten diese Analysen Grotkopps nur allzu gut mit der politischen Realität der Position des Reichskommissariats im Kabinett überein.[150]

7. Diskurs und Diktatur: Die Studiengesellschaft nach der Machtübernahme

Der Regierungswechsel am 30. Januar 1933 veränderte an den öffentlichen Aktivitäten der Studiengesellschaft zunächst offenbar wenig. Erst im März zeich-

[147] Vgl. Verordnung des Reichspräsidenten über Maßnahmen zur Förderung der Arbeitsbeschaffung und der ländlichen Siedlung vom 15.12.1932, Reichsgesetzblatt I, 1932, S. 543-544; Zur Berufung Gerekes, vgl. Reichsministerium der Finanzen an Reichshauptkasse vom 7.12.1932, BArch R 2 4495.

[148] Vgl. AdR, Regierung Schleicher, S. XXXVII-XLVI, S. 156-162. Zur unternehmerischen Haltung: Heinrich August Winkler, Unternehmerverbände zwischen Ständeideologie und Nationalsozialismus, in: ders., Liberalismus und Antiliberalismus. Studien zur politischen Sozialgeschichte des 19. und 20. Jahrhunderts, Göttingen 1979, S. 175-194 (193f.); ders., Katastrophe, S. 826; Neebe, Großindustrie, S. 148ff.; Marcon, Arbeitsbeschaffungspolitik, S. 273ff.; Wolffsohn, Industrie, 197ff.; Petzina, Hauptprobleme, S. 27.

[149] Grotkopp an Dräger 27.12.1932, SUD BS 23/36.

[150] Vgl. Petzina, Hauptprobleme, S. 27f.

net sich in den Diskussionen ein Problembewußtsein darüber ab, welche Rolle ein institutionalisiertes Forum wie das der Studiengesellschaft im nationalsozialistischen Deutschland noch spielen könne. Während man im einladenden Ausschuß noch über eine »mögliche engere Fühlungnahme« mit der, der Studiengesellschaft »doch wirtschaftlich etwas nahe stehenden, gegenwärtigen Regierung«[151] nachdachte, mußte man schließlich doch feststellen: »Hoffentlich werden wir nach den Wahlen (gemeint sind die Reichstags-Wahlen im März 1933, B.L.) noch einige gute Veranstaltungen haben können, bei den augenblicklichen politischen Verhältnissen hat es ja kaum Zweck, irgend etwas zu arrangieren, zumal keiner Lust hat, sich als Redner auf diesem Gebiet (einer aktiven Konjunkturpolitik, B.L.) zu exponieren.«[152] Nach den Reichstagswahlen im März wurden schließlich doch noch einmal zwei Diskussionsabende organisiert. Am 11. April 1933 verpflichtete Grotkopp für den einladenden Ausschuß den Freiburger Professor Adolf Lampe, der schon mehrfach auf Diskussionen der Studiengesellschaft aufgetreten war, für ein Referat zu dem Thema »Arbeitsbeschaffung durch produktive Kreditschöpfung«, dem eine Diskussion folgen sollte.[153] Lampe hatte im Frühjahr einige konjunkturpolitische Aufsätze im *Deutschen Oekonomist* veröffentlicht, die, so Grotkopp, »weitgehende Beachtung« gefunden hatten.[154]

An den den Einladungslisten im März/April 1933 neu hinzugefügten Namen werden die Auswirkungen der politischen Veränderungen auf die Tätigkeit der Studiengesellschaft deutlich: Neben der zunehmenden Anzahl von Einladungen an die Mitarbeiter Gerekes wie Cordemann, Eckstein, Herpel, Etzdorf und Lübbert wurde darüber hinaus die Redaktion der *Deutschen Volkswirtschaft*, des nationalsozialistischen Pendants zum *Deutschen Volkswirt*, und mit Artur R. Herrman, Adrian von Renteln, Dr. von Lucke und Herrman Tholens ein entscheidender Teil der wirtschaftspolitischen Berater und Fachleute der NSDAP eingeladen.[155]

Insgesamt ist die Entwicklung der öffentlichen Projekte der Studiengesellschaft sowie die Tätigkeit des engeren Kreises im einladenden Ausschuß in dem Zeitraum von der Machtergreifung bis zum Sommer 1933 von einer gewissen Ambivalenz gekennzeichnet. Auf der einen Seite waren Grotkopp, Wagemann und Dräger von den Möglichkeiten der Durchsetzung einer konsequenten Beschäftigungspolitik in der Regierung Hitler überzeugt. Grotkopp hatte zweifellos auch noch eine besondere karrierespezifische Motivation.[156] Teile des Um-

---

151 Grotkopp an Viererausschuß 14.3.1933, SUD BS 23/36.

152 Grotkopp an Dräger 3.3.1933, SUD BS 23/36.

153 Einladungskarte zu Diskussionsabend 11.4.1933, SUD BS 23/36.

154 Grotkopp an Dräger 31.3.1933, SUD BS 23/36.

155 Dräger an Grotkopp 4.4.1933, SUD BS 23/36; vgl. zu den ehemaligen Mitarbeitern der WPA und ab Mai Mitarbeitern Wageners im Reichskommissariat Barkai, Wirtschaftssystem, S. 36, 106.

156 Grotkopp war während der Weltwirtschaftskrise offensichtlich nahezu mittellos, zumindest ohne ein nennenswertes regelmäßiges Einkommen. Er wurde im nationalsozialistischen Deutschland

feldes der Studiengesellschaft gehörten spätestens seit dem Sommer 1932 zu den Sympathisanten einer Reichsregierung unter Beteiligung der Nationalsozialisten. Die antisemitische Programmatik und Propaganda der NSDAP vor der Machtergreifung schreckte offensichtlich selbst die jüdischen Mitglieder nur teilweise von einer Sympathie für den seit dem Mai 1932 propagierten konjunkturpolitischen Radikalismus der Nationalsozialisten ab. So schrieb der jüdische Herausgeber der *Wirtschaftswende* Friedlaender-Prechtl ein halbes Jahr vor der Machtergreifung an Dräger: »Wie ich aus dem Verlag (Eher-Verlag München, B.L.) ersehe, sind ja auch Sie zur N.S.A. (gemeint ist die NSDAP, B.L.) abgeschwenkt. Ich verstehe das ganz gut, denn diese Partei ist ja heute leider Gottes die einzige, die auf wirtschaftspolitischem Gebiet Aktivität entfaltet (...) Und dann ist es schon richtig, daß diejenigen bürgerlichen Menschen, die eine Wirtschaftsreform für notwendig halten, versuchen, das bisher noch sehr wirre Programm der N.S.A. (sic.) im Sinne einer Klärung zu beeinflussen. Mir selbst ist dieser Weg ja versagt (...)«.[157]

Auf der anderen Seite aber wurde die Außenwirkung der Studiengesellschaft und damit ihre Positionierung im Spannungsfeld zwischen Parteien, Verbänden und der Reichsregierung für die Beteiligten zunehmend problematisch. Während die Studiengesellschaft von Teilen der Öffentlichkeit sowohl vor als auch nach der Machtergreifung als unabhängiger Braintrust geschätzt wurde, geriet sie im Frühjahr 1933 zunehmend unter den Druck des sich etablierenden Systems der Kontrolle öffentlicher Meinung. Immer öfter erreichten den einladenden Ausschuß Beschwerden einflußreicher Nationalsozialisten über kritische Bemerkungen zur Wirtschaftspolitik der Regierung Hitler, die auf Veranstaltungen der Studiengesellschaft im Frühjahr 1933 gefallen waren. So kritisierte ein Teilnehmer, daß Äußerungen gemacht worden seien, »die man heute ungestraft nicht mehr machen darf!« Der Autor schließt mit dem eindeutigen Urteil, es sei bezeichnend, »daß zu der Veranstaltung keine Mitglieder der heute regierenden Parteien geladen waren. Die Arbeitsbeschaffung steht und fällt mit dem Nationalsozialismus; davon aber und von den politischen Veränderungen scheint man in der Studiengesellschaft noch keine Kenntnis genommen zu haben.«[158]

Auch innerhalb der Studiengesellschaft trennten sich einige der engen Mitarbeiter von Dräger und seinen Projekten. Dalberg, der ebenso wie Friedlaender-Prechtl jüdischer Herkunft war, zog sich zurück und letzerer schrieb im April 1933 an Dräger (unter Anspielung auf die antisemitische Politik der Reichsregierung): »Die Ereignisse der letzten Wochen haben noch in mir eine Stimmung

Korrespondent der Kölner Zeitung in Paris und schrieb während des Krieges Stimmungsberichte für das Oberkommando der Wehrmacht aus dem unbesetzten Teil Frankreichs, IFZ MA 167.

157 Friedlaender-Prechtl an Dräger 30.6.1932, SUD BS 23/22.

158 Vgl. Arbeitsgemeinschaft an Dräger 12.4.1933, SUD BS 23/36.

großgezogen, die es mir unmöglich macht, auch nur indirekt an den öffentlichen Ereignissen mitzuarbeiten.«[159] Grotkopp, der weiter in Verbindung zu Dräger blieb, notierte Ende März 1933 resümierend: »Anfangs«, so schrieb er an Dräger, »sind wir (gemeint ist die Studiengesellschaft, B.L.) scharf befehdet und unter Druck gesetzt worden, man versuchte sogar, uns als Phantasten hinzustellen und uns lächerlich zu machen, heute sind die von uns propagierten Gedankengänge Allgemeingut weiter Kreise der Bevölkerung.«[160] Für einen kritischen und öffentlichkeitswirksamen Diskurs, wie er auf den Veranstaltungen der Studiengesellschaft stattgefunden hatte, war im nationalsozialistischen Deutschland des Sommers 1933 nun jedoch kein Platz mehr. Der Raum öffentlicher Kritik wurde eingeschränkt. Die Aktivitäten der Studiengesellschaft verlagerten sich damit deutlich in einen wesentlich weniger öffentlichen Bereich.

159 Friedlaender-Prechtl an Dräger 22.4.1933, SUD BS 23/2.
160 Grotkopp an Dräger 31.3.1933, SUD BS 23/36.

II. »Arbeitsbeschaffung durch produktive Kreditschöpfung«: Der Einfluß Heinrich Drägers auf die Reichstagsrede Gregor Straßers im Mai 1932 und das »Wirtschaftliche Sofortprogramm« der NSDAP

Die Auseinandersetzungen in der Studiengesellschaft wurden im Laufe des Jahres 1932 zunehmend von der Frage der politischen Durchsetzbarkeit einer aktiven Konjunkturpolitik geprägt. Mit der Aufnahme großer Teile der wirtschaftspolitischen Vorschläge einer aktiven Beschäftigungspolitik in das Programm der NSDAP im Mai 1932 kam in die politische Diskussion eine Dynamik, die auch in die Studiengesellschaft hinein wirkte. Wie aber waren die unterschiedlichen Vorschläge, die unter anderem auf den Veranstaltungen der Gesellschaft seit der Jahreswende 1931/32 diskutiert worden waren, in die nationalsozialistische Programmatik gelangt? Seit ihren Wahlerfolgen war die NSDAP als politischer Faktor nicht mehr zu ignorieren. Ihre wirtschaftspolitische Haltung wurde daher von verschiedenen Seiten, auch der Studiengesellschaft, sorgfältig beobachtet. Entgegen der Positionen anderer großer Parteien war ihr Standpunkt in der Frage nach Alternativen zur Deflationspolitik im Frühjahr 1932 offensichtlich noch unentschieden und unklar.[1] Damit bot sie Möglichkeiten einer politischen Beeinflussung, die auch von anderen interessierten Beobachtern gesehen wurden. Der Prozeß der Integration beschäftigungspolitischer Vorschläge in die Programme der Nationalsozialisten ist zugleich Teil der Auseinandersetzung der Studiengesellschaft mit dem politischen Machtfaktor NSDAP und Teil eines politischen Kalküls Drägers, die Reichsregierung durch die nationalsozialistischen Forderungen unter Druck zu setzen, weitergehende konjunkturpolitische Maßnahmen zu unternehmen.[2]

Die geschichtswissenschaftliche Forschung zu den wirtschaftspolitischen Plänen der NSDAP vor der Machtergreifung wurde bis zum Ende der 60er Jahre von den Ergebnissen der Befragungen vor dem internationalen Militärgerichtshof in Nürnberg geprägt.[3] Entscheidend waren dabei die Ausführungen Hjalmar Schachts, der schon in Nürnberg der Darstellung, er sei im wesentlichen der Schöpfer der nationalsozialistischen Politik der ersten Jahre gewesen, bei

---

[1] Vgl. Barkai, Wirtschaftssystem, S. 40f.

[2] Dieser Gedanke Drägers wird insbesondere deutlich in seinem Vorwort zur Schrift: Heinrich Dräger, Arbeitsbeschaffung durch produktive Kreditschöpfung. Ein Beitrag zur Frage der Wirtschaftsbelebung durch das sogenannte »Federgeld«, 1. Aufl. München 1932 (Nationalsozialistische Bibliothek / Heft 41), S. 4ff.

[3] Wilhelm Treue und Günther Frede, Wirtschaft und Politik 1933-1945, Braunschweig 1953, S. 13; René Erbe, Die nationalsozialistische Wirtschaftspolitik im Lichte der modernen Theorie, Zürich 1958, S. 177.

seiner Verteidigung keineswegs widersprach. Vielmehr hob Schacht bei seinen Erläuterungen die Unzulänglichkeiten der nationalsozialistischen Entwürfe deutlich hervor und betonte die Originalität seiner Wirtschaftspolitik, die zu einer Beseitigung der Arbeitslosigkeit im nationalsozialistischen Deutschland geführt hätte.[4] Gegen diese Darstellung Schachts spricht jedoch eindeutig die äußerst kritische Haltung, die der spätere Reichsbankpräsident den Vorschlägen »der Reformer« gegenüber in der wirtschaftspolitischen Debatte während der Weltwirtschaftskrise einnahm, sowie seine mehrfach geäußerte Ablehnung aller staatlichen Kreditexpansionspläne. Noch bei den Beratungen um die Finanzierung der ersten Arbeitsbeschaffungsprojekte der Regierung Hitler äußerte sich der Nachfolger Luthers skeptisch zu den Möglichkeiten eines »deficit spending«.[5] Auch in der Studiengesellschaft sah man in Schacht noch im März 1933 einen Gegner der konjunkturpolitischen Pläne.[6]

Erst mit den Untersuchungen von Udo Kissenkoetter und Avraham Barkai, die in den siebziger Jahren entstanden, begann die kritische wissenschaftliche Erforschung der wirtschaftspolitischen Programme der NSDAP aus der Zeit vor der Machtergreifung und damit verbunden auch eine Neueinschätzung der Rolle Schachts.[7] In diesen Studien wurde betont, daß in einigen Entwürfen der NSDAP vor der Machtergreifung Ansätze einer zumindest mittelfristigen nationalsozialistischen Wirtschaftsprogrammatik erkennbar wären, die als Anknüpfungspunkte für die später tatsächlich realisierte Politik des nationalsozialistischen Regimes in Frage kommen.[8] Vor allem Barkai stellt die Bedeutung dieser originär nationalsozialistischen Entwürfe für die spätere Politik nachdrücklich fest.[9] Verschiedene Tatsachen sprechen jedoch gegen diese Ansicht. Zunächst ist bei der Mehrzahl der Veröffentlichungen der NSDAP zur Wirtschaftspolitik vor der Machtergreifung zu berücksichtigen, daß ihr wirtschaftswissenschaftliches Niveau die Geduld des Rezipienten einer harten Probe unterwirft. Wie konnten diese »Analysen« und »Pläne« zu Vorarbeiten für reale Regierungspolitik werden? Überblickt man das tatsächliche *Output* der wirtschaftspolitischen Abteilungen der NSDAP vor 1933, fallen zudem zwei Besonderheiten auf:

---

4 Der Prozeß gegen die Hauptkriegsverbrecher vor dem Internationalen Militärgerichtshof (IMT – Deutsche Ausgabe), Bd. 5, S. 138, 151, Bd. 12, S. 535.

5 Vgl. Hjalmar Schacht, Grundsätze deutscher Wirtschaftspolitik, Oldenburg 1932, S. 47, 56f.; vgl. dazu die Rezension Ludwig Erhards, in: Das Tagebuch, 20.8.1932 Heft 34, Jg. 13; dazu auch Schachts spätere Schriften: Hjalmar Schacht, Abrechnung mit Hitler, Hamburg 1948; ders., Jahre meines Lebens, Bad Wörishofen 1953; Schacht an Paul Reusch, abgedruckt bei Dirk Stegmann, Zum Verhältnis von Großindustrie und Nationalsozialismus 1930-1933, in: AfS 13 (1973), S. 399-482 (416ff., 465); AdR, Regierung Hitler, Bd. I, S. 532.

6 Lambrecht an Friedlaender-Prechtl 24.3.1933, SUD BS 23/16.

7 Kissenkoetter, Straßer; Barkai, Wirtschaftssystem.

8 Kissenkoetter, Straßer, S. 121; Barkai, Wirtschaftssystem, S. 34.

9 Barkai, Wirtschaftssystem, S. 42ff.

Erstens ist vor der Reichstagsrede Gregor Straßers vom 10. Mai 1932, in der er erstmals ein nationalsozialistisches Arbeitsbeschaffungsprogramm bekanntgab, sowie vor dem »Wirtschaftlichen Sofortprogramm« der NSDAP, das danach in der Parteipresse verbreitet wurde, in den bisher bekannten Unterlagen keine Arbeit gefunden worden, die als Vorarbeit dazu erkennbar wäre.[10] Eine in diesem Zusammenhang ernstzunehmende nationalsozialistische Veröffentlichung zur Arbeitsbeschaffung fehlt zudem vollkommen. Diese Tatsache ist in der wissenschaftlichen Literatur früh bemerkt und immer wieder konstatiert worden.[11] Darüber hinaus ist es auffallend, daß die Mitarbeiter der NSDAP, die vor 1933 wirtschaftspolitische Pläne entwickelten, in der späteren Regierung Hitler fast ausnahmslos eine untergeordnete Rolle spielten.[12]

Zweitens sind die unterschiedlichen Erklärungen für diese Beobachtung unbefriedigend: Eine überzeugende Begründung für den fehlenden Zusammenhang zwischen den Vorarbeiten der NSDAP, den detaillierten Vorschlägen des »Sofortprogramms« und der Arbeitsbeschaffungspolitik der nationalsozialistischen Reichsregierung fehlt in der wissenschaftlichen Literatur. Bei einer genauen Betrachtung des Schrifttums fällt zunächst auf, daß es grundsätzlich zwei Erklärungsansätze über die Ursprünge und die Herkunft des »Sofortprogramms« und der Straßer-Rede gibt. Aufgrund der lückenhaften Aktenüberlieferung der NSDAP beruhen beide Erklärungen hauptsächlich auf den Aussagen von beteiligten Zeitgenossen.[13]

Auf der einen Seite steht die These, daß die Reichstagsrede Straßers (und damit die Grundlage des »Sofortprogramms«) »durch Hellmut Elbrechter« – einen einflußreichen Mitarbeiter des *Tat-Kreises* – geschrieben worden sei.[14] Diese Erklärung wurde erstmals in einer 1958 von Ursula Hüllbüsch bei Werner

---

[10] Verhandlungen des deutschen Reichstages – Stenographische Berichte, Bd. 446, Berlin 1932, S. 2511; Schulthess` Geschichtskalender 73 (1932), S. 76; Gregor Straßer, Arbeit und Brot (Reichstagsrede vom 10.5.1932), München 1932; Wirtschaftliches Sofortprogramm der NSDAP, ausgearbeitet von der Hauptabteilung IV (Wirtschaft) der Reichsorganisationsabteilung der NSDAP, München 1932.

[11] Kroll, Weltwirtschaftskrise, S. 435; Barkai, Wirtschaftssystem, S. 40f.; Boelcke, Deutsche Wirtschaft, S. 32.

[12] Otto Wagener wurde im Juli 1933 vollständig entmachtet und spielte in den Auseinandersetzungen um die Wirtschaftspolitik der Regierung Hitler bis dahin eine untergeordnete Rolle, ebenso von Renteln, der Präsident des Deutschen Industrie- und Handelstages wurde, sowie Bernhard Köhler, der nach der Entmachtung Wageners Leiter der »Kommission für Wirtschaftspolitik« wurde. Ähnlich erging es den meisten anderen Mitarbeitern der WPA und Gregor Straßers, sowie dem später vollkommen einflußlosen Gottfried Feder. Eine Ausnahme bildet der spätere Staatssekretär Fritz Reinhardt, der jedoch nur indirekt im Bereich »Propaganda« als Mitarbeiter der Reichsorganisationsabteilung Straßers an den Vorarbeiten beteiligt war.

[13] Vgl. Barkai, Wirtschaftssystem, S. 54, sowie dasselbe bei Kissenkoetter, Straßer, S. 105ff. Eine nennenswerte Parteigeschichte der NSDAP, die die ältere Studie von Dietrich Orlow, A History of the Nazi Party 1919-1933, Pittsburg 1969, auch in dieser Hinsicht ersetzen könnte, fehlt bislang.

[14] Ursula Hüllbüsch, Gewerkschaften und Staat. Ein Beitrag zur Geschichte der Gewerkschaften zu Anfang und zu Ende der Weimarer Republik, unveröff. Diss., Heidelberg 1958, S. 160.

Conze angefertigten Dissertation formuliert und daraufhin von verschiedenen Autoren übernommen.[15] Hüllbüsch beruft sich dabei allein auf Aussagen Elbrechters. Die Autorin untersucht das Beziehungsgeflecht, an dem Gregor Straßer im Umfeld des *Tat-Kreises* beteiligt war und kann überzeugend nachweisen, daß hier durch Verbindungen zu den Gewerkschaften eine gewisse *Querfront* entstand.[16] Zu der Herkunft der wirtschaftspolitischen Forderungen der Reichstagsrede Straßers kann Hüllbüsch hingegen keine Aussagen machen.

Die *zweite Erklärung* des Ursprungs der Straßerschen Reichstagsrede ist wesentlich auf die Aussagen Drägers selbst zurückzuführen und weist ihm selbst eine entscheidende Rolle zu. Vergleicht man die Untersuchungsergebnisse, die von Barkai und Kissenkoetter fast gleichzeitig unabhängig voneinander Ende der siebziger Jahre vorgelegt wurden, fällt auf, daß sich beide an den entscheidenden Stellen ihrer Studien auf Erklärungen Drägers berufen.[17] Auf diese Untersuchungen hat sich der überwiegende Teil der neueren Literatur gestützt.[18] Doch weder Barkai noch Kissenkötter haben die mündlichen Auskünfte von Dräger überprüfen können. Tut man dies, so entsteht nicht nur ein sehr viel genaueres, sondern auch ein insgesamt anderes Bild.

Dräger nahm offensichtlich durch verschiedene Darstellungen erheblichen Einfluß auf verschiedene Wissenschaftler und ihre Untersuchungen, die sich mit der zeitgenössischen wirtschaftspolitischen Debatte und ihrer Wirkung auf die nationalsozialistische Programmatik und Politik befaßten und sich in diesem Zusammenhang oftmals an ihn selber wandten.[19]

Darüber hinaus setzte sich der Lübecker Unternehmer mit seinen eigenen Plänen aus der zeitgenössischen Debatte später in verschiedenen Schriften auseinander und veranlaßte außerdem eine umfangreiche Edition von verschiedenen Arbeiten der »Reformer«, die er aus dem Archiv der Studiengesellschaft zusammenstellte.[20] Er konnte dabei auf umfangreiche Unterlagen zurückgreifen, die sich heute als Sonderbestand im Schriftgut- und Dokumentenarchiv der

---

[15] Hannes Heer, Burgfrieden oder Klassenkampf, Berlin 1971, S. 58; Schneider, Arbeitsbeschaffungsprogramm, S. 150.

[16] Vgl. Hüllbüsch, Gewerkschaften, S. 160ff.

[17] Vgl. der ausdrückliche Bezug Barkais auf die Aussagen Drägers, auf die er sich »im wesentlichen« stütze, Barkai, Wirtschaftssystem, S. 54, sowie dasselbe bei Kissenkoetter, Straßer, S. 105ff., der sich zudem auf den Bericht Drägers vom 2.3.1953, der im IFZ lagert, bezieht, IFZ ZS/A 36/2.

[18] Schulz, von Brüning, S. 943f.; Mommsen, Freiheit, S. 503; Golla, Arbeitsbeschaffung, S. 46ff. Das jüngste Beispiel für diese ungeprüfte Übernahme der Thesen Barkais und Kissenkötters ist die Untersuchung von Hauke Janssen, Nationalökonomie und Nationalsozialismus. Die deutsche Volkswirtschaftslehre in den dreißiger Jahren, Marburg 1998, der Dräger als zentralen Beleg für seine Thesen nimmt. Vgl. ebd., S. 437ff.

[19] Dr. Heinrich Dräger lebte bis 1986 in Lübeck. In der umfangreichen Korrespondenz seines Büros, das er bis 1986 führte, finden sich zahlreiche Anfragen und Protokolle von Auseinandersetzungen mit Wissenschaftlern, die über das Problem arbeiteten, vgl. als Beispiel die Korrespondenz mit Barkai, SUD KS 1975; sowie mit Grotkopp, ebd. 1950-1957.

[20] Heinrich Dräger, Arbeitsbeschaffung durch produktive Kreditschöpfung, Düsseldorf 1953; vgl. Bombach, Keynesianismus Bde. I-VII; vgl. dazu die Korrespondenz mit Bombach u.a., SUD KS.

Drägerwerk AG befinden, zu Lebzeiten Drägers jedoch restriktiven Zugangsbedingungen unterlagen und nicht archivalisch erschlossen waren.[21] Neben der Frage der Präzisierung dieser Zusammenhänge ist eine Differenzierung der unterschiedlichen Machtzentren, Personen und Gruppen innerhalb der NSDAP entscheidend, um den Einfluß der Vorschläge Drägers auf die Politik der Partei vor der Machtergreifung zu bewerten.[22]

1. Die Querverbindungen zwischen der Wirtschaftspolitischen Abteilung der NSDAP und der Studiengesellschaft

Betrachtet man die wirtschaftspolitischen Pläne der NSDAP bis zum Frühjahr 1932, zeichnet sich ein eindeutiges Bild ab: Die internen Papiere wie die offiziellen Verlautbarungen der verschiedenen Organe der Partei waren nichtssagend und zudem unklar formuliert.[23] Diese Tatsache ist nicht allein, wie oft vermutet wird, auf den Einfluß des »Parteiideologen« oder »Wirtschaftsfachmannes« Gottfried Feder zurückzuführen. Vielmehr bestand mit der zunächst innerhalb der von Konstantin Hierl gebildeten Organisationsabteilung II der Münchner Reichsleitung gegründeten WPA, zu deren Leiter 1931 Dr. Otto Wagener berufen wurde, ein »nach Umfang und Organisation durchaus beachtenswerter Apparat«.[24] Die WPA hatte dabei die Aufgabe, die wirtschaftspolitischen Ziele der Partei neu zu definieren und Pläne als praktikable »blueprints« für eine später zu realisierende Politik zu entwerfen.[25] Mit der Abteilung arbeiteten sowohl Hitler als auch der Reichsorganisationsleiter Gregor Straßer eng zusammen. Der Plan, einen eigenen Braintrust zu schaffen, funktionierte allerdings nur teilweise, da die WPA zwar umfangreiche Arbeiten verfaßte, aber über keine klare Vorstellung von den Zielen der Partei

21 Die Erschließung der Aktenbestände begann, nach Auskunft von Dr. Christian Dräger, Vorstandsvorsitzendem der Drägerwerk AG an den Verfasser 16.3.1995, erst 1990 im Schriftgut- und Dokumentenarchiv der Drägerwerk AG.

22 Die immer noch vieldiskutierte Frage nach dem Stellenwert dieser »Programme« für die realisierte Politik nach der Machtergreifung soll hier *nicht* im Zentrum der Untersuchung stehen. Vgl. für diese Diskussion: Ludolf Herbst, Die Nationalsozialistische Wirtschaftspolitik im internationalen Vergleich, in: Der Nationalsozialismus. Studien zur Ideologie und Herrschaft, hrsg. v. Wolfgang Benz/Hans Buchheim/Hans Mommsen, Fankfurt am Main 1993, S. 153-176 (175f.).

23 Dies stellt schon Kroll, Weltwirtschaftskrise, S. 435 und S. 454f. fest; sowie Barkai, Wirtschaftssystem, S. 40ff.

24 Vgl. Barkai, Wirtschaftssystem, S. 34ff. (36); zu Wagener, vgl. Henry A. Turner, Otto Wagener – Der vergessene Vertraute Hitlers, in: Die Braune Elite II, hrsg. v. R. Smelser/E. Syring/R. Zitelmann, Darmstadt 1993, S. 343ff.; vgl. dazu die Aussagen Wageners im IfZ: Otto Wagener: Tagebuchaufzeichnungen 1929-1933 ED 60 1-9; Turner, Nähe, S. Iff.; Die WPA ist nicht zu verwechseln mit dem »*Wirtschaftspolitischen Amt*« beim Verbindungsstab der NSDAP in Berlin, das dort von Februar bis Juli 1933, ebenfalls unter der Leitung Wageners, arbeitete.

25 Kissenkoetter, Straßer S. 53ff.

verfügte und daher auch nicht in der Lage war, ein relevantes wirtschaftspolitisches Konzept zu präsentieren.[26] In den Parteipublikationen standen daher oft widersprüchliche Vorschläge unmittelbar nebeneinander und dokumentierten so die Konzeptlosigkeit. Zu Wageners Mitarbeiter- und Referentenstab gehörten Adrian von Renteln, Hermann Cordemann, Bernhard Köhler, Hermann Tholens, Gottfried Feder, Fritz Reinhardt, Walther Funk, Paul Schulz sowie Werner Daitz.[27] Damit gehörten mit Hermann Tholens und Hermann Cordemann, der zudem Leiter des Berliner Büros des Reichsorganisationsleiters der NSDAP war, sowie Werner Daitz, dem Leiter der Abteilung für Seefahrt, mehrere dem unmittelbaren Umfeld der Studiengesellschaft zuzurechnende Personen der WPA an.[28] Zudem war mit Otto Christian Fischer, der über die von der Industrie finanzierte und in Wirtschaftskreisen vielgelesene Zeitschrift *Die Deutschen Führerbriefe* der WPA nahestand, auch ein wichtiges und zeitweise einflußreiches Mitglied der Studiengesellschaft im Umfeld von Wageners Abteilung zu finden. Hier wird ein Netzwerk deutlich, das sich schon bei den Diskussionen in der Studiengesellschaft in der Vortragssaison 1931/32 abzeichnete. Das Forum der Studiengesellschaft ermöglichte den Mitarbeitern und Mitgliedern der verschiedenen Interessengruppen in der stark polarisierten Debatte eine Auseinandersetzung und eine gegenseitige Information ohne die aggressive Polemik der öffentlichen politischen Diskurse. Zu den Personen, die im Netzwerk der Studiengesellschaft solche *Querverbindungen* darstellten, ist auch der Göttinger Wirtschaftswissenschaftler Jens Jessen zu zählen. Jessen sprach auf mehreren Veranstaltungen der Studiengesellschaft und war nach Wageners Aussage an einem der WPA nahestehenden »Studienkreis für sozialwirtschaftliche Probleme« und am »Kreis für Weltwirtschaft« beteiligt.[29]

Für den hier zu erläuternden Zusammenhang der Vorarbeiten des »Wirtschaftlichen Sofortprogramms« ist entscheidend, daß sich unter den Dokumenten der WPA bis zum Frühjahr 1932 kein Arbeitsbeschaffungsprogramm findet. Dies muß nach den bisher bekannten Quellen und dem Forschungsstand als sicher angenommen werden.[30] Vor dem Hintergrund der umfassenden propagandistischen Ausschlachtung der Massenarbeitslosigkeit durch die nationalsozialistische Presse ist es erstaunlich, daß es keinerlei bemerkenswerte Vorschläge zur Bekämpfung derselben gab. Sowohl in den internen Papieren als

---

26 Barkai, Wirtschaftssystem, S. 41.

27 Kissenkoetter, Straßer, S. 53.

28 Vgl. Barkai, Wirtschaftssystem, S. 36; Schulz, von Brüning, S. 977.

29 Aufzeichnungen Wagener IFZ ED 60 Heft 4, S. 1016-1034.

30 Avraham Barkai, Die Wirtschaftsauffassung der NSDAP, in: APUZ B 9/75 (1975), S. 3-16; ders., Wirtschaftliche Grundanschauungen und Ziele der NSDAP. Ein unveröffentlichtes Dokument aus dem Jahre 1931, in: Jahrbuch des Instituts für Deutsche Geschichte Bd. 7 (1978), S. 355-385; Barkai, Wirtschaftssystem, S. 40; Boelcke, Deutsche Wirtschaft, S. 32.

auch in den Veröffentlichungen, wie denen des Referenten für Sozialpolitik der WPA, Ottokar Lorenz, oder dem »Wirtschaftsprogramm« vom März 1932, das von Wagener selbst stammte, fehlten dezidierte Hinweise oder Vorschläge für Arbeitsbeschaffungsmaßnahmen.[31] Über allgemeine Postulate kam man nicht hinaus. Mit der Frage einer Finanzierung von solchen Maßnahmen setzte man sich gar nicht erst auseinander. Wagener vertraute im Gegenteil in seinem »Wirtschaftsprogramm« vom Frühjahr 1932 auf die Wirkung von »Kaufkrafterhöhungen« mittels Preissenkungen, um »in wenigen Monaten (...) die Zahl der Arbeitslosen auf die Hälfte, auf ein Drittel zu reduzieren«.[32] In einem Protokoll über Besprechungen der WPA von Ende 1931 wird Arbeitsbeschaffung als Möglichkeit nur am Rande erwähnt und die Lösung in der Beschränkung von Frauenarbeit und der Einführung einer allgemeinen Arbeitsdienstpflicht gesehen.[33]

Im engeren Führungskreis der NSDAP war man sich dieser Defizite offensichtlich bewußt, denn der spätere Reichsinnenminister Wilhelm Frick bestätigte Dräger gegenüber, »daß ein eingehendes Programm über die Art der Lösung der Arbeitsbeschaffung vor der großen Reichstagsrede Gregor Straßers im Mai 1933 (gemeint ist 1932, B.L.) in der Leitung der Partei nicht bekannt war.«[34] Dies verwundert um so mehr, als die Angehörigen der WPA durch ihre Vorgesetzten offensichtlich die Weisung erhalten hatten, sich bei der Abfassung von wirtschaftspolitischen Programmvorschlägen auch mit Ideen vertraut zu machen, die außerhalb der Partei diskutiert wurden.[35] Damit war für die Mitarbeiter Wageners die Möglichkeit, sich in Braintrusts wie der Studiengesellschaft Anregungen zu holen, gegeben. Eine gewisse Ausnahme stellt die Schrift Hermann Tholens' dar. Tholens ging im Gegensatz beispielsweise zu Ottokar Lorenz, dem Referenten der WPA für Sozialpolitik, auf konkrete Meliorationsprojekte als Möglichkeit der Arbeitsbeschaffung ein, ohne freilich das Problem der Finanzierung zu diskutieren.[36]

---

[31] Ottokar Lorenz, Die Beseitigung der Arbeitslosigkeit, in: Nationalsozialistische Wirtschaftspolitik Heft 1, Berlin 1932; Otto Wagener, Das Wirtschaftsprogramm der NSDAP, München 1932.

[32] Zit. nach Barkai, Wirtschaftssystem, S. 41.

[33] Vgl. Barkai, Grundanschauungen, S. 357ff.; Barkai, Wirtschaftssystem, S. 37 u. 41.

[34] Aktennotiz Drägers zum 19.4.43, SUD BS 27/8. Belege hierfür auch in: Dirk Stegmann, Antiquierte Personalisierung oder sozioökonomische Faschismus-Analyse? Eine Antwort auf H. A. Turners Kritik an meinen Thesen zum Verhältnis von Nationalsozialismus und Großindustrie vor 1933, in: AfS 17 (1977), S. 275-296 (293).

[35] Kissenkoetter, Straßer, S. 101.

[36] Hermann Tholens, Das Interesse von Staat und Wirtschaft an Meliorationen, in: »Landeskultur, Staat und Arbeit, 2. Aufl. Berlin 1931 (Hrsg. v. Verband Deutscher Landeskulturgenossenschaften e.V.); ders., Die Möglichkeiten sofortiger Arbeitsbeschaffung durch Förderung der Landwirtschaft und der Siedlung, Nationalsozialistische Monatshefte, Heft 23. Lorenz empfahl Arbeitsdienst und Importbeschränkungen und darüber hinaus Siedlungspläne, die durch »Opfer« der Bevölkerung zu finanzieren seien. Lorenz, Beseitigung, S. 7f.

Sicher ist es nicht allein dem wirtschaftswissenschaftlichen Unvermögen der Mitarbeiter der WPA zuzuschreiben, daß jegliche Vorschläge fehlten.[37] Auch die nationalsozialistische »Weltanschauung« ging Wageners Interpretation zufolge davon aus, daß erst nach einer Überwindung des gegenwärtigen Systems, dessen Ausdruck die Krise sei, die Misere überwunden werden könne. So führte Wagener aus: »Wenn die Fehler des alten Systems beseitigt werden, wenn nationalsozialistisches Denken an ihre Stelle tritt, dann schwindet die Arbeitslosigkeit, und die Deckung des vorhandenen Bedarfs setzt die Wirtschaft in Gang.«[38]

Diese Feststellungen sind insbesondere erstaunlich, wenn man sie vor dem Hintergrund der konjunkturpolitischen Diskussion, die seit Jahresbeginn 1932 in der Öffentlichkeit geführt wurde, betrachtet. Die Annahme Gerhard Krolls, »daß im Bereich der Wissenschaft keine Veröffentlichung aus dieser Zeit bekannt ist, die etwa als Hintergrund der Straßerschen Thesen gedeutet werden könnte«, ist vollkommen abwegig.[39] Tatsächlich hatte eine öffentliche Debatte über verschiedene wirtschaftspolitische Vorschläge schon lange vor der Reichstagsrede Straßers stattgefunden und war über die Studiengesellschaft mit Sicherheit auch zu den Mitarbeitern der WPA in die NSDAP gedrungen. Dieser Zusammenhang zwischen der Studiengesellschaft und dem Referentenstab der WPA läßt sich personell an Cordemann, Jessen und Tholens festmachen. Darüber hinaus gilt dies auch für die der NSDAP und der Abteilung Wageners nahestehenden Bankiers Otto Christian Fischer und Friedrich Reinhart.[40]

3. Handlungsmöglichkeiten durch Kontakte: Der Einfluß Drägers und der Studiengesellschaft

Von Beginn der Aktivitäten der Studiengesellschaft an bestanden somit Kontakte mit der Abteilung Wageners. Den Rahmen dieser Verbindungen bildeten zunächst Gespräche auf den Veranstaltungen der Studiengesellschaft sowie einige Briefe, Kommentare und Einladungen, die man untereinander austauschte. Wie es zu einer Intensivierung dieser Gespräche kam, ist nicht mehr genau zu

37 Mit großer Sicherheit muß man nach dem heutigen Forschungsstand annehmen, »daß die NSDAP solche Pläne bis zu diesem Zeitpunkt nicht besaß und ihre ›Wirtschaftsexperten‹ der Beschäftigungskrise genauso ratlos gegenüberstanden wie die meisten akademischen Berater der Regierungsparteien.« Barkai, Wirtschaftssystem, S. 41.

38 Wagener, Wirtschaftsprogramm, S. 92; Wageners spätere Darstellung der Unzulänglichkeit seines ›Programms‹, wonach sein »Wirtschaftsprogramm« nur »Stückwerk« sein konnte, da er alle Punkte auslassen mußte, »für die uns Hitler Stillschweigen auferlegt hatte«, klingt wenig plausibel. IFZ ED 60, S. 1902-1912., Heft 10, S. 606, Heft 30, S. 1774ff.

39 Kroll, Weltwirtschaftskrise, S. 435.

40 Vgl. Einladungen des einladenden Ausschusses der Studiengesellschaft, SUD BS 23/36; Diskussionsabend 29.3.1932, ebd.; zu Fischers Rolle in der WPA vgl. Barkai, Wirtschaftssystem, S. 47, 197f.; Schulz, von Brüning, S. 559.

rekonstruieren. Dräger selbst äußerte sich schon während der ersten Phase der Tätigkeit der Studiengesellschaft um die Jahreswende 1931/32 immer wieder unzufrieden über die Ablehnung der etablierten Parteien gegenüber den konjunkturpolitischen Vorschlägen der Reformer.[41] Als der parteilose Unternehmer zunächst über den Lübecker Industriellen Werner Daitz, den Beauftragten der NSDAP für das Wirtschaftsgebiet Nord und Herausgeber des *Nationalsozialistischen Wirtschaftsdienstes,* im Frühjahr 1932 unmittelbar Kontakt mit der WPA bekam, ist dies daher nicht mehr als ein weitergehendes Sondieren der wirtschaftspolitischen Positionen dieser Partei gewesen, wie es verschiedene Industrielle und ihre Verbände zu diesem Zeitpunkt taten.[42]

Dräger kannte Werner Daitz seit 1931, als das Drägerwerk mit der Firma Daitz & Co. Kommanditgesellschaft Lübeck, deren Inhaber Daitz war, geschäftliche Absprachen traf. Im Februar 1932 wurde Daitz nach Empfehlung Drägers auf die interne Verteilerliste der Studiengesellschaft gesetzt.[43] Die beiden trafen sich dann zunächst auf den Diskussionsveranstaltungen. Zu diesen ersten Kontakten Drägers mit der NSDAP kam jedoch eine zweite Entwicklung, die für die hier analysierten Zusammenhänge entscheidend ist: Seit Beginn der konjunkturpolitischen Diskussionen in der Studiengesellschaft beschäftigte sich Dräger selbst intensiv mit beschäftigungspolitischen Fragen und dem Problem der Finanzierung durch eine Kreditausweitung. Unmittelbar im Anschluß an den Vortrag Wagemanns in der Studiengesellschaft entstand mit der Unterstützung Grotkopps und Wagemanns ein Manuskript mit dem Titel »Arbeitsbeschaffung durch produktive Kreditschöpfung unter Ausschaltung schädlicher inflatorischer Nachwirkungen. Ein Beitrag zur Frage der Arbeitsbeschaffung und Wirtschaftsbelebung«.[44] Nach Berichten des Lübecker Unternehmers erhielt Werner Daitz im März die erste Manuskriptfassung der Drägerschen Schrift.[45] Dräger plante zunächst, das Manuskript unter dem Pseudonym Dr. Otto Heinrich in einem Lübecker Verlag zu veröffentlichen.[46]

[41] Vgl. Dräger an Grotkopp Korrespondenz März/April 1932, SUD BS 23/36.

[42] Eine ähnliche, allerdings unsystematische Darstellung muß Dräger 1975 Barkai und 1972 schon Kissenkoetter gegenüber in Gesprächen gemacht haben. Weder Barkai noch Kissenkoetter haben die Akten der Studiengesellschaft und Drägers Korrespondenz in seinem Nachlaß eingesehen. Hieraus läßt sich der Kontakt belegen. Zu Daitz siehe auch Reichshandbuch, S. 293f.; mit Nachweisen für weitere Industrielle: Stegmann, Personalisierung, S. 288ff.; Turner, Großunternehmer, S. 342ff.

[43] Dräger an Daitz 12.12.1931, SUD BS 23/1. Dräger an Grotkopp Februar 1932, SUD BS 23/36.

[44] Vgl. Die Korrespondenz Drägers mit Grotkopp März/April 1932, sowie die umfangreichen Materialien, die Grotkopp Dräger schickte, SUD BS 23/36.

[45] Vgl. Bericht Drägers vom 8.7.1980, SUD BS 23/35; dafür spricht das erste »Rundschreiben« und die erste Verteilung dieses Rohmanuskripts u. a. an Prof. Wilhelm Prion, vgl. Prion an Dräger 14.10.1931, SUD BS 23/2.

[46] Vgl. die erste Druckfahne der H.G. Rathgens G.m.b.H. (Verlag), SUD BS 24/1, sowie Manuskripte, die als Vorstudien zu dieser Schrift gelten müssen und als Bearbeitungsdaten Oktober 1931 bis Februar 1932 angeben, ebd.; zu dem Pseudonym: Otto Heinrich sind die beiden Vornamen Drägers.

Es ist darüber hinaus deutlich zu erkennen, wie Dräger versuchte, seit dem Vortrag Wagemanns Anfang Februar 1932 die politischen Inhalte der Studiengesellschaft schärfer zu akzentuieren und vom einladenden Ausschuß eine klare Position in der Arbeitsbeschaffungsfrage zu fordern.[47] Die anderen Mitglieder der Studiengesellschaft waren jedoch nach den kritischen Reaktionen und dem publizistischen Feldzug der Gegner Wagemanns im Anschluß an dessen Vortrag und die Diskussionen seiner Vorschläge in der Öffentlichkeit vorsichtig geworden und beharrten auf der politischen Neutralität der Institution.[48] Bei diesem Konflikt nahm Grotkopp zwischen dem abwägenden Dalberg und Dräger eine vermittelnde Position ein. Im Kern ging es bei den Auseinandersetzungen um die Frage nach einem stärkeren politischen Engagement der Studiengesellschaft. Dieser Widerstand innerhalb des engsten Kreises der Studiengesellschaft blockierte Drägers Bemühungen. Der Lübecker Unternehmer wandte sich daraufhin mit einer eigenen Denkschrift, die als Vorarbeit der späteren Publikation »Arbeitsbeschaffung durch produktive Kreditschöpfung« gelten kann, an Wagemann, der mit ihm gemeinsam das Manuskript überarbeitete.[49] Auf diesem Weg entstand unter weiteren Beratungen vor allem mit dem Nationalökonomen Prof. Wilhelm Prion Ende März die erste Druckfahne der Drägerschen Schrift »Arbeitsbeschaffung durch produktive Kreditschöpfung«, die Dräger nun im Kreis der Studiengesellschaft zur Diskussion stellte und an einen ausgewählten Kreis mit der Bitte um eine kritische Stellungnahme versandte. Auf diesem Weg kam auch Werner Daitz zu einem Manuskript. Über Daitz, der offensichtlich von der Schrift begeistert war, bekam Dräger Kontakt zu Wagener, den er Mitte März in Lübeck traf.[50] Das Interesse Drägers an den Vorstellungen der NSDAP zu diesem Zeitpunkt ist für eine große Gruppe der Industriellen typisch, die versuchten, sich über die Vorstellungen der Nationalsozialisten zu informieren oder diese zu beeinflussen. Auch auf Seiten der NSDAP bestand ein zunehmendes Interesse an diesen Verbindungen.[51]

Unabhängig von diesen Kontakten zur WPA traf sich Dräger mehrmals mit Gottfried Feder. Feder war zu diesem Zeitpunkt neben seiner Tätigkeit als Leiter der »ingenieurtechnischen Abteilung« in der WPA Vorsitzender des »Wirtschaftsrats der Reichsleitung« der NSDAP, einer Konkurrenzinstitution der WPA, die jedoch vollkommen einflußlos war. Neben Feder waren auch Daitz und Funk Mitglieder dieses Gremiums, das jedoch nur selten zusammentrat. Dazu war Feder Herausgeber der einflußreichen Schriftenreihe »Nationalsozialisti-

[47] Vgl. Drägers Mahnbriefe im Februar/März an Grotkopp, SUD BS 23/36.

[48] Vgl. ebd. vor allem die Auseinandersetzungen mit Dalberg.

[49] Über die ersten Arbeiten an dieser Schrift berichtete Dräger Prion bereits im November 1931, Dräger an Prion 6.11.1931, SUD BS 23/2; die älteste erhaltene Fassung des später veröffentlichten Textes der »produktiven Kreditschöpfung« ist datiert mit dem 16.3.1932, SUD BS 23/12; mit Wagemann führte Dräger mehrere Gespräche, Notizbücher, SUD BS 22/7 Heft 4.

[50] Vgl. Notizbücher, SUD BS 22/37 Heft 4.

[51] Stegmann, Personalisierung, S. 288ff.; Turner, Großunternehmer, S. 342ff.

sche Bibliothek«, Mitglied der Reichstagsfraktion der NSDAP und galt in großen Teilen der Öffentlichkeit immer noch als »Wirtschaftsideologe« der Partei.[52]

Zu Feder hatte Dräger erstmals im Oktober 1931 über den Essener Unternehmer Edmund Koch, der ein »Kreditschöpfungs«-Manuskript Drägers erhalten hatte, Kontakt und traf den »Wirtschaftsspezialisten« im Essener Haus von Koch.[53] Darüber hinaus kam es im Hause eines befreundeten Hochschulprofessors in Hannover zu mehreren Treffen zwischen Feder und Dräger im Frühjahr 1932. Zumindest eines dieser Treffen fand nachweislich *vor* Straßers Reichstagsrede statt, mit hoher Wahrscheinlichkeit jedoch mehrere.[54] Wann Dräger Feder sein Manuskript gab oder ob dieser das Manuskript über Daitz und Wagener bekam, ist unklar; sicher ist aber, daß Drägers Manuskript durch Daitz und Wagener und wohl auch die Informationen von Cordemann, Tholens und Fischer der WPA vor der Reichstagsrede Straßers vorlagen. Darüber hinaus ist durch eine Bemerkung Feders belegt, daß dieser die Schrift zu diesem Zeitpunkt schon kannte. Der spätere Herausgeber der Schrift sagte darüber, es handle sich um eine demnächst erscheinende »sehr interessante Studie über die Methoden produktiver Kreditschöpfung (...), zu der mir Prof. Wagemann (...) seine fast hundertprozentige Übereinstimmung (ausgedrückt hat).«[55] Diese Kontakte führten schließlich zur Veröffentlichung des Drägerschen Manuskripts noch im Juni in Feders Reihe, der »Nationalsozialistischen Bibliothek«.[56] Für die hier zur Erörterung stehenden Zusammenhänge, die zur Reichstagsrede Straßers und zum »Sofortprogramm« führten, ist jedoch die Entwicklung der Verbindungen Drägers zur WPA und damit vor allem zu Gregor Straßer selbst und dessen engsten Mitarbeitern entscheidend, da in diesem Kreis das Programm entstand.

Am 15. März 1932 traf Dräger Daitz vormittags in Berlin und ging danach mit diesem gemeinsam in das Hotel »Kaiserhof« zu einer sechsstündigen Sitzung über die Fragen der Finanzierung eines Arbeitsbeschaffungsprogramms.[57] Zeitweise waren bei der Sitzung im »Kaiserhof« auch andere Mitglieder der Studiengesellschaft anwesend. Wer von Seiten der NSDAP teilnahm, kann nicht mit Bestimmtheit gesagt werden. Es ist anzunehmen, daß bei diesen Beratungen im »Kaiserhof« auch Gregor Straßer anwesend war, da sie im unmittelbaren Vorfeld seiner Reichstagsrede abgehalten wurden. Darüber hinaus war der Reichsorganisationsleiter unmittelbar für den Bereich zuständig und hatte an

---

52 Vgl. Barkai, Wirtschaftssystem, S. 35; Kissenkoetter, Straßer, S. 53.

53 »Fabrikant« Edmund Koch an Dräger mit Anlage 15.10.1931, SUD BS 23/2; Kontakt zu Feder bekam Dräger auch durch Prof. Oppermann und den Industriellen Paul Hoffmann aus Essen, SUD BS 23/22 K.

54 Dräger an Feder 20.6.1932, SUD BS 23/22.

55 Zit. nach Barkai, Wirtschaftssysem, S. 57.

56 Dräger, Kreditschöpfung.

57 »15.3.1932 Aufzeichnungen über Sitzung im Kaiserhof«, Notizbuch 4, SUD BS 22/7. Zur Bedeutung des Hotels Kaiserhof für die Reichsleitung NSDAP zu dieser Zeit als »Berliner Zentrale«, vgl. Bracher, Auflösung, S. 704.

dem Thema ein besonderes Interesse. Im Kaiserhof fand eines der entscheidenden Treffen zwischen dem Reichsorganisationsleiter der NSDAP und dem Lübecker Unternehmer statt, von denen Dräger und andere Mitglieder der Studiengesellschaft mehrfach berichten.[58] Hierbei hat Dräger Straßer und die anderen anwesenden Nationalsozialisten offensichtlich von den wirtschaftspolitischen Möglichkeiten einer aktiven Konjunkturpolitik durch das Konzept eines »deficit spending« überzeugt. Dräger nannte seine Vorschläge der Finanzierung von Arbeitsbeschaffungsprogrammen in Anlehnung an Prion, der ihn bei der Abfassung des Manuskripts neben Wagemann beraten hatte, »produktive Kreditschöpfung«, und diesen Terminus, der vorher in keinem nationalsozialistischen Programm auftauchte, verwandte Straßer dann auch in seiner Reichstagsrede am 10. Mai 1932 und in dem »Sofortprogramm«.

Nach Drägers Aussage entstand in gemeinsamer Arbeit mit Straßer und von Renteln, »im Grunde genommen wohl der einzige Nationalökonom und Mitarbeiter mit entsprechender Vorbildung in dem Gremium (...)«, wie der Lübecker Unternehmer bemerkte, »in mehreren mehrstündigen Unterredungen und Arbeitstagungen zwischen von Renteln und HD (gemeint ist Dräger, B.L.)« das »Wirtschaftliche Sofortprogramm«.[59] Für diese Darstellung spricht, daß von Renteln sich sowohl in der ersten Veröffentlichung des »Sofortprogramms« in der Reihe »Kampfschrift« der Reichspropagandaleitung der NSDAP als auch in der späteren Veröffentlichung in einem Sonderheft der *Deutschen Volkswirtschaft* als Verantwortlicher bezeichnete.[60] Die Veröffentlichung großer Auszüge der Drägerschen Schrift gemeinsam mit dem »Sofortprogramm« in dem Sonderheft der nationalsozialistischen Zeitschrift ist zudem ein weiterer Beleg für ihren Anteil an der Abfassung des nationalsozialistischen Programms. Daß der Münchner Privatdozent und Mitarbeiter der WPA Adrian von Renteln der Hauptautor des »Sofortprogramms« war, nahm auch schon der RDI in seiner Kritik des Papiers an.[61] Es ist nach dem heutigen Forschungsstand mit großer

[58] Einem Bericht Drägers über diese Fragen aus dem Jahre 1980 bestätigen diese Aussagen noch einmal: »Dieses Manuskript erhielt auch Straßer, und ich hatte im März/April 1932 eine lange Unterredung mit ihm darüber.« Den Kontakt Drägers zu Straßer belegt auch der Mitarbeiter im Reichskuratorium für Wirtschaftlichkeit Ernst Reuter in einem Schreiben an Dräger, wo er von gemeinsamen Besuchen bei Straßer spricht. Reuter an Dräger 23.5.1944, SUD BS 23/17 (Reuter gehörte zum Umfeld der Studiengesellschaft und zu den Mitherausgebern der Schrift »Arbeitsbeschaffung. Eine Gemeinschaftsarbeit«). Auch Daitz schreibt mehrfach von Treffen Drägers mit Straßer und spricht von »Zusammenarbeit«, Daitz an Dräger 13.12.1944, SUD BS 23/22B und SUD BS 23/35 sowie Daitz an Dräger 6.9.1943, SUD BS 23/1; vgl. zudem schriftlicher Bericht Drägers vom 8.7.1980, SUD BS 23/35.

[59] Bericht Drägers 8.7.1980, SUD BS 23/35. Bericht Drägers vom 2.3.1953, IFZ ZS/A 36/2.

[60] Vgl. Wirtschaftliches Sofortprogramm der NSDAP, München 1932; Die Deutsche Volkswirtschaft, 1. Sonderheft, »Das Sofortprogramm« 1932.

[61] Vermerk Bauer für Silverberg »Wirtschaftsprogramm der Nationalsozialisten« 24.8.1932, BArch Nl. Silverberg Nr. 232; Herle an Silverberg, 9.9.1932, mit beigefügtem ausführlichen Memorandum BArch Nl. Silverberg Nr. 232; hier auch: ausführlicher Brief von Herle an Renteln 8. September in der Anlage., veröff. in: Stegmann, Großindustrie, S. 452-465.

Sicherheit davon auszugehen, daß von Renteln zumindest der Redakteur des »Sofortprogramms« war.[62]

Kernpunkt des Drägerschen Manuskripts war das »Arbeitsbeschaffungsprogramm der gesteigerten Bedarfsdeckung«, bei dessen Analyse die Übereinstimmungen mit weiten Teilen des »Sofortprogramms« unschwer auffallen.[63] Das Hauptgewicht liegt in beiden Programmen auf Siedlungsmaßnahmen und Landeskulturarbeiten. Gerade in den berechneten Zahlen, vor allem aber in den Teilen, die sich mit der Finanzierung der Arbeitsbeschaffungsmaßnahmen durch »produktive Kreditschöpfung« beschäftigen, fällt eine Ähnlichkeit in der Annahme des Anteils der »Kreditschöpfung« an der Gesamtsumme der aufzubringenden Mittel auf: Dräger kommt hier auf 25 %, und im »Sofortprogramm« liest man von 20-30 %.[64]

Auch wenn aufgrund der fehlenden Quellen von nationalsozialistischer Seite der spezifische Verlauf der Integration der konjunkturpolitischen Vorschläge der »Reformer« in die wirtschaftspolitische Programmatik der Nationalsozialisten immer noch nur teilweise rekonstruiert werden kann, muß es nach diesen Ergebnissen als erwiesen gelten, daß Dräger und die Studiengesellschaft dabei die Vermittlungsrolle gespielt haben.[65] Für die hier untersuchten Zusammenhänge ist es entscheidend, daß durch die partiellen inhaltlichen und persönlichen Übereinstimmungen zwischen wirtschaftspolitischen Entscheidungsträgern der NSDAP zu dieser Zeit und einigen Mitarbeitern der Studiengesellschaft die unorthodoxen Vorschläge in die politischen Programme der Nationalsozialisten gelangten. Hier liegen die Ursprünge der konjunkturpolitischen Ideen der Reichstagsrede Straßers und des »Sofortprogramms«.

Diese Ergebnisse stehen den Thesen Ursula Hüllbüschs von der Abfassung der Reichstagsrede Straßers durch Elbrechter vom *Tat-Kreis* nur teilweise entgegen. Der *Tat-Kreis* besaß verschiedene personelle Querverbindungen zur Studiengesellschaft und war über die Diskussionen und Vorschläge dort bestens informiert. Eine Mitarbeit der Redakteure der *Tat* an der Abfassung der Reichstagsrede ist gerade vor dem Hintergrund der Bemühungen der Zeitschrift um eine Annäherung der Nationalsozialisten an die Gewerkschaften, wie sie Straßer in seiner Rede andeutete, wahrscheinlich. Tatsächlich bestanden verschiedene Verbindungen zwischen Straßers Mitarbeitern und Zehrers Zeitschrift.[66] Auch Dräger und ein großer Teil der Studiengesellschaft beobachteten

[62] Barkai, Wirtschaftssystem, S. 57; Kissenkoetter, Straßer, S. 108; Stegmann, Großindustrie, S. 429; Neebe, Großindustrie, S. 132f.

[63] Vgl. Dräger, Kreditschöpfung, S. 58ff.; Sofortprogramm, S. 10ff.

[64] Dräger, Kreditschöpfung, S. 76; Sofortprogramm, S. 14. Eine der zahlreichen Ungenauigkeiten der Literatur zur Studiengesellschaft liegt bei Kissenkoetter vor, der sich bei den Angaben zu dem Drägerschen Manuskript auf Krolls Zahlen verläßt und damit unverständlicherweise auf 50% kommt, vgl. Kissenkoetter, Straßer, S. 110.

[65] So im Urteil auch schon Barkai, Wirtschaftssystem, S. 53; Kissenkoetter, Straßer, S. 108.

[66] Vgl. dazu Kissenkoetter, Straßer, S. 111f.

das Vorgehen und die Strategie dieser beiden Lager mit Interesse, und Dräger schrieb schon im Februar 1932, »daß in den Grundzügen die Forderungen der Gewerkschaften einerseits und der nationalen Opposition andererseits in Bezug auf Erweiterung des Kreditvolumens in Verbindung mit Arbeitsbeschaffung sich immer ähnlicher werden.«[67] Daß die Reichstagsrede mehrere Redaktionen durchlaufen hat und unter anderem auch in ihren gesellschaftspolitischen Teilen von dem *Tat*-Mitarbeiter Elbrechter beeinflußt worden ist, erscheint plausibel und paßt zu dem Hintergrund der unterschiedlichen Einflüsse auf das Programm, der sich hier offenbart.[68] Wahrscheinlich beschränkte sich der Einfluß des *Tat-Kreises* auf die Teile der Rede, die sich mit der bekannten Formulierung von der »große(n) antikapitalistische(n) Sehnsucht« zusammenfassen lassen, die am stärksten der Hauptintention des *Tat-Kreises* entsprach.[69] Die verschiedenen anderen Erklärungen über Grundlagen und Herkunft des »Sofortprogramms« und der Reichstagsrede Straßers erscheinen dagegen wenig plausibel.[70] Auch die Annahme Krolls, Friedlaender-Prechtl sei die Quelle des »Sofortprogramms«, dürfte sich auf die hier beschriebenen Querverbindungen zur Studiengesellschaft und zur NSDAP beschränken.[71]

In der Studiengesellschaft wurde die Absicht Drägers, sein Manuskript in der Reihe Gottfried Feders zu veröffentlichen, unterschiedlich aufgenommen. Während Friedlaender-Prechtl Verständnis äußerte, kritisierte Dalberg die Polemik und die Bezugnahme auf Feder im Titel, im übrigen mißfalle ihm der ganze Stil.[72] In der Kritik vor allem von Seiten Dalbergs und Grotkopps werden noch einmal eindrücklich die Differenzen deutlich, die seit den Auseinandersetzungen in der Studiengesellschaft im Frühjahr des Jahres bestanden. Die endgültige Fassung des Buchmanuskripts ging dabei auf eine erstaunlich weitgehende Intervention Feders zurück.

Feder betonte in seinem Vorwort als Herausgeber der nationalsozialistischen Bibliothek, daß »der Autor kein Parteigenosse« sei.[73] In seiner Einleitung betont Dräger, daß er sich »anfangs (...) über die Gedankengänge (der) Arbeit nur (...) mit maßgebenden Leuten aus den Arbeitgeberverbänden und mit Politikern der bürgerlichen Mittelparteien« sowie der Sozialdemokraten unterhalten ha-

---

[67] Dräger an Prof. Gehlhoff 3.2.1932, SUD BS 23/2.

[68] Hüllbüschs einziger Beleg ist dabei die Aussage Elbrechters selbst, vgl. Hüllbüsch, Gewerkschaften, S. 160.

[69] Zu den Einzelheiten über Methodik oder Finanzierung der Arbeitsbeschaffung machte Elbrechter Hüllbüsch gegenüber offensichtlich keine Angaben, auch in der Untersuchung sucht man Bemerkungen dazu vergeblich. Hüllbüsch, Gewerkschaften, S. 161. In den von Kissenkoetter im Nachlaß von Elbrechter aufgefundenen Dokumenten spricht dieser auch nur davon, Straßer habe »auf meine (Elbrechters, B.L.) Initiative hin« die Rede gehalten. Kissenkoetter, Straßer, S. 205.

[70] So beispielsweise die Ansprüche von Walther Funk, vgl. Prozeß gegen die Hauptkriegsverbrecher Bd. XIII, S. 97.

[71] Vgl Kroll, Weltwirtschaftskrise, S. 434 und 454ff.

[72] Dalberg an Dräger 28.6.1932, SUD BS 23/14.

[73] Gottfried Feder, Vorwort, in: Dräger, Produktive Kreditschöpfung, S. 3.

be.[74] Er konstatiert, daß »in diesen Kreisen für die Gedanken der Arbeitsbeschaffung durch produktive Kreditschöpfung nur schroffe Ablehnung zu finden« gewesen wäre. Daraufhin hätte er, so führt Dräger weiter aus, Feder und Daitz kennengelernt und habe erkannt: »Nur (...) aus dem Machtwillen dieser Bewegung heraus kann eines Tages einmal die Umsetzung der Idee ›Arbeitsbeschaffung durch produktive Kreditschöpfung‹ in die Tat direkt oder indirekt erfolgen.«[75] In einem ersten Korrekturdruck war von Dräger neben Daitz und Feder auch noch Wagener genannt worden, den Feder in seinem Exemplar aber herausstrich.[76] Eindeutig durch eine Intervention des Herausgebers wurde auch der Name Friedlaender-Prechtls gestrichen, dem Dräger »viel verdanke«. Dräger setzte schließlich einen »Dank« an den »Herausgeber der Wirtschaftswende« durch. Gegen die anderen Reformer jüdischer Herkunft, wie Dalberg oder Woytinsky, die namentlich genannt wurden, hatte Feder offensichtlich keine Einwände. Eine ausführlichere Auseinandersetzung mit den Arbeiten Woytinskys, die Dräger zunächst vorgesehen hatte, ließ Feder durch eine »Würdigung« seiner eigenen intellektuellen »Verdienste« im Manuskript ersetzen.[77] Zudem setzte Feder gegen den Widerstand Drägers den Begriff des »Federgeldes« im Titel des Buches durch, der schließlich lautete: »Arbeitsbeschaffung durch produktive Kreditschöpfung. Ein Beitrag zur Frage der Wirtschaftsbelebung durch das sogenannte Federgeld«.[78] Dräger bezog sich in seinem Vorwort ausdrücklich auf Woytinsky und betonte, daß »das Thema dieser Arbeit (...) keine Privatangelegenheit der Nationalsozialisten« sei. An dieser Stelle erklärt Dräger schließlich auch, wie es zu der Veröffentlichung in Feders Reihe gekommen sei: Er habe sie »der Anregung von Werner Daitz folgend« Feder übergeben »in der Hoffnung, zu einem kleinen und sehr bescheidenen Teil mit dazu beitragen zu können, dass sich eines Tages dieser Mehrheitswille des deutschen Volkes

74 Dräger, Produktive Kreditschöpfung, 1. Aufl., S. 4.

75 Ebd., S. 5.

76 »Exemplar-Feder« mit handschriftlichen Korrekturen und Anmerkungen desselben, SUD BS 24/1.

77 Vgl. dazu die Korrekturexemplare (»Exemplar Feder«), SUD BS 23/7, sowie die Korrespondenz mit dem Eher-Verlag und der Kanzlei Feders (Juni 1932), SUD BS 23/22 D; Dräger hier: »Das Neuhinzugekommene ist größtenteils entstanden unter dem Eindruck der längeren Unterhaltung mit Herrn Gottfried Feder in Hannover.« Dräger an Kanzlei Feder 22.6.1932, SUD BS 23/22 D; Feder an Dräger darauf noch einmal am 5.8.1932 für die zweite Auflage: »Ich übersende Ihnen beiliegend ein korrigiertes Exemplar Ihrer Produktiven Kreditschöpfung, indem ich anheimgebe, einige der Korrekturen zu berücksichtigen. Ich persönlich lehne es im allgemeinen ab, allzuviel an einer Arbeit zu ändern und möchte nicht schulmeisterlich die Ausdrucksweise eines Autors bemängeln.« Feder an Dräger 5.8.1932, SUD BS 23/35; Drägers Erfahrung mit Feder bei der Ersten Auflage war allerdings eine andere: Erst die Fassung, in der alle, nämlich »sämtliche mit Herrn Feder besprochene Korrekturen restlos berücksichtigt« worden waren, wie Dräger schrieb, akzeptierte der Herausgeber. Dräger an Feder 22.6.1932, SUD BS 23/22 D mit 3 Anlagen.

78 Vgl. die ursprüngliche Fassung Drägers: Arbeitsbeschaffung durch produktive Kreditschöpfung unter Ausschluß schädlicher inflatorischer Nebenwirkungen. Ein Beitrag der Arbeitsbeschaffung und Wirtschaftsbelebung. Von Dr. Otto Heinrich, SUD BS 22/7.

durchsetzt«. Zugleich warb Dräger für die Idee einer *Querfront,* also der Unterstützung einer Beschäftigungspolitik durch die Gewerkschaften und die Nationalsozialisten, indem er ausführte, daß »dieser Grundgedanke (Arbeitsbeschaffung durch Kreditschöpfung, B.L.) dort letzten Endes vertreten wird.«[79] Es bleibt unklar, aus welchem Grund Dräger den umfangreichen Eingriffen in sein Manuskript zustimmte. Ebenso kann man nur vermuten, was überhaupt Drägers Motivation für diese öffentlichkeitswirksame politische Intervention war. Eine Regierungsbeteiligung der Nationalsozialisten unterstützte er im Gegensatz zu anderen Mitgliedern der Studiengesellschaft wie Friedrich Reinhart, Erich Lübbert oder Otto Christian Fischer zu keinem Zeitpunkt. Er arbeitete auch nicht, wie etwa Reinhart oder Lübbert, im Keppler-Kreis mit, obwohl er über den Berliner Bankier und den Stahlhelm-Berater sicher sowohl über deren Aktivitäten als auch über die Industriellen-Eingabe im November informiert war, die Reinhart selbst maßgeblich beeinflußte.[80] Die ablehnende Haltung von Teilen der Studiengesellschaft gegenüber seiner Einflußnahme auf die NSDAP macht eine Erklärung der Drägerschen Motivation noch schwieriger. Analysiert man seine Argumente in den Auseinandersetzungen mit Dalberg und Grotkopp über die Kontakte zu den Nationalsozialisten und in der ursprünglichen Fassung des Vorworts zu seiner Schrift »Kreditschöpfung«, wird ein interessantes politisches Kalkül deutlich: Dräger nahm an, daß die Propagierung der konjunkturpolitischen Thesen durch die NSDAP die Regierung zu entsprechenden beschäftigungspolitischen Maßnahmen deutlich auffordern mußte. Welche Regierung Dräger und die ihn in der Studiengesellschaft unterstützenden Unternehmer anstrebten, bleibt unklar. Es wird aus den Diskussionen aber deutlich, daß Dräger zumindest im April/Mai 1932, also zum Zeitpunkt seiner entscheidenden Kontakte mit den Nationalsozialisten, ein Verbleiben des Kabinetts Brüning mit einer radikal veränderten Wirtschaftspolitik gegenüber einer autoritäreren Lösung bevorzugte.[81] Ziel dieser Gruppe in der Studiengesellschaft war eine breite gesellschaftliche Unterstützung für eine Regierung, die eine aktive Konjunkturpolitik durchführen würde. Dieser Vorstellung entsprach auch der Versuch, die verschiedenen Gruppen in der Studiengesellschaft zu integrieren. Dieser Plan einer möglichen »Instrumentalisierung« der NSDAP erklärt den scheinbaren Widerspruch zwischen dem Engagement Drägers für das »Sofortprogramm« auf der einen und seiner ablehnenden Haltung gegenüber einer konsequenten Förderung der nationalsozialistischen Regierungsbestrebungen, wie sie etwa der Bankier Friedrich Reinhart vertrat, auf der anderen Seite. Auch nach der Ernennung Papens zum Reichskanzler setzte Dräger auf die antiparla-

[79] Alle Zitate: Dräger, Vorwort, Produktive Kreditschöpfung, S. 5f.

[80] Vgl. Abdruck der Dokumente in Czichon, Wer verhalf, S. 68ff.

[81] Vgl. Drägers Bericht 2.3.1953, IFZ ZS/A 36/2; Dräger, Kreditschöpfung, S. 4ff.; Korrespondenz mit Dalberg und Grotkopp März/April 1932, SUD BS 23/36.

mentarische aber konservative Konzeption des Kanzlers und lehnte eine Übertragung von Regierungsverantwortung an die Nationalsozialisten ab.[82]

4. *Die Auswirkungen der Interventionen auf die Programmatik der NSDAP*

Noch im Juli führte Dräger auf Anregung von Daitz und von Renteln wegen eines Sonderheftes der *Deutschen Volkswirtschaft* Gespräche mit Hunke-Heinrichsen, dem Reichstagsabgeordneten der NSDAP und Herausgeber dieser Zeitschrift.[83] Offenbar strebte man in der NSDAP eine größtmögliche Verbreitung der neuen Pläne an. Die ersten Druckfahnen dieses Sonderheftes lagen im August 1932 vor. Das Sonderheft bestand aus einem Vorwort Rentelns, dem »Sofortprogramm« mit einem Vorwort Straßers, Drägers Schrift sowie einer Abhandlung von Daitz zu den »Grenzen der produktiven Kreditschöpfung«.[84] Die Publikation geriet im Spätsommer 1932 allerdings zum Teil in die Auseinandersetzungen um die von verschiedenen Industriellen geäußerte Kritik an dem »Sofortprogramm« hinein, die nach Lage der entscheidenden Dokumente maßgeblich zu der umstrittenen Bemerkung Schachts in einem Brief am 12. September 1932 an Paul Reusch führte, Hitler habe »das berüchtigte Heft einstampfen lassen, es wird also gar nicht mehr verbreitet.«[85] Für maßgebliche Teile der Großindustrie war das »Sofortprogramm«, das direkte Arbeitsbeschaffungsmaßnahmen vorschlug und eine explizite Mittelstandsprogrammatik vertrat, in der Tat untragbar.[86] Über die Frage der Gültigkeitsdauer der wirtschaftspolitischen Forderungen des »Sofortprogramms« sind schon mehrfach Überlegungen angestellt worden, und der Einfluß der industriellen Kritik auf die Vorprogrammierungen der NSDAP ist noch nicht abschließend geklärt.[87] In mehreren Untersuchungen

---

[82] Interne Denkschrift, Dräger 5.9.1932, SUD BS 23/19.

[83] Bericht Dräger 8.7.1980, SUD BS 23/35.

[84] Die Deutsche Volkswirtschaft. Zeitschrift für Nationalsozialistische Wirtschaftsgestaltung, Hrsg. Dr. Hunke-Heinrichsen, 1. Sonderheft 1932 »Das Nationalsozialistische Arbeitsbeschaffungsprogramm und seine Finanzierung«.

[85] Schacht an Reusch 12.9.1932, zit in: Stegmann, Großindustrie S. 465; vgl. das in seiner Bedeutung äußerst umstrittene Schreiben Schachts an Hitler vom 29.8.1932, abgedruckt in: Ursachen und Folgen, Bd. VIII, S. 620f; vgl. auch Barkai, Wirtschaftssystem, S. 45ff. Der unmittelbare Anlaß für die von Schacht überlieferte Verfügung Hitlers, das »Sofortprogramm«-Heft »einzustampfen«, ist allerdings bis heute noch nicht vollständig geklärt. Vgl. Stegmann, Großindustrie, 429f.; und die Kritik: Henry A. Turner, Großunternehmertum und Nationalsozialismus 1930-1933, in: HZ 221 (1975), S. 18-68 (45ff.); ders., Faschismus und Kapitalismus in Deutschland, Göttingen 1972, S. 18, S. 45ff.; Boelcke, Deutsche Wirtschaft, S. 35f.

[86] Vgl. zu diesem Widerstand der Großindustrie gegen das Programm: Stegmann, Personalisierung, S. 288; Schulz, Maßnahmenstaat, S. 400ff.; Winkler, Unternehmerverbände, S. 188; Neebe, Großindustrie, S. 132ff.

[87] Stegmann, Großindustrie, S. 465f.; Turner, Großunternehmertum, S. 32ff.

ist dabei festgestellt worden, wie erstaunlich kurz das »Sofortprogramm« nur Gültigkeit besaß, hatte die NSDAP doch nicht zuletzt deswegen bei den Juli-Wahlen die umfangreichen Gewinne verzeichnen können.[88] Das »Sofortprogramm« war in der Reihe »Kampfschrift« der NSDAP mit großem Aufwand im Wahlkampf gedruckt und vertrieben worden. Offenbar gab es tatsächlich eine Anordnung von Seiten Hitlers hinsichtlich des Programms, da schon am 22. Oktober 1932 die Reichspropagandaleitung der NSDAP in einer Rednerinformation ausdrücklich das »Sofortprogramm« zurückzog und das »Wirtschaftliche Aufbauprogramm« verkündete.[89] Dieses Programm hatte Straßer in einem vielbeachteten Auftritt am 20. Oktober 1932 im Berliner Sportpalast verkündet.[90]

Unterzeichnet war das neue Programm von den Leitern der inzwischen neugeschaffenen Hauptabteilung IV, die Hitler gleichzeitig mit der Auflösung der WPA am 17. September 1932 angeordnet hat.[91] Die Hauptabteilung IV war in zwei Sektoren aufgeteilt worden, wobei Feder den Teil A »Staatswirtschaft« und Walther Funk den Teil B »Privatwirtschaft« übernahm. Beide unterzeichneten mit Straßer die ausdrückliche Rücknahme des »Sofortprogramms«, verwiesen aber in dem Anschreiben der Rednerinformation weiterhin auf Drägers Schrift »Kreditschöpfung« als »ergänzende Literatur«.[92] Inwieweit die Umorganisation der Hauptabteilung IV und das neue »Aufbauprogramm« in Zusammenhang mit der industriellen Kritik steht, die auch in den *Deutschen Führerbriefen* geäußert wurde, ist umstritten.[93] Der Zeitpunkt der Umorganisation und der Herausgabe des neuen Programms würde für einen Zusammenhang zwischen der teilweise heftigen Kritik seitens der Industriellen und den Maßnahmen Hitlers sprechen.[94] Schachts Rat in seinem Schreiben an Hitler vom 29. August 1932, »möglichst kein detailliertes Wirtschaftsprogramm« zu bringen, ist jedoch vor dem Hintergrund des »Aufbauprogramms«, das sieben Wochen später präsentiert wurde, nur zum Teil realisiert worden.[95] Während man in

[88] Vgl. mit weiteren Nachweisen: Kissenkoetter, Straßer, S. 120.

[89] Rednerinformation NO. 11 Reichspropagandaleitung der NSDAP u. Abt. M.V. 22.10.1932, SUD BS 23/1. Das Programm »das Wirtschaftliche Aufbauprogramm der NSDAP« ist auch abgedruckt bei Gottfried Feder, Kampf gegen die Hochfinanz, München 1933, S. 371-382.

[90] Boelcke, Deutsche Wirtschaft, S. 36.

[91] Dokument abgedruckt in: Hitler. Reden, Schriften, Anordnungen. Februar 1925 bis Januar 1933, Band V, Von der Reichspräsidentenwahl bis zur Machtergreifung. April 1932-Januar 1933, Hrsg. und kommentiert von Klaus A. Lankheit, München 1996, S. 354ff.; vgl. dazu Barkai, Wirtschaftssystem S. 7; Boelcke, Deutsche Wirtschaft, S. 36; Turner, Großunternehmer, S. 344ff.; Neebe, Großindustrie, S. 133.

[92] Rednerinformation NO. 11 Reichspropagandaleitung der NSDAP u. Abt. M.V. 22.10.1932, SUD BS 23/1.

[93] Vgl. Die Kritik in den »Deutschen Führerbriefen« am 20.5.1932 und 26.8.1932. »Deutsche Führerbriefe. Politisch-wirtschaftliche Privatkorrespondenz«. Vgl. zur politischen Position der Führerbriefe: von Alvensleben an Hitler 15.9. und 21.9.1932, IFZ MA 127-1 (NARA T 81 Roll 1); vgl. Neebe, Großindustrie, S. 132ff.

[94] So neben anderen Barkai, Wirtschaftssystem, S. 47f. und Neebe, Großindustrie, S. 133; Winkler, Unternehmerverbände, S. 179.

[95] Schacht an Hitler 29.9.1932, abgedruckt in: Ursachen und Folgen, Bd. VIII, S. 620f.

dem neuen Wirtschaftsprogramm tatsächlich einige zentrale Forderungen der Unternehmer wiederfindet, behielt man auch in diesem Programm an prominenter Stelle die Forderung nach »produktiver Kreditschöpfung« bei. Die deutlichen Widersprüche zwischen den mündlichen Zusicherungen Hitlers, Funks und Schachts verschiedenen Industriellen gegenüber und der Programmatik wurden schon von Zeitgenossen erkannt. Dafür sprechen auch die Auseinandersetzungen zwischen Heß und Feder im Oktober 1932 über die strittige Frage nach der Kompetenz Feders, wirtschaftspolitische Reden und Verlautbarungen abzugeben, die dann schließlich weitestgehend auf Hitler beschränkt wurde.[96] Vor dem »Aufbauprogramm« hatte die neugegründete Hauptabteilung IV jedoch ein weiteres Papier verfaßt, das unter dem Titel »Kritik des Papenprogramms und Wirtschaftliches Mindestprogramm der NSDAP – Ausgearbeitet von der Hauptabteilung IV (Wirtschaft)« als Informationsbroschüre erschien.[97] In diesem »Mindestprogramm«, das der wissenschaftlichen Forschung bisher unbekannt war, findet man zunächst eine Auseinandersetzung mit den Notverordnungen der Regierung Papen vom 4. und 5. September 1932, die als eine harte und in der Zielsetzung klar antikapitalistische Kritik der unternehmerfreundlichen Maßnahmen der Regierungspolitik einzuordnen ist.[98] Gefordert wird die Bereitstellung von Mitteln für eine Arbeitsbeschaffungspolitik, die »nicht in industrielle Produktionsmittel investiert werden«, sondern vielmehr für Landeskulturarbeiten, den Bau von Eigenheimen und Verkehrswegen auf dem Wege der »produktiven Kreditschöpfung« ausgegeben werden sollen.[99] Datiert man dieses Programm auf das unmittelbare Umfeld der Septemberverordnungen Papens, wie es Daitz in einem Schreiben an Dräger tut, ist zu konstatieren, daß die neue Hauptabteilung IV der Kritik am »Sofortprogramm« zunächst in keiner Weise entgegenkam und somit keineswegs »industriefreundlicher« handelte als ihr Vorgänger, die WPA. Vielmehr stimmte man mit dem Vorschlag einer beschäftigungspolitischen Investition von 5 Milliarden Mark er-

[96] Vgl. die Berichte über die Auseinandersetzungen von Heß mit Feder vom 30.10.1932 bis zum 9.11.1932 über einen Vortrag desselben in den Akten des Reichsorganisationsleiters der NSDAP (Korrespondenz Feder-Heß-Straßer) in BArch NS 22, 359 und 713; vgl. dazu auch Peter Longerich, Hitlers Stellvertreter. Führung und Kontrolle des Staatsapparates durch den Stab Heß und die Parteikanzlei Bormann, München 1992, S. 9f.; dazu auch: Akten der Parteikanzlei der NSDAP. Rekonstruktion eines verlorengegangenen Bestandes, Regesten, Teil 1, Bd. 2 bearb. v. H. Heiber, München 1983, S. 15; Albrecht Tyrell (Hg.), Führer Befiel... Selbstzeugnisse aus der »Kampfzeit« der NSDAP. Dokumentation und Analyse, Düsseldorf 1969, S. 365; Gerhard Schulz, Die Anfänge des totalitären Maßnahmenstaates, in: K.D. Bracher, W. Sauer, G. Schulz, Die nationalsozialistische Machtergreifung. Studien zur Errichtung des totalitären Herrschaftssystems in Deutschland 1933/34, 2. Aufl. Köln 1962, S. 544ff.

[97] Ein »Mindestprogramm« befindet sich in den Unterlagen der Studiengesellschaft, SUD BS 23/3 Anlage Daitz. Vgl. dazu Daitz an Dräger 13.12.1944, SUD BS 23/22 B. Von einem »Mindestprogramm« spricht auch Wilhelm Frick Dräger gegenüber, »Aktennotiz-Frick« o.D., SUD BS 27/3.

[98] Mindestprogramm, a.a.O., S. 1.

[99] Ebd., S. 4.

neut präzise mit Drägers Schrift überein und nannte, neben Straßers Reichstagsrede und dem »Sofortprogramm«, das erwähnte Sonderheft der *Deutschen Volkswirtschaft* als Grundlage.[100]

»Mit der Ausarbeitung der Einzelmaßnahmen«, so liest man in diesem »Mindestprogramm« weiter, »wurde Parteigenosse Feder M.d.R. beauftragt, der zur Zeit zu diesem Zweck eine Tagung im Braunen Haus abhält.«[101] Daitz zufolge fand am 7. September 1932 in München tatsächlich eine Konferenz der NSDAP unter der Leitung Feders zum Thema Arbeitsbeschaffung statt, was mit den Angaben im »Mindestprogramm« präzise übereinstimmt.[102] Auch Goebbels schreibt in seinen Tagebüchern von einer Versammlung im »Braunen Haus« am 7. September 1932.[103] Bei dieser »letzten großen Wirtschaftskonferenz der Reichsleitung der NSDAP«, so berichtet Daitz, habe das Sonderheft der *Deutschen Volkswirtschaft* als Vorlage gedient. »Auf Anordnung des Führers«, so fährt Daitz fort, »wurde das Heft (das Sonderheft, B. L.) im Verlaufe der Konferenz eingezogen, damit nicht Dritte vorzeitig (vor der Machtübernahme) Einblick in unsere neuartigen Pläne des Wirtschaftsaufbaus und der Kreditschöpfung erhielten.«[104] Folgt man diesen Quellen, fand mit der Zurücknahme des Sonderheftes und der »Sofortprogramm-Broschüre« im September die Verbreitung dieser Pläne zunächst ein Ende. Für eine eventuelle Teilauslieferung des Sonderheftes spricht, daß Dräger in einem Brief an Hunke-Heinrichsen im November 1932 von den »noch vorhandenen« Exemplaren schreibt.[105] Mit Sicherheit wurde das Drägersche Sonderheft erst nach der Umorganisation der WPA am 17. September 1932 und der Einschränkung und Rücknahme des »Sofortprogramms« schließlich im Oktober und November zurückgerufen und nicht mehr ausgeliefert oder verkauft.[106] Der genaue Zeitpunkt läßt sich nicht

---

[100] Ebd., S. 5.

[101] Mindestprogramm, ebd., S. 5.

[102] Daitz an Dräger 13.12.44, SUD BS 23/22 B.

[103] Joseph Goebbels, Die Tagebücher von Joseph Goebbels. Sämtliche Fragmente, hrsg. v. Elke Fröhlich Teil I (Aufzeichnungen 1924-1941) Bd. 2, 1.1.1931-31.12.1936, München 1987, S. 237.

[104] Daitz an Dräger 5.9.1943 »Vertraulich«, SUD BS 23/22 B. Auch die Aufzeichnungen in Hitler, Reden, Bd. V, S. 346ff. widersprechen Hitlers Anwesenheit auf einer solchen Tagung zu diesem Zeitpunkt nicht.

[105] Dräger an Hunke 17.11.1932, SUD BS 23/35.

[106] Dies wird in einem Brief Drägers an Hunke-Heinrichsen deutlich: »Wie ich Ihnen bereits mitteilte, habe ich auch den dringenden Wunsch, dass die noch vorhandenen ca. 5000 Exemplare jetzt frei gegeben (sic.) werden. Wie Herr Daitz mir sagte, soll Dipl. Ing. Gottfried Feder im Wesentlichen (sic.) schon zugesagt haben. Es bedarf jetzt der offiziellen Freigabe durch Gregor Straßer. Darf ich Sie bitten, auch in dieser Richtung tätig zu sein.« Dräger an Hunke-Heinrichsen 17.11.1932, SUD BS 23/35. Ähnliches sagte Dräger auch Barkai am 7.5.1974. Hier berichtet Dräger von einem Telefongespräch mit Hunke-Heinrichsen, wonach hierbei der Herausgeber der *Deutschen Volkswirtschaft* ihm gegenüber von einem Verbot des Sonderheftes durch Hitler gesprochen habe. Vgl. Barkai, Wirtschaftssystem, S. 45; Barkai kennt die Druckfassung des Sonderhefts offenbar nicht, da er davon ausgeht, es sei bei der Vorbereitung gestoppt worden. Barkai, Wirtschaftssystem, S. 57.

mehr feststellen; Dräger bemühte sich aber bei Straßer und Hunke weiterhin um eine Freigabe des Sonderheftes und forderte direkt nach den Novemberwahlen von Hunke-Heinrichsen, »dass die noch vorhandenen 5000 Exemplare jetzt frei gegeben (sic.) werden.«[107] Offenbar erreichte er dies auch, da er im Januar mehrere Exemplare des Sonderheftes erhielt und an den Verlag Adressenlisten sandte.[108] Dräger hatte den Druck des Sonderheftes mit einem Druckkostenzuschuß gefördert, den er allerdings erst nach erfolgter Auslieferung durch einen Vermittler bezahlen ließ.[109]

Wie sind diese verwirrenden und teilweise gegensätzlichen Entwicklungen vor dem Hintergrund der programmatischen Überlegungen der nationalsozialistischen Entscheidungsträger und der fraglichen Einflußnahme von Teilen der Unternehmerschaft einzuordnen? Zunächst ist festzuhalten, daß die Interpretation, Hitler habe das »Sofortprogramm« und damit den Plan einer aktiven Konjunkturpolitik auf Druck »der Wirtschaft« zurückgezogen, stark zu differenzieren ist.[110] Die vielzitierte Bemerkung Schachts gegenüber Herle vom RDI von der »Einstampfung« des »Sofortprogramms« am 12. September 1932 war wohl die Antizipation eines Vorgangs, der erst in den folgenden Wochen in der Partei durchgesetzt wurde.[111] Die Entwicklung von dem »Sofortprogramm« über das »Mindestprogramm« zum »Aufbauprogramm« innerhalb von weniger als fünf Monaten kann nur als Unsicherheit und Abwägen der NSDAP in diesen Fragen verstanden werden. Die allgemeinen Formulierungen des »Aufbauprogramms«, das jedem Wähler etwas versprach und bewußt die Präzision der Vorgängerprogramme vermied, war sicherlich ein Zugeständnis an die Kritik am »Sofortprogramm«, anderenfalls hätte man dieses, mit dem man schließlich die Juli-Wahlen gewonnen hatte, nicht aufgegeben.

Inwieweit die Entscheidungsprozesse in der NSDAP auf Fühlungnahme und direkte Interventionen zurückzuführen sind, kann mit den bisher bekannten Dokumenten immer noch nicht abschließend beantwortet werden; am Gesamtbild ändert sich auch nach Kenntnis der hier angeführten Quellen nichts: An dem Plan einer aktiven Konjunkturpolitik hielt die NSDAP fest. Trotz umfangreicher formeller und informeller Kontakte zwischen NSDAP und verschiedenen Industriellen gab es in dieser Frage offenbar eine gewisse Autonomie der Entscheidungsfindung innerhalb der Partei. Das Novum, das mit dem »Sofortprogramm« erstmals im Programm einer Partei erschien, war die Finanzierung

[107] Dräger an Hunke-Heinrichsen 17.11.1932, SUD BS 23/35.

[108] Dräger an Hunke-Heinrichsen 23.1.1933, SUD BS 23/2.

[109] Ebd.; hier wies Dräger Hunke-Heinrichsen auch an, das Sonderheft »an die volkswirtschaftlichen Institute sämtlicher deutscher Universitäten und technischer Hochschulen zu schicken.« Dazu auch Lambrecht an Dräger, verschiedene Briefe Januar 1933, SUD BS 10/22, Akte A-O.

[110] Vgl. die unzutreffende angenommene, pauschalisierende Plausibilität bei Stegmann, Großindustrie, S. 429ff.; Turner, Faschismus, S. 18; Boelcke, Deutsche Wirtschaft, S. 35; Barkai, Wirtschaftssystem, S. 44f.

[111] Stegmann, Großindustrie, S. 465f.

von direkter Beschäftigungspolitik durch eine umfangreiche »produktive Kreditschöpfung«. Der Gedanke einer aktiven Konjunkturpolitik war kein originär nationalsozialistischer und spielte vorher in den wirtschaftspolitischen Beraterkreisen der NSDAP keine Rolle. Er paßte jedoch in die antiliberalistischen und totalitären Grundvorstellungen Hitlers über das Verhältnis von Wirtschaft und Staat.[112] Das Konzept einer staatlichen Kreditschöpfung war mit dem der totalen Währungs- und Finanzhoheit des Staates voll kompatibel. Die Vorschläge gelangten durch die Vermittlung Drägers und der Studiengesellschaft in die NSDAP und dies zu einem Zeitpunkt, als die bevorstehenden Juli-Wahlen sowie die in der Öffentlichkeit außerordentlich intensiv geführte Debatte über Arbeitsbeschaffung einen massiven Druck auf die Parteien ausübten. Eine Einordnung dieser Verbindungen in die Gesamtproblematik der Einschätzung des Einflusses »der industriellen Eliten« auf die wirtschaftspolitischen Programme der NSDAP im Jahre 1932 muß dabei äußerst vorsichtig vorgenommen werden. Die Einflußnahme war ein komplizierter Prozeß von Aktion und Reaktion und von Kommunikation zwischen mehreren, äußerst »fragmentierten« Zentren in Industrie und NSDAP. Auf der einen Seite führte die Intervention eines Teils »der Großindustrie«, als deren Protagonist Schacht gelten kann, offensichtlich – gemeinsam mit anderen Faktoren – zur schließlichen Rücknahme des »Sofortprogramms«. Andererseits ging man in den wirtschaftspolitisch entscheidenden Kreisen in der NSDAP von einem durch ›deficit spending‹ finanzierten Arbeitsbeschaffungsprogramm nicht mehr ab. Im Gegenteil: Das unorthodoxe Instrument der »produktiven Kreditschöpfung« ließ man in keinem der nachfolgenden Programme mehr aus und behielt auch den Begriff bei. Im Januar 1933, nach dem Rückzug und der Entmachtung Gregor Straßers am 8. Dezember 1932, genehmigte die Partei letztlich auch die Verteilung des Sonderheftes der *Deutschen Volkswirtschaft* mit dem darin abgedruckten »Sofortprogramm«.[113]

---

[112] Dazu allgemein: Ludolf Herbst, Der totale Krieg und die Ordnung der Wirtschaft. Die Kriegswirtschaft im Spannungsfeld von Politik, Ideologie und Propaganda, Stuttgart 1982, S. 78ff.

[113] Dräger an Lambrecht 22.1.1932, SUD BS 23/36.

III. Einflußnahme als Gemeinschaftsarbeit? Heinrich Dräger, die Studiengesellschaft und das erste »Reinhardt-Programm«

1. Die Entstehung der Denkschrift »Arbeitsbeschaffung – Eine Gemeinschaftsarbeit«

Seit Juni 1932 beschäftigte sich Dräger gemeinsam mit Mitarbeitern der Studiengesellschaft mit einem weiteren Projekt im Bereich der Arbeitsbeschaffungspolitik. Zunehmend arbeitete Dräger mit dem Berliner Industriellen Dr. Hans Lambrecht zusammen. Lambrecht war Direktor bei Siemens & Halske und den Siemens-Schuckertwerken AG in Berlin und zugleich Berater des Reichskuratoriums für Wirtschaftlichkeit.[1] Dräger kannte den Siemensdirektor aus den Veranstaltungen der Studiengesellschaft seit dem Mai 1932 sowie aus der Zeit der Auseinandersetzungen um die Eingabe der Studiengesellschaft an von Papen, die er mit unterzeichnet hatte.

Mit Lambrecht stand Dräger ein Mitarbeiter zur Verfügung, der für ihn die unmittelbare Arbeit vor allem in Berlin übernahm. Anders als Grotkopp, der die Veranstaltungen der Studiengesellschaft für den einladenden Ausschuß organisierte, bekam Lambrecht für diese Tätigkeit kein Honorar. Beide trafen sich neben den Veranstaltungen und Ausschußsitzungen der Studiengesellschaft auf Veranstaltungen des Langnam-Vereins, wo man gemeinsam mit den Vertretern der industriellen Verbände aber auch der Ministerien über Fragen der Wirtschafts- und Finanzpolitik diskutierte.[2] Lambrecht war offensichtlich ein rhetorisch begabter und einnehmender Redner, der die zeitgenössische konjunkturpolitische Debatte interessiert verfolgte und auch in Reichsbankkreisen bekannt war.[3]

Ab Herbst 1932 waren sich Dräger und Lambrecht offenbar zunehmend einig in der Einschätzung, daß es bei der Durchsetzung der beschäftigungspolitischen Vorschläge der Studiengesellschaft keine Rücksichten mehr auf traditionelle politische Bindungen geben könne. Diese Überlegung wurde insbesondere seit den Reichstags-Wahlen am 31. Juli 1932 aktuell, als eine durchsetzungsfähi-

---

1 Lambrecht war 1892 geboren, trat seinen Papieren zufolge 1933 der NSDAP bei und war zu dieser Zeit beim Wirtschaftspolitischen Amt der NSDAP und beim Siemens Konzern angestellt. Bestand Dr. Hans Lambrecht, Personenbezogene Akten BArch (ehemaliges Berlin Document Center).

2 Vgl. Bericht über eine Sitzung des Langnam-Vereins am 9.6.1932 und der Auseinandersetzung mit Luther dort. Lambrecht an Staatssekretär Lammers 19.4.1933, SUD BS 23/16. Dieser Brief befindet sich auch in den Unterlagen der Reichskanzlei, BArch R 43 II 538.

3 Dalberg an Dräger 16.6.1932, SUD BS 23/1.

ge Reichsregierung ohne nationalsozialistische Beteiligung mittelfristig für das nationalkonservative Lager immer unwahrscheinlicher wurde.[4] Zudem war man sich im Kreis der Studiengesellschaft nach dem Papen-Programm zur Arbeitsbeschaffung und den Notverordnungen vom 5. September 1932 sicher, daß nur eine erneute politische Offensive die Reichsregierung zu weiteren beschäftigungspolitischen Initiativen zwingen könne. Dräger sah sich nach den Wahlergebnissen außerdem darin bestätigt, mit den Nationalsozialisten in eine Art »kritischen Dialog« zu treten, was er seit den Verhandlungen um seine Schrift »Arbeitsbeschaffung durch produktive Kreditschöpfung« ohnehin tat, um so Einfluß auf die Wirtschaftspolitik einer Reichsregierung unter Beteiligung der NSDAP zu erhalten. Diese Annäherung an die NSDAP war und blieb innerhalb der Studiengesellschaft jedoch umstritten.[5]

In den Diskussionen in der Studiengesellschaft seit der Eingabe an die Regierung Papen war man sich eines weiteren Problems bewußt: Die Anzahl und der Umfang der wirtschaftspolitischen Vorschläge, die in der öffentlichen Debatte während des Jahres 1932 eine Rolle spielten, hatte zugenommen und zu einer Unübersichtlichkeit geführt, die den Gegnern einer aktiven Konjunkturpolitik eine undifferenzierte Diffamierung auch der seriösen Vorschläge leicht machte. Ein Befürworter der Regierungspolitik sprach von 21000 Projekten, die bei der Reichsbank und der Berliner Handelshochschule seit der Jahreswende 1931/32 eingereicht worden seien.[6] Nach Anregungen aus dem Kreis der Studiengesellschaft beschloß Dräger daher, die beschäftigungs- und konjunkturpolitischen Vorschläge der unterschiedlichen Interessengruppen und Fachleute, die in der Studiengesellschaft zusammenarbeiteten, in einer Publikation, die den Charakter einer Denkschrift haben sollte, zusammenzufassen. Mit den Kenntnissen des Reichskuratoriums für Wirtschaftlichkeit, dem Zahlenmaterial des statistischen Reichsamtes sowie des Instituts für Konjunkturforschung und der Erfahrung Wagemanns sollte eine Bewertung der möglichen Projekte durch verschiedene prominente Sachverständige erfolgen und in eine anwendungsorientierte Darstellung eingehen. Man plante einerseits durch die Verbindungen der Studiengesellschaft zu maßgeblichen Sachverständigen in den Reichsinstitutionen eine sachkompetente Beurteilung der vorzuschlagenden Projekte und vertraute andererseits darauf, daß man durch die Kontakte zur Ministerialbürokratie sowie zu den politischen Parteien und Interessenverbänden die Entscheidungsträger

4 Einladung zur Ausschußsitzung der Studiengesellschaft vom 28.7.1933, SUD BS 10/22; vgl. dazu Winkler, Katastrophe, S. 702ff.; Mommsen, Freiheit, S. 465ff.

5 Während Rudolf Dalberg dagegen aufbegehrte, unterstützte Friedlaender-Prechtl, der wie Dalberg jüdischer Herkunft war, Dräger darin. Vgl. die Korrespondenz bezüglich dieser Auseinandersetzung, SUD BS 23/20.

6 Vgl. dazu die Eingaben und die Kommentierung derselben (teilweise durch den Oberregierungsrat Lautenbach) in den Akten des Reichswirtschaftsministerium, BArch 31.01 9917, 9916, 9921. Jürgen Schiemann, Die deutsche Währung in der Weltwirtschaftskrise 1929-1933, Bern 1980, S. 177, 247.

mit der Denkschrift erreichen konnte. Damit sollte eine Vorlage entstehen, die die aktuellen Vorschläge der Diskussion zusammenfassen und mit zuverlässigem Zahlenmaterial und Gutachten des Wagemannschen Instituts für Konjunkturforschung, des statistischen Reichsamtes und des Reichskuratoriums für Wirtschaftlichkeit verbinden sollte, um so eine »kritische« Darstellung der möglichen Projekte aus der Perspektive von »unabhängigen Fachleuten« zu gewinnen.[7] Um eine wissenschaftlich fundierte Arbeit zu erstellen, tolerierte man die Nachteile, von der politischen Entwicklung während der Abfassung überholt zu werden.[8] Eine ähnliche, »expertokratische, elitistische Idee« von der »Rolle des Experten über den politischen Kräften« hatten gleichzeitig in Großbritannien einige wirtschaftspolitische Berater der Regierung, zu denen auch Keynes zählte.[9]

In der Tat unterscheidet sich der Tenor der »Gemeinschaftsarbeit«, die schließlich im Februar 1933 fertiggestellt wurde, deren Vorabdrucke der Ministerialbürokratie des Reichskommissariats für Arbeitsbeschaffung und dem Reichsarbeitsministerium aber schon im Dezember 1932 zugänglich gemacht worden sind, in ihrer Diktion wohltuend von der überwiegenden Anzahl des zeitgenössischen Schrifttums zu dieser Frage sowie den Vorschlägen und Eingaben, die in den Akten des Reichsarbeitsministeriums vorlagen.[10] Dies war ebenso wie die betonte »politische Neutralität« des Werkes, das ab Februar 1933 auch über den Buchhandel erhältlich war, von den Verfassern intendiert worden, da zumindest Lambrecht um die Problematik politisch tendenziöser Vorschläge bei der Bewertung durch die Ministerialbürokratie wußte. Zudem stützten Lambrecht und Dräger sich in erster Linie auf das »Expertenwissen«, und die Studiengesellschaft präsentierte sich somit einmal mehr als Braintrust.

Der Plan Drägers und Lambrechts bei der Projektierung des Unternehmens im Herbst 1932 war es also, ein »Working-Paper« zu erstellen, das – angesichts der unsicheren politischen Situation – *jeder* kommenden Reichsregierung eine Grundlage geben würde, sich über die vorhandenen Modelle und Vorschläge zu informieren und dann gegebenenfalls verschiedene Arbeitsbeschaffungsprojekte anlaufen zu lassen. Auch mit dieser informativen Intention setzt sich die Denkschrift deutlich von der großen Mehrheit vergleichbarer Eingaben und Vorschläge ab.

Den Titel »Gemeinschaftsarbeit« erhielt die Arbeit aufgrund der Anzahl der Mitarbeiter: Neben Lambrecht und dem engeren Kreis der Studiengesellschaft

---

[7] Vgl. Vorbemerkungen, in: Arbeitsbeschaffung. Eine Gemeinschaftsarbeit. Unter Mitwirkung zahlreicher Fachleute bearbeitet von Dr. Heinrich Dräger u.a., Berlin 1933.

[8] Grotkopp an Dräger mit Kritik zur Denkschrift 21.12.1932, SUD BS 23/26.

[9] Vgl. Knut Borchardt, Wirtschaftspolitische Beratung in der Krise: Die Rolle der Wissenschaft, in: Heinrich A. Winkler (Hg.), Die deutsche Staatskrise 1930-1933. Handlungsspielräume und Alternativen, München 1992, S. 109-132 (112).

[10] Vorschläge zur Verbesserung der ökonomischen Situation, BArch R 31.01 9916 und 9917.

wie Dalberg, Grävell, Fischer, Wildermuth, Meyer zu Schwabedissen und Friedlaender-Prechtl schrieben der ehemalige Reichstagsabgeordnete der Wirtschaftspartei Gotthard Sachsenberg und die leitenden Mitarbeiter des Reichskuratoriums für Wirtschaftlichkeit Teile der Denkschrift. Durch die Initiative Drägers war unter organisatorischer Mitarbeit von Lambrecht und den Kontakten und Kenntnissen der Studiengesellschaft damit eine Arbeit entstanden, die ein Ergebnis der intensiven wirtschaftspolitischen Auseinandersetzungen im Jahr 1932 darstellte. Zugleich war sie Ausdruck der Zusammenarbeit unterschiedlicher politischer und gesellschaftlicher Gruppen in der Studiengesellschaft.

Sowohl mit dem Reichskuratorium wie mit dem Statistischen Reichsamt und dem Wagemannschen Konjunkturforschungsinstitut arbeitete man beim Erstellen des umfangreichen statistischen Teils eng zusammen. In der Denkschrift wurden in einem ersten Teil »praktische Beispiele eines Sofort-Programms« vorgestellt. Dem folgte eine Zusammenstellung zentraler Vorschläge zur Arbeitsbeschaffungspolitik, die in der Debatte in der Studiengesellschaft im vorangegangen Jahr eine Rolle gespielt hatten.[11]

Betrachtet man die Tätigkeit Drägers und Lambrechts bei der Verbreitung der Denkschrift, so fällt auf, wie gut es den Akteuren gelang, sowohl durch Zusammenarbeit mit den verschiedenen Bearbeitern der einzelnen Teilgebiete der »Gemeinschaftsarbeit« als auch durch die geschickte Ausnutzung der bestehenden politischen Beziehungen und Querverbindungen der Studiengesellschaft die »Gemeinschaftsarbeit« zwischen Dezember 1932 und Mai 1933 in der Ministerialbürokratie, der NSDAP, den Industrieverbänden sowie bei den anderen entscheidenden Interessengruppen und Parteien zu verbreiten. Damit trugen sie schließlich maßgeblich zur Entstehung des ersten »Reinhardt-Programms« und den wirtschaftspolitischen Entscheidungen des Frühjahrs/Sommers 1933 bei. Bei diesem Vermittlungsprozess ist der Zusammenhang zwischen der Entwicklung konjunkturpolitischer Vorschläge im Rahmen der Studiengesellschaft auf der einen Seite und den Auseinandersetzungen um die politische Durchsetzung der Projekte seit Schleichers Amtsantritt auf der anderen Seite von zentraler Bedeutung. Welche Interessengruppen waren an der Gestaltung der beschäftigungspolitischen Vorschläge beteiligt, und wie veränderte sich die Haltung großer gesellschaftlicher Gruppen zu einer aktiven Konjunkturpolitik? Welche politischen Machtzentren wurden von den Mitarbeitern der Studiengesellschaft zu welchem Zeitpunkt als Protagonisten einer aktiven Konjunkturpolitik angesehen? Wer konnte sich schließlich bei den Auseinandersetzungen um die Wirtschafts- und Finanzpolitik der Regierung durchsetzen, und was für Alternativen gab es zur realisierten Politik? Das Messen und Beurteilen politischen Einflusses ist methodisch außerordentlich schwierig, da sich Kriterien, die für eine Bewertung anwendbar sind, kaum entwickeln lassen. Bei der Untersu-

[11] Vgl. Gemeinschaftsarbeit, S. 11ff.

chung von Drägers Engagement bei der Entwicklung der Denkschrift und ihres Einflusses geht es daher auch um die Analyse der grundsätzlichen Bedingungen politischen Einflusses und des »policy making« Prozesses angesichts der sich dynamisch verändernden politischen Rahmenbedingungen in der Phase unmittelbar vor und nach der Machtergreifung. Bei der Analyse dieser Zusammenhänge wird ein Zugang zu den wirtschaftspolitischen Positionen eines Teils der Unternehmer, der Verbände und Institutionen gewonnen wie auch zu den Veränderungen, denen diese unterworfen waren.

2. Die Lobbyarbeit der Studiengesellschaft im Umfeld des »Sofortprogramms« und der Regierung Schleicher

Zeitgleich mit der Einrichtung des Reichskommissariats für Arbeitsbeschaffung und der Berufung der Regierung Schleicher wurde die erste Fassung der »Gemeinschaftsarbeit« von den Herausgebern fertiggestellt.[12] Die neue Reichsregierung bedeutete für Dräger, Lambrecht und die Studiengesellschaft zunächst keine grundsätzliche Veränderung ihrer Pläne. Man stand ihr abwartend gegenüber und beobachtete sehr genau die Maßnahmen, die sie auf dem Gebiet der Beschäftigungspolitik traf.

Im Gegensatz zur Regierung von Papen hatte die Studiengesellschaft allerdings zu dem neuen Reichskanzler gute Kontakte über dessen persönlichen Referenten von Holtzendorff sowie den Oberstleutnant Gerhard Rossbach und Oberstleutnant Eugen Ott, die beide zum unmittelbaren Beraterkreis Schleichers gehörten und seit dem Sommer 1932 auf Einladung Grotkopps auf verschiedenen Veranstaltungen der Studiengesellschaft gewesen waren.[13] Schleicher kannte Drägers Schrift »Arbeitsbeschaffung durch produktive Kreditschöpfung« durch diese Mitarbeiter schon aus der Zeit der Eingabe der Studiengesellschaft und den Diskussionen im Reichswehrministerium im Vorfeld der September-Notverordnungen Papens.[14]

In mehreren Gesprächen gelang es Lambrecht und Dräger, die Mitarbeiter des neu eingerichteten Reichskommissariats für Arbeitsbeschaffung für die »Gemeinschaftsarbeit« zu interessieren.[15] Lambrecht kannte, ebenso wie die an-

---

[12] Lambrecht an Dräger 8.12.1932, SUD BS 23/16.

[13] Zu Rossbach vgl. Gerhard Rossbach, Mein Weg durch die Zeit. Erinnerungen und Bekenntnisse, Weilburg 1950; Holtzendorff Nachlaß IFZ ZS/A 36/1 und 2, dort auch die Korrespondenz mit Dräger.

[14] Vgl. Rossbach an Dräger 26.8.1932, SUD BS 23/3 sowie Dräger an Rossbach 18.6.1932, ebd.

[15] Zu den Beratungen und den Eingaben dazu Marcon, Arbeitsbeschaffungspolitik, S. 254f.; zu der Institution und den Mitarbeitern Gerekes vgl. Schulz, von Brüning, S. 1040 sowie Kissenkoetter, Straßer, S. 170.

deren Mitarbeiter der Denkschrift, den Kreis um den Reichskommissar und ihn selbst schon aus den Diskussionen um den »Gereke-Plan« in der Studiengesellschaft und den gemeinsamen Auseinandersetzungen darüber mit Reichsbankvertretern. In der Studiengesellschaft begrüßte man daher die Ernennung des Leiters der kommunalen Spitzenverbände.

In dem neugeschaffenen Reichskommissariat wurden ausschließlich Mitarbeiter angestellt, die schon in der Studiengesellschaft mitgewirkt hatten. Darüber hinaus bildeten sie einen Querschnitt durch die organisierten Interessengruppen, die an einer aktiven Beschäftigungspolitik interessiert waren.[16] Als neue Referenten kamen neben einigen Ministerialbeamten, die dem Amt zugeteilt wurden, Hermann Cordemann (NSDAP), Günther Gebhardt (Reichsbanner), Franz Joseph Furtwängler (ADGB) und Hauptmann Eckstein (Stahlhelm) hinzu.[17] Für die beschäftigungspolitischen Pläne der Studiengesellschaft waren im Reichskommissariat vor allem diese – der Studiengesellschaft bekannten – Mitarbeiter zuständig. Darüber hinaus waren Oberregierungsrat Niemetz sowie der persönliche Referent Gerekes, Kapitänleutnant Erich Killinger, dem Bereich Eingaben zugeteilt, und Lambrecht konnte bald beide und zudem Gereke selbst von der Bedeutung der »Gemeinschaftsarbeit« für eine erfolgreiche Arbeit ihrer Institution überzeugen.[18]

Im Reichskommissariat arbeitete man im Dezember 1932 angestrengt an dem von Schleicher in seiner Regierungserklärung und Rundfunkansprache angekündigten, beschäftigungspolitischen »Sofortprogramm«.[19] Der auf Anregung Gerekes sogleich gebildete Kabinettsausschuß für Arbeitsbeschaffung tagte am 19. Dezember 1932.[20] Bei den Verhandlungen im Kabinett kam es dabei zu den altbekannten Auseinandersetzungen mit dem Reichsbankpräsidenten und großen Teilen des Kabinetts in der Frage der Finanzierung der Beschäftigungspolitik. Die Vorschläge des Reichskommissars über die Höhe der vom Reich für die Vorfinanzierung zu bürgenden Summe wurden stark eingeschränkt.[21] Nach diesen Widerständen konnte Gereke am 21. Dezember 1932 im Ausschuß ein »Sofortprogramm« präsentieren, bei dem das Reich für 500 Mio. RM bürgen würde, die über die Öffa und vergleichbare Institute als langfristige Kredite (25 Jahre) für Arbeitsbeschaffungsprogramme zur Verfügung gestellt wurden. Dies bedeutete, daß die Reichsbank die Mittel nicht unmittel-

[16] Organisation des Reichskommissariats für Arbeitsbeschaffung, AdR, Regierung Schleicher, S. 54, sowie zu den Referenten und Angestellten, BArch R 43 II, 539 Bl. 25-32.

[17] Kissenkötter, Straßer, S. 170; vgl. Gerekes eigene Erinnerungen dazu, die allerdings quellenkritisch zu lesen sind: Gereke, Landrat, S. 194 und 216f.

[18] Lambrecht an Dräger 12.12.1932, SUD BS 23/16; Lambrecht an Gereke 19.12.1932, SUD BS 23/16; vgl. auch zu Killinger und Gerekes Stab: AdR, Regierung Schleicher, S. 55.

[19] Schleichers Rundfunkrede vom 15.12.1932 in AdR, Regierung Schleicher, S. 101ff. Vgl. dazu ebd., S. XXXIVff.; sowie Winkler, Katastrophe, S. 819.

[20] AdR, Regierung Schleicher, S. 131ff.

[21] Ebd., S. 138ff., 152f., 156ff.

bar aus ihrem Etat aufbringen mußte.[22] Während Gereke in der Sitzung des Ausschusses für Arbeitsbeschaffung betonte, daß dies »nur (eine) erste Maßnahme« sei, waren der Reichswirtschaftsminister und der Reichsfinanzminister skeptisch in der Frage weiterer Finanzierungsmöglichkeiten durch die Reichsbank.[23]

Die Bedeutung dieser »gebremsten« Arbeitsbeschaffungsmaßnahmen des Reichskommissars wurde von Lambrecht und Dräger unmittelbar im Anschluß an diese entscheidenden Sitzungen begriffen. Die Mitarbeiter der Studiengesellschaft verstanden die grundsätzliche Bedeutung des Scheiterns Gerekes an der Hartnäckigkeit der Reichsbank und des Reichsfinanzministers. Lambrecht urteilte am 21. Dezember 1932 schon eindeutig über die Machtsituation des Reichskommissars und stellte fest, daß »sehr starke Gegenkräfte am Werk« seien und offenbar »nur der Kanzler Schleicher und der Reichspräsident hinter ihm stehen«. Man stand mit Gereke, so berichtete Lambrecht, die gesamte Zeit über »in engster Verbindung«.[24] Mit der Ablehnung einer deutlich höheren Finanzierungsgrundlage für ein Arbeitsbeschaffungsprogramm durch die Reichsbank waren die wesentlich umfassenderen Pläne des Reichskommissars tatsächlich schon Ende Dezember gescheitert. Daher schätzte man in der Studiengesellschaft die Lage nach den Verhandlungen des Reichskommissars mit der Reichsbank und dem am selben Tage tagenden Ministerausschuß richtig ein, als man einen gewissen Rückzug Gerekes konstatierte.[25] Daß Lambrecht diese Lagebeurteilung noch am selben Tage, an dem das entscheidende Gespräch mit der Reichsbank und den Ministern stattfand, traf, spricht für die hervorragenden Informationen und Verbindungen, über die er verfügte.[26]

In großen Teilen der Öffentlichkeit wurden die Ankündigungen Schleichers, deutlicher als sein Vorgänger öffentliche, direkte Arbeitsbeschaffungsmaßnahmen zu forcieren, abgelehnt. So führte Adolf Lampe im *Deutschen Oekonomist* aus, die Stellungnahmen der Regierung Schleicher berechtigten zu »ernster Sorge«, müsse man doch vor auf »Ankurbelung großer öffentlicher Arbeitsbeschaffungsprogramme abzielenden Projekten, wie sie die Gewerkschaften und der neue Arbeitsbeschaffungskommissar Gereke befürworten«, warnen. Auch von

---

22 Zur Finanzierung: Schnellbrief des Reichsarbeitsministerium an das Reichsfinanzministerium vom 14.12.1932 (Anlagen), BArch R 2, 18659; Petzina, Hauptprobleme, S. 28; Marcon, Arbeitsbeschaffungspolitik, S. 253ff.

23 AdR, Regierung Schleicher, S. 152; Schneider, Arbeitsbeschaffungsprogramm, S. 201; Petzina, Hauptprobleme, S. 28f.

24 Lambrecht an Friedlaender-Prechtl 21.12.1932, SUD BS 23/16, S. 2f.

25 Petzina, Hauptprobleme, S. 28. In seiner eigenen Darstellung begründete Luther seine Weigerung mit dem Hinweis auf die geringe Ausnutzung der bereitgestellten Mittel bis dahin, Hans Luther, Vor dem Abgrund 1930-1933. Reichsbankpräsident in Krisenzeiten, Berlin 1964; AdR, Regierung Schleicher, S. XL.

26 Lambrecht an Friedlaender-Prechtl 21.12.1932, SUD BS 23/16, S. 2; vgl. dazu: Vermerk über die Sitzung vom 21.9.1932, BArch R 43 II 540, S. 11-12; zudem: Luther, Abgrund, S. 299; Schneider, Arbeitsbeschaffungsprogramm, S. 201; Petzina, Hauptprobleme, S. 28.

gewerkschaftlicher und sozialdemokratischer Seite wurde das geplante Sofortprogramm kritisiert, da allein die Privatwirtschaft unterstützt werden würde. Dagegen fürchtete die Mehrzahl der Unternehmer eine Begünstigung der öffentlichen Wirtschaft und forderte eine Rückkehr zu den Ansätzen Papens.[27] Das Arbeitsbeschaffungsprogramm der Regierung Schleicher wurde schließlich im Januar 1933 in seiner amtlichen Form veröffentlicht.[28]

Die »gebremsten« Arbeitsbeschaffungsinitiativen, die sich in den Januarverordnungen der Regierung Schleicher wiederfinden, waren im wesentlichen ein Kompromiß der Beratungen zwischen dem Reichskommissariat und dem Reichsfinanzministerium, das mit eigenen Vorschlägen an den Verhandlungen beteiligt war.[29] Im Sofortprogramm war letztendlich kein festes Verteilungsschema für die bereitgestellten Mittel vorgesehen. Die vorher diskutierten und schließlich mit dem Schleicherschen Arbeitsbeschaffungsprogramm finanzierten Projekte waren denen des Gereke-Plans bzw. auch der Gemeinschaftsarbeit, die viele Vorschläge des Landgemeindetages unterstützte, sehr ähnlich bzw. in vielen Punkten identisch. Dies ist wohl hauptsächlich auf die enge Zusammenarbeit im Umfeld der Studiengesellschaft während der Entstehungsphase des Gereke-Plans bzw. der Gemeinschaftsarbeit zurückzuführen. Der große Durchbruch in der Arbeitsbeschaffungsfrage war der Regierung damit nicht gelungen. Dennoch: Ein »Wandel in der Konzeption« war vollzogen und damit die Einführung einer aktiven Konjunkturpolitik im Deutschen Reich.[30]

In der Studiengesellschaft suchte man schon um die Jahreswende nach Möglichkeiten, die Ziele einer konsequenten Ausweitung der Beschäftigungspolitik durchzusetzen. Dabei wandte man sich zunächst an die bekannten Mitstreiter aus der Zeit, als man gemeinsam gegen die Deflationspolitik Brünings in der

---

27 A. Lampe, Reform oder Abbau des Papen-Programms?, in: DDO, Nr. 50, 16.12.1932, S. 1659ff.; Das Arbeitsbeschaffungsprogramm der Reichsregierung, in: GZ, Nr. 53, 31.12.1932; F. Tarnow, Auf falscher Bahn! Liebesgaben für Unternehmer, in: Vorwärts, Nr. 605, 24.12.1932. Zur Haltung der Unternehmer differenzierend vgl. Wolffsohn, Industrie, S. 197ff.; Winkler, Unternehmerverbände, 193f.; Neebe, Großindustrie, S. 148ff.

28 Durchführungsbestimmungen zur Arbeitsbeschaffung vom 6.1.1933, RGBl. I, S. 11; Verordnung zur Durchführung der Arbeitsbeschaffung vom 26.1.1933, ebd., S. 31; Verordnung der Reichspräsidenten über finanzielle Maßnahmen auf dem Gebiet der Arbeitsbeschaffung vom 28.1.1933, ebd.

29 Schafft Arbeit und Brot! Das Arbeitsbeschaffungsprogramm des Landgemeindetages (Der Gereke-Plan), Berlin 1932; Leitsätze für ein Arbeitsbeschaffungsprogramm zur Behebung der Arbeitslosigkeit, hrsg. v. Verband der preußischen Landgemeinden, BArch R 43 I, 2045; Vorschlag für ein kommunales Arbeitsbeschaffungsprogramm. Referentenentwurf des Reichsfinanzministeriums vom 14.10.1932, BArch R 43 I, 2046; Niederschrift der verschiedenen Vorschläge und Chefbesprechungen von Mitte Dezember zum Sofortprogramm im Reichsfinanzministerium, BArch R 2 18659.

30 AdR, Regierung Schleicher, S. XL. So urteilt zutreffend Petzina, Hauptprobleme, S. 26; vgl. Birgit Wulff, Arbeitslosigkeit und Arbeitsbeschaffungsmaßnahmen in Hamburg 1933-1939. Eine Untersuchung zur nationalsozialistischen Wirtschafts- und Sozialpolitik, Frankfurt 1987, S. 34; dagegen Jürgen Stelzner, Arbeitsbeschaffung und Wiederaufrüstung 1933-1936. Nationalsozialistische Beschäftigungspolitik und Aufbau der Wehr- und Rüstungswirtschaft, Diss. Tübingen 1976, S. 52, der nur eine »logische Fortsetzung« des Papenschen Kurses konstatiert.

Öffentlichkeit kämpfte. Mit der zunehmenden Verengung der politischen Handlungsspielräume der Regierung Schleicher seit der Jahreswende 1932/33, die Dräger und das Umfeld der Studiengesellschaft sehr bewußt wahrnahmen, suchte man in verschiedenen Gesprächen nach Lösungsmöglichkeiten für die verfahrene politische Situation.[31] In der Frage möglicher Alternativen näherte sich Lambrecht und mit ihm ein Teil der Studiengesellschaft dem *Tat-Kreis*, mit dessen Mitgliedern man schon verschiedentlich bei Veranstaltungen der Studiengesellschaft in Kontakt getreten war.[32] Inwieweit die Initiative zu dieser politischen Annäherung von Dräger oder Lambrecht kam, ist nicht mehr klar zu rekonstruieren. Zweifelsfrei geriet ein Teil der »Reformer« im Umfeld der Studiengesellschaft seit dem Sommer 1932 zunehmend in die intellektuelle Nähe der einflußreichen Zeitschrift.

Tatsächlich schlug Lambrecht vor, stärker als bisher mit dem Stahlhelm, dem er selbst angehörte und zu dem die Studiengesellschaft ausgezeichnete Verbindungen besaß, sowie dem *Tat-Kreis* zusammenzuarbeiten.[33] Seit dem Sommer 1932 hatte Dräger unter anderem Kontakt zu dem Kreis um Othmar Spann und Walter Heinrich von der Wiener Zeitschrift *Ständisches Leben* und der Vereinigung *Ständische Gesellschaft*.[34] Heinrich und Spann versuchten erfolglos, Dräger zu einer Mitarbeit und Unterstützung ihrer Zeitschrift zu bewegen. Der Lübecker Unternehmer bedankte sich allerdings im Vorwort seiner Schrift »Arbeitsbeschaffung durch produktive Kreditschöpfung« für den regen Austausch vor allem mit Heinrich, mit dessen Gedanken er sich in seiner Arbeit auch auseinandersetzte.[35] Im Verlaufe der intensiven Suche nach strategischen Bundesgenossen in diesen Kreisen traf man auch wieder auf Werner Sombart, der seit seinem Vortrag im Februar 1932 zum Umfeld der Studiengesellschaft gehörte.[36]

Sombarts Rolle im Umfeld des *Tat-Kreises* und von Teilen der »politischen Rechten« in dieser Zeit ist in der Literatur umstritten.[37] Seine Vorschläge für einen Ausweg aus der Krise, wie er sie verschiedentlich geäußert hatte, lassen sich mit den Begriffen Planwirtschaft und Autarkie zusammenfassen. Einigkeit besteht bei der Interpretation seiner Position darüber, daß er für Teile der Refor-

---

31 Vgl. Lambrecht an Friedlaender-Prechtl 21.12.1932, SUD BS 23/16; Schulz, von Brüning, S. 1043.

32 Zum Tat-Kreis vgl. Sontheimer, Tat-Kreis; Stefan Breuer, Anatomie der konservativen Revolution, Darmstadt 1993; Armin Mohler, Die Konservative Revolution in Deutschland 1918-1932, 2 Bde., Darmstadt 1989.

33 Lambrecht an Dräger 14.1.1933 Blatt 2, SUD BS 23/16.

34 Dräger an Heinrich 24.6.1932, SUD BS 23/2; Spann an Dräger 17.7.1933, SUD BS 23/3; zu diesen Zusammenhängen vgl. auch Barkai, Wirtschaftssystem, S. 90ff.

35 Vgl. Dräger, Kreditschöpfung, 1. Aufl., S. 3 und 15.

36 Vgl. zu diesen Zusammenhängen die Darstellung oben; Lambrecht an Dräger 9.1.1933, SUD BS 23/16.

37 Vgl. Lenger, Sombart, S. 353ff.; Appel, Sombart, S 237ff.; Kurt Sontheimer, Antidemokratisches Denken in der Weimarer Republik, München 1962, S. 349-355; Klaus Fritzsche, Politische Romantik und Gegenrevolution. Fluchtwege in der Krise der bürgerlichen Gesellschaft: Das Beispiel des »Tat«-Kreises, Frankfurt a. M. 1976, S. 53.

mer, die mehr und mehr für eine planwirtschaftliche Lenkung der Wirtschaft als Lösung aus der Krise eintraten, ein Mentor war, auf den man sich berief.[38] Diese Tatsache war schon Zeitgenossen aufgefallen, und Wilhelm Röpke bezeichnete den Nationalökonom schon 1933 ausdrücklich als Ideengeber des *Tat-Kreises*.[39]

Auch wenn Lambrecht, Dräger und der überwiegende Teil der Studiengesellschaft den Forderungen Sombarts nach Autarkie und Planwirtschaft seit dessen Gutachten für die Eingabe der Studiengesellschaft im August 1932 distanziert gegenüberstanden, meinte insbesondere der Siemensdirektor, in der Umgebung des berühmten Nationalökonomen ein neues Zentrum innerhalb der vielen Gruppierungen, die sich um politischen Einfluß bemühten, auszumachen.[40] Sombart hatte sich seit seinem ersten öffentlichen Engagement in dieser Frage bei seinem Vortrag in der Studiengesellschaft im Februar 1932 inzwischen mehrfach zu Fragen der Wirtschafts- und Finanzpolitik geäußert. Auch in dem von Dräger initiierten Sonderheft der *Wirtschaftswende* im September 1932 hatte der Berliner Nationalökonom für die Einführung einer zentralen Planwirtschaft zur Überwindung der Krise plädiert.[41]

Am 7. Januar 1933 kam es im Hause Sombarts zu einer Versammlung, die für die Frage nach der Kooperation zwischen den einzelnen Gruppen und nach der spezifischen Rolle der Studiengesellschaft entscheidend ist. Lambrecht berichtete Dräger zwei Tage später von dieser Besprechung mit den Vertretern unterschiedlicher Interessengruppen, die zusammen gekommen waren, um den berühmten Nationalökonom zu bewegen, sich an die Spitze einer »planwirtschaftlich gerichteten« Bewegung zu setzen.[42] Neben Sombart und Lambrecht war der Unternehmer Dr. Meyer zu Schwabedissen anwesend, der zum engeren Kreis der Studiengesellschaft gehörte und längere Zeit als Wirtschaftsberater des RDI tätig gewesen war.[43] Darüber hinaus waren Gotthard Sachsenberg, Giselher Wirsing, ein maßgeblicher Redakteur der *Tat*, sowie die Professoren Lenz und Kellen anwesend. Die beiden letzteren waren durch langjährige Aufenthalte in der Sowjetunion dezidierte Verfechter planwirtschaftlicher Ideen.[44]

---

[38] Vgl. Lenger, a.a.O.

[39] Wilhelm Röpke, Autarkie – ein abgenutztes Schlagwort, in: DV, 6.1.1933, S. 437ff.; in diesem Sinne auch Kurt Baumann, Autarkie und Planwirtschaft, in: Zeitschrift für Sozialforschung II (1933), S. 79-103.

[40] Lambrecht an Dräger 9.1.1933, SUD BS 23/16. Vgl. dazu Schulz, von Brüning, S. 992f.

[41] Lenger, Sombart, S. 355 und 493 Fn. 94; WW, Sonderheft September 1932. Der Gereke Plan.

[42] Über dieses Treffen fertigte Lambrecht einen achtseitigen zusammenfassenden Bericht für Dräger an: Lambrecht an Dräger 9.1.1933 Bericht der Zusammenkunft im Hause Sombart vom 7.1.1933, 8 Seiten, SUD BS 23/16 (1).

[43] Vgl. Lenger, Sombart, S. 494, Fn. 109, der die Verbindungen von Meyer zu Schwabedissen zu Sombart belegt. Am 19. und 28.12.1932 hatte Meyer zu Schwabedissen an Sombart über die Planung für einen »Bund für nationale Planwirtschaft« berichtet. Dies war wahrscheinlich die Anregung zu dem hier beschriebenen Treffen. Vgl. Lenger, ebd.

[44] Zu Wirsing, vgl. Sontheimer, Tatkreis, 245f.; Lambrecht-Bericht, a.a.O., S. 1.

Der Bericht Lambrechts gibt die einzelnen Diskussionsbeiträge zusammenfassend, aber in der Argumentation äußerst präzise wieder. Die Zusammenkunft der unterschiedlichen Persönlichkeiten, die ausnahmslos dem weiteren Umfeld der Studiengesellschaft zuzurechnen sind, macht deutlich, wie Teile der politischen Rechten gemeinsam mit Unternehmern und Wissenschaftlern auf der Suche nach Auswegen aus der festgefahrenen politischen Situation im Januar 1933 zusammenfanden und Möglichkeiten der Durchsetzung ihrer wirtschaftspolitischen Vorstellungen sondierten.[45] Zunächst plädierte Meyer zu Schwabedissen für eine »Zusammenfassung der planwirtschaftlich gerichteten Männer und Kräfte«.[46] Nach der Auffassung des Redners, so schreibt Lambrecht, sei eine effektive Arbeitsbeschaffung nur mit einer gleichzeitigen planwirtschaftlichen Organisation dieser Maßnahmen möglich. Meyer zu Schwabedissen schlug im folgenden vor, daß sich Sombart an die Spitze einer koordinierten Gruppe setze, die für Arbeitsbeschaffung und Planwirtschaft kämpfen solle. Lambrecht berichtet, daß sich ein Teil der Anwesenden sofort dieser Meinung anschloß. Sachsenberg erzählte daraufhin, daß er am Tage zuvor drei Stunden bei Schleicher gewesen sei und den Eindruck habe, daß dieser nun schließlich wirtschaftspolitisch »völlig in die Hand der alten Mächte (gemeint sind Reichsbankpräsident Luther und Reichsfinanzminister Schwerin von Krosigk, B.L.) geraten sei«. Er fuhr nach Lambrechts Niederschrift fort: »Da ihm (Schleicher, B.L.) eine brutale und zielbewusste Persönlichkeit nicht zur Verfügung gestanden habe für die Durchführung der Arbeitsbeschaffung, sei er dem Reichsverband der Deutschen Industrie und Luther zum Opfer gefallen. Außerdem habe er das Vertrauen des alten Herrn (gemeint ist der Reichspräsident, B.L.) zum erheblichen Teil eingebüßt, weil die alten Mächte durch Oskar von Hindenburg den alten Herrn überzeugt hätten, dass Arbeitsbeschaffung und die damit verbundene Planung unaufhaltsam bolschewistische Planwirtschaft herbeiführe.« Weiter führte Sachsenberg Lambrechts Zusammenfassung zufolge aus: »Die Nationalsozialisten wüssten noch nicht, dass Hitler eine Schwenkung vollzogen habe. In den letzten 14 Tagen sei Hitler völlig davon überzeugt worden, dass Arbeitsbeschaffung mit der Planwirtschaft auf das engste zusammenhänge, und Planwirtschaft sei Bolschewismus.« [47]

Nach dieser gut unterrichteten Darstellung der Krise der Regierung Schleicher in der zweiten Januarwoche protokollierte Lambrecht verbunden mit einer eigenen Analyse die weiteren Ausführungen Sachsenbergs: »Der Umschwung Hitlers (*nach meiner Ansicht durch die systematische Arbeit Fritz Thyssens u. a. wie Baron Schröder, Köln, veranlaßt, Hans Lambrecht*)[48] sei die

[45] Vgl. mit ähnlichen Beobachtungen im Unternehmerlager zu diesem Zeitpunkt Henry A. Turner, Hitlers Weg zur Macht. Der Januar 1933, München 1997, S. 139.
[46] Lambrecht-Bericht, a.a.O., S. 1
[47] Ebd., S. 2f.
[48] Hervorhebungen sowie der Name Lambrechts an dieser Stelle im Original. Für den Hintergrund vgl. Turner, Hitlers Weg, S. 140.

Ursache der Trennung von Straßer. Wesentlich habe hier die Arbeit des Herrn Funk bei Hitler gewirkt.« Und Lambrecht schließt seine Wiedergabe des Beitrags von Sachsenberg: »Es sei also mit einem Zurückweichen Schleichers auf der ganzen Linie zu rechnen.«[49]

Lambrecht selbst resümierte die Ausführungen seiner Vorredner und insbesondere Sachsenbergs zur politischen Lage zustimmend und betonte bei seinem Redebeitrag, »es gäbe nur einen Weg, den der Arbeitsbeschaffung, der die Kanzlerschaft Schleichers retten und damit der innenpolitischen Lage eine ruhige wirtschaftliche Entwicklung sichern könne.« Er schlug daher dem Kreis vor, Schleicher dazu zu bringen, daß er »als Soldat zum Reichspräsidenten spräche, ihm darstelle, daß Arbeitsbeschaffung der einzige Ausweg sei. (...) Dann würde der Reichspräsident sich dieser soldatischen Sprache nicht versagen, sondern Schleicher noch einmal eine Chance geben. Lasse Schleicher dagegen die heute intrigierenden Kräfte weiter spielen, so sei mit dem Zusammenbruch seines Kabinetts in Kürze zu rechnen.«[50]

Sachsenberg bot Lambrecht an, Dräger in den Arbeitsbeschaffungsausschuß der Reichsregierung zu bringen. Ansonsten stellte die Runde fest, daß Gereke »völlig erledigt und Schleicher durch die Kämpfe zermürbt, ohne das Vertrauen des Reichspräsidenten und gesundheitlich erschüttert« sei.[51] Der *Tat*-Redakteur Wirsing fügte Lambrecht zufolge hinzu, »dass Gregor Straßer keine Kampfnatur mehr sei und jetzt völlig allein stehe, allerdings verhandle Schleicher in diesen Tagen mit ihm. Schleicher habe Straßer den Posten des Vizekanzlers angeboten. Es würde zur Zeit ernsthaft darüber verhandelt. Sachsenberg und Wirsing sind sich einig darin, dass dieser Versuch Schleichers fehlschlagen werde.«[52] Lambrecht schätzte die Position Sombarts zu den an ihn herangetragenen Vorschlägen folgendermaßen ein: »Ich habe den Eindruck, dass sich Prof. Sombart unter keinen Umständen dazu hergeben wird, Bannerträger eines radikalen Planwirtschaftsprogramms zu sein. Das ist aber der wesentliche Inhalt dessen, was von ihm verlangt wird.«[53] Diese Einschätzung Lambrechts deckt sich

---

[49] Lambrecht-Bericht, a.a.O., S. 3

[50] Ebd., S. 4. Diese Darstellung stimmt im wesentlichen mit dem von der Forschung gezeichneten Bild von der politischen Entscheidungsfindung Schleichers überein, der – wie der Bearbeiter der Edition der Akten der Reichskanzlei urteilt –«vor allem das Verhandlungsgespräch im kleinen Kreis (suchte).« AdR, Regierung Schleicher, S. XXIV, mit Hinweis auf das hiermit zusammenhängende Quellenproblem.

[51] Lambrecht-Bericht, a.a.O., S. 6.

[52] Ebd.; hierbei bezieht er sich auf das Gespräch Hindenburgs mit Straßer, das auf Betreiben Schleichers hin am 6.1.1933, am Vortag also, stattgefunden hatte, wie Winkler, Katastrophe, S. 829f. nachgewiesen hat. Ob sich Wirsings Aussage, Schleicher habe Straßer die Vizekanzlerschaft angeboten, auf das Angebot des Reichskanzlers vom 4. Dezember 1932 bezog, das schließlich zu seinem Rückzug aus der NSDAP am 8.12.1932 geführt hatte oder aber von einem neuerlichen Angebot spricht, ist unklar. Vgl. Bracher, Auflösung, S. 681ff.; Schulz, von Brüning, S. 1041f.; Winkler, Katastrophe, S. 829f.

[53] Lambrecht-Bericht, a.a.O.

im wesentlichen mit der in der Literatur bisher angenommenen politischen Position und dem Engagement Sombarts zu diesem Zeitpunkt.[54] Die politische Konstellation der Gruppe, die im Hause des Nationalökonomen zusammenkam, ist außergewöhnlich. Offensichtlich erhofften sich unterschiedliche politische Kreise von der Autorität des Verfassers des »Modernen Kapitalismus« eine Aufwertung ihrer Vorschläge und ihres Ansehens.

Den in diesem Gespräch angebahnten engen organisatorischen Kontakt zum *Tat-Kreis* und zu den Vertrauten des Reichskanzlers Schleicher hielten Dräger und Lambrecht ebenso aufrecht wie den zu Gregor Straßer. Mit dem *Tat-Kreis* wollte man in jedem Fall »engste Fühlung« behalten.[55] Es ist erstaunlich, mit welchem Interesse die an diesen Kontakten beteiligten Unternehmer der Studiengesellschaft die Pläne der Neukonservativen um den Tat-Herausgeber Hans Zehrer verfolgten. Man nutzte die entstandenen politischen Querverbindungen offenbar aus, obgleich man mit den wirtschaftspolitischen Forderungen, wie sie in der *Tat* vertreten wurden, nur teilweise übereinstimmte. Offenkundig schätzte man den politischen Einfluß dieser Gruppe hoch ein.

Bei der Erkundung weiterer strategischer Bündnispartner sondierten die Mitarbeiter der Gemeinschaftsarbeit auch die wirtschaftspolitischen Vorstellungen der NSDAP. Seit der Zusammenarbeit Drägers mit dem Straßer-Flügel der NSDAP und der WPA an der Abfassung des »Wirtschaftlichen Sofortprogramms« sowie der Reichstagsrede Straßers bestanden Gesprächskontakte zu verschiedenen wirtschaftspolitischen Mitarbeitern der Nationalsozialisten.[56] Mit der Entmachtung Straßers am 8. und 9. Dezember 1932 hatte man nur einen Teil der Kontakte zum Machtzentrum der Nationalsozialisten verloren, wenn auch einen entscheidenden – wie Dräger meinte, der zu dem ehemaligen Reichsorganisationsleiter weiter Kontakt hielt.[57] Mit Gottfried Feder hatte Dräger im

[54] Vgl. Lenger, Sombart, S. 353ff. Zudem wird hier deutlich, daß Sombart stärker als bisher angenommen im Zentrum des *Tat-Kreises* und der wirtschaftspolitischen Bemühungen dieser Strömungen und deren Konzepte unmittelbar vor der Machtergreifung einzuordnen ist. Insgesamt ist nach Kenntnis dieser neuen Quellen Lengers Urteil partiell zu modifizieren, der konstatiert: »Trotz aller ideologischer Affinitäten spricht wenig für eine Festlegung des Nationalökonomen (Sombart, B.L.) auf den konkreten politischen Kurs des *Tat-Kreises*.« Lenger, Sombart, S. 353.

[55] Lambrecht führt dazu aus: »Da weitgehende Übereinstimmung zwischen dem *Tat-Kreis* und uns besteht, da der *Tat-Kreis* eine Tageszeitung und eine Zeitschrift besitzt, so wäre m.E. dem *Tat-Kreis* vorzustellen, dass er zur Zeit aus Theoretikern und wirtschaftlichen Autodidakten besteht. Es fehlen ihm also sowohl für die Kritik als auch positiven Aufbau die Erfahrungen langjähriger praktischer wirtschaftlicher Tätigkeit. Diese würde er durch unseren Kreis bekommen und damit die für die »Tat« notwendigen Ergänzungen.« Lambrecht an Dräger 14.1.1933, SUD BS 23/16, S. 2f.

[56] Vgl. oben Kapitel III.

[57] Dräger an Lambrecht 29.3.1933, SUD BS 23/16 und Lambrecht an Gregor Straßer 31.3.1933, ebd. Darüber hinaus suchte Lambrecht über die Vermittlung von Hermann Tholens zu einem Gespräch mit Straßer noch in den ersten beiden Januarwochen zu kommen. Lambrecht an Dräger mit Anlage (Bericht über ein Gespräch mit Hermann Tholens) 9.1.1933, SUD BS 23/16. Zu Straßers Entmachtung vgl. Kissenkoetter, Straßer, S. 171ff.

Anschluß an die Veröffentlichung der zweiten Auflage seiner Schrift »Arbeitsbeschaffung durch produktive Kreditschöpfung« eine Auseinandersetzung, die zu einem Erliegen des Kontaktes geführt hatte.[58] Unabhängig davon suchte Dräger in der sowohl im Kabinett als auch in der Öffentlichkeit von »allgemeiner Ungewißheit und Ratlosigkeit gekennzeichneten und von Gerüchten überfüllten Atmosphäre der zweiten Januarhälfte« näheren Kontakt zur NSDAP, um mehr über deren wirtschaftspolitische Konzepte und Pläne in Erfahrung zu bringen. Dies war unter Industriellen zu diesem Zeitpunkt ein verbreiteter Wunsch.[59] Auch in der Schwerindustrie und den anderen Teilen der Unternehmerschaft suchte man mehr über die wirtschaftspolitischen Pläne der NSDAP zu erfahren.[60]

Aufschlußreich für diese Zusammenhänge ist der Bericht Lambrechts über ein Gespräch mit Hermann Tholens, der schon lange zum Umfeld der Studiengesellschaft gehörte und als Leiter der Abteilung »Arbeitsbeschaffung« und »öffentliche Siedlung« in der Reichsorganisationsleitung der NSDAP wirkte sowie ehemaliger Mitarbeiter Wageners in der WPA und ein enger wirtschaftspolitischer Berater der Partei war.[61] Liest man den Bericht, den Lambrecht über dieses Gespräch anfertigte, wird deutlich, daß sich auch Tholens über die konkreten wirtschaftspolitischen Ziele seiner Partei nicht sicher war. »Tholens«, berichtet Lambrecht am 9. Januar, »gibt folgende Tatsachen zu: die NSDAP hat auch heute noch keinerlei Programm für die Neugestaltung der Wirtschaft. Die bisherigen Wirtschaftsführer der Partei sind Hohlköpfe und Phantasten. (...) Tholens will auf Hitler einen Druck und Einfluss (sic.) ausüben (...)«. Tholens erwähnte Lambrecht gegenüber, er habe aber von der »unheimlichen, weil unbekannten und stillen Einflußnahme Kepplers gehört und bittet mich (also Lambrecht, den Berichterstatter, B.L.) in der dringendsten Form, eine Unterredung zwischen ihm und Keppler herbeizuführen, um so über Keppler Hitler auf den Plan Arbeitsbeschaffung festzulegen.« Im Verlaufe des Gesprächs mit Lambrecht gab Tholens »das Schwanken und die Unsicherheit Hitlers in dieser Frage offen zu (...).« Lambrecht nutzte die Gespräche mit Tholens offensichtlich aus, um etwas über die unklare Hierarchie innerhalb der wirtschaftspolitischen Gremien und Funktionsträger der NSDAP zu erfahren. Dräger gegenüber führte er aus: »Grundsätzlich unterscheiden sich Tholens und ich dadurch, dass Tholens in den unwahrscheinlichsten Vorgängen jüdischen Einfluß sieht, und dass er auf diesem Gebiet hoffnungslos krankhaft fi-

[58] Aus den Quellen geht nicht hervor, worum es in diesem Streit ging. Mitteilung von Hermann Tholens an Lambrecht, Lambrecht an Dräger 9.1.1933, SUD BS 23/26.

[59] Vgl. AdR, Regierung Schleicher, S. LXVII (Zitat); vgl. dazu Schulz, von Brüning, S. 986ff.

[60] Vgl. Wolffsohn, Industrie, S. 269ff.

[61] Zu Hermann Tholens vgl. die Berichte Wageners, in: Turner, Nähe, S. 334ff.; sowie Kissenkoetter, Straßer, S. 106; vgl. zu Tholens' Vorstellungen, Hermann Tholens, Unsere vordringlichste Aufgabe, in: Nationalsozialistische Monatshefte Jg. 3, Heft 38, Juli 1932, S. 309.

xen Ideen anhängt.«[62] Noch in der dritten Januarwoche traf Lambrecht Wilhelm Keppler sowie Fritz Kranefus und Fritz Thyssen, die als wichtige wirtschaftspolitische Berater der NSDAP und Hitlers zu dieser Zeit gelten müssen.[63]

Es ist schwierig zu bestimmen, wie präzise die Informationen, die Lambrecht für Dräger und die Studiengesellschaft über die nationalsozialistischen Vorstellungen zu diesem Zeitpunkt sammelte, mit den tatsächlichen Plänen der Partei unmittelbar vor der Machtergreifung übereinstimmten. Die Äußerungen von Tholens gegenüber Lambrecht sind vor dem Hintergrund der Aussagen Wageners über die Entwicklung der wirtschaftspolitischen Vorstellungen Hitlers um die Jahreswende hochinteressant, da sie einem Teil von Wageners Erinnerungen widersprechen.[64] Auch die von Hermann Rauschning berichteten Aussagen zu Hitlers Auffassung scheinen in diesem Zusammenhang noch einmal überprüfenswert.[65] In diesen beiden »Aufzeichnungen«, deren Quellenwert umstrittenen ist, wird berichtet, Hitler sei ab 1932 ein klarer Befürworter der kreditfinanzierten aktiven Konjunkturpolitik gewesen. Diese von Wagener und Rauschning überlieferte Ansicht wird in der Literatur trotz des bekannten Quellenproblems dieser Aufzeichnungen wiedergegeben.[66] Da im Zentrum Hitlers politischer Grundüberzeugungen der autoritäre Staat stand, war eine aktive Konjunkturpolitik, wie sie von der Studiengesellschaft vorgeschlagen wurde, im Rahmen seiner politischen Vorstellungen prinzipiell durchaus denkbar.[67]

Neben den Nationalsozialisten und dem Umfeld des *Tat-Kreises* sondierten die Mitarbeiter der Studiengesellschaft auch die wirtschaftspolitischen Vorstellungen und Pläne des Reichskanzlers und seiner unmittelbaren Mitarbeiter. Dräger und Lambrecht setzten sich vor allem mit dem persönlichen Adjutanten Schleichers Hanshenning von Holtzendorff, Gerhard Rossbach, und dem Chef der Wehrmachtsabteilung im Reichswehrministerium Eugen Ott auseinander.

---

[62] Lambrecht an Dräger 9.1.1933, SUD BS 23/16. S. 7f. Über ein weiteres Gespräch, das Lambrecht einige Tage später führte, berichtete er Dräger: »Bevor Tholens die letzten Konsequenzen wie Straßer zieht, will er nächste Woche noch einmal mit Hitler sprechen. Er glaubt nicht, Hitler aus den Gedankengängen Schachts befreien zu können (...).« Lambrecht an Dräger 14.1.1933, SUD BS 23/16.

[63] Lambrecht an Dräger 20.1.1933, SUD BS 23/16; zum Keppler-Kreis vgl. Turner, Großunternehmer, S. 297f.; Stegmann, Großindustrie, S. 428; Reinhard Vogelsang, Der Freundeskreis Himmler, Göttingen 1972, S. 22-30; Martin Broszat, Der Staat Hitlers. Grundlegung und Entwicklung seiner inneren Verfassung, 12. Aufl. München 1989, S. 222; die Aussagen Wageners sind hierzu interessant, aber ohne Zeitangaben und unpräzise. Vgl. Turner, Nähe, S. 441ff.

[64] Wagener-Aufzeichnungen, IFZ ED 60 Heft 16, S. 1001ff.; Turner, Nähe, S. 336, zur Quellenkritik von Wageners Aufzeichnungen vgl. das Vorwort des Herausgebers.

[65] Hermann Rauschning, Gespräche mit Hitler, Zürich 1940, S. 27; wichtig dazu die quellenkritischen Bemerkungen von Theodor Schieder, Hermann Rauschnings »Gespräche mit Hitler« als Geschichtsquelle. Vorträge der Rheinisch-Westfälischen Akademie der Wissenschaften Nr. 178, Opladen 1972.

[66] Boelcke, Deutsche Wirtschaft, S. 37f.; kritisch dagegen James, Weltwirtschaftskrise, S. 331ff.

[67] Vgl. dazu Herbst, totale Krieg, S. 78ff.

Letzterer hielt nach eigener Aussage auf die ausdrückliche Anweisung Schleichers hin Kontakt mit Dräger.[68]

3. Die Verhandlungen über eine nationalsozialistische Beschäftigungspolitik nach der Machtübernahme

Die Machtübernahme am 30. Januar 1933 änderte, so scheint es, an der Tätigkeit der Mitarbeiter der »Gemeinschaftsarbeit« zunächst nichts. Eine Einschätzung der politischen Bedeutung des Regierungswechsels für die Arbeit der Studiengesellschaft findet sich kaum in den Berichten und Korrespondenzen. Deutlich wird, daß man umgehend mit der Kontaktaufnahme zu den nur teilweise neuen Funktionsträgern in den Institutionen begann. Dräger und Lambrecht versuchten, sich in den unterschiedlichen Zentren der nationalsozialistischen Partei und des sich institutionalisierenden Systems in den Ministerien zu orientieren und die wirtschaftspolitischen Entscheidungsträger zu identifizieren. Überrascht reagierte man im Kreis der Studiengesellschaft auf die erkennbare Offenheit der neuen Regierung in wirtschaftspolitischen Fragen und die unbestimmte, offenbar planlose Tätigkeit der ersten Wochen. So urteilte Lambrecht Ende Februar 1933: »Mittlerweile passiert hier ja allerhand. Wir müssen deutlich unterscheiden zwischen dem politischen Geschehen, das von dem Minister Göring ausgeht und der Wirtschaftspolitik. Die Wirtschaftspolitik ist heute noch völlig unsicher, unbestimmt und in keiner Weise festgelegt.« Er schließt seinen Bericht mit der Aussicht: »Im Laufe der nächsten Woche werden Besprechungen grundsätzlicher Art mit Schacht und Reinhardt sowie Wagner von der NSDAP Klarheit bringen müssen, ob es gelingen kann, unter den derzeitigen Regien (sic.) aktive Wirtschaftspolitik zu treiben.«[69] Dieses zeitgenössische Urteil über die unklare Haltung der frühen Regierung Hitler zu Fragen der Wirtschaftspolitik wird von großen Teilen der modernen Forschung weitestgehend bestätigt.[70] Hitler äußerte im Februar mehrfach, man solle versuchen, »alle genaueren Angaben über ein Wirtschaftsprogramm der Reichsregierung zu vermeiden.«[71] Die beschäftigungspolitische Inaktivität der neuen Reichsregierung bis zu den Märzwahlen ging sicher, wie Petzina annimmt, zum

[68] Vgl. Korrespondenz, SUD BS 23/22k und SUD BS 23/16; sowie die Korrespondenz Drägers mit von Holtzendorff, IFZ ZS/A-36/1 u. 2.

[69] Lambrecht an Friedlaender-Prechtl 24.2.1933, SUD BS 23/16, S. 3.

[70] Petzina, Hauptprobleme, S. 45; Wulff, Arbeitsbeschaffungsmaßnahmen, S. 40. Eine Ausnahme bildet die umgehende Betonung von Aufrüstung als Notwendigkeit durch Hitler selbst am 8.2.1933 vor dem Kabinett und am 9.2.1933 vor dem Ausschuß für Arbeitsbeschaffung, vgl. AdR, Regierung Hitler I, S. 50f. und 63.

[71] AdR, Regierung Hitler I, S. 55.

Teil auf ein taktisch-planvolles Element zurück.[72] Dräger und die Mitarbeiter der Studiengesellschaft schätzten die abwartende Haltung der Nationalsozialisten ähnlich ein und versuchten daher, bei den Entscheidungsträgern zu intervenieren, um sie auf eine aktive Konjunkturpolitik festzulegen. In einem Bericht an Friedlaender-Prechtl im Februar 1933 identifizierte Lambrecht innerhalb der von Anfang an konkurrierenden Gruppen um die wirtschaftspolitischen Entscheidungen der Reichsregierung vor allem zwei Lager: Zunächst Otto Wagener, der als Leiter des Wirtschaftspolitischen Amtes beim Verbindungsstab der NDSAP in Berlin ein »wichtiges Zentrum wirtschaftlicher Entscheidungen« sei. Diesen schätzte Lambrecht als einen »Arbeitsbeschaffungsmann« ein.[73] Den kommenden Mann und das Gegengewicht zu Wagener ermittelte Lambrecht jedoch eindeutig mit Hjalmar Schacht, dessen Berufung in das Amt des Reichsbankpräsidenten als Nachfolger Luthers schon vor der öffentlichen Ernennung durch Hitler feststand.[74]

Neben den Nationalsozialisten und Schacht beobachtete man in der Studiengesellschaft aber auch das Verhalten der konservativen Eliten in der Reichsregierung. Immer noch bestanden ausgezeichnete Beziehungen über den wirtschaftspolitischen Berater des Stahlhelm, Erich Lübbert, zu Franz Seldte, der dem Kabinett Hitler für den Stahlhelm als Reichsarbeitsminister angehörte. Zudem war der Reichskommissar für Arbeitsbeschaffung noch Mitglied des Kabinetts.

Nach dieser Sondierung des politischen Feldes versuchten die Herausgeber der Gemeinschaftsarbeit gemeinsam mit dem Netzwerk der Studiengesellschaft den Prozess der wirtschaftspolitischen Entscheidungsfindung in ihrem Sinne zu beeinflussen. Aus der Perspektive der Studiengesellschaft war es dabei von zentraler Bedeutung, welche Personen die entscheidenden politischen Positionen im Kabinett und den übrigen Institutionen besetzen würden. Zunächst suchten Dräger und Lambrecht in der Frage der Berufung der, wie man annahm, bald zur Verfügung stehenden Posten der Staatssekretäre im Reichsfinanzministerium und im Reichsarbeitsministerium zu intervenieren. Die Unordnung und das partielle Machtvakuum an der Spitze der deutschen Wirtschaftspolitik in der Folge der Auseinandersetzungen zwischen Reichswirtschaftsminister Hugen-

[72] Petzina, Hauptprobleme, S. 40, der auch Beratungen mit der »Industrie« annimmt, ebd., S. 45; nicht überzeugen kann Boelcke, Deutsche Wirtschaft, S. 56ff., der einen festen Plan und ein Programm Hitlers annimmt, von dem der Reichskanzler erst am 25.3.1933 abgewichen sei, um dann allerdings wieder umzuschwenken, wobei hier die Motive unklar bleiben (ebd., S. 59).

[73] Vgl. Lambrecht an Friedlaender-Prechtl 24.2.1933, SUD BS 23/16. Ab dem 3. Mai 1933 war Wagener Reichskommissar für die Wirtschaft bei Reichswirtschaftsminister Hugenberg und damit bis zu seiner Entmachtung sicher mindestens genauso einflußreich wie vor dieser Tätigkeit. Vgl. dazu Barkai, Wirtschaftssystem S. 105; sowie Turner, Nähe, S. III, worin der Herausgeber betont, daß Wageners »kurze Amtszeit als Reichskommissar für die Wirtschaft im Frühjahr 1933 (...) noch immer ein ungeschriebenes Kapitel der Geschichte des <Dritten Reiches>« sei, was bis heute gilt.

[74] Hitler hatte am 7.3.1933 dem Kabinett mitgeteilt, daß er an der Spitze der Reichsbank einen »beweglichen Mann« brauche, vgl. AdR, Regierung Hitler I, S. 160.

berg und dem Reichsarbeits- bzw. dem Reichsfinanzministerium war den Beobachtern in der Studiengesellschaft nicht entgangen.[75] Für den Posten des Staatssekretärs im Reichsfinanzministerium, die Nachfolge von Dr. Arthur Zarden, bemühte man sich, den nationalsozialistischen Reichstagsabgeordneten und Finanzexperten der Reichstagsfraktion Fritz Reinhardt ins Gespräch zu bringen und dem Reichskanzler vorzuschlagen.[76] In einem Gespräch mit Erich Lübbert und Reichsarbeitsminister Franz Seldte erreichte Dräger, daß Seldte Reinhardt Hitler vorschlagen sollte. Den späteren Staatssekretär kannte man in der Studiengesellschaft aus der Zeit, als er noch zu den engeren Mitarbeitern Gregor Straßers gehörte, sowie aus seinen Beiträgen im Reichstag, wo er sich mehrfach für eine aktive Beschäftigungspolitik ausgesprochen hatte.[77] Zunächst hatten Dräger und Lambrecht sogar erwogen, Reinhardt als Reichsbankpräsident ins Gespräch zu bringen, die Ernennung Schachts am 16. März 1933 kam ihnen jedoch zuvor und war eine klare Entscheidung Hitlers, die vorher in den Kreisen der Studiengesellschaft wegen der beschäftigungs- und finanzpolitisch konservativen Haltung Schachts befürchtet worden war.[78] Mit Staatssekretär Zarden wie mit Paul Bang, dem Staatssekretär im Reichswirtschaftsministerium, führte Lambrecht zudem eine Korrespondenz, mit Zarden auch Gespräche über die Frage der Arbeitsbeschaffungsprojekte.[79]

Mit Unterstützung der Studiengesellschaft betrieb Lambrecht im Umfeld und in den Beraterkreisen der neuen Reichsregierung, die eindeutig über kein eige-

[75] Lambrecht an Staatssekretär Zarden 14.3.1933, SUD BS 23/16. Vgl. dazu Boelcke, Deutsche Wirtschaft, S. 68; vgl. zu der Wahrnehmung der Vorgänge durch Außenstehende: Gustav Ortruba, Wirtschafts- und Gesellschaftspolitik des Nationalsozialismus im Spiegel der Österreichischen Gesandtschaftsberichte, in: F.-W. Henning (Hg.), Probleme der nationalsozialistischen Wirtschaftspolitik, Berlin 1976, S. 70.

[76] Am Tag der Ernennung Schachts zum Reichsbankpräsidenten gab Lambrecht in einem Schreiben an Dräger eine anschauliche kurze Schilderung der Tätigkeit der Studiengesellschaft ab: »Gestern (...) habe ich eine viele Stunden dauernde Unterredung mit Herrn Lübbert gehabt. Das Resultat ist (...), daß wir gemeinsam den Stahlhelm für die uns nötig erscheinenden Ziele einsetzen wollen. Auf die Deutschnationalen, d.h. auf Herrn Hugenberg und seine Staatssekretäre (...) rechnet kein Mensch mehr. Bang steht den Aufgaben seines Amtes als Staatssekretär im Wirtschaftsministerium so hilflos gegenüber, das (sic.) er alle möglichen Leute um Rat fragt, was er gegenüber dem Trümmerhaufen tun solle. Da das Staatssekretariat im Finanzministerium unbedingt neu besetzt wird (am 31.3.1933 schlug der Reichsfinanzminister dem Kabinett in der Tat die Entlassung Zardens sowie Fritz Reinhardt als Nachfolger vor, AdR, Regierung Hitler I, S. 277, B.L.), müssen wir unter allen Umständen dahin streben, einen Anhänger und Freund der Arbeitsbeschaffung auf diesen wichtigen Platz zu bringen. (...) Lübbert wird zu Hitler gehen und ihn bitten, Reinhardt zu empfangen. (...) Ferner soll Seldte den Kanzler bitten, Reinhardt zu empfangen.« Lambrecht an Dräger 16.3.1933, SUD BS 23/16. Zu Reinhardt vgl. Longerich, Stellvertreter, S. 29ff.

[77] Vgl. die Reichstagsrede Reinhardts vom 9.5.1932, Verhandlungen des Reichstags, Bd. 446, Berlin 1932, S. 2491ff.; vgl dazu Kissenkötter, Straßer, S. 57f.

[78] Vgl. dazu Lambrechts Nachricht an Dräger vom 16.3.1933. Lambrecht an Dräger, SUD BS 23/16, sowie AdR, Regierung Hitler I, S. 232f. Lambrecht berichtete schon am 24.2.1932 Friedlaender-Prechtl: »Der kommende Mann ist Schacht. (...) Die Ernennung Schachts zum Reichsbankpräsidenten ist beschlossen«, Lambrecht an Friedlaender-Prechtl 24.2.1933, SUD BS 23/16.

[79] Lambrecht an Zarden 14.3.1933, SUD BS 23/16.

nes wirtschaftspolitisches Konzept verfügte, mit dem Material der fertiggestellten »Gemeinschaftsarbeit« eine aufmerksame *Lobbyarbeit*. Obgleich er dabei keineswegs von einem der großen Interessenverbände wie dem RDI oder dem Stahlhelm unterstützt wurde, sondern vielmehr allein durch die Verbindungen und Kontakte der Studiengesellschaft Gespräche über die Vorschläge der »Gemeinschaftsarbeit« mit den verschiedenen wirtschaftspolitischen Beratern und Institutionen der Reichsregierung führte, kann man seine Tätigkeit in den Unterlagen der an den wirtschaftspolitischen Initiativen der Reichsregierung arbeitenden Ministerien deutlich verfolgen.[80] Die Interventionen der Studiengesellschaft und damit das Wirken der »Gemeinschaftsarbeit« im Vorfeld der Entwicklungen und Beratungen, die zum ersten Reinhardt-Programm führten, lassen sich damit ungewöhnlich präzise rekonstruieren und erlauben einen interessanten Einblick in den Prozeß wirtschaftspolitischer Beratung zwischen Teilen der Unternehmer und der Reichsregierung.

4. Die Auseinandersetzungen zwischen Märzwahlen und »Reinhardt-Programm«

Es ist außerordentlich mühsam und in vielen Details aufgrund der mangelhaften Überlieferung unmöglich, die Entscheidungsprozesse der Wirtschaftspolitik der ersten Monate der Regierung Hitler zu rekonstruieren.[81] Neben den Ministerien drängten verschiedene Machtzentren auf eine Durchsetzung ihrer Vorstellungen. Betrachtet man die Literatur zur Beschäftigungspolitik der Regierung Hitler bis zum ersten »Reinhardt-Programm«, fällt auf, daß die Regierung immer unter einem gewissen Erfolgsdruck gesehen wird.[82] Birgit Wulff hat quellenkritisch darauf hingewiesen, daß der häufig angegebene Beleg für diese Annahme der Ausspruch – »Nur daran, wie wir diese Aufgabe (die der Arbeitsbeschaffung, B.L.) lösen, wird uns die Geschichte messen« – aus ei-

80 Vgl. beispielsweise die Gesprächsnotiz des Referenten der Staatskanzlei am 7.6.1933, BArch R 43 II 536 sowie die Korrespondenz Lambrechts mit Lammers, BArch R 43 II 538.

81 Vgl. die Akten der Parteikanzlei der NSDAP für diesen Zeitraum, nachgewiesen in: Akten der Parteikanzlei der NSDAP, Regesten, Teil 1, Bd. 2; AdR, Regierung Hitler Bde. I und II; darüber hinaus die Akten des Reichswirtschaftsministeriums BArch R 3101 und des Reichsarbeitsministeriums BArch R 3901 sowie des Reichsfinanzministeriums R 7 im Bundesarchiv, in denen sich die »unbürokratische« Entscheidungsfindung auf dem Weg zum »Reinhardt-Programm« widerspiegelt. Vgl. AdR, Regierung Hitler I, S. 531f. m.w.N.; vgl. zu diesem Problem Stelzner, Arbeitsbeschaffung, S. 72ff.; Wulff, Arbeitsbeschaffungsmaßnahmen, S. 49ff.; Schneider, Arbeitsbeschaffungsprogramm, S. 208f.; Wolffsohn, Industrie, S. 120ff.; Petzina, Hauptprobleme, S. 45f.; Kroll, Weltwirtschaftskrise, S. 464; zur Finanzierungsproblematik: Erbe, Wirtschaftspolitik.

82 Vgl. beispielsweise AdR, Regierung Hitler I, S. XXXVII.

ner Rede Hitlers vom 6. Juli 1933 und damit deutlich aus der Zeit *nach* Fertigstellung der ersten Gesetze der Regierung stammt.[83] Tatsächlich ist die Phase von den Märzwahlen bis zur Vorlage des »Reinhardt-Programms« mehr durch intensive Diskussionen, die Anhörung von Vorschlägen und schließlich Entscheidungen geprägt als von Inaktivität wie in der Zeit vor den Märzwahlen, obwohl in manchen Institutionen der Regierung immer noch eine gewisse Plan- und Ziellosigkeit vorherrschte.[84] Bis zu den Märzwahlen war sicherlich auch ein Zögern durch die taktischen Erwägungen Hitlers hinzugekommen, sich vor den Reichstagswahlen nicht auf ein Wirtschaftsprogramm festzulegen.[85]

Auch wenn man bei den schließlich projektierten Arbeitsbeschaffungsmaßnahmen in vielen Punkten deutlich Akzente Hitlers erkennen kann, vor allem in der Forcierung des Autobahnbaus, wurde die konkrete Abfassung der Gesetzesentwürfe in den zuständigen Ministerien, d.h. hauptsächlich im Reichsarbeitsministerium und dem Reichsfinanzministerium geleistet.[86] Daneben wurde bereits sowohl ein Nebeneinander von traditioneller Ministerialbürokratie und Entscheidungsträgern, die sich durch einen direkten Kontakt zu Hitler auszeichneten, als auch die zunehmende »Kontrollfunktion« der Reichskanzlei deutlich. Insgesamt überwog bei den verschiedenen Herrschaftsträgern, bei denen die Machtpositionen andauernd um- und neuverteilt wurden, eine unklare Verteilung der Kompetenzen und damit der für Außenstehende kalkulierbaren Politik.[87]

In den neuen Machtzentren, die sich in dem Bereich der Beschäftigungspolitik profilierten, versuchten Dräger und die anderen Mitarbeiter der »Gemeinschaftsarbeit«, ihre Denkschrift als Vorlage für mögliche Projekte zur Diskussion zu stellen. In den Tagen unmittelbar vor der Ernennung Schachts zum

[83] Wulff, Arbeitsbeschaffungsmaßnahmen, S. 38ff.

[84] Die Behauptung des Staatssekretärs Reinhardt, das 1. Reinhardt-Programm sei »zustande gekommen (...) durch eine Tat des Reichsfinanzministeriums«, die auch von den Bearbeitern der AdR als Beleg für die alleinige Verantwortung des Gesetzes durch das Reichsfinanzministerium angeführt wird, ist nicht mehr als eine propagandistische Verlautbarung, was auch durch den ganzen Charakter der Broschüre deutlich wird. Vgl. Fritz Reinhardt, Die Arbeitsschlacht der Reichsregierung, Berlin 1933 (S. 18). Dies wird auch durch die Aussagen von Reinhardts damaligem Vorgesetzten – Reichsfinanzminister Schwerin von Krosigk – bestätigt, der in seinen Aussagen dazu später sagte, Pläne für eine »aktivistische Politik« hätten bereits bestanden und darüber hinaus seien die »grundsätzlichen« Planungen nicht auf eine Person zurückzuführen. Zit. nach Wolffsohn, Industrie, S. 124; AdR, Regierung Hitler I, S. XXXIX.

[85] Boelcke, Deutsche Wirtschaft, S. 56ff.; Kroll, Weltwirtschaftskrise, S. 458; Petzina, Hauptprobleme, S. 45; ders., Zwischenkriegszeit, S. 111; Broszat, Staat Hitlers, S. 96ff.

[86] Vgl. AdR, Regierung Hitler I, S. 305ff.ff., 463ff., 506ff. Am 1.3.1933 hatte Hitler durch Lammers den Reichsministern mitgeteilt, daß Gesetzesvorlagen erst nach einer »weitmöglichsten Klärung« dem Kabinett vorzulegen seien. Diese Anweisung wurde später noch einmal wiederholt. Ebd., S. 156 Anm. 29 und 428 Anm. 17; vgl dazu ebd., S. XXXff.

[87] Vgl. AdR, Regierung Hitler I, S. XX; Dieter Rebentisch, Führerstaat und Verwaltung im Zweiten Weltkrieg. Verfassungsentwicklung und Verwaltungspolitik 1939-1945, Stuttgart 1989, S. 40ff. und Peter Hüttenberger, Nationalsozialistische Polykratie, in: GG 2 (1976), S. 417-442.

Reichsbankpräsidenten am 16. März 1933 versuchten sie in mehreren Gesprächen sowohl Keppler und Kranefuss als auch Schacht auf eine aktive Arbeitsbeschaffungspolitik festzulegen.[88] Darüber hinaus besprach man sich mit Otto Wagener und Walther Funk[89] vom Wirtschaftspolitischen Amt der NSDAP sowie einigen Mitarbeitern der ehemaligen Wirtschaftspolitischen Abteilung (WPA) Wageners wie Cordemann und Tholens.[90] Daneben gelang es über Erich Lübbert, den Reichsarbeitsminister und seine engsten Mitarbeiter mit den Vorschlägen der »Gemeinschaftsarbeit« zu konfrontieren.[91] Unmittelbare Gespräche führte man auch mit dem verantwortlichen Referenten im Reichsarbeitsministerium, dem Ministerialdirektor Dr. Beisiegel.[92]

Franz Seldte schätzte die »Gemeinschaftsarbeit« als wertvolle Materialgrundlage und empfahl am 19. April in einem Schreiben an einen der Herausgeber, sie auch an seine Kollegen in den entsprechenden Ministerien weiterzugeben. Seldte war es auch, der nach der Entmachtung Gerekes Erich Lübbert als dessen Nachfolger und damit einen Kandidaten aus der Studiengesellschaft, der zu dieser Zeit in engem Kontakt mit Lambrecht und Dräger stand, vorschlug.[93] Tatsächlich wurde eine Entscheidung über die Nachfolge Gerekes jedoch vertagt, bis der Aufgabenbereich der Arbeitsbeschaffungspolitik schließlich vollständig in den Bereich des Reicharbeitsministeriums verlagert wurde.[94] Diese Tatsache spricht für eine gewisse Federführung des Reichsarbeitsministeriums bei den Fragen der Arbeitsbeschaffungsinitiativen.[95] Auch Lambrecht und Dräger waren sich vor der Berufung Fritz Reinhardts als Staatssekretär im Reichsfinanzministerium einig, daß allein aus dem Reichsarbeitsministerium die nötige Initiativkraft kommen könne, um ein umfassendes Arbeitsbeschaffungsprojekt in die Wege zu leiten.[96] Interessant ist in diesem Zusammenhang eine Denk-

---

88 Lambrecht an Dräger 25.2.1933, SUD BS 23/16 und Lambrecht an Friedlaender-Prechtl 11.3.1933, SUD BS 23/16.

89 Zu Walther Funk hatte die Studiengesellschaft über Rudolf Dalberg einen guten Kontakt, da beide sich noch aus der gemeinsamen Zeit als journalistische Mitarbeiter beim »Berliner-Börsenkurier« kannten.

90 Tholens schätzte den Einfluß Drägers auf die Wirtschaftspolitik der NSDAP als sehr hoch ein, als er an denselben schrieb: »Bitte setzen Sie alles in Bewegung, daß der neue Reichswirtschaftsrat auch richtig besetzt wird. (...) Können Sie nicht an alle massgebenden (sic.) Persönlichkeiten in diesem Sinne schreiben? Sie verfügen doch über die nötigen Verbindungen.« Tholens an Dräger 30.3.1933, SUD BS 23/3.

91 Dräger an Lambrecht 23.6.1933, SUD BS 23/16; Dies wurde auch durch die geschäftliche Beziehung Drägers zu dem Bruder des Reichsarbeitsministers, Eugen Seldte (zu Seldte vgl. Reichshandbuch, S. 1765f.), erleichtert, der zusätzliche Informationen lieferte und den Kontakt intensivierte, vgl. ebd.

92 Ebd. Zu Beisiegels Rolle vgl. auch: AdR, Regierung Hitler I, S. 934ff.

93 Seldte an Schaefer 19.4.1933, SUD BS 23/3; Seldte an Reichskanzler vom 6.4.1933, BArch R 43 II 539 Nr. 57.

94 Vgl. Meldung von Wolff's Telegraphischem Büro 1808 vom 26.7.1933, BArch R 43 II 539, S. 68.

95 Vgl. hierzu Schneider, Arbeitsbeschaffungsprogramm, S. 208; Wulff, Arbeitslosigkeit, 49ff.

96 Lambrecht an Dräger 16.3.1933, SUD BS 23/16.

schrift des Reichswirtschaftsministeriums, die Willi Boelcke zufolge eindeutig auf den Oberregierungsrat Wilhelm Lautenbach zurückgeht.[97] Hierin machte Lautenbach, der die Arbeiten der Studiengesellschaft schon länger kannte, Ausführungen über die Notwendigkeit klarer Rentabilitätsgrundlagen bei Arbeitsbeschaffungsmaßnahmen, die mit denen in der »Gemeinschaftsarbeit« zu diesem Thema angestellten inhaltlich und von der Betonung her vollkommen übereinstimmten.[98]

5. *Beschäftigungspolitische Initiativen im Spannungsfeld von Ministerialbürokratie und organisierten Interessen*

Wie wurde in der Ministerialbürokratie unter der Reichsregierung Hitler nach den Reichstagswahlen im März über die beschäftigungspolitischen Gesetzesinitiativen beraten? Für die Beurteilung des Anteils der Interventionen der Studiengesellschaft am Prozeß der wirtschaftspolitischen Beratung ist eine Analyse dieser Frage von zentraler Bedeutung. Die unmittelbare Entstehungsgeschichte der Vorlage des Reichsfinanzministeriums, die zu dem Reichsgesetz »zur Verminderung der Arbeitslosigkeit« vom 1. Juni 1933 führte, ist schwer zu rekonstruieren, da die Akten des Reichsfinanzministeriums wie der Reichskanzlei hierüber keinen lückenlosen Aufschluß geben.[99] Das Maßnahmenbündel im ersten Abschnitt des Gesetzes, das die Arbeitsbeschaffungsprojekte beinhaltete, wird in der Literatur »Erstes Reinhardt-Programm« genannt. Inwieweit bei der Abfassung des Gesetzentwurfes eine Koordination und Absprache zwischen dem Reichsarbeitsministerium, der Reichskanzlei und dem Reichsfinanzministerium stattgefunden hat, bleibt unklar. Tatsächlich hat neben dem Reichsfinanzministerium auch das Ressort Seldtes an Entwürfen gearbeitet. Nach den Unterlagen des Reichsfinanzministeriums und der Reichskanzlei muß das Reichsarbeitsministerium sogar als eine der zentralen Institutionen bei der Konzipierung des ersten »Reinhardt-Programms« angesehen werden.[100]

97 Boelcke, Deutsche Wirtschaft, S. 59; AdR, Regierung Hitler I, S. 532f.; Hugenberg an Staatssekretär Lammers 11.5.1933, »Denkschrift über die Finanzierung der Arbeitsbeschaffung«, BArch R 43 II 536 Bl. 168-179.

98 Vgl. »Denkschrift«, a.a.O., Bl. 173ff.; sowie »Gemeinschaftsarbeit«, S. 9f.

99 1. Gesetz zur Verminderung der Arbeitslosigkeit vom 1.6.1933 in: RGBl 1933 I, S. 323ff.; vgl. die Anmerkungen dazu in: AdR, Regierung Hitler I, S. 531 Fn. 8.

100 Vgl. die entsprechenden unterschiedlichen Unterlagen zu den Verhandlungen in der Reichskanzlei (BArch R 43 II, 536) sowie im Reichsfinanzministerium (BArch R 2 18675). Schneider, Arbeitsbeschaffungsprogramm, S. 208; Stelzner, Arbeitsbeschaffung, S. 73f.; Wulff, Arbeitsbeschaffungsmaßnahmen, S. 49ff. Seldte selbst betonte seine Mitwirkung am Ersten Reinhardt-Programm am 23.6.1933 in der Zeitschrift Wirtschaftsdienst 18. Jg. (1933), S. 826.

Im Reichsarbeitsministerium verfaßte man unter direkter Mitarbeit Seldtes Mitte April eine umfangreiche Vorlage für die Reichskanzlei und das Reichsfinanzministerium, die inhaltlich ganz offensichtlich zu einem großen Teil auf einer Auswertung der Vorschläge der »Gemeinschaftsarbeit« beruhte.[101] Dazu paßt auch das schon erwähnte Schreiben des Reichsarbeitsministers an Drägers Mitherausgeber vom 19. April. Es wurde präzise acht Tage vor der Fertigstellung der ausführlichen Vorlage geschrieben. Das bedeutet, der Minister kannte die Denkschrift zu diesem Zeitpunkt. An dem auf die Ankündigung der Vorlage folgenden Wochenende sickerte in der Presse erstmals die Information über eine Initiative des Reichsarbeitsministeriums in der Frage der Arbeitsbeschaffung durch.[102] Acht Tage später sandte Seldte die Vorlage, die er in einem Schreiben vom 22. April 1933 schon angekündigt hatte, an die zuständigen Ressorts und die Reichskanzlei.[103] Zu einer Kabinettsbesprechung der Vorschläge des Reichsarbeitsministeriums kam es nicht.[104] Auch im Reichsfinanzministerium hatte man seit Anfang Mai an einer Vorlage gearbeitet.[105] Ob eine Abstimmung der beiden Ministerien stattgefunden hat, ist nicht endgültig zu klären, letztlich aber wahrscheinlich. Erst am 31. Mai 1933 wurde schließlich über den Gesetzentwurf des Reichsfinanzministeriums im Kabinett beraten.[106]

Vergleicht man die Vorlage des Reichsarbeitsministeriums mit den Plänen der Gemeinschaftsarbeit sowie der Gesetzesvorlage des Reichsfinanzministeriums, die schließlich zum »Ersten Reinhardt-Programm«, dem Gesetz »zur Verminderung der Arbeitslosigkeit« vom 1. Juni 1933, führte, fallen einige interessante Aspekte auf.[107] Zunächst wird deutlich, daß alle von Seldte avisierten und in die Gesetzesvorlage des Reichsfinanzministeriums aufgenommenen Projekte ausnahmslos auch in der Gemeinschaftsarbeit vorgeschlagen wurden. Dies ist allein nicht ausschlaggebend, da ähnliche Projekte größerenteils auch in den Arbeitsbeschaffungsprogrammen der Regierungen Papen und Brüning vorkamen. Es muß jedoch festgestellt werden, daß die Vorschläge in der Ge-

[101] Seldte an Staatssekretär Lammers vom 27.4.1933, BArch R 43 II 539 S. 68; auch in: BArch R 2 (Reichsfinanzministerium) 18675 hier auch mit Bemerkungen über Ressortbesprechungen zu den beabsichtigten Vorlagen.; vgl AdR, Regierung Hitler I, S. 400ff.

[102] BBZ, 23/24.4.1932 (Sonntagsausgabe); vgl. Schaefer an Seldte 25.4.1933, SUD BS 10/22.

[103] Seldte an Lammers 27.4.1933, BArch R 43 II 536 Bl. 134; vgl. Seldte an Lammers 22.4.1933, ebd., Bl. 112-114.

[104] Boelcke, Deutsche Wirtschaft, S. 59 und Stelzner, Arbeitsbeschaffung, S. 70 nehmen fälschlich an, Hitler sei zu den am 8.5. und 11.5. auf der Tagesordnung des Kabinetts stehenden Beratungen nicht erschienen. Tatsächlich verursachte Schachts Reise zur Vorbereitung der Weltwirtschaftskonferenz die Verlegung vgl. BArch 43 II 536 Bl. 130; Schneider, Arbeitsbeschaffungsprogramm, S. 208 kommt auf einen Sitzungstermin am 10.5.1933, für den hier kein Beleg gefunden wurde.

[105] Vgl. AdR, Regierung Hitler I, S. 531 Anm. 8.

[106] Vgl. AdR, Regierung Hitler I, S. 530ff.

[107] Vgl. RGBl I, 1933, S. 323ff.; dazu BArch R 43 II 536 Bl. 227-251; Fritz Reinhardt, Die Arbeitsschlacht der Reichsregierung, Berlin 1933; ders., Generalplan gegen die Arbeitslosigkeit. Vortrag, Oldenburg 1933; dazu Golla, Arbeitsbeschaffung, S. 80ff.; zum »Reinhardt-Programm«: Bertold Ries, Die Finanzpolitik im Deutschen Reich 1933-1935, Diss. Freiburg 1964, S. 28ff.

meinschaftsarbeit eine Auswahl aus den umfangreichen in der Öffentlichkeit und in den Interessengruppen diskutierten waren. Die Zusammenstellung des Reichsarbeitsministeriums, die auch nur die Selektion einer weitaus größeren Zahl möglicher und vorgeschlagener Projekte darstellte, koinzidierte in einem Maße auffällig mit der Auswahl der »Gemeinschaftsarbeit«, daß mit einer hohen Sicherheit ein unmittelbarer Zusammenhang angenommen werden kann.[108] In einem Brief an den Reichskanzler vom 31. Mai 1933 über den »Sinn der Arbeitsbeschaffung« berief sich Seldte zudem ausdrücklich auf das Mitglied der Studiengesellschaft Erich Lübbert, der ihn in seinem »Beirat« unterstützt habe.[109]

Vergleicht man den Umfang der für Arbeitsbeschaffung in dem Maßnahmenbündel des ersten »Reinhardt-Programms« des Jahres 1933 vom Gesetzgeber *bereitgestellten* finanziellen Mittel mit den Summen, die in der Denkschrift der Studiengesellschaft aufgeführt werden, sind die Gemeinsamkeiten zunächst weniger deutlich, da hier bei den Gewichtungen teilweise deutliche Unterschiede zu erkennen sind.[110] Ein Vergleich der tatsächlich aufgewendeten Summen der Programme mit den im Gesetz oder der »Gemeinschaftsarbeit« vorgeschlagenen ist nicht realisierbar, da eine gültige Festlegung über die Verteilung der Mittel des »Reinhardt-Programms« nie erfolgte.[111] Die zunächst zwischen Seldte, Schacht und Schwerin von Krosigk angestrebte Aufteilung der 1 Milliarde RM auf einzelne Maßnahmen wurde im Verlauf der Durchführung des Programms ständig verändert.[112] Realistische Vergleiche könnten hier allenfalls auf regionaler Ebene stattfinden.[113]

In der Reichskanzlei, in der man Seldtes Denkschrift am 27. April 1933 erhielt,[114] kannte man die »Gemeinschaftsarbeit« schon. Am 19. April hatte Lambrecht die Denkschrift noch einmal persönlich dem Staatssekretär in der Reichskanzlei Lammers, einem »Verbindungsbruder« des Industriellen aus dem

---

108 Vgl. die Eingaben und Vorschläge in BArch R 31.01 9921, 9918, 9917, 9916.

109 Neben Lübbert nannte Seldte nur noch Albert Pietzsch vom RDI und Fritz Thyssen, der ebenfalls die Studiengesellschaft unterstützte. Reichsarbeitsminister an Hitler 31.5.1933, Anlage B: »Der Sinn der Arbeitsbeschaffung«, BArch NS 10/30.

110 Vgl. die Zusammenstellungen in Erbe, Wirtschaftspolitik S. 183.

111 Vgl. die mißglückten Versuche bei Grotkopp, Große Krise, S. 285; sowie Dräger, Kreditschöpfung (3. Aufl. 1934), S. 76f.; Wulff, Arbeitsbeschaffungsmaßnahmen, S. 51f.; Stelzner, Arbeitsbeschaffung, S. 79.

112 Schnellbrief des Reichsministeriums der Finanzen vom 28.6.1933 »Arbeitsbeschaffungsmaßnahmen aufgrund des Gesetzes zur Verminderung der Arbeitslosigkeit vom 1. Juni 1933«, BArch R 43 II 536 sowie Reichsarbeitsministerium an Reichskanzlei vom 8.6.1933, ebd.; vgl. dazu Stelzner, Arbeitsbeschaffung, S. 76ff. und Wulff, Arbeitsbeschaffungsmaßnahmen, S. 58ff.

113 Vgl. dazu die Ansätze für Hamburg bei Wulff, Arbeitsbeschaffungsmaßnahmen, S. 88ff.; Dan Silvermann, Fantasy and Reality in the Nazi Work-Creation Programs, 1933-1936, in: JMH 65 (1993), S. 113-151; Dieter Pfliegensdörfer, Vom Handelszentrum zur Rüstungsschmiede: Wirtschaft, Staat und Arbeiterklasse in Bremen, 1929 bis 1945, Bremen 1986.

114 AdR, Regierung Hitler I, S. 400ff.

»Miltenberger Ring«, einem akademischen Korps, übergeben. Lammers schätzte die Denkschrift, insbesondere den zweiten Teil mit der systematischen Sammlung der Vorschläge als nützlich ein.[115]

Insgesamt gewinnt man bei einer Untersuchung der Tätigkeit des Reichsarbeitsministeriums den Eindruck, als sei man hier in der Frage der Arbeitsbeschaffung nach der Abfassung des eigenen Vorschlags relativ zielstrebig und engagiert vorgegangen.[116] In seiner Vorlage faßte der Minister aus den Vorschlägen der »Gemeinschaftsarbeit« einen Programmentwurf zusammen, der eine Mittelvergabe für Arbeitsbeschaffung in Höhe von 1 bis 1,5 Milliarden RM vorsah. Diese Vorlage wurde offenbar auch im Reichsfinanzministerium Diskussionsgrundlage des dann in verschiedenen Ressortbesprechungen gemeinsam im Reichsarbeitsministerium durchgesprochenen Gesetzentwurfs.[117] In der Kabinettssitzung am 31. Mai 1933 wurde auf Vorschlag des Reichsfinanzministeriums zur Finanzierung des Arbeitsbeschaffungsprogramms schließlich eine Ausgabe von Reichsschatzanweisungen in Höhe von 1 Milliarde Mark gebilligt.[118]

Vor dieser Entscheidung plante man in der Reichskanzlei jedoch eine Besprechung der Arbeitsbeschaffungspolitik mit den Vertretern der industriellen Eliten und Verbände. Zu diesem Zweck lud man Repräsentanten der Industrie sowie die zuständigen Berater der Reichsregierung und einige andere Vertreter aus den Interessenverbänden, unter ihnen auch Lambrecht, zu einer Besprechung in die Reichskanzlei ein. Nach verschiedenen Problemen wegen des Termins und Auseinandersetzungen wegen der Frage der einzuladenden Unternehmer und Interessengruppenvertreter einigte man sich schließlich in der Reichskanzlei auf den 29. Mai 1933.[119]

Über die Interpretation dieser Besprechung ist in der Literatur lange gestritten worden, insbesondere im Hinblick auf ihre Bedeutung für die Frage nach dem Einfluß von Industriellen auf die Wirtschaftspolitik der Regierung Hitler und damit die staatlichen Prioritäten in der Arbeitsbeschaffungspolitik.[120] Petzina nimmt an, daß die Besprechung des Gesetzentwurfs mit den Industriellen

---

115 Lambrecht an Staatssekretär Lammers in der Reichskanzlei 19.4.1933, SUD BS 23/16 und BArch R 43 II 538. Staatssekretär Lammers an Lambrecht 21.6.1933, BArch R 43 II 538 (inzwischen hatte man sich auf der Industriellen-Besprechung in der Reichskanzlei am 29.5.1933 gesehen).

116 Wulff, Arbeitsbeschaffungsmaßnahmen, S. 51f.; Silverman, Fantasy, S. 122ff. meint gar, »the, Reinhardt Programm‹ was really the ›Seldte Programm‹« (125).

117 Vgl. Seldte an Staatssekretär Lammers vom 27.4.1933, BArch R 43 II 539, S. 68. Sowie die verschiedenen Ressortbesprechungen mit den Einladungen Seldtes, so Anmeldung zum Arbeitsbeschaffungsprogramm in der Sitzung am 9. Mai 1933, BArch R2 18675; Reichsarbeitsminister an Staatssekretär der Reichskanzlei 11. Mai 1933 mit Anlage »Vermerk über das Ergebnis in der Besprechung im Reichsarbeitsministerium am 9. Mai«, ebd.

118 AdR, Regierung Hitler I, S. 534ff.

119 Teilnehmerliste und -vorschläge von Rudolf Heß, BArch R 43 II, 536.

120 Vgl. zuletzt Silverman, Fantasy, S. 123ff. (m. w. N.).

vor der im Kabinett zeige, wen Hitler für den wichtigeren Partner seiner Politik hielt. Darüber hinaus meint Petzina, die Sitzung demonstriere, daß das »Reinhardt-Programm« in enger Abstimmung mit Vertretern der deutschen Wirtschaft entstanden sei.[121] Gegen diese Aussagen sprechen jedoch verschiedene Einwände. Zunächst lag den Unternehmensvertretern, soweit man aus dem Protokoll erfährt, keine konkrete Gesetzesvorlage vor, die sie beurteilen konnten. Hitler ging in seinem ausführlichen Referat auch nicht näher auf die Vorschläge, die von Reinhardt und Seldte ausgearbeitet worden waren, ein. Gegen das Argument von der Terminierung der Besprechung spricht auch, daß der Zeitplan für die Einbringung der Gesetzesvorlage im Kabinett schon feststand und unmöglich ein derartig umfassendes Gesetzeswerk innerhalb von zwei Tagen nach den Vorstellungen der Industrievertreter verändert werden konnte.[122]

Über die Sitzung ist in den Akten der Reichskanzlei eine vierzigseitige Mitschrift angefertigt worden. Diese stenographischen Protokolle sind von »wahrscheinlich größter Zuverlässigkeit«, obwohl sie nicht von einem Stenographen, sondern von einem der Teilnehmer angefertigt wurden, was zu einigen Weglassungen und Unzulänglichkeiten des Dokuments führte.[123] Darüber hinaus schrieb Lambrecht für Dräger einen dreiseitigen Bericht über die Tagung. Dieser Bericht, den Lambrecht am 8. Juni 1933 anfertigte, also zehn Tage nach der Besprechung, ist in mehrfacher Hinsicht aufschlußreich. Während man bisher aufgrund der fehlenden Aussagen des Protokolls in den Akten der Reichskanzlei annehmen mußte, daß den Industrievertretern keine Pläne, Vorschläge oder Entwürfe vorlagen, berichtet Lambrecht, daß alle Anwesenden – Hitler eingeschlossen – die »Denkschrift (gemeint ist die »Gemeinschaftsarbeit«, B.L.) vor sich liegen« hatten.[124]

Ergänzt man die Darstellung Lambrechts in seinem Bericht um einige andere Gesichtspunkte, hält diese Aussage einer quellenkritischen Überprüfung, die vor einer Korrektur bzw. vielmehr Ergänzung des Besprechungsprotokolls in den Akten der Reichskanzlei erforderlich ist, stand. Betrachtet man den Gesamtzusammenhang der Besprechung, fallen zunächst einige weitere bemerkenswerte Faktoren auf.[125] So ist insbesondere die Liste der eingeladenen Indu-

---

121 Petzina, Hauptprobleme, S. 45; Petzina, Zwischenkriegszeit, S. 111.

122 Vgl. AdR, Regierung Hitler I, S. 506ff.

123 Protokoll, BArch R 43 II 536, Bl. 342-483. Vgl. dazu AdR, Regierung Hitler I, S. XXXII, sowie S. 506 Anm. 1 und 516, Anm. 14.

124 Lambrecht an Dräger 8.6.1933, SUD BS 23/16, S. 1; Lambrecht sagt darüber hinaus, daß »anderes Material (...) nicht vorhanden« gewesen sei. Vgl. ebd.

125 Das Vorliegen der »Gemeinschaftsarbeit« bei der Besprechung bestätigt auch der stellvertretende Leiter und Geschäftsführer des Reichskuratoriums für Wirtschaftlichkeit Dr. Fritz Reuter, selbst Mitherausgeber der »Gemeinschaftsarbeit«, in einem resümierenden Schreiben: »(...) So konnte es auch kommen, daß nur unser Buch (...) in einer ersten Sitzung der Reichskanzlei über Sofortmaßnahmen der Arbeitsbeschaffung unter Führung Adolf Hitlers in Anwesenheit von Dr. Schacht, Feder und maßgebenden Männern der Wirtschaft als Material für die Teilnehmer vorgelegt werden konnte.« Reuter an Dräger, 23.5.1944, SUD BS 23/25.

striellen aufschlußreich: Insgesamt waren 48 Personen anwesend. Davon waren elf Regierungsbeamte, sieben wegen ihrer Ämter in der NSDAP anwesend und dreißig als Vertreter »der Wirtschaft«.[126] Insgesamt waren sechs Personen Mitglieder der Studiengesellschaft und gehörten ihrem engeren Kreis seit längerer Zeit an: Lübbert, Reinhart, Fischer, Wildermuth, Cordemann und Lambrecht.[127] Drei von ihnen waren selbst Mitarbeiter an der »Gemeinschaftsarbeit«.[128] Von den übrigen hatten die Staatssekretäre Lammers und Reinhardt sowie der kurz darauf zum Staatssekretär im Reichswirtschaftsministerium ernannte und bei der Besprechung als Versammlungsleiter agierende Gottfried Feder schon Kontakt mit der Studiengesellschaft gehabt. Auch der Reichskommissar Otto Wagener, Walter Funk sowie Fritz Thyssen hatten im vorhergehenden Jahr und im unmittelbaren Vorfeld der Besprechung mit der Studiengesellschaft zusammengearbeitet. Damit waren insgesamt 12 der anwesenden 48 Personen nachweislich im engeren oder weiteren Umfeld der Studiengesellschaft schon aufgetaucht und kannten die Arbeit der Institution sowie die »Gemeinschaftsarbeit«. Hier wird einmal mehr die Wirksamkeit der politischen Arbeit der Studiengesellschaft seit dem Herbst 1931 deutlich. Durch diese Tätigkeit waren bei der Besprechung eine erhebliche Anzahl der Anwesenden auf die zur Diskussion stehenden Projekte vorbereitet.

Zudem lag die Gemeinschaftsarbeit durch die Lobbyarbeit Lambrechts seit Mitte April in der Reichskanzlei vor, und Staatssekretär Lammers verfaßte ein interessiertes, positives Gutachten sowie im Anschluß an die Industriellen-Besprechung, in der man sich erneut sprach, einen wohlwollenden Brief darüber an seinen »Verbandsbruder« Lambrecht.[129] Vergleicht man Lambrechts Bericht mit dem Protokoll der Reichskanzlei, fällt zunächst die Übereinstimmung in bezug auf die Anwesenheitsliste und die Wiedergabe des Ablaufs auf.[130] Wenn man auf Regierungsseite tatsächlich die Zustimmung »der Industrie« einholen wollte, müßte man dies aber gerade am Verlauf der Besprechung erkennen.[131] In seinen allgemeinen Ausführungen, so liest man in dem Protokoll der Reichskanzlei, betonte Hitler mehrmals die wichtige wirtschaftspolitische Rolle der Privatwirtschaft insgesamt und die beschränkten Möglichkeiten des Staates, der nur Anregungen geben könne. Er stellte allerdings an keiner Stelle das

---

126 Vgl. AdR, Regierung Hitler I, S. 506.

127 Zu diesen Angaben vgl. die vorangegangen Ausführungen in Kapitel I und II.

128 Fischer, Wildermuth und Lambrecht, vgl. Gemeinschaftsarbeit (Mitarbeiterverzeichnis ohne Seitenangabe).

129 Gutachten über die Gemeinschaftsarbeit und Brief Lammers (unter Bezug auf die Gespräche bei der Industriellen-Besprechung) an Lambrecht vom 27.6.1933, BArch R 43 II 538.

130 Die Anwesenheitsliste ist bei Lambrecht dadurch, daß hier kein Protokoll, sondern ein Bericht, der zehn Tage nach der Besprechung angefertigt wurde, vorliegt, unvollständig, die wesentlichen Namen sind jedoch darunter, vgl. Lambrecht an Dräger 8.6.1933, SUD BS 23/16, S. 1.

131 Vgl. kritisch zu Petzina schon Wolffsohn, Industrie, S. 122ff. und Wulff, Arbeitsbeschaffungsmaßnahmen, S. 53.

Programm selbst zur Diskussion.[132] Im Bereich der Arbeitsbeschaffung stellte er nur zwei Punkte heraus: Die Wiederherstellung des deutschen Hausbesitzes und den Autostraßenbau. Bei letzterem betonte er den militärischen Wert neuer stabilerer Straßen ausdrücklich.[133] Anschließend leitete Feder die Diskussion, in der die Unternehmer die Notwendigkeit betonten, der Industrie Vertrauen und ein Sicherheitsgefühl in eine konsequente Wirtschaftspolitik der Reichsregierung zu geben. Darüber hinaus sprachen die Unternehmer die Notwendigkeit der Senkung ihrer finanziellen Belastungen an und äußerten sich grundsätzlich zurückhaltend zu den Möglichkeiten einer direkten staatlichen Arbeitsbeschaffung, da diese immer nur eine künstliche Belebung zur Folge habe.[134] Insgesamt widersprachen die Industrievertreter dem Vorgetragenen jedoch nicht.

Lambrecht berichtet darüber hinaus von einem längeren Gespräch bei der Besprechung mit Staatssekretär Lammers über die »Gemeinschaftsarbeit«, wobei dieser ihm versichert habe, »dass unsere Arbeit die einzige sei, die als ernsthafte Grundlage für ihre Arbeiten brauchbar wäre.«[135] Während der einstündigen Pause,[136] von der Lambrecht berichtete, der selbst im Auftrag des Siemens-Konzerns an der Sitzung teilnahm, hatte er »Gelegenheit, eine gute Viertelstunde mit dem Herrn Reichskanzler über das Arbeitsbeschaffungsprogramm und die Aktivierung der Industrie zu sprechen.«[137] Er schilderte weiter: »Ich teilte ihm (Hitler, B.L.) dabei mit, dass unsere Arbeit unter Mitwirkung der Universitäten und Hochschulen, des Statistischen Reichsamtes und des Instituts für Konjunkturforschung unter Mitwirkung der besten erreichbaren Sachverständigen entstanden sei. Die von ihm in der Sitzung gemachten Sondervorschläge seien auch von uns untersucht und sowohl die technische Lösung wie auch die finanzielle seien soweit behandelt, dass eine ausführende Macht, z.B. ein Kommissar oder ein Ministerium, sich nur auf unsere Arbeit zu stützen brauche, um das Gesamtmaterial zu besitzen.« Hitlers Antwort faßte Lambrecht zusammen:

---

132 Als Beispiel von Zugeständnissen nannte Hitler die Regelung der Steuergesetzgebung AdR, Regierung Hitler I, S. 507.

133 AdR, Regierung Hitler I, S. 508, 511; hierbei betonte er – wie schon bei anderen Anlässen zuvor – die Wichtigkeit der schweren Betondecken der neuen Autostraßen, wie sie in der »Gemeinschaftsarbeit« vorgeschlagen wurden, vgl. Gemeinschaftsarbeit, S. 77.

134 AdR, Regierung Hitler I, S. 516.

135 Lambrecht an Dräger 8.6.1933, SUD BS 23/16, S. 1. Lammers meint hier den auch in der Chefbesprechung am 31.5.1933 von Schacht und Schwerin von Krosigk avisierten Ausschuß für Finanzfragen, der nach den Akten der Reichskanzlei tatsächlich nie gebildet wurde, vgl. AdR, Regierung Hitler I, S. 533.

136 Bankdirektor Reinhart berichtete Dräger, daß die Sitzung mehrere Stunden dauerte (was angesichts der Masse und Länge der Diskussionsbeiträge, die das Protokoll überliefert, plausibel ist) und der Reichskanzler »fast ständig« anwesend gewesen sei. Vgl. handschriftliche Notiz Drägers auf dem Bericht Lambrechts, Lambrecht an Dräger 8.6.1933, SUD BS 23/16, S. 3.

137 Ebd., S. 1f.

»Es hat den Herrn Reichskanzler ganz besonders gefreut, dass von den Mitstreitern an unserer Gemeinschaftsarbeit nicht ein einziger den Wunsch hat, besoldeter oder unbesoldeter Kommissar zu werden, dass wir im Gegenteil das Wesen der Kommissare ablehnen und nur eine finanzielle Zentrale für die Arbeitsbeschaffung für erforderlich halten, um den ungeheuren Instanzenweg abkürzen zu können.«[138]

Eine Beteiligung der Industrie an den Beratungen um die Beschäftigungspolitik der Regierung Hitler hat demnach stattgefunden. Lambrecht selbst hatte diesen Eindruck, und die hier aufgezeigten Entwicklungen aus dem Vorfeld der Besprechung zeichnen ein deutliches Bild: Eine beratende Mitarbeit der Industrie bei der Gestaltung der Vorlage hat es gegeben, nur war sie letztendlich sicher nicht ausschlaggebend für die endgültige Form des Gesetzes.[139] Lambrecht berichtete Dräger abschließend über diese Zusammenhänge: »Es hat ja lange gedauert, bis unsere Denkschrift sich durchsetzte, aber wir können heute feststellen, dass alle amtlichen Stellen, auch die Reichsbank und deren vornehmste und erste Leiter unsere Denkschrift nicht nur kennen, sondern sie mit sich herum tragen und über sie sprechen. Das nunmehr veröffentlichte erste Arbeitsbeschaffungsprogramm, das durch Schatzanweisungen in Höhe von 1 Milliarde finanziert wird, ist der unmittelbare Erfolg der letzten Sitzung in der Reichskanzlei und diese ist so verlaufen, weil die Hauptredner sich auf unsere Gemeinschaftsarbeit gestützt haben.«[140]

Verlauf, Inhalt und Zeitpunkt der Industriellen-Besprechung lassen die weitreichenden Folgerungen, zu denen Petzina gelangt, nicht zu: Die Ansichten »der Industrie« waren letzlich für die Durchsetzung der Pläne keineswegs entscheidend.[141] Die Programme der Regierung standen zu keinem Zeitpunkt zur Disposition. Deutlich ist hier zwischen einem konkreten Planungsgespräch und einer allgemeinen Abstimmung, Information und gegenseitigen Sondierung zu unterscheiden. Insofern handelte es sich vielmehr um eine »vertrauensbildende Maßnahme« der Regierung gegenüber der Wirtschaft, und so empfanden es wohl auch die Unternehmer. Dennoch: Daß Interessengruppen und Verbände gar nicht an der Ausarbeitung des Programms mitgearbeitet haben, wie Reinhardt selbst behauptete,[142] ist ebenso unzutreffend wie die These, »die Industrie« habe keinerlei Einfluß gehabt.[143]

138 Ebd., S. 2.

139 Dafür war die Zeitspanne zwischen der Besprechung und der Verabschiedung des Gesetzes im Kabinett (zwei Tage) auch zu kurz.

140 Lambrecht an Dräger 8.6.1933, SUD BS 23/16, S. 3.

141 In diesem Sinne schon Wulff, Arbeitsbeschaffungsmaßnahmen, S. 54 und Wolffsohn, Industrie, S. 126f. mit Kritik an Petzina, Zwischenkriegszeit, S. 111.

142 Reinhardt, Arbeitsschlacht, S. 18.

143 In diesem Sinne Wolffsohn, Industrie, S. 371.

6. Stufen der Realisierung: Die Gestaltung des »Reinhardt-Gesetzes«

Nach der Besprechung in der Reichskanzlei versuchte Lambrecht zunächst, den weiteren Prozeß der Beratungen über die Ausführungsverordnungen und Ergänzungsgesetze zum »Reinhardt-Gesetz« zu verfolgen und zu beeinflussen. Inwieweit es ihm gelang, als Vertreter des Siemens-Konzerns oder allein über seine Kontakte zu den entscheidenden Ressortbesprechungen eingeladen zu werden, ist aus den Akten der Studiengesellschaft, der Reichskanzlei sowie des Reichsarbeitsministeriums oder Reichsfinanzministeriums nicht ersichtlich.[144]

Das am 1. Juni 1933 im Reichsgesetzblatt veröffentlichte Gesetz verknüpfte mittelbare und unmittelbare Maßnahmen zur Krisenbekämpfung. Durch den Umfang in Höhe von 1 Milliarde Mark wurde das Gesetz zum »Kernstück der nationalsozialistischen Arbeitsbeschaffungspolitik überhaupt.«[145] Inwieweit die Kombination von indirekten Stützungsmaßnahmen mit direkter Auftragsvergabe ein Zugeständnis an die Unternehmer war, die eine Konzentration auf direkte Arbeitsbeschaffungsmaßnahmen ablehnten, ist nicht mehr genau zu rekonstruieren.[146] Die steuerpolitischen Maßnahmen, die Hitler in der entscheidenden Chefbesprechung am 31. Mai 1933 ankündigte, indem er ausführte, »die steuerliche Belastung der Unternehmungen dürfe in den nächsten fünf Jahren die Höhe der Steuer des Jahres 1932 nicht übersteigen«, waren in dieser Form von keinem der Industriellen gefordert worden und wurden aus finanziellen Gründen nie erfüllt.[147] Mit den steuerpolitischen Maßnahmen im Abschnitt II des Gesetzes entsprach man verschiedenen auch in der »Gemeinschaftsarbeit« aufgeführten Vorschlägen. Offensichtlich war man bereit, den Unternehmern die immer noch nicht ganz konsensfähige aktive Konjunkturpolitik durch weitgehende Zugeständnisse in steuerpolitischen, tarifvertraglichen und sozialversicherungspolitischen Fragen schmackhaft zu machen.[148]

[144] Vermerk betrifft Finanzberatung über Arbeitsbeschaffung des Staatssekretärs Lammers 7.6.1933, BArch R 43 II 536.

[145] Petzina, Zwischenkriegszeit, S. 112. Vgl. den Gesetzestext: RGBl 1933, I, S. 323ff.

[146] Vgl. dagegen Wulff, Arbeitsbeschaffungsmaßnahmen, S. 55, die eine »Konzession« annimmt.

[147] AdR, Regierung Hitler I, S. 530.

[148] Das erste »Reinhardt-Programm« behielt konsequenterweise neben den Maßnahmen einer direkten Arbeitsbeschaffung die steuerliche Privilegierung der Wirtschaft bei. Petzina, Hauptprobleme, S. 47.

[149] Sie lauteten zusammengefaßt wie folgt: 1. Instandsetzungsarbeiten an Verwaltungs- und Wohngebäuden, 2. Instandsetzung von landwirtschaftlichen Wohn- und Wirtschaftsgebäuden, 3. Vorstädtische Kleinsiedlung, 4. Landwirtschaftliche Siedlung, 5. Flußregulierungen, 6. Anlagen zur Versorgung der Bevölkerung mit Gas, Wasser und 7. Elektrizität, 8. Tiefbauarbeiten, 9. Sachleistungen an Hilfsbedürftige, vgl. Reinhardt, Arbeitsschlacht, S. 30ff. Vgl hierzu auch die Dissertation von Karl Schiller, Arbeitsbeschaffung und Finanzordnung in Deutschland, Berlin 1936.

Der Kern der beschäftigungspolitischen Maßnahmen waren die im Abschnitt I des Gesetzes genannten beabsichtigten Arbeiten.[149] In diesem Abschnitt des Gesetzes findet man viele Vorschläge aus der Denkschrift Seldtes und der »Gemeinschaftsarbeit« wieder. Die übrigen Abschnitte des Gesetzes regelten zumeist nationalsozialistische Vorstellungen in der Wirtschaftspolitik, wie Ehestandsdarlehen und die »Überführung weiblicher Arbeitskräfte in die Hauswirtschaft«.[150] Eine genaue Verteilung der Summen des Gesetzes war bei der Verabschiedung nicht beschlossen worden, und die Aufteilung veränderte sich während der Laufzeit der Programme ständig. Diese Veränderungen beruhten weniger auf dem improvisierten Charakter des Gesetzes und den fehlenden Plänen als vielmehr auf einer Anpassung »an die sich wandelnden Ansprüche des Arbeitsmarktes«.[151]

Insgesamt deutete die Größenordnung des Gesetzes auf die »neue Qualität staatlicher Aktivität« in der Krisenbekämpfung hin.[152] Gerade die Massivität, die ebenso wie die Verbindung von direkten mit indirekten Mitteln der Krisenbekämpfung in der »Gemeinschaftsarbeit« vorgesehen war, erwies sich als außerordentlich wirksam. Die Studiengesellschaft und damit eine Gruppe mittelständischer Unternehmer, Wirtschaftswissenschaftler, Publizisten und Spitzenbeamter unterschiedlicher Institutionen hatte durch ihre Interventionen an den Beratungen um die Gestaltung der ersten beschäftigungspolitischen Maßnahmen der Regierung einen maßgeblichen Anteil und Einfluß. In der Studiengesellschaft war immer nur ein kleiner Teil der »mittleren« Industrie erfaßt, der teilweise harte Auseinandersetzungen über wirtschaftspolitische Pläne mit der in den großen Verbänden vorherrschenden Großindustrie hatte.[153] Es kann dennoch mit großer Sicherheit angenommen werden, daß Teile des Maßnahmenkatalogs des »Reinhardt-Programms« ursächlich auf den Vorschlägen der »Gemeinschaftsarbeit« und der Arbeit der Studiengesellschaft seit dem Herbst 1931 beruhten und damit sowohl an die Programme der Präsidialkabinette anschloß als auch an die Vorschläge der »Reformer« um Dräger.[154]

Auch wenn man den Einfluß und die Bedeutung der Studiengesellschaft nicht überbetonen darf: Die außergewöhnliche soziale und politische Zusammensetzung ihrer Mitglieder macht sie zu einem Gegenstand, an dem sich wie in einem Brennglas das gesamte Spektrum der konjunkturpolitischen Debatte in

150 RGBl 1933, I, S. 164, 283; Zweite Durchführungsverordnung vom 26.7 1933, § 1, ebd., S. 540.

151 Wulff, Arbeitsbeschaffungsmaßnahmen, S. 59 in deutlicher Abgrenzung zu Stelzner, Arbeitsbeschaffung, S. 77, der die Improvisation betont.

152 Vgl. Petzina, Zwischenkriegszeit, S. 113.

153 Vgl. zu diesen Auseinandersetzungen der »Reformer« mit der übrigen Industrie Wolffsohn, Industrie, S. 300ff.

154 So urteilt auch Wulff, Arbeitsbeschaffungsmaßnahmen, S. 57; Wolffsohn, Industrie, S. 370 nimmt eine »geistige Beeinflussung« an und nennt dabei Dräger ausdrücklich. Ries, Finanzpolitik, S. 10 und S. 166f. nennt die Studiengesellschaft als wichtigsten Faktor, freilich ohne dies näher zu begründen.

Deutschland während der Weltwirtschaftskrise analysieren läßt. Die verschiedenen Felder, aus denen die Beteiligten kamen, sowie ihre unterschiedlichen Professionen machen deutlich, wie weit verbreitet in der Gesellschaft ab der Jahreswende 1931/32 der Wunsch nach einer Änderung der Wirtschafts- und Sozialpolitik der Reichsregierung war. Die Unterstützung für alternative Konzepte reichte dabei weit über das nationalkonservative Lager hinaus bis in das linksliberale Bürgertum. Ein »Deflationskonsens« existierte damit spätestens seit dem Winter 1931/32 nicht mehr.[155] Auch wenn die konservativen Gegenkräfte in den Unternehmerverbänden und fast allen politischen Parteien während des gesamten Zeitraums gegenüber einer aktiven Konjunkturpolitik in Skepsis verharrten: diese Haltung war gerade im Unternehmerlager nicht unumstritten. Die überwiegend mittelständischen Unternehmer, die sich um den Lübecker Unternehmer Heinrich Dräger sammelten, suchten in der Studiengesellschaft eine Institution, in der alternative Konzepte diskutiert wurden.

Neben den Unternehmern waren aber auch andere Angehörige der »wirtschaftsbürgerlichen Elite« in der Studiengesellschaft vertreten. Gerade diese Teile des Bürgertums, deren Selbstwahrnehmung und –identifikation stark von ihrer Profession in Verbindung mit ihrem Vermögen abhing, waren von den wirtschaftlichen Auswirkungen der Krise stark betroffen. Einige dieser Bankiers und Manager waren gemeinsam mit den Unternehmern erheblich verunsichert und forderten im Unterschied zu einem Teil der übrigen Angehörigen ihrer sozialen Gruppe einen stärkeren Staatsinterventionismus zur Krisenbekämpfung. Dabei darf nicht übersehen werden, daß in Deutschland eine Tradition existierte, die dem Bürgertum einen starken Staat nicht allzu fremd erscheinen ließ. Hans-Jürgen Puhle hat darauf hingewiesen, daß hier drei Traditionsstränge existierten: Zunächst gab es den *preußisch-deutschen Staatsinterventionismus* des 19. Jahrhunderts, sodann die fortschreitende *Funktionalisierung der Staatsinterventionen* in der Phase des »zunehmend verklammerten, organisierten kapitalistischen Systems« sowie die *neuen »Interventionsmechanismen«*, die in der Krise provoziert und entwickelt wurden.[156] Die Situation im Jahre 1932 führte dabei zu unterschiedlichen Interventionsstrategien innerhalb des Wirtschaftsbürgertums. Die Teilung innerhalb der Unternehmerschaft in Befürworter und Gegner einer aktiven Konjunkturpolitik war nicht allein von Branchenzugehörigkeit oder Betriebsgröße abhängig.[157] Die Diskussionen in

---

[155] So urteilt auch Winkler, Katastrophe, S. 577; vgl. dagegen Knut Borchardt, Das Gewicht der Inflationsangst in den wirtschaftspolitischen Entscheidungsprozessen während der Weltwirtschaftskrise, in: Gerald D. Feldman (Hg.), Die Nachwirkungen der Inflation auf die deutsche Geschichte 1924-1933, München 1984, S. 233-260 (260).

[156] Vgl. den Diskussionsbeitrag von Hans-Jürgen Puhle, in: Hans Mommsen/Dietmar Petzina/Bernd Weissbrod (Hgg.), Industrielles System und politische Entwicklung in der Weimarer Republik, Düsseldorf 1974, Bd. 2, S. 933.

[157] Vgl. Henry A. Turner, Das Verhältnis der Großunternehmer zur NSDAP, in: Mommsen, Industrielles System, S. 919-931 (926f.) mit klarer Kritik an Czichon, Wer verhalf.

der Studiengesellschaft spiegeln die Auseinandersetzungen in der Gesellschaft und ihren organisierten Interessengruppen deutlich wider.

Die Trennung in der Frage der Arbeitsbeschaffung, die 1932 immer mehr zu *der* entscheidenden politischen Frage in Deutschland wurde, ging auch durch den heterogenen RDI. Die sektorale Unterteilung »der Wirtschaft«, die selbst im Kaiserreich trotz der Differenzierung in Kohlenindustrie auf der einen und Eisen- und Stahlindustrie auf der anderen Seite noch jeweils ein einheitliches Sprachrohr besaß, in zunehmend separate Identitäten, die sich sowohl in sozialer Herkunft sowie Ausbildungs- und Karrierewegen immer mehr voneinander unterschieden, führte zu einer *partiellen Entpolitisierung* des RDI als Strategie, um die inneren Spannungen zu umgehen.[158] Der die Politik des industriellen Spitzenverbandes am Ende der Weimarer Republik dominierende Flügel des RDI bestand aus Angehörigen der Chemie-, Elektro- und Teilen der Fertigindustrie. Er unterstützte sowohl das Kabinett Papen als auch, nach geringerem Zögern, freilich ohne die Mehrheit seiner Mitglieder hinter sich zu haben, das Schleichers.[159] Die heftigen politischen Auseinandersetzungen um diese Fragen innerhalb des Verbandes, der hier eine dezidiert andere Position einnahm als einige seiner maßgeblichen Mitglieder, führten jedoch dazu, daß man sich zur konsequenten Unterstützung einer aktiven Konjunktur- und Beschäftigungspolitik nicht durchringen konnte. Vorschläge wie den Wagemann-Plan lehnten RDI, DIHT, Hansa-Bund und auch die chemische Industrie geschlossen ab.

Die Unternehmer in der Studiengesellschaft entstammten ausnahmslos den Branchen des kompromißbereiteren Flügels des RDI. Eine Aussage über branchentypisches Verhalten lassen diese Beobachtungen jedoch nicht zu. Auch wenn ihre mittleren Betriebe oft von der Wirtschaftskrise am stärksten betroffen waren, strebten sie meist einen kooperationsfähigen politischen Kurs an und verhandelten mit den Gewerkschaften und anderen Interessengruppen über die mögliche Unterstützung einer alternativen Wirtschaftspolitik. Eine bemerkenswerte politische Radikalisierung fand während des Untersuchungszeitraums nur bei einzelnen Mitarbeitern der Studiengesellschaft statt. So hatten einige der einflußreichen Mitglieder wie der Bankier Friedrich Reinhart und Otto Christian Fischer schon seit der Jahreswende 1931/32 intensive Kontakte zur NSDAP und traten auch für eine Regierungsbeteiligung der Nationalsozialisten ein, was ihre energische Mitarbeit an den Projekten der Studiengesellschaft keineswegs verhinderte. Gerade durch diese personellen Überschneidungen entstand in der Studiengesellschaft das attraktive *Sammelbecken*, das sie im unmittelbaren Vorfeld der Machtergreifung für die Vertreter der entgegengesetzten Gruppen bil-

[158] Vgl. zum Centralverband der Deutschen Industrie im Kaiserreich: Hartmut Kaelble, Industrielle Interessenspolitik in der Wilhelminischen Gesellschaft. Centralverband Deutscher Industrieller, 1895-1914, Berlin 1967, S. 120-123, 214-222; Hans-Peter Ullmann, Interessenverbände in Deutschland, Frankfurt 1988, S. 77-85.

[159] Vgl. Ullmann, Interessenverbände, S. 142f.

dete. Das *Netzwerk,* das hier entstand, ermöglichte die Kommunikation der Unternehmer mit den Regierungen, der Ministerialbürokratie sowie den Verbänden und Parteien und konstituierte gleichzeitig für die beteiligten Wirtschaftswissenschaftler und Publizisten eine Öffentlichkeit, in der sie ihre Vorschläge präsentieren konnten.

Die politischen Interventionen der Studiengesellschaft bildeten offensichtlich für die beteiligten Unternehmer eine klare Alternative zu der mäßigen Kommunikation mit den Regierungsinstitutionen, die der RDI in der Zeit der Kabinette Brüning, Papen und Schleicher betrieb.[160] Für den zentralen Kern der Studiengesellschaft um Dräger stand dabei im Gegensatz zu einem Großteil der übrigen, auch mittleren Industrie die politische Unterstützung der Kabinette Papen *und* Schleicher nie zur Disposition. In der Phase unmittelbar vor der Machtergreifung sprach noch weniger als zu irgendeinem anderen Zeitpunkt *ein* Industrieller für *die* Industrie oder *ein* Mittelständler für *die* mittleren Unternehmer.[161]

Vor allem Dräger unterstützte zwar maßgeblich die Bemühungen der Nationalsozialisten um die Aufnahme der neuen wirtschaftspolitischen Ideen in ihre Programmatik, es ging ihm und seinen Mitarbeitern bei diesen Aktivitäten jedoch immer um eine Beeinflussung der Partei. Zudem wurde mit Gregor Straßer, Walter Funk und Adrian von Renteln der Parteiflügel mit der Sachkenntnis des Braintrusts der Studiengesellschaft konzeptionell unterstützt, von dem man einen »vernünftigen« und »gemäßigten« Einfluß auf die Politik der NSDAP erwartete. Insofern wurde die Haltung der meisten Unternehmer um Dräger zu den Nationalsozialisten immer von einer ambivalenten Strategie geprägt: Bis auf wenige Exponenten wollte die überwiegende Mehrheit dieser Unternehmer um Dräger die NSDAP nicht an die Macht bringen, sondern mit der Propagierung ihrer konjunkturpolitischen Vorschläge durch die Nationalsozialisten die Regierungen unter Zugzwang in der Arbeitsbeschaffungsfrage setzen. In dem Beharren auf der Annahme, diese Vorgänge auch noch während der Regierungszeit Schleichers kontrollieren zu können, lag sicher eine gewisse politische Naivität und angesichts des Verhaltens der nationalsozialistischen Führung nach dem Ausscheiden Straßers auch Blindheit. Diese politischen Fehleinschätzungen hatten die Verantwortlichen in der Studiengesellschaft mit einem großen Teil der konservativen Elite gemeinsam. Die Übernahme der reformerischen Vorschläge durch die NSDAP war schon von Brüning selbst und einem großen Teil der linksliberalen Reformer seit dem Frühjahr 1932 befürchtet worden.

160 Vgl. Wolffsohn, Industrie, S. 368f.

161 Hier sind weitere Untersuchungen zu den Aktivitäten, der Interessenartikulation und Wirkungsweise beispielsweise von regionalen Industriellengruppen notwendig. Mit ähnlichem Urteil zur Schwerindustrie: Volker Hentschel, Weimars letzte Monate. Hitler und der Untergang der Republik, Düsseldorf 1978, S. 133.

Doch entweder taten sie – wie die Regierung – nichts dagegen oder sie konnten sich – wie beispielsweise der ADGB gegen die SPD, die Publizisten in der Öffentlichkeit oder die »Reformer« in der Ministerialbürokratie – nicht mit ihren Vorstellungen durchsetzen. Indem Dräger und Teile der Studiengesellschaft im Frühsommer 1932 der NSDAP ihr Programm zur Verfügung stellten, handelten sie damit aus ihrer Perspektive folgerichtig, da in die festgefahrene Debatte Bewegung kam. Dies anerkannten auch einige der jüdischen und die linksliberalen Mitglieder der Studiengesellschaft.[162]

Der Wunsch und die Strategie, die Nationalsozialisten in ihrer Wirtschaftspolitik zu beeinflussen, waren in der Unternehmerschaft weit verbreitet und beherrschten auch die Aktivitäten der Studiengesellschaft in der ersten Phase der Regierung Hitler. In diesem Zeitraum werden die Möglichkeiten einer politischen Einflußnahme durch eine Institution wie die Studiengesellschaft noch deutlicher als in der Regierungszeit der Präsidialkabinette zuvor. Durch die zunehmende Ausschaltung des parlamentarischen Beratungsprozesses in der Auflösungsphase der Weimarer Republik wurden die Interessengruppen stärker in die Arbeit der neuen Legislative eingebunden. Das Verfahren der Meinungsbildung und der Entscheidungsfindung wurde nach der Entmachtung der Parteien und angesichts eines seltener zusammenkommenden Reichskabinetts immer stärker in die organisierten Verbände verlagert. Dabei ist von Brüning zu Papen eine Entwicklung zu beobachten, bei der die Partizipation der politischen Parteien stetig abnahm. Während Schleicher suchte, eine partielle Beteiligung von Parteien in seiner »Querfront« zu erreichen, schuf er zugleich mit der immer seltener vorgenommenen Kabinettssitzung und der Institutionalisierung von Sonderbehörden wie dem Reichskommissariat einen politischen Meinungsbildungsprozeß, der in Ansätzen schon dem nach ihm kommenden System ähnelt. Eine besondere Bedeutung kommt bei dieser Entwicklung den Bürokratien zu. Sie bildeten in der Auflösungsphase der Republik gegenüber den wechselnden Kabinetten eine Kontinuität und damit einen Mittelpunkt von relativer Stabilität. An den Interventionen der Studiengesellschaft wird diese Bedeutung besonders deutlich, da man gerade gegenüber diesen Institutionen erfolgreich die immer angeführte eigene *»Sachkompetenz«* einsetzen konnte. Die Kontakte zur Bürokratie waren für die Einflußnahme der Studiengesellschaft immer wichtiger als die zum Reichstag, der bezeichnenderweise in den Diskussionen eine vollkommen untergeordnete Rolle spielte. Mit der zunehmenden Einflußnahme auf die politische Gestaltung veränderte sich aber auch die Funktion der Studiengesellschaft: Nachdem man überrascht festgestellt hatte, welche Möglichkeiten und Chancen der Beeinflussung man hatte, nahm man diese gezielt wahr.

Die Zusammensetzung der an den Aktionen der Studiengesellschaft beteiligten Interessengruppenvertreter macht deutlich, welches Ausmaß die von der

---

[162] Vgl. mit weiteren Beispielen Büttner, Alternativen, S. 246.

Regierung im Dezember 1932 angestrebte »Querfront« in Teilen des Bürgertums hatte. In der Studiengesellschaft arbeitete genau die politische Konstellation zusammen, die Schleicher glaubte, für eine Unterstützung seiner Regierung gewinnen zu können. Offenbar gab es auch in Teilen der Unternehmerschaft eine gewisse Bereitschaft, angesichts der dramatischen Zustände beispielsweise mit Gewerkschaftern partiell zusammenzuarbeiten. Diese kompromißbereite und kooperative Haltung konnte sich dagegen im RDI nicht durchsetzen.[163]

Das »Reinhardt Programm« war kein einheitliches Gesetz, das durch die Initiative einer Bürokratie entstanden war und einem klaren Konzept oder Plan folgte. Vielmehr handelte es sich in jeder Hinsicht um einen Kompromiß: Die Maßnahmen des Gesetzes waren das Ergebnis intensiver Auseinandersetzungen zwischen dem Reichsfinanzministerium und dem Reichsarbeitsministerium, wobei sich Seldtes Bürokratie in vielen Punkten durchsetzen konnte. Der Reichsarbeitsminister konnte bei seiner Vorlage auf die weitreichenden Entwürfe und Vorarbeiten der Denkschrift der Studiengesellschaft zurückgreifen und beriet sich mehrfach mit Persönlichkeiten aus dem Umfeld Drägers. Die Besprechung mit den Industriellen am 29. Mai 1933 sollte diesen Prozeß der Meinungsbildung absichern und der Maßnahme eine möglichst breite Unterstützung zusichern. Das zwei Tage später vom Kabinett verabschiedete Gesetz war damit in seiner Prioritätensetzung deutlich ein unter dem maßgeblichen Einfluß der Mitarbeiter in der Studiengesellschaft entstandenes Konglomerat sehr unterschiedlicher Projekte. Von einem »nationalsozialistischen Arbeitsbeschaffungsprogramm« kann man bei dem geringen Grad an Originalität und Geschlossenheit kaum sprechen. Auf die endgültige Realisierung der Maßnahmen hatten die Autoren der Denkschrift allerdings keinerlei Einfluß mehr. Zunehmend wurde die Verteilung der Finanzmittel zum Feld von Machtkämpfen innerhalb der nationalsozialistischen Führung.[164] Hatte »die Industrie« somit einen Einfluß auf die Form des ersten »Reinhardt-Programms«? Die in der Studiengesellschaft mitarbeitenden Unternehmer waren an der dem Programm hauptsächlich zugrundeliegenden Vorlage des Reichsarbeitsministeriums maßgeblich beteiligt. Ihre Denkschrift diente sowohl in der Bürokratie als auch bei der Besprechung mit den Industriellen als Grundlage, was dem improvisierten Charakter des Gesetzes entsprach. Einen Einfluß im Sinne einer von der *Zustimmung* »der Wirtschaft« abhängenden Entscheidung gab es nicht. Das schließlich verabschiedete Gesetz stellte einen Kompromiß dar und war deshalb bewußt in seiner Schwerpunktsetzung offen gehalten.

Das Verhalten Drägers ist aufschlußreich für die Mentalität eines mittelständischen Unternehmertyps, der auf dem Höhepunkt der Weltwirtschaftskrise über das Fortbestehen der wirtschaftlichen Ordnung Deutschlands besorgt war

163 Vgl. Neebe, Großindustrie, S. 90ff.

164 Vgl. Silverman, Reality, S. 126.

und daher dazu überging, im Rahmen seiner Möglichkeiten Einfluß auf die Politik zu nehmen. Eine Kategorisierung der unternehmerischen Haltung bei ihren Eingriffen in die Politik vorzunehmen, ist bei dem bisherigen Forschungsstand immer noch ein problematischer Vorgang. Dennoch: Eine Analyse des politischen Engagements der Industriellen auch für die Zeit des Nationalsozialismus muß hier ansetzen und damit verstärkt eine Konzentration auf die Gremien vornehmen, in denen Unternehmer tatsächlich Politik gestalteten.[165] Stellt man die Frage, warum die Gruppe um Dräger in der Studiengesellschaft politisch tätig wurde, muß man sich mit ihrer Motivation auseinandersetzen. Aussagen über die Motivation des »politischen Unternehmers« sind außerordentlich schwierig. Eine Bindung des politischen Engagements an unternehmerisches Interesse kann zumindest im vorliegenden Fall nur zum Teil nachgewiesen werden. Dazu waren die Vorschläge, die man versuchte durchzusetzen, zu wenig industriefördernd. Am ehesten ging es den Unternehmern in der Studiengesellschaft – und vor allem Dräger selbst – um die Überwindung der Krise und damit um die Frage nach einer *Staatsintervention*, die *wirtschaftspolitisch* die industriellen Potentiale in Deutschland nicht mehr hemmte, wie es die Deflationspolitik im Ergebnis getan hatte, und *sozialpolitisch* die für den Fortbestand des kapitalistischen Systems gefährlich angewachsene Arbeitslosigkeit, die zu einer partiellen Lähmung des politischen Systems geführt hatte, beheben konnte. Wie konsensfähig diese Forderungen in der wirtschaftsbürgerlichen Elite waren, wird an dem Erfolg der Veranstaltungen der Studiengesellschaft deutlich.

Daß die Regierung Hitler den Erfolg der Beschäftigungspolitik der beiden vorangegangenen Kabinette sowie den spürbaren konjunkturellen Aufschwung gemeinsam mit ihrer geringen »Eigenleistung« für ihren propagandistisch außerordentlich effektvollen »Sieg in der Arbeitsschlacht« nutzen konnte, war von keinem der in der Studiengesellschaft maßgeblich Beteiligten angestrebt worden, man kalkulierte es aber sehr wahrscheinlich mit ein und riskierte damit bewußt das Ende der Republik.

165 Noch immer fehlen Detailuntersuchungen über die großen Interessenverbände der Wirtschaft wie den RDI, die Vereinigung der Deutschen Arbeitgeberverbände, den DIHT oder den Langnam-Verein, so im Urteil auch Kolb, Weimarer Republik, S. 185.

ZWEITER TEIL

INTERVENTION UND MARKT: DRÄGER UND DAS DRÄGERWERK VON DER WELTWIRTSCHAFTSKRISE BIS ZUR BESATZUNGSZEIT

I. Interventionismus und die Einengung der unternehmerischen Handlungsspielräume in der Weltwirtschaftskrise

Die relative Erholung zahlreicher deutscher Unternehmen in der Zwischenkriegszeit wurde mit dem Einsetzen der Weltwirtschaftskrise nachhaltig unterbrochen. Der Nachfragerückgang bei den öffentlichen Auftraggebern traf den wichtigsten Markt des Lübecker Drägerwerks. Im letzten Jahr vor der Krise wurde etwa ein Drittel des Gesamtumsatzes durch öffentliche Abnehmer im Reich erwirtschaftet. Neben der Reichswehr und dem Bergbau waren es vor allem Kommunen und Länder, die für Feuerwehren und Krankenhäuser Drägergeräte erwarben.[1] Konnte man in dem Lübecker Unternehmen noch bis 1930/31 von älteren öffentlichen Aufträgen zehren, war Ende 1931 der Tiefpunkt der Auftragseingänge zu bemerken.

Umsatz des Drägerwerks 1913-1933 in Mio. RM (1913-1917 in Mio. M)[2]

Jahr	1913	1914	1917	1926	1927	1928	1929	1930	1931	1932	1933
Ausland	k. A.	k. A.	k. A.	0,6	1,1	1,0	1,5	1,2	0,9	0,8	0,5
Inland	k. A.	k. A.	k. A.	1,6	1,7	1,9	1,7	2,5	1,2	1,3	2,8
Gesamt	2,4	2,0	9,3	2,2	2,8	2,9	3,2	3,7	2,1	2,1	3,3

Struktur und Größe des Drägerwerks waren zum Zeitpunkt der Übernahme der Leitung durch Heinrich Dräger mittelständisch geprägt. Im Jahresdurchschnitt beschäftigte man 1928 etwa sechzig Angestellte und 210 Arbeiter. Diese Mitarbeiterzahl hatte sich seit der Demobilisierung 1919 kaum verändert.[3] Auch mit dem Einsetzen der Krise hielt man zunächst an der Belegschaft fest. 1929 vergrößerte sie sich im Jahresdurchschnitt sogar um ca. 10 % und 1930 wurden erneut 50 neue Lohnempfänger eingestellt, wodurch sich der Jahresdurchschnitt der Beschäftigten auf über 340 erhöhte. Das vergleichsweise hohe Beschäftigungsniveau, das sich bis 1930 auch im Umsatz widerspiegelte, konnte dagegen 1931 nicht mehr gehalten werden. Im Jahresdurchschnitt 1931 und 1932 sank die Zahl der Lohnempfänger auf unter 180, während die Anzahl der Angestellten weitgehend erhalten blieb. Der neue Eigentümerunternehmer war gezwungen, am Jahresende 1931 in seinem Betrieb Kurzarbeit und Lohnkürzungen durchzusetzen, um die Verluste des Betriebs 1931 und 1932 in Grenzen zu halten.

1 Vgl. Umsatz-Hauptbuch, SUD BÄD I 1.34.
2 Quelle: Umsatz-Hauptbuch, SUD BÄD I 1.34.
3 Chronik, SUD BS 36/62.

Betrachtet man diese Veränderungen im Vergleich zu dem branchenüblichen Rückgang der Beschäftigung und des Umsatzes in der Krise, waren sie relativ geringfügig. Die existentielle Bedeutung der Nachfragekrise für das Unternehmen wird bei einer Untersuchung der Gewinnentwicklung des Drägerwerks offenkundig: 1930 erwirtschaftete man kaum Gewinne, 1931 und 1932 jeweils nahezu 100.000 RM Verlust.[4] Erst 1933 stabilisierte sich die Ertragslage des Unternehmens und deutliche Zuwächse bei Umsatz und Gewinnen sind erkennbar. Im Kontext der industriellen Gesamtentwicklung im Deutschen Reich während der Krise kann jedoch auch dies als eine relativ stabile Entwicklung gelten.[5] Die entscheidende Zäsur, die die Weltwirtschaftskrise für die langfristige Unternehmensentwicklung und -strategie bedeutete, wird erst bei einer genaueren Untersuchung der Veränderungen unternehmerischer Handlungsoptionen vor dem Hintergrund der sich dynamisch wandelnden Rahmenbedingungen deutlich.

Im wesentlichen waren es zwei Faktoren, die das Drägerwerk verhältnismäßig unbeschadet durch die Krise brachten. *Erstens* das bis 1932 im Vergleich zum Inland relativ stabile Exportgeschäft und *zweitens* die umfangreichen Aufträge des Reichswehrministeriums, die während der Krise zunehmend einen Ersatz für den Zusammenbruch der ›zivilen‹ Inlandsnachfrage und die sich vergrößernden Probleme auf den internationalen Märkten bildeten. An diesen beiden Faktoren werden die Auswirkungen des makroökonomischen Veränderungsprozesses auf den Wettbewerb und die Märkte sichtbar sowie die zentrale Bedeutung der Zäsur evident, die die Weltwirtschaftskrise in diesem Wandlungsprozeß für das Unternehmen bedeutete.

1. Regionalisierung des Außenhandels? Die Entwicklung der Exportstruktur

Die Entwicklung des Exportgeschäfts des Drägerwerks vom Kriegsende bis 1929 ist durch ein relatives und absolutes Anwachsen des Gesamtvolumens gekennzeichnet und entspricht damit einer generellen Tendenz der deutschen exportorientierten Industrie. Die Exportquote lag in dieser Zeit kontinuierlich zwischen 35 % und 50 % und entsprach damit dem Trend der deutschen chemischen, feinmechanischen und Maschinenbauindustrie – den Branchen, zu denen das Drägerwerk gehörte. In diesen Wirtschaftszweigen waren Export-

[4] Vgl. zu den methodischen Problemen der Gewinnanalyse bei den unterschiedlichen Bilanzarten grundsätzlich: Mark Spoerer, »Wahre Bilanzen!« Die Steuerbilanz als unternehmenshistorische Quelle, in: ZUG 40 (1995), S. 158-179; ders., Von Scheingewinnen zum Rüstungsboom. Die Eigenkapitalrentabilität der deutschen Industrieaktiengesellschaften 1925-1941, Stuttgart 1996.

[5] Vgl. James, Weltwirtschaftskrise, S. 277ff.

quoten von 55 % keine Ausnahme.[6] In dem Lübecker Familienunternehmen knüpfte man damit an Traditionen aus dem Kaiserreich an, als noch höhere Exportquoten erwirtschaftet worden waren.[7] Bedenkt man, daß das Drägerwerk zu diesem Zeitpunkt strukturell nicht als Großunternehmen gelten kann, sind diese Exportanteile beachtlich und belegen eindrucksvoll sowohl die internationale Wettbewerbsfähgkeit als auch die Orientierung am Weltmarkt, die das Unternehmen seit dem ersten Jahrzehnt des Jahrhunderts geprägt hatten.

Während der Krise veränderte sich aufgrund der Schutzzollpolitik mehrerer traditionell wichtiger Exportländer – vor allem der USA und Großbritannien – der Außenhandel des Unternehmens.[8] Von 1929 bis 1933 sank das Außenhandelsvolumen von 1,5 Mio. RM auf etwa 500.000 RM. Doch auch strukturell dominierten Veränderungen die Entwicklung: Der Anteil des Unternehmensexports in ost- und vor allem südosteuropäische Länder stieg, und Heinrich Dräger suchte gemeinsam mit seinem Bruder Bernhard, der ab 1930 im Auslandsgeschäft des Unternehmens mitarbeitete, nach neuen Absatzmärkten in dieser Region.[9] Zunehmend exportierte das Drägerwerk auch in die Sowjetunion, wo 1932 fast ein Drittel der Exportumsätze erwirtschaftet wurde. Das Unternehmen litt ab 1931 unter den katastrophalen Folgen des Wegfalls der Inlandsnachfrage und den Verlusten auf den traditionellen ausländischen Absatzmärkten. Als eine seiner ersten Maßnahmen hatte Dräger 1928 auf einer dreimonatigen Reise in die USA den nordamerikanischen Markt erkundet. Hier war er auf die starke nordamerikanische Konkurrenz aufmerksam geworden, die fertigungstechnisch und in einigen Produktbereichen auch technologisch den vor dem Weltkrieg bestehenden Vorsprung der Lübecker aufgeholt hatte. In den dreißiger Jahren reiste Dräger wiederholt in die USA, um die Vertretung des Drägerwerks sowie internationale Kongresse und traditionelle Abnehmer wie Krankenhäuser, große Gruben- und Feuerwehren selbst zu besuchen.[10] Die traditionelle Verkaufsstrategie, eine enge Anbindung der Kunden durch eine intensive Betreuung, bildete eine der Grundlagen

[6] Vgl. Ludolf Herbst, Der Krieg und die Unternehmensstrategie deutscher Industrie-Konzerne in der Zwischenkriegszeit, in: Martin Broszat/Klaus Schwabe (Hgg.), Die deutschen Eliten und der Weg in den Zweiten Weltkrieg, S. 72-134 (107); James, Weltwirtschaftskrise, S. 128ff.

[7] Vgl. Bericht Bernhard Drägers an die Lübecker Handelskammer o.D., SUD BS 32/36.

[8] Vgl. für den Gesamtzusammenhang: James, Weltwirtschaftskrise, S. 277ff.; Knut Borchardt, Wachstum und Wechsellagen 1914-1970, in: Hermann Aubin/Wolfgang Zorn (Hgg.), Handbuch der deutschen Wirtschafts- und Sozialgeschichte, Bd. 2, Stuttgart 1976, S. 685-720 (706ff.); Herbst, Unternehmensstrategie, S. 110f.

[9] Bernhard Dräger erhielt am 14.7.1929 Prokura für das Drägerwerk und trat am 26.3.1930 als Mitarbeiter ein. Chronik, SUD BS 32/62.

[10] Die Suche nach Absatzmärkten wird durch mehrere Auslandsreisen der Brüder Dräger deutlich. Vgl. Verschiedene Reiseberichte, SUD BS 15/18. Von Drägers USA-Reisen zeugen unterschiedliche Zeitungsartikel. Vgl. beispielsweise: »Son of Gas Masks Inventor Pays Visit to Mining Meet«, in: The Salt Lake Telegramm, Thursday Evening, 9.9.1937.

des Erfolgs auf den Weltmärkten. Für die Entwicklung in den zwanziger Jahren wurde der technologische Wettbewerb entscheidend. In der Weltwirtschaftskrise konnte das Drägerwerk aufgrund eigener Entwicklungsarbeiten erfolgreich seine technologische Führungsposition in einigen zentralen Bereichen der Branche wie dem Atemschutz, der Sauerstoffversorgung und der Druckgasreduzierung behaupten. Aufgrund der Überlegenheit in einigen Schlüsseltechnologien, beispielsweise der Druckgasreduzierung, konnte man entscheidende Synergieeffekte bei der Diversifizierung der Produktpalette, die auf dieser Grundlagentechnik beruhte, nutzen. Diese technologische Überlegenheit ermöglichte eine relativ stabile Preispolitik auch während der Krise.

Während das Auslandsgeschäft neben der Lübecker Exportabteilung von einem Netz unabhängiger Vertretungen dominiert wurde, die auf Provisionsbasis arbeiteten, wurde der Handel und Verkauf der Produkte im Inland überwiegend von eigenen Niederlassungen und Zweigbüros abgewickelt, die in ihrer Größe stark von dem Markt, den sie bedienten, abhängig waren. Die größten Zweigbüros waren traditionell in Essen und Beuthen (Oberschlesien), wo die Bergbauregionen verwaltet wurden, sowie die Niederlassung in Berlin, die sämtliche Regierungsaufträge abwickelte. Die Leiter dieser drei Niederlassungen waren neben den Oberingenieuren in Lübeck, dem Leiter des Verkaufs, dem Chefprokuristen und dem Leiter der Forschungsabteilung wichtige Führungspersönlichkeiten in dem Unternehmen.[11] Heinrich Dräger übernahm zunächst den Großteil der Direktoren, Prokuristen und Niederlassungsleiter von seinem Vater, der durch seine eigenen Forschungs- und Entwicklungsarbeiten ein besonderes Beratungsverhältnis vor allem zu seinen Oberingenieuren gepflegt hatte.[12] Außer den drei Niederlassungen war der Verkauf über Vertretungen organisiert, die in nahezu allen großen Städten das Reparaturgeschäft kontrollierten und in den meisten Fällen schon lange an das Lübecker Unternehmen gebunden waren.

Neben der Exportabteilung und den Auslandsvertretungen des Drägerwerks wurde der Export seit 1928 über zwei im Ausland bestehende, eigene Tochterunternehmen abgewickelt: Die »Gesellschaft für Feuer- und Gasschutz A.G.«, genannt »Fega« in Zürich sowie die »N.V. Technische Handelsbureau (W.E. Mingramm)« in den Niederlanden. Die Mehrheit der Aktien der »Fega« gehörten Heinrich Dräger; das Unternehmen bewahrte jedoch eine weitgehende Selbständigkeit, um damit die strengen Bedingungen für die umfangreichen Schweizer Regierungsaufträge zu erfüllen. Die Mingramm wurde dagegen von

[11] Vgl. Umsatz-Hauptbuch, SUD BÄD I 1.34; Personalien leitender Persönlichkeiten, SUD BS 17.

[12] Die Einstellung des engen Vertrauten und Schulfreunds Heinrich Drägers, des promovierten Chemikers Gerhard Stampe, als Leiter der neugegründeten »chemischen Abteilung« – noch durch Bernhard Dräger –, bedeutete zudem für den neuen Eigentümer von Beginn seiner Arbeit an eine besondere Situation. Vgl. Nachlaß Stampe, SUD BS 17.

Lübeck aus geführt und besaß ein Kapital von 340.000 RM.[13] Über sie verkaufte das Unternehmen zwischen 1928 und 1933 Produkte im Wert von 2,3 Mio. RM und erwirtschaftete erhebliche Gewinne. Die Exporte gingen vor allem in west- und nordeuropäische sowie nord- und südamerikanische Länder.

Umsatz und Gewinn (gemäß Steuerbilanz) der N.V. Mingramm in Tausend RM[14]

	1928	1929	1930	1931	1932	1933
Umsatz	432	486	612	345	406	218
Gewinn	109	99	131	44	65	19

Während die Schweizer Tochter, die ein Aktienkapital von 250.000 Schweizer Franken besaß, nur geringfügige Gewinne erwirtschaftete, übertrafen die Gewinne der niederländischen Tochter während der Krise die Erlöse des Drägerwerks und belegen eindrucksvoll die Attraktivität des Auslandgeschäfts für das Unternehmen.[15]

Neben diesen Tochterfirmen organisierten Vertretungen den Auslandsverkauf, von denen die meisten schon Generationen an das Lübecker Unternehmen gebunden waren. Die größten Vertretungen hatten die jüdischen[16] Kaufleute Jacobsen (Wien und Südosteuropa) sowie Dr. Fritz und Ernst Silten (»Sauerstoff-Centrale-Berlin«) inne, die zusammen mehr als 50 % des unternehmensfremden Verkaufs ausmachten.[17] Das während der Krise zunehmende Osteuropageschäft kontrollierte das Unternehmen währenddessen selbst: 1930 reiste Heinrich Dräger nach Moskau und führte Verhandlungen über umfangreiche Regierungsaufträge. In der Folge setzte das Drägerwerk bis 1932 in der Sowjetunion 800.000 RM um. Mehrfach besuchten Delegationen sowjetischer Grubenwehren und Militärs das Lübecker Werk.[18] Das »Rußlandgeschäft« gewann in den Jahren der Weltwirtschaftskrise für das Drägerwerk an Bedeutung, da der übrige Auslandsumsatz insgesamt zwischen 1929 und 1933 drastisch zurückging. Der Export in die Sowjetunion bildete damit einen der entschei-

[13] Vgl. die Zusammenfassung der Geschäftsentwicklung: Finanzamt Lübeck – Landesfinanzamt Nordmark: Sonderbericht betr. Auslandsbeziehungen der Firma Drägerwerk, Heinrich und Bernhard Dräger, Lübeck, SUD BÄD I 3.10.

[14] Vgl. ebd., Nr. 14. Für die Umrechnung der Devisen wurden die vom Finanzamt angenommenen Kurse übernommen. Eine genaue Differenzierung der einzelnen Länder ist mit den vorliegenden Unterlagen nicht möglich.

[15] Vgl. ebd., Nr. 18.

[16] Wenn im folgenden von »Juden« oder »jüdischen« Personen die Rede ist, dann sind damit Menschen gemeint, die nach dem nationalsozialistischen Definitionsrahmen als »Juden« galten und damit den Diskriminierungs- und Ausgrenzungsmaßnahmen unterworfen waren. Das Selbstverständnis der Betroffenen bleibt bei dieser Zuordnung unbeachtet.

[17] Silten betrieb mit seiner Berliner Firma »Sauerstoff-Centrale-Berlin« den Verkauf von medizinischen Drägergeräten. Vgl. Umsatz-Hauptbuch, SUD BÄD I 1.34. Vgl. die langjährige Korrespondenz Silten-Dräger, SUD BS 9/9.

[18] Reiseberichte und interne Korrespondenz, SUD BS 15/18.

denden Gründe für das relativ problemlose Überstehen der Krise. Die Sowjetunion, die durch ihre Unabhängigkeit von der kapitalistischen Weltwirtschaft von der Krise kaum betroffen war, verkörperte für eine bedeutende Anzahl deutscher Unternehmen einen wichtigen Exportpartner in der Krise.[19]

Gewinn des Drägerwerks 1924-1933 (gemäß Steuer- und Handelsbilanz) in Tausend RM[20]

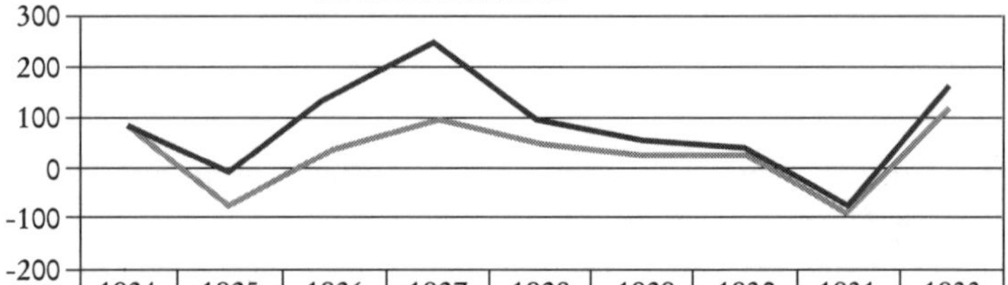

	1924	1925	1926	1927	1928	1929	1930	1931	1933
Handelsbilanz	83	-74	30	89	45	18	19	-104	120
Steuerbilanz	83	-23	138	241	84	44	34	-92	161

Handelsbilanz — Steuerbilanz

Auch Südosteuropa gewann für das Exportgeschäft des Unternehmens an Bedeutung: In Griechenland, Bulgarien, der Türkei und vor allem Rumänien konnte man erfolgreich sowohl Gasmasken für den militärischen Bereich als auch Atemschutzgeräte an Bergwerke verkaufen. Der jüngere Bruder Heinrich Drägers war nahezu ein halbes Jahr im Ausland für das Unternehmen unterwegs. In seinen Vorschlägen und Berichten an Dräger werden die Konturen eines neuen Absatzmarkts in Südosteuropa deutlich. Während der jüngere Bruder auf umfangreiche Investitionen und den Aufbau eigener organisatorischer Strukturen in dieser Region drängte, blieb Heinrich Dräger gegenüber Investitionen vorsichtig. Er lehnte eine regionale Konzentration ab, betonte die Bedeutung des gesamten Weltmarkts und überließ den Handel mit dem südosteuropäischen Markt und Österreich dem langjährigen Vertreter des Drägerwerks, dem Wiener Kaufmann Jacobsen.[21]

19 Manfred Pohl, Die Finanzierung der Russengeschäfte zwischen den Weltkriegen. Die Entwicklung der 12 großen Rußlandkonsortien, Frankfurt 1975; Kampmann, Werkzeughandel, S. 135f.

20 Quelle: Bericht über die Betriebsprüfung der Firma Drägerwerk, Heinrich und Bernhard Dräger, 13.1.-1.2.1936, SUD BÄD I 3.10; Sonderbericht und Anlagen, ebd.; Bilanzen des Drägerwerks, SUD BÄD I.3. Für 1932 stehen keine Daten zur Verfügung.

21 Vgl. Reiseberichte und Korrespondenz, SUD BS 3/1, SUD BS 3/0; Zur Rolle des deutschen Außenhandels mit Südosteuropa in der Weltwirtschaftskrise vgl. Hans-Jürgen Schröder, Deutsche Südosteuropapolitik 1929-1936, in: GG 2 (1976), S. 5-27; Holm Sundhausen, Die Weltwirtschaftskrise im Donau-Balkan-Raum und ihre Bedeutung für den Wandel der deutschen Außenpolitik unter Brüning, in: Wolfgang Benz/Hermann Graml (Hgg.), Aspekte deutscher Außenpolitik im 20. Jahrhundert, Stuttgart 1976, S. 121-164.

Die Verfahren, der Umfang und die Struktur des Exports der deutschen Industrie veränderten sich aufgrund der staatlichen Interventionen in der Weltwirtschaftskrise nachhaltig. Die wichtigsten staatlichen Maßnahmen waren die Einführung der Devisenbewirtschaftung, die auf dem Höhepunkt der Bankenkrise im Juli 1931 institutionalisiert worden war und das zunehmend komplizierter werdende Verfahren der indirekten Exportsubventionierung durch das Reich.[22] Als Folge stieg gegenüber den traditionellen Exportländern Frankreich, den Benelux-Staaten, Großbritannien und Nordamerika der Außenhandelsanteil der osteuropäischen Länder an, mit denen das deutsche Reich ab 1931 bilaterale Präferenzabkommen mit Quotenregelungen abschloß.[23] Die deutsche Wirtschaft hatte in den Jahren zwischen 1929 und 1932 von der durch die Krise bedingten Entwicklung der terms of trade zunächst erheblich profitiert. Der im Vergleich zum Preisverfall bei Importgütern deutlich geringere Rückgang der Exportpreise erleichterte die Ausfuhr der deutschen Industrie bei insgesamt schrumpfendem Geschäftsvolumen erheblich. Diese Situation änderte sich 1933 entscheidend, als die Preise für Einfuhrgüter bei parallelem Verfall der Exportpreise erheblich anstiegen.[24] Auch das Drägerwerk war von diesem Veränderungsprozeß betroffen: Das Ausfuhrvolumen sank in dem Lübecker Unternehmen noch einmal massiv von dem ohnehin schon geringen Niveau des Jahres 1932. Von diesem Einbruch erholte sich das Exportgeschäft des Drägerwerks in den dreißiger Jahren nicht mehr. Die Abnahme des Exports infolge der zunehmenden Absatzschwierigkeiten auf dem Weltmarkt wurde jedoch durch die im Gegenzug stärker werdende Inlandsnachfrage ab 1933 aufgefangen. Diese Entwicklung veränderte die Umsatzstruktur des Unternehmens dauerhaft.

Betrachtet man die Entwicklung der Gesamtstruktur des Drägerexports im Kontext dieser makroökonomischen Veränderungsprozesse, ist jedoch eine grundlegende Regionalisierung als Reaktion auf die Krise nicht festzustellen. Die oft geäußerte Annahme einer regionalen Neuorientierung der deutschen Industrie zu Beginn der dreißiger Jahre findet sich im Export des

[22] Vgl. James, Weltwirtschaftskrise, S. 371ff.; Charles P. Kindleberger, Die Weltwirtschaftskrise (Geschichte der Weltwirtschaft im 20. Jahrhundert Band 4), München 1973, S. 197ff.; Volker Hentschel, Zur Politik internationaler Wettbewerbsbeschränkungen in der Zwischenkriegszeit, in: Wettbewerbsbeschränkungen auf internationalen Märkten – Maßnahmen und Wirkungen. USA, Großbritannien, Deutschland und Frankreich (Referate und Diskussionsbeiträge des 10. Wissenschaftlichen Symposiums der Gesellschaft für Unternehmensgeschichte), Stuttgart 1988, S. 110-162.

[23] Die ersten beiden Verträge waren Handelsabkommen mit Rumänien und Ungarn im Juni und Juli 1931, vgl. James, Weltwirtschaftskrise, S. 372f.; Frank C. Child, The Theory and Practise of Exchange Control in Germany. A Study of Monopolist Exploitation in International Markets, The Hague 1958, S. 39ff.; zur Kontroverse über die makroökonomischen Folgen dieses Bilateralismus vgl. Hentschel, Wettbewerbsbeschränkungen, S. 135ff. Für das Drägerwerk: Finanzamt Lübeck – Landesfinanzamt Nordmark: Sonderbericht betr. Auslandsbeziehungen der Firma Drägerwerk, Heinrich und Bernhard Dräger, Lübeck, SUD BÄD I 3.10.

[24] Statistisches Handbuch von Deutschland 1928-1944, hrsg. v. Länderrat des Amerikanischen Besatzungsgebietes, München 1949, S. 392; Herbst, Unternehmensstrategie, S. 104ff; Dieter Petzina, Autarkiepolitik im Dritten Reich. Der nationalsozialistische Vierjahresplan, Stuttgart 1968, S. 30ff.

Fertigwarenproduzenten Dräger kaum.[25] Zweifellos gab es Tendenzen zu einer Integration der neuen regionalen Märkte – vor allem der Sowjetunion und einiger südosteuropäischer Staaten – doch die wichtigsten Exportmärkte des Drägerwerks blieben die Länder um den europäischen Montankern und die USA. Das belegen vor allem die Gewinne der Mingramm eindrucksvoll. Die entscheidende Zäsur, die die Weltwirtschaftskrise für das Unternehmen bedeutete, war nicht in einer Regionalisierung des Exports begründet, sondern in der zunehmenden Einengung der unternehmerischen Handlungsspielräume aufgrund des Zusammenbruchs der Inlandsnachfrage und der eingeschränkten Zugangsmöglichkeiten zu den internationalen Märkten, die auch diesen Geschäftsbereich auf ein Drittel des Umfangs von 1928 reduzierten. Vor diesem Hintergrund waren die Bestrebungen nach neuen regionalen Absatzgebieten nur eine Reaktion auf die weltweiten Tendenzen zur Abschottung von Märkten – wie denen des britischen Empires – und auf die staatlichen Interventionen in bestehende makroökonomische, marktwirtschaftlich organisierte Regelungsmechanismen wie den Devisenverkehr.[26] Die Einengung der Handlungsspielräume zwang Dräger, nach alternativen Absatzmöglichkeiten und Märkten für sein Unternehmen zu suchen.

2. *Wettbewerb und Rüstungsaufträge: Dräger, Auer und die Reichswehr*

Nach der intensiven Beteiligung an der Gasschutzausrüstung der Reichswehr im Ersten Weltkrieg erteilte das Reichswehrministerium dem Drägerwerk in der Weimarer Republik zunächst keine nennenswerten Aufträge mehr. In der Zeit bis 1928 waren regelmäßig von Marine und Heer kleinere Aufträge im Volumen von 100.000-200.000 RM eingegangen, die hauptsächlich der Aufrechterhaltung der notwendigsten militärischen Atemschutzausrüstung dienten.

Umfang (in Tausend RM) und Anteil der Rüstungsaufträge am Gesamtumsatz des Drägerwerks[27]

	1928	1929	1930	1931	1932	1933
Umfang	200	219	1200	286	555	1487
Anteil[28]	7 %	7 %	32 %	14 %	26 %	44 %

[25] Vgl. Hans-Erich Volkmann, Außenhandel und Aufrüstung in Deutschland 1933-1939, in: Friedrich Forstmeier und Hans-Erich Volkmann (Hgg.), Wirtschaft und Rüstung am Vorabend des Zweiten Weltkrieges, Düsseldorf 1975, S. 81-132 (81ff.); Wolfgang Schumann (Hg.), Griff nach Südosteuropa. Neue Dokumente des deutschen Imperialismus und Militarismus gegenüber Südosteuropa im Zweiten Weltkrieg, Berlin 1973.

[26] Vgl. Kindleberger, Weltwirtschaftskrise, S. 137ff.; Herbst, Unternehmensstrategie, S. 115.

[27] Quelle: Umsatz-Hauptbuch, SUD BÄD I 1.34.

[28] In Prozent am Gesamtumsatz.

Der enge Kontakt zwischen dem Unternehmen und der Rüstungsbürokratie blieb gleichwohl bestehen. So kam es seit Mitte der zwanziger Jahre regelmäßig zu Besuchen und Konsultationen des Waffenprüfamts in Lübeck, um die neuesten Gasschutz- und Atemgeräte des Unternehmens kennenzulernen; zu größeren Aufträgen kam es indessen nicht.[29]

Mit der strukturellen Wende in der Rüstungspolitik durch den neuen Reichswehrminister Groener im Januar 1928 und seinen Vorstellungen einer innovativen sowie modernen Rüstungswirtschaftsstruktur änderte sich diese Situation. Groener setzte bei seinen Überlegungen insbesondere auf die Rüstungsspezialindustrie.[30] In der Reichswehr gewann gleichzeitig der Gedanke einer Investition in den Bereich der Gaskriegsausrüstung ab 1928 zunehmend Anhänger. 1928 erteilte das Heereswaffenamt daraufhin an die Firmen Drägerwerk und Auergesellschaft einen Auftrag für die Gasschutzausrüstung des Heeres in Höhe von 1,45 Mio. RM.[31] Die Jahreswende 1928/1929 bedeutet damit einen entscheidenden Einschnitt in der militärischen Planung und veränderte die Situation grundlegend. Im Rahmen der neuen geheimen Aufrüstungspläne der Reichswehr wurden die beiden Firmen Auer und Dräger, die die Branche dominierten, zunehmend in die Planung des Gasschutzes miteinbezogen.[32]

Im Lauf des Jahres 1928 kam es zu komplizierten Verhandlungen zwischen dem Reichswehrministerium und den Firmen über den umfangreichen Auftrag. An den Besprechungen war von der Lübecker Seite neben Dräger der Leiter der Berliner Niederlassung Major Bullrich beteiligt, der zu Drägers engsten Mitarbeitern gehörte und seinen jungen Chef auch bei dessen wirtschaftspolitischen Aktivitäten unterstützte. Die Konkurrenz war durch Professor Dr. Ing. Karl Quasebart, den Vorstandsvorsitzenden der Berliner Auergesellschaft, vertreten.[33] Bei den Verhandlungen ging es vornehmlich um die Aufteilung der Aufträge des Reichswehrministeriums zwischen den beiden Unternehmen. Das Ministerium wollte im Rahmen der geheimen Aufrüstung der Reichswehr bis 1932 insgesamt 170.000 Atemschutzgeräte für das Heer anschaffen. Über die Organisation der Fertigung und die Aufteilung der Aufträge verhandelten die militärischen Institutionen mit den beiden Firmen gleichzeitig. Wie der Berli-

---

29 Berichte und Protokolle der Besuche des Waffenprüfamtes, SUD BS 6/12.

30 Georges Castellan, Le Réarmement clandestin du Reich 1930-1935. Vu par le 2e Bureau de l'Etat-Major Francais, Paris 1954, S. 18ff.; Ernst Willie Hansen, Reichswehr und Industrie. Rüstungswirtschaftliche Zusammenarbeit und wirtschaftliche Mobilmachungsvorarbeiten 1923-1932, Boppard 1978, S. 119; Michael Geyer, Aufrüstung oder Sicherheit. Die Reichswehr in der Krise der Machtpolitik 1924-1934, Wiesbaden 1980, S. 99; ders., Deutsche Rüstungspolitik 1850-1980, Frankfurt 1984, S. 131f.; ders., Das Zweite Rüstungsprogramm, in: MGM 17 (1975), S. 125-172; Karl Heinz Ludwig, Strukturmerkmale nationalsozialistischer Aufrüstung bis 1935, in: Forstmeier/Volkmann, Wirtschaft, S. 39-65 (42ff.).

31 Vgl. Olaf Groehler, Der lautlose Tod. Einsatz und Entwicklung deutscher Giftgase von 1914 bis 1945, Reinbek 1989 (Erstausgabe Berlin 1978), S. 82.

32 Vgl. ebd., S. 83ff.

33 Vgl. Berichte und Korrespondenz, SUD BS 36/36.

ner Niederlassungsleiter Dräger im Sommer 1928 mitteilte, war man dem Unternehmen im Reichswehrministerium nach mehreren Besuchen in Lübeck sehr gewogen; im übrigen bestünden offensichtlich auf Seiten des Ministeriums keine finanziellen Engpässe.[34] Es ging jedoch nicht nur um die Auftragsaufteilung, sondern auch um die Patent- und Schutzrechte an verschiedenen Teilen der von den beiden Firmen gemeinsam entwickelten Heeresgasschutzmaske »GM 24« und der dazugehörigen Filtereinsätze. Diese Modelle sollten die neuen Standards für den militärischen Atemschutz darstellen. Ähnliche Verhandlungen und Auseinandersetzungen gab es zwischen den Konkurrenten Auer und Dräger schon seit dem Ersten Weltkrieg.[35] Der Wettbewerb zwischen den beiden Unternehmen bestimmte die Entwicklung der Atemschutzbranche maßgeblich.

Der Auerkonzern war nach dem Ersten Weltkrieg durch das Ausfallen der Rüstungsaufträge in wirtschaftliche Schwierigkeiten geraten. Daraufhin war am 11. Oktober 1919 von der Nationalbank für Deutschland die »Deutsche Gasglühlicht-Aktiengesellschaft (Auergesellschaft) & Co. m.b.H.« als Auffang- und Holdinggesellschaft gegründet worden. Die Mehrheit dieser Holding wurde nach der Liquidation Eigentum des jüdischen Geschäftsmanns und Geheimen Kommerzienrats Leopold Koppel. Koppel blieb bis zu seinem Tod 1933 die beherrschende Persönlichkeit in dem Konzern, der am 27. Dezember 1923 in »Deutsche Gasglühlicht-Auer-Gesellschaft m.b.H. (DEGEA)« umbenannt wurde.[36] Die »Abteilung für Gewerbeschutz« war in der Auergesellschaft im Ersten Weltkrieg entstanden und in der Zwischenkriegszeit expandiert. Die Kompetenz des Konzerns für den Bereich Gas- und Atemschutz kam von einer ursprünglich kleinen Tochtergesellschaft des Konzerns. Infolge der Kapazitätserweiterungen, die die Rüstungsaufträge im Ersten Weltkrieg für diesen Konzernteil bedeuteten, nahm der Bereich Atemschutz zunehmend eine zentrale Stellung in der Auergesellschaft ein.[37] 1933 war es der größte Unternehmenszweig und darüber hinaus der einzige, von dem die Gesellschaft eine weitere Expansion erwartete.

Das Berliner Unternehmen arbeitete in der Zwischenkriegszeit sowohl im Bereich des gewerblichen Atemschutzes als auch an der Weiterentwicklung von militärischen Atemschutzgeräten. Dafür gab die Gesellschaft eine eigene Zeit-

---

[34] Vgl. Bullrich an Dräger 28.6.1928, SUD BS 36/36. Vgl. Rolf-Dieter Müller, Die deutschen Gaskriegsvorbereitungen 1919-1945. Mit Giftgas zur Weltmacht?, in: MGM 1 (1980), S. 25-54 (31ff.).

[35] Vgl. die langwierigen Auseinandersetzungen zwischen Drägerwerk, Auer und der HAG über einzelne Teile der Heeresmaske und der Filter zwischen 1926 und 1932, SUD BÄD VII 2.

[36] Geschichte der Auergesellschaft von der Gründung im Jahre 1892 bis zum Jahre 1958. hrsg. v. Friedrich Klauer (Technischer Direktor), Auer Berlin (Manuskript im Besitz des Autors); Exposé: Deutsche Glasglühlicht-Auer-Gesellschaft m.b.H. 3.7.1933, IW 24.5/2 Unternehmensarchiv Degussa AG.

[37] Vgl. hierzu und zum folgenden: Geschichte der Auergesellschaft, S. 15ff.

schrift mit dem Titel »Die Gasmaske« heraus und war auf diesen Gebieten der Hauptwettbewerber des Drägerwerks. 1927 zog die »Gewerbeschutz-Abteilung« des Konzerns in eine moderne Fabrik in Berlin Oranienburg um, die dem Drägerwerk fertigungstechnisch überlegen war. Die »special relationship« der beiden Unternehmen, die seit den gemeinsamen Entwicklungs- und Produktionsarbeiten im Ersten Weltkrieg bestand, manifestierte sich in der Zwischenkriegszeit in zahllosen Kartellabsprachen, Patentauseinandersetzungen, Verträgen und Rechtsstreitigkeiten. Bereits 1917 produzierte Auer in Lizenz Maskenkörper des Drägerwerks für die deutsche Heeresverwaltung. Schon zu diesem Zeitpunkt bemerkte man in Lübeck besorgt die überlegenen Fertigungskapazitäten Auers sowie die größere »Nähe« zu den Berliner Reichswehrinstitutionen.[38]

Nach dem Krieg gründeten beide Wettbewerber im Mai 1920 gemeinsam mit einer Tochtergesellschaft von Auer und der »Hanseatischen Apparatebau GmbH« (HAG) die »Industriemasken-Vertriebs-GmbH«. Diese GmbH, an der die vier Firmen zu gleichen Teilen beteiligt waren, organisierte den Umbau von Heeresmasken in gewerblich nutzbare Atemschutzmasken für die Unternehmen.[39] Entscheidend für den Marktanteil im Bereich des gewerblichen Atemschutzes, der den Umsatz der Firmen in den zwanziger Jahren überwiegend bestimmte, war vor allem die Entwicklung von immer sichereren und qualitativ besseren Rettungsgeräten für den Bergbau. Hierbei konnten die Lübecker auf eine beeindruckende Tradition und Kernkompetenz zurückgreifen. Die Forschungs- und Entwicklungsarbeit (F & E) war seit Bernhard Drägers Grundlagenforschung der Kern und die Basis des Familienunternehmens. Den Namen »Fabrik und Konstruktionsanstalt für Atemschutz in Bergbau und Industrie – Apparatebau Arbeitsstätten für Chemie, Physiologie und Physik« führte das Drägerwerk bis in die fünfziger Jahre. Auer bemühte sich nach dem Krieg intensiv, mit aggressiven Marketingstrategien in allen Marktbereichen, in denen die Lübecker vertreten waren, eigene Produkte zu präsentieren. Dabei konnte Auer in der Zwischenkriegszeit wegen der komplizierten Technologie gerade von Sauerstoffatemgeräten nicht immer eigene Produkte entwickeln. Das Berliner Unternehmen erwarb daher von einem vergleichsweise kleineren Wettbewerber, der HAG in Kiel, die Mitbenutzungsrechte der HAG-Schutzrechte für Atemgeräte (Marke AUDOS). 1930 gingen die Schutzrechte für AUDOS mit der Übernahme der HAG durch die DEGEA ganz auf die Auergesellschaft über.[40] Diese Akquisitionsstrategie erwies sich als erfolgreich: Mit diesem technologischen Know How ausgestattet, war der Berliner Konzern für Dräger endgültig auf nahezu allen Märkten zum Hauptkonkurrenten geworden. Darüber hinaus hatte Auer mit

[38] Vgl. Bericht über Auer Oranienburg o.D., SUD BS 32.
[39] Vgl. Geschichte der Auergesellschaft, S. 15.
[40] Vgl. ebd., S. 22.

Karl Quasebart 1922 ein außerordentlich qualifiziertes Vorstandsmitglied gewonnen, der als Angehöriger des Kuratoriums der Kaiser-Wilhelm-Gesellschaft und Obmann des Deutschen Normenausschusses für Atemschutzgeräte sowie als Vorstand der deutschen gastechnischen Gesellschaft in der Branche eine maßgebende Kompetenz besaß.[41] Quasebart hatte gerade bei der Umstellung der Gasmaskenproduktion auf gewerblichen Gasschutz in der Zeit nach dem Ersten Weltkrieg eine entscheidende Bedeutung für den Konzern gewonnen.

Auch das Drägerwerk hatte mit der HAG seit 1927 in einigen Entwicklungsbereichen zusammengearbeitet und die Übernahme durch den Hauptkonkurrenten wurde daher 1930 in Lübeck besorgt festgestellt.[42] Immer wieder kam es in den zwanziger Jahren zwischen Dräger und Auer zu Auseinandersetzungen über die Schutzrechte an einzelnen Geräten. Das Lübecker Familienunternehmen beobachtete das Verhalten des größeren Wettbewerbers sehr aufmerksam.[43] Eine Kooperation der Wettbewerber in einer Patent- oder Entwicklungsgemeinschaft, wie sie die Auergesellschaft in anderen Bereichen betrieb, wurde von keiner Seite angestrebt.[44]

Die Übernahme der Regierungsgewalt durch einen nationalsozialistischen Reichskanzler am 30. Januar 1933 bedeutete für die von einem jüdischen Eigentümer kontrollierte Auergesellschaft eine Gefährdung der lukrativen staatlichen Rüstungsaufträge. Bereits im Sommer 1933 war die Auergesellschaft – wie ihre Leitung eingestand – darauf angewiesen »die Anerkennung als deutsches Unternehmen zu gewinnen«, um die Aufträge des Reichswehrministeriums weiterhin zu erhalten.[45] Gegenüber dem Vorstand der Degussa AG, der sich am Kauf einer Majoritätsbeteiligung interessiert zeigte, äußerten die Verhandlungsführer der Auergesellschaft, daß »für den Wunsch nach arischer Beteiligung (...) neben allgemeinen Erwägungen die Zukunft des Gasschutzgeschäfts massgebend (ist), das gute Beziehungen zu den staatlichen Stellen verlangt.« Um eine Form der »arischen Tarnung« zu erreichen, wurde die GmbH in eine Aktiengesellschaft umgewandelt, deren Aufsichtsrat maßgeblich von der Commerzbank, durch Eugen Bandel und Friedrich Reinhart, geleitet wurde.[46]

Bei den Verkaufsverhandlungen zwischen der Degussa AG und dem Sohn des jüdischen Eigentümers Albert Leopold Koppel über die Übernahme der

[41] Vgl. Handbuch der Deutschen Gesellschaft, Bd. 2, S. 1458f.; zu Quasebarts zentraler Rolle bei der Gaskampfstoffproduktion in der Zwischenkriegszeit vgl. Groehler, Tod, S. 289.

[42] Vgl. Korrespondenz und Absprachen, SUD BS 36/36; Bericht über Auer und die HAG o.D., SUD BÄD VII 2.11.

[43] Mehrfach kam es auch zu Absprachen und Verträgen über Mitbenutzungsrechte an Geräteentwicklungen. Vgl. die umfangreichen Berichte an Dräger, SUD BÄD VI.

[44] Vgl. für das Beispiel des Glühlampenmarktes Wilfried Feldenkirchen, Siemens 1918-1945, München 1995, S. 355f.

[45] Bericht von Professor Pulich betr. Entwicklung der Auergesellschaft 4.8.1933, IW 24.18/1 Unternehmensarchiv Degussa AG.

[46] Vgl. Dr. Remy an Dr. Hugo Henkel 5.8.1933, S. 1, ebd.

Majorität konnte sich letzterer mit seinen Preisvorstellungen – 9 Mio. RM – durchsetzen.[47] Ein Aufsichtsratsmitglied der Degussa schätzte den Wert des Unternehmens dennoch etwa um 50 % höher ein.[48] Der Aufsichtsratsvorsitzende der Degussa, Fritz Roessler, war dennoch zunächst gegen den Kauf gewesen, beurteilte die Aussichten der Branche skeptisch und verwies auf die immensen Risiken des Geschäfts. Angesichts eines offensichtlichen Investitionsinteresses der Degussa aufgrund umfangreicher Liquiditätsüberschüsse, ließ er sich jedoch schließlich vom Vorstandsvorsitzenden Ernst Busemann überzeugen und stimmte dem Kauf im Oktober 1933 zu.[49] Im Juli 1934 erwarb die Degussa schließlich von Albert Koppel, der bis dahin noch in einer leitenden Stellung in dem Konzern angestellt war, die restlichen Anteile und besaß damit 100 % der Auergesellschaft. Den Vorstand der Gesellschaft ließen die Frankfurter zunächst relativ selbständig arbeiten: man kontrollierte den Konzern nur über den Aufsichtsrat.[50]

Dieser für ein jüdisches Großunternehmen vergleichsweise frühe »Arisierungsprozeß« war durch mehrere Faktoren ermöglicht worden: Den Tod des einflußreichen Kommerzienrats Koppel, das Engagement der Commerzbank, der Degussa und die Abhängigkeit der Auergesellschaft von den Aufträgen der staatlichen Rüstungsbürokratie, die zunehmend zum wichtigsten Kunden wurde und es ablehnte, Geschäfte mit »nichtarischen« Unternehmen zu betreiben. Der Zusammenhang zwischen der Aufrüstung und dem Verdrängungsprozeß jüdischer Geschäftsleute und Industrieunternehmen zeichnet sich hier schon ungewöhnlich früh ab.[51] Die Konstruktion einer Auffanggesellschaft bei dem »Besitzerwechsel« wurde in der zeitgenössischen Presse als vorbildhaft und nachahmenswert gewürdigt.[52] Die Produktions- und Geschäftsbereiche des neuen Tochterunternehmens der Degussa blieben bestehen und damit veränderte sich an der unmittelbaren Wettbewerbssituation zum Drägerwerk wenig.

---

47 Vgl. verschiedene Berichte, IW 24.18/1 und IW 24.5/2 Unternehmensarchiv Degussa AG; für den Zusammenhang vgl. Peter Hayes, Fritz Roessler and Nazism: The Observations of an German Industrialist, 1930-1937, in: Central European History Vol. XX (1987), S. 58-79 (77); ders., Big Business and ›Aryanization‹ in Germany, 1933-1939, in: Jahrbuch für Antisemitismusforschung, Jg. 3 (1995), S. 254-281 (263f.); ders., Die „Arisierungen" der Degussa AG. Geschichte und Bilanz, in: ders./Irmtraud Wojek (Hgg.), „Arisierung" im Nationalsozialismus. Volksgemeinschaft, Raub und Gedächtnis, Frankfurt a. M. 2000, S. 85-124 (92ff.).

48 Hayes, Big Business, S. 264.

49 Aktennotiz Roessler über Verhandlung mit Herrn Koppel über Kauf der Auergesellschaft 16.10.1933, IW 24.5/2 Unternehmensarchiv Degussa AG.

50 Handbuch der deutschen Aktiengesellschaften, 49. Jg. (1944) Bd. 2, S. 1636. Vgl. die Aufsichtsratsberichte, IW 24.5/2 Unternehmensarchiv Degussa AG.

51 Vgl. für den Zusammenhang von Aufrüstung und »Arisierung«: Herbst, nationalsozialistisches Deutschland, S. 203; Avraham Barkai, »Schicksalsjahr 1938«. Kontinuität und Verschärfung der wirtschaftlichen Ausplünderung der deutschen Juden, in: Walter H. Pehle (Hg.), Der Judenpogrom 1938. Von der »Reichskristallnacht« zum Völkermord, Frankfurt 1988, S. 94-118 (99); Avraham Barkai, Vom Boykott zur Entjudung. Der wirtschaftliche Existenzkampf der Juden im Dritten Reich, Frankfurt a. M. 1987, S. 80ff.

52 Kölnische Zeitung, 13.10.1935.

Bei den Verhandlungen über die Auftragsaufteilung des Reichswehrministeriums im Laufe des Jahres 1928 war es zum Abschluß eines Vertrags zwischen Dräger und Auer gekommen, in dem die Anzahl der zu liefernden Geräte präzise festgelegt worden war. Die Absprache bedeutete die Konstituierung eines Kartells der beiden Firmen für die Abwicklung der Rüstungsaufträge.[53] Auer war im Unterschied zu Dräger schon seit 1926 durch Geheimverträge an die Reichswehr gebunden und produzierte auch Gaskampfstoffe. Gemeinsam mit der Rüstungsbürokratie hatte das Berliner Unternehmen in Oranienburg eine Versuchsanlage für »Gasschutzaufgaben« errichtet, in der ab 1928 Vorprodukte des Kampfstoffes »Lost« produziert wurden. Auch über verschiedene andere getarnte Tochterunternehmen produzierte Auer seit Mitte der zwanziger Jahre im Geheimauftrag der Reichswehr und profilierte sich damit für den gesamten Gasrüstungsbereich.[54]

Neben den Verhandlungen über die Auftragsvolumina wurde zunehmend die Frage der Zulieferer entscheidender Bestandteil der Kartellabsprachen. Es ging vor allem um die Gummikörper für die Gasschutzmasken, deren unterschiedliche Materialqualität über die Güteklasse der Masken entschied. Auer war dabei bemüht, den kompetenten Hannoveraner Gummikonzern Continantal AG als exklusiven Zulieferer durch Kartellabsprachen an sich zu binden. Conti verpflichtete sich daraufhin vertraglich, ausschließlich für Auer Gummikörper zu liefern, wodurch das Drägerwerk gezwungen war, auf die in diesem Gebiet weniger erfahrenen Gummihersteller – vor allem Wetzel und die Radium Gummiwerke – zurückzugreifen.[55] Das Zuliefersystem gewann neben der Entwicklung der Technologie und der Fertigungskapazitäten zunehmend an Bedeutung für den Wettbewerb. Darüber hinaus einigten sich die Konkurrenten Auer und Dräger über den Export von militärischen Gasschutzgeräten ins Ausland. Hierbei kam es zu einer präzisen Aufteilung des Weltmarkts, wobei man eine Einigung entsprechend den Marktanteilen anstrebte.[56] Die Kartellabsprachen räumten den beiden Wettbewerbern klare Einflußsphären ein und bestimmten für die umstrittenen Märkte genau festgelegte Verkaufsquoten. Diese Absprachen, die in der Exportindustrie während der Weltwirtschaftskrise weit verbreitetet waren, konnten jedoch Auseinandersetzungen der Konkurrenten auch in der Folgezeit nie vollständig verhindern.[57]

[53] Vertrag »Heeresaufträge des RWM auf Gasmasken« 30.11.1928, SUD BÄD VII 2.20.

[54] Vgl. Groehler, Tod, S. 77f.

[55] Vgl. Berichte, SUD BS 36/36; Korrespondenz Drägerwerk mit Firma Wetzel 1933-1941, SUD BÄD VII 4.17; Vertrag über gemeinsame Entwicklung und Produktion von Gummikörpern für Gasmasken zwischen Drägerwerk und den Radium-Gumiwerken (2.7.1928), SUD BS 6/12; Verträge Drägerwerk und Auer 30.11.1928, SUD BÄD VII 2.20.

[56] Vertrag zwischen Drägerwerk und Auer über Länderaufteilung mit Anlagen (Länderlisten) 8.2.1930, SUD BÄD VII 2.9; Richtlinien für die Produktion der Volksmaske zwischen Auer und Drägerwerk 11.1.1932, SUD BÄD VII 2.10.

[57] Vgl. Herbst, Unternehmensstrategie, S. 116.

Die Einigung über die Quoten bei den Aufträgen für die Reichswehr, zu denen man schließlich einvernehmlich fand, mußte Heinrich Dräger allerdings gegen teilweise erheblichen Widerstand in seinem Unternehmen durchsetzen. Gerade Oberingenieure, die sich schon unter Drägers Vater mit der Berliner Konkurrenz auseinandergesetzt hatten, wehrten sich gegen die – ihrer Auffassung nach – unangemessenen Zugeständnisse an Auer.[58] Im Kern ging es um die Frage, ob man sich auf die Quotierung durch eine gütliche Einigung einlassen – und damit zugleich den Entwicklungsanteil von Auer an der Standardmaske GM 24 und anderen Geräten anerkannte – oder eine neuerliche eventuell sogar gerichtliche Auseinandersetzung suchen sollte, um Auer zu einer für Dräger profitablen Lizenzproduktion zu zwingen. Auer suchte gerade im F & E Bereich durch die Absprachen einen Zugang zu dem technologischen Know How der Lübecker zu bekommen, um so eine langwierige eigene Grundlagen- und Detailforschung zu vermeiden. Das Drägerwerk war im Gegenzug bei der Bewältigung der umfangreichen Aufträge grundsätzlich auf die Fertigungskapazitäten des Konkurrenten angewiesen. Ihren technologischen Vorsprung wollten die Oberingenieure gegenüber der Auergesellschaft jedoch keinesfalls verlieren und kritisierten folgerichtig die angestrebte Einigung.[59]

Dräger setzte schließlich die Einigung über die Quoten im Unternehmen durch. Die Vereinbarung, die nach einem Gutachten des Heereswaffenamts über die Produktionspotentiale der beiden Firmen zustande gekommen war, sah eine Aufteilung von 65 % für Auer und 35 % für Dräger bei Masken, im übrigen Schutzmittelbereich von 50 % für jeden vor. Im besonders profitablen Sauerstoffgerätebereich konnte Dräger 65 % und im Bereich der medizinischen Behandlungs- und militärischen Spürgeräte sogar 100 % für sich erreichen.[60] Die Zugeständnisse an den Konkurrenten markieren eine entscheidende Zäsur in der Unternehmensentwicklung: die Firma hatte sich grundsätzlich für eine nachfrageorientierte Strategie entschieden. Dabei nutzte sie ihr Innovationspotential, um an den lukrativen Massenaufträgen teilzuhaben und ihre Verhandlungsposition gegenüber dem größeren Konkurrenten zu stärken. Es zeichnete sich indessen schon bei diesem Geschäft für die Lübecker Unternehmensleitung ab, daß man die Gewinnmöglichkeiten der Rüstungsaufträge langfristig nur mit einer Modernisierung und Vergrößerung der Fertigungsanlagen ausnutzen konnte.

Das Heereswaffenamt war weiterhin an der Entwicklungsarbeit des Drägerwerks interessiert und über die technologischen Innovationen hervorragend informiert. Bei den Konflikten über die Fertigungsquoten rangierte die Militärbürokratie oft als Schiedsrichter zur Abschätzung der Leistungsfähigkeit der

58 Vgl. Oberingenieure Stelzner und Schröder an Dräger 28.10.1929, SUD BÄD III 17.

59 Vgl. ebd., S. 2

60 Vgl. Vertrag zwischen den Firmen Drägerwerk, Auer und dem Heereswaffenamt 12.11.1929 (mit Anlagen), SUD BÄD VII 2.11.

Betriebe. 1929 erkundigte sich das Amt nach der Leistungsfähigkeit des Drägerwerks für einen anderen größeren Auftrag und fragte die Unternehmensleitung zugleich nach der benötigten Anlaufzeit für eine massive Kapazitätsausweitung. Dabei fragte das Heereswaffenamt Dräger explizit nach den Erfahrungen mit der Massenfertigung von Gasschutzgeräten im Ersten Weltkrieg sowie den Problemen einer möglichen Lizenzproduktion von Dräger-Heeresmasken in anderen Betrieben.[61]

Zwei Jahre nach den ersten umfassenden Rüstungsaufträgen 1928/29 kam es erneut zu Verhandlungen der Firmen mit der Militärbürokratie. Im Heereswaffenamt war man abermals an den Potentialen des Unternehmens sehr interessiert. Die unter strenger Geheimhaltung verlaufenden Verhandlungen führten im Februar 1932 zu einer Denkschrift des Drägerwerks für die Reichswehr, die im wesentlichen einen »Umstellungsplan« darstellte. Dieser sah vor, die Fertigung in dem Unternehmen in kürzester Zeit auf eine höchstmögliche Produktion von militärischen Gasschutzgeräten umzustellen.[62] Das über einhundertseitige Dokument geht auf die Details einer solchen Mobilisierung ausführlich ein und entwirft einen präzisen Kosten- und Zeitplan. Die Oberingenieure, die gemeinsam mit Dräger das Gutachten erstellten, dachten an eine sechswöchige Anlauffrist, um die maximale Produktion zu erreichen.[63] Man ging bei der Denkschrift von einem Fertigungsziel – neben anderen Rüstungsgütern – von monatlich 120.000 Gasmasken (GM 24) und 240.000 Filtern aus. Dafür plante man einen Personalaufwand von 3730 Beschäftigten und umfangreiche Bauten auf dem Betriebsgelände.[64] Insgesamt betrug das anvisierte Investitionsvolumen in den ersten vier Wochen knapp 3 Mio. RM. Die Denkschrift Drägers führte zur Aufnahme des Drägerwerks in die Liste des Wirtschaftsstabs des Heereswaffenamts über »kriegswichtige Betriebe«, um deren Aufstellung sich das Amt in der Weimarer Republik unter strengster Geheimhaltung bemühte.[65] Betrachtet man diese Planung Anfang 1932 vor dem Hintergrund des Tiefpunkts der Nachfrage und des katastrophalen Umsatzrückgangs im Drägerwerk zu diesem Zeitpunkt, müssen die Entwürfe Dräger selbst merkwürdig vorgekommen sein. Tatsächlich erreichte man die 1932 geplanten Produktionsziele annähernd – wenn auch unter vollkommen anderen Voraussetzungen – sechs Jahre später im Sommer 1938.[66]

---

[61] Korrespondenz mit dem Heereswaffenamt 1928-1930, SUD BS 6/12.

[62] »Umstellungsplan« 25.2.1932, SUD BS 36/43.

[63] Vgl. ebd., S. 73.

[64] Vgl. ebd., S. 54ff.

[65] Vgl. Industrie Lübeck: Liste der kriegswichtigen Betriebe 8.7.1932. Das Drägerwerk ist verzeichnet mit 1500 Mitarbeitern bei voller Auftragslage als Fabrik für Gasschutzgeräte, BArch-MA RW 19 1636; vgl. dazu: Georg Thomas, Geschichte der deutschen Wehr- und Rüstungswirtschaft (1918-1943/44), hrsg. v. Wolfgang Birkenfeld, Boppard am Rhein 1966, S. 58ff.

[66] Vergleicht man die tatsächliche Expansion des Unternehmens bis zur Mitte der dreißiger Jahre mit den Plänen aus dem Jahr 1932, fallen gerade bei den baulichen Erweiterungen und den Maschineninvestitionen deutliche Übereinstimmungen auf.

Die Auswirkungen der Weltwirtschaftskrise auf die Unternehmensentwicklung lassen sich in drei Aspekten zusammenfassen. *Erstens* gelang es dem Drägerwerk aufgrund des Auslandsgeschäfts und der Rüstungsaufträge, die Krise relativ unbeschadet zu überstehen. Den Export konnte man mit dem ausgezeichneten Netzwerk von Auslandsbeziehungen, Vertretungen und Niederlassungen in der Krise flexibel gestalten und den Anforderungen der Nachfrageveränderungen anpassen. Dabei war gerade der hohe Diversifizierungsgrad der Produktion hilfreich, da er eine Anpassung an die unterschiedlichen Märkte erlaubte. Obgleich das Unternehmen auf dem Höhepunkt der Krise etwa zwei Drittel seines Auslandsumsatzes einbüßte, wurden 1931 und 1932 nur im Exportgeschäft Gewinne erwirtschaftet.

Zweitens konnte die Unternehmensleitung die technologische Führungsposition, die man im Bereich einiger Kernkompetenzen besaß, außerordentlich produktiv einsetzen. Die traditionelle Stärke der Forschungs- und Entwicklungsarbeit konnte auch gegenüber der Rüstungsbürokratie wirksam genutzt werden, um Defizite im Fertigungsbereich zu kompensieren und dem Unternehmen einen Wettbewerbsvorsprung zu verschaffen. Die technologischen Potentiale verstärkten darüber hinaus die Verhandlungsposition des Unternehmens bei den Kartellabsprachen mit dem Hauptwettbewerber Auer. Diese Absprachen wurden bei der Erschließung neuer Märkte während der Krise entscheidend verstärkt.

Drittens führte die Krise keineswegs zu einer grundsätzlichen regionalen Umorientierung des Außenhandels. Die Unternehmensleitung war bemüht, die internationalen Märkte in Westeuropa und den USA zu erhalten und das süd- und osteuropäische Absatzgebiet als Ergänzung zu gewinnen. Eine ähnlich ergänzende Bedeutung hatte auch die Sowjetunion. Eine Regionalisierungstendenz, wie sie Teile der Forschung in den Unternehmensstrategien der Zwischenkriegszeit als Vorbereitung auf eine kriegerische Expansion zu erkennen meinen, ist im Drägerwerk nicht nachweisbar.[67]

Die entscheidenden Modifikationen in der Unternehmensstrategie als Reaktion auf die Krise waren eine erhebliche Konzentration auf die Rüstungsaufträge, die das zivile Inlandsgeschäft und den schwindenden Export ersetzte sowie die Bereitschaft, für dieses Geschäft Teile der technologischen Kernkompetenzen weiterzugeben. Diese strategischen Veränderungen waren zu einem erheblichen Teil auf die Einschränkung der unternehmerischen Handlungsspielräume in der Krise zurückzuführen.

[67] Vgl. Schumann, Griff; Volkmann, Außenhandel, S. 109ff.; dazu: Wolfram Fischer, Probleme von Außenhandel und Aufrüstung (Koreferat zu H.-E. Volkmann), in: Forstmeier/Volkmann, Wirtschaft, S. 132-135.

II. Unternehmensexpansion und Rüstungsboom

1. Staatskonjunktur und Nachfrageentwicklung

Die nationalsozialistische Machtergreifung änderte zunächst wenig an den unternehmerischen Strategien. Aus zeitgenössischer unternehmerischer Perspektive bedeuteten die wirtschaftspolitischen Maßnahmen in den ersten Monaten des Regimes keine maßgebliche Veränderung, denn mit wenigen Ausnahmen vermied die Regierung Eingriffe in die privatwirtschaftlichen und eigentumsrechtlich bestehenden ökonomischen Zusammenhänge.[1] Aus wirtschaftshistorischer Perspektive dagegen veränderten sich mit der Reichsregierung Hitler die Rahmenbedingungen in zunehmendem Maße. Der Wirtschaftsaufschwung, der mit den Maßnahmen des Jahres 1933 den Trend der konjunkturpolitischen Entwicklung seit dem Sommer 1932 fortsetzte, ist am besten als eine Staatskonjunktur in extremer Form zu charakterisieren.[2] Die durch staatliche Ausgaben provozierte hohe Binnennachfrage – ein Ergebnis der konjunkturpolitischen Maßnahmen der Jahre 1933-1935 – wurde durch das steigende Tempo einer Aufrüstung gekennzeichnet, die von Beginn an die Wirtschafts- und Finanzpolitik der Regierung bestimmte.[3] Ein Großteil der industriellen Unternehmen hatte durch den weitestgehend rüstungsbedingten Boom die Möglichkeit, sich von den Folgen der Weltwirtschaftskrise zu erholen und konnte zudem einen substantiellen Aufschwung durch die gestiegene Inlandsnachfrage verzeichnen. Die Staatskonjunktur veränderte die Nachfragestruktur sowie das Nachfragevolumen der Wirtschaft und damit in hohem Maße auch die Investitionsstruktur der Industrie.[4]

Daher ist bei der Untersuchung des dynamischen Prozesses zunehmender staatlicher Interventionen in originär unternehmerische Handlungsräume auch die Frage nach dem Prozeß der Anpassung des Unternehmers und des Unternehmens an die veränderten politischen und ökonomischen Rahmenbedingungen zu stellen: Wie vollzog sich diese Entwicklung? Welche Formen von Widerstand existierten bei den Unternehmern und welche Formen von Bereitschaft gab es, sich den neuen Anforderungen zu fügen? Welche Handlungsspielräume

---

1 Herbst, nationalsozialistisches Deutschland, S. 119.

2 Christoph Buchheim, Zur Natur des Wirtschaftsaufschwungs in der NS-Zeit, in: Christoph Buchheim/Michael Hutter/Harold James (Hgg.), Zerrissene Zwischenkriegszeit. Wirtschaftshistorische Beiträge (Knut Borchardt zum 65. Geburtstag), Baden-Baden 1994, S. 97-119 (101); Herbst, nationalsozialistisches Deutschland, S. 96f.

3 Hitler sprach die Priorität der Aufrüstung am 8.2.1933 im Kabinett deutlich an. AdR, Regierung Hitler, I Bd. 1, S. 50f. Vgl. dazu auch: Thilo Vogelsang, Neue Dokumente zur Geschichte der Reichswehr 1930-1933, in: VfZ 2 (1954), S. 397-436.

4 Willi A. Boelcke, Die Kosten von Hitlers Krieg. Kriegsfinanzierung und finanzielles Kriegserbe in Deutschland 1933-1948, Paderborn 1985, S. 54ff.

verblieben der Industrieelite, dagegen vorzugehen und eine eigene unternehmerische Strategie zu bewahren?

Betrachtet man die Ergebnisse der Wirtschaftspolitik des nationalsozialistischen Regimes, so scheint sie in den ersten Jahren außerordentlich erfolgreich gewesen zu sein. Die in ihren Ausmaßen neue Qualität staatlicher Konjunkturpolitik, die allein bis Anfang 1935 3,8 Mrd. RM und bis zum Frühjahr 1936 5,2 Mrd. RM für Arbeitsbeschaffungsmaßnahmen ausgab, führte zu einem Überschreiten der Grenze zur Vollbeschäftigung im Jahre 1937.[5]

Kausale Zusammenhänge zwischen der staatlichen Konjunkturpolitik und den wirtschaftspolitischen und arbeitsmarktpolitischen Folgewirkungen der Regierung Hitler werden in der Forschung kaum bestritten. Gleichwohl wird zunehmend gefragt, inwieweit die Ergebnisse dieser Wirtschaftspolitik hinsichtlich der industriellen Gesamtinvestitionen und der langfristigen Entwicklung des gewerblichen Kapitalstocks als Erfolge anzusehen sind.[6] In der neueren Forschung gestehen auch liberale Wirtschaftshistoriker meist ein »gewisses Maß an Deficit-Spending« zur Überwindung der Krise und als Voraussetzung jedes möglichen Wirtschaftswachstums zu. In jüngster Zeit wurde indessen der Erfolg der industriellen Gesamtentwicklung vor dem Hintergrund möglicher Wachstumspotentiale unter anderen wirtschaftspolitischen Rahmenbedingungen skeptisch beurteilt.[7] Einig ist man sich jedoch darin, daß die extreme Staatskonjunktur, die ersten wirtschaftspolitischen Maßnahmen der Regierung und die Zerschlagung der Gewerkschaften zunächst zu einer partiellen Interessenidentität zwischen der nationalsozialistischen Elite und der konservativen Unternehmerschaft führte, daß aber ein Großteil insbesondere der exportorientierten Unternehmer sich gegen die zunehmenden staatlichen Eingriffe und Reglementierungen aussprach.[8]

---

5 Herbst, nationalsozialistisches Deutschland, S. 96; Petzina, Zwischenkriegszeit, S. 113.

6 Vgl. die skeptische Einschätzung der Entwicklung der Investitionen, die von Knut Borchardt angeregt wurde (ders., Trends, Zyklus, Strukturbrüche, Zufälle: Was bestimmt die deutsche Wirtschaftsgeschichte des 20. Jahrhunderts?, in: VSWG 64 (1977), S. 145-178). In diesem Sinne auch Buchheim, Natur, S. 111, 118f.; Albrecht Ritschl, Über die Höhe und Struktur der gesamtwirtschaftlichen Investitionen in Deutschland 1935-1938, in: VSWG 79 (1992), S. 156-176; Boelcke, Kosten, S. 55ff.; James, Weltwirtschaftskrise, S. 396; ders., Innovation and conservatism in economic recovery: the alleged »Nazi-recovery« of the 1930`s, in: W. R. Garside (Hg.), Capitalism in Crisis. International Responses to the Great Depression, London 1993, S. 70-95; in der neueren Forschung werden auch die Auswirkungen der Arbeitsbeschaffungsmaßnahmen in Frage gestellt: Wulff, Arbeitslosigkeit; Silvermann, Fantasy; ders., National Socialist Economics: The »Wirtschaftswunder« Reconsidered, in: B. Eichengreen/T.J. Hatton (Hgg.), Interwar unemployment in international perspective, Doodrecht 1988, S. 205-137; Rüdiger Hachtmann, Arbeitsmarkt und Arbeitszeit in der deutschen Industrie 1929-1939, in: AfS 27 (1987), S. 177-227; Pfliegensdörfer, Handelszentrum.

7 Zudem wird der Zusammenhang zwischen nationalsozialistischer Wirtschaftspolitik und dem Aufschwung der dreißiger Jahre von Christoph Buchheim im Gegensatz zur Erfahrung der Zeitgenossen in Frage gestellt und darüber hinaus konstatiert, daß die Prosperität weitaus nachhaltiger und entschiedener hätte sein können. Buchheim, Natur, S. 104, 111.

8 Herbst, Unternehmensstrategie, S. 73ff.; Erker, Industrie-Eliten, S. 7ff.; Richard Overy, War and Economy in the Third Reich, Oxford 1994, S. 133.

Auf Seiten der Unternehmer bestand ein zentraler Widerspruch in der Beurteilung der Auswirkungen der staatlichen Wirtschaftspolitik: Einerseits begrüßte man einhellig den Wirtschaftsaufschwung, den man überwiegend der nationalsozialistischen Regierung zuschrieb. Andererseits war die starke Abhängigkeit der gestiegenen Binnennachfrage von der Staatskonjunktur so offensichtlich, daß die Unternehmer kein oder oft nur geringes Vertrauen in die Langfristigkeit dieses Trends hatten. Letzteres läßt sich am Investitionsverhalten messen, das als zentrales Kriterium unternehmerischer Zustimmung und ihres Vertrauens gelten kann. Hier überwog in den dreißiger Jahren eine Zurückhaltung seitens der Industrie, die von der staatlichen Bürokratie gerade im Hinblick auf die angestrebte Erweiterung der Rüstungskapazitäten besorgt wahrgenommen wurde. Diese von Vorsicht bestimmte Zurückhaltung bei Investitionen in neue industrielle Kapazitäten kann man in verschiedenen Branchen feststellen.[9]

Das Wagemannsche Institut für Konjunkturforschung, das die personalpolitischen Veränderungen der Zeit nach der Machtergreifung überstanden hatte und mit dem Dräger weiterhin in engem Kontakt stand, stellte in einem Gutachten 1936 eine deutliche investive Zurückhaltung bei großen Teilen der Industrie fest. Für die Skepsis der Wirtschaft, so das Gutachten, »mag vielfach die Erwägung maßgebend sein, daß der gegenwärtig erreichte hohe Auftragsbestand eine direkte oder indirekte Ausstrahlung staatlicher Beschaffungsmaßnahmen darstellt, der mit der Überleitung der bisher vom Staat geförderten in eine von der Privatwirtschaft getragene Entwicklung wieder abnehmen könnte.«[10] Das Investitionsverhalten ist für eine unternehmensgeschichtliche Analyse von entscheidender Bedeutung, da es neben Aussagen über die Unterstützung einzelner Politikbereiche auch zentrale Erkenntnisse über strategische Unternehmensziele und -schwerpunkte ermöglicht.[11] Darüber hinaus können gerade in der Kooperation zwischen Firmen und öffentlichen Institutionen bei staatlicher Investitions- und Industriepolitik, die explizit Eingriffe in Bereiche der Wirtschaft vorsieht, Erkenntnisse über die Funktion von Unternehmen im Wirtschaftssystem sowie über unternehmerische Handlungsspielräume gewonnen werden.

Neben der »Staatskonjunktur« bestimmte jedoch vor allem eine weitere mit diesem Prozeß verbundene Entwicklung die Unternehmen, die zunehmend eine eigene Dynamik entwickelte und entscheidende Auswirkungen auf alle Wirtschaftsbereiche hatte: Die wachsende Bürokratisierung der Wirtschaftsverwaltung infolge der staatlichen Interventionen in bestehende Marktmechanismen.

---

9 Vgl. als Beispiel der Automobil- und Rüstungsbranche: Neil Gregor, Stern und Hakenkreuz. Daimler-Benz im Dritten Reich, Berlin 1997, S. 369f.

10 Allgemeiner Konjunkturdienst. Die Wirtschaftslage in Deutschland, in: Vierteljahrshefte für Konjunkturforschung 11 (1936) Teil A, N. F., S. 64.

11 Darauf weist schon Herbst, totale Krieg, S. 124, hin.

Diese Phase staatlichen Interventionismus hatte schon in der Weltwirtschaftskrise begonnen und drückte sich vor allem in der Material- und Devisenkontingentierung sowie der Investitionssteuerung aus.[12]

Die Veränderungsdynamik der deutschen Wirtschaft der dreißiger Jahre, die in den ökonomischen Kennziffern deutlich wird, findet sich in der Gesamtentwicklung des Drägerwerks eindrucksvoll wieder. Während sich mit der nationalsozialistischen Machtergreifung selbst zunächst wenig für das Unternehmen änderte, führten die sukzessiv einsetzenden Eingriffe in bestehende Funktionsfelder und -bereiche, mit denen das Unternehmen unmittelbar in seiner Umgebung konfrontiert wurde, in einem sich zunehmend beschleunigenden, dynamischen Prozeß zu einer Veränderung der unternehmerischen Politik sowie zu einer Wahrnehmung dieser Entwicklung durch die Unternehmensleitung.

2. Radikaler Staatsinterventionismus? Die Kritik Drägers und das Netzwerk der Studiengesellschaft

Heinrich Dräger, selbst zunächst Befürworter eines begrenzten »Deficit-Spending« und eines Engagements von staatlicher Seite, beobachtete den nach 1933 zunehmenden Interventionismus der staatlichen Politik in die marktwirtschaftlichen Strukturen mit wachsendem Mißtrauen. Die Maßnahmen der Regierung Hitler in den Jahren nach 1933 gingen bei weitem über das hinaus, was Dräger in der Debatte der Jahre 1931-1933 gefordert hatte. Ähnlich wie Dräger beurteilten auch andere Industrielle wie der Aufsichtsratsvorsitzende der Degussa AG Fritz Roessler die staatlichen Maßnahmen bei aller Achtung vor dem engagierten Eingreifen in steigendem Maße skeptisch.[13]

In einem von der Reichsbank angeforderten Bericht schätzte Dräger im Februar 1936 die positiven und negativen Folgen der makroökonomischen Entwicklung seit der Machtergreifung auf sein Unternehmen ein.[14] Zunächst betonte er, daß »die in vielen Kreisen vorhandene Kauflust« den »Geschäftsgang« »günstig« beeinflusse. »Nachteilig«, so fuhr er fort, wären »die Schwierigkeiten, die sich ergeben durch die Befolgung der zahlreichen neu erschienenen Verordnungen, die sich auf die Regelung des Wirtschaftslebens beziehen.« Mit deutlichen Worten schilderte der Unternehmer die Folgen dieser Interventionen: »Diese Verordnungen (...) erschweren (...) oft eine rasche Abwicklung der Betriebsvorgänge.« Die unmittelbaren Auswirkungen dieser Regulierungen auf die

[12] Herbst, nationalsozialistisches Deutschland, S. 20; Herbst, Gewalt, S. 151ff.; James, Weltwirtschaftskrise, S. 368ff.; Boelcke, Kosten, S. 10ff.

[13] »Nationalsozialismus, Dezember 1933«, S. 15ff., Biographische Unterlagen Fritz Roessler, Unternehmensarchiv der Degussa AG; vgl. dazu Hayes, Fritz Roessler.

[14] Dräger an die Reichsbankstelle Lübeck 20.2.1936, SUD BS 17/2.

Verwaltungsvorgänge in seiner Firma bewegten Dräger dazu, offen seine Einschätzung der Situation auszusprechen: »Was die Zahl der verschiedenen Instanzen betrifft, die regelnd und organisierend (...) heute in einen Industriebetrieb eingreifen, dürfte sie die obere Grenze des Tragbaren bald erreicht haben, insbesondere dann, wenn die Vermehrung dieser wirtschaftsregelnden Instanzen im selben Tempo weiter fortschreitet wie bisher.«[15]

Die Beschwerden aus der Unternehmerschaft gegen die zunehmende Bürokratisierung infolge des Auf- und Ausbaus der Steuerungsbehörden und die staatlichen Interventionen gegen die Betriebe nahmen insbesondere nach den Maßnahmen des zweiten Vierjahresplans entscheidend zu. In Südwestdeutschland monierte ein Industrieller, daß »die Einrichtung von Überwachungsstellen und dergl. (sic.) (...) einen Bürokratismus mit sich (bringt), der mit der schönsten Blüte der Inflation zu vergleichen ist.«[16] Ähnliche Bürokratisierungsprozesse fanden als Auswirkung der staatlichen Regulierungseingriffe in zahlreichen Unternehmen statt. Ihre Entstehung war keineswegs auf eine bestimmte Unternehmensgröße beschränkt.[17]

Dräger skizzierte in seinem Bericht an die Reichsbank seine Ansicht von der allgemeinen wirtschaftspolitischen Lage und den Möglichkeiten einer Verbesserung. Dabei war er sich der widersprüchlichen Situation, in der er sich als Unternehmer befand, bewußt: »Wir (die Unternehmensleitung, B.L.) befinden uns in der eigenartigen Situation, daß, wenn wir aufrichtige Vorschläge machen sollen, die wir für geeignet halten, eine grundlegende Besserung der gesamten Wirtschaftslage (...) in Deutschland auf lange Zeit zu gewährleisten, daß diese Vorschläge gleichzeitig für einen großen Teil unseres heutigen Betriebes, nämlich soweit er die Rüstungen betrifft, eine Verschlechterung bringen würden.«[18] Explizit forderte Dräger dennoch eine Drosselung des Rüstungstempos mit dem Argument: »Deutschland ist auch ohne starke Rüstungen (...) ausreichend gegen Angriffe gesichert.« Dabei verwies der Unternehmer angesichts der außenpolitischen Entwicklung auf die Notwendigkeit, insbesondere mit Frankreich weiterhin den Ausgleich zu suchen, da dies der Schlüssel zum Frieden in Europa sei.[19] Darüber hinaus forderte er unter Verweis auf die handelspoliti-

[15] Ebd., S. 1.

[16] Berichte an die Industrie- und Handelskammer Reutlingen, zit. nach Cornelia Rauh-Kühne, Mittelständische Unternehmer im Konflikt mit Partei und Staat, in: Formen des Widerstandes im Südwesten 1933-1945, hrsg. v. Thomas Schnabel, Ulm 1994, S. 105-114 (107).

[17] In der unternehmenshistorischen Forschung zur NS-Zeit wurde dieser Aspekt bislang oft festgestellt, jedoch nicht als abhängiger Prozeß verstanden oder systematischer analysiert. Mit dem Beispiel Hohner: Berghoff, Kleinstadt, S. 409f.; für den Mittelstand: Bräutigam, Unternehmer, S. 390; für Daimler-Benz: Gregor, Stern, S. 90; für die Elektroindustrie: Tilla Siegel/Thomas von Freyberg, Industrielle Rationalisierung unter dem Nationalsozialismus, Frankfurt/M. 1991, S. 287ff.

[18] Dräger an die Reichsbankstelle Lübeck 20.2.1936, SUD BS 17/2, S. 2.

[19] Ebd., S. 3; vgl. eine ähnliche ambivalente Einstellung beispielsweise bei Gustav Krupp: Overy, War, S. 121f.; weitere Beispiele bei Wilhelm Treue, Die Haltung einiger deutscher Großindustrieller zu Hitlers Außenpolitik, in: GWU 17 (1966), S. 491-507.

schen Auswirkungen und die Bedeutung des Auslandsgeschäfts eine Einschränkung der antisemitischen Maßnahmen.

Drägers Anmerkungen sind in zweierlei Hinsicht bemerkenswert. *Erstens* machte sich der staatliche Interventionismus offensichtlich für sein Unternehmen schon im Frühjahr 1936 – also deutlich vor dem Eingreifen von neuen Bürokratien wie dem Vierjahresplan und damit vor dem wesentlich rigoroseren Regulierungskurs in der Wirtschaftspolitik – in einer Weise bemerkbar, daß der Unternehmer sich explizit damit auseinandersetzte und ihn in seiner Denkschrift an die Reichsbank zum wichtigsten Kritikpunkt machte. Nach dem Eingreifen des Vierjahresplans kamen Industrielle wie Fritz Roessler, der Aufsichtsratsvorsitzende der Degussa AG, bald zu ähnlichen Ergebnissen wie Dräger.[20] *Zweitens* bemerkte Dräger die Folgen der zunehmend forcierten Aufrüstung und kritisierte ihre makroökonomischen Auswirkungen explizit, obgleich das Drägerwerk selbst von dieser Entwicklung profitierte. Insofern verweist der Bericht Drägers auf die Kontinuität seines wirtschaftspolitischen Engagements, das sich allerdings den strukturellen Veränderungen von Öffentlichkeit im nationalsozialistischen Herrschaftssystem bereits angepaßt hatte.

Damit werden in Drägers Verhalten Ansätze eines ökonomischen Dissenses gegenüber dem Regime deutlich. In ähnlicher Weise äußerten sich Unternehmer, als sie mit Einsetzen des zweiten Vierjahresplanes um die Jahreswende 1936/37 von den Industrie- und Handelskammern aufgefordert wurden, Lageberichte über ihre Region abzugeben. Diese Beschwerden drücken eine verbreitete Mißstimmung aus, waren interessengebunden und wehrten sich gegen Nachteile, die ihre Unternehmen aufgrund der Interventionen des Regimes hatten.[21]

Die Kritik an der Wirtschaftspolitik und den Prioritäten der allgemeinen Politik stehen in einer Kontinuität zu Drägers Interesse an der konjunkturpolitischen Debatte in der Weltwirtschaftskrise. Schon 1934 hatte Dräger in Auseinandersetzungen seines Unternehmens mit der Dresdner Bank offen auf die Gefahren einer unkontrollierten Kreditausweitung durch den Staat hingewiesen.[22] In der Korrespondenz des Unternehmers in den ersten Jahren der nationalsozialistischen Herrschaft wird wiederholt deutlich, daß er auch weiterhin einen Zusammenhang zwischen der staatlichen Wirtschaftspolitik und der Entwicklung seines Unternehmens sah.

Dabei waren inzwischen einige der Persönlichkeiten aus der Zeit der Arbeit in der Studiengesellschaft und den Projekten vor 1933 zu wirtschaftspolitischen Entscheidungsträgern und Beratern der neuen Funktionselite geworden. Während der Wirtschaftswissenschaftler und enge Vertraute Drägers Jens Jes-

20 Vgl. zu Roessler, Reichshandbuch S. 1547; Hayes, Fritz Roessler, S. 78f.

21 Mit einigen Beispielen Rauh-Kühne, Unternehmer, S. 106ff.

22 Die Beteiligten erinnerten sich später an diese Gespräche: Hans Schippel (Vorstand der Dresdner Bank Lübeck) an Dräger 10.12.1938, SUD BS 10/1.

sen nach einem kurzen Zwischenspiel als Direktor am Institut für Weltwirtschaft in Kiel schon 1934 nach Problemen mit örtlichen Parteikreisen in Kiel nunmehr einen unbedeutenden Lehrstuhl in Marburg inne hatte, verfolgten andere aus dem Netzwerk der Studiengesellschaft eine Karriere im nationalsozialistischen Staat. Jessen wurde später mit einem Ordinariat in Berlin gleichsam rehabilitiert. Er fand Ende der dreißiger Jahre zum bürgerlichen Widerstand und wurde in der Folge des 20. Juli 1944 hingerichtet.[23] Neben Adrian von Renteln, der seit Mai 1933 im Zuge der Gleichschaltung neuer Präsident des Industrie- und Handelstages und ebenso wie Heinrich Hunke Träger verschiedener anderer Funktionen war, ist vor allem Werner Daitz zu nennen. Daitz, der seit 1931 ein Kontaktmann Drägers zur NSDAP gewesen war, gehörte ebenso wie Jessen und von Renteln zu einem Netzwerk akademischer, stark völkisch beeinflußter Publizisten, die nach 1933 in verschiedenen Organen der NSDAP und ihr angegliederter Organisationen sowie in eigenen Publikationen immer wieder zu wirtschaftspolitischen Fragen Stellung nahmen. So schrieb Jessen auch nach seiner Entmachtung in Kiel noch in Rentelns Zeitschrift »die neue Wirtschaft« sowie später regelmäßig gemeinsam mit Daitz in der SS-nahen Schrift »Reich – Volksordnung – Lebensraum«, einem »Organ für völkische Verfassung und Verwaltung«, die von Werner Best und anderen einflußreichen Nationalsozialisten ab 1941 herausgegeben wurde.[24]

Als Gründer der Gesellschaft für europäische Wirtschaftsplanung und Großraumwirtschaft bestimmte Daitz schon in den dreißiger Jahren mit verschiedenen Publikationen den deutschen Diskurs über Fragen der Großraumwirtschaft maßgeblich mit. Darüber hinaus war er Präsident des Zentralforschungsinstituts für nationale Wirtschaftsordnung und Großraumwirtschaft in Dresden sowie Mitglied der Reichsleitung der NSDAP und des Reichstags.[25] Daitz war damit in der nationalsozialistischen wirtschaftspolitischen Diskussion eine schillernde Figur, wenngleich er in der Realpolitik ohne Einfluß blieb: Als Leiter der außenhandelspolitischen Abteilung in Alfred Rosenbergs Amt spielte er eine publizistisch wirksame, aber machtpolitisch für die »völkische« Richtung typisch periphere Rolle in den Auseinandersetzungen um die Handelspolitik der nationalsozialistischen Regierung.[26] Dennoch: Auf Teile der Industrieelite dürf-

[23] Varia, Nachlaß Jens Jessen, Archiv des Instituts für Weltwirtschaft Kiel; Janssen, Nationalökonomie, S. 545f.

[24] Reich – Volksordnung – Lebensraum, Bd. 1, 1941; vgl. dazu Herbert, Best, S. 284.

[25] Verschiedene Unterlagen und Briefe, SUD BS 15/4. Zu Daitz' Rolle in der Diskussion der Großraumwirtschaft neben Herbert, a.a.O.: Herbst, totale Krieg, S. 309; Hans Umbreit, Auf dem Weg zur Kontinentalherrschaft, in: Das Deutsche Reich und der Zweite Weltkrieg Bd. 5.1 (Organisation und Mobilisierung des Deutschen Machtbereichs. Erster Halbband: Kriegsverwaltung, Wirtschaft und personelle Ressourcen 1939-1941), Stuttgart 1988, S. 3-348 (214); Karl-Heinz Ludwig, Technik und Ingenieure im Dritten Reich, Düsseldorf 1974, S. 429f.

[26] Vgl. Willi A. Boelcke, Deutschland als Welthandelsmacht 1930-1945, Stuttgart 1994, S. 47; Eckart Teichert, Autarkie und Großraumwirtschaft. Außenwirtschaftspolitische Konzeptionen zwischen

ten Daitz' Vorstellungen der ökonomischen Dimensionen einer Wirtschaftsordnung der besetzten Gebiete nicht ohne Einfluß gewesen sein. Unternehmer wie der spätere Arbeitgeberpräsident Otto A. Friedrichs, der während des Krieges stellvertretender Leiter der Reichsstelle für Kautschuk wurde, nahmen an Vorträgen und Veranstaltungen von Daitz teil.[27] Für Dräger blieb Daitz neben von Renteln bis in die letzte Kriegsphase der wichtigste Kontakt zur Partei. Dies gilt insbesondere für die Zeit nach dem 20. Juli 1944, als Dräger für sich selbst eine Verfolgung befürchtete und sich mehrfach an Daitz wandte.

Vorstellungen von der Gestaltung eines europäischen Großraums unter deutschem Einfluß waren schon vor 1933 bis in das Reichswirtschaftsministerium hinein weitverbreitet und durch das Denken von Wirtschaftspublizisten der Zwischenkriegszeit wie Walther Rathenau aber auch Ernst Wagemann geprägt.[28] Es ist von entscheidender Bedeutung für das Erfassen des zeitgenössischen Verständnisses dieses Begriffs, sich die unterschiedliche Interpretation desselben auf Seiten der nationalsozialistischen Elite und auf der großer Teile der Industrieelite zu vergegenwärtigen. Überwiegend verstanden Dräger und Industrielle wie Friedrich unter Großraumwirtschaft ein ökonomisch miteinander verbundenes System regionaler Märkte. Im einzelnen gab es jedoch auch innerhalb der industriellen Elite weitreichende Unterschiede bei der Frage der Beherrschung dieses Wirtschaftsraumes.[29]

Mit dem weiteren Umfeld der Studiengesellschaft verlor Dräger den Kontakt. Der einflußreiche Bankier Friedrich Reinhart, ebenfalls Mitglied in der Studiengesellschaft, war neben seiner Tätigkeit als Aufsichtsratsvorsitzender für die Commerzbank Leiter der Wirtschaftsgruppe Privates Bankgewerbe und Präsident der Industrie- und Handelskammer Berlin geworden und in diesem Zusammenhang maßgeblich an der Gründung der Organisation der Gauwirtschaftskammern beteiligt.[30] Der ehemalige Präsident des statistischen Reichsamtes Ernst Wagemann blieb dagegen weiterhin mit Dräger in engem Kontakt. Wagemann hatte sich nach seiner Entlassung als Präsident des statistischen Reichsamtes weiterhin im Bereich der regierungsnahen Forschung als Direktor des Insti-

Wirtschaftskrise und Zweitem Weltkrieg, München 1984, S. 366f; Karl Drechsler, Hans Dress, u. Gerhard Hass, Europapläne des deutschen Imperialismus im Zweiten Weltkrieg, in: ZfG XIX (1971), S. 917-935. Zu Daitz' späteren Wirken, vgl. Ludolf Herbst, Die Wirtschaftlichen Nachkriegspläne der SS, des Reichswirtschaftsministeriums und der Reichsgruppe Industrie im Angesicht der Niederlage (1943-1945), in: Michel Dumoulin (Hg.), Plans des temps de guerre pour l'Europe d'après-guerre 1940-1947, Brüssel 1995, S. 15-24 (22f.).

27 Vgl. Volker Berghahn, Friedrich, S. 23.

28 Walther Rathenau, Probleme der Friedenswirtschaft, Berlin 1917, S. 20ff.; zu Wagemann vgl. Grotkopp, grosse Krise, S. 217f.

29 Vgl. dazu Herbst, Unternehmensstrategie, S. 76ff.

30 Peter Hüttenberger, Interessenvertretung und Lobbyismus im Dritten Reich, in: Gerhard Hirschfeld/Lothar Kettenacker (Hgg.), Der Führerstaat: Mythos und Realität. Studien zur Struktur und Politik des Dritten Reichs, Stuttgart 1981, S. 447ff.; Dietrich Eichholtz, Geschichte der deutschen Kriegswirtschaft Bd. II, Berlin 1985, S. 98ff.

tuts für Konjunkturforschung etabliert.[31] Die bald in »Deutsches Institut für Wirtschaftsforschung« umbenannte Wagemannsche Organisation behielt ihre beratende Funktion auch im Nationalsozialismus bei. Über Rolf Wagenführ als Leiter der Industrieabteilung arbeitete das Institut eng mit dem Reichswirtschaftsministerium zusammen und behauptete seine zentrale Stellung in dem Netzwerk volkswirtschaftlicher Politikberatung bis in den Krieg.[32]

Wagemann, der über seinen Schwager Hermann Warmbold – den ehemaligen Reichswirtschaftsminister und IG-Farben Vorstand – eng mit der chemischen Industrie verbunden war, näherte sich in der zweiten Kriegshälfte sehr stark den politischen Auffassungen des Kreises um Goerdeler an.[33] Es ist anzunehmen, daß Dräger unter anderem durch die bis in die Bundesrepublik anhaltende persönliche Freundschaft zu Wagemann auch Informationen über die aktuellen Debatten und Pläne dieses Netzwerkes bekam, das sich im Verlaufe der Entwicklung wirtschaftspolitisch stark von den Nationalsozialisten distanzierte. Auch der Bankier Otto Christian Fischer – gemeinsam mit Dräger Gründungsmitglied der Studiengesellschaft – ging nach anfänglicher Sympathie als Leiter der Reichsgruppe Banken auf Distanz zur NSDAP.[34]

Fast alle wissenschaftlichen Mitarbeiter Drägers aus der Zeit der Studiengesellschaft beteiligten sich darüber hinaus in unterschiedlichen Zusammenhängen an den wirtschafts- und zunehmend ordnungspolitischen öffentlichen Diskussionen und in internen Auseinandersetzungen in regierungsnahen Institutionen. So blieben Walter Grävell und Fritz Reuter – Mitherausgeber verschiedener Veröffentlichungen Drägers – auch im nationalsozialistischen Deutschland in der Leitung des Reichskuratoriums für Wirtschaftlichkeit und regten unter anderem die Debatte um »Großwirtschaftsräume, die durch die Lebensbedürfnisse der großen Nationalwirtschaften bestimmt sind«, an.[35]

---

[31] Vgl. Eichholtz, Kriegswirtschaft Bd. II, S. 429.

[32] Vgl. Hans Kehrl, Krisenmanager im Dritten Reich. 6 Jahre Frieden – 6 Jahre Krieg, Erinnerungen, Düsseldorf 1973, S. 267f., 459; Tooze, Thesen. Das DIW arbeitete auch in anderen Bereichen als Politikberater, so bestimmte es maßgeblich die Lebensmittelrationierung des Reiches, vgl. Hans Decken, Die Arbeiten des Agrarreferates im DIW 1929-1945, in: Deutsches Institut für Wirtschaftsforschung (Institut für Konjunkturforschung), Das deutsche Institut für Wirtschaftsforschung (IfK) 1925-1945 in der Erinnerung früherer Mitarbeiter, Berlin 1966, S. 33ff.; für den Zusammenhang vgl. Karl Heinz Roth, Wirtschaftliche Vorbereitungen auf das Kriegsende und Nachkriegsplanungen, in: Dietrich Eichholtz, Geschichte der deutschen Kriegswirtschaft Bd. III (1943-1945), Berlin 1996, S. 509-612 (587f.); Herbst, totale Krieg, S. 447.

[33] Zu Warmbold und Wagemann vgl. Peter Hayes, Industry and Ideology. IG Farben in the Nazi era, Camebridge 1987, S. 59ff., 98; Eichholtz, Kriegswirtschaft Bd. II, S. 429; Manfred Asendorf, Ulrich von Hassels Europakonzeption und der Mitteleuropäische Wirtschaftstag, in: Tel Aviver Jahrbuch für deutsche Geschichte VII (1978), S. 387-419 (415ff.).

[34] Harold James, Die Rolle der Banken im Nationalsozialismus, in: Unternehmen im Nationalsozialismus. hrsg. v. Lothar Gall und Manfred Pohl, München 1998 (Schriftenreihe zur Zeitschrift für Unternehmensgeschichte Bd. 1), S. 25-37 (26).

[35] Walter Grävell, in: Die Deutsche Volkswirtschaft 8 (1939), S. 43. Zu Reuter und der späteren Rolle des Reichskuratoriums für Wirtschaftlichkeit bis zu seiner Eingliederung in das Reichsministerium

Der Lübecker Unternehmer beschäftigte sich aufgrund seiner vielfältigen persönlichen Kontakte immer wieder in unterschiedlichen Gremien und Kreisen mit Fragen der Wirtschaftsordnung und -planung im nationalsozialistischen Staat. So wurde er im Dezember 1940 in den Beirat der ›Deutschen Kolonialwissenschaftlichen Gesellschaft‹ und des ›deutschen auslandswissenschaftlichen Instituts‹ berufen, wo er mit einflußreichen Nationalsozialisten wie Alfred Six und Philipp Bouhler und Teilen der höheren Ministerialbürokratie zusammentraf.[36] Das auslandswissenschaftliche Institut war publizistisch in der Frage der Gestaltung eines von Deutschland beherrschten europäischen Wirtschaftsraumes aktiv und nahm mehrfach Stellung zu den Möglichkeiten der politischen und ökonomischen Organisation dieses Gebietes.[37]

Dräger war insgesamt über sein Netzwerk von persönlichen und politischen Beziehungen, das auch ohne den ordnenden institutionellen Rahmen der Studiengesellschaft weiterhin bestand, vergleichsweise gut über die aktuellen Veränderungen und Pläne der nationalsozialistischen Wirtschaftspolitik informiert. Die jüdischen Mitglieder des Kreises – Rudolf Dalberg beispielsweise – wurden während der dreißiger Jahre zur Emigration gezwungen, wodurch der Kontakt abbrach. Erst nach dem Krieg erneuerte Dräger den Kontakt mit Dalberg und einigen anderen der emigrierten ehemaligen Mitstreiter.[38]

Neben diesem breiten Netzwerk begann Dräger mit Oberst Thomas, dem Chef des Wehrwirtschafts- und Rüstungsamtes im OKW, einen regen Gedankenaustausch. Mit ihm war Dräger seit den ersten Aufrüstungsprogrammen der Reichswehr, an denen das Drägerwerk beteiligt war, mehrfach zusammengetroffen. Seitdem besuchte er den einflußreichen Rüstungsorganisator in Berlin regelmäßig.[39]

Das gesamte Netzwerk von Persönlichkeiten, mit denen Dräger seit seinem Engagement in der Studiengesellschaft 1931 verbunden war, zu rekonstruieren oder systematisch darzustellen, kann hier nicht einmal ansatzweise versucht werden. Das funktionierende Zusammenspiel dieses Netzwerks enger Vertrauens- und Loyalitätsverhältnisse unterschiedlicher Intensität ist insgesamt von entscheidender Bedeutung für das Verständnis der Durchsetzungsfähigkeit Drägers in zentralen Bereichen seines Handelns. Dies gilt insbesondere für die Zeit

für Rüstung und Kriegsproduktion: Goetz Aly/Susanne Heim, Vordenker der Vernichtung. Auschwitz und die deutschen Pläne für eine neue europäische Ordnung, Frankfurt am Main 1993 (Erstausgabe 1991), S. 37ff.

36 Vgl. Prof. Dr. Egmont Zechlin an Dräger 2.12.1940, Dräger an Prof. Dr. Egmont Zechlin 9.12.1940, SUD BS 15/1.

37 Vgl. die Schriftenreihe »Veröffentlichungen des Auslandswissenschaftlichen Instituts« hrsg. v. F. A. Six, Berlin 1943; sowie: Probleme des europäischen Grosswirtschaftsraumes, Berlin 1943.

38 Vgl. die Korrespondenz mit Dalberg, Warburg und Friedlaender-Prechtl, SUD BS 10/1.

39 Vgl. Arbeitsplan und Arbeitsverteilung: Büro Berlin 30.12.1934 (Besuch Oberst Thomas), SUD BÄD IX 9.30 (Lummitsch); sowie die Besuchsberichte aus der zweiten Hälfte der dreißiger Jahre, SUD BS 27/5.

der nationalsozialistischen Herrschaft, da hier angesichts des staatlich kontrollierten Nachrichtenmonopols die Notwendigkeit bestand, auf diesem Wege die unbedingt erforderlichen Informationen zu erhalten.

3. Expansion und Investition: Das Lübecker Stammwerk in den dreißiger Jahren

Nach einer ersten Phase partieller Zustimmung, die in den konservativen Eliten und insbesondere im Wirtschaftsbürgertum bzw. der Unternehmerschaft weit verbreitet war, kam Dräger 1936 zu einer kritischen Einstellung gegenüber der Aufrüstungspolitik des Regimes.[40]

Seit 1933 hatte es von seiten des Unternehmens zahlreiche Kontakte und Verhandlungen mit militärischen Institutionen gegeben, die zu umfangreichen Aufträgen führten. Bei den Bewerbungen um Aufträge für Atemschutzgeräte bei den entsprechenden Reichswehr- bzw. Wehrmachtsinstitutionen und dem Reichswehr- bzw. später Reichskriegsministerium bestand weiterhin ein ständiger Wettbewerb mit der Berliner Auergesellschaft. Schon bei den Verhandlungen der Konkurrenten mit dem Reichswehrministerium im Herbst 1933 kam es erneut zu Auseinandersetzungen zwischen den beiden Unternehmen. Obwohl das Ministerium die Firmen drängte, sich über die Aufteilung der umfangreichen Aufträge gütlich zu einigen, erreichte man in den trilateralen Verhandlungen keine solche Vereinbarung. Im November 1933 sah sich die Behörde gezwungen, eine Entscheidung über die Aufteilung zu treffen: Dem Drägerwerk wurde ein Anteil von 30-35 % an allen Aufträgen zugesichert; das Unternehmen war mit dieser Beteiligung angesichts seiner im Vergleich zu dem Berliner Konkurrenten geringeren Fertigungskapazitäten zunächst zufrieden.[41]

Das Drägerwerk profitierte bis 1933 nur peripher von den Investitionen infolge der Arbeitsbeschaffungsprogramme der Regierungen Papen, Schleicher und Hitler sowie der langsamen konjunkturellen Erholung seit dem Spätsommer 1932. Die Maßnahmen und die Gesamtentwicklung bis Ende 1933 kamen vor allem anderen Branchen wie der Bauindustrie zugute.[42] Erst mit dem Jahr 1934 ist eine massive Umsatzsteigerung und vor allem eine Expansion des Anteils der Rüstungsaufträge am Gesamtumsatz zu erkennen. Die im Vergleich mit den zwanziger Jahren relativ hohen Rüstungsanteile an den Umsätzen der Jahre

---

[40] Für den generellen Trend innerhalb der Industrieelite: Herbst, Unternehmensstrategie, S. 126f.; Hayes, Industry, S. 110; Udo Wengst, Der Reichsverband der Deutschen Industrie in den ersten Monaten des Dritten Reiches, in: VfZ 28 (1980), S. 94-110; Neebe, Großindstrie, S. 181-188.

[41] Reichswehrminister an die Firmen Degea und Drägerwerk 17.11.1933, SUD BÄD VI 2.6.

[42] Vgl. Buchheim, Natur, S. 103; Stelzner, Arbeitsbeschaffung; Ludwig Grebler, Die Deutsche Arbeitsbeschaffung 1932-1935, in: Internationale Rundschau der Arbeit 15 (1937), S. 418-424.

1932 und vor allem 1933 waren noch auf die Auswirkungen der Aufträge des zweiten Rüstungsprogramms der Reichswehr von 1930 zurückzuführen.[43] Da die Bezahlung des Reichswehrministeriums erst in den Erfüllungsjahren 1932/33 in die Bilanz einging, täuschen die Zahlen ein frühes Eingreifen von Rüstungsaufträgen der nationalsozialistischen Regierung vor, die in diesem Maße noch nicht vorlagen.

Die neue Reichsregierung verbarg ihre Aufrüstungsabsichten indessen kaum und bot den Unternehmen damit aussichtsreiche Geschäftschancen.[44] Für das Drägerwerk wiesen die Aufträge des Reichswehrministeriums ab 1934 aufgrund der Kontakte aus den Verhandlungen 1930/31 eine deutliche geschäftliche Kontinuität auf. Dies gilt insbesondere, da personell in der zuständigen mittleren Ministerialbürokratie für das Unternehmen zunächst keine Veränderung zu erkennen war. Auch der Wettbewerb mit Auer verweist auf eine klare Kontinuität.

Heinrich Dräger reagierte auf die umfangreichen Aufträge über Heeresgasschutzgeräte durch das Ministerium mit einem vorsichtigen Investitionsprogramm. Aufgrund der Unsicherheit über das Anhalten der Rüstungsnachfrage agierte er insgesamt zurückhaltend; angesichts des Expansionsverhaltens der Auergesellschaft, die gegenüber den Forderungen der Rüstungsbürokratie eifrige Bereitwilligkeit signalisierte, mußte er jedoch in die Fertigungskapazitäten investieren, um nicht schrittweise vollständig vom Markt verdrängt zu werden.

Die Fertigungskapazitäten des Unternehmens wurden daher 1933 und 1934 erstmals seit dem letzten Jahr vor der Weltwirtschaftskrise wieder durch nennenswerte Investitionen in das maschinelle Anlagevermögen erweitert und modernisiert. 1933 investierte Dräger 82.000 RM und 1934 617.000 RM in verschiedene neue Maschinen. Die Investitionen waren von der Ministerialbürokratie gefordert und von dem kapitalarmen Unternehmen, das gerade erst eine große Nachfragekrise überstanden hatte, zunächst abgelehnt worden. Sie übertrafen diejenigen des letzten Jahres vor der Krise 1928 bei weitem. Erst nach Verhandlungen mit dem Heereswaffenamt und dem Reichswehrministerium über staatliche Investitionsbeihilfen hatte Dräger den Anschaffungen, die eine maßgebliche Erweiterung der Fertigungskapazitäten für Gasschutzgeräte bedeuteten, zugestimmt. Dabei spielte neben den großzügigen Subventionen und Abschreibungsmöglichkeiten die unmittelbare Angst vor einer Verdrängung durch die Auergesellschaft eine entscheidende Rolle. Von den investierten Summen übernahm das Reichswehrministerium schließlich 1933 ca. 50% und 1934 sogar 82% (503.000 RM).[45]

---

[43] Geyer, Zweite Rüstungsprogramm; verschiedene Unterlagen, SUD BS 15/18 und SUD BS 15/16.

[44] In der wissenschaftlichen Literatur ist man von der Annahme einer ersten gleichsam autonomen Phase der »reinen« Arbeitsbeschaffung, die von einer zweiten Aufrüstungsphase unterschieden werden könne, abgerückt. Vgl. Ludwig, Strukturmerkmale, S. 48; Dietmar Petzina, Vierjahresplan und Rüstungspolitik, in: Forstmeier/Volkmann, Wirtschaft, S. 65-80 (67).

[45] Bericht über eine Prüfung bei dem Konzern Drägerwerk, Heinr. & Bernh. Dräger. Lübeck (mit Anlagen) durch das Reichskriegsministerium 11.8.1937, SUD BÄD I.3.4.

Ähnliche Kooperationen gab es in vielen industriellen Branchen. Der Aufbau der Rüstungskapazitäten mit Hilfe staatlicher Subventionen begann schon im Jahre 1933, wobei man auf den Vorarbeiten, Erfahrungen und Kontakten der Reichswehr aus der Republik aufbauen konnte und in der Ministerialbürokratie auf eine enge Zusammenarbeit mit der industriellen Elite angewiesen war.[46] Staatliche Investitionshilfen wie die der Jahre 1933 und 1934 bekamen in der folgenden Zeit Modellcharakter für die weitere Expansion des Unternehmens: Das Ministerium vergab als Ergebnis der Verhandlungen mit dem Drägerwerk bereitwillig auf indirekten und zunehmend auch direkten Wegen umfangreiche Finanzmittel, damit der Betrieb seine Kapazitäten für die Rüstungsgüterfertigung ausweiten konnte. Betrachtet man diese anhaltenden Subventionen vor dem Hintergrund der Gesamtentwicklung der Investitionen, so ist ein großer Teil der Expansion des Kapitalstocks des Drägerwerks in der NS-Zeit auf die Unterstützung durch staatliche Institutionen zurückzuführen. Die Wettbewerbssituation auf dem hart umkämpften Markt hatte die Lübecker Unternehmensleitung bei diesen Entscheidungen immer unmittelbar vor Augen.

Wie jedoch kam es zu der Notwendigkeit dieser Subventionen bzw. Anreize bei einer boomenden Staatsnachfrage, in der man zunächst umfangreiche Investitionen von seiten der Industrie erwartet hätte? Offensichtlich herrschte in großen Teilen der Wirtschaftselite Skepsis und Zurückhaltung hinsichtlich der Rentabilität und der Verdienstmöglichkeiten in der Rüstungskonjunktur. Auch Dräger agierte bei den investiven Aufwendungen für Maschinen, Grundstücke und Gebäude, die nach der Krise zur Bewältigung der umfangreichen öffentlichen Aufträge dringend notwendig waren, überaus zögernd. Insgesamt waren es mehrere Faktoren, die zu der zurückhaltenden Investitionsbereitschaft vieler deutscher Unternehmer bei der Frage der Kapazitätserweiterungen für die steigende Rüstungsproduktion führten. Die Investitionsbereitschaft der industriellen Elite ist dabei von besonderem Interesse, da sich an ihr grundsätzlich die Bereitschaft für eine weitergehende Mobilisierung ablesen läßt. Darüber hinaus läßt der Grad der Bereitschaft Aussagen über das Vertrauen der Unternehmer in ein Anhalten des Aufschwungs und der staatlichen Nachfrage zu, da unter veränderten makroökonomischen oder konjunkturellen Rahmenbedingungen Überkapazitäten zu einer finanziellen Belastung für die Firmen führen.[47]

Dräger sah die steigenden Rüstungsausgaben des deutschen Reiches, die er selbst in Diskussionen über die Konjunkturpolitik in der Weltwirtschaftskrise

[46] Vgl. Boelcke, Kosten, S. 40, 44.

[47] Vgl. Herbst, totale Krieg, S. 124, der die Bereitschaft zu einem zentralen Indikator für die Kriegszeit macht. Vgl. für die Indices der Investitionen: Rolf Wagenführ, Die deutsche Industrie im Kriege 1939-1945, Berlin 1963, S. 26ff. Eine vergleichende Betrachtung mit den Gesamtinvestitionen im Deutschen Reich ist schwierig, da das Statistische Reichsamt die Investitionstätigkeit ab 1935 nicht mehr veröffentlichte. Nachberechnungen versuchte unter anderem G. Gehrig, Eine Zeitreihe für den Sachkapitalbestand, in: IFO-Studien 7 (1961), S. 7-60 (46); sowie: Ritschl, Höhe.

angedacht hatte, schon vor der forcierten Phase infolge des zweiten Vierjahresplans 1936 nicht mehr als positiv und begründet an. Die Erfahrungen des Ersten Weltkriegs bildeten für den Unternehmer ein zentrales Paradigma, mit dem er sowohl die langfristigen Auswirkungen einer Konzentration des Unternehmens auf den Rüstungssektor als auch einen massiven Ausbau der Fertigungskapazitäten in diesem Bereich beurteilte: Obgleich man durch die Rüstungsnachfrage hohe Gewinne erwirtschaftet hatte, war der Betrieb seines Vaters aufgrund der hohen Rüstungskonzentration nach dem Ersten Weltkrieg fast in den Konkurs gegangen.[48] Die Erfahrung des Verlustes der internationalen Wettbewerbspositionen durch den Ersten Weltkrieg, die für das Drägerwerk verheerende Folgen gehabt hatte, ließ Dräger auch an der eine Autarkie propagierenden Wirtschaftspolitik grundsätzlich zweifeln. Insbesondere da das Drägerwerk vor dem Einsetzen der Weltwirtschaftskrise wie viele deutsche exportorientierte Unternehmen auf dem Weg war, erstmals wieder einen Anschluß an die Vorkriegsentwicklung zu finden.[49] Auch wenn er den Bemühungen der nationalsozialistischen Regierung zur Bekämpfung der Arbeitslosigkeit in den ersten zwei Jahren grundsätzlich aufgeschlossen gegenüberstand, hielt er an seinen liberal-kapitalistischen Überzeugungen hinsichtlich einer Außenwirtschaftspolitik fest. Damit entsprach er einer weitverbreiteten Meinung innerhalb der deutschen Exportindustrie.[50]

Gleichwohl gab es auch in der exportorientierten Industrie zunehmend gegenläufige Tendenzen, so daß in den dreißiger Jahren insgesamt ein wachsender und schließlich maßgebender Anpassungsprozeß sichtbar wird: Es wurden in vermehrtem Maße Forderungen erhoben, die auf das Modell einer »Großraumwirtschaft« unter deutscher Führung zuliefen.[51] Auch Dräger blieb von diesen in der zeitgenössischen wirtschaftspolitischen Diskussion weitverbreiteten Überlegungen nicht unberührt, da ein großer Teil des Netzwerkes aus den Auseinandersetzungen in der Weltwirtschaftskrise daran aktiv teilnahm. Grundsätzlich blieb seine eigene konzeptionelle Auffassung des Begriffs jedoch marktwirtschaftlichen Grundvorstellungen verhaftet. Nicht zuletzt in der

[48] Vgl. zu dem unterschiedlichen Erfahrungshintergrund in den einzelnen Branchen: Herbst, Unternehmensstrategie, S. 79ff.

[49] Vgl. die verschiedenen Berichte Bernhard Drägers über die nachteilige Entwicklung und die Krisen des Unternehmens in den zwanziger Jahren, vor allem durch die Demobilmachung: Bernhard Dräger, Niederschrift über meine Massnahmen zum Wiederaufbau des Betriebes im Drägerwerk für die Friedenswirtschaft, Lübeck 5.4.1919, SUD BS 19/10.

[50] Vgl. Werner Bührer, Zum Wandel der wirtschafts- und sozialpolitischen Zukunftsvorstellungen in der deutschen Industrie zwischen Weltwirtschaftskrise und Wirtschaftswunder, in: Matthias Frese und Michael Prinz (Hgg.), Politische Zäsuren und sozialer Wandel im 20. Jahrhundert. Regionale und vergleichende Perspektiven, Paderborn 1996, S. 81-105 (91); Hayes, Industry, S. 110; Scholtyseck, Bosch.

[51] Vgl. in diesem Sinne generell auch Herbst, Unternehmensstrategie, S. 123ff.; Lothar Gruchmann, Nationalsozialistische Großraumordnung. Die Konstruktion einer `deutschen Monroe-Doktrin´, Stuttgart 1962.

wirtschaftspolitischen Auseinandersetzung der Jahre 1931-1933 war der exportorientierte Unternehmer in der Studiengesellschaft maßgeblicher Befürworter einer Reichsmarkabwertung (»Devalvation«) zur Ausfuhrförderung gewesen. Aufgrund dieser Erwägungen und Erfahrungen schätzte der Unternehmer Mitte der dreißiger Jahre den weiteren konjunkturellen Verlauf sowie die Auswirkungen der Rüstungsexpansion auf die gesamtwirtschafliche Entwicklung skeptisch ein.[52]

Anders als in vielen anderen Branchen, wie beispielsweise im Werkzeugmaschinenbau, war durch die umfassenden Rüstungsaufträge im Drägerwerk das Problem der Überkapazitäten, das während der Weltwirtschaftskrise für das Unternehmen eine wichtige Rolle spielte, bereits 1933 gelöst.[53] Die Gasschutzgeräteindustrie im deutschen Reich wies dabei einen hohen Konzentrationsgrad auf. Seit der Expansion der industriellen Fertigungskapazitäten infolge der Rüstungsproduktion im Ersten Weltkrieg beherrschten die Auergesellschaft und das Drägerwerk den Markt. Für öffentliche Aufträge war es dabei zwischen den Wettbewerbern mehrfach zu kartellartigen Absprachen über Preise und Fertigungsquoten gekommen. Beide Unternehmen hatten seit dem Kriegsende mehrere Akquisitionen kleinerer Konkurrenten vorgenommen, wobei vor allem die Auergesellschaft strategisch auf einen Anschluß an den Entwicklungs- und Innovationsvorsprung der Lübecker setzte. Die technologische Führung erlaubte es dem Drägerwerk jedoch in der Zwischenkriegszeit mehrfach, den größeren Berliner Konzern entwicklungstechnisch abzuhängen.

Die zunehmende Inlandsnachfrage auf allen Märkten des Drägerwerks führte zu einer Auslastung der Kapazitäten und einem Nachfrageüberhang, der schon 1934 lange Lieferzeiten notwendig machte. Die beginnende Expansion drückte sich in der finanziellen Entwicklung aus. Bei einem beeindruckend ansteigenden Gesamtkapital sank der Anteil des Eigenkapitals gegenüber dem Fremdkapital der Einzelhandelsgesellschaft von 1933 bis 1937 konstant.[54] Im Bericht über die beim Konzern Drägerwerk 1937 durchgeführte Preisprüfung durch das Reichskriegsministerium, die unabhängig von den regelmäßig vorgenommenen Betriebsprüfungen des Finanzamtes die Selbstkostenpreise für die Rüstungsprodukte kontrollierte, bemängelten die Prüfer ausdrücklich die angespannte Kapitallage des Unternehmens: »Bemerkenswert ist (..), dass am 31.12.1936, nach Vermögenssteuerlichen (sic.) Grundsätzen berechnet das Fremdkapital

[52] Diese Haltung Drägers, die auch bei anderen Unternehmern, mit denen er kommunizierte, verbreitet war, widerspricht der pauschalen Auffassung, daß die unternehmerischen Erwartungen durch die Beseitigung der politischen Instabilität der Republik und die wirtschaftliche Erholung der ersten Jahre nach 1933 grundsätzlich positiv beeinflußt worden seien. In diesem Sinne etwa: Peter Temin, Lessons from the Great Depression, Cambridge 1989, S. 103; Richard J. Overy, The Nazi economic recovery 1932-1938, Camebridge 1996, S. 28ff., 55ff.

[53] Vgl. Siegel/Freyberg, Rationalisierug, S. 168; Gehrig, Rüstungspolitik, S. 106.

[54] Vgl. Steuer- und Handelsbilanzen, SUD BÄD I 3.11ff.

5.758.333 RM = 71,2% (und) das Eigenkapital 2.330.943 RM betrug, dass die Kapitallage also recht angespannt ist. Da das Fremdkapital durch Umlaufmittel fast gedeckt ist, besteht zu Besorgnissen zur Zeit kein Anlaß.«[55]

Gewinn des Drägerwerks (Konzern) gemäß Steuer- und Handelsbilanz in Tausend RM[56]

	1933	1934	1935	1936	1937	1938	1939
SB	161	863	1562	1341	1653	4523	6132
HB	120	170	1067	564	1216	2402	4986

Gewinn der Dräger-Geräte-Gesellschaft gemäß Handelsbilanz in Tausend RM[57]

	1933	1934	1935	1936	1937	1938	1939
HB[58]	k.A.	k.A.	k.A.	k.A.	211	260	208

Gewinn der DEGEA A.G. (Auergesellschaft) gemäß Steuer- und Handelsbilanz in Tausend RM[59]

	1933/34	1934/35	1935/36	1936/37	1937/38
HB	425	572	659	694	645
SB	k.A.	k.A.	k.A.	k.A.	2553[60]

Anlagevermögen des Drägerwerks gemäß korrigierter Steuerbilanz in Tausend RM[61]

	1.1.1936	1.1.1937	1.1.1938
Anlagevermögen	2317 (37,9 %)	3247 (34,1 %)	3892 (30,0 %)
Umlaufvermögen	3800 (62,1 %)	6277 (65,9 %)	9075 (70,0 %)

[55] Bericht über eine Prüfung bei dem Konzern Drägerwerk, Heinr. & Bernh. Dräger. Lübeck (mit Anlagen) durch das Reichskriegsministerium 11.8.1937, SUD BÄD I.3.4.

[56] Buch- und Betriebsprüfungsbericht (BuB) des Oberfinanzpräsidenten Nordmark 11.6.1940, SUD BÄD I 3.11.

[57] Die Dräger-Geräte-Gesellschaft (DGG) wurde am 1.9.1936 als Nachfolgerin der Dräger GmbH gebildet, die 1929 gegründet worden war und den Verkauf einiger Drägerprodukte organisierte. Die DGG war eine Einzelhandelsfirma.

[58] Die Angaben für die Zeit von 1933-1936 fehlen.

[59] Aufstellung Buchhaltung Drägerwerk, SUD BÄD I 4.4.

[60] Vgl. Spoerer, Rüstungsboom, S. 190.

[61] Quelle: Buch- und Betriebsprüfungsbericht (BuB) des Oberfinanzpräsidenten Nordmark 11.6.1940, SUD BÄD I 3.11; Die korrigierte Steuerbilanz ist die nach der vom BuB festgestellte »Prüferbilanz«. Die Prüfer stellten dabei die Handelsbilanz und die »erklärte« Steuerbilanz – beides vom Unternehmen erstellte Bilanzen – gegenüber. Zum Begriff der Prüferbilanz vgl. Spoerer, Rüstungsboom, S. 130; zu dem nicht zeitgenössischen Begriff der »erklärten Bilanz« vgl. Rudolf Federmann, Bilanzierung nach Handelsrecht und Steuerrecht, 10. Aufl. Berlin 1994, S. 35ff.

Im Kontext dieser finanziellen Entwicklung gewinnt das Preisproblem in der nationalsozialistischen Wirtschaftspolitik an Bedeutung, da die Preishöhe der Rüstungsgüter, die dem Charakter der Ware entsprechend ausschließlich an einen Auftraggeber – das Militär – geliefert wurden, entscheidend für die Geschäftsentwicklung und die Rentabilität der Unternehmen war.[62] Der Zusammenhang wird in dem Preisprüfungsbericht von 1937 deutlich, als der Prüfer seinen Auftraggebern im Reichskriegsministerium für die Ermittlung der Preise für die anlaufende Fertigung der neuen Volksgasschutzmaske (»Volksmaske 37«) empfahl: »Da für die Massenfertigung der Volksmaske 37 (...) noch keine Fertigungskostenberechnungen vorliegen, die Schlüsse auf die Kostengestaltung nach Überwindung der Anlaufschwierigkeiten zulassen, empfiehlt die Prüfung, für die Anlaufzeit einen besonderen Anlaufpreis zu vereinbaren. Die Zwischenfinanzierung von Sonderkosten (...) könnte unter Umständen der Firma bei ihrer schon jetzt starken Kapitalanspannung gewisse Schwierigkeiten verursachen.«[63] Die Vereinbarung eines besonderen »Anlaufpreises« war ein zwischen Unternehmen und Staat oft ausgehandelter Vorgang – selten wurde er jedoch im voraus von der Rüstungsbürokratie vorgeschlagen. Entsprach die finanzielle Situation des Unternehmens 1937 den Befürchtungen der Wirtschaftsprüfer?

Der von den Prüfern bemängelte geringe Eigenkapitalanteil des Unternehmens war betriebswirtschaftlich gesehen nicht überraschend, da der Eigenkapitalanteil mit den steigenden Umsätzen in der ersten Boomphase der Staatskonjunktur 1933-1936 kaum mithalten konnte. In dem Aufschwung der Jahre 1933-1937 führte das geringe Niveau des in der Krise erheblich geschwundenen Eigenkapitals zu einer Verzerrung der betriebswirtschaftlichen Kennzahlen – ein Effekt, der generell die Kapitalentwicklung am Anfang eines konjunkturellen Aufschwungs beeinflußt.[64]

Auch in dem Bericht der Buch- und Betriebsprüfung des Finanzamtes für 1938 wurden Liquiditätsprobleme des Unternehmens befürchtet. Bei der Untersuchung wurde bemerkt, daß einige von den Wechseln der metallurgischen Forschungsgemeinschaft (Mefo), mit denen die militärischen und die übrigen öffentlichen Auftraggeber das Drägerwerk bis zum 31. Januar 1938 bezahlt hatten, von dem Unternehmen bereits diskontiert worden waren. Dabei hatte das

---

[62] Vgl. zusammenfassend Boelcke, Kosten S. 45ff.; Spoerer, Rüstungsboom, S. 115; Christian Dräger, Der angemessene kalkulatorische Gewinn bei öffentlichen Aufträgen, Inaugural-Dissertation München 1964; Guido Fischer, LSÖ – Kosten und Preis, Leipzig 1941.

[63] Bericht über eine »Wehrwirtschaftsprüfung bei dem Konzern Drägerwerk, Heinr. & Bernh. Dräger. Lübeck« (mit Anlagen) durch das Reichskriegsministerium 11.8.1937, SUD BÄD I.3.4. Zu der Praxis dieser Prüfungen durch die Wehrmacht (Abteilung bzw. Amtsgruppe Vertrags- und Preisprüfwesen des Wehrwirtschafts- und Rüstungsamts), die die Preiskalkulationen der Unternehmen überwachen sollten, vgl. Eichholtz, Kriegswirtschaft Bd. II, S. 513f.

[64] Spoerer, Rüstungsboom, S. 116, 150; sowie der Artikel »Unternehmensgewinne. Seismograph der Konjunktur«, in: Informationsdienst des Instituts der deutschen Wirtschaft 21 (1995), Nr. 2, S. 4f.

Unternehmen Diskontspesen hinnehmen müssen, für deren Begleichung man in den darauffolgenden Jahren Rückstellungen veranschlagt hatte. Das Finanzamt erkannte diese Rückstellungen nicht an und bemerkte zudem: »Die Rückstellung kann um so weniger anerkannt werden, als die Gründe für die Verluste nicht in den Wechseln selbst liegen, sondern darin, daß Drägerwerk (sic.) diese Wechsel aus Liquiditätsgründen diskontieren muß.«[65]

Die Reaktion des Unternehmens auf das Problem des geringen Eigenkapitals ist gleichwohl bemerkenswert. Nachdem die Unternehmensleitung bei einem Vergleich der Bilanzen von 11 Aktiengesellschaften mit der des Drägerwerks festgestellt hatte, daß man mit einer Relation von 25 % zu 75 % zwischen Anlage- und Umlaufvermögen im Durchschnitt lag, stellte man demgegenüber ein tatsächlich vergleichsweise niedriges Eigenkapital im Betrieb fest, das deutlich unter dem Wert des Anlagevermögens lag.[66]

Die geringe Eigenkapitalquote, die bei dem Einzelhandelsunternehmen nicht die Gefahr einer Übernahme aufkommen ließ, bedeutete für das Drägerwerk jedoch ein Problem bei der Aufnahme weiteren Fremdkapitals bzw. bei der Beruhigung von Gläubigern mit Sicherheiten. Im Frühjahr 1938 reagierte Dräger auf die weiter gesunkene Eigenkapitalquote zunächst mit einer Beschwichtigung der Gläubiger. In einem Brief an die Dresdner Bank wegen der Verlängerung eines Kredits in Höhe von 1,5 Mio. RM schrieb er: »Dass der Betrieb lebensfähig ist und, auch auf lange Sicht betrachtet, die Zinsbelastung für 1,5 Millionen RM tragen kann, geht aus folgender Tatsache hervor: 1934 bis 1937 (...) betrug der durchschnittliche Ertrag RM 938.000 je Jahr.«[67]

Die Kritik der Gläubiger an der geringen Eigenkapitalquote bewog Dräger offensichtlich nach anfänglichem Zögern schließlich noch im Sommer 1938, – vor dem Hintergrund eines ausgezeichneten Auftragseingangs, der schon zum 30. Juni mehr als zwei Drittel des Gesamtumsatzes des Vorjahrs erreichte – die Liquidität umfassend zu erhöhen. In einer internen Gegenüberstellung des neuen Leiters der Buchhaltung Franz Mißfeld wurde das Eigenkapital für den 30. Juni 1938 mit 4,4 Mio. RM gegenüber 2,2 Mio. RM des Vorjahres angesetzt. Das Eigenkapital überstieg damit 1938 das Anlagevermögen auch in der Handelsbilanz des Unternehmens deutlich, was Mißfeld Dräger zufrieden mitteilte. Auch die Dresdner Bank, darauf wies der leitende Prokurist in seinem Schreiben besonders hin, war »über die erhebliche Zunahme der Liquidität sehr erfreut« und verbesserte die kurzfristigen Kreditmöglichkeiten des Unternehmens umgehend.[68]

---

65 Buch- und Betriebsprüfungsbericht (BuB) des Oberfinanzpräsidenten Nordmark 11.6.1940, SUD BÄD I 3.11, S. 32f.

66 Bilanz-Vergleich 1936 mit 11 Aktiengesellschaften, unter anderem der Degussa AG, der Auergesellschaft, den I.G.-Farben aber auch Unternehmen anderer Branchen wie Daimler-Benz oder Krupp, SUD BÄD I 3.12.

67 Dräger an Dresdner Bank (Direktor Lehmann) 30.5.1938, SUD BÄD I 3.12.

68 Mißfeld an Dräger (mit Anlagen) 28.7.1938, SUD BÄD I 3.13.

Die Kapitalbasis des Unternehmens war durch einen Rückgang, d.h. eine Auflösung des Materialbestandes erheblich erweitert worden, der folgerichtig in der internen Bilanz von Mißfeld wesentlich geringer bewertet wurde. Die Tatsache, daß das Unternehmen das investierte Kapital kurzfristig um mehr als 2 Mio. RM ohne größere Anstrengungen oder Verkäufe von Beteiligungen erhöhen konnte, zeigt die finanziellen Reserven, die Dräger in dem Unternehmen seit Beginn der Staatskonjunktur in Form von stillen Reserven binden konnte. Von der Rüstungsbürokratie wurde dem Unternehmen dabei offen mitgeteilt, daß man über die Praxis der Rücklagen informiert sei. Der zuständige Ministerialdirigent Ziehm äußerte in einer Besprechung, die er mit Dräger über das Problem eines Bilanzvergleichs bei den Prüfungen der Unternehmen Drägerwerk und Auer führte, »wenn 6 % Gewinn offiziell einkalkuliert sind, so ist es eine dem Amt wohl bekannte Erfahrungstatsache, daß in der Regel gemäß Bilanz sich mehr ergibt. Solange dies nicht zu weit geht, läßt man es zu, um der Industrie die Arbeitsfreudigkeit nicht zu nehmen.«[69] Auch in anderen staatlichen Institutionen sowie in der öffentlichen wirtschaftswissenschaftlichen Diskussion war dieser Aspekt hinlänglich bekannt.[70]

Das Eigenkapital des Unternehmens ist für die Berechnung der Rendite des investierten Kapitals von entscheidender Bedeutung. Die zentrale Frage nach den Gewinnen der Industrie im nationalsozialistischen Deutschland kann vor allem durch die Berechnung der Eigenkapitalrendite, also des Gewinnes dividiert durch das Eigenkapital, beantwortet werden.[71] Die Berechnung ist gleichwohl durch die Quellenlage äußerst problematisch, da die seit der Weltwirtschaftskrise sich verstärkende »Bilanzverschleierung« der Unternehmen einen eindeutigen Nachweis schwierig macht. Insbesondere handelt es sich hier um das Problem der stillen Reserven, die einen Teil des Eigenkapitals darstellen, der in der Bilanz als solcher nicht ausgewiesen wird.[72] Das Drägerwerk verbarg, wie andere Unternehmen auch, in den Handels- und Steuerbilanzen der dreißiger Jahre erhebliche Summen als stille Reserven. Wie die Prüfer feststellten, hatte das Unternehmen »in den Jahren bis 1937 offenbar stille Reserven durch den Ansatz von unter den Anschaffungs- bzw. Herstellungskosten liegenden Einzelpreisen (bei halbfertigen und fertigen Erzeugnissen) gebildet«. Zudem wurden mehrfach unberechtigte »überhöhte« Abschreibungen auf das Anlagevermögen bemerkt, da die abgeschriebene Wertminderung die tatsächliche

[69] Bericht Drägers über Besprechung mit Min.-Dir. Ziehm 9.9.1937, SUD BÄD VI 3.1.b.

[70] Vgl. Spoerer, Rüstungsboom, S. 163; Boelcke, Kosten, 46f.; Eichholtz, Kriegswirtschaft Bd. II, S. 567.

[71] Vgl. Spoerer, Rüstungsboom, S. 30. Es verwundert, daß in der neueren unternehmensgeschichtlichen Detailforschung die Frage des Nachweises von relativen Gewinnen kaum methodisch reflektiert wird. Ganz überwiegend verläßt man sich auf absolute Zahlen, freilich ohne anzugeben, aus welcher Bilanz sie stammen. Vgl. beispielsweise Bräutigam, Unternehmer, S. 138ff.

[72] Vg. Spoerer, Rüstungsboom, S. 65ff.; Boelcke, Kosten, S. 47; Karlheinz Küting, Stille Rücklagen – ein betriebswirtschaftliches Problem, Heidelberg 1995, S. 2ff.

überstieg.[73] Die Verfahren der Bildung stiller Reserven waren bei Großunternehmen in den dreißiger Jahren weit verbreitet und gesetzlich keineswegs untersagt. Wenngleich in der zeitgenössischen finanzwissenschaftlichen Diskussion umstritten, wurden sie durch die Steuerpolitik der nationalsozialistischen Regierung zunächst gefördert, um den Unternehmen einen Anreiz für die Teilnahme am Rüstungsboom zu geben und die Innenfinanzierung der Investitionen zu ermöglichen. Die Gesetzgebung der Jahre 1933-1937 erweiterte sogar die Möglichkeiten der Abschreibungen und der Bildung von stillen Reserven. Diese steuerpolitische Tendenz veränderte sich auch nach 1937 nicht grundlegend.[74]

Bei der Prüfung des Drägerwerks deckte das Finanzamt eine stille Reserve aus den Jahren bis 1938 von über 900.000 RM auf, die zum überwiegenden Teil aus einer Unterbewertung von Lagerbeständen in der Handels- und der erklärten Steuerbilanz bestand. Bei einer Analyse der Bilanzen und der Aktennotizen Drägers ist unschwer zu erkennen, daß die tatsächlichen Reserven auch nach der Eigenkapitalerhöhung von 1938 noch wesentlich höher waren. Auch für das Jahr 1939 versuchte das Unternehmen erneut, umfangreiche stille Reserven in Höhe mehrerer Millionen Reichsmark von dem in der internen Gewinn- und Verlustrechnung ausgerechneten Erlös von 6,1 Mio. RM vor Steuern in der Handels- sowie der erklärten Steuerbilanz zu verbergen.[75]

Als die Betriebsprüfer den tatsächlichen Jahresgewinn 1939 aufdeckten, entstand für Dräger darüber hinaus das Problem eines zu hohen Gewinnes aus öffentlichen Aufträgen – eines in der zeitgenössischen Terminologie sogenannten »Übergewinnes«. Dieses Problem war der am Rüstungsboom teilnehmenden Industrie durchaus bekannt: Die Ministerialbürokratie versuchte von Beginn der Staatskonjunktur an, die Unternehmensgewinne bei öffentlichen Aufträgen zu kontrollieren. Dabei war man auf Staatsseite prinzipiell bereit, den Unternehmen erhebliche Gewinnmargen zuzugestehen, wenn diese den Forderungen des Regimes nach einer Kapazitätsausweitung nachkommen würden. Der Gewinn bei öffentlichen Aufträgen richtete sich nach einem Preissystem, das grundsätzlich vom Kostenaufbau abhing. Solange die Industrie den Kapazitätsanforderungen des Regimes im Bereich der Aufrüstung gerecht wurde, sollte sie – so die staatliche Absicht – mit vergleichsweise hohen Verdiensten rechnen können.[76]

Mit der Forcierung der Rüstungsanstrengungen wurden die vorhandenen Kapazitäten der Rüstungsindustrie und ihrer Zulieferer zunehmend überfordert.

---

[73] Buch- und Betriebsprüfungsbericht (BuB) des Oberfinanzpräsidenten Nordmark 11.6.1940, SUD BÄD I 3.11, S. 21; vgl. für die in der zeitgenössischen Bilanzierungstechnik durchaus üblichen Verfahren: Spoerer, Rüstungsboom, S. 57ff.; mit dem Beispiel der Bilanzpolitik der Daimler-Benz AG: Boelcke, Kosten, S. 44.

[74] Vgl. Spoerer, Rüstungsboom, S. 83ff.; Boelcke, Kosten, S. 47.

[75] Vgl. Gewinn- und Verlustrechnung Drägerwerk 1939, SUD BÄD I 3.19.

[76] Vgl. Boelcke Kosten, S. 43ff.; Thomas, Wehrwirtschaft, S. 134f.

Die anhaltend umfangreichen Aufträge und das Postulat der Rüstungsdienststellen, die industriellen Kapazitäten auszubauen, führten bei vielen Unternehmen zu einem – ihrer gestiegenen Bedeutung entsprechenden – Anwachsen der Ansprüche an den Staat. Dies äußerte sich vornehmlich in hohen Preisforderungen für die Rüstungsprodukte sowie den Forderungen nach einer weitergehenden Subventionierung des industriellen Kapazitätsausbaus. Dabei verengten sich auch die staatlichen Verhandlungsspielräume und ein massiver Handlungsbedarf entstand. Um den zentralen Schnittpunkt dieses Problems – die Preisfrage – in den Griff zu bekommen, entwickelte die Wehrmacht 1936 Richtlinien für eine Preisprüfung, um »eine allmähliche Senkung der Preise auf ein angemessenes Maß« zu erreichen.[77] Dem erklärten Ziel einer Kontrolle der Kosten und einer Anpassung der Preisbildung an den reellen Fertigungsaufwand kam man gleichwohl auch mit den methodisch bemerkenswerten »Leitsätzen für die Preisermittlung auf Grund der Selbstkosten bei Leistungen für öffentliche Auftraggeber vom 15.11.1938« (LSÖ) nur annähernd näher.[78] Die angestrebte Anpassung der Preise an den im Vergleich Branchengünstigsten wurde in den wenigsten Fällen erreicht. Vielmehr führte die LSÖ zu einer bürokratisch aufwendigen individuellen Selbstkostenermittlung bei den einzelnen Rüstungsproduzenten, die verpflichtet waren, der Preisprüfungsstelle des Auftraggebers, also beispielsweise des Heeres, Einblick in alle Produktionsteile und Unterlagen zu gewähren.

Als der Chef des Wehrwirtschaftsamtes General Thomas im November 1939 verschiedene ihm bekannte Industrielle versammelte, um die Steuerungsprobleme der Rüstungswirtschaft zu diskutieren, wurden diese Auswirkungen der LSÖ angesprochen. Die Kritik der Unternehmer an dem Preissystem war fundamental. »Heute« formulierte ein Vorstandsmitglied, »braucht man ein Heer von Buchhaltern dazu (für die Preisberechnung nach den LSÖ, B.L.), was auf die Dauer nicht darzustellen ist, infolgedessen auch nicht die exakte Nachweisung. Daher muss die Preisprüfung mehr in Bausch und Bogen gemacht werden.«[79] Auch die Bemühungen der Rüstungsbürokratie, einheitliche und niedrige Preise für gleiche Leistungen in unterschiedlichen Unternehmen zu entwickeln, blieben meist erfolglos: Der nach der LSÖ aufwendig ermittelte, individuelle »Selbstkostenpreis« blieb in der Rüstungsindustrie weit verbreitet. Insgesamt führten die verschiedenen nacheinander entwickelten Preissysteme keineswegs zu einer Rationalisierung der industriellen Produktion. Hinweise dafür finden sich auch in der Entwicklung der Rationalisierung des Drägerwerks.[80]

[77] Thomas, Wehrwirtschaft, S. 135.

[78] RGBL 1938 I, S. 1624; Vgl. dazu Fischer, LSÖ, S. 9ff.

[79] Aussprache über die Preispolitik im Bereich der Rüstungsfertigung und allgemein. Besprechung am 30. November 1939, RW 19 561 BArch-MA, S. 7.

[80] Vgl. die verschiedenen Berichte der einzelnen Abteilungen, SUD BS 27/15.

Der nach den LSÖ zugestandene »angemessene« Gewinn war in Prozenten der Gesamtkosten genau festgelegt, und die Unternehmen waren bemüht, mit Hilfe ihrer »Bilanzpolitik« diesen nicht zu übertreffen und sogenannte »Übergewinne« bilanziell zu verschleiern.[81] Im Drägerwerk erkannten die Prüfer die Verdienste aus den Wehrmachtsaufträgen 1937 noch als »maßvoll« und die »Vermögensvermehrung« des Unternehmens als »niedrig« an.[82] Bei der Betriebsprüfung des Jahres 1939 entdeckte die Prüfung indes »Übergewinne« in Höhe von 3,6 Mio. RM. Der zuständige Leiter der Buchhaltung, der die Prüfung für die Unternehmensleitung begleitete, merkte zu diesem Problem in einer Notiz für Dräger an: »Wir könnten behaupten, daß der Übergewinn von ca. 3,6 (Mio. RM, B.L.) auch mit dadurch entstanden ist, daß während des Anlaufs der Mob-Fertigung (Mobilisierung, B.L.) eine übermäßige Materialanhäufung stattgefunden hat, die als Lagerbestand geführt mit dem Wert bewertet worden ist, wie er sich aus der Kalkulation der entsprechenden Teile ergibt.« Mißfeld wies seinen Chef insbesondere auf das Problem der Demobilmachung als Argument hin und fuhr fort: »Das Jahr 1939 enthielt in seinem Kostenaufbau den Mob-Anlauf. Das Jahr 1940 enthält, wie heute bereits übersehen werden kann, den Mob-Auslauf.« Folgerichtig plädierte Mißfeld auch gegenüber den Prüfern: »Es können deshalb, um ein gerechtes Bild des Betriebserfolges zu finden, nur beide Jahre gemeinsam betrachtet werden.«[83] Dieses Argument bestimmte schließlich auch Drägers Verhandlungsstrategie mit dem Finanzamt im Juni 1940 wegen des Übergewinnproblems von 1939. Indem er wiederholt auf die Investitionen in Millionenhöhe in die Rüstungsfertigungskapazitäten seines Unternehmens hinwies, konstatierte der Unternehmer: »(...) Hinzu kommen die Gefahren der Demobilmachung, die sich schon jetzt durch Stornierung von Aufträgen für mich bemerkbar machen. Ich kann deshalb an eine Rückzahlung der Übergewinne erst 1 Jahr nach Friedensschluß mit England denken.«[84] Dräger erreichte bei den Behörden eine Stundung der zurückzuzahlenden Gewinne und wehrte sich zudem erfolgreich gegen die Bemühungen der Preisbildungsstelle um eine Senkung der Preise sowie eine stärkere Kostenkontrolle. Das Problem der Übergewinne blieb für die Unternehmensleitung – ungeachtet umfangreicher Anstrengungen um eine bilanzielle Verschleierung – bestehen.[85]

Insgesamt wurde die Verhandlungsposition des Unternehmens dabei von zwei Faktoren maßgeblich gestärkt: *Erstens* von der Abhängigkeit der Rü-

[81] Vgl. Mißfeld an Dräger »Bemerkungen über Wirtschaftsprüfung« 28.6.1940, SUD BÄD I 3.14; zu diesen Zusammenhängen Boelcke, Kosten, S. 46ff.

[82] Bericht über eine »Wehrwirtschaftsprüfung bei dem Konzern Drägerwerk, Heinr. & Bernh. Dräger. Lübeck« (mit Anlagen) durch das Reichskriegsministerium 11.8.1937, SUD BÄD I.3.4.

[83] Mißfeld an Dräger »Bemerkungen über Wirtschaftsprüfung« 28.6.1940, SUD BÄD I 3.14, S. 1.

[84] Diese Bemerkung schrieb Dräger vier Tage nach dem Waffenstillstand an der Westfront. Dräger an Finanzamt, Aktennotiz 26.6.1940, SUD BÄD I 3. 14.

[85] Vgl. ähnliche Prozesse auch bei Kampmann, Werkzeughandel, S. 237f.

stungsbürokratie von dem technologischen Know How und den Fertigungskapazitäten des Drägerwerks für die weitere Aufrüstung und *zweitens* von der permanenten indirekten Drohung, bei einem Nachlassen der Aufträge weitreichende Entlassungen der gerade erst stark erweiterten Belegschaft vorzunehmen, was bis zum Erreichen der Vollbeschäftigung von erheblicher Wirkung war.[86]

Das Preisproblem als Ursache der Auseinandersetzungen zwischen Staat und Betrieb verlor in der Zeit nach 1936 keineswegs an Bedeutung; die Verhandlungen mit der Preisbildungsbürokratie dauerten vielmehr an. Dabei weisen insbesondere die kontinuierlichen Auseinandersetzungen bei den Preis- und Wirtschaftsprüfungen auf bemerkenswerte unternehmerische Handlungsspielräume gegenüber dem Staat hin. Sie zeigen deutlich, daß diese Freiräume im Drägerwerk auch nach der Einführung der neuen Preiskalkulationssysteme bestanden. Die unternehmerischen Handlungspielräume gegenüber der Rüstungsbürokratie lagen nicht nur in der Kalkulation der Kosten, obschon dies nach wie vor ein für die Kontrollbürokratie uneinsichtiges Feld blieb, sondern auch in den offen geführten Auseinandersetzungen über Rückzahlungsmodi von Übergewinnen und über Preissenkungen.[87] Die These Avraham Barkais, daß sich in der Preispolitik nach 1936 eine grundsätzliche Wende zu einem rigoroseren System hin vollzog, kann daher keineswegs bestätigt werden. Die geringen Auswirkungen der Maßnahmen der neuen zuständigen Geschäftsgruppe der Vierjahresplanbehörde auf die Kostenentwicklung des Drägerwerks weisen im Gegenteil eher auf eine stärkere Position der Industrie infolge der steigenden Nachfrage hin.[88] Die tiefgreifenden Veränderungen nach der Institutionalisierung der Vierjahresplanbehörde fanden in anderen Unternehmensbereichen statt.

Das Unternehmen konnte sich also in den dreißiger Jahren auf für die finanzielle Geschäftsentwicklung so entscheidenden Feldern wie der Preis- und Investitionspolitik relativ erfolgreich durchsetzen und den Forderungen der staatlichen Bürokratie mit eigenen strategischen Überlegungen begegnen. Diese waren durch die strategische Kontinuität eines traditionell eher zurückhaltenden Investitionsverhaltens und des Wettbewerbs mit dem Hauptkonkurrenten Auer gekennzeichnet. Gleichwohl nutzte das Unternehmen die staatliche Förderung des Kapazitätsausbaus sowie die lukrativen Rüstungsaufträge für seine weitere Expansion. Die umfangreichen stillen Reserven und die beträchtlichen

---

[86] Der Zusammenhang der Auftragslage mit der Beschäftigung spielte bei den Verhandlungen mit der Rüstungsbürokratie für die Argumentation der Unternehmensleitung bis 1937 eine entscheidende Rolle. Vgl. beispielsweise Aktennotiz 31.8.1937, SUD BS 27/15.

[87] Vgl. die Korrespondenz mit der Preisbildungsstelle beim Oberpräsidenten der Provinz Schleswig-Holstein 1933-1939, SUD BÄD I 3.4. Eine Abnahme der Relevanz des Preisproblems für die Industrie wie sie Siegel/Freyberg annehmen, kann hier nicht bestätigt werden. Vgl. Siegel/Freyberg, Rationalisierung, S. 274f.

[88] Vgl. Barkai, Wirtschaftssystem, S. 178.

ausgewiesenen Gewinne belegen eindrucksvoll das hohe Ausmaß der Profite, die das Unternehmen durch die Aufrüstung der dreißiger Jahre und die Folgen der Staatskonjunktur verdiente.

Zu einem zunehmenden Problem für die Unternehmensleitung wurde die strukturelle Rückständigkeit des Familienunternehmens. Drägers Vater, der bis 1928 einen mittelständisch geprägten Betrieb als klassischer »Erfinder-Unternehmer« leitete, hatte die Organisation der Verwaltung und Buchhaltung vollständig vernachlässigt: Noch Mitte der zwanziger Jahre führten einzelne Familienmitglieder die Hauptkasse. Die Teilnahme an dem Rüstungsboom und der bürokratische Aufwand, den die Kostennachweise und die Verwaltung der Aufträge erforderlich machten, bedeutete für die Unternehmensleitung eine Aufgabe, die ihre Verwaltung vollständig überforderte. Diese strukturellen Defizite, die in der traditionellen Rückständigkeit des Unternehmens in diesen Bereichen begründet waren, stellten in vielerlei Hinsicht jedoch auch einen Vorteil dar, da bei den Auseinandersetzungen mit der Prüfungsbürokratie auf die fehlende Dokumentation der Geschäftsvorgänge verwiesen werden konnte. Sie ermöglichten der Unternehmensleitung, sich der staatlichen Kontrolle partiell zu entziehen. Langfristig mußte sich Dräger jedoch den andauernden Forderungen der Prüfer beugen, und eine massive Ausweitung der Buchhaltung bzw. des Rechnungswesens setzte ein.[89]

Bei einer Einordnung der Expansion des Drägerwerks in den ökonomischen Gesamtzusammenhang werden einige zentrale Merkmale erkennbar. Eine vergleichende Analyse der Prozesse mit den Veränderungen anderer Industrieunternehmen relativiert einerseits einige Aspekte der Entwicklung des Drägerwerks und offenbart andererseits neue Perspektiven auf weiterführende Fragestellungen. Darüber hinaus eröffnet sie die Möglichkeit, Besonderheiten und repräsentative Aspekte zu erkennen. Die Bestimmung der finanziellen Geschäftsentwicklung als tertium comparationis eines funktionalen Vergleichs eignet sich aufgrund der grundsätzlichen Bedeutung für die Unternehmensentwicklung besonders für eine Einordnung in den industriellen Gesamttrend.[90]

In der Forschung zur Entwicklung der Unternehmensgewinne besteht Einigkeit darüber, daß die nationalsozialistische Staatskonjunktur die Firmen nach

[89] Diese Forderung findet sich seit 1934 in der Korrespondenz mit der Rüstungsbürokratie, vermehrt jedoch ab 1936, so beispielsweise: Reisebericht Dräger über Besprechung unter Vorsitz Min-Dir. Ziehm 9.9.1937, SUD BÄD VI 3.1b; sowie: Buch- und Betriebsprüfungsbericht des Oberfinanzpräsidenten Nordmark 11.6.1940, SUD BÄD I 3.11, S. 9. Die fehlende Dokumentation vieler Geschäftszahlen, die auch in der Tatsache begründet ist, daß das Drägerwerk keine zur öffentlichen Anzeige verpflichtete Kapitalgesellschaft war, hat auch zur Folge, daß eine Berechnung plausibler ökonomischer Kennziffern heute schwierig ist.

[90] Zur methodischen Diskussion über den Vergleich: Heinz-Gerhard Haupt und Jürgen Kocka (Hgg.), Geschichte und Vergleich. Ansätze und Ergebnisse international vergleichender Geschichtsschreibung, Frankfurt am Main 1996, S. 9ff.

der Krise wieder in die Gewinnzone zurückbrachte.[91] Seit den siebziger Jahren hat sich darüber hinaus die These durchgesetzt, daß die Kapitalbildung von Unternehmen im Dritten Reich entscheidend größer gewesen sei als die veröffentlichten Gewinne.[92] Harold James repräsentiert einen breiten Forschungskonsens, wenn er unter Verweis auf die sinkenden Anteile der Löhne am Volkseinkommen im Dritten Reich betont, daß es insgesamt »zu einem Nettotransfer von Ressourcen an die Unternehmen« kam.[93] Die unternehmensgeschichtliche Detailforschung der jüngsten Zeit stimmt mit diesem Befund überwiegend überein.[94] Dabei können zwei Entwicklungen beobachtet werden: Erstens hing die Rentabilitätsentwicklung in den dreißiger Jahren zunehmend von der Möglichkeit und den Potentialen der Firmen ab, sich an Rüstungsaufträgen oder Zulieferungen zu denselben zu beteiligen.[95] Zweitens war die Ge-

---

91 So schon 1940: Maxine Y. Sweezy, German Corporate profits: 1926-1938, in: Quarterly Journal of Economics 54 (1940), S. 384-198; für die neuere Forschung: James, Weltwirtschaftskrise, S. 394. Zu den Unternehmensgewinnen in der Weimarer Republik, vgl. Theodore Balderstone, The Origins of the German Economic Crisis. November 1923 to May 1932, Berlin 1993, S. 57ff., 80f., 403ff.

92 Dieter Swatek, Unternehmenskonzentration als Ergebnis und Mittel nationalsozialistischer Wirtschaftspolitik, Berlin 1972, S. 71; Walter G. Hofmann, Das Wachstum der deutschen Wirtschaft seit der Mitte des 19. Jahrhunderts, Berlin 1965, S. 503f., Petzina, Zwischenkriegszeit, S. 147.

93 James, Weltwirtschaftskrise, S. 394; Spoerer, Rüstungsboom, S. 151ff.; Die Gewinne der Unternehmen betonen auch: John Gillingham, Industry and politics in the Third Reich: Rhur coal, Hitler and Europe, Cambridge 1985, S. 32; Overy, War, S. 94f. und 106; ders., State and Industry in the Twentieth Century, in: German History 12 (1994), S. 180-189 (181); Jürgen John, Faschistische Rüstungswirtschaft und regionale Industrie. Probleme der industriellen Entwicklung in Thüringen, Diss. Jena 1969, S. 202, 218, 224, 236; Eichholtz, Kriegswirtschaft Bd. II, S. 513ff.; Boelcke, Kosten, S. 46; Bucheim, Natur, S. 116f. Es ist ein weitgehend unbeachtetes Phänomen, daß die methodischen Probleme, die infolge der Gewinnverschleierung für eine historische Analyse bestehen, ebenso wie die der betriebsinternen Kosten- und Preiskalkulation für die Preisfestsetzung sich im Ersten Weltkrieg sehr ähnlich darstellen. Für den Ersten Weltkrieg: Gerald D. Feldman, Army, Industry and Labor in Germany 1914-1918, Princeton 1966, S. 158, 228ff., 248, 417ff., 496ff, 504f.

94 Bei der Beantwortung dieser zentralen Frage finden sich auch in der jüngeren Forschung immer wieder beeindruckende Fehlerquellen, so z.B. Gregor, Stern, S. 40, 52, 58, 102, der für die Daimler-Benz AG die vollkommen untauglichen Gewinnzahlen von Karl Heinz Roth, Der Weg zum guten Stern des »Dritten Reichs«: Schlaglichter auf die Geschichte der Daimler-Benz AG und ihrer Vorläufer (1890-1945), in: Das Daimler-Benz Buch. Ein Rüstungskonzern im Dritten Reich, hrsg. v. der Hamburger Stiftung für Sozialgeschichte des 20. Jahrhunderts, Hamburg 1987, S. 27-389 (333), übernimmt. Diese stellt Gregor dann Gewinnzahlen späterer Zeit gegenüber: Gregor, Stern, S. 58f., 124f.; grundsätzlich übereinstimmend: Volker Hentschel, Daimler-Benz im Dritten Reich. Zu Inhalt und Methode zweier Bücher zum gleichen Tema, in: VSWG 75 (1988), S. 74-100; Gottfried Plumpe, Die IG Farbenindustrie AG. Wirtschaft, Technik und Politik 1904-1945, Berlin 1990, S. 548f., 684-688; Gerhard Mollin, Die Eisen- und Stahlindustrie im Nationalsozialismus, in: Ottfried Dascher/Christian Kleinschmidt (Hgg.), Die Eisen- und Stahlindustrie im Dortmunder Raum, Dortmund 1992, S. 469-391 (483f.); Hans Mommsen/Manfred Grieger, Das Volkswagenwerk und seine Arbeiter im Dritten Reich, Düsseldorf 1996, S. 611f.; Feldenkirchen, Siemens, S. 404.; Paul Erker, Wachsen im Wettbewerb. Eine Zeitgeschichte der Continental Aktiengesellschaft (1971-1996), Düsseldorf 1996, S. 45.; Berghoff, Kleinstadt, S. 481.

95 Gehrig, Rüstungspolitik, S. 50ff.; Bräutigam, Unternehmer, S. 141ff.; Kampmann, Werkzeughandel, S. 237f. Gerhard Mollin und insbesondere Gottfried Plumpe argumentieren dagegen vor dem Hintergrund ihrer sektoralen Untersuchungen, daß gerade in den durch die Staatsnachfrage besonders geforderten Branchen die Rentabilität geringer gewesen sei. Insbesondere hier sei die

winnentwicklung in den rüstungsrelevanten Branchen insbesondere im Vergleich zu den konsumgüterorientierten Branchen herausragend.[96]

Die finanzielle Entwicklung des Drägerwerks entspricht demnach weitgehend dem Gesamttrend. Darüber hinaus eröffnen die bisherigen Ergebnisse der historischen Forschung weitergehende Fragenkomplexe: Gerade die empirisch bestätigte Tatsache von den hohen Unternehmensgewinnen seit der Mitte der dreißiger Jahre provoziert die Frage nach ihrer Bedeutung für die weitere Unternehmensentwicklung.[97] Wie wurden die umfangreichen Erträge von der Industrie verwendet? Welche Handlungsspielräume besaßen die Unternehmer etwa bei Investitionen in das Anlagevermögen oder bei der Erweiterung des Eigenkapitals? Welchen Restriktionen waren sie hier ausgesetzt? Und inwieweit konnte der Kapitalstock der Unternehmen in die Nachkriegszeit gebracht werden? Gerade die Handlungsspielräume der Industriellen waren überwiegend von der Branche sowie der Bedeutung des Betriebes für die Aufrüstung abhängig.[98] Bei der Analyse des Drägerwerks wird darüber hinaus die Bedeutung individueller Kompetenz und die Abhängigkeit von Informationen, die in der Diktatur stark vom Funktionieren sozialer Netzwerke abhing, offenkundig. Das individuelle Verhalten einzelner Unternehmerpersönlichkeiten hat – auch das ist ein Ergebnis des Forschungsvergleichs – oft eine maßgebliche Rolle gespielt. In dem zunehmend durch eine staatliche Monopolisierung wichtiger Informationen geprägten System der NS-Wirtschaft war der Unternehmer in steigendem Maße darauf angewiesen, zentrale Informationen erhalten und verarbeiten zu können. Diese Kapazität und Kompetenz waren entscheidend, um strategisch plausible Entscheidungen zu treffen.

4. Wettbewerb oder Steuerung? Der Außenhandel und die unternehmerische Strategie

Die andauernden Auseinandersetzungen mit den staatlichen Lenkungsbürokratien im Bereich der Investitions- und Preispolitik zeigen, daß Dräger einem Anhalten der Rüstungskonjunktur in der zweiten Hälfte der dreißiger Jahre zunehmend skeptisch gegenüber stand. Gerade vor dem Hintergrund der

Industrie zu kostspieligen Investitionen gezwungen worden, die für die Zivilproduktion keinen Wert gehabt hätten. Auch die profitabelsten Jahre des Rüstungsbooms hätten demnach nicht die Eigenkapitalrenditen des letzten Vorkriegsjahrzehnts erreicht. Plumpe, IG-Farbenindustrie, S. 548f., 684-688; Mollin, Eisenindustrie, S. 483f.

96 Petzina, Zwischenkriegszeit, S. 141, 147; Spoerer, Rüstungsboom, S. 156ff., 169.

97 Vgl. in diesem Sinne: Erker, Aufbruch, S. 344.

98 Vgl. etwa die Unterschiede bei Gehrig, Rüstungspolitik, S. 324f.; Gregor, Stern, S. 93f., 376.; Mommsen/Grieger, Volkswagenwerk, S. 342ff.; Berghoff, Kleinstadt, S. 404ff.

umfangreichen Investitionen des Unternehmens in den Jahren 1933 bis 1936, auf die Dräger in den Diskussionen mit der Rüstungsbürokratie immer wieder hinwies, blieb die Strategie des Unternehmens von Vorsicht, Zurückhaltung und der Sorge vor Überkapazitäten bestimmt. Zunehmend betrachtete Dräger die beschleunigte Rüstungskonzentration sowie die Konsequenzen dieses Prozesses für das Unternehmen mit Beunruhigung und bezweifelte die Dauerhaftigkeit der rüstungsbedingten Staatskonjunktur.

Ab 1936/37 wirkte sich die Regulierung der Märkte durch die staatlichen Interventionen zur Sicherstellung der forcierten Aufrüstung in Folge des Vierjahresplans auf zentrale Handlungsfelder des Unternehmens aus.[99] Das Einsetzen und die Interventionen des Vierjahresplans stellten in vielen ökonomischen Bereichen, in denen vorher eine wirtschaftspolitische Kontinuität weiterhin bestanden hatte, eine entscheidende und bedeutende Zäsur dar.

Doch schon mit dem Beginn der nationalsozialistischen Wirtschaftspolitik hatten spürbare staatliche Interventionen vor allem im Exportbereich stattgefunden. Sie bedeuteten für das Unternehmen, das seit dem für das Auslandsgeschäft entscheidenden Einschnitt der Weltwirtschaftskrise um die Wiederherstellung seiner Weltmarktposition bemüht war, nachhaltige Einschnitte. Das Drägerwerk gehörte zu den deutschen Industrieunternehmen, die in der Zwischenkriegszeit auf dem Weg waren, sich zu hochinnovativen und international wettbewerbsorientierten Konzernen zu entwickeln, um so an die exportorientierten Weltmarktpositionen vor dem Ersten Weltkrieg wieder anknüpfen zu können. Die Weltwirtschaftskrise beeinträchtigte diese Entwicklung zunächst, doch infolge der für den deutschen Außenhandel positiven Preisentwicklung im Verlauf der Krise und des Schwindens der Inlandsnachfrage behielt der Außenhandel eine hohe Bedeutung für das Unternehmen.[100]

Die Binnennachfrage, die durch die Staatskonjunktur im nationalsozialistischen Deutschland wuchs, machte die Positionsverluste im Außenhandel, die 1933/34 absehbar wurden, für die deutsche Exportindustrie erträglich. Dennoch beendete die Konzentration auf den Inlandsmarkt als Kompensation des Exportrückgangs keineswegs die unternehmerischen Erwartungen, daß die Regierung eine offene Exportpolitik ansteuern werde. Die Bemühungen, das gewinnträchtige Exportgeschäft anzukurbeln, rissen nicht ab und wurden von Dräger sowohl während der Krise als auch in der Zeit nach 1933 mit Nachdruck verfolgt.[101] Die

---

[99] Vgl. dazu grundsätzlich Petzina, Autarkiepolitik, S. 60ff.; Hans-Erich Volkmann, Die NS-Wirtschaft in Vorbereitung des Krieges, in: Deutsche Reich, Bd. 1, S. 177-370 (272ff.); Thomas, Wehrwirtschaft, S. 111.

[100] Vgl. zu dieser Entwicklung vor allem der deutschen chemischen Industrie Herbst, Unternehmensstrategie, S. 108f.

[101] Vgl. generell Herbst, Unternehmensstrategie, S. 124ff. Die Zusammenfassung der Entwicklung im Drägerwerk: Finanzamt Lübeck – Landesfinanzamt Nordmark: Sonderbericht betr. Auslandsbeziehungen der Firma Drägerwerk, Heinrich und Bernhard Dräger, Lübeck, SUD BÄD I 3.10.

katastrophale Entwicklung des deutschen Außenhandels in den ersten beiden Jahren nach der Machtergreifung machte die Bemühungen und Hoffnungen der deutschen Exportindustrie jedoch vollkommen zunichte. Sie war nicht zuletzt das Ergebnis einer nationalsozialistischen Politik, die Außenhandelsschwierigkeiten durch ihre rassistischen Maßnahmen ebenso wie durch die einseitige Binnenmarktkonzentration – infolge der staatlichen Beschäftigungspolitik und der Aufrüstung – provozierte. Dazu kam die allgemeine Tendenz in der Weltwirtschaft der dreißiger Jahre, die insgesamt von Protektionismus, Bilateralismus, Devisenbewirtschaftung und Kontingentierung geprägt war. Die nationalsozialistische Wirtschafts- und Finanzpolitik verstärkte diese Desintegrationstendenzen der Weltwirtschaft. Der Handelsüberschuß des Jahres 1932 in Höhe von 1 Mrd. RM verwandelte sich bereits im zweiten Quartal 1934 in ein Außenhandelsdefizit in Höhe von 161 Mio. RM, wobei die Devisenreserven der Reichsbank gleichsam aufgebraucht waren.[102]

Nachdem das System der »einfachen Devisenkontingentierung«, das die Regierung Brüning 1931 auf dem Höhepunkt der Bankenkrise eingeführt hatte, zusammengebrochen war, führte die Krise infolge des deutschen Außenhandelsdefizits im Frühjahr 1934 zwangsläufig zu einer konsequenten Mengenkontingentierung der wertvollen Rohstoffe. Zu dem gleichen Resultat führte die Devisenbewirtschaftung.[103] Die zunehmende Binnenkonjunktur im Zeichen der Aufrüstung hatte bei sinkenden Deviseneinnahmen die Einführung einer rigiden staatlichen Rohstoffbewirtschaftung, die jedes einzelne Importgeschäft prüfte, zur Folge. Alle Geschäfte wurden meldepflichtig. Sie bekamen de facto einen jeweils anderen RM-Kurs, da der bilaterale Saldenausgleich unter Berücksichtigung der Lieferungen des Partnerlandes nach Deutschland, der Preise konkurrierender Unternehmen und der Altschulden des Deutschen Reiches erreicht werden sollte. Zur Abwicklung wurden, neben den bereits bestehenden, die Bürokratien für 25 (später 28) Überwachungsstellen für industrielle Güter und Rohstoffe geschaffen, die den gesamten Warenverkehr staatlich kontrollierten. Schon 1934 fielen täglich 28.000 Ausfuhrmeldescheine bei den expandierenden und zunächst vollkommen überforderten Behörden an.[104] Im Juni 1936 wertete das Reichswirtschaftsministerium selbst die »öffentliche Bewirtschaftung (...) durch 25 Überwachungsstellen« als außerordentlich ungünstig, denn das Ergebnis seien in erster Linie »bürokratische Hemmungen und Verzögerun-

---

102 James, Weltwirtschaftskrise, S. 374f.; Volkmann, Außenhandel, S. 81ff.; Erbe, Wirtschaftspolitik, S. 70ff.; Joachim Radkau, Entscheidungsprozesse und Entscheidungsdefizite in der deutschen Außenwirtschaftspolitik 1933-1940, in: GG 2 (1976), S. 33-65.

103 Vgl. die gesetzliche Grundlage zur Einrichtung einer »Reichsstelle für Devisenbewirtschaftung«, die 1934 die Aufsicht über die einzelnen Devisenstellen übernahm. RGBl 1933 Teil I, S. 1079f., 1088.

104 Vgl. Berthold Puchert, Einige Probleme des deutschen Außenhandels 1933-1939, in: JfW 1989/1, S. 61-81 (66ff.).

gen«.[105] Das schnelle Wachstum der Bürokratien war eine unmittelbare Folge der steigenden Anforderungen aufgrund des Regelungsbedarfs. So hatte die Devisenstelle des Landesfinanzamts Unterelbe mit 330 Mitarbeitern Ende der dreißiger Jahre nahezu den Personalbestand des Reichswirtschaftsministeriums erreicht.[106]

Die Regulierungen, die infolge des »Neuen Plans« eingeführt wurden, erforderten in der Verwaltungswirklichkeit den Aufbau eines aufwendigen bürokratischen Apparates in den Mittelinstanzen, vor dem man 1931 noch zurückgeschreckt war. Tatsächlich war diese staatliche Intervention die Konsequenz einer Politik, die zunehmend wehrwirtschaftliche Prioritäten verfolgte und damit zu einer massiven Strukturverzerrung der wirtschaftlichen Rahmenbedingungen führte. Obwohl man die negativen Auswirkungen partiell erkannte, fand mit den Interventionen infolge des Vierjahresplans 1936 keine Gegensteuerung statt, sondern die Kompetenzen der Überwachungsstellen wurden weiter ausgebaut. Schließlich sollten sie die planmäßige Lenkung des gesamten Warenverkehrs vornehmen. Damit war der Erwerb und die industrielle Verwendung von Rohstoffen sowie von Halbwaren durch die Industrie oder das Handwerk endgültig nahezu lückenlos reglementiert und mit der Institutionalisierung der Vierjahresplanbehörde zentralisiert.[107]

Für die Unternehmen bedeuteten die nach den staatlichen Interventionen in der Weltwirtschaftskrise zwischen 1934 und 1937 neu geschaffenen gesetzlichen Grundlagen insgesamt eine konsequente Weiterführung der Einschränkung ihrer Handlungsspielräume. Die neuen Bürokratien machten eine Zusammensetzung des Imports nach rüstungswirtschaftlichen Gesichtspunkten und Prioritäten möglich und wurden zum Kern der sich entwickelnden Bewirtschaftung.[108] Bei der Analyse der Folgen dieser Veränderungen der Rahmenbedingungen auf Strategie und Struktur des Drägerwerks läßt sich ein bemerkenswerter Prozeß der Anpassung konstatieren: Der Umgang mit dem von der neuen Bürokratie geforderten umfangreichen Verwaltungsaufwand führte zu einem mit der staatlichen Seite vergleichbaren Anwachsen entsprechender bürokratischer Strukturen im Unternehmen. Neben dem intensiven Aufwand, den ein Exportgeschäft in der verwaltungstechnischen Abwicklung mit den Devisenstellen brachte, kam es gerade bei Rüstungsgütern auch nach den gesetzlichen Erleichterungen

[105] Zit. nach Fritz Blaich, Die bayerische Industrie 1933-1939. Elemente von Gleichschaltung, Konformismus und Selbstbehauptung, in: Martin Broszat/Elke Fröhlich (Hgg.), Bayern in der NS-Zeit, Bd. 2, München/Wien 1979, S. 237-280 (256f.).

[106] Vgl. Frank Bajohr, »Arisierung« in Hamburg: Die Verdrängung der jüdischen Unternehmer 1933-1945, Hamburg 1997, S. 191.

[107] Vgl. Herbst, nationalsozialistisches Deutschland, S. 121; Petzina, Autarkiepolitik, S. 153.

[108] Vgl. Gesetz über den Verkehr mit industriellen Rohstoffen vom 22.3.1934 und Verordnung über den Warenverkehr und über die Errichtung von Überwachungsstellen vom 4.9.1934, RGBl. I 1934, S. 212, 816; vgl. dazu Boelcke, Welthandelsmacht, S. 41ff.; Herbst, nationalsozialistisches Deutschland, S. 119ff.

für den Rüstungsexport 1935 immer wieder zu Interessenkollisionen zwischen dem exportorientierten Unternehmen und der staatlichen Kontrollbürokratie. Mehrfach wurden Pläne der Unternehmensleitung zur Exportsteigerung von den Kontrollbürokratien mit dem Hinweis abgelehnt, das avisierte Geschäft betreffe kein Land, das für die deutsche Handels- und Devisenbilanz interessant sei.[109] In steigendem Maße behinderten nach 1934 solche regulierenden Eingriffe gerade im Bereich der Überwachungsstelle für Edelmetalle das infolgedessen zunehmend gelenkte und kontrollierte Exportgeschäft des Unternehmens.[110]

Die Nachteile, die der deutsche Außenhandel darüber hinaus durch die antisemitische Politik der nationalsozialistischen Regierung hatte, waren in der zuständigen staatlichen Bürokratie bekannt. Nicht zuletzt Hinweise und Beschwerden der wirtschaftlichen Spitzenverbände seit der Machtergreifung hatten zu dieser Erkenntnis geführt.[111] Auch Dräger wies wie andere Unternehmer nach 1933 wiederholt bei verschiedenen staatlichen Institutionen dezidiert auf das Problem des Zusammenhangs zwischen der antisemitischen Politik im Deutschen Reich und dem Marktverlust der deutschen Exportindustrie hin. In einem Brief an die Reichsbankstelle Lübeck im März 1939 wiederholte er seine kritischen Anmerkungen noch einmal und betonte, daß die »Art der Ausführung« der deutschen antisemitischen Politik im Ausland dazu führe, »daß die jetzigen und zukünftigen Schädigungen der deutschen Ausfuhr viele hundert Millionen Reichsmark noch übersteigen werden.«[112] In ironischer Anspielung auf die üblichen polemischen Reaktionen der Reichsregierung auf ausländische Kritik und die eigene Erfahrung, die der Unternehmer mit Antworten auf diesbezügliche Eingaben erhalten hatte, merkte Dräger an: »Wie wir die Juden behandeln, ist leider keine nur innerdeutsche Angelegenheit, die nur uns selbst angeht, da ganz unverkennbar sehr starke Zusammenhänge bestehen in Richtung unseres Außenhandels. Auch unsere Ausfuhr ist keine rein interne Angelegenheit (...). Bei unserer Ausfuhr haben wir noch einen Partner, nämlich die übrige Welt, die von uns kauft.«[113] Unübersehbar verpackte Dräger bei seinem Bericht über die Aussagen von Geschäftsfreunden im Ausland eigene Ansichten, indem er vorschlug, »solche Handlungen (auszuschließen, B.L.), welche nach Ansicht eines großen Teils unserer ausländischen Abnehmer es einem anständigen Menschen in Zukunft unmöglich machen, deutsche Waren zu kau-

[109] Vgl. Bericht über Besuch bei Oberst Hederich (Reisebericht Heinrich Dräger 19.11.1935), SUD BS 15/18. Vgl. allgemein: RGBl. 1935, Teil I, S. 1337; Vgl. dazu Boelcke, Welthandelsmacht, S. 73; Volkmann, Außenhandel, S. 93.

[110] Vgl. Korrespondenz Drägerwerk mit Überwachungsstellen für Rohstoffe ab 1935, SUD BÄD I 4.8ff.

[111] Vgl. Boelcke, Welthandelsmacht, S. 43ff.; Wengst, Reichsverband, S. 97ff.

[112] Dräger an Reichsbankstelle Lübeck 1.3.1939, SUD BS 10/1, S. 1. Vgl. mit anderen Beispielen bei Hohner, Berghoff, Kleinstadt, S. 410f.

[113] Vgl. ebd., S. 3.

fen.«[114] Die deutliche Sprache Drägers ist offensichtlich von unmittelbaren Erfahrungen geprägt: Er hatte den Novemberpogrom in Berlin und kurze Zeit zuvor die endgültige Vertreibung seines Freundes Max Warburg, den er noch im März 1938 mehrfach getroffen hatte, miterlebt.[115]

Drägers Argumentation bei seinem Protest ist in wirtschaftspolitischer Hinsicht stark von Pragmatismus gezeichnet und damit der antisemitischen Gedankenwelt der nationalsozialistischen Elite angepaßt, um diese zu gewinnen. Wohl wissend, daß er die Grundüberzeugungen der Nationalsozialisten nicht verändern konnte, war das Verhalten – ähnlich wie das anderer Unternehmer – von einer grundsätzlich »pragmatischen Denkart« bestimmt, die in vielerlei Hinsicht kennzeichnend für Drägers Haltung war.[116] Die Mehrheit der Beschwerden aus der Industrie 1938/39 bezogen sich auf die Hindernisse infolge der Interventionen oder der wachsenden Bürokratien und waren insofern systemkonform, indem sie eine Änderung der Steuerung verlangten – wie dies beispielsweise der Hauptgeschäftsführer der Reichsgruppe Industrie gegenüber dem Wehrwirtschaftsstab andeutete. Der Verbandsfunktionär ging bei seiner Kritik explizit auf die hemmenden Organisationsdefizite ein.[117] Gleichwohl waren Beschwerden von der Deutlichkeit wie in Drägers Schreiben in der deutschen industriellen Elite selten.

5. *Rüstungskonzentration und ziviler Markt: Alternativen zur Anpassung*

Während der Rüstungskonjunktur fand sowohl in der Unternehmensstruktur als auch in den strategischen Handlungen des Unternehmers ein *Anpassungsprozeß* an die sich wandelnden ökonomischen und politischen Rahmenbedingungen statt. Dieser Prozeß ist während der dreißiger Jahre grundsätzlich durch eine zunehmende Dynamik gekennzeichnet.[118] Im Drägerwerk ist dieser Anpassungsprozeß von *zwei Entwicklungssträngen* gekennzeichnet.

114 Dräger an Reichsbankstelle Lübeck 1.3.1939, SUD BS 10/1, S. 2f. Ähnliche Bemühungen bei Kampmann, Werkzeughandel, S. 226.

115 Warburg an Dräger 22.2.1938; Warburg an Dräger 7.3.1938, SUD BS 10/1.1.

116 Vgl. für die Verbreitung dieser Haltung in der Industrieelite: Peter Hayes, Diskussionsbeitrag, in: Gall/Pohl, Unternehmen, S. 132.

117 Schreiben des Hauptgeschäftsführers der Reichsgruppe Industrie an Wehrwirtschaftsstab vom 23.2.1938. Zit. bei Raimund Wagner, Dokumente zur Entwicklung des staatsmonopolistischen Kapitalismus in Deutschland in der ersten Phase des zweiten Weltkrieges, in: ZfG 17 (1969), S. 479-503 (481). Weitere Hinweise belegt in: Rolf-Dieter Müller, Die Mobilisierung der Deutschen Wirtschaft für Hitlers Kriegsführung, in: Deutsche Reich Bd. 5 Erster Halbband, S. 349-692 (353ff.). Mit Beispielen Rau-Kühne, Unternehmer, S. 107; Blaich, bayerische Industrie; Cornelia Rauh-Kühne/Michael Ruck (Hgg.), Regionale Eliten zwischen Diktatur und Demokratie. Baden und Württemberg 1930-1952, München 1993.

118 Die unternehmensgeschichtliche Forschung hat diesen Prozeß immer noch nicht befriedigend untersucht. Vgl. diese Einschätzung auch bei: Herbst, Unternehmensstrategie, S. 127; Erker, Aufbruch, S. 338; Lutz Budraß, Flugzeugindustrie und Luftrüstung in Deutschland 1918-1945, Düsseldorf 1998, S. 8ff.

Zum einen ist neben den genannten Kontinuitäten in den ersten Jahren nach der Machtergreifung eine Umorientierung in den unternehmerischen Erwartungen zu konstatieren. Dabei spielte die enttäuschende Entwicklung des Exportgeschäfts infolge des schrumpfenden Außenhandelsvolumens eine entscheidende Rolle. Die strategische Priorität der Zeit vor, während und unmittelbar nach der Weltwirtschaftskrise, verlorenen Boden im Exportgeschäft wieder gutzumachen und das Investitions- wie das Wettbewerbsverhalten hierauf zu konzentrieren, wurde parallel zu den wirtschaftspolitischen Restriktionen durch eine neue Strategie ergänzt, die – ohne die Exportbemühungen aufzugeben – auch die lukrativen Rüstungsaufträge und den wachsenden Binnenmarkt in den Mittelpunkt des Interesses rückte. Dabei bemühte sich die Unternehmensleitung, neben der militärischen auch die zivile Nachfrage weiterhin zu befriedigen.

Der zweite Entwicklungsstrang ist durch die zunehmenden Interventionen der nationalsozialistischen Wirtschaftspolitik, die Paralysierung sich selbst regulierender marktwirtschaftlicher Prozesse sowie die unternehmerischen Bemühungen um weitestgehende strategische Handlungsspielräume angesichts dieser Entwicklung charakterisiert. Ein wichtiger Aspekt dieses Prozesses ist die sukzessive Annäherung *staatlicher und unternehmerischer* Verwaltungsstrukturen, die beide das systemimmanente Problem der Steuerung, Lenkung und Kontrolle des Wirtschaftsprozesses phasenverschoben, aber interdependent mit einer selbständig wachsenden Bürokratisierung zu lösen suchten.

In diesem Zusammenhang kann man feststellen, daß die Unternehmensstruktur sich den wachsenden Veränderungen der Märkte und des Wettbewerbs anpaßte. Im Drägerwerk wurden folgerichtig die Abteilungen, die für die Koordinierung der Rüstungsaufträge zuständig waren, unverhältnismäßig personell ausgebaut und neue Abteilungen für die Auftragseinwerbung und -abwicklung gegründet. Die 1936 im Drägerwerk eingerichtete umfangreiche Abteilung »Heer – Marine – Luftwaffe« (HML), die neben der eigentlichen Verkaufsabteilung arbeitete, wurde wegweisend für diese Entwicklung. Ähnliche Prozesse fanden auch in anderen Unternehmen wie der Daimler-Benz AG statt.[119] Im Drägerwerk bedeutete der expansive Ausbau der Verwaltung darüber hinaus eine Beendigung der besonderen strukturellen Rückständigkeit des Unternehmens in diesen Bereichen und konnte daher nur unter besonders großem Widerstand der etablierten Strukturen durchgesetzt werden. Der betriebsinterne Bürokratisierungsprozeß in der Lübecker Zentrale ging jedoch in Anbetracht der besonderen Anforderungen von staatlicher Seite über einen durchschnittlichen Ausbau der Verwaltungsstrukturen, der angesichts der expansiven Entwicklung der Firma zum Großunternehmen normal gewesen wäre, weit hinaus. In zunehmendem Maße veränderte und verzerrte er die organisatorische Struktur des Unternehmens.

[119] Vgl. Gregor, Stern, S. 90.

Ähnliche Merkmale dieses Veränderungsprozesses von Unternehmensstrategie und -struktur zeichnen sich auch in anderen Unternehmen ab.[120] Dabei gilt diese Beobachtung in erster Linie für den engeren Rahmen der vom Rüstungsboom profitierenden, exportorientierten und Fertigwaren herstellenden Industrie. Die Expansionspotentiale eines Betriebes hingen in der Rüstungskonjunktur in steigendem Ausmaß von seiner Möglichkeit ab, von dem staatlich initiierten Nachfrageanstieg zu profitieren. Die Teilnahme an der lukrativen Aufrüstung bedeutete jedoch für die Industrie gleichzeitig die Auseinandersetzung mit einer außergewöhnlich interventionistischen staatlichen Lenkungsbürokratie. Dennoch wirkte mit der zunehmenden Einengung der unternehmerischen Handlungsspielräume infolge der forcierten staatlichen Eingriffe die Aufrüstung gleichsam wie ein Magnet mit hoher Anziehungskraft; man könnte auch von einem großen »Attraktor« sprechen. Der Wandlungsprozeß, der durch diese Anziehung vollzogen wurde, löste zugleich den Anpassungsprozeß der Unternehmen aus und ging mit ihm einher: In dem Maße in dem die Industrie an der Staatskonjunktur teilnahm, setzte sie sich dieser Veränderungsdynamik aus.

Beide Entwicklungsstränge dieses Anpassungsprozesses lassen sich bis zum Krieg in *drei Phasen* einteilen. Die *erste Phase*, die in wesentlichen Zügen schon in der Weltwirtschaftskrise begonnen hatte, vollzog sich zwischen 1933 und der Zäsur der forcierten Aufrüstung infolge des zweiten Vierjahresplans 1936/37. Die Intensivierung der staatlichen Anstrengungen um eine beschleunigte Aufrüstung und die durch die Anfangsintervention hervorgerufenen Folgeinterventionen leiteten eine *zweite Phase* unternehmerischer Anpassung ein, die durch die erneute Umorganisation der Rüstungspolitik 1938/39 beendet wurde. Wiederum wurde die Lenkung verstärkt und eine *dritte Phase* durch die unmittelbaren Mobilisierungsbemühungen im Vorfeld des Kriegsausbruchs in Gang gesetzt. Diese ist durch eine erneute massive Expansion der industriellen Fertigung sowie die unternehmerischen Reaktionen auf diese Anforderungen gekennzeichnet.[121]

Während der ersten Phase des Anpassungsprozesses ist in Drägers unternehmerischen Entscheidungen deutlich die Bemühung um eine Kontinuität der Unternehmensziele zu erkennen: *Erstens* die Expansion des profitablen Außenhandelsgeschäftes und das Wiedererreichen verlorener internationaler Marktpositionen; *zweitens* der Anschluß an die Kundennähe und die Wettbewerbsposition vor der Wirtschaftskrise bei den traditionellen Auftraggebern des zivilen und militärischen Marktes im Inland. Im Verlaufe der Entwicklung zwischen

[120] Mit dem Beispiel Hohner: Berghoff, Kleinstadt, S. 409f.; für den Mittelstand: Bräutigam, Unternehmer, S. 390.

[121] Vgl. zu Versuchen einer allgemeinen Phaseneinteilung dieser Entwicklung: Herbst, Unternehmensstrategie, S. 127; Boelcke, Kosten, S. 11f.

1933 und 1936/37 kam es jedoch zu dem beschriebenen beginnenden Wandel der strategischen Prioritäten. Diese Entwicklung wurde maßgeblich durch die Veränderung der Rahmenbedingungen bestimmt.

Bei den Anstrengungen, sich auf dem infolge der Staatskonjunktur nach 1933 expandierenden zivilen Inlandsmarkt durchzusetzen, begann zunächst ein aggressiver Wettbewerb mit der Auergesellschaft, die vor allem auf Initiative ihres engagierten Vorstandsvorsitzenden Quasebart hin versuchte, den traditionellen Marktführer aus Lübeck von seiner Position zu verdrängen. Auf die Marketingstrategien des Berliner Konzerns, die sich vor allem auf das Preisniveau verheerend auswirkten, reagierte das Drägerwerk mit einer Konzentration auf die traditionellen Kernkompetenzen. Wie man in der Lübecker Zentrale 1934 feststellte, »hat die Degea AG (Auergesellschaft, B.L.) ihren Aussenstellen (sic.) während der letzten Monate offenbar die Parole gegeben, mit allen Mitteln in das bisher von uns beherrschte Gerätegeschäft, vor allem in Bergbaugeräten, einzubrechen.«[122] Die Lübecker Zentrale motivierte daraufhin das gut ausgebaute Netz ihrer Niederlassungen und Vertretungen mehrmals zu Umsatzsteigerungen durch erhöhte Provisionsangebote.[123] Darüber hinaus gründete das Unternehmen in den dreißiger Jahren neue Niederlassungen in Nürnberg (1935), München (1936) und Hamburg (1936).

Diese Bemühungen um eine Belebung des zivilen Inlandsgeschäfts waren zunächst erfolgreich. Die Umsätze stiegen gerade im Bereich der Sicherheitstechnik, vor allem für den expandierenden Bergbau im Deutschen Reich, aber auch im Bereich der Medizintechnik. Kommunen und Unternehmen holten nach 1933 Investitionen, die während der Krisenjahre aufgeschoben worden waren, nach. Die für das Ruhrgebiet zuständige Niederlassung Essen konnte ihre Umsätze von 241.000 RM 1932 schon 1933 auf 394.000 RM, 1934 auf 658.000 RM und 1936 auf 904.000 RM steigern. Auch in anderen Regionen waren jährliche Zuwachsraten über 50 % im Zivilgeschäft zwischen 1933 und 1937 keine Ausnahme.[124]

Mit der Eingliederung des Saargebietes 1936 wurde der Bergbau dieser Region ein ebenso wichtiger Kunde wie bald darauf die Hermann-Göring-Werke im Salzgitter-Gebiet.[125] Bei den Auseinandersetzungen um Marktanteile im Bergbau konnte Dräger mit der Entwicklung einer neuen Generation von Rettungs-

[122] Vgl. Bericht des Drägerwerk-Lübeck an die Niederlassungen über die Initiativen der Auergesellschaft beim Verkauf der Bergbaugeräte 19.11.1934, SUD BÄD I 3.1.

[123] Vgl. verschiedene Bekanntmachungen und interne Korrespondenzen mit Niederlassungen und Vertretern, SUD BS 27/5; Dräger an Ernst Assmus Müller (Dresden). Betrifft: Umsatzsteigerung auf den Nicht-Luftschutzgebieten 29.11.1934, SUD BS 27/5.

[124] Vgl. die detaillierten Zahlen der einzelnen Niederlassungen und Vertretungen in Umsatz-Hauptbuch, SUD BÄD I 1.34.

[125] Vgl. für die Reichswerke »Hermann Göring«: Gerd Wysocki, Arbeit für den Krieg. Herrschaftsmechanismen in der Rüstungsindustrie des »Dritten Reiches« bei den Reichswerken »Hermann Göring« 1937/38-1945, Braunschweig 1992.

geräten abermals einen technologischen Vorsprung vor der Konkurrenz deutlich machen, der auch international beachtet wurde. Die Sauerstoffgeräte für den gewerblichen Atemschutz, das Dräger–Klein-Gasschutzgerät KG 130 und das Dräger-Bergbaugerät BG 160 sowie mehrere kleinere sogenannte »Selbstretter« demonstrierten durch ihre Technologie, die den entsprechenden Auer-Geräten in vielerlei Hinsicht überlegen war, erneut die Führung des Unternehmens auf diesem Markt.[126] Insgesamt gelang es dem Unternehmen bis 1936/37 erfolgreich, den umfangreichen Rüstungsaufträgen und der Zunahme der zivilen Nachfrage in ähnlicher Weise nachzukommen.

Das Drägerwerk verfolgte grundsätzlich die bewährte Strategie, seine Kapazitäten sowohl mit zivilen als auch mit militärischen Aufträgen auszulasten, um damit vom Rüstungsboom zu profitieren und gleichzeitig die traditionellen Marktanteile auf dem Privatsektor zu erhalten. Dabei kam es in zunehmendem Maße zu Interessenkonflikten mit den Ansprüchen der Auftraggeber über Lieferzeiten und Materialqualitäten, die das Unternehmen vor allem vor dem Hintergrund der fertigungstechnisch überlegenen Konkurrenz der Auergesellschaft stark unter Druck setzten.[127] Offensichtlich war man in dem Berliner Konzern erfolgreicher in der Rohstoffhortung und –lagerung, die im Zuge der Bewirtschaftung immer wichtiger wurde. In Lübeck war man dagegen schon 1934 gezwungen, den Niederlassungen mitzuteilen, daß »sich die Lieferungsmöglichkeit infolge von Schwierigkeiten in der Rohmaterialbeschaffung sehr verzögert«.[128] Die Auergesellschaft verfügte durch die größeren Fertigungskapazitäten vor allem in ihrem modernen Werk in Berlin-Oranienburg aber auch durch die exklusive Zulieferung qualitativ hochwertiger Gummiteile durch den Hannoveraner Gummikonzern Continental AG über bessere Voraussetzungen, um den gestiegenen Anforderungen nachzukommen.[129] Die Marktabsprachen zwischen der Continental AG und der Auergesellschaft trugen eindeutig den Charakter eines Kartells und verpflichteten die Partner zu einem exklusiven Lieferungsverhältnis, das andere Abnehmer ausschloß.[130] Die Gummiqualität und der Preis der Einzelteile entschieden bei dem Hauptprodukt der Branche –

---

[126] Vgl. Bericht Oberingenieur Hintze über Entwicklungsarbeiten, SUD BS 32; Bericht über den IV. Internationalen Kongreß für Rettungswesen und Erste Hilfe in Kopenhagen, ebd.; Korrespondenz mit dem Ausschuß für das Grubenrettungswesen, Essen, SUD BS 9/8; Heinrich Dräger, Bemerkungen zum neuen Dräger-Klein-Gasschutzgerät Modell 130, in: Draeger-Hefte. Periodische Mitteilungen des Drägerwerks, Lübeck Nr. 168 (September/Oktober 1933), S. 2358ff.; ders., Ein neues Dräger-Bergbaugerät, in: Draeger-Hefte, Nr. 172 (Mai/Juni 1934), S. 2553ff.

[127] Vgl. Beschwerden des Bergbaus über Lieferfristen, SUD BS 27/5, 27/3, 27/6, 11b/9. Ausführlicher Reisebericht von Niederlassungsleiter Bender (Beuthen) über die Situation in Thüringen und Sachsen 1939, SUD BS 11b/9.

[128] Vgl. Bericht des Drägerwerk-Lübeck an die Niederlassungen über die Initiativen der Auergesellschaft beim Verkauf der Bergbaugeräte 19.11.1934, S. 2, SUD BÄD I 3.1.

[129] Vgl. zu den Exklusivverträgen Auer-Conti seit 1928 die entsprechenden Aktennotizen, SUD BS 36/36.

[130] Vgl. verschiedenene Berichte, SUD BÄD VII 2.20.

den Atemschutzmasken – über das Leistungsvermögen eines Wettbewerbers. Damit bestand für die endfertigenden Unternehmen eine große Abhängigkeit von den Vorprodukten der Zulieferbetriebe.

Die Exklusivzulieferung der Gummiteile durch Continental an die Auergesellschaft bestand sowohl für den militärischen als auch für den zivilen Atemschutzbereich und zwang das Drägerwerk, auf eine Vielzahl kleinerer Gummilieferanten auszuweichen. Unter ihnen befanden sich die Conti-Konkurrenten Phoenix und Metzeler, mit denen Entwicklungsgemeinschaften für die Gummikörper der Masken gebildet wurden.[131] Die technologische Lösung der Produktion war indes nur ein Aspekt, den das Dräger-Management zu bewältigen hatte. Vor allem die Preise der Vorprodukte entschieden zunehmend über die Möglichkeit, mit dem günstiger produzierenden großen Continental/Auergesellschaft Kartell bei der Maskenherstellung erfolgreich zu konkurrieren. Die langfristige Strategie der Auergesellschaft, durch die vertikale Integration der Gummifertigung zu einer neuen branchenübergreifenden Konzernstruktur überzugehen, setzte Dräger unter Druck.[132] Das Zulieferproblem bei den Vorprodukten der Atemschutzmasken – das zeichnete sich in diesen Auseinandersetzungen bereits ab – wurde infolge der forcierten Aufrüstung nach 1936/37 zu einem der Hauptkonfliktfelder der Wettbewerber, in denen Rufe nach staatlicher Regulierung und Deregulierung von den Unternehmen laut wurden.

Der kleinere Wettbewerber Dräger konnte mit der Unterstützung der Rüstungsbürokratie den größeren Konkurrenten mehrfach zur partiellen und zeitweisen Rücknahme seiner kartellartigen Marktabsprachen zwingen. Um Fortschritte bei der Entwicklung der Gummikörper für das noch immer nicht fertigungsreife Gasmaskenmodell »Gasmaske 38 – GM 38« zu erreichen, konnte Dräger das zuständige Heereswaffenamt dazu bewegen, die Exklusivverträge zwischen Conti und Auer grundsätzlich für nichtig zu erklären. Im Interesse der Rüstung stellte man im Heereswaffenamt fest, daß »auch von hier aus Interesse daran (besteht), daß Firma Dräger (sic.), um die Weiterentwicklung der Gasmaske 38 zu beschleunigen, mit der Firma Conti zusammenarbeitet.« Der zuständige Major Bode in der Gasschutzabteilung (Wa Prüf 9) des Amts war schließlich »mit der beabsichtigten Zusammenarbeit von Dräger und Conti im Interesse der Beschleunigung der Lieferung und Entwicklung einverstanden«, wie Dräger feststellte. Denn, so fuhr er fort, »da es sich zur Zeit (...) um Heeresinteressen handelt, kann Wa Prüf 9 auf derartige private Abmachungen (Auer-Conti Kartell, B.L.) keine Rücksicht nehmen.«[133]

Auch für die Auseinandersetzungen, die bei öffentlichen Aufträgen über die Preise geführt werden mußten, war die Frage der Zulieferer entscheidend, da

[131] Vgl. Bericht über Besprechung mit Major Bode 9.6.1938, SUD BS 15/19.
[132] Vgl. zu diesen Tendenzen grundsätzlich: Swatek, Unternehmenskonzentration, S. 93.
[133] Bericht über Besprechung bei Wa Prüf 9 15.5.1939, SUD BS 15/19.

von ihnen der Endpreis maßgeblich bestimmt wurde. Auseinandersetzungen darüber lassen sich bei den beiden Konkurrenten Drägerwerk und Auergesellschaft bis in die zweite Kriegshälfte finden. Nach internen Berechnungen der Buchhaltung des Drägerwerks kosteten die teureren Zulieferungen der Maskenkörper allein für die Produktion der Volksmaske das Unternehmen zwischen 1937 und 1939 1,3 Mio. RM.[134] Der Conti-Konzern blieb bis zu 30 % unter dem Preis der Zulieferer des Drägerwerks, was das Management des Lübecker Unternehmens immer wieder dazu veranlaßte, bei der Rüstungsbürokratie auf das noch ungelöste Problem der Exklusivlieferungen und den Zusammenhang mit den Preisen hinzuweisen. Als dieses Problem mit der geplanten umfangreichen Volksmasken-Fertigung 1936/37 – angestrebt wurde die Fertigung von 1 Million Masken im Monat – eine neue Bedeutung bekam, drängte das Drägerwerk erneut ohne Erfolg Auer dazu, in beschränktem Rahmen Conti-Zulieferungen an das Lübecker Werk zuzulassen.[135]

Rüstungsaufträge des Drägerwerks (Konzern) in Tausend RM und in Prozent des Gesamtumsatzes[136]

Jahr	**1929**	**1930**	**1931**	**1932**	**1933**	**1934**	**1935**	**1936**
Volumen	219	1200	286	555	1.487	6.164	8.601	7.728
Anteil	7 %	32 %	14 %	26,4 %	44 %	70,8 %	67,2 %	53,7 %

1937	**1938**	**1939**	**1940**	**1941**	**1942**	**1943**	**1944**	**1945**
12.486	21.153	32.959	35.366	30.336	28.311	29.441	30.702	12.251
61,9 %	61,9 %	63,3 %	61 %	58,6 %	55,9 %	51,9 %	50,3 %	52,8 %

Auch das für den zivilen Luft- und Atemschutz zuständige Reichsluftfahrtministerium konnte jedoch eine grundsätzliche Öffnung der Kartellabsprache beim Vorstand der Auergesellschaft nicht durchsetzen, obwohl das Interesse und der finanzielle Verlust des Ministeriums offensichtlich waren, da das Drägerwerk die Mehrkosten auf den Auftraggeber abwälzte. Umgekehrt gelang es dem Drägerwerk nicht, seine Zulieferer zu effektiven Rationalisierungen und Preissen-

134 Aufwendungen für Gummikörper zur Volksmaske ohne Datum, SUD BS 27/8.

135 Besprechung verschiedener Drägerwerk-Direktoren und Direktor Wollin, Auergesellschaft 22.9.1937, SUD BS 27/8.

136 Quelle: Umsatz-Hauptbuch, SUD BÄD I 1.34. Bei der Berechnung wurden die direkten Rüstungsaufträge der Wehrmachtsteile und des Reichsluftfahrtministeriums an das Unternehmen berücksichtigt, die statistisch zu erfassen sind. Die Zulieferung von Einzelteilen an Rüstungsgüter endfertigende Unternehmen, die zum Teil erhebliche Summen ausmachte, aber rechnerisch nicht zu erfassen ist, blieb hier ebenso wie die Umsätze aus der Fertigung der »Volksmaske« für das Innenministerium und das Reichsluftfahrtministerium unbeachtet.

kungen zu bewegen.[137] Hier wurden die Grenzen der staatlichen Lenkungs- und Interventionspolitik für die Unternehmen deutlich. Die Erfahrung, daß die Koordinationsanstrengungen und Steuerungsversuche der Rüstungsbürokratie in diesem entscheidenden Bereich auch nach dem Einsetzen des zweiten Vierjahresplans offensichtlich an der Macht und dem Einfluß der Auergesellschaft und ihrer Eigentümerin, der Degussa AG, scheiterten, bestimmte die weitere Handlungslinie des Lübecker Unternehmens maßgeblich.

Insgesamt weist die unternehmerische Wettbewerbsstrategie auf dem Inlandsmarkt bemerkenswerte Kontinuitäten auf, obwohl sich die Nachfragestruktur infolge der Staatskonjunktur massiv veränderte. Die Unternehmensleitung reagierte auf diese Wandlungsprozesse mit großer Flexibilität, ohne grundsätzlich ihre Prioritäten zu ändern. Die Veränderungen der Nachfragesituation auf den Inlandsmärkten des Unternehmens waren dabei durch *zwei Entwicklungen* gekennzeichnet: *Erstens* durch die Gesamtzunahme der Nachfrage in allen Produktsegmenten, die zu einer Auslastung und zunehmenden Überforderung der Fertigungskapazitäten bzw. ihrer Erweiterung führte, und *zweitens* durch die dauerhafte Etablierung des hohen Rüstungsanteils am Gesamtumsatz.

Während die Umsätze im Bereich der Rüstungsfertigung absolut anstiegen, blieben sie relativ durch die Erweiterung des Gesamtumsatzes von 1937-1940 bei etwa 60 %. Eine weitere Zunahme der Konzentration auf die Rüstungsaufträge wurde vermieden, obgleich das Anwachsen der Nachfrage seitens der Rüstungsbürokratie die Frage eines weiteren Ausbaus der Fertigungskapazitäten offen ließ.

Die verstärkte Rohstoffkontingentierung infolge des Vierjahresplans führte zu keinen grundsätzlichen Veränderungen der unternehmerischen Wettbewerbsstrategie. Das Wettbewerbsverhalten der Unternehmensleitung wies vielmehr eine erstaunliche Kontinuität von 1933 bis in die unmittelbare Vorkriegszeit auf: Beibehaltung des Privatmarktes soweit möglich, keine Konzentration auf einen Produktbereich, Erhaltung und Ausbau der umfangreichen Forschungs- und Entwicklungstätigkeit und weitestmögliche Wiederbelebung des Exports. In diesen Bereichen ist die Strategie nur vor dem Hintergrund der unmittelbaren Auseinandersetzungen mit der Auergesellschaft zu verstehen.[138] Eine Wiederbelebung des Exports wurde jedoch in zunehmendem Maße illusorisch. Der zivile Binnenmarkt behielt dagegen neben der Rüstung seine Attraktivität für das Unternehmen, das alles daran setzte, seine Marktanteile hier langfristig nicht zu verlieren – vor allem nicht gegenüber dem Wettbewerber Auer.

Die Realisierung dieser strategischen Prioritäten führte zu tiefgreifenden Zielkonflikten mit den wirtschaftspolitischen Vorstellungen des Regimes. Dabei ist

---

[137] Bericht über den Besuch bei der Firma Metzeler am 14.2.1938 (Gen.Dir. Maul), SUD BS 27/8.

[138] Vgl. für andere Branchen die ähnlichen Entwicklungen bei Siegel/Freyberg, Rationalisierung, S. 274f.

das zunehmende Interesse der staatlichen Rüstungsbürokratie an einem noch stärker kontrollierenden Zugriff auf die Ressourcen der Unternehmen ab 1936 unübersehbar. Diese Eingriffe werden an den Forderungen des Reichsluftfahrtministeriums deutlich, die Anzahl der Niederlassungen und Reparaturwerkstätten des Drägerwerks und der Auergesellschaft zu erhöhen, um den gestiegenen Anforderungen des Luftschutzes in den Städten gerecht zu werden. Es ging um die totale Beanspruchung des technologischen Know Hows der Unternehmen sowie ihrer Infrastruktur für den zivilen Luftschutz. In der Konsequenz hätte dies eine unmittelbare Kontrolle oder Übernahme der Niederlassungen durch regionale und kommunale Verwaltungsbürokratien bedeutet. In diesem Zusammenhang drohte der zuständige Regierungsrat des Ministeriums Dr. Walther Mielenz in einer Besprechung im März 1936 offen: »Wenn die Firmen sich hiermit nicht befassen, besteht die Gefahr, daß (...) ein staatlicher ›Ersatzteil- und Reparatur-Service‹ eingeführt wird.«[139] Dräger wandte sich energisch gegen diese erneute Intervention in einen Marktbereich – den Service – und teilte dem Ministerium drei Tage nach diesem Vorschlag in seltener Eintracht mit der Auergesellschaft mit, »dass (...) das alte friedensmässige (sic.) Arbeitsgebiet der Auer- und Dräger-Vertretungen scheinbar zusehends zusammenschrumpft.« In Anbetracht der Verdienste der Vertretungen auch für die Entwicklung und die Erprobung neuer Geräte »liegt es im Interesse des Luftfahrtministeriums, den (...) Vertretungen die Existenzgrundlage nicht völlig zu entziehen und sie nicht völlig bei der jetzigen Neuordnung des Gasschutzwesens auszuschalten.«[140]

In seiner Beschwerde integrierte Dräger seine allgemeine Ansicht über die Wirtschaftspolitik der Reichsregierung in die Argumentation gegen die konkrete staatliche Intervention, indem er bemerkte, daß es »im Sinne der Bestrebungen der Reichsregierung (liegt), dasjenige, was vom freien Markt noch vorhanden ist, möglichst zu erhalten und das freie Spiel der Kräfte und den freien Wettbewerb auf möglichst vielen technischen Arbeitsgebieten aufrechtzuerhalten.«[141] Offensichtlich konnten sich die Unternehmen in ihren Forderungen bei den sich hinziehenden Verhandlungen durchsetzen, denn es wurde vereinbart, daß die Niederlassungen selbständige Unternehmensteile blieben und im Gegenzug für die Kommunen den Verkauf günstiger ausgemusterter Atemschutzmasken aus Militärbeständen organisierten, die als »Auffrischungsmasken« auf dem zivilen Luft- und Gasschutzmarkt angeboten werden sollten.[142] Die Auseinandersetzungen zwischen den Unternehmen und der staatlichen Bürokratie sowie den Firmen untereinander verdeutlichen einerseits die Einengung der un-

139 Dr. Dräger Reisebericht Berlin (längere Sitzung bei Dr. Mielenz) 27.3.1936, S. 1, SUD BS 15/18.

140 Dräger und Auer: Gemeinsamer Antrag an das Reichsluftfahrtministerium 30.3.1936, SUD BS 15/18.

141 Ebd., S. 2.

142 Dr. Dräger Reisebericht Berlin (längere Sitzung bei Dr. Mielenz) 27.3.1936, S. 2, SUD BS 15/18.

ternehmerischen Handlungsspielräume angesichts der staatlichen Eingriffe im Zuge des dynamischen Wandlungsprozesses von Politik und Ökonomie. Andererseits werden an den Möglichkeiten der Unternehmensleitung, sich in zentralen Bereichen mit ihren strategischen Prioritäten gegenüber der Rüstungsbürokratie durchzusetzen, die Grenzen der staatlichen Macht erkennbar.

6. Der Vierjahresplan und die »Volksgasmaske«: Die Forcierung der Entwicklung

Durch die zunehmende Lenkung der industriellen Fertigung infolge der Maßnahmen des zweiten Vierjahresplans kam es zu einer langsamen, zwischen 1936 und 1939 in immer stärkerem Maße spürbaren Veränderung der Produktionsschwerpunkte sowie der Struktur in dem Unternehmen. Drägers Erfolge bei den Bemühungen um einen Ausgleich zwischen den Anforderungen der zivilen und der militärischen Nachfrage wurden deutlich geringer. Während man sich in der Unternehmensführung 1934 noch sicher war, ein mögliches Nachlassen der Konjunktur auf dem Gebiet des »Volksluftschutzes« mit einem Ausbau des Zivilmarktes auffangen zu können, verstärkte sich nach 1936/37 sukzessive die Bereitschaft, der von der staatlichen Rüstungsbürokratie geforderten Ausweitung der Fertigung für die Militärdienststellen zu folgen.[143] Die Umsatzzahlen des Unternehmens verfünffachten sich zwischen 1935 und 1939 nahezu. Gleichzeitig veränderte sich der prozentuale Anteil der Rüstungsaufträge am Gesamtumsatz des Unternehmens kaum, da das Ansteigen der Rüstungsnachfrage dem Anwachsen der Gesamtnachfrage entsprach. Das Auftragsvolumen für den militärischen Atemschutz war gleichwohl immens. Vergleicht man die Entwicklung der Rüstungsanteile am Gesamtumsatz im Drägerwerk mit der anderer Industrieunternehmen, die in ähnlichem Ausmaß an der Aufrüstung teilnahmen, wird erkennbar, daß die Lübecker mit ihren Bemühungen, einen möglichst hohen Teil des Umsatzes auf zivilen Märkten zu erwirtschaften, vergleichsweise erfolgreich waren.[144]

---

[143] Vgl. Dräger an Ernst Assmus Müller (Dresden) betrifft: Umsatzsteigerung auf den Nicht-Luftschutzgebieten 29.11.1934, S. 1, SUD BS 27/5.

[144] Vgl. für die generellen Zusammenhänge zwischen Rüstungsbeteiligung und Unternehmensexpansion: Ludwig, Strukturmerkmale, S. 46ff.; James, Weltwirtschaftskrise, S. 391ff.; Herbst, nationalsozialistisches Deutschland, S. 97f.; Boelke, Kosten, S. 9ff.; Einzelbeispiele: Gregor, Stern, S. 90, 106, 108, 117; vgl. die Zahlen bei Hans Pohl/Stephanie Habeth/Beate Brüninghaus, Die Daimler-Benz AG in den Jahren 1933 bis 1945, Stuttgart 1986, S. 126, 136; Roth, Weg, S. 333f., 333. Die Suhler Werke des Gustloff Konzerns konnten eine nennenswerte Fertigung für den zivilen Markt schon in der Zeit bis 1938, in der der Umsatz um 400 % anstieg, kaum aufrechterhalten. Der Umsatz der Militäraufträge betrug 1938 87 %. Ähnlich verlief die Entwicklung im Stammwerk des Zeiss-Konzerns, wo der Anteil 1939 über 74 % lag. Mit weiteren Beispielen: John, Rüstungswirtschaft, S. 204ff; sowie die Kritik der Ergebnisse Johns bei Boelcke, Kosten, S. 45; zu dem

Die weitere Entwicklung der Investitionen des Drägerwerks entspricht in Umrissen der Gesamtentwicklung der Investitionsgüterindustrie in den Vorkriegsjahren, der das Drägerwerk mit den Produktionsbereichen Feinmechanik und Optik sowie Maschinenbau zu einem großen Teil angehörte. Beide Bereiche machten zusammen etwa 35 % des Unternehmensumsatzes aus. Nach den Berechnungen für die Ausfuhrförderabgabe, die von den Wirtschaftsgruppen erhoben wurde, erwirtschaftete das Unternehmen 1937 12 Mio. RM Umsatz in der Wirtschaftsgruppe Chemische Industrie, 400.000 RM in der Wirtschaftsgruppe Maschinenbau und 7 Mio. RM in der Wirtschaftsgruppe Feinmechanik und Optik.[145] In den Jahren 1934-36 stieg der Anteil der Investitionsgüterindustrie an den Gesamtinvestitionen im Reich insgesamt am schnellsten, da die beginnende Aufrüstung die staatliche Nachfrage nach Fertigprodukten für die Erstausstattung der neuen militärischen Verbände steigerte.[146] Im Gesamttrend des Deutschen Reiches stieg ab 1937, als Ergebnis der Vierjahresplanpolitik, vor allem das Investitionsvolumen der chemischen Industrie massiv an. Der in diesen Sektor fallende Fertigungsbereich im Drägerwerk wurde in diesem Zeitraum noch einmal deutlich ausgebaut.[147] Dabei änderte sich die grundsätzliche Zurückhaltung der Unternehmensleitung, in die Kapazitätsausweitung zu investieren, auch in der Phase der forcierten Aufrüstung ab 1936 nicht, obwohl die umfangreichen Gewinne und Umsätze zu einer wesentlich höheren Kapitalbasis des Drägerwerks geführt hatten.[148]

Umsatz der Volksgasmaske im Drägerwerk (Konzern) in Tausend RM[149]

1937	1938	1939	1940	1941	1942	1943	1944	1945
1.760	4.580	6.740	5.449	3.754	3.365	2.926	1.417	1.417

Die bemerkenswerte Steigerung des Gesamtumsatzes ist neben dem Wachsen der unmittelbaren Rüstungsaufträge für die Wehrmachtsteile und der Expansion des Privatmarktes auch auf die Fertigung der Atemschutzmasken für die Zivilbevölkerung zurückzuführen, die 1937 anlief. Die Verantwortung für den Gasschutz der Bevölkerung lag zunächst beim Reichsluftfahrtministerium, später schalteten sich auch das Innenressort sowie mehrere Unterorganisationen der

Problemkomplex vgl. Ulrich Hess, Rüstungs- und Kriegswirtschaft in Sachsen (1935-1945), in: Sachsen in Mitteldeutschland: politische, wirtschaftliche und soziale Wandlungen im 20. Jahrhundert, hrsg. v. Werner Bramke und Ulrich Hess, Wismar 1995, S. 73-93; Jürgen John, Wirtschaftsentwicklung und politische Umbrüche in Thüringen zwischen den beiden Weltkriegen, in: ebd., S. 93-121.

145 Bericht über die Berechnung der Ausfuhrförderabgabe für 1937 und 1938, SUD BÄD I 3.4.

146 Vgl. Petzina, Autarkiepolitik, S. 186.

147 Vgl. Petzina, Autarkiepolitik, S. 186. Zur Entwicklung der chemischen Industrie vgl. Hayes, Industry; Plumpe, I.G. Farbenindustrie.

148 Vgl. mit ganz ähnlichen Beobachtungen Gregor, Stern, S. 93f. und 98ff.

149 Quelle: Umsatz-Hauptbuch, SUD BÄD I 1.34.

NSDAP und die Kommunen in die Verbreitung ein. Dabei griff das Reichsluftfahrtministerium schon in der Planung und Vorbereitung des zivilen Atemschutzes »trotz aller Bedenken« hauptsächlich auf die Unternehmen Auer und Dräger zurück, »da man kein Vertrauen haben würde zu einer Firma, die erst neu (d. h. 1937, B.L.) in Deutschland zu derartigen Regierungsaufgaben herangezogen würde.«[150] Der große Unterschied in der Qualität und Quantität des Ausrüstungsstandes der Wehrmacht und der Zivilbevölkerung mit Atemschutzgeräten wurde nach der Jahreswende 1936/37 in der Bürokratie des Reichsluftfahrtministeriums bemerkt. Am 5. Juni 1937 wurde daher – propagandistisch eindrucksvoll – vom Minister Göring die Einführung der »Volksgasmaske« verkündet.[151]

In der Branche wurde diese Entwicklung aufmerksam beobachtet.[152] Bereits im November 1936 war im Zusammenhang mit der neuen Vierjahresplanpolitik an Dräger und Auer ein gemeinsamer Entwicklungsauftrag zum Bau einer vereinfachten Gasmaske abgegeben worden. Dabei kam es insbesondere bei der Frage des Roh- und Ersatzstoffeinsatzes zu Auseinandersetzungen.[153] Die Entwicklungsarbeiten an der »Volksmaske« führten zu langwierigen Konflikten der beiden Konkurrenten über die Schutzrechte an den Modellen, die bis zum Reichsgericht gingen. Einig waren sich die Wettbewerber dabei in der zentralen Feststellung, daß »für Zwecke der Volkshaube (...) Gummi der ideale Werkstoff (sei), zahlreiche und intensive Versuche mit anderen Werkstoffen hätten unzweideutig zu diesem Resultat geführt und auch die Maßnahmen des Auslandes bestätigen das.«[154] Das Problem der militärischen Forderung »nach einer Volksgasmaske aus nur deutschen Rohstoffen«, also Buna, blieb jedoch in der Rüstungsbürokratie bestehen und begleitete die Konflikte um die Fertigung der »Volksmaske« bis in den Krieg.[155] Diese Rohstoffragen veränderten den Abwicklungsvorgang von Aufträgen in den Unternehmen, da die Bedeutung des Auftraggebers – etwa einer Kommune – in der Hierarchie der Dringlichkeit für die notwendigen Rohstoffkontingente entscheidend war. Das Unternehmen suchte daher im Verlaufe der weiteren Geschäftsentwicklung im Vorfeld von Auftragsverhandlungen zu erfahren, wie groß das Interesse und das Kontingent der auftraggebenden Institution für eine Fertigung mit Buna oder anderen Ersatzstoffen sei, um sich auf die entsprechende Beschaffung einzustellen. Diese Vorgänge erforderten einen beträchtlichen Verwaltungsaufwand.[156]

---

150 Bericht betr. Besuch bei Dr. Mielenz 6.2.1937, SUD BS 15/19.

151 Vgl. Groehler, Tod, S. 236.

152 Walther Mielenz, Die deutsche Volksgasmaske, in: Gasschutz und Luftschutz, Heft 6 (1937), S. 157.

153 Denkschrift Dr. Gerhard Stampe »Zur Entwicklung des Gasschutzes für den Luftschutz der Zivilbevölkerung« 12.9.1941, SUD BS 29/8.

154 Besuch bei Mielenz 6.2.1937, SUD BS 15/19.

155 »Vorschlag zur Sicherung einer ungestörten Weiterverfolgung der im Drägerwerk begonnenen Entwicklungsarbeiten für das Heereswaffenamt« 23.8.1937, SUD BÄD VI 3.1b.

156 Verschiedene Besuchsberichte, SUD BS 15/18.

Im Februar 1937 beauftragte das Reichsluftfahrtministerium die beiden Firmen mit der Produktion von mindestens 350.000 Masken monatlich.[157] Der Umsatz durch die Fertigung der »Volksmaske« betrug schon 1938 4,6 Mio. RM (1939 6,7 Mio.). Die erneute Erschließung eines großen Geschäftsbereichs durch eine staatliche Institution vergrößerte einerseits die Abhängigkeit des Unternehmens von den öffentlichen Auftraggebern und andererseits die Möglichkeiten der staatlichen Bürokratie, Einfluß auf die Politik des Unternehmens zu nehmen. Die Bürokratie war sich jedoch auch der gestiegenen, maßgeblichen Bedeutung der Entwicklungs- und Fertigungskapazitäten des Drägerwerks für die Gasschutzausrüstung durchaus bewußt. Dadurch wurden in einigen Feldern die Spielräume der Unternehmensleitung erweitert.

7. Intervention und Regelungsbedarf: Die Bürokratisierung

Die Interventionen der Rüstungsbürokratie nahmen nach der Wende zur forcierten Aufrüstungspolitik infolge des Vierjahresplans signifikant zu. Die Eingriffe äußerten sich in unterschiedlichen Bereichen und führten für die Unternehmensleitung zu der Notwendigkeit, parallel zum Anwachsen der staatlichen Bürokratien eine vergleichbare bürokratische Struktur im Unternehmen zu errichten, um den Verwaltungsanforderungen entsprechen zu können. Zunächst äußerten sich diese Tendenzen in den wiederholten Forderungen der Rüstungsbürokratie nach einer Neuorganisation der Buchhaltung und der Kalkulation, um den detaillierten Preisabrechnungen mit den dafür notwendigen Kostendarstellungen Rechnung zu tragen.[158] Die Unternehmensleitung reagierte auf diese staatlichen Ansprüche mit verhaltener Kritik und hinhaltendem Widerstand. Doch dies blieb ohne Wirkung. Dräger mußte sich dem wachsenden staatlichen Druck beugen, und die zuständigen Abteilungen des Drägerwerks wurden räumlich und personell erheblich vergrößert. Der Ausbau dieser Abteilungen war unverhältnismäßig kostenintensiv, was die Unternehmensleitung gegenüber der Rüstungsbürokratie mehrfach betonte. Die Versuche des leitenden Managements, den betriebsinternen Strukturveränderungen und dem Anwachsen der Bürokratien entgegen zu steuern, waren jedoch partiell erfolgreich. Insgesamt schritt die Bürokratisierung des Unternehmens parallel zur Zunahme der Bewirtschaftung und den damit einherge-

[157] Ebd. sowie RH 12-4/v.54 BArch-MA; Groehler, Tod, S. 235f.

[158] Diese Forderung findet sich seit 1934 in der Korrespondenz mit der Rüstungsbürokratie, vermehrt jedoch ab 1936, so beispielsweise: Reisebericht Dräger über Besprechung unter Vorsitz Min-Dir. Ziehm 9.9.1937, SUD BÄD VI 3.1b; sowie: Buch- und Betriebsprüfungsbericht des Oberfinanzpräsidenten Nordmark 11.6.1940, SUD BÄD I 3.11, S. 9.

henden Eingriffen des Staates in zuvor sich selbst regulierende ökonomische Prozesse fort.[159]

Der Begriff der Bürokratie ist im wesentlichen durch die politische Soziologie Max Webers geprägt. Im Anschluß daran wird Bürokratisierung hier als die Zunahme eines kontinuierlichen regelgebundenen Betriebs von Amtsgeschäften verstanden, der gekennzeichnet ist von den Prinzipien eines hierarchischen Organisationsaufbaus, dem Prinzip der Zuständigkeit und dem Prinzip der Aktenmäßigkeit der Verwaltung.[160] Der Begriff zielt auf die Analyse des Ausbaus von hierarchisch aufgebauten Organisationsstrukturen, deren Kommunikationsregeln hauptsächlich durch abstrakte Gesetze gekennzeichnet sind. Die sozialgeschichtliche Forschung hat Bürokratisierung im Anschluß an Max Weber als Prozeß der Rationalisierung verstanden und im Kontext eines modernisierungstheoretischen Paradigmas überwiegend positiv bewertet. Diese Sichtweise ist hauptsächlich durch die Ergebnisse empirischer Untersuchungen zur Wirtschafts- und Sozialgeschichte des 19. Jahrhunderts geprägt worden. Die Bürokratisierung von großen Unternehmen wird demnach nachhaltig von der staatlich-bürokratischen Tradition geprägt, die in Deutschland im besonderen Maße gegeben sei.[161] Jürgen Kocka begreift die Beschleunigung des Anstiegs der unternehmensinternen Bürokratisierung als Nebenfolge des dynamischen Veränderungsprozesses der Rahmenbedingungen, der sich im Staatsinterventionismus der Rüstungsbürokratien im Ersten Weltkrieg am prägnantesten ausgedrückt habe. Diese Bürokratisierung ordnet er in kritischer Auseinandersetzung mit den Feststellungen Webers, der diesen Prozeß als Zeitgenosse beobachtete, dessen allgemeinem Modernisierungsparadigma zu.[162] Die Entwicklung der

[159] Denkschrift Dräger »Neuorganisation der Fertigung und diverse dazu notwendige Neubaumaßnahmen« an das OKH 16.1.1939, SUD BÄD VI 3.1.i.; Vgl. zu der Fragestellung der Bürokratisierung von Unternehmen: Dornseifer, Bürokratisierung, S. 69ff.; zum folgenden grundlegend: Herbst, Gewalt, S. 151ff.

[160] Vgl. zu dieser Definition: Max Weber, Wirtschaft und Gesellschaft. Grundriss einer verstehenden Soziologie, 5. Aufl. Tübingen 1972, S. 124ff., 551ff.; Reinhard Bendix, Max Weber, das Werk, München 1964, S. 321f.; sowie das Problem der Anwendung des Begriffs auf industrielle Unternehmen bei Kocka, Unternehmensverwaltung, S. 15ff, die bei Weber indessen angelegt und vorgesehen ist.

[161] Jürgen Kocka geht in seinen Untersuchungen von einer stärker sozialgeschichtlich orientierten Begriffsbestimmung aus. In seinen Studien werden die Thesen Alfred D. Chandlers partiell integriert, Kocka, Unternehmensverwaltung, S. 86ff., 291ff; ders., Industriebürokratie, S. 67ff.; so auch Dornseifer, Bürokratisierung, S. 70f. Vgl. auch den Bürokratiebegriff bei Weber, an den sich sämtliche Definitionen anlehnen – der jedoch in erster Linie den Staat im Auge hat: Weber, Wirtschaft, S. 124ff., 551ff.

[162] Vgl. Kocka, Unternehmensverwaltung, S. 17ff., 547ff.; prägnant noch einmal für die Entwicklung im Ersten Weltkrieg: Jürgen Kocka, Klassengesellschaft im Krieg. Deutsche Sozialgeschichte 1914-1918, 3. Auflage Frankfurt am Main 1988, S. 40f., 88, 234. Ähnliche Entwicklungen beobachtet Hannes Siegrist bei einem Großunternehmen in der Schweiz. Auch er verweist in Anlehnung an Chandler und Kocka sowie die Ergebnisse der Industriesoziologie explizit auf »innerorganisatorische und außerorganisatorische« Faktoren, die diese innerbetriebliche Entwicklung beeinflußten. Hannes Siegrist, Vom Familienbetrieb zum Managerunternehmen. Angestellte und industrielle Organisation am Beispiel der Georg Fischer AG in Schaffhausen 1797-1930, Göttingen 1981, S. 16f.

Durchsetzung von strategischen Entscheidungen der Firmenleitung auf Produktion und Marktverhalten von kapitalistisch organisierten industriellen Großunternehmen stand neben den sozialhistorischen Auswirkungen der Veränderungsprozesse im Vordergrund seiner Analyse der Zeit bis zum Ersten Weltkrieg. Demgegenüber läßt sich zeigen, daß die Entwicklungsdynamik dieser Prozesse in einem Unternehmen in der Zeit von der Weltwirtschaftskrise bis zum Kriegsende eine von außen induzierte unternehmensinterne Bürokratisierung auslöst, die nicht-marktkonforme Strukturen erzeugen kann, die die Steuerungsfähigkeit der Unternehmen insbesondere in Zeiten mit einer hohen Veränderungsdynamik der Rahmenbedingungen erheblich reduzieren.[163] Die Zunahme des Staatsinterventionismus in der Weltwirtschaftskrise bildet den Ausgangspunkt für diese Bürokratisierung.

Ein Vergleich des Anteils der Angestellten an der Belegschaft im Drägerwerk mit dem anderer Konzerne in der Zeit zwischen Weltwirtschaftskrise und 1945, der Aufschluß über die quantitativen Wirkungen dieses Prozesses geben könnte, ist in Anbetracht der Quellen- und Literaturlage außerordentlich schwierig. Bei einer oberflächlichen Betrachtung der vorhandenen Daten fällt jedoch der relativ geringe prozentuale Anteil von Angestellten in dem Lübecker Betrieb auf. Auch wenn man die statistischen Probleme der unterschiedlichen Differenzierungen und Kriterien berücksichtigt, ist beispielsweise der Unterschied zu Unternehmen des Siemens-Konzerns überraschend evident: Während bei den Siemens-Schuckertwerken, Siemens & Halske und anderen Unternehmen des Konzerns der Angestelltenanteil nie unter 28 % der Gesamtbelegschaft fiel, sank der Prozentsatz im Lübecker Stammwerk des Drägerwerks in den dreißiger Jahren unter 10 % und blieb auch während des Krieges – beharrlich ansteigend – unter 13 %.[164] Auch in den 260 wichtigsten deutschen Werkzeugmaschinenfirmen betrug der durchschnittliche Angestelltenanteil an der Gesamtbelegschaft bis zum Kriegsende zwischen 17 und 18 %.[165] In der Maschinenfabrik-Augsburg–Nürnberg (MAN) betrug er 15,7 % und in den Kernunternehmen des Messerschmitt-Konzerns machten die Angestellten zwischen 13 und 18,7 % der Belegschaft aus. Die Rüstungsunternehmen im Gau Schwaben hatten nach den Berechnungen der Rüstungskommission einen durchschnittlichen Angestelltenanteil von 16,3 %. In der operativen Zentrale des Messerschmitt-Konzerns, der die Steuerung der umfangreichen Zulieferstruk-

---

163 Vgl. für diesen »postweberianischen« Blick auf das Bürokratisierungsparadigma die Ansätze bei: Stefan Breuer, Bürokratie und Charisma. Zur politischen Soziologie Max Webers, Darmstadt 1994, S. 188ff.

164 Für die anderen Niederlassungen und Werke des Konzerns fehlen die Daten. Eine Differenzierung nach technischen und kaufmännisch-verwaltenden oder leitenden bzw. nichtleitenden Angestellten ist nicht möglich. Vgl. Statistiken in: SUD BS 32/62. Vgl. für Siemens: Siegel/Freyberg, Rationalisierung, S. 298, 352ff.; Feldenkirchen, Siemens, S. 683. Für andere Unternehmen stehen die detaillierten Daten ebenfalls nicht zur Verfügung.

165 Vgl. Siegel/Freyberg, Rationalisierung, S. 194.

turen betrieb, waren mehr als 25 % mit sogenannten »unproduktiven« Tätigkeiten beschäftigt.[166] Der im Vergleich zu den anderen Industrieunternehmen geringe Anteil der Angestellten in Lübeck wird noch eindeutiger, wenn man beachtet, daß im Stammwerk die gesamte F & E Arbeit, die Koordination der europaweiten Fertigung des Konzerns und ein Großteil der Verwaltung der übrigen Betriebe geleistet wurde. Demnach war der Anteil der Angestellten an der Belegschaft in der Lübecker Zentrale im Vergleich auffällig niedrig.

Dieses Ergebnis ist zunächst auf die außergewöhnlich personalintensive Expansion der Fertigungskapazitäten während der Aufrüstung der dreißiger Jahre zurückzuführen. Dadurch wurde der Anteil der Arbeiter in Relation zu den Angestellten unverhältnismäßig erhöht. Es ist ein normales Kennzeichen kurzfristiger Produktionsausweitung, daß der Anteil der Angestellten im Unterschied zur Arbeiterschaft ein unterproportionales Wachstum aufweist. Dies hängt neben anderen Faktoren mit den arbeitsrechtlich längerfristigen Beschäftigungsverhältnissen von Angestellten zusammen. Die Einstellung von Angestellten ist immer mit der Überzeugung der Unternehmensleitung verbunden, daß die jeweils aktuelle Expansion dauerhaft ist.[167] Darüber hinaus geben auch andere Zusammenhänge Anhaltspunkte für die Begründung der festgestellten Ergebnisse. So führten die hohen Personalkosten professioneller kaufmännischer Angestellter sowie die zunehmenden Schwierigkeiten, auf dem Arbeitsmarkt geeignete Mitarbeiter zu finden, im Drägerwerk zur Einstellung von Frauen, die für die Beantwortung der zahllosen einfachen Anfragen und die damit verbundenen Schreibarbeiten zuständig waren. Sie wurden in den zentralen Personalstatistiken aufgrund ihrer arbeitsrechtlichen Vertragsverhältnisse nicht als Angestellte aufgeführt.[168] Diese zumeist unausgebildeten weiblichen Arbeitskräfte wurden demnach in verwaltungstechnischen Aufgabenbereichen eingesetzt, ohne dort statistisch erfaßbar zu sein. Darüber hinaus besteht in der im Vergleich mit anderen Konzernen immer noch geringen Zahl der Gesamtbelegschaft und der Unternehmensgröße des Drägerwerks ein weiterer Faktor. Die 530 Angestellten in der Lübecker Zentrale ermöglichten auch 1944 noch einen überschaubarem Rahmen der persönlichen und unmittelbaren Kontrolle.

Jeffrey Fear hat bei seinen regionalen Untersuchungen zur Rüstungswirtschaft im Zweiten Weltkrieg ebenfalls Bürokratisierungstendenzen in den von ihm untersuchten Unternehmen festgestellt. Er verweist dabei auf die Abhän-

---

[166] Jeffrey Fear, Die Rüstungsindustrie im Gau Schwaben 1939-1945, in: VfZ 35 (1987), S. 193-216 (206f.). Neben diesen Zusammenhängen erfordert die in der Aufrüstungsphase vorwiegend durchgeführte und ausgebaute Massengüterproduktion wesentlich weniger technisches Angestelltenpersonal als andere Produktionszweige und –arten, die noch in den zwanziger Jahren im Stammwerk dominierten. Vgl. für diese Feststellungen auch Siegrist, Familienbetrieb, S. 179.

[167] Rainer Bühner, Betriebs- und Organisationslehre, 4. Auflage München 1989, S. 139ff.

[168] Hinweise dafür finden sich mehrfach in der Korrespondenz der Personalabteilung, vgl. SUD KS.

gigkeit des Angestelltenanteils von der »Komplexität« der produzierten Güter und begründet dies mit dem Regelungsaufwand für das Management, die mehrfach untergliederte Zulieferstruktur zu steuern.[169] Daß die Organisationsstruktur eines industriellen Unternehmens zu einem entscheidenden Anteil von dem technologischen Umfang, dem Grad der Diversität, Variabilität und Verknüpfung sowie der zu leistenden Arbeit abhängt, ist in der Organisationstheorie unumstritten.[170]

Die Geräte, für die das Drägerwerk als Endfertiger mehrere Zulieferbetriebe kontrollierte, waren im Vergleich mit den Endprodukten der Flugzeugindustrie relativ unkompliziert. Gleichwohl war der operative und organisatorische Aufwand in einigen technologisch anspruchsvollen Produktbereichen, wie Sauerstoffgeräten, Raumlüftern oder Höhenatmern erheblich. In diesen Produktgruppen mußte das Dräger-Management als Endfertiger eine mehrfach gegliederte Zulieferstruktur koordinieren.[171] Die Entwicklung der Bürokratisierung des Drägerwerks verweist jedoch auf Tendenzen, die über diese überwiegend konzerninternen Begründungszusammenhänge hinaus gehen.

Das Ausmaß der Bürokratisierung im Drägerwerk hing erheblich von den Möglichkeiten der Unternehmensleitung ab, die staatlichen Anforderungen und Interventionen abzuweisen oder ihre Auswirkungen zu kontrollieren. Der vergleichsweise geringe Anteil der Angestellten während des Krieges verweist neben den genannten Faktoren auch auf eine erfolgreiche Gegensteuerung der Unternehmensleitung. Die konsequenten Bemühungen um eine Gegensteuerung werden an den andauernden Überlegungen der Unternehmensleitung erkennbar, bei nahezu allen strategischen Entscheidungen abzuwägen, welchen

---

169 Vgl. diese bislang vollkommen unbeachtete These von Jeffrey Fear in: Fear, Rüstungsindustrie, S. 207. Ähnliche Annahmen macht Budraß, Flugzeugindustrie, S 12, ohne sich jedoch an dieser Stelle auf Fear zu beziehen. Fear geht indessen bei der Begründung für die Bürokratisierung, die er feststellt, nur von der Zulieferungsproblematik aus. Er übersieht die entscheidenden Zusammenhänge mit den staatlichen Interventionen und der Entwicklung der Rahmenbedingungen.

170 Dies kann heute als ein breiter Konsens gelten. So z.B.: W. R. Scott, Grundlagen der Organisationstheorie, Frankfurt a. Main 1986, S. 281ff. Bei weiteren, vergleichenden Untersuchungen zum Problem der Bürokratisierung von Unternehmen in den dreißiger und vierziger Jahren ist aufgrund dieser Abhängigkeiten eine sektorale Differenzierung der industriellen Betriebe unbedingt notwendig.

171 Fear differenziert bei der Begründung seiner These die Firmen nach ihrer Zugehörigkeit zu Wehrmachtsteilen innerhalb der Rüstungskommission (in Anlehnung an die Berechnungen der Rüstungskommission). Eine Differenzierung von Zulieferern und Endfertigern ist jedoch ebenso problematisch wie diese Differenzierung, die nur das Ziel hatte, die Zuständigkeit zu regeln und zudem innerhalb der Rüstungsbürokratie und den Unternehmen/Branchen außerordentlich umstritten war. Darüber hinaus war beispielsweise der Dräger-Konzern neben den umfangreichen Heeresaufträgen im Gasmaskenbereich mit der Fertigung für alle drei Waffengattungen beschäftigt. Marine und Luftwaffe machten zusammen zeitweise zwischen 30 und 40 % der Rüstungsaufträge aus. Eine Differenzierung des Ausmaßes der Bürokratisierung der an Rüstungsaufträgen teilnehmenden Unternehmen, die sich an der Kategorisierung der Rüstungsbürokratie orientiert, ist daher ungeeignet, weil sie solche Konzernstrukturen nicht plausibel einordnen kann. Vgl. Fear, Rüstungsindustrie, S. 206.

Verwaltungsaufwand eine Investition oder Expansion – teilweise schon die Abwicklung einzelner größerer Aufträge – für den Konzern bedeutete.[172] Eine Erklärung des Bürokratisierungsprozesses von Unternehmen in der NS-Zeit bedarf also neben den Bedingungsfaktoren Kompliziertheit der Geräte und Ausmaß der Zulieferabhängigkeit, Branche sowie Betriebsgröße, einer Erweiterung, nämlich um zwei maßgebliche Elemente, die auch die Veränderungsdynamik integrieren, ein exogenes und ein endogenes:

Einerseits muß die Liste der Bedingungsfaktoren um den Faktor staatliche Interventionstätigkeit erweitert werden. *Andererseits* ist die Art der mikroökonomischen Anpassung keineswegs durch die exogenen Faktoren vollständig determiniert – etwa im Sinne eines »Strategies follow Structures« Paradigmas. Vielmehr ist es vom Grad des Problembewußtseins und der Lernfähigkeit der Unternehmensleitung abhängig, wie das Unternehmen auf diese exogenen Faktoren reagiert, das heißt welche Formen die Integration des dynamischen Wandlungsprozesses der makoökonomischen Rahmenbedingungen in die mikroökonomische Unternehmensstruktur annimmt. Mit einer um diese Kriterien erweiterten Perspektive gerät auch die unterschiedliche Dynamik und der Entwicklungscharakter der Bürokratisierung im Verlaufe der Vorkriegs- und Kriegszeit in den Fokus der Untersuchung.

Vor dem Hintergrund dieser Entwicklungsprozesse können detaillierte Einsichten über das Ausmaß der Auswirkungen systemverändernder Umwandlungen der makroökonomischen Rahmenbedingungen auf das Unternehmen gewonnen werden.[173] Neben den Strukturveränderungen spielten im Verlaufe dieses Veränderungsprozesses die Steuerbarkeit und die Effizienz der wachsenden Verwaltung für die Unternehmensleitung eine entscheidende Rolle. Diese erweiterte Perspektive auf die Unternehmensentwicklung erfordert eine Analyse der unternehmerischen Strategie im Umgang mit diesem umweltabhängigen Prozeß. So können neue Einsichten in Handlungs- und Entscheidungsspielräume sowie die Steuerungsmöglichkeiten der Unternehmensleitung gewonnen werden. Auf diese Weise wird das Verhalten der einzelnen Unternehmerpersönlichkeit als Faktor erkennbar und damit zu einem wichtigen Untersuchungsgegenstand.

Der Bürokratisierungsprozeß wurde von der Leitung des Drägerwerks bereits 1935/36 wahrgenommen. Aus der Sicht der Unternehmensleitung offenbarte dieser Prozeß die Ambivalenz der industriepolitischen Entwicklung infolge der nationalsozialistischen Wirtschaftspolitik: Einerseits bewirkte der Rüstungsboom eine massive Expansion des Unternehmens; andererseits führten die zunehmenden staatlichen Interventionen zu andauernden weitergehen-

172 Vgl. dafür die einzelnen Untersuchungsbeispiele unten, sowie in Kapitel III.

173 Vgl. dazu auch allgemein: Chandler, Scale; Christian Kleinschmidt/Thomas Welskopp, Zu viel »Scale« und zu wenig »Scope«. Eine Auseinandersetzung mit Alfred D. Chandlers Analyse der deutschen Eisen- und Stahlindustrie in der Zwischenkriegszeit, in: JfW 1993/2, S. 251-297.

den Forderungen, die die strategische Unabhängigkeit des Unternehmens bedrohten und seine Struktur nachhaltig veränderten. Gleichzeitig führten diese Eingriffe zu Auseinandersetzungen, die in der Konsequenz eine strukturelle Anpassung des Unternehmens erforderten.

Insbesondere Dräger selbst nahm die Bürokratisierung seines Unternehmens und den unmittelbaren Zusammenhang mit den staatlichen Eingriffen wahr und wies bei unterschiedlichen Institutionen mehrfach auf diese Entwicklungen hin. In einer Denkschrift an das OKH im Januar 1939 referierte er – auf die Zeit seit 1934 zurückblickend – diesen Prozeß und betonte, daß »die in den letzten 5 Jahren fortschreitende Umorganisation der Wehrwirtschaft (...) bei den einzelnen Werken (des Unternehmens, B.L.) die Durchführung einer Reihe von Maßnahmen notwendig (macht), um den Anforderungen sowohl von der Einkaufsseite, von der Betriebsseite und von der Betriebsabrechnungsseite her gerecht zu werden.«[174]

Der von der Rüstungsbürokratie geforderte Verwaltungsaufwand, der schon mit dem Einsetzen der Bewirtschaftung in der Weltwirtschaftskrise begonnen und bald eine Radikalisierung durch Maßnahmen wie die Rohstoffkontingentierung erfahren hatte, führte zu einem starken Anwachsen von Abteilungen im Unternehmen, die ausschließlich für Auftragsbearbeitung, Kontrolle und Verkauf zuständig waren. Diese wachsenden Verwaltungseinheiten verloren dabei in steigendem Maße die Relation zur Größe des jeweiligen Funktionsbereichs des Unternehmens, für den sie zuständig waren. In der Konsequenz stieg der Anteil der Verwaltungskosten bei den Berechnungen der Stückkosten einzelner Produkte unverhältnismäßig stark an.[175] Die Entscheidung der Leitung bei Investitionen, Übernahmen und großen Aufträgen hing zunehmend neben anderen Faktoren von der Frage nach dem Verwaltungsaufwand, den diese Unternehmung für den Konzern bedeutete, ab.

Dieser betriebsinterne Wandlungsprozeß verlief als Folge der veränderten makroökonomischen Rahmenbedingungen in anderen Industrieunternehmen und Branchen ähnlich. Alfred Hoffmann – Leiter verschiedener Fachgruppen innerhalb der Wirtschaftsgruppe Elektroindustrie bzw. im Krieg im Hauptausschuß Elektrotechnik und mit Dräger persönlich bekannt – kennzeichnete bei seiner Befragung durch alliierte Offiziere nach dem Krieg die Veränderungen, die diese Eingriffe für die Unternehmen bedeuteten: »Die Elektroindustrie litt seit vielen Jahren, besonders aber seit dem Kriegsbeginn in Bezug auf die Steuerung durch den Staat an der völligen Überorganisation. (...) Oftmals gab es Blitzverordnungen, deren sachliche Durchführung gar nicht durchdacht war.

[174] Denkschrift an das OKH 16.1.1939, SUD BÄD VI 3.1.i.

[175] Vgl. die umfassenden kategorischen Forderungen des Reichsluftfahrtministeriums 1937: »1. Zentrales Kalkulationsbüro 2. Materialkartei im Einkauf (...) 3. Generelle Modernisierung des Einkaufs (...) 4. Einrichtung der Nachkalkulation (....)« Bericht Dräger 4.10.1937, SUD BS 15/19. Vgl. auch die andauernden Konflikte bei der Preis- und Kostenfeststellung, ebd.

Dann wurde kurzerhand der Betrieb mit der Durchführung eingespannt. Der Betrieb und immer wieder der Betrieb mußte alles schaffen.«[176] Diese Darstellung Hoffmanns stand in der Tradition der Beschwerden und Berichte der Wirtschaftsgruppe Elektroindustrie, die bereits 1939 in einer Denkschrift betont hatte, daß die zunehmende Bewirtschaftung und staatliche Steuerung den kleineren Firmen einen Verwaltungsapparat aufgedrängt habe, »wie er bis dahin nur der Großindustrie bekannt« gewesen sei. Diese Bürokratisierung habe insbesondere aufgrund der Anforderungen des Antrags- und Berichtswesens die Produktivität kleinerer Unternehmen erheblich beeinträchtigt.[177]

Ähnliche Beschwerden über den Verwaltungsaufwand meldete auch der Sicherheitsdienst der SS in seinen geheimen Lageberichten. In einem Bericht über die »Sonderarbeiten«, die in den Firmen aus dem Berichtswesen entstanden waren, informierte der Sicherheitsdienst über die Folgen der vermehrten Anforderungen von Informationen durch die Rüstungsbürokratie: »Eine Textilfirma hätte neben den zahlreichen Verpflichtungserklärungen und Fragebogenausfüllungen (sic.) bei Beantragungen von Kennziffern beziehungsweise Materialzuweisungen in einem Monat« insgesamt 17 Berichte für verschiedene Wirtschaftsgruppen, Fachgruppen, Rohstoffüberwachungsstellen, das Arbeitsamt, die Berufsgenossenschaft, das Statistische Reichsamt und die DAF erstellen müssen.[178]

Im Verlaufe der intensiveren Interventionen durch die Rüstungsbürokratie ist bei Unternehmern ein steigendes Problembewußtsein über die Auswirkungen auf die betriebsinterne Verwaltungsstruktur zu erkennen. Der – wie Dräger – ursprünglich mittelständisch geprägte Eigentümerunternehmer Ernst Hohner schrieb 1938 an einen befreundeten Anwalt über seine Beobachtungen dieser Entwicklung: »Wohin soll es führen, wenn wir unsere besten Kräfte mit der Abwehr gegen bürokratische Einwirkungen verausgaben müssen. Diesen Stoßseufzer wollen Sie aber bitte vertraulich behandeln.«[179] Ähnlich wie Dräger beschäftigte sich der württembergische Familienunternehmer Hohner in Denkschriften und Eingaben mit dem durch die staatlichen Interventionen hervorgerufenen Verwaltungsaufwand und sprach sich für eine Vereinfachung der Geschäftsabwicklung sowie mehr unternehmerische Freiheit aus.[180] In der mittelständischen Industrie Badens und Württembergs kam es in den dreißiger Jahren mehrfach zu Eingaben und Beschwerden aufgrund offenkundiger Geschäftsbehinderungen durch den Verwaltungsaufwand im Umgang mit den staatlichen Bürokratien.[181]

---

176 USSBS – Documents Nr. 48 b 2, Fragebogen A. Hoffmann, zit. nach Siegel/Freyberg, Rationalisierung, S. 288.

177 USSBS – Documents Nr. 48 b 17, zit. nach Siegel/Freyberg, Rationalisierung, S. 288.

178 Heinz Boberach (Hg.), Meldungen aus dem Reich. Die geheimen Lageberichte des Sicherheitsdienstes der SS 1938-1945, Herrsching 1984, Bd. 7, S. 2655 (August 1941).

179 Zit nach Berghoff, Kleinstadt, S. 448.

180 Vgl. Berghoff, Kleinstadt, S. 448.

181 Vgl. Rauh-Kühne, Unternehmer, S. 106ff.

Am Beispiel der zunehmenden Zentralisierung der internen Auftragsabwicklung im Drägerwerk werden die entscheidenden Problemzusammenhänge erkennbar. Die rigiden Ansprüche und Eingriffe der verschiedenen Bewirtschaftungsbürokratien erreichten mit dem Ausbruch des Krieges einen Höhepunkt und führten zu einem massiven Handlungs- und Organisationsbedarf innerhalb des Unternehmens. Die Firmenleitung reagierte im Januar 1940 mit der Gründung der zentralen Abteilung »Technische Organisation des Verkaufs« (»TO«) im Lübecker Stammwerk, die in der folgenden Entwicklung maßgeblichen Einfluß auf die Auftragsabwicklung im gesamten Konzern gewann.[182] Die neue Zentralabteilung hatte durch ihre Kompetenz, die Rohstoffdeckung jedes einzelnen Auftrags zu überprüfen, eine Form von »Vetorecht« gegenüber den anderen beteiligten Verwaltungseinheiten wie dem Einkauf, dem Verkauf oder den großen Niederlassungen. Sie konnte jeden eingehenden Auftrag mit dem Hinweis auf Rohstoffmangel, fehlende Arbeitskräfte oder wichtigere Kunden ablehnen. Diese Sonderrechte führten im Zuge der stärker werdenden staatlichen Bewirtschaftung und Kontrolle während des Krieges zu Entscheidungen, die von der Unternehmensleitung kaum gesteuert oder überprüft werden konnten. Die Zugriffe der Abteilung »TO«, die unternehmensintern gefürchtet waren, entsprachen in immer geringerem Ausmaß den strategischen Prioritäten der Unternehmensleitung. Dennoch konnte die Führungsebene offensichtlich nicht auf sie verzichten, um gerade in der zweiten Kriegshälfte einen unmittelbaren Zugriff auf einzelne Unternehmenseinheiten zu behalten und die in dieser Phase in dem Konzern weitverbreiteten Tendenzen zur Verfolgung von Individualinteressen zu unterbinden.[183] Als Folge dieser Entwicklung kam es zu einem Eingreifen der neuen Zentralinstitution in bestehende interne, oft dezentrale Organisations- und Kommunikationsmechanismen und zu einem personellen Anwachsen der Abteilung, das ihrer steigenden Bedeutung und Sonderstellung entsprach.[184] Die Interventionen der Abteilung waren durch die weitreichende Kompetenz ihrer Lenkungsaufgabe offenbar für die Unternehmensleitung kaum mehr steuerbar.

Im Drägerwerk kam es infolge der Hierarchisierung der Entscheidungsprozesse darüber hinaus gleichzeitig zu einer Entdifferenzierung der Unternehmens- und Entscheidungsstrukturen, da angesichts der Verknappung der Ressourcen die Durchsetzbarkeit von Forderungen gegenüber den Bewirtschaftungsbürokratien maßgeblich von der Position des Beantragenden innerhalb der Rangordnung abhing. Die Folge war eine Zentralisierung von unter-

[182] Vgl. Bekanntmachung und Anlagen 11.1.1940, SUD BS 27/5.

[183] Darauf weisen mehrere unternehmensinterne Konflikte hin. Vgl. die Auseinandersetzungen einzelner Abteilungen in dieser Phase, SUD BS 27/6, 27/5.

[184] Vgl. Aktennotiz der Abteilung Einkauf (Kuhnert) »Betr. Auftragsabwicklung und Rohstoffdeckung« 2.4.1940, SUD BS 27/5.

nehmerischen Entscheidungsprozessen. Diese verlief während des Krieges parallel zur zunehmenden Aufsplitterung des Managements infolge der überregionalen Verlagerung der Fertigungsstätten. Aufgrund der fehlenden Möglichkeit für die regionalen Mittelinstanzen, die unmittelbar mit einem Problem konfrontiert waren, direkt kompetent eingreifen zu können, bewirkte diese Entwicklung eine geringere Informationsverarbeitungskapazität in dem Gesamtunternehmen. Die Unternehmensleitung stand vor einem Dilemma: Einerseits war man bemüht, die Informationen und Entscheidungskompetenzen in der Lübecker Zentrale zusammenzuziehen, um sich mit konzentrierten Aktionen effektiver von hier aus gegen die Rüstungsbürokratie durchsetzen zu können. Andererseits bestand infolge dieser Zentralisierung ein andauerndes Informationsdefizit über die Probleme in den Regionen und einzelnen Betrieben. Der ständige Mangel an Information und Kommunikation in der Zentrale, der im Krieg drastisch zunahm, führte zu undurchsichtigen und mißverständlichen Verhältnissen.

Diese waren durch das logistische Problem der Informationsbeschaffung begründet: Im nationalsozialistischen Staat, der sich von einem offenen Kommunikationssystem zunehmend entfernte und ein ausdrückliches Meinungs- und Öffentlichkeitsmonopol beanspruchte, waren die Unternehmen wie die staatliche Rüstungsbürokratie auf »künstlich« geschaffene Quellen angewiesen, um den ständigen Mangel an Informationen zu beheben. Als Reaktion darauf wuchsen innerhalb des Unternehmens Bürokratien, die diese Defizite bewältigen sollten.

Der Verwaltungsaufwand stieg mit den Anforderungen, die die Verlagerung der Produktion in den europäischen Wirtschaftsraum während des Krieges an das Unternehmen stellte, noch einmal an. Die Umstrukturierungen, die infolge der Verlagerungen notwendig geworden waren, führten zu einer Aufsplitterung des Managements, der jedoch keine konsequente Dezentralisierung der Kompetenzen folgte. Davon waren auch andere Konzerne betroffen. Ein Direktor von Messerschmitt bemerkte nach dem Krieg, die Verlagerungen hätten zu einer Anhäufung neuer Aufgabenbereiche geführt, deren Bewältigung etwa 20 % Angestellte zusätzlich erfordert hätten. Diese Bereiche seien Transportwesen, Materialbeschaffung, Inspektion, Produktionskontrolle, Versand, Werkschutz und Lebensmittelrationierung gewesen.[185] Die Fertigung in den weit verteilten Betrieben erforderte zudem einen zeitraubenden und zunehmend unsicheren Transport von Gütern und Maschinen angesichts eines ohnehin überlasteten Verkehrssystems. Die »Störung der Fertigung durch zu große Komplizität (sic.) von Verwaltungs- und Organisationsaufgaben« bei der Fertigung im europäischen Wirtschaftsraum wurde auch im Drägerwerk gesehen und mehrfach ge-

[185] Vgl. Fear, Rüstungsindustrie, S. 207.

genüber der Rüstungsbürokratie angezeigt.[186] Das Lübecker Unternehmen mußte darüber hinaus andauernd gegenüber den Bewirtschaftungsbürokratien, die für die Überwachung der Belegschaft zuständig waren, begründen, daß der personalintensive Verwaltungsaufwand unvermeidlich sei. Dabei verwies das Unternehmen schon 1937 explizit auf die in anderen Unternehmen größeren Anteile von Verwaltungsangestellten an der Gesamtbelegschaft.[187]

Die Notwendigkeit zur Verwaltungserweiterung führte in den dreißiger Jahren zur Einstellung mehrerer leitender Manager für dieses Gebiet. Für den Bereich Einkauf gewann Dräger den promovierten Diplomingenieur Hans Kuhnert (1938) und für Buchhaltung den Kaufmann Hans Mißfeld (1936). Gerade der Einkauf und die Buchhaltung, die bei den erforderlichen Abrechnungen mit der Rüstungsbürokratie und den Preis- und Wirtschaftsprüfern von entscheidender Bedeutung für die Rentabilität des Unternehmens waren, nahmen in der Organisationsstruktur des Managements eine Art Sonderrolle – vergleichbar mit einer Sonderbehörde im Staat – ein. Diese Sonderrolle stieg entsprechend der anhaltenden Bedeutung der Rüstungsaufträge für das Unternehmen und angesichts der Zunahme staatlicher Rohstoffbewirtschaftung an. Die Berufung des neuen Leiters der wesentlich vergrößerten Buchhaltung, der von 1937 an für das Unternehmen arbeitete, wurde den zuständigen Behörden in einem für den hier untersuchten Zusammenhang signifikanten Duktus mitgeteilt: Die von der Rüstungsbürokratie geforderten Verbesserungen der Unternehmensverwaltung würden durch die »Ernennung eines besonders vorgebildeten Bevollmächtigten für die gesamte Buchhaltung« erledigt werden.[188]

8. Wachsen im Wettbewerb? Subventionen und Investitionen

Um den steigenden Anforderungen der Rüstungsaufträge nachkommen zu können und gegenüber der Konkurrenz Marktanteile nicht zu verlieren, mußte das Unternehmen seine Fertigungskapazitäten ausbauen. Das Drägerwerk betrieb daher ab 1935 eine vorsichtige Strategie der Akquisition und Übernahme von geeigneten Zulieferern und kleineren Konkurrenten. Dabei wollte man neben dem zunehmenden Nachfrageüberhang auch das andauernde Problem der Zulieferungen lösen und sich von den größtenteils unzuverlässigen und teuren Firmen überwiegend aus der Gummibranche trennen.

Zunächst mußte das Unternehmen jedoch das Problem der Fertigung der neuentwickelten Sauerstoffatemgeräte für die Wehrmacht in den Griff bekom-

---

[186] Dräger an den Sonderausschuß Gasschutz 11.3.1943, SUD BÄD VI 2.4.

[187] Vgl. die Korrespondenz mit den zuständigen Institutionen, SUD BÄD VI.2.2. Fear, Rüstungsindustrie, S. 207 verweist auf ähnliche Zusammenhänge bei Messerschmitt.

[188] Bericht: Dräger mit Min-Dirigent Ziehm 9.9.1937, SUD BÄD VI 3.1b.

men. Der »Heeresatmer«, ein Sauerstoffatemgerät, das das Drägerwerk in enger Anlehnung an die eigenen Bergbaurettungsgeräte entwickelt hatte, sollte in umfangreichen Aufträgen von dem Unternehmen in Serie produziert werden. Die Kapazitäten des Stammwerks, das die komplizierten Geräte bisher zusammenbaute, waren mit den Aufträgen vollkommen überfordert. Dies galt insbesondere, da die Unternehmensleitung das Gerät komplett – das heißt mit der autarken sauerstoffproduzierenden Einheit – fertigen wollte, wofür eine beträchtliche Masse Alkalipatronen und kleiner, bisher fremdproduzierter Teile notwendig war.[189] Um den Anforderungen der Heeresaufträge zu genügen, plante die Unternehmensleitung daher, eine vollkommen neue Fertigungsstätte für Alkalipatronen und Kohlenmonoxidfilter in unmittelbarer Nähe des Stammwerks in der Lachswehralle in Lübeck (Anlage Lachswehr) zu errichten.

Die Investitionsbereitschaft des Unternehmens ist indes ohne die langfristigen strategischen Überlegungen der Unternehmensleitung nicht zu verstehen. Eine Fertigungsstätte für Alkalipatronen war interessant, da diese Patronen auch für die Drägerwerk-Geräte des zivilen Atemschutzmarkts gebraucht wurden. Die Produktion von Kalipatronen und Kohlenmonoxidfiltern war neben ihrer Bedeutung für den militärischen Gasschutz ohne größeren Aufwand für den gewerblichen Atemschutz – insbesondere im Untertagebergbau – einsetzbar. Die Umstellung der Fertigung war dabei, je nach Art der Nachfrage des entsprechenden Marktes, unproblematisch, da der »Heeresatmer« im wesentlichen an den Bergbaurettungsgeräten des Unternehmens orientiert war. Die Investition erhielt dem Unternehmen also seine Flexibilität.

1937 hatte das Drägerwerk vor dem Hintergrund dieser Überlegungen das Gelände der ehemaligen Aktienbrauerei in unmittelbarer Nähe des Stammwerks in der Lübecker Lachswehrallee für 135.000 RM gekauft.[190] Die Kosten für das Einrichten einer modernen industriellen Fertigung von Sauerstoffgeräten für Wehrmachtsaufträge schätzte die Unternehmensleitung zu diesem Zeitpunkt nach einem externen Kostenvoranschlag auf 290.000 RM.[191] Diese Kosten waren dem Unternehmen jedoch offensichtlich zu hoch, denn bald darauf schlug Dräger dem OKH vor, die für eine Kapazitätserweiterung notwendige Investition von staatlicher Seite aus zu tätigen. In einem Antrag an das OKH stellte Dräger 1938 fest, daß »die Räume (...) für den Ausbau unserer MOB-Bereitschaft (Mobilisierung, B.L.) dringend erforderlich« seien.[192] Nachdrücklich machte Dräger das OKH auf die Notwendigkeit der Investitionen für die weitere Mobilisierung des Unternehmens aufmerksam und forderte ein finanzielles

[189] Vgl. die umfangreiche Korrespondenz dazu, SUD BS 15/8.

[190] Vgl. Steuerbilanz 1937 und Bericht des Finanzamtes Lübeck über die Betriebsprüfung Drägerwerk 9.-12.1.1940, SUD BÄD I 3.11.

[191] Drägerwerk an OKH 5.1.1938 (Kostenvoranschlag von Professor Mühlenpfort), SUD BÄD IV 6.15.

[192] Dräger an OKH 12.1.1938, ebd.

Engagement des Staates mit der Drohung: »(W)enn Sie diese Grundstücke nebst den Gebäuden jetzt nicht erwerben, so würden wir sie anderweitig veräußern; es haben sich bereits verschiedene Interessenten gemeldet«. »Wir können uns«, fuhr Dräger fort, »auf eigene Kosten MOB-Vorbereitungen im bisherigen Umfang nicht leisten.«[193] Hier wird erneut ein unternehmerisches Investitionskonzept deutlich, das auf das staatliche Interesse am Ausbau der Rüstungskapazitäten setzte und die notwendigen Subventionen daher selbstbewußt einforderte.[194]

Dem OKH waren diese Forderungen im Januar 1938 zu weitgehend. Im April des Jahres unternahm Dräger daraufhin einen neuen Anlauf, um das OKH zu einem Engagement zu bewegen.[195] Die Einstellung des OKH hatte sich während der ersten Jahreshälfte 1938 offensichtlich verändert, denn im Juli 1938 war das Oberkommando an der »beschleunigten« Errichtung einer Fertigungsstätte für 200.000 Alkalipatronen monatlich sehr interessiert.[196] Nach bemerkenswert kurzen Verhandlungen erteilte das OKH dem Drägerwerk den Auftrag, eine »Fabrikationsstätte für Alkalipatronen mit einer monatlichen Leistung von 200.000 Stück zu errichten.« In der Zwischenzeit hatte man sich auch auf die Organisation des Betriebes geeinigt und in der »Verwertungsgesellschaft für Montan-Industrie G.m.b.H.« einen geeigneten Träger für das Projekt gefunden, der das Grundstück in der Zwischenzeit vom Drägerwerk schon erworben hatte. Man verfuhr dabei nach dem üblichen Montan Schema.[197] Das OKH betonte bei den weiteren Verhandlungen mit der Montan, daß das Projekt von hoher Dringlichkeit sei und das Amt alle nötigen Investitionen tätigen werde.

Die Funktion der Montan beruhte auf einer Interessenkonvergenz zwischen Unternehmen und staatlicher Rüstungsbürokratie.[198] Bei dem Subventionssystem zum Aufbau von Fabriken zur Fertigung von Heeresgütern war die Funktion der Montan der Erwerb des Grundstücks und die Überwachung des Päch-ters einer vom OKH finanzierten und durch eine Privatfirma errichteten Fertigungsstätte. Dieses System löste für die Rüstungsbürokratie ein zentrales Problem der Aufrüstung: Die Privatindustrie vermied oft das mit einer Kapazitätserweiterung verbundene Risiko von Überkapazitäten und verhielt sich daher bei den notwendigen Investitionen überwiegend zurückhaltend. Diese staatlichen Investitionshilfen waren neben den eher seltenen Garantien für

193 Ebd., S. 2.

194 Das Beispiel der Subventionen in dem vergleichsweise »kleinen« Großunternehmen Drägerwerk widerspricht damit den Annahmen Swateks, daß die Subventionen nur Großkonzerne unterstützt hätten, Swatek, Unternehmenskonzentration, S. 99.

195 Dräger an OKH 6.4.1938, SUD BÄD IV 6.15.

196 OKH (Zahn) an Drägerwerk 6.7.1938, ebd.; Dräger an OKH 8.8.1938, SUD BÄD IV 6.15.

197 Vgl. Barbara Hoppmann, Von der Montan zur Industrieverwaltungsgesellschaft (IVG) 1916-1951, Stuttgart 1996, S. 71ff.

198 Vgl. dazu Hoppmann, Montan, S. 71ff.; Boelcke, Kosten, S. 42ff.; Thomas, Wehrwirtschaft, S. 87.

langfristige Aufträge eine vergleichsweise erfolgreiche Methode der Rüstungsbürokratie zum Aufbau von industriellen Kapazitäten.[199] Das System verlagerte einerseits das Risiko der Investitionen in die öffentliche Hand (die Montan bzw. das OKH) und nutzte andererseits Kenntnisse und Fähigkeiten der Privatindustrie. Zudem konnte ein großer Teil der Aufrüstung in der ersten Phase auf diesem Wege getarnt werden. Im Verlaufe der Vorkriegsentwicklung traten Unternehmen wie die Degussa AG, die Dynamit AG und Rheinmetall Borsig, aber auch viele kleinere Firmen dem 1934 begründeten Montan-Vertagssystem bei.[200]

Die Verpachtung der Fabriken an die Betreiberfirmen war mit einer umfassenden Kontrolle des Unternehmens durch die Deutsche Revisions- und Treuhand AG, das Heereswaffenamt und die Montan verbunden, die zahlreiche Anforderungen an die Verwaltung der Betriebe stellten. Einzelne Firmen beschwerten sich dabei ausdrücklich über den bürokratischen Verwaltungsaufwand, der dadurch entstand. 1939 schrieb die Unternehmensleitung eines beteiligten Betriebes an die Montan: »Wir sehen in der Produktion den wesentlichen Teil der zu leistenden Arbeit und sehen in der Organisation nur ein Hilfsmittel, diese Produktion zu steigern und reibungslos verlaufen zu lassen. Jedoch darf Organisation niemals zur Behinderung der Produktion führen, wie es z. Z. der Fall ist, indem die wertvollsten vorhandenen eingearbeiteten Kräfte zur Beantwortung zahlloser Fragebogen eingesetzt werden müssen oder um kurzfristige Berichte zu verfassen, die an den meisten Stellen niemals entsprechend ausgewertet werden, denn sonst wären die vielen telefonischen Rückfragen über Dinge, die bereits gemeldet sind, nicht notwendig.«[201]

Die Bauarbeiten an der nahezu 8500 qm Nutzfläche umfassenden Lachswehranlage des Drägerwerks verzögerten sich infolge des Kriegsausbruchs und des Materialmangels über zwei Jahre bis in den Winter 1940/41.[202] Unter dem Eindruck der sinkenden Rüstungsaufträge, die nach dem Frankreichfeldzug nahezu in der gesamten Industrie vermerkt wurden, dachte die Unternehmensleitung im September 1940 bei einer Besprechung erneut über das gesamte »Lachswehr-Projekt« nach. Zunächst versuchte man das Objekt hinsichtlich seiner Bedeutung für das Unternehmen neu einzuschätzen. Dabei erwog man auch einen Kauf der Anlage von der Montan. Den Gesamtwert der Fabrik, die im Verlaufe der Fertigstellung erheblich teurer geworden war als ursprünglich geplant, schätzte man auf 2,8 Mio. RM, wovon die Gebäude 1,6 Mio. RM ausmachten.

[199] Hoppmann, Montan, S. 77; Karl Nuß, Einige Aspekte der Zusammenarbeit von Heereswaffenamt und Rüstungskonzernen vor dem Zweiten Weltkrieg, in: ZfM 4 (1965), S. 433-443; Peter Meyer, Beziehungen zwischen der faschistischen deutschen Militärdoktrin und der Investitionsentwicklung in kriegswirtschaftlich wichtigen Betrieben, Diss. Rer. Oec. Berlin 1971.

[200] Hoppmann, Montan, S. 78.

[201] Zit. nach Hoppmann, Montan, S. 88.

[202] Briefwechsel Bauunternehmung Scholz und Drägerwerk 11.1.1941-11.3.1941, SUD BS 15/2.

Resigniert stellte die Unternehmensleitung bei einer Analyse des Fertigungspotentials fest, daß der überwiegende Teil der Fabrik für das Drägerwerk wertlos wäre. Ein Teil der Fertigung sei infolge neuer Methoden bereits veraltet, im übrigen seien die inzwischen erweiterten und modernen Produktionskapazitäten des Dräger-Stammwerks ausreichend, um den voraussichtlichen Forderungen der Rüstungsbürokratie nachzukommen. Ernüchtert stellte die Unternehmensleitung fest, daß das Dräger-Stammwerk im Bereich der Alkali-Patronen »eine starke Konkurrenz für die Anlage Lachswehr« bedeute. Auch die riesige Filterproduktionsanlage sei angesichts der momentanen Auftragslage überflüssig, da das Unternehmen »die eigene CO-Filteranlage für die bekannten hohen Kriegsanforderungen bereits auf eigene Kosten soweit vergrößert habe, daß sie ein mehrfaches (sic.) des normalen Bedarfs einschließlich Wehrmachtsbedarf liefern kann.«[203]

Unmittelbar im Vorfeld dieser strategischen Überlegungen hatte die Unternehmensleitung – Dräger, Gerhard Stampe (Forschung und Entwicklung), Karl Feldhahn (Verkauf) und Heinrich Maul (Betriebsleitung) – angesichts der sinkenden Heeresaufträge über die Möglichkeit neuer Aufträge der Marine für die geplante Alkalipatronenfertigung in der Lachswehr nachgedacht. Diese Überlegungen über eine eventuelle Auslastung der Anlage mit Tauchatmungsgeräten verliefen jedoch ohne Ergebnis. Man beschloß daher zunächst abzuwarten und die Fertigstellung der Anlage möglichst zu beschleunigen.[204] Die Aufnahme des Baus in eine höhere Dringlichkeitsstufe gelang im November 1940 und auch die geplante Aufnahme von Marineaufträgen sah das OKH auf Anfrage als möglich an.[205] Offensichtlich hatte sich die Auftragssituation seit dem Sommer 1940 in dem Maße verändert, daß die fertiggestellte Produktionsanlage insgesamt für das Drägerwerk Überkapazitäten bedeutete, die das Unternehmen im Moment nicht auslasten konnte. Im Januar 1941 teilte Heinrich Dräger dem OKH deshalb mit, »da entsprechende Aufträge auf Alkalipatronen (250.000 monatlich, B.L.) und CO FE 39 (Filtereinsätze für die Gasmaske 39, B.L.) noch nicht zu erwarten sind, soll die Anlage auch für die Filterfertigung mit ausgenutzt werden.«[206] Die Filterfertigung war angesichts der Aufträge an Gasmasken für das Heer und den zivilen Luft- und Atemschutz an einem wesentlich flexibleren Markt orientiert und deswegen für das Unternehmen angesichts der unsicheren Auftragslage im Bereich der Heeresausrüstung interessanter.

Bei den Verhandlungen über den Pachtvertrag mit der Montan suchte Dräger im Herbst 1940 gerade unter Hinweis auf die sich abzeichnende unsichere Auf-

[203] Notizen betr. Alkalipatronen für den Fabrikneubau Lübeck, Lachswehr Allee 25.9.1940, SUD BÄD IV 6.15.
[204] Besprechung im Drägerwerk betr. Anlage Lachswehr am 16.9.1940, ebd.
[205] Aktennotiz über Anruf von Dr. Manberg 4.11.1940, ebd.
[206] Dräger an OKH 15.1.1941, ebd.

tragslage, weitgehende Forderungen durchzusetzen.[207] Insbesondere strengte er sich an, eine gewisse Freistellung von dem zu erwartenden umfangreichen Kalkulations- und Buchhaltungsaufwand, den eine separate Führung des Unternehmens »Lachswehr« bedeutet hätte, zu erreichen. Erneut handelte Dräger angesichts seiner Erfahrung mit dem unternehmensinternen Bürokratisierungsprozeß bewußt vorsichtig und war bemüht, sich der staatlichen Lenkung und Kontrolle soweit wie möglich zu entziehen sowie den bürokratischen Aufwand zu begrenzen, den die ständigen Kontrollen, Anfragen und die Überwachung durch die Montan bedeuteten.[208]

Dräger machte gerade diesen Punkt zur conditio sine qua non bei den Verhandlungen, indem er argumentierte: »Nur auf dem Wege über eine hohe, feste Pachtsumme, aber dann ohne abgetrennte Buchhaltung, ohne eigene Bilanz eines abgesonderten Zwitter-Betriebes, seien (...) hohe Erträge aus der Anlage Lachswehr zu erzielen.« Dies war für Dräger offensichtlich der entscheidende Faktor »für die Erhaltung der Handlungsfreiheit«.[209] Der zuständige Abteilungschef im OKH Ministerialdirektor und Montan-Geschäftsführer Dr. Max Zeidelhack kam Dräger in den meisten Punkten entgegen. Man bestimmte im Unterschied zur üblichen Praxis keinen Aufsichtsrat, sondern einen einflußlosen Beirat für die Lachswehr, dessen Vorsitz zudem nicht ein Ministerialbeamter, sondern Dräger selber erhalten sollte.[210] Im übrigen würde die Montan sich bei der Kalkulation auf »nur statistische Auszüge aus Gesamtbuchhaltung betreffend Abschrift (gemeint sind Abschreibungen, B.L.) und Umsätze der Lachswehranlage (stützen), keine gesonderte Bilanz, kein gesonderter Geschäftsbetrieb.«[211] Dräger hatte sich an diesem Punkt durchgesetzt.

In dem zwischen dem Drägerwerk und der Montan abgeschlossenen Pachtvertrag verfuhr man nach dem bekannten und bewährten Montan-Schema: Fabrik und Maschinen verblieben Eigentum der Montan bzw. des OKH, während das Drägerwerk die Organisation der Fertigung übernahm. Die Pacht betrug 90.000 RM jährlich bei einem zugesicherten Umsatz von mindestens 2 Mio. RM und der Möglichkeit der Pachtreduzierung bei sinkenden Umsätzen.[212]

Im Zuge der Umorientierung in der Rüstungswirtschaft in der zweiten Kriegshälfte kam es in der Lübecker Unternehmensleitung erneut zu Überlegungen und Diskussionen über einen eventuellen Kauf der Lachswehranlage. Am 21. November 1942 erstellte die Unternehmensleitung eine interne Ver-

---

207 Verwertungsgesellschaft für Montanindustrie G.m.b.H. an Drägerwerk 14.9.1940, ebd.

208 Vgl. dazu Hoppmann, Montan, S. 88ff.

209 Reisebericht Dräger, Besprechung bei der Montan-Gesellschaft in Berlin mit Min.Dir. Dr. Zeidelhack u.a. 11.2.1941, SUD BÄD IV 6.15.

210 Zur Kontrollfunktion und der Einflußnahme der Montan vgl. Hoppmann, Montan, S. 91.

211 Reisebericht Dräger, Besprechung bei der Montan-Gesellschaft in Berlin mit Min.Dir. Dr. Zeidelhack u.a. 11.2.1941, SUD BÄD IV 6.15, S. 2.

212 Vertrag Drägerwerk und Montan 16.1.1941, SUD BÄD IV 6.15.

gleichsanalyse: Die Kosten eines möglichen Erwerbs der Lachswehranlage wurden mit dem Kaufpreis der gerade erworbenen Firma Breitling in Teplitz-Schönau im Sudetengau verglichen. Bei dem Vergleich wurde deutlich, daß vor dem Hintergrund des günstigen Erwerbs im Sudetengau die Fabrik in Lübeck ungleich teurer wäre.[213] Eine Übernahme des Industriebetriebes in der unmittelbaren Nähe der Kernproduktion im Stammwerk erschien der Unternehmensleitung dennoch außerordentlich attraktiv. Ein erstes schriftliches Angebot wurde noch im November 1942 an das OKH abgegeben. Die Überlegungen in der Lübecker Unternehmensleitung trafen mit den Bestrebungen des Reichsministeriums für Bewaffnung und Munition unter Speer zusammen, die kostenintensiven Betriebe der Montan zu privatisieren. Diese Forderung hatte Speer gegenüber dem riesigen staatlichen Konzern seit dem Sommer 1942 mehrfach versucht durchzusetzen.[214] Als die Lübecker Unternehmensleitung der Montan nach sieben Monaten intensiver mündlicher Vorverhandlungen für die gesamte Anlage ein Kaufangebot über 1.840.000 RM machte, kam dies den Wünschen der Ministerialbürokratie grundsätzlich entgegen. Bei den Preisberechungen hatten die Dräger-Manager sowohl die Abnutzung für die vergangenen zwei Jahre als auch die Abschreibungen beachtet.[215] Dieser Preis lag etwa 1 Mio. RM unter der Einschätzung des Wertes, zu der die Unternehmensleitung nur zwei Jahre zuvor im September 1940 gekommen war. Das Kaufangebot, mit dem die Unternehmensleitung in die Verhandlungen ging, war demnach bemerkenswert niedrig.

Bei den Verhandlungen bemerkte Ministerialdirigent Dr. Zahn vom OKH zu dem vom Drägerwerk angeführten vergleichenden Verweis auf den Preis der Fabrik im Sudetengau, »daß ein derartiges Angebot nicht angenommen werden könnte, weil die fast neue Fabrik infolge ihrer Eingliederung in das Drägerwerk einen erheblich höheren Wert repräsentieren muß als jede andere (...) Anlage.«[216] Dräger stimmte schließlich noch im November 1942 einem Kaufpreis von 2 Mio. RM zu, konnte sich jedoch bei den entscheidenden Bestimmungen über die von dem Unternehmen zukünftig bereitzustellenden Rüstungskapazitäten durchsetzen. Dies war für die geplante flexible Nutzung der Fertigungskapazitäten der Lachswehranlage entscheidend. Die anfängliche Forderung des OKH nach einer vertraglichen Zusicherung des Drägerwerks über eine Produk-

---

[213] In Teplitz-Schönau kaufte das Drägerwerk für 458.000 RM einen Betrieb mit 27.000 qm Grundstück und 8000 qm Räumen. Vgl. Aktennotiz Entwurf betr. Zahlung für Lachswehranlage 21.11.1942, SUD BÄD IV 6.15.

[214] Hoppmann, Montan, S. 132.

[215] Angebot Dräger an OKH 21.11.1942, SUD BÄD IV 6.15. Interessanterweise kam man überein, die Bombenschäden des Betriebes nicht in die Berechnung des Kaufpreises mit einzubeziehen, sondern über das Kriegsschädensamt abzurechnen. Dadurch übernahm das Drägerwerk alle Ansprüche wegen der »Kriegsschäden« vom OKH, SUD BÄD IV 6.15.

[216] Aktenvermerk über die Besprechung bei Ministerialdirigent Dr. Zahn am 23.11.1942, SUD BÄD IV 6.15.

tionsleistung von 250.000 Alkalipatronen monatlich wurde auf Wunsch Drägers auf 100.000 reduziert und dem Unternehmen darüber hinaus gestattet, diese Produkte auch außerhalb der Lachswehranlage zu fertigen.[217] Der Kaufvertrag über den Erwerb der Lachswehr wurde schließlich am 27.11.1942 geschlossen.[218] Die Bezahlung erfolgte im Verlaufe des Jahres 1943.[219] Das Drägerwerk war damit das erste Unternehmen, das eine der Anlagen der Montan erwarb, nachdem Speer über Hettlage schon seit dem Juni 1942 versucht hatte, die Montan zu einer Reprivatisierung der teuren und aufwendigen Fabriken zu bewegen. Im April 1943 stellte die Montan-Geschäftsleitung fest, daß die »Reprivatisierung (...) leider bis auf einen einzigen Fall (das Drägerwerk, B.L.) bisher mit ziemlich negativem Erfolg« verlaufe.[220] In der Tat setzte erst 1943 mit dem gestiegenen Einfluß des Ministeriums für Bewaffnung und Munition (bzw. Rüstung und Kriegsproduktion) ein – wenn auch keineswegs konsequenter – Verkauf weiterer Fabriken ein. Von einem Erfolg der Unternehmung kann jedoch kaum gesprochen werden, da der Kaufpreis in den meisten Fällen im Vergleich zu den tatsächlichen Investitionen und dem Wert des modernen Anlagevermögens gering war.[221]

Was waren die Motive des Drägerwerks für den vergleichsweise frühen Erwerb? Entscheidend waren für Dräger vor allem *zwei Faktoren. Erstens* das geringe Umstellungsrisiko der Fertigungsanlagen in der Lachswehranlage. Die Produktion konnte leicht auf nahezu sämtliche traditionelle Gerätegruppen im Atemschutzbereich des Unternehmens flexibel eingestellt werden. Darauf hatte die Unternehmensleitung schon bei der Konzeptionalisierung der Anlage geachtet. Diese Voraussetzung bestand bei anderen Fabriken keineswegs.

Zweitens waren die vom Heereswaffenamt bzw. OKH gestellten Bedingungen in dem Kaufvertrag akzeptabel für Dräger, da er sich an den entscheidenden Punkten durchgesetzt hatte. Dies gilt insbesondere für die geringen Verpflichtungen der Fabrik für die Heeresausrüstung, die der Unternehmensleitung ein hohes Maß an Flexibilität erlaubten. Darüber hinaus war die Lachswehranlage kaum nach den strengen wehrwirtschaftlichen Gesichtspunkten anderer Montan-Fertigungsbetriebe konzipiert, die überwiegend in weniger bombenge-

[217] Ebd., S. 2f.

[218] Vertrag über den Verkauf der Lachswehr zwischen Drägerwerk und der Montangesellschaft 28.11.1942, SUD BÄD IV 6.15; vgl. die Zusammenhänge bei Hoppmann, Montan, S. 134.

[219] Unterschiedliche Angaben sind nachgewiesen in BArch R 121/2446; vgl. der tatsächliche Nachweis der Bezahlung in Vermögenssteuerbilanz Dräger 1.1.1943, SUD BS 27/19.

[220] Zit. nach Hoppmann, Montan, S. 132, die indessen den Kauf des Drägerwerks nicht ausdrücklich beschreibt.

[221] Ein »Ausverkauf«, wie ihn Eichholtz, Kriegswirtschaft Bd. II, S. 524 annimmt, ist unzutreffend angesichts der wenigen Werke, die tatsächlich verkauft wurden. Vgl. Hoppmann, Montan, S. 132ff. Ein Beispiel von Verkaufsverhandlungen unter der Beteiligung verschiedener Institutionen der Rüstungsbürokratie bietet Bertrand Perz, Projekt Quarz, Stayr-Daimler-Puch und das Konzentrationslager Melk, Wien 1991, S. 97ff.

fährdeten Gebieten außerhalb industrieller Kernräume entstanden waren. Die Lachswehranlage stand dagegen im Zentrum des Konzerns – in Lübeck – und war hinsichtlich Einrichtung und Ausrüstung vergleichsweise modern und zugleich flexibel nutzbar angelegt. Nicht zuletzt die kontinuierlichen Überlegungen Drägers über einen Erwerb der Lachswehranlage hatten zu dieser Gestaltung geführt. Der Aspekt einer möglichen Übernahme und Integration in den Konzern war von der Unternehmensleitung nie aus den Augen gelassen worden.[222] Diese Überlegungen waren das Ergebnis eines klar erkennbaren Kalküls der Unternehmensleitung, den Konzern auf die Möglichkeit vorzubereiten, daß sich die ökonomischen Rahmenbedingungen grundlegend verändern könnten: Mit der Übernahme der Fabrik wurde der Konzern für jede mögliche Nachfrageentwicklung in der folgenden Zeit von einem für die Endfertigung von Sauerstoffgeräten entscheidenden Zulieferungsbereich unabhängig. Darüber hinaus war die Gefahr, die mit den Verkaufsabsichten der Montan entstand, daß ein anderer Käufer eine konkurrierende Fertigungsstätte vor der Haustür des Stamm-

Gesamtumsatz des Drägerwerks (Konzern) 1929-1945 in Mio. RM

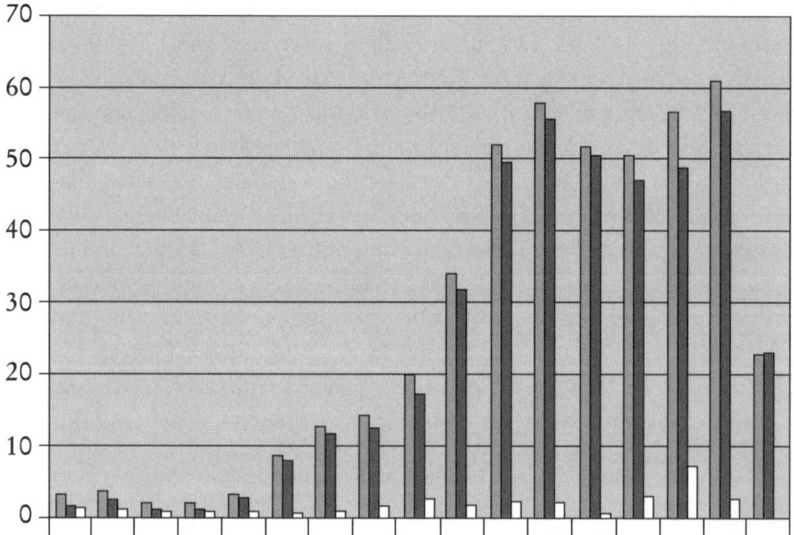

	1929	1930	1931	1932	1933	1934	1935	1936	1937	1938	1939	1940	1941	1942	1943	1944	1945
Gesamtu.	3,2	3,7	2,1	2,1	3,3	8,7	12,8	14,4	20,2	34,2	52,1	58	51,6	50,7	56,8	61	23,2
Inland	1,7	2,5	1,2	1,3	2,8	8	11,8	12,6	17,5	32	49,6	55,6	50,8	47,4	49,2	57	23,2
Ausland	1,5	1,2	0,9	0,8	0,5	0,7	1	1,8	2,7	2,2	2,5	2,4	0,8	3,3	7,6	3	0

Gesamtu. ■ Inland □ Ausland

[222] Für den Gesamtzusammenhang: Hoppmann, Montan, S. 133.

werkes erwerben konnte, gebannt. Diese den Wettbewerb betreffende Überlegung machte die Kaufoption noch attraktiver. Daß Dräger sich im Sommer 1942 zum Kauf entschloß, war schließlich auch das Ergebnis der strategischen Erwartung, daß der Krieg und damit verbunden die hohe Rüstungsnachfrage andauern würde.

Anlagevermögen des Drägerwerks (Konzern) 1939-1948 gemäß Steuerbilanz in Tausend RM[1]

	1939	1940	1941	1942	1943
Bestand 1.1.	2905	3818	4894	5796	5472

	1944	1945	1946	1947	1948
Bestand 1.1.	8030	6807	5126	4782	3921

Gewinn des Drägerwerks (Konzern) 1940-1948 gemäß Steuer-, Handels- und Prüfbilanz in Tausend RM[2]

	1940	1941	1942	1943
nach HB	3266	3359	4333	5408
nach SB	3531	2795	4310	5178
nach PB	k.A.	k.A.	k.A.	k.A.

	1944	1945	1946	1947	1948
nach HB	-142	282	-1701	1360	-146 (bis 20.6.)
nach SB	-111	-120	-1373	1299	-204
nach PB	1882	k.A.	k.A.	k.A.	k.A.

1 Quelle: Bilanzen, SUD BÄD I 3.11ff.
2 Vgl. ebd.

9. Rüstungsinteresse und »Arisierung«: Die Übernahme der Hamburger Gummiwarenfabrik Skara

Im Zusammenhang mit den Anforderungen infolge des Vierjahresplans von 1936 und der Expansion der Produktionskapazitäten in dem Unternehmen bekam das Problem der Zulieferung von Gummikörpern für die im Drägerwerk endgefertigten Masken eine neue Brisanz. Während das Geschäftsjahr 1936 den Höhepunkt des unmittelbar in das Anlagevermögen investierten Kapitals in der Vorkriegszeit aufweist, was als Indikator für ein anwachsendes Vertrauen der Unternehmensleitung in die Fortdauer des Rüstungsbooms zu bewerten ist, blieb das Problem der Zulieferbetriebe für die Vorprodukte ungelöst.[223] Die Schwierigkeiten führten zu anhaltenden und kostenintensiven Verzögerungen bei der Endfertigung. Strategisch gab es nur eine Lösungsmöglichkeit für Dräger: Das Unternehmen mußte die Herstellung der Vorprodukte durch eine Integration in den Konzern selbst übernehmen. Die konkurrierende Auergesellschaft hatte das Problem durch die enge Anbindung an Conti sowie die Errichtung einer Fabrik in Kooperation mit dem Gummifabrikanten in Oranienburg gelöst und sich von weiteren externen Zulieferern unabhängig gemacht. Damit hatte sie ihre Wettbewerbsposition gerade im Preis- und Kostenbereich entscheidend verbessert.[224]

Die hohe Liquidität, die das Drägerwerk 1936 infolge der Geschäftsausweitung erstmals aufweisen konnte, schuf die finanziellen Voraussetzungen für die Entscheidung Drägers, eine Expansion in diesem Fertigungssegment durchzuführen. Eine finanzielle Fremdbeteiligung lehnte Dräger in der Tradition des Familienunternehmens ab, um seine Unabhängigkeit nicht einzuschränken. Darüber hinaus war das Vertrauen der Unternehmensleitung in die Dauerhaftigkeit des konjunkturellen Aufschwungs gewachsen. Diese Erkenntnis wurde durch die Verhandlungen über die ersten umfangreichen Aufträge zur Herstellung einer zivilen Gasschutzmaske im Herbst 1936 noch einmal gestärkt und war ein weiteres Motiv für die Entscheidung Drägers, einen geeigneten Großbetrieb zur Fabrikation von Gummikörpern zu erwerben.[225]

Schon 1934 hatte sich Dräger um die Übernahme bzw. den Kauf einer kleineren Gummiwarenfabrik bemüht. In diesem Zusammenhang besichtigte und begutachtete die Unternehmensleitung im April 1934 über 20 Firmen, die für eine Fertigung in Frage kämen. Mindestens eine dieser ausschließlich mittelstän-

[223] Für die Investitionen: Buch- und Betriebsprüfungsbericht (BuB) des Oberfinanzpräsidenten Nordmark 11.6.1940, SUD BÄD I 3.11.

[224] Vgl. die maßgeblichen Unterlagen dazu: IW 24.9/1 Unternehmensarchiv der Degussa AG.

[225] Vgl. die Entwicklungsaufträge für eine »Volksgasmaske« an das Drägerwerk im November 1936; vgl. Groehler, Tod, 235f. Für die laufenden Verhandlungen im Herbst 1936 zwischen dem Drägerwerk und unterschiedlichen Institutionen der Rüstungsbürokratie, die an der anlaufenden Organisation des zivilen Gasschutzes beteiligt waren, vgl. SUD BS 15/19.

dischen Unternehmen im Großraum Hamburg beschäftigte das Drägerwerk in der Folgezeit mit Aufträgen.[226] Eine kleine Bettfedernfabrik in Hamburg produzierte von nun an neben ihrer alten Fertigung nach der Beauftragung durch den Konzern auch Maskenkörper für das Drägerwerk. Der Lübecker Konzern bediente sich somit der Produktionskapazitäten, wobei insbesondere die begehrten Spezialmaschinen sowie die qualifizierten Arbeitskräfte von Bedeutung waren. Mehrfach gab die Unternehmensleitung in regionalen Zeitungen und Zeitschriften Anzeigen auf, um nach geeigneten Kaufobjekten oder aber Betrieben zu suchen, die dem Drägerwerk ihre freien Fertigungskapazitäten anbieten konnten.[227]

Die Unternehmensleitung bemühte sich in dieser Phase einerseits um eine enge Kooperation mit großen Gummiherstellern und versuchte andererseits, kleinere Firmen zu erwerben oder ihre Fertigungskapazitäten mit Lizenzproduktionen für das Drägerwerk auszulasten. Den kleinen mittelständischen Betrieb Edmund Harms erwarb das Drägerwerk und produzierte hier nach der Einstellung eines Dräger-Ingenieurs als Geschäftsführer für das Unternehmen Vorprodukte mit dem modernen Maschinenpark der Firma. Das kleine Hamburger Unternehmen arbeitete schon im darauffolgenden Geschäftsjahr reibungslos mit 40 Beschäftigten für das Drägerwerk.[228] Das Interesse der kleinen Firmen an Aufträgen zur Auslastung ihrer Kapazitäten durch den für die Rüstung arbeitenden Konzern war groß und nahm infolge der zunehmenden staatlichen Rohstoffkontingentierung zu.[229]

Den steigenden Bedarf des expandierenden Drägerwerks an den Vorprodukten, die für die Maskenproduktion entscheidend waren, konnten diese neuen kleinen Zulieferbetriebe jedoch keineswegs zufriedenstellen. Auf der Suche nach einer Lösung des Zulieferproblems kooperierte das Lübecker Unternehmen daher zunächst unter anderem mit dem großen Hildesheimer Gummiproduzenten Wetzel, mit dem man im Mai 1936 einen Entwicklungsvertrag über qualitativ verbesserte und rationell herstellbare Maskenkörper abschloß. Vertragsgemäß sollte Wetzel nach der gemeinsamen Entwicklungsarbeit vor allem Gummikörper für das Drägerwerk fertigen. Neben der vergleichsweise großen Anzahl der Vorprodukte, die Wetzel liefern sollte, machte die Aussicht auf eine bessere Gummiqualität die Kooperation für das Lübecker Unternehmen attrak-

226 Vertrag über die Produktion von Gasmasken für das Drägerwerk (Paul Leppin und Co. KG Bettfedernfabrik Wandsbek) 1.5.1934, SUD BÄD V 7.3.15a.

227 Vgl. verschiedene Anzeigen, ebd.

228 Kaufvertrag Drägerwerk mit Firma Edmund Harms Mechanische Werkstatt 29.6.1934, SUD BÄD V 7.3.15a; Bericht (Cordes) vom 6.6.1934, ebd.; Bericht über eine »Wehrwirtschaftsprüfung bei dem Konzern Drägerwerk, Heinr. & Bernh. Dräger. Lübeck« (mit Anlagen) durch das Reichskriegsministerium 11.8.1937, Nr. 36, SUD BÄD I.3.4.

229 Vgl. zu dem Konzentrationsprozeß, der dadurch partiell ausgelöst wurde, die Aussagen von Swatek, Unternehmenskonzentration, S. 95ff., der freilich keine Ergebnisse aus empirischen Fallstudien nachweist.

tiv. Schon im November 1936 zeichnete sich jedoch ein Scheitern der Partnerschaft ab. Die Gummikörperlieferungen von Wetzel an das Drägerwerk hatten insgesamt nur ein Volumen von 8000 RM erreicht, und Wetzel zögerte aus Kostengründen mit dem konsequenten Ausbau und der Modernisierung der Kapazitäten.[230] Für die Gummiproduzenten waren die Zulieferungsaufträge kommerziell offensichtlich keineswegs attraktiv.

Nach dieser Erfahrung hatte die Integration der Vorproduktefertigung in den eigenen Konzern uneingeschränkte Priorität für Dräger. Die Unternehmensleitung kalkulierte, damit zugleich die Unwägbarkeiten los zu werden, die Fremdfirmen immer darstellen. Diese Unzuverlässigkeiten hatten neben den Produktionsverzögerungen bei der Zulieferung auch aufgrund qualitativer Mängel bei der Abnahme der Geräte durch das Waffenprüfamt des Heereswaffenamtes immer wieder zu Schwierigkeiten geführt.[231] Die Rüstungsbürokratie drängte die Unternehmensleitung daher ebenfalls zu einer Lösung des Problems. Im Herbst 1936 verstärkte die Unternehmensleitung angesichts der absehbaren Aufträge der »Volksgasmasken« ihre Bemühungen zur Übernahme eines größeren Betriebs. Dabei war die Übernahme eines bestehenden Betriebs die einzige Möglichkeit für diese vertikale Expansion der Struktur des Gesamtkonzerns, da der Aufbau einer eigenen innerbetrieblichen Fertigungsanlage oder die Neugründung einer Fabrik zur Herstellung der Gummikörper angesichts des rigorosen Systems der Rohstoffbewirtschaftung im Bereich der extrem importabhängigen Kautschukbranche außerordentlich schwierig war. Daher war der Kauf einer Fabrik, der gleichzeitig mit einer Übernahme der Rohstoffkontingente einherging, die einzige Lösungsmöglichkeit. Gleichzeitig machten die Kontingentkürzungen infolge der Regulierung eine Fortführung der Produktion für viele betroffene Gummiverarbeiter unrentabel. Ein Kaufangebot war folglich für diese Firmen grundsätzlich interessant.[232]

Im Oktober 1936 wurde das Dräger-Management bei einer Besichtigung auf die vergleichsweise große Hamburg-Wandsbeker Gummiwarenfabrik Skara aufmerksam, deren jüdischer Eigentümer an einem Verkauf interessiert war. Der Leiter der Finanzbuchhaltung Mißfeld machte Dräger auf die besondere Eignung und die Größe des Betriebs aufmerksam.[233] Tatsächlich waren sowohl der Maschinenpark als auch die Gebäude sowie die Belegschaft des hauptsächlich Gummibälle produzierenden Unternehmens für die Fertigung der Gummimaskenkörper außerordentlich geeignet. Zudem erwies sich der jüdische Eigentümer Julius Schwarz bei den bald eingeleiteten Verhandlungen als bemerkenswert entgegenkommend. Unter Hinweis auf den Druck des Oberbürger-

[230] Aktennotiz an Dräger 30.11.1936, SUD BÄD V 7.3.15a

[231] Bericht über Besuch bei Dr. Mielenz, Dräger und Quasebart 6.2.1937, SUD BS 15/19.

[232] Vgl. diesen Prozeß in der Leder- und Bekleidungsindustrie in Baden und Württemberg bei Bräutigam, Unternehmer, 297ff.

[233] Bericht über Besichtigung der Skara Gummiwerke in Wandsbek (Mißfeld und Schwarz) 30.10.1936, SUD BÄD V 7.3.15h.

meisters der Stadt Wandsbek bot er Dräger neben einem »kostenlosen« 270 qm großen Teil des Grundstücks auch die Übernahme der günstigen Versicherungspolicen und verschiedener Sonderrechte an, die er selbst als Jude aufgrund der Schikanen im deutschen Geschäftsleben nicht mehr ausnutzen konnte, wie er Dräger schrieb.[234] Schon Anfang November waren die Verhandlungen zwischen Schwarz und dem Drägerwerk über einen Verkauf der gesamten Skara-Gummiwerke eingeleitet worden. Elf Tage nach der ersten Besichtigung durch Mißfeld kam es zum Abschluß eines Kaufvertrages über die Übernahme sämtlicher Anteile der Skara-Gummiwerke GmbH durch das Drägerwerk. Der Preis betrug 140.000 RM.[235]

Dräger erwarb ein finanziell solides Unternehmen, das etwa 140 Mitarbeiter beschäftigte und über einen Maschinenpark aus modernen Spezialmaschinen verfügte, die für die Fertigung von Maskenkörpern geeignet waren. Das Stammkapital der GmbH betrug 20.000 RM, die Schwarz gehörten.[236] Insgesamt hatte Dräger ein 8196 qm großes Grundstück in Hamburg-Wandsbek mit 1770 qm Arbeitsräumen übernommen und weitere etwa 1000 qm Lager- und Bewirtschaftungsräume.[237] Mißfeld schätzte die notwendigen Investitionen, um eine »starke Vergrößerung der Gummifabrikation« zu erreichen, auf 32.000 RM.[238] Im Jahre 1936 hatte die Skara ihrer Steuerbilanz zufolge keinen Gewinn mehr gemacht, was hauptsächlich auf die Kürzung des Gummikontingents zurückzuführen war. Zwei Jahre später erwirtschaftete das Drägerwerk in dem neuen Betrieb bereits über 30.000 RM Gewinn.[239]

Die genauen Abläufe der Verkaufsverhandlungen lassen sich mit den vorliegenden Unterlagen nicht mehr rekonstruieren. Der jüdische Vorbesitzer Schwarz stand jedoch offensichtlich unter erheblichem Druck von verschiedenen Seiten, was die Beschleunigung des Verkaufs erklärt.[240] Der Vertragsab-

---

[234] Schwarz an Dräger 4.12.1936, ebd.

[235] Kaufvertrag Schwarz und Dräger 10.11.1936, ebd.

[236] Bericht des Finanzamtes Lübeck über die Betriebsprüfung bei der Firma Skara Gummiwerke GmbH 9.-12.1.1940, SUD BÄD I 3.11.

[237] Vgl. Kaufvertrag, SUD BÄD V 7.3.15h.

[238] Besichtigungsbericht, SUD BÄD V 7.3.15h, S. 3.

[239] Vgl. Buch- und Betriebsprüfungsbericht des Oberfinanzpräsidenten Nordmark über die Prüfung bei der Skara Gumiwerke G.m.b.H. am 12.1.1940, SUD BÄD I 3.11, S. 4f.

[240] Vgl. zum Problem der »Arisierung« allgemein: Avraham Barkai, Vom Boykott zur »Entjudung«. Der wirtschaftliche Existenzkampf der Juden im Dritten Reich 1933-1943, Frankfurt 1987; ders., Die deutschen Unternehmer und die Judenpolitik im »Dritten Reich, in: GG 15 (1989), S. 227-247; Peter Hayes, Big Business and Aryanization in Germany, 1933-1939, in: Jahrbuch für Antisemitismusforschung, Jg. 3 (1995), S. 254-281; Johannes Ludwig, Boykott, Enteignung, Mord. Die »Entjudung« der deutschen Wirtschaft, Hamburg 1989; Helmut Genschel, Die Verdrängung der Juden aus der Wirtschaft im Dritten Reich, Göttingen 1966; Gerhard Kratzsch, Der Gauwirtschaftsapparat der NSDAP. Menschenführung – <Arisierung> – Wehrwirtschaft im Gau Westfalen-Süd, Münster 1989; Bajohr, »Arisierung«; Werner E. Mosse, Jews in the German Economy 1820-1935, Oxford 1987; ders., The German-Jewish Economic Elite 1820-1935, Oxford 1989; Uwe Dietrich Adam, Judenpolitik im Dritten Reich, Düsseldorf 1972.

schluß erfolgte schließlich zu bemerkenswert günstigen Konditionen für das Drägerwerk, wobei sich das Verhältnis zwischen Kaufpreis und tatsächlichem Wert der gesamten Anlage schwer ermitteln läßt.[241] Der Preis war sicherlich vergleichsweise niedrig.

Dräger bot dem jüdischen Vorbesitzer nach dem Abschluß des Kaufvertrages eine Weiterbeschäftigung im Unternehmen an. Er unterrichtete darüber hinaus das Vorstandsmitglied der Wetzel AG, Ludwig C. Henkel, der das Geschäft mißtrauisch beobachtete, umgehend von dem Kauf und der Weiterbeschäftigung von Schwarz. Henkel war in der Gummibranche ein einflußreicher und gut unterrichteter Geschäftsmann. Der Wetzel-Konzern war nicht nur durch die mögliche Unabhängigkeit von weiteren Zulieferungen, die die Übernahme für das Drägerwerk bedeutete, betroffen. Die neue vertikale Konzernstruktur des Drägerwerks bedeutete für den Hildesheimer Gummifabrikanten auch einen neuen Konkurrenten. Dräger war deshalb außerordentlich vorsichtig und schrieb Henkel, er, Dräger, könne »kaum umhin kommen, ihn (den Voreigentümer Schwarz, B.L.) zunächst weiter für den Verkauf zu beschäftigen.«[242] Zur Weiterbeschäftigung sei er insbesondere gezwungen, da »das gesamte Personal der Skara Werke, welches im Büro tätig war, da restlos nichtarisch, nach Übernahme der Firma durch mich sofort weggegangen ist, so daß dort überhaupt niemand ist, welcher eine gewisse Büro- und Geschäftsgang-Tradition aufrechterhalten kann, wenn wir nicht uns dazu verstehen, zunächst bis auf Widerruf die Verbindung mit Herrn J. Schwarz aufrecht zu erhalten.«[243] Die Weiterbeschäftigung jüdischer Geschäftsleute in »arisierten« Unternehmen war keine Ausnahme in der Industrie, auch wenn sie zu diesem Zeitpunkt seltener vorkam als in den ersten Jahren nach der Machtergreifung.[244]

Im übrigen suchte Dräger den neuen Konkurrenten, der weiterhin Zulieferer seines Unternehmens blieb, zu beruhigen und schloß zu diesem Zweck am 25. November 1936 einen Zusatzvertrag mit Wetzel ab, in dem diesem eine hohe Abnahmequote bei der Zulieferung von Maskenkörpern zugesichert wurde, die schrittweise entsprechend der Auftragslage und der Kapazität der Skara-Werke abnehmen sollte.[245] Tatsächlich ließ Dräger Schwarz den Verkauf der traditionellen Gummiwarenprodukte der Skara für den Inlandmarkt weiterhin unabhängig vom Konzern betreiben.

---

241 Eine Verkehrswertermittlung der Skara ist in den Quellen nicht überliefert. Die Lachswehranlage umfaßt 1300 qm Arbeitsräume und 1700 qm Grundfläche. Vgl. Drägerwerk an OKH 5.1. und 12.1.1938, SUD BÄD IV 6.15.

242 Dräger an Henkel 23.12.1936, SUD BÄD V 7.3.15h.

243 Vgl. ebd.

244 Vgl. mit einigen Beispielen Hayes, Roessler, S. 76ff.

245 Vertrag zwischen Wetzel-Gummiwerke A.G. Hildesheim und der Firma Drägerwerk, Heinr. und Bernh. Dräger Lübeck, 25.11.1936, SUD BÄD V 7.3.15h.

Betrachtet man den Stil Drägers im Umgang mit dem jüdischen Voreigentümer bei den Verhandlungen über das Geschäft im Vergleich zu anderen Unternehmern, war sein Verhalten insgesamt höflich. Die Provisionssätze und Bedingungen, die Dräger Schwarz für die weitere Verkaufsvertretung anbot, waren für das Drägerwerk marktüblich.[246] Die Weiterbeschäftigung von Schwarz in der GmbH, die nun in den Lübecker Konzern integriert wurde, mußte Dräger gegenüber der Rüstungsbürokratie ausdrücklich legitimieren. Aufgrund der radikalen Umwandlung der Produktionsstruktur der Skara im Zuge der Integration in den Lübecker Konzern gab es für die Weiterbeschäftigung von Schwarz kaum reale ökonomische Gründe. Sie ist daher wahrscheinlich als eine Art Hilfestellung gegenüber dem jüdischen Kaufmann anzusehen. Eine Handlungsweise, die Dräger später mehrfach wiederholte, indem er jüdischen Mitarbeitern auf dem Wege der Beschäftigung in seinem Unternehmen einen gewissen Schutz und materielle Sicherheit bot. Unklar bleibt hingegen, was mit den übrigen leitenden Angestellten der Skara geschah.

Die Gründe, die Schwarz zum Verkauf seiner Firma bewogen haben, müssen schwerwiegend gewesen sein, da er mit dem Grundstück und den Gebäuden auch sein privates Wohnhaus an Dräger veräußerte. Ein entscheidender Faktor war die zunehmende Kontingentierung des Rohstoffes Kautschuk. Im Dezember 1936 bekam der Gummiballhersteller Skara von dem Reichsbeauftragten der Überwachungsstelle für Kautschuk und Asbest die Nachricht über die Reduktion des Kautschukkontingents für den Januar 1937 auf 50 % des entsprechenden Vorjahresmonats.[247] Es ist anzunehmen, daß der langjährige und in der Branche erfahrene Unternehmer Schwarz über die Reduzierung seines Kontingents schon vorab informiert war und dies daher einen entscheidenden Grund für den Verkauf darstellte. Die Überwachungsstelle für Kautschuk teilte der Skara – noch einen jüdischen Eigentümer annehmend – schließlich endgültig mit, daß für 1937 mit nur 600 kg des wertvollen Rohstoffs pro Monat zu rechnen sei, was einem Jahreskontingent von 7.200 kg für das Unternehmen entsprochen hätte. Dies war eine Größenordnung, die Schwarz eine rentable Fertigung im gewohnten Rahmen unmöglich gemacht hätte.[248] Der einflußreiche und über die bürokratischen Entscheidungen gut informierte Wetzel-Vorstand Henkel konnte dem neuen Eigentümer Dräger schon am 27. Dezember 1936 mitteilen, daß das Kautschukkontingent der neuen Skara-Gummifabrik nun für das Jahr 1937 etwa 15.000 kg betrage. Dies bedeutete eine Zunahme um mehr als 100 %.[249]

[246] Vertrag zwischen Dräger und Schwarz über Alleinverkauf auf Provisionsbasis 10.11.1936, ebd.; Schwarz an Dräger 4.12.1936; Schwarz an Dräger 16.12.1936; Dräger an Schwarz 12.12.1936, ebd.

[247] Überwachungsstelle für Kautschuk und Asbest an Skara 17.12.1936, ebd.

[248] Überwachungsstelle an Skara 24.12.1936, SUD BÄD V 7.3.15h.

[249] Henkel an Dräger 27.12.1936, ebd.

Die Instrumentalisierung der Bewirtschaftungsbürokratie zur Vertreibung jüdischer Unternehmen, die sich hier andeutet, war ein verbreitetes Merkmal nationalsozialistischer Eingriffe in bestehende Wettbewerbsstrukturen und Märkte.[250] Neben anderen Motiven bestimmte oft die Aussicht auf eine Erweiterung des Rohstoffkontingents nach der »Arisierung« die Motivation der erwerbenden Unternehmer.

Der Zeitpunkt, an dem die Interventionen der staatlichen Bewirtschaftungsbürokratie bei der »Arisierung« radikaler wurden, war von der jeweiligen Region und der Branche abhängig. In Hamburg setzte dieser Radikalisierungsprozeß im Jahre 1936 infolge einer Umsetzung der neuen Steuerungsvorschriften durch die verwaltungsrechtlich entscheidenden Mittelinstanzen des Reichswirtschaftsministeriums, die bei den Landesfinanzämtern angesiedelten Bewirtschaftungsstellen, ein. Die gesetzlichen Vorschriften wurden schon Ende 1936 verschärft, so daß sie den Verwaltungsinstitutionen als eine praktikable Grundlage für die »Arisierung« zur Verfügung standen. Die Radikalisierungsfaktoren, die im Jahre 1936 zusammenkamen, führten zu einem dynamischen Prozeß, bei dem kleinere vergleichsweise »normale« schikanöse Verwaltungsvorgänge der Bewirtschaftungsbürokratien gegenüber den jüdischen Unternehmen komplexe bürokratische Verfahren auslösten, deren Auswirkungen schließlich im Ergebnis zu einer Verdrängung der Eigentümer und Liquidation der Firma führen konnten.[251]

Dabei existiert offensichtlich eine Abhängigkeit dieses Radikalisierungsprozesses von regionalen und branchenspezifischen Faktoren. Die bürokratischen Interventionen waren meist von großer Bedeutung.[252] Ähnliche Entwicklungen wie bei den Hamburger Skara-Werken ereigneten sich in der Textilindustrie: Wie in den Monatsberichten des Reichstreuhänders der Arbeit deutlich wird, wurden vor allem die Rohstoffkontingente jüdischer Unternehmen der Textilbranche nach der Jahreswende 1937/38 drastisch gesenkt, was einen entscheidenden Faktor für die darauf einsetzende »Arisierungswelle« darstellte.[253] Dräger vertraute in dieser Frage beim Kauf der Skara auf die Bedeutung der Rüstungsaufträge seines Unternehmens und die Möglichkeit, nach der Umstellung der Fertigung dadurch größere Rohstoffkontingente für den Betrieb zu erhalten. Tatsächlich war eine Erhöhung keine Selbstverständlichkeit und viele

250 Vgl. Kratzsch, Gauwirtschaftsapparat, S. 133ff.; Rauh-Kühne, Unternehmer, S. 111.

251 Vgl. die detaillierte Darstellung bei Bajohr, »Arisierung«, S. 20, 190ff. (193).

252 So zeichnet sich in Süddeutschland ein etwas späterer Zeitpunkt mit der Jahreswende 1937/38 ab. Vgl. Bräutigam, Unternehmer, S. 303, 327ff.; dazu auch die vergleichenden Bemerkungen über Hamburg und München von Bajohr, »Arisierung«, S. 121; sowie: Jakob Toury, Jüdische Textilunternehmer in Baden-Württemberg 1683-1938, Tübingen 1984; Berghoff/Rauh-Kühne, Fritz, S. 125ff.

253 Vgl. die Monatsberichte der Reichstreuhänder für Arbeit (in Auszügen) in: Timothy W. Mason, Sozialpolitik im Dritten Reich. Arbeiterklasse und Volksgemeinschaft, Opladen 1977, S. 606ff.

Unternehmer verkalkulierten sich bei ähnlichen Überlegungen.[254] Konsequent informierte Dräger unmittelbar nach dem Kauf den zuständigen »Obmann der Fachabteilung Puppen und Spielwaren aus Kautschuk und Celluloid der Fachuntergruppe Spielwaren und Christbaumschmuckindustrie« darüber, daß er »sämtliche Geschäftsanteile der Skara-Werke erworben« habe.[255]

Im Januar 1937 informierte der neue Eigentümer auch die Überwachungsstelle, die für die Bewirtschaftung der Branche mit Kautschuk entscheidend war, über den Kauf. Umgehend teilte er der Verwaltungsinstitution mit, daß durch die Übernahme »im Einverständnis mit denjenigen behördlichen Stellen, für welche wir Entwicklungsarbeiten für Gasschutzgeräte machen, die Möglichkeit geschaffen worden (ist), Entwicklungsarbeiten von Gummiteilen für Gasschutzgeräte unter engster Verbindung mit unseren Spezialisten auf dem Gasschutzgebiet durchzuführen.« Gleichzeitig informierte er die Behörde über das geplante »Fabrikationsprogramm der Skara-Gummiwerke« für 1937, das vor allem Vorprodukte für das Drägerwerk aufwies.[256] Die Überwachungsstelle zeigte sich zunächst unbeeindruckt von den Vorstellungen des neuen Eigentümers und konfrontierte Dräger mit der Reduzierung seines Kautschukkontingents auf 60 % – immerhin mehr als man Schwarz für diese Fertigung zugestanden hätte – und verwies für die geplante Produktion der Gasmaskengummikörper auf dafür notwendige Sonderanträge und bestehende Verwaltungsverordnungen und -wege.[257]

Dräger konnte jedoch mit dieser anfänglichen Ablehnung beruhigt umgehen, da er am selben Tage, dem 26. Januar 1937, bei den Verhandlungen über die Fertigung der Volksmaske im Reichsluftfahrtministerium die Zusicherung des zuständigen Regierungsrates Dr. Mielenz erhalten hatte, daß »das Amt für Rohstoffe den Gummifabriken zusätzlich Rohgummi für die V-Masken (gemeint sind die Volksmasken, B.L.) zur Verfügung stellen (wird).«[258] Im übrigen wurde das Unternehmen aufgefordert, mit Auer Lieferbedingungen für die Gummilieferanten auszuhandeln. Für das Drägerwerk sei ein erster Auftrag über 350.000 Volksmasken »einschließlich der Bewilligung der Rohstoffe« vorgesehen. Der hierfür notwendige Kautschukbedarf stellte ein Vielfaches des bisher avisierten Kontingents der Skara dar.[259] Am selben Tag unterrichtete Dräger auch den Be-

254 Vgl. die zahlreichen Fälle von scheiternden Firmen in den Kreditakten der Commerzbank, die diese Prozesse bei ihren Kunden genau beobachtete: Sekretariat der Filialen und Depositenkassen (SDF) HAC und Altbankarchiv der Commerzbank. Aufschlußreich für diese Beobachtungen aller drei Großbanken: Kreditakten unterschiedlicher Filialen, Bestand Altbanken A-4 Hauptstaatsarchiv Dresden.

255 Dieser Obmann in Nürnberg war für die Betreuung der Skara zuständig. Vgl. Dräger an Scheu 21.12.1936, SUD BÄD V 7.3.15h.

256 Dräger an die Überwachungsstelle für Kautschuk und Asbest 22.1.1937, SUD BÄD V 7.3.15h.

257 Überwachungsstelle an Dräger 26.1.1937, ebd.

258 Reisebericht Dräger Besuch bei Herrn Reg.-Baurat Dr. Mielenz 2.1.1937, SUD BS 15/19.

259 Vgl. ebd., S. 1.

arbeiter im Heereswaffenamt, der für die Heeresaufträge zuständig war, von der Skara-Übernahme. Dieser forderte eine größtmögliche Unabhängigkeit des Wandsbeker Betriebes von Lübeck für den Fall eines Ausfalls des Drägerwerks infolge eines Bombenschadens. Dasselbe forderte er für die vom Drägerwerk übernommene Firma Edmund Harms.[260]

Offenbar gelang es dem Lübecker Unternehmen sehr rasch, die Schwierigkeiten zu beseitigen, denn schon im Juni des folgenden Jahres stellte das Reichsluftfahrtministerium fest, daß die Skara-Werke gemeinsam mit einem anderen Unternehmen im Vergleich zu den traditionellen Gummifabrikanten Metzeler und Radium bei der Volksmaskenproduktion, »im Augenblick die leistungsfähigsten Firmen (sind) und in der Lage, die (vom Reichsluftfahrtministerium geforderte, B.L.) Fabrikationssteigerung zum größten Teil zu ermöglichen.« Probleme bei der Rohstoffzuweisung und –bewirtschaftung sah man nicht.[261] An den Verhandlungen Drägers mit der Rüstungsbürokratie und dem Verhalten gegenüber der Konkurrenz wird das Funktionieren der vielschichtig verflochtenen Netzwerkbeziehungen des Unternehmers erkennbar. Diese persönlichen, politischen und geschäftlichen Beziehungen entwickelten sich angesichts des Wachstumsprozesses staatlicher Bürokratien, in den die Wirtschafts- und Verwaltungselite zunehmend maßgeblich eingebunden wurde, zu einem institutionellen Netzwerk und einem bestimmenden Faktor für den zügigen Erfolg Drägers bei der Durchsetzung seiner Unternehmensinteressen.

Gegenüber dem Konkurrenten Auer bedeutete die Skara-Übernahme und damit die neue Konzernstruktur des Drägerwerks eine Stärkung der Wettbewerbsposition. In einem Koordinierungsgespräch der beiden Betriebsführer Dräger und Quasebart mit dem Regierungsrat Mielenz wegen der anlaufenden Volksmasken-Fertigung betonte Dräger, »daß auf besonderen Wunsch von Dr. Mielenz das Drägerwerk gerade (der) Sicherstellung einer hervorragenden Gummiqualität ganz besondere Aufmerksamkeit zugewandt habe.«[262] Im übrigen drang das Reichsluftfahrtministerium darüber hinaus schon 1937 auf den Neubau einer Filterfabrik für die Aktivkohle-Fertigung. Das Drägerwerk bewertete dies wegen der Möglichkeit der Kontrolle größerer eigener Rohstoffkontingente grundsätzlich positiv.

Die Umstände und der Kontext der Übernahme der Skara-Werke durch das Drägerwerk ordnen das Geschäft dem Ausschaltungsprozeß jüdischer Unternehmer im nationalsozialistischen Deutschland zu. Die zahlreichen Faktoren, die von unterschiedlichen Seiten auf den jüdischen Vorbesitzer einwirkten, machen den Kauf zu einer »Arisierung«. Dieser Begriff beinhaltet eine weites Spektrum von Fällen sowie Verhaltensweisen. Er ist aus diesem Grund außer-

260 Bericht über Besuch bei Hauptmann Bode, 7.1.1937, SUD BS 15/19.
261 Niederschrift über eine Verhandlung im Reichsluftfahrtministerium Berlin 4.6.1938, ebd.
262 Bericht betr. Besprechung bei Dr. Mielenz 6.2.1937, SUD BS 15/19.

ordentlich unscharf und nur bedingt für eine Charakterisierung geeignet. Um ihn methodisch nutzbar zu machen, muß er in operable Kriterien umgesetzt werden, um beispielsweise Kaufgeschäfte, bei denen ein Marktwert gezahlt wurde, von Übernahmen unter Anwendung von Nötigung und Gewalt zu unterscheiden. Die Interventionen staatlicher Lenkungsinstitutionen müssen in eine solche Differenzierung integriert werden. Im Fall der Skara war es letztlich dieser schikanöse Druck auf den jüdischen Unternehmer Schwarz, der ihn zum Verkauf zwang.[263] Der ökonomische Gesamtzusammenhang, in dem das Kaufgeschäft ablief, verweist jedoch bei der Einordnung in den Kontext der Verdrängung jüdischer Geschäftsleute auf einige methodische Probleme. So stand ab 1936 der gesamte Teil der Gummibranche, der keine rüstungsrelevanten Güter produzierte, unter dem verstärkten Druck der zunehmenden Rohstoffkontingentierung. Die besseren Produktionsbedingungen, die das Drägerwerk nach der Übernahme gegenüber der Bewirtschaftungsbürokratie durchsetzen konnte, hätte das Unternehmen ohne die Relevanz seiner Produkte für die Aufrüstung nur aufgrund der »Arisierung« des Eigentums nicht erreicht. Der Druck regionaler und kommunaler staatlicher Institutionen wie des Wandsbeker Bürgermeisters, der in mehreren Hinweisen während der Verhandlungen erkennbar ist und eindeutig antisemitisch motiviert war, ordnen das Geschäft dennoch zweifelsfrei dem allgemeinen Verdrängungsprozeß jüdischer Unternehmen zu.

Bei den Verhandlungen mit Schwarz wird deutlich, daß sich Dräger – ganz in der Konsequenz seiner sonstigen Haltung gegenüber der antisemitischen Politik des Regimes – im Vergleich zu anderen Unternehmern zurückhaltend verhielt. In der Weiterbeschäftigung des jüdischen Vorbesitzers ist eine Hilfestellung zu erkennen, die bei den »Arisierungen« nach der Zäsur des Jahres 1937 insgesamt seltener wurde und auch vorher schon von der individuellen Disposition des kaufenden Unternehmers abhing.[264] Auch wenn eine Abschätzung der Kaufpreishöhe grundsätzlich schwierig bleibt und ein zentrales methodisches Problem der Untersuchung von »Arisierungen« darstellt, hatte das Drägerwerk durch die Übernahme im Gesamtzusammenhang der Entwicklung zweifelsfrei große Vorteile.

Zusammenfassend läßt sich konstatieren, daß Drägers Verhalten als »stille Teilhaberschaft« an dem Prozeß der Verdrängung jüdischer Unternehmer verstanden werden kann.[265] Dräger selbst beteiligte sich in keiner Weise an dem Druck auf den jüdischen Vorbesitzer; auch während der Verkaufsverhandlungen

[263] Dieses methodische Problem der Kategorisierung und Differenzierung wird in der umfangreichen Literatur zur »Arisierung« kaum reflektiert. Ansätze bei: Ludwig, Boykott, S. 15ff; sowie jetzt Bajohr, »Arisierung«, S. 59ff.

[264] Hayes, Big Business, S. 267; mit entgegengesetztem Fallbeispiel etwa: Berghoff/Rauh-Kühne, Fritz, S. 119.

[265] Zum Begriff vgl. Barkai, Deutsche Unternehmer, S. 245ff.; Hayes, Big Business, 150ff.

ist keinesfalls ein Forcieren seitens des Lübecker Unternehmers zu erkennen. Der Impuls ging von den unterschiedlichen staatlichen Institutionen aus, die die Skara zum Verkauf zwangen. Hier werden zentrale Zusammenhänge des Prozesses der Verdrängung der Juden aus der Wirtschaft deutlich, der weder ein autonom gesellschaftlicher Selbstlauf noch ein einseitig staatlich induzierter Prozeß war.[266] In Drägers Verhalten und seiner Korrespondenz mit dem später mit seiner Familie in die USA emigrierenden Schwarz wird insgesamt eine Mischung aus Distanz und Ablehnung der antisemitischen Maßnahmen deutlich, die jedoch in einer Zurückhaltung bei der Geschäftschance, die die Skara-Übernahme bot, keinen Niederschlag fand.[267] Bei der Entscheidung, die Möglichkeit zu nutzen, überwog der ökonomische Vorteil der Transaktion. Seinen Schutz bot Dräger in erster Linie jüdischen Geschäftsfreunden, die ihm lange vor der Verfolgung persönlich bekannt waren. Mit seinem geschäftlichen Verhalten bei der Skara Übernahme verstrickte sich Dräger in die nationalsozialistische Politik.

Betrachtet man die »Arisierung« der Skara-Werke und die Umstände dieses Prozesses, wie die bemerkenswerte Geschwindigkeit der Kaufverhandlungen, das kurzfristige und problemlose Umstellen der Produktion auf die Fertigung von Drägerwerk-Vorprodukten sowie insbesondere die unmittelbare Kommunikation und Koordination mit der Rüstungsbürokratie im Zusammenhang, liegt der Schluß nahe, daß zwischen den gesteigerten Rüstungsanforderungen des Regimes an das Unternehmen infolge des Vierjahresplans und der Verdrängung der Juden aus der Wirtschaft ein unmittelbarer Zusammenhang besteht. Dieser Zusammenhang zwischen der Expansion des Unternehmens durch die Firmenübernahmen bzw. Lizenzaufträge und den Anforderungen der forcierten Aufrüstung ist in den zeitgleichen Vorgängen und Abläufen sowie in der Interdependenz der Prozesse unübersehbar. Die forcierte Aufrüstung und die zunehmenden Interventionen infolge des Vierjahresplanes führten zu einer weiteren Veränderung und Verzerrung der ökonomischen Strukturen. Die vertikale Konzernstruktur, die das Drägerwerk infolge der vorgelagerten Integration der Gummiverarbeitung annahm, war ein Ergebnis dieses Prozesses. Diese Gesamtentwicklung – das wird an dem »Arisierungsfall« Skara deutlich – wirkte sich mit einer zunehmend selbständigen Dynamik auf wesentliche Bereiche von Staat, Wirtschaft und Gesellschaft aus.

---

[266] Die Wechselwirkungen dieses dynamischen Prozesses offenbaren, daß der Versuch einer einzigen Perspektive auf die gesellschaftlichen Verhaltensmuster zu analytischer Einseitigkeit führen und darüber hinaus an einem überwiegenden Teil der neueren Forschungsergebnisse vorbeizielen. Vgl. als Beispiel für eine solche interpretatorische Dogmatik und empirische Ignoranz jüngst Daniel Yonah Goldhagen, Hitlers willige Vollstrecker. Ganz gewöhnliche Deutsche und der Holocaust, Berlin 1996, S. 165ff. Vgl. dazu auch: Dieter Pohl, Die Holocaust-Forschung und Goldhagens Thesen, in: VfZ 45 (1997), S. 1-48.

[267] Vgl. der Hinweis auf die Emigration von Julius Schwarz in den Steuerakten der Stadtverwaltung Hamburg: »Blaue« Steuerkartei der Jüdischen Gemeinde, 522-1 Jüdische Gemeinde 992b, Staatsarchiv Hamburg.

Der Zusammenhang zwischen Aufrüstung und »Arisierung« ist in den zentralen politischen Grundsatzentscheidungen des nationalsozialistischen Herrschaftssytems zur Aufrüstung erkennbar. In Hitlers Denkschrift zum Vierjahresplan, die die Voraussetzung und Grundlage der forcierten Aufrüstung bildete, wurden die Juden nur in diesem Kontext ausdrücklich erwähnt.[268] Das Zusammentreffen von forcierter Aufrüstung, der Personalentscheidung für Göring sowie dem Beginn der entscheidenden Phase der »Arisierungen« war sicherlich kein Zufall. Die Verdrängung der Juden aus der Rüstungswirtschaft war für Hitler eine entscheidende Voraussetzung für die industrielle Kriegsvorbereitung Deutschlands.[269]

Die Dynamik der antisemitischen Maßnahmen zur Verdrängung und Vertreibung jüdischer Gewerbetreibender aus dem deutschen Wirtschaftsleben veränderte in den dreißiger Jahren die gesamte Geschäftsumgebung des Drägerwerks. Insgesamt sind drei Fälle erkennbar, in denen jüdische Geschäftsleute – ausschließlich Inhaber wichtiger Vertretungen des Unternehmens – von dem Vertreibungsprozeß betroffen waren. Der wichtigste Fall war die Vertretung des Drägerwerks in Berlin. Die Berliner »Sauerstoff-Centrale« hatte die Gesamtvertretung der medizinischen Geräte des Drägerwerks für Berlin und die osteuropäischen Länder seit 1920 inne. Das mittelständische Handelsunternehmen wurde von der jüdischen Familie Silten, dem Vater Dr. Ernst und dem Sohn Dr. Fritz Silten geführt, die den generationellen Übergang von Bernhard auf Heinrich Dräger miterlebt hatten und den jungen Geschäftsmann von Anfang an unterstützten, was zu einer freundschaftlichen Geschäftsbeziehung der beiden Familien führte. Wie aus der Korrespondenz hervorgeht, war Dräger offensichtlich schockiert, als der Umsatz »wegen der Einstellung bei den Krankenhäusern«, an die Silten vor allem verkaufte, nach der Machtübernahme drastisch zurückging.[270] Schon im Juni 1933 kündigte er aufgrund des dramatischen Rückgangs des Verkaufs infolge des Boykotts der Krankenhäuser gegenüber der jüdischen Vertretung im Einvernehmen mit Silten das Vertretungsverhältnis.

[268] Hitlers Denkschrift zum Vierjahresplan vom August 1936 in: Ursachen und Folgen. Vom deutschen Zusammenbruch 1918 und 1945 bis zur staatlichen Neuordnung Deutschlands in der Gegenwart, Bd. 10, Das Dritte Reich. Die Errichtung des Führerstaates, Berlin ohne Jahr, S. 534-542; zur Entstehung der Denkschrift vgl. Alfred Kube, Pour le Mérite und Hakenkreuz. Hermann Göring im Dritten Reich, München 1986, S. 151ff.; Petzina, Autarkiepolitik, S. 48-53. Vgl. auch die in diesem Zusammenhang erhellenden Verordnungen: Verordnung zur Durchführung des Vierjahresplanes vom 18.10.1936, in: RGBl. I 1936, S. 887.

[269] Vgl. in diesem Sinne Herbst, nationalsozialistisches Deutschland, S. 203; Hayes, Big Business, S. 265f.; Avraham Barkai, »Schicksalsjahr 1938«. Kontinuität und Verschärfung der wirtschaftlichen Ausplünderung der deutschen Juden, in: Walter H. Pehle, (Hg.), Der Judenpogrom 1938. Von der »Reichskristallnacht« zum Völkermord, Frankfurt 1988, S. 94-118 (99); Herbert A. Strauss, The Drive for War and the Pogroms of November 1938: Testing Explanatory Models, in: Leo Baeck Institute Yearbook 35 (1990), S. 267-284.

[270] Dräger an Ernst Silten 9.6.1933, SUD BÄD V.7.3.2.a.

Silten respektierte Drägers Schritt und unterstützte den Aufbau einer neuen werkseigenen Verkaufsorganisation, an der er sich zunächst beteiligte.[271] Die jüdische Familie Silten emigrierte in den dreißiger Jahren nicht, obwohl Dräger ihnen dies offensichtlich riet. Nach Siltens eigener Darstellung, suchte Dräger sie zunächst in Berlin zu schützen und zu unterstützen. Er konnte indes die Deportation nicht verhindern, erreichte jedoch eine Einweisung nach Theresienstadt. Darüber hinaus konnte Dräger Siltens Bericht zufolge bis zur Befreiung des Lagers erfolgreich eine Deportation der Familie in die Vernichtungslager verhindern.[272] Mit der Unterstützung des Medizinprofessors Roth aus Lübeck gelang es dem Unternehmer, gegenüber der SS vorzutäuschen, daß Silten in Theresienstadt entscheidende Forschungsarbeiten für das Drägerwerk erledigen müsse. Zu diesem Zweck korrespondierte er mit der Lagerverwaltung und baute ein Laboratorium in dem Konzentrationslager auf.[273] Im übrigen hielt Dräger mit Silten und einigen anderen jüdischen Häftlingen, die er dadurch zu unterstützen versuchte, über den Berliner Anwalt Dr. Helmut Pfeiffer Kontakt.[274] Nach seiner eigenen Darstellung, überlebte Fritz Silten dank dieser Hilfe mit seiner Familie in Theresienstadt, während es anderen jüdischen Häftlingen, die Dräger neben Silten dort zu schützen versuchte, nicht gelang, der Ermordung zu entkommen.[275]

Auch von dem jüdischen Inhaber der Vertretung für das Drägerwerk für Österreich und Südosteuropa, der Firma Richard Jacobson in Wien, löste sich das Lübecker Unternehmen schon bald nach der Machtergreifung. Mit Jacobsen hatte das Lübecker Unternehmen schon mehrfach seit der Übernahme der Geschäftsleitung durch Heinrich Dräger Probleme gehabt, die zu schwerwiegenden Auseinandersetzungen geführt hatten. Dräger war dennoch mit der langjährigen Vertretung im großen und ganzen zufrieden und hätte ohne eine staatliche Intervention sicherlich die Stellung und Organisation seines Unternehmens in Österreich keineswegs verändert.[276] Im August 1933 schrieb die NSDAP-Landesleitung-Österreich aus dem Münchner Exil unter Hinweis auf die jüdische Vertretung des Unternehmens in Österreich an Dräger: »Wie Ihnen bekannt ist, führt die gesamte internationale Judenschaft derzeit einen Boykottkrieg gegen deutsche Unternehmen. Es ist auf der Hand liegend (...), dass reichsdeutsche Unternehmen mit Filialbetrieben in Österreich von ihren dortigen, meist jüdischen Vertretern sabotiert werden. Wir machen Sie auf diesen Umstand aufmerksam und ersuchen Sie, (...) aus Gründen der Arisierung der deutschen Wirtschaft

271 Ernst Silten an Dräger 20.6.1933, ebd.

272 Fritz Silten, Eidesstattliche Versicherung 6.3.1948 mit Anlagen, SUD BS 6/12; zu Theresienstadt, vgl. Hans-Günther Adler, Theresienstadt 1941-1945. Das Antlitz einer Zwangsgemeinschaft, Tübingen 1955.

273 Dräger an Prof. Roth 28.9.1944, SUD BS 15/3.

274 Dräger an Pfeiffer, 19.9.1944, SUD BS 15/4.

275 Fritz Silten, Eidesstattliche Versicherung 6.3.1948 mit Anlagen, SUD BS 6/12.

276 Vgl. verschiedene Korrespondenzen und Aktennotizen, SUD BS 3.

ihren Wiener Vertreter zu entlassen.«[277] Die NSDAP fragte in dieser Angelegenheit mehrfach drohend nach. Das Engagement der Partei fiel mit dem Interesse Bernhard Drägers – dem Bruder des Unternehmensbesitzers – zusammen, sich mit einer eigenen Drägerwerksniederlassung in Wien zu positionieren und den gesamten südosteuropäischen Markt, auf dem er bereits mehrfach seit 1929 für das Unternehmen tätig gewesen war, zu übernehmen und auszubauen. Heinrich Dräger mag ein gewisser Abstand zu seinem Bruder nicht unwillkommen gewesen sein. Als Gründe allein hätten diese Motive indessen nicht ausgereicht. Erst nach den wiederholten Aufforderungen der NSDAP kündigte Dräger Jacobson schließlich im Juli 1934.[278] Entscheidend für diese Lösung war neben den geschilderten Faktoren sicherlich das Bewußtsein der Abhängigkeit seines Unternehmens von weiteren öffentlichen Aufträgen der nationalsozialistischen Regierung. Mehrfach hatte die Parteileitung einen unmittelbaren Zusammenhang zwischen weiteren Rüstungsaufträgen an das Unternehmen und dem Verhalten des Unternehmens in der Frage der Vertretungen angedeutet.[279]

Die langjährige jüdische Vertretung des Drägerwerks in Ungarn ließ Dräger dagegen auch weiterhin mit Hilfe der Gründung einer Scheinfirma für das Unternehmen arbeiten. Erst 1940 wechselte er die Vertretung vollständig, und der jüdische Unternehmer wurde abgefunden. Nach Kriegsende nahm der jüdische Geschäftsmann, der die Verfolgung überlebt hatte, umgehend die Arbeit für das Unternehmen wieder auf.[280] Bei diesem Fall spielte die größere Entfernung zum Altreich eine entscheidende Rolle.

Zusammenfassend betrachtet wird am Verhalten Drägers der interdependente Charakter des Verdrängungsprozesses jüdischer Geschäftsleute deutlich: Um die ökonomischen Möglichkeiten, die der Vertreibungsprozeß den Unternehmern bot, nutzen zu können, war Antisemitismus nicht notwendig. Das wird an der Behandlung der jüdischen Geschäftspartner durch Dräger erkennbar. Dabei ist der staatliche Impuls nicht zu übersehen, der der Industrieelite die Geschäftschance ermöglichte. Dräger folgte diesem Impuls und paßte sich den Anforderungen des Regimes an, ohne selbst die Entwicklung zu forcieren. Obgleich das Engagement für Silten eine Ausnahme innerhalb der deutschen Unternehmerschaft – soweit diese bisher untersucht ist – darstellt, entspricht der Anpassungsprozeß grundsätzlich der Gesamtentwicklung und dem Trend im Verhalten der deutschen industriellen Elite: Auch Dräger orientierte sich bei seinen strategischen Entscheidungen an den ökonomischen Interessen seines Unternehmens. Er nutzte den vorhandenen Spielraum zur Unterstützung und Verteidigung von bedrohten Freunden und Geschäftspartnern aus, und er tätigte gleichzeitig Geschäfte, die erst durch die Verdrängung jüdischer Unternehmer möglich wurden.

[277] NSDAP/Landesleitung Österreich an Drägerwerk 14.8.1933, SUD BS X/3.
[278] Dräger an Richard Jacobson 14.7.1934, SUD BS X/3.
[279] NSDAP/Landesleitung Österreich an Drägerwerk 14.8.1933, SUD BS X/3.
[280] Eidesstattliche Versicherung von Vilmos Biró und Ehefrau, 4.12.1947, SUD BS 10/1, Akte 1.

10. Konzentration oder Diversifikation: Das Unternehmen am Vorabend des Krieges

Angesichts der sich beschleunigt wandelnden politischen und wirtschaftlichen Rahmenbedingungen im Zeitraum zwischen 1933 und 1939 war das Unternehmen mit einem dynamischen Veränderungsprozeß seiner Umwelt konfrontiert, der einen hohen Anpassungsdruck ausübte. Dabei suchte die Unternehmensleitung, den Veränderungen entgegenzusteuern, wenn sie mit den eigenen strategischen Interessen unvereinbar waren und wehrte sich gegen die zunehmenden Eingriffe in ihre originären Zuständigkeitsbereiche. Die beeindruckendste Folge der dauernd steigenden Binnennachfrage infolge der Aufrüstung war eine massive Expansion aller Unternehmensbereiche.

Gegen die veränderten Rahmenbedingungen infolge der staatlichen Eingriffe durch die Errichtung der Bewirtschaftungsbürokratie wehrte sich das Unternehmen. Dabei konnte die Unternehmensleitung nicht verhindern, daß der auf staatlicher Seite beobachtete und kritisierte Bürokratisierungsprozeß in die Verwaltung des Betriebs hineinwirkte und Prozesse auslöste, die denen im öffentlichen Bereich vergleichbar waren.[281] Die administrativen Abteilungen wuchsen unverhältnismäßig. Bei diesem Bürokratisierungsprozeß bedeuteten die verstärkten Interventionen in der Folge des zweiten Vierjahresplans eine entscheidende Zäsur.

Insgesamt war Dräger, angesichts der staatlichen Anstrengungen, das Investitionsverhalten zu steuern, bemüht, eine einseitige Konzentration auf den Binnenmarkt und insbesondere den Gasschutzrüstungsbereich zu verhindern. Im Gegensatz zum Verhalten der größeren Berliner Auergesellschaft suchte Dräger die Risiken einer solchen Konzentration zu begrenzen. Er blieb gegenüber der Frage, wie lange die Rüstungsnachfrage anhalten werde, skeptisch und bemühte sich um eine Gegensteuerung, um die strukturellen Auswirkungen der verzerrten Nachfragestruktur auf sein Unternehmen zu begrenzen. Dabei waren die Entscheidungen des jungen Unternehmers offensichtlich in erster Linie an Erfahrungen des Ersten Weltkrieges und der anschließenden Demobilmachung orientiert, die im Drägerwerk – ebenso wie bei Auer – aufgrund der Rüstungskonzentration 1918/19 fast zum Konkurs geführt hatte. Diese Erfahrung, die in vielen Rüstungsgüter produzierenden Industrieunternehmen gemacht worden war, war in dem Lübecker Familienbetrieb offensichtlich besser weitergegeben worden und als Entscheidungsbegründung in der Unternehmensleitung leichter vermittelbar als in dem Berliner Auer-Konzern. In der Berliner Aktiengesellschaft führte das Wechseln des Vorstandes und des Aufsichtsrates infolge der

[281] Ähnliche Entwicklungen konstatiert Bräutigam, Unternehmer, S. 390 für mittelständische Unternehmen und Berghoff, Kleinstadt, 408ff. für Hohner. Beide beachten indes den Bürokratisierungsprozeß innerhalb des Unternehmens kaum.

Übernahme durch die Degussa AG 1933 offensichtlich auch zu einem Verlust dieser Erfahrungen, insbesondere, da im Vorstand keine persönliche Kontinuität mehr aus der Zeit vor 1919 bestand.[282]

Angesichts des Generationenwechsels in der Unternehmensleitung des Drägerwerks, der in der Zwischenkriegszeit bis in die zweite Reihe des Managements stattgefunden hatte, können die Gründe für das vorsichtigere Verhalten der Lübecker nur in Erfahrungen mit der Unternehmensgeschichte, die für den jungen Unternehmer selbst prägend gewesen waren, liegen. Bei den wenigen leitenden Oberingenieuren, dem Direktor Haase-Lampe und einigen Werkstattleitern sowie Drägers Mutter, die noch – neben Heinrich Dräger selbst – von den Eindrücken der Demobilmachung geprägt waren, war diese Erfahrung ebenfalls erkennbar.[283] Familienunternehmen wie das Drägerwerk, die über mehrere Generationen hinweg existieren und von einer Familie geleitet werden, besitzen offenbar ein kollektives Gedächtnis. Ihre Entwicklungsgeschichte wird in traditionellen Verhaltensmustern weitergegeben, die entscheidenden Einfluß auf Wahrnehmungsmuster und Strategien haben. Ähnliche Zusammenhänge deuten sich auch in der Entwicklung anderer Familienunternehmen an.[284]

Bei Dräger selbst war die generelle Erfahrung von Kriegsende und Demobilmachung ohnehin eine der prägendsten, und die tiefgreifenden Veränderungen in der unmittelbaren Nachkriegsentwicklung im väterlichen Unternehmen waren ihm zweifelsfrei immer vor Augen. Aufgrund der wirtschaftspolitischen Auseinandersetzungen in der Weltwirtschaftskrise besaß der junge Unternehmer zudem eine ökonomische Kompetenz, die zu einer realistischen Einschätzung gesamtwirtschaftlicher Prozesse führte. Darüber hinaus bildeten die Netzwerkbeziehungen, über die Dräger seit der Arbeit in der Studiengesellschaft verfügte, einen zentralen Faktor seiner Durchsetzungsfähigcit. Mit dieser durch spezifische Erfahrungen erweiterten Perspektive ist Dräger vielen seiner Kollegen in den Vorständen sowie mittelständischen Eigentümerunternehmen überlegen gewesen. Dies gilt um so mehr, als die ökonomische Erfahrung der am Rüstungsboom im Ersten Weltkrieg teilnehmenden Unternehmensleitungen eher durch die dadurch erreichten Gewinnmöglichkeiten dominiert war.[285] Einmal mehr erwiesen sich das politische Interesse und das Engagement Drägers als nützlich.

Der dynamische Wandlungsprozeß der Nachfragesituation bedeutete eine drastische Veränderung der wirtschaftlichen Rahmenbedingung und damit eine

---

282 Quasebart war 1922 in das Unternehmen und den Vorstand berufen worden. Handbuch der deutschen Gesellschaft Bd. II, S. 1458f.

283 Diese Zusammenhänge deuten grundsätzlich auch auf eine notwendige methodische Differenzierung von Managerunternehmern und Eigentümerunternehmern hin. Insgesamt waren die Managerunternehmer in der Aktiengesellschaft wohl weniger verantwortungsbewußt, vorsichtiger und zurückhaltender im Umgang mit dem Kapital des Unternehmens als Eigentümerunternehmer. Vgl. dazu auch die Bemerkungen und Diksussionen bei Brown/Rose, Entrepreneurship.

284 Vgl. für Hohner, Berghoff, Kleinstadt, S. 615ff.

285 Vgl. grundsätzlich dazu Herbst, Unternehmensstrategie, S. 79ff.

immense Herausforderung für das Unternehmen. An ihr kam die Unternehmenspolitik in der Folge nicht vorbei und dies führte – mit der zunehmenden Forcierung der Aufrüstung nach der Wende 1936/37 – zur Notwendigkeit grundsätzlicher strategischer Entscheidungen. Wie sollte sich das Unternehmen angesichts umwälzender Veränderungen der Märkte infolge staatlicher Eingriffe zur Möglichkeit einer weiteren Expansion im Bereich der Rüstungsproduktion verhalten? Dabei wurde in den andauernden Auseinandersetzungen mit der Rüstungs- und Bewirtschaftungsbürokratie 1938/39 zunehmend offenkundig, daß nur eine erneute Expansion der Fertigungskapazitäten, die vom Staat gefordert wurde, dem Unternehmen die Möglichkeit bot, seine eigenen strategischen Zielsetzungen weiterhin zu verfolgen. Der Unternehmensleitung wurde klar, daß dies die einzige Möglichkeit darstellte, konkurrenzfähig zu bleiben und einen Teil der Produktions- und Entwicklungskapazitäten für den Privatmarkt zu erhalten. Letzteres bot zugleich die Chance, die *kurzfristigen* Anforderungen der veränderten Rahmenbedingungen mit der *langfristigen* Perspektive auf die Marktsituation nach dem Rüstungsboom zu verbinden. Gerade zu diesem Zeitpunkt, nach der Zäsur des zweiten Vierjahresplans, zeichnete sich gleichzeitig neben der größeren Bedeutung der Rüstungsaufträge mit der Zunahme der Interventionen der Rüstungsbürokratie auch ab, daß der Staat langfristige ordnungspolitische Ziele – wie die staatliche Lenkung oder die Institutionalisierung großer Staatsunternehmen – hatte, die den Interessen der Unternehmer diametral entgegenstanden. Zunehmend bestimmte die Auseinandersetzung mit diesen neuen Herausforderungen die unternehmerische Strategie. Darüber hinaus verschärfte die unmittelbare Konkurrenzsituation zur weiterhin expandierenden Auergesellschaft diesen Konflikt zusätzlich.

Die Wettbewerbssituation bestimmte auch in anderen Branchen weiterhin die Strategien der Konzerne.[286] Das unternehmerische Konkurrenzverhalten im nationalsozialistischen Staat wurde zunehmend von einem geregelten Wettbewerb dominiert, der ungeachtet aller Veränderungsprozesse infolge staatlicher Interventionen weiterhin bestand und eine beachtliche Kontinuität zur Zeit vor 1933 aufweist. Insgesamt, so läßt sich zusammenfassend konstatieren, konnte das Drägerwerk sich dem Anpassungsdruck, den die Systemtransformation mit ihren Auswirkungen bedeutete, nicht entziehen. Auch wenn es Heinrich Dräger gelang, mit Hilfe einer pragmatischen und gleichzeitig situationsbedingt flexiblen Strategie einzelne autonome Handlungsfelder innerhalb seines Unternehmens zu bewahren und eigene Interessen durchzusetzen: Mit dem Kriegsausbruch radikalisierte sich der Anpassungsdruck in einem vorher unabsehbaren Ausmaß.

[286] Gregor, Stern, S. 27; Berghoff, Kleinstadt, S. 18ff.; Gehrig, Rüstungspolitik, S. 324ff.; Erker, Wachsen, S. 44; vgl. die grundsätzlichen Überlegungen von Johann Sebastian Geer, Der Markt der geschlossenen Nachfrage. Eine morphologische Studie über die Eisenkontingentierung in Deutschland 1937-1945, Berlin 1961.

Abb. 1: Heinrich Dräger (1917) als Kadett mit seinem Großvater, dem Unternehmensgründer Johann Heinrich, und seinem Vater Bernhard Dräger.

Abb. 2: Bernhard und Elfriede Dräger (Photo undatiert).

Abb. 3: Stadtvilla der Familie Dräger, erbaut 1914 von Professor Mühlenpfordt.

Abb. 4: Rittergut Nütschau bei Bad Oldesloe, erbaut 1576, erworben 1918.

Abb. 5: Heinrich Dräger (erster von links) als Soldat in Lothringen (1918).

Abb. 6: Heinrich Dräger 1926.

Reducier-Ventil „Lubeca“

für flüssige Kohlensäure.

Patent 52238.

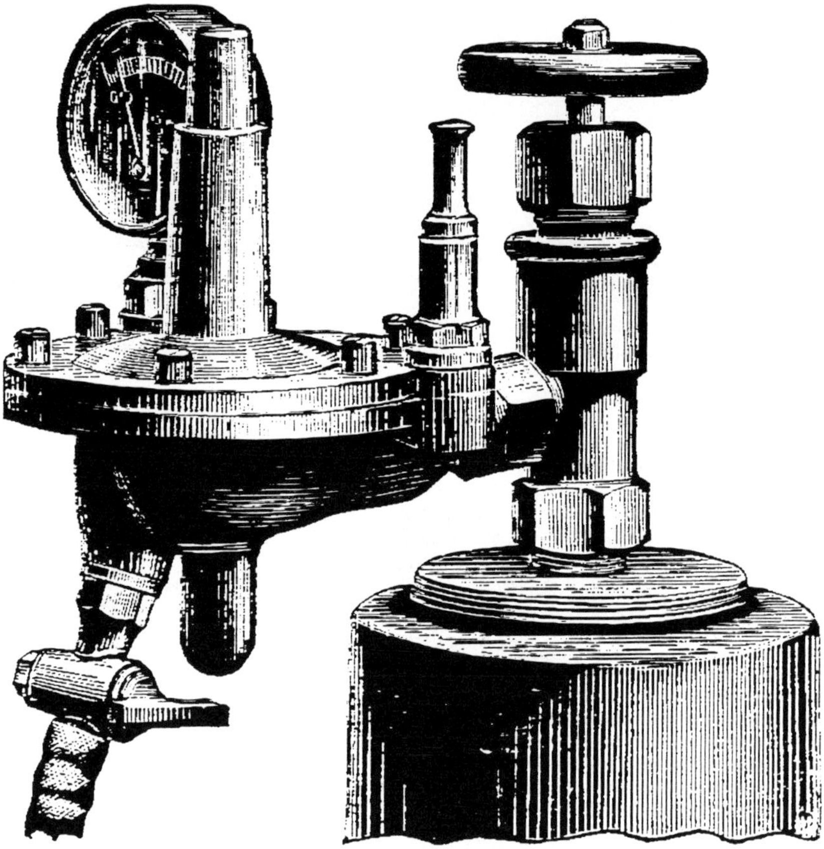

Abb. 1

Das erste Dräger-Druckreduzierventil „Lubeca“, 1889

Abb. 7: Das Dräger Druckreduzierventil »Lubeca«, Patent von 1889.

Abb. 8: Streik im Drägerwerk (1921).

Abb. 9: Heinrich Dräger mit seinem Bruder Bernhard (1933).

Abb. 10: Maskenfertigung im Stammwerk (1930).

Abb. 11: Stanzerei im Stammwerk (1930).

Abb. 12: Manometerwerkstatt im Stammwerk (1930).

Abb. 13: Weihung der NSBO-Fahne im Drägerwerk (1933).

Abb. 14: Robert Ley mit Heinrich Dräger im Drägerwerk (1935).

Abb. 15: Das Hauptgebäude der Drägergesellschaft Wien (1939).

Abb. 16: Mitarbeiter der Skara-Gummiwerke (1938).

Abb. 17: Die Berliner „Sauerstoff-Centrale« von Dr. Ernst Silten (1926).

Abb. 18: Modell der Lübecker Fabrik »Lachswehr«, erbaut 1939-1941.

Abb. 19: Gebäude der Lübecker Fabrik »Lachswehr«.

Abb. 20: Die Fabrik in Wolbrom, Generalgouvernement (1943).

Abb. 21-24: Titelbilder der „Draeger-Hefte" (1938-1943).

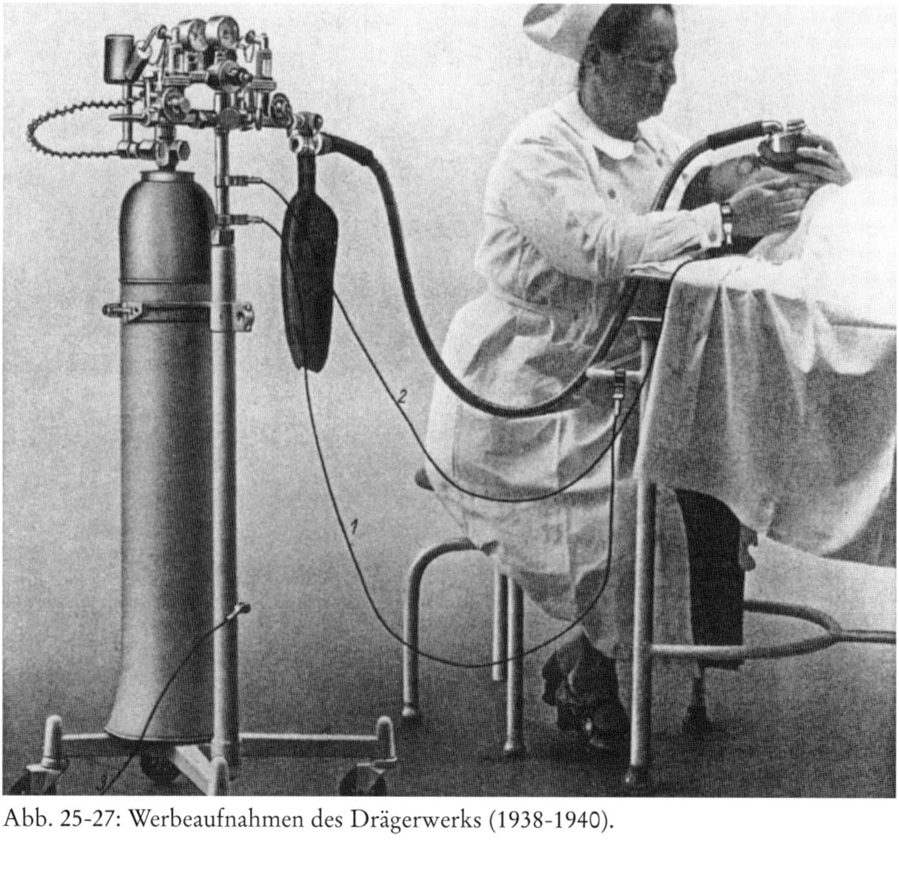

Abb. 25-27: Werbeaufnahmen des Drägerwerks (1938-1940).

Abb. 28: Werbeaufnahme des Drägerwerks (1938).

Abb. 29: Zwangsarbeiterinnen in den Skara-Gummiwerken (Photo undatiert).

Abb. 30: Heinrich Dräger mit Ludwig Erhard (1957).

Abb. 31: Heinrich Dräger (Photo undatiert, 60er Jahre).

Abb. 32: Mit Helmut Schmidt (1978).

III. Zwischen langfristigem und kurzfristigem Interesse: Drägers »strategische Nutzung« des europäischen Wirtschaftsraums

Die Organisation der deutschen Kriegswirtschaft im Zweiten Weltkrieg gehört nach wie vor zu den umstrittensten Themenfeldern in der Historiographie des Dritten Reiches. Alan Milward ist in den sechziger Jahren in Abgrenzung zu älteren Interpretationen, die eine Ineffizienz des NS-Regimes in der rüstungspolitischen Frage konstatierten, von einer spezifischen wirtschaftspolitischen Strategie, die am Blitzkrieg orientiert war, ausgegangen. Diese Strategie habe den geringen Mobilisierungsgrad der deutschen Wirtschaft bis 1941 begründet.[1] Milward argumentierte, daß diese Form der Mobilisierung neben vielen anderen Vorteilen auch »der Ad-hoc Politik des nationalsozialistischen Verwaltungsapparates« entgegen gekommen sei. Der spezifische Mobilisierungstyp, dessen Schwerpunkte und Entscheidungen einem andauernden Wechsel unterlagen, sei demnach durch die umfangreichen Wirtschaftsbürokratien in entscheidendem Maße unterstützt worden.[2]

In der historischen Forschung griff in den darauffolgenden Debatten die Erkenntnis Raum, daß die Blitzkriegswirtschaft keineswegs Ergebnis einer bewußten und Vorteile nutzenden Strategie, sondern im Gegenteil improvisierter Ausweg aus einem massiven Steuerungs- und Mobilisierungsproblem war.[3] Tatsächlich wurde schon früh in der Diskussion der Thesen Milwards formuliert, daß die nationalsozialistische Führung stets eine langfristige Kriegsvorbereitung für einen totalen Krieg vor Augen hatte und mit dieser selbst definierten Aufgabenstellung in der ersten Kriegshälfte weitestgehend gescheitert sei. Diese Auffassung hat sich in der Forschung mehrheitlich durchgesetzt.[4]

Die Frage nach dem Grad der *Effizienz* der deutschen Kriegswirtschaft gerade vor dem Vergleichshintergrund der westlichen Demokratien ist dabei nach

---

[1] Alan S. Milward, Die Deutsche Kriegswirtschaft 1939-1945, Stuttgart 1966, S. 7; ders., Der Einfluß ökonomischer und nicht-ökonomischer Faktoren auf die Strategie des Blitzkrieges, in: Forstmeier/Volkmann, Wirtschaft, S. 189-201 (200f.). Für die ältere Forschung vgl. Hans-Erich Volkmann, Wirtschaft im Dritten Reich. Eine Bibliographie, Bd. 2: 1939-1945, Koblenz 1984, S. 6ff.

[2] Milward, Kriegswirtschaft, S. 8.

[3] Mason, Sozialpolitik, S. 295ff.; Müller, Mobilisierung, S. 356.

[4] Ludolf Herbst, Die Mobilmachung der Wirtschaft 1938/39 als Problem des nationalsozialistischen Herrschaftssystems, in: Wolfgang Benz und Hermann Graml (Hgg.), Sommer 1939. Die Großmächte und der europäische Krieg, S. 62-106; ders., totale Krieg, S. 98f.; Richard Overy, Hitler's war and the German Economy. A Reinterpretation, in: The Economic History Review 35 (1982), S. 272-313. Overy geht davon aus, daß der Mobilisierungsgrad der deutschen Wirtschaft keineswegs gering gewesen ist. Eine systematische Gesamtdarstellung der Wirtschaftsgeschichte des Dritten Reiches ist ein oft geäußertes Desiderat. In diesem Sinne jüngst wieder Müller, Mobilisierung, S. 350.

wie vor die Schlüsselfrage jeder Forschung zu diesem Thema.[5] Diese Effizienz wird jedoch anhand der Statistiken der Rüstungsgüterproduktion der deutschen Industrie nur zum Teil analytisch greifbar.[6] Den Zusammenhang, den die historische Forschung gemeinhin zwischen den politischen Maßnahmen und den Veränderungen der Produktionsindizes annimmt, erfaßt zudem nur einen kleinen Teil des komplexen auf Wechselwirkung beruhenden Verhältnisses von staatlichen Maßnahmen, Interventionen und industrieller Produktion. Für die Beantwortung der Frage nach der Effizienz der wirtschaftlichen Mobilisierung ist daher die Erweiterung dieser Makroperspektive um die Untersuchung der vielschichtigen Veränderungsprozesse, die in dem interdependenten Verhältnis von Wirtschaftspolitik und Unternehmensentwicklung signifikant werden, eine entscheidende Voraussetzung. Erst bei einer solchen Untersuchung können Potentiale und Kapazitäten aufgedeckt werden und kausale Zusammenhänge zwischen staatlicher Intervention und Fertigungsziffern nachgewiesen werden. Dabei geht es in erster Linie um die Wechselwirkung zwischen makro- und mikroökonomischen Prozessen; das Unternehmen muß daher in den Zusammenhang der gesamtwirtschaftlichen Rahmenbedingungen analytisch eingebunden werden.

Bei der Erweiterung der makroökonomischen Perspektive um die betriebswirtschaftlich-mikroökonomische gewinnt die Frage zentrale Bedeutung, ob das oft konstatierte Defizit in der Rüstungsproduktion bis 1942 primär auf den in der Forschung immer wieder angeführten unkoordinierten polykratischen Zuständen in der Rüstungsbürokratie beruhte oder ob darüber hinaus bestimmende Faktoren existierten, die innerhalb der Industrie zu suchen sind und entscheidende Gründe für die *gebremste* Mobilisierung darstellen.

Effizienz gilt in der Forschung als zentrales Paradigma, da das nationalsozialistische Regime selbst den Anspruch hatte, mit der »Wehrhaftmachung« des »Volkes« den westlichen demokratischen Ordnungen überlegen zu sein. Dabei ist die Erfahrung des Ersten Weltkrieges in seiner Bedeutung für das Regime kaum zu überschätzen.[7] Aber auch in den Unternehmensleitungen griff man schon in der Aufrüstungsphase der dreißiger Jahre auf diese zentrale Er-

[5] Dabei hat Charles Maier darauf hingewiesen, daß der Berriff »inefficiency« keineswegs eine adäquate Analysekategorie darstellt. Charles S. Maier, The Economics of Facism and Nazism, in: ders., In Search of Stability, New York 1987, S. 111-123. Für die wichtige Vergleichsperspektive: Alan S. Milward, Arbeitspolitik und Produktivität in der deutschen Kriegswirtschaft unter vergleichendem Aspekt, in: Friedrich Forstmeier/Hans-Erich Volkmann (Hgg.), Kriegswirtschaft und Rüstung 1939-1945, Düsseldorf 1977; Mark Harrison (Hg.), The economics of World War II. Six great powers in international comparison, Camebridge 1998. Grundsätzlich hat diesen Aspekt jüngst wieder Budraß, Flugzeugindustrie, S. 4 betont.

[6] So besteht beispielsweise das eminente empirische Problem, daß das Statistische Reichsamt wichtige ökonomische Kennziffern wie etwa die Investitionstätigkeit nach 1935 nicht mehr veröffentlichte.

[7] Darauf weist dezidiert schon Herbst, totale Krieg, S. 42ff. hin, sowie Mason, Sozialpolitik, S. 1ff. Dazu auch Müller, Mobilisierung, S. 351ff.

fahrung zurück, wenngleich sie freilich hier zu vollkommen anderen strategischen Schlüssen führte. Die Vorstellung, daß Lenkung und Steuerung der industriellen Produktion entscheidend für die »Wehrhaftmachung« seien, war in der nationalsozialistischen Elite weit verbreitet. Dieser Ordnungsgedanke wurde jedoch in dem Maße unrealistisch, in dem es nicht gelang, die notwendigen organisatorischen Voraussetzungen für die angestrebte Mobilisierung zu schaffen. Dabei war das tatsächliche Ausmaß der wirtschaftlichen Mobilisierung und der Umstellung auf eine »Kriegswirtschaft« 1939/40 keineswegs geringfügig.[8] Im Vergleich zu den westlichen Demokratien erschien das zu diesem Zeitpunkt erreichte Ausmaß an Organisation den Verantwortlichen sogar als außerordentlich hoch, und wenn man von der Größe der bürokratischen Institutionen ausgeht, war es dies sicherlich auch. Dennoch erkannte man auch in den Machtzentren des nationalsozialistischen Herrschaftssystems bei Kriegsausbruch einen Steuerungsbedarf aufgrund der stagnierenden Mobilisierung und der bürokratischen Immobilität der zahlreichen Institutionen.[9]

Gleichzeitig veränderten sich seit Kriegsausbruch die ökonomischen Rahmenbedingungen mit zunehmender Dynamik. In den Mittelpunkt der wirtschaftspolitischen Steuerungsversuche rückte mit der zunehmenden Vergrößerung des deutschen Besatzungs- und Einflußgebietes für das Regime auch die Frage nach einem »Einbau der in das Reich eingegliederten und der besetzten Gebiete in die großdeutsche Wirtschaft«, wie der Leiter der Vierjahresplanbehörde es formulierte.[10] Ziel der deutschen Wirtschaftspolitik, wie man in der Reichskanzlei in Abstimmung mit der Vierjahresplanbehörde feststellte, war es von nun an, »die Grundlagen für eine wirtschaftliche Neuordnung unter deutscher Führung« auszunutzen und einen großen von Deutschland beherrschten Wirtschaftsraum zu schaffen.[11] Die beeindruckenden Möglichkeiten, die sich der deutschen Wirtschaftspolitik in der ersten Kriegsphase infolge der Besetzungen boten, konfrontierte die Rüstungsbürokratie, die schon mit der Aufgabe einer ökonomischen Organisation des Reiches in den Grenzen von 1939 überfordert war, jedoch auch mit immensen neuen und äußerst komplexen Steuerungsproblemen.

Mit der Ausbreitung des deutschen Machtbereiches setzte in der Staatsbürokratie und in der Industrie zunächst eine allgemeine Hochstimmung angesichts der ökonomischen Potentiale ein. Die Erkenntnis über diese Möglichkeiten führte sogleich zu umfangreichen und sehr unterschiedlichen Nachkriegs- bzw.

[8] Wesentlich weiter geht Overy in seiner zentralen These über den Mobilisierungsgrad: Richard Overy, Mobilisation for Total War in Germany 1939-1941, in: English Historical Review 103 (1988), S. 613-639 (625).

[9] Müller, Mobilisierung, S. 359.

[10] Erlaß Görings an Reichswirtschaftsminister Funk, zit. nach Herbst, totale Krieg, S. 127.

[11] Vgl. ebd.

Friedensplänen, die nur einen gemeinsamen Grundtenor aufwiesen: die Vorstellung von der Notwendigkeit einer Ordnung des Wirtschaftsraumes.[12] Die konkreten ordnungspolitischen Vorstellungen von dem zukünftigen Verhältnis zwischen Wirtschaft und Staat in dem zu organisierenden europäischen Großraum lagen indes zwischen Industrieelite und den führenden Repräsentanten des Regimes weit auseinander.[13] Dennoch bildeten sie den Ausgangspunkt für die strategischen Prioritäten der einzelnen Entscheidungsträger.

Tatsächlich hatten die Steuerungsprobleme und Konkurrenzen innerhalb der Rüstungsbürokratie bei Kriegsausbruch einen Höhepunkt erreicht.[14] Gerade in der konzentrierten und entscheidenden Zeit 1939/40 wurde in verschiedenen Machtzentren des nationalsozialistischen Regimes über mögliche Alternativen zu dem kumulativen Prozeß des Anwachsens staatlicher Interventionen nachgedacht, den man selbst in der militärischen Verwaltung inzwischen als ineffizient und langfristig unhaltbar erkannt hatte.[15] Zunehmend begriff man die Schwierigkeit, die Komplexität einer modernen Industriegesellschaft und -wirtschaft mit plan- und zwangswirtschaftlichen Organisationssystemen längerfristig effektiv und rational zu steuern. Konsequente Liberalisierungvorschläge scheiterten dennoch entweder an dem nahezu unüberwindlichen bürokratischen Widerstand oder an dem Unwillen und der Unfähigkeit einer inkompetenten Führung. Die schließlich eingeleitete gebremste Umsteuerung und Dezentralisierung der industriellen Fertigungskapazitäten führte aufgrund der vehementen Entscheidungsschwäche des nationalsozialistischen Lenkungssystems zu einer weiteren Zunahme des Polyzentrismus in der Kriegswirtschaft im Jahre 1940.[16]

An diesen grundsätzlichen Mängeln konnten auch die kurzfristigen Erfolge des von Hitler am 17. März 1940 zum Reichsminister für Bewaffnung und Munition ernannten Fritz Todt nichts ändern.[17] Die neue Behörde vermochte sich aufgrund der unmittelbaren Kompetenzzuteilung durch Hitler zunächst äußerst effektiv gleichsam »immediat« an den bestehenden Rüstungs- und Wirtschaftsbürokratien vorbei durchzusetzen. Aufgrund der Interventionen, die sie selbst einleitete, mußte sie jedoch ebenso wie andere Sonderbevollmächtigte schließlich an den komplexen Folgewirkungen ihrer eigenen Interventionen scheitern. Dabei konnten auch diese Institutionen sich den systemimmanenten Tendenzen zur Bürokratisierung nicht entziehen und bekämpften diese Prozesse nicht nur

[12] Umbreit, Weg, S. 211ff.; für die Industrie: Herbst, Unternehmensstrategie, S. 133f.
[13] Herbst, totale Krieg, S. 128f., 147ff.
[14] Vgl. Müller, Mobilisierung, S. 369, 492f.; Herbst, totale Krieg, S. 130ff.; Ludolf Herbst, Die Krise des nationalsozialistischen Herrschaftssystems am Vorabend des Zweiten Weltkrieges und die forcierte Aufrüstung, in: VfZ 26 (1978), S. 347-392; Thomas, Wehrwirtschaft S. 151f., 157, 168.
[15] Müller, Mobilisierung, S. 373ff., 494ff.; Herbst, totale Krieg, S. 127ff.
[16] Müller, Mobilisierung, S. 375ff; Herbst, totale Krieg, S. 111ff.
[17] Müller, Mobilisierung, S. 406ff.

in der Umwelt, sondern nach einiger Zeit auch innerhalb der eigenen Systemgrenzen.[18]

Die Erklärung, die der Chef des Wehrwirtschafts- und Rüstungsamts 1945 Georg Thomas rückblickend für diesen Zustand abgab, als er von einem »unsagbare(n) Durch- und Nebeneinanderarbeiten« sprach, entspricht prinzipiell den grundsätzlichen Ergebnissen der Forschung.[19] Auch andere zeitgenössische Wirtschaftspolitiker bestätigten rückblickend diese Zustände, die auch von auswärtigen Beobachtern wahrgenommen wurden.[20] Als analytisches Konzept hat die Historiographie für das gesamte nationalsozialistische Herrschaftssystem den Begriff der Polykratie entwickelt.[21] Dieses gleichwohl nicht unumstrittene Modell wird empirisch zumeist mit den Ergebnissen der Analyse außerökonomischer Politikfelder begründet.[22] Es ist ein in der Auseinandersetzung um das Modell häufig vernachlässigter Aspekt, daß einer der entscheidenden Ausgangspunkte für die Entwicklung des Begriffs jedoch gerade aus der Untersuchung der nationalsozialistischen Kriegswirtschaft durch die Alliierten 1945 entstanden ist.[23] Gleichwohl kam der charismatischen Existenz des »Führers« eine in-

[18] Vgl. die Gegensteuerungsversuche Speers in seinem Verbot vom 13.3.1944: »Anordnung über Bildung und Tätigkeit von überflüssigen Kommissionen und Ausschüssen«, BArch R 3/304 (486). Herbst, nationalsozialistisches Deutschland, S. 22; Eichholtz, Kriegswirtschaft Bd. III, S. 44f.; Gregor Janssen, Das Ministerium Speer. Deutschlands Rüstung im Krieg, Berlin 1968, S. 174ff. Für Bürokratisierungstendenzen in den Ministerien Todt bzw. Speer gibt es zahlreiche Hinweise, obwohl diese Behörden in kleinem Rahmen anfingen. Vgl. beispielsweise die Anzeichen darauf in den »Nachrichten des Reichsministeriums für Rüstung und Kriegsproduktion« (z.B. Nr. 39, 24.6.1944).

[19] Thomas, der in seiner Darstellung zu starken Übertreibungen neigt, bemerkte, »daß in dem sogenannten Führerstaate Hitlers auf wirtschaftlichem Gebiete eine völlige Führerlosigkeit und ein unsagbares Durch- und Nebeneinanderarbeiten stattgefunden hat, weil Hitler die Notwendigkeit einer festen weitsichtigen Planung nicht einsah, Göring von der Wirtschaft nichts verstand und die zuständigen Fachleute keine Vollmachten hatten.« Ausarbeitung von General der Infanterie Thomas: Beantwortung der Fragen der engl. Herren, vom 16.8.1945, IfZ ZS 310, Bd. III. Für die Forschung vgl. Müller, Mobilisierung, S. 685.

[20] Kehrl, Krisenmanager, S 202ff; so auch schon Franz Neumann, Behemoth, New York 1944, S. XII, der sich auf seine Erfahrungen bis zur Emigration stützt.

[21] Vgl. dazu grundlegend Hans Mommsen, Nationalsozialismus, in: Sowjetsystem und demokratische Gesellschaft. Eine vergleichende Enzyklopädie, Freiburg u.a. 1971, Bd. 4, Sp. 695-713; Peter Hüttenberger, Nationalsozialistische Polykratie, in: GG 2 (1976), S. 417-442; Broszat, Staat Hitlers, S. 223ff.; Dieter Rebentisch, Führerstaat und Verwaltung im Zweiten Weltkrieg. Verfassungsentwicklung und Verwaltungspolitik 1939-1945, Stuttgart 1989; jüngst Peter Hayes, Polycracy and Policy in the Third Reich: The Case of the Economy, in: Thomas Childers and Jane Caplan (Hgg.), Reevaluating the Third Reich, New York 1993, S. 139-160; Michael Ruck, Führerabsolutismus und polykratisches Herrschaftsgefüge – Verfassungsstrukturen des NS-Staates, in: Karl Dietrich Bracher/Manfred Funke/Hans-Adolf Jacobsen (Hgg.), Deutschland 1933-1945. Neue Studien zur nationalsozialistischen Herrschaft, Bonn 1992, S. 32-57.

[22] Darauf weist Hayes, Polycracy, S. 192 hin.

[23] Vgl. die Bemerkungen der Berichterstatter für das alliierte Oberkommando 1945, auf die der damalige verantwortliche Offizier des »United States Strategic Bombing Survey – USSBS« John Kenneth Galbraith in seinen Erinnerungen hinweist, vgl. John Kenneth Galbraith, A Life in Our Times, New York 1981, S. 210f. USSBS, The Effects of Strategic Bombing of the German War Economy. Overall Economic Effects Division, 1945, S. 6f. Auch andere Mitarbeiter der Kommission

tegrative Funktion zu, die gleichzeitig die zentrifugalen und destruktiven Tendenzen des Kompetenzwirrwars verstärkte und integrierte.[24]

Tatsächlich war die konkurrierende Existenz partikularer Macht- und Sachinteressen ein Ergebnis der überforderten Steuerungsbürokratien, die infolge der zunehmenden Interventionen in bestehende sich selbst regulierende Zusammenhänge ordnende Mechanismen gleichsam außer Kraft gesetzt hatten und dadurch in immer größerem Maße zu Folgeinterventionen gezwungen wurden. Das über den gesamten Zeitraum der nationalsozialistischen Herrschaft erkennbare Problem der Zunahme von Bürokratisierungsprozessen, das trotz mehrfacher Versuche zu keinem Zeitpunkt von dem Regime kontrolliert wurde, ist das signifikanteste Ergebnis dieser Eingriffe. Während der Kriegszeit verstärkte sich diese Tendenz.

Es ist von entscheidender Bedeutung für das Verständnis gerade der ökonomischen Entwicklungen in der zweiten Kriegshälfte, daß diese Bürokratisierungsprozesse infolge der notwendigen Dauerintervention in den komplexen Subsystemen, die sie zu organisieren hatten, selbständig weitergingen und damit zu schwer steuerbaren Selbstläufern wurden. Damit entstand neben der intendierten Bürokratisierung ein zweiter Bürokratisierungsprozeß, der die Merkmale einer selbstläufigen Entwicklung trägt, die noch bestehende Selbstorganisationsbereiche zerstörte.[25]

Abstrakt läßt sich dieser Prozeß folgendermaßen beschreiben. Aufgrund der hohen Komplexität infolge der Ausdifferenziertheit der ökonomischen Zusammenhänge einer industriekapitalistischen Wirtschaft war eine außerordentlich hohe Kapazität zur Komplexitätsreduzierung notwendig, um die bestehenden Selbstorganisationsprinzipien zu ersetzen. Dieser zunehmende Steuerungsbedarf entstand in dem System und seinen Subsystemen durch die anhaltenden und sich in der Folge notwendigerweise vermehrenden Eingriffe in bestehende sich selbst organisierende Regelkreise sowie die Zerstörung der intermediären Strukturen auch im Bereich des Marktes und des Wettbewerbs. Hierarchische Systemstrukturen, wie sie die Bürokratien aufweisen, die im NS-Staat etabliert wurden, besitzen jedoch aufgrund ihrer Unfähigkeit, sich der Umwelt anzupassen, eine geringe Kapazität zur Komplexitätsreduzierung.[26]

Folgt man dieser theoretischen Interpretation, war die in der Forschung oft beschworene defizitäre Funktionalität der Polykratie der nationalsozialistischen

---

bestätigten diesen Eindruck, so Nicholas Kaldor, The German War Economy, in: The Review of Economic Studies Bd. 13 (1945/46), S. 39-51.

[24] Vgl. Ian Kershaw, Hitlers Macht. Das Profil der NS-Herrschaft, München 1992; ders., Hitler 1889-1936, Stuttgart 1998; Rainer M. Lepsius, Das Modell der charismatischen Herrschaft und seine Anwendbarkeit auf den »Führerstaat« Adolf Hitlers, in: ders., Demokratie in Deutschland. Soziologisch-historische Konstellationsanalysen. Ausgewählte Aufsätze, Göttingen 1993, S. 95-118.

[25] Vgl. dazu Herbst, Gewalt, S. 151ff.; Herbst, nationalsozialistisches Deutschland, S. 17ff.

[26] Soweit schon Herbst, Gewalt.

Wirtschaftsordnung nicht nur ein Ergebnis ständiger Improvisation, der schwachen Führung und der Reaktion auf neue Krisen mit neuen Institutionen, sondern darüber hinaus auch eine relativ stabile Lösung des Problems, mit der Bewältigung der umfangreichen Komplexität umzugehen. Ludolf Herbst weist überzeugend darauf hin, daß die polykratische Herrschaft als systemimmanente Lösung einen Regulierungskompromiß zwischen dem zentralen Steuerungsbedarf und dem Problem der notwendigen ständigen Folgeinterventionen zur Regelung der unbewältigten Komplexität bedeutete. Diese funktionale Konsequenz des Herrschaftssystems war jedoch keineswegs von dem Regime intendiert worden. Für die zur Stabilisierung des Systems notwendige Reduzierung der Komplexität war die polykratische Herrschaftsform aber möglicherweise ein durchaus effektiver und geeigneter Kompromiß.[27] Hierin scheint einer der Gründe für das überraschend lange und relativ stabile Funktionieren einiger Subsysteme wie der Wirtschaft im nationalsozialistischen Herrschaftssystem zu liegen.

Die Intensivierung der staatlichen Interventionen wurde von der Unternehmerschaft wahrgenommen. Das zunehmend »lückenlose System staatlicher Eingriffe in alle Bereiche des Lebens« kritisierend, stellte man in einem internen Bericht der volkswirtschaftlichen Abteilung der Deutschen Bank 1942 fest, es sei »unvermeidlich, daß die aufgehobenen Wirtschaftsgesetze nun in immer stärkerem Maße ersetzt werden mußten durch staatliche Anordnung, Regelung und Lenkung.«[28]

Für die industrielle Elite gab es in der Kriegswirtschaft innerhalb der von dem Regime gesetzten Grenzen ein breites Spektrum an Handlungsmöglichkeiten. Nach der Beendigung der Forschungsdiskussionen der sechziger und siebziger Jahre über das Verhältnis von Staat und Wirtschaft konzentriert sich die Historiographie zunehmend auf die zentrale Fragestellung nach der Anpassung der Industrieelite und deren Handlungsspielräume innerhalb des Systems sowie ihrem Anteil an dem Anstieg der Rüstungsproduktion.[29]

Unternehmer, das zeichnet sich in der neueren Forschung ab, waren dabei angesichts des erweiterten deutschen Einflußbereichs keineswegs ausschließlich risikofreudig und expansionshungrig. Auch wenn es in einigen Firmen und Branchen weitreichende Vorstellungen gab, suchten sich die Industriellen ihre strategischen Ziele meist mit Bedacht und Umsicht heraus und wogen dabei Risiken und Profitmöglichkeiten ab.[30] Dabei lassen sich Unterschiede zwischen

27 Vgl. Ludolf Herbst, Das nationalsozialistische Herrschaftssystem als Vergleichsgegenstand und der Ansatz der Totalitarismustheorien, in: Klaus-Dietmar Henke (Hg.), Totalitarismus. Sechs Vorträge über Gehalt und Reichweite eines klassischen Konzepts der Diktaturforschung, Dresden 1999, S. 19-26.

28 Vgl. Papier der volkswirtschaftlichen Abteilung der Deutschen Bank, November 1942, zit. nach Feldenkirchen, Siemens, S. 439.

29 Vgl. den Forschungsstand zusammenfassend Erker, Aufbruch, S. 334ff.

30 Boelcke, deutsche Wirtschaft, S. 264f.; Müller, Mobilisierung, S. 495f.

den Vorständen großer Kapitalgesellschaften und mittelständisch geprägten Unternehmensleitungen erkennen. Das differierende Verhalten erklärt sich schon aufgrund der unterschiedlichen Expansionskraft der Firmen. Neben der individuellen Unternehmerpersönlichkeit spielten bei der Unternehmensstrategie zudem auch Unternehmenstraditionen, Branchenspezifika und Unternehmenskultur eine entscheidende Rolle. Gerade in Familienunternehmen existierten Kontinuitäten, an denen sich das Verhalten über die politischen Zäsuren hinweg orientierte.[31] Darüber hinaus waren das Wettbewerbsverhalten und die Konkurrenzsituation Umstände, die eine zentrale Bedeutung besaßen. Die Möglichkeiten, in einer von Deutschland überwachten europäischen Großraumwirtschaft langjährige ausländische Konkurrenten auszuschalten und Kartelle oder Produktionsbeschränkungen durchzusetzen, waren für einige Konzerne verlockend. Auch hier gab es große Unterschiede im Verhalten der einzelnen Unternehmen. Das Drägerwerk hatte während der Expansion der dreißiger Jahre den mittelständischen Rahmen endgültig verlassen. Es kann sowohl in Anbetracht seiner Größe als auch seiner Struktur spätestens seit 1936 aufgrund der Integration mehrerer rechtlich selbständiger, aber wirtschaftlich unselbständiger Unternehmen als Konzern betrachtet werden.

Schließlich geht es bei der Analyse unternehmerischen Verhaltens in der Kriegswirtschaft auch um die Frage, wie die Industrieelite in dem kapitalistischen System, das ja grundsätzlich weiter bestand – wenn auch unter erheblich veränderten Rahmenbedingungen und innerhalb einer industriekapitalistischen Reststruktur –, strategische Entscheidungen traf und welche Handlungsspielräume für die Wahrnehmung originär unternehmerischer Ziele wie Profitsteigerung und Eigentumserhalt bestanden.[32] Es gehört zu den Banalitäten der unternehmensgeschichtlichen Forschung, die jedoch in der öffentlichen Debatte über das Verhalten der Industrieelite in der Kriegszeit oft ignoriert wird, daß Unternehmensleitungen ihre Aktivitäten in erster Linie auf die Interessen ihrer Firmen konzentrieren. Dieses rationale, tatsächlich keineswegs nationalstaatlich begrenzte und ganz überwiegend interessengeleitete Verhalten der Industrieelite suchte das nationalsozialistische Regime für die Mobilmachung zu instrumentalisieren. Dabei bildeten die Erhaltung des Wettbewerbs unter veränderten Bedingungen und die Erhöhung der Gewinne Schlüsselfaktoren, die die nationalsozialistische Wirtschaftslenkung als Steuerungselemente benutzte, indem sie das Privateigentum an Produktionsmitteln und die bürgerliche Eigentumsordnung nie prinzipiell in Frage stellte.[33] Diese Politik wurde durchgesetzt, ohne

---

31 Vgl. die Überlegungen zu diesen Fragen bei Berghoff, Kleinstadt, S. 615ff.; Kampmann, Werkzeughandel, S. 194ff.; Mark Casson, Entrepreneurship and business culture, in: Brown/Rose, Entrepreneurship, S. 30-54.

32 Vgl. diesen wichtigen Hinweis auch bei Gregor, Stern, S. 25ff.

33 Vgl. für diese Haltung Hitlers noch im Sommer 1944, Herbst, totale Krieg, S. 325ff. Dafür spricht unter anderem auch die vorsichtige und rücksichtsvolle Behandlung der US-amerikanischen Tochter-

gegenüber den Unternehmern zu verbergen, daß auch das absolute Minimum industriekapitalistischer Strukturelemente – die tatsächliche Verfügungsgewalt über das Eigentum – in dem Terrorsystem keineswegs garantiert war, wenn man die Systemimperative des Regimes nicht unterstützte.

Dadurch, daß das Regime die Grundzüge der kapitalistischen Antriebskräfte innerhalb des Systems aufrecht erhielt, bestimmten Wettbewerbsüberlegungen weiterhin die Strategien von Unternehmern. Um im Wettbewerb bestehen zu können, mußten die Unternehmen die verbliebenen Marktchancen nutzen, die ihnen nach der erheblichen Verminderung des Exports zur Verfügung standen; im Krieg bot sich nur eine weitere Konzentration auf die Rüstung an, die von vielen Konzernen immer mehr akzeptiert wurde. In diesem Spannungsfeld zwischen Anpassungsbereitschaft und eigenständigem Verhalten zur Bewahrung autonomer Handlungsspielräume bewegten sich unternehmerische Handlungsmöglichkeiten in der Kriegswirtschaft.

1. Arbeitsmarkt und Zwangssystem: Die Veränderungen der Arbeitswelt

Die Arbeitsbeziehungen innerhalb eines Unternehmens hängen im wesentlichen von zwei Faktoren ab, unter die sich andere Aspekte subsumieren lassen: erstens von den allgemeinen politischen und konjunkturellen Rahmenbedingungen und zweitens von der Strategie der Unternehmensführung. Daß strategische überlegungen der Unternehmensleitung bei der Institutionalisierung von betrieblicher Sozialpolitik eine entscheidende Rolle spielen, wird heute kaum noch bestritten. Die sozialpolitischen Einrichtungen werden demnach je nach Zugriff als Integrations- und Loyalisierungsinstrument oder als Disziplinierungsmittel bzw. patriarchalische und paternalistische Maßnahme verstanden: Betriebliche Sozialpolitik ist demnach Teil einer bewußten Unternehmensführungsstrategie.[34] Darüber hinaus gehört die Frage nach der Autonomie von Entscheidungsprozessen innerhalb eines Unternehmens bzw. deren Abhängigkeit von den Veränderungen des politischen Systems oder der Machtverhältnisse zu den entscheidenden bei der Analyse unternehmerischer Sozialpolitik und ist schwierig zu beantworten.[35] Gerade vor dem Hintergrund der sich dynamisch verändern-

unternehmen durch die Nationalsozialisten im Reich. Vgl. Stephan Linder, Das Reichskommissariat für die Behandlung feindlichen Vermögens im Zweiten Weltkrieg. Eine Studie zur Verwaltungs-, Rechts- und Wirtschaftsgeschichte des nationalsozialistischen Deutschlands, Stuttgart 1991.

[34] Vgl. das instruktive wenn auch sektoral andere Beispiel Krupp: Vera Stecken/Reinhard Lahr, Erfolgsbeteiligung und Vermögensbildung der Arbeitnehmer bei Krupp. Von 1811 bis 1945, Stuttgart 1992, S. 5ff.; die Forschung zusammenfassend Erker, Aufbruch, S. 329ff.

[35] Vgl. für diese Fragestellung bezogen auf das NS-Regime: Mason, Sozialpoltik; ders., Die Bändigung der Arbeiterklasse im nationalsozialistischen Deutschland, in: Carola Sachse/Tilla Siegel/Hasso Spode u.a., Angst, Belohnung, Zucht und Ordnung. Herrschaftsmechanismen im

den politischen und makroökonomischen Rahmenbedingungen während der NS-Zeit ergibt sich jedoch die Kernfrage, in welchem Ausmaße sich externe Interventionen durch Staat oder Partei auf die Möglichkeiten und die tatsächliche Gestaltung von Arbeitsbeziehungen im Unternehmen auswirkten.[36]

Während inzwischen eine beeindruckende Anzahl von Detailuntersuchungen zu westdeutschen Großunternehmen und Konzernen, insbesondere der Schwerindustrie existiert, ist die Untersuchung von kleineren industriellen Großbetrieben oder mittelständischen Unternehmen weitestgehend ein Forschungsdesiderat geblieben.[37] Die Entwicklung der Arbeitsbeziehungen und der -verhältnisse im Drägerwerk ist wegen der Veränderungen, die infolge der Expansion vom mittelständischen Familienunternehmen zum Konzern in den Jahren 1928 bis 1945 eintreten, von einer besonderen Dynamik geprägt. Gleichzeitig weist das Drägerwerk jedoch mit der Ausweitung der Anzahl der Mitarbeiter, der Erweiterung ihres regionalen Einzugsbereichs und der Auffächerung ihres Herkunftsmilieus auch typische Entwicklungsmerkmale industrieller Unternehmen aus ähnlichen Branchen im deutschen Reich auf.[38]

Die sozialgeschichtliche Forschung hat zum Komplex der betrieblichen Arbeitsbeziehungen mit Unterstützung der soziologischen Organisationstheorie und der Industriesoziologie theoretische Konzepte entwickelt, die methodisch neue Perspektiven öffnen und unterschiedliche Interpretationsmodelle anbieten. Im Zentrum steht die Frage nach der Organisation von betrieblicher Arbeit und Arbeitsbeziehungen. Unternehmen können funktional als komplexe Interaktions- und Beziehungssysteme begriffen werden, in denen die unterschiedlichen Sozialgruppen in einen Handlungszusammenhang geraten, »der sich erst im

---

Nationalsozialismus. Mit einer Einleitung von Timothy W. Mason, Opladen 1982, S. 11-53; Rüdiger Hachtmann, Industriearbeit im «Dritten Reich«. Untersuchungen zu den Lohn- und Arbeitsbedingungen in Deutschland 1933-1945, Göttingen 1989; Mommsen/Grieger, Volkswagenwerk; Matthias Frese, Betriebspolitik im Dritten Reich. Deutsche Arbeitsfront, Unternehmer und Staatsbürokratie in der westdeutschen Großindustrie 1933-1939, Paderborn 1991; Wysocki, Arbeit; Klaus Tenfelde, Proletarische Provinz. Radikalisierung und Widerstand in Penzberg/Oberbayern 1900-1945, in: Martin Broszat u.a. (Hgg.), Bayern in der NS-Zeit, Bd. 4, München 1981, S. 1-382; für weitere Literatur vgl. Matthias Frese, Zugeständnisse und Zwangsmaßnahmen. Neuere Studien zur nationalsozialistischen Arbeits- und Sozialpolitik, in: NPL 32 (1987), S. 53-74; ders., Sozial- und Arbeitspolitik im »Dritten Reich«. Ein Literaturbericht, in: NPL 38 (1993), S. 403-446.

36 Vgl. Frese, Betriebspolitik, S. 2.

37 Vgl. Frese, Betriebspolitik, S. 9; jüngst dagegen die Untersuchungen: Gehrig, Rüstungspolitik; Bräutigam, Unternehmer; Berghoff, Kleinstadt.

38 Vgl. Berghoff, Kleinstadt. Vgl. die in der Größe ähnlichen Carl-Freudenberg-Werke, die allerdings auf vollkommen anderen Märkten arbeiten. Dazu: Matthias Frese, Betriebsrat und Betriebsrätetätigkeit zwischen 1920 und 1960. Handlungsspielräume und -muster betrieblicher Interessenvertretung am Beispiel der Carl-Freudenberg-Werke in Weinheim a.d. Bergstraße, in: Lauschke/Welskopp, Mikropolitik, S. 123-160; zum Zeiss-Konzern vgl. John, Rüstungswirtschaft, S. 223ff.

Vollzug der einzelnen funktionsspezifischen Handlung konstituiert«.[39] Betriebliche Produktion wird nach diesen »mikropolitischen« Untersuchungsansätzen zu einem sozialen Interaktionsprozeß. Methodisch findet dabei eine Konzentration auf die »Politikhaftigkeit bislang als politikfrei geglaubte(r) Beziehungen statt«, die sich für eine Einordnung in die Gesamtanalyse besonders eignen.[40] Unternehmerische Sozialpolitik kann daher als zweckrationale Handlung im Sinne Max Webers begriffen werden.[41]

Im Drägerwerk bestand 1933 bereits eine lange und intensive sozialpolitische Tradition. Seit der Jahrhundertwende gab es verschiedene Formen von Gewinnbeteiligung und Umsatzprämien.[42] Schon 1897 hatte der Unternehmensgründer Johann Heinrich Dräger gemeinsam mit seinen leitenden Mitarbeitern eine Unterstützungskasse in dem Unternehmen gegründet, deren Sozialversicherungsleistungen sukzessiv bis zum Ersten Weltkrieg ausgebaut wurden. Daneben bestanden Pensions- und Unterstützungskassen für die Angestellten.[43] In der Politik der Unternehmerfamilie bei den Bemühungen um eine Befriedung der Arbeiter- und Angestelltenschaft und der »industrial relations« innerhalb des Betriebes ist eine bemerkenswerte »Staatsnähe« erkennbar. Diese Integrationspolitik gegenüber der Belegschaft war über große Zeiträume hin außerordentlich erfolgreich und führte zudem zu dem erwünschten Nebeneffekt einer Konzentration von verläßlichen, motivierten und gut ausgebildeten Mitarbeitern, die den Kern der sich bis zum Ende des Ersten Weltkrieges ständig vergrößernden Belegschaft bildeten.[44]

---

39 Werner Plumpe, Statt einer Einleitung; Stichworte zur Unternehmensgeschichtsschreibung, in: ders. u. Christian Kleinschmidt (Hgg.), Unternehmen zwischen Markt und Macht. Aspekte deutscher Unternehmens- und Industriegeschichte im 20. Jahrhundert, Essen 1992, S. 9-13 (Zitat S. 10); Thomas Welskopp, Der Betrieb als soziales Handlungsfeld. Neuere Forschungsansätze in der Industrie- und Arbeitergeschichte, in: GG 22 (1996), S. 118-142. Für die unterschiedlichen Modellvorstellungen und Interpretationskonzepte: Martin Fiedler, Betriebliche Sozialpolitik in der Zwischenkriegszeit. Wege der Interpretation und Probleme der Forschung im deutsch-französischen Vergleich, in: GG 22 (1996), S. 350-375.

40 Martin Birke, Betriebliche Technikgestaltung und Interessenvertretung als Mikropolitik. Fallstudien zum arbeitspolitischen Umbruch, Wiesbaden 1992, S. 49ff. (Zitat S. 51); vgl. dazu auch die Bemerkungen von Karl Lauschke und Thomas Welskopp, Einführung – Mikropolitik im Unternehmen: Chancen und Voraussetzungen beziehungsanalytischer Ansätze in der Industrie- und Arbeitergeschichte, in: dies., Mikropolitik, S. 7-15.

41 Weber formuliert: »zweckrational handelt, wer sein Handeln nach Zweck, Mitteln und Nebenfolgen orientiert und dabei sowohl die Mittel gegen die Zwecke, wie die Zwecke gegen die Nebenfolgen, wie endlich auch die verschiedenen unmöglichen Zwecke gegeneinander abwägt: also jedenfalls weder affektuell (und insbesondere nicht emotional) noch traditional handelt.« Weber, Wirtschaft, S. 13 (Hervorhebung im Original). Zu dem Problem des Begriffs »rational« vgl. Breuer, Bürokratie, S. 39ff. Vgl. zu der Diskussion in der Sozialgeschichte über den Begriff Wehler, Gesellschaftsgeschichte Bd. III, S. 727.

42 Ulrich Giermann, Einrichtungen zur Ertragsbeteiligung und Vermögensbildung der Arbeitnehmer im Drägerwerk Lübeck (Wissenschaftliche Arbeit im Rahmen der Ersten Staatsprüfung für das Lehramt für die Sekundarstufe II – unveröffentlichtes Manuskript), Bonn 1981.

43 Vgl. Statut der Unterstützungskasse »Hülfe (sic.)« 11.2.1898, SUD BS 32.

44 Vgl. Personalhauptbuch, SUD BS 32/16; verschiedene Berichte Bernhard Dräger 1919, SUD BS 19/10.

Die kapitalistische Unternehmermentalität drückte sich in verschiedenen Maßnahmen wie einem auf Leistungsanreize zielenden dynamischen Umsatzprämien-Lohnsystem, das 1904 eingeführt wurde, sowie verschiedenen Sozialleistungen des Betriebes für seine Arbeiter aus.[45] Darüber hinaus hatte der Ingenieur Bernhard Dräger gemeinsam mit seinem Vater – dem Firmengründer – schon 1899 einen Arbeiterausschuß zugelassen. Diese konfliktantizipierende Politik bildete die entscheidende Voraussetzung für die ungestörte Zusammenarbeit von Arbeitern und Angestellten und entsprach deutlich der Interessenlage der Drägers. Diese Haltung drückte sich in im Branchenvergleich traditionell hohen Löhnen und Gehältern aus, die – wie bei Verhandlungen immer wieder bemerkt wurde – deutlich über der regionalen Konkurrenz in Lübeck lagen.[46] Die übrigen Maßnahmen weisen auf die Kontinuität im Verhalten des Familienunternehmens hin: 1914 gründete die Unternehmerfamilie eine betriebseigene Arbeitslosenversicherung sowie 1910 eine Wohnungsbaugesellschaft, die »Heimstättengesellschaft«. Zudem achtete man beim Bau neuer Werksgebäude explizit auf eine »förderliche« Arbeitsatmosphäre.[47] Seit 1899 befragten die Drägers den Arbeiterausschuß regelmäßig zu wichtigen Fragen der Unternehmensentwicklung und signalisierten damit ihr integratives Sozialverhalten.[48]

Diese zweckrationale Politik, die die Belegschaft in eine Form der Interaktion miteinbezog, wirkte konfliktantizipierend, machte Repressionen (wie etwa die Bekämpfung von Gewerkschaften) überflüssig und führte dazu, daß es bis zum Ende des Ersten Weltkriegs keine Streiks im Lübecker Werk gab.[49] Erst in der Nachkriegszeit und den zwanziger Jahren kam es zu Auseinandersetzungen zwischen der inzwischen stark organisierten Arbeiterschaft und der Unternehmensleitung. Hinweise auf Arbeits- und Interessenkonflikte zwischen Mitarbeitern und Unternehmensleitung in der Zwischenkriegszeit sind in den Quellen insgesamt jedoch nur sehr vereinzelt zu finden.[50]

---

45 Vgl. SUD BS 36/1-41; sowie Chronik, SUD BS 32/62.

46 Vgl. Bernhard Dräger, Bericht 15.7.1919, SUD BS 19/10; Chronik, SUD BS 32/62.

47 Lübecker Generalanzeiger, 29. Jg., Nr. 216, 3. Beilage 15.9.1910, S. 13.

48 Vgl. Bernhard Dräger, Bericht 15.7.1919, SUD BS 19/10; Chronik, SUD BS 32/62.

49 Vgl. Zum Problem der Zweckrationalität und der Trends vgl. Wehler, Gesellschaftsgeschichte Bd. III, S. 727.

50 Da außer den Unternehmensunterlagen die Bestände anderer Institutionen nicht mehr existieren, steht eine Untersuchung der Arbeitsbeziehungen vor einem eminenten Quellenproblem. Dies gilt insbesondere, da der entsprechende Bestand im Unternehmensarchiv außerordentlich klein ist.

Gesamtbelegschaft des Dräger-Stammwerks 1928-1951

	Belegschaft	Arbeiter (gesamt)	Angestellte (gesamt)	Anteil der Angestellten in Prozent	Arbeiter	Arbeiterinnen	Angestellte	weibl. Angest.	Ausländer	Ausländerinnen
1928	269	209	60	22,3	208	1	52	8	k.A.	k.A.
1929	289	224	63	21,8	222	3	56	8	k.A.	k.A.
1930	299	234	65	21,7	208	26	57	8	k.A.	k.A.
1931	266	202	64	24,1	194	8	56	8	k.A.	k.A.
1932	239	184	55	23	170	14	47	8	k.A.	k.A.
1933	310	248	62	20	189	59	54	8	k.A.	k.A.
1934	902	821	81	9	419	402	64	17	k.A.	k.A.
1935	1058	965	93	8,8	519	446	73	20	k.A.	k.A.
1936	1155	1044	111	9,6	619	425	72	39	k.A.	k.A.
1937	1779	1632	147	8,3	807	825	86	61	k.A.	k.A.
1938	2408	2236	172	8,9	942	1294	105	67	k.A.	k.A.
1939	3226	2960	266	8,3	1276	1684	151	115	k.A.	k.A.
1940	3753	3391	362	9,7	1521	1870	198	164	k.A.	k.A.
1941	3514	3115	399	11,4	1642	1473	241	184	k.A.	k.A.
1942	3818	3417	401	10,5	1944	1473	217	185	k.A.	k.A.
1943	4246	3801	445	11,7	2272	1529	226	219	k.A.	k.A.
1944	4233	3705	528	12,5	1561	1041	240	288	652	451
1945	1604	1269	335	20,1	1121	147	212	123	1	k.A.
1946	2033	1770	263	12,9	1404	360	158	105	5	1
1947	1907	1679	228	12	1358	310	131	79	10	1
1948	1966	1729	237	12,1	1411	311	132	105	1	k.A.
1949	878	674	204	23,2	526	147	117	87	1	k.A.
1950	989	807	182	18,4	585	222	91	91	k.A.	k.A.
1951	1196	994	202	16,9	666	328	94	108	k.A.	k.A.

Beschäftigte in Niederlassungen und Betrieben des Drägerwerks (Konzern) 1937-1946

Jahr	Niederlassungen	Harms	Wandsbek	Skara	Leipzig	Neumünster
1937	30	42	30	k.A.	k.A.	k.A.
1938	34	282	227	214	14	k.A.
1939	44	k.A.	708	305	26	k.A.
1940	48	k.A.	1386	514	33	k.A.
1941	63	k.A.	967	570	30	k.A.
1942	57	k.A.	870	566	17	102
1943	57	k.A.	1191	656	17	132
1944	48	k.A.	703	540	12	330
1945	47	k.A.	903	850	19	377
1946	20	k.A.	k.A.	176	k.A.	k.A.

Jahr	Schlettstadt	Wolbrom	Auperschin	Nedra	Delligsen	DG-Wien
1937	k.A.	k.A.	k.A.	k.A.	k.A.	k.A.
1938	k.A.	k.A.	k.A.	k.A.	k.A.	k.A.
1939	k.A.	k.A.	k.A.	k.A.	k.A.	k.A.
1940	k.A.	k.A.	k.A.	k.A.	k.A.	k.A.
1941	k.A.	k.A.	k.A.	k.A.	k.A.	k.A.
1942	k.A.	k.A.	k.A.	k.A.	k.A.	1140
1943	40	445	47	62	k.A.	k.A.
1944	125	610	122	85	k.A.	k.A.
1945	k.A.	k.A.	230	k.A.	19	k.A.
1946	k.A.	k.A.	k.A.	k.A.	k.A.	k.A.

Heinrich Dräger hatte während der Weltwirtschaftskrise mehrfach mit den Mitarbeitern Verhandlungen wegen Lohnhöhe, Kurzarbeit und Entlassungen geführt. Insgesamt war in dem Unternehmen, das noch bis 1933 mittelständische Strukturen und Größenmerkmale aufweist, auch während der Krise kontinuierlich eine Belegschaft zwischen 200 und 300 Mitarbeitern beschäftigt. Das entsprach annähernd der durchschnittlichen Beschäftigtenzahl des Betriebs in der Weimarer Republik. Entsprechend der insgesamt stagnierenden Unternehmensentwicklung zwischen 1918 und 1933, die eine langsame Erholung von den Verlusten des Ersten Weltkrieges bedeutete, wurden die sozialpolitischen Maßnahmen der Unternehmensleitung kaum verändert. Ein Ausbau der Leistungen, die schon im Kaiserreich bestanden hatten, fand nicht statt. Dagegen wurde die betriebliche Position der Belegschaft infolge der Entwicklung der gesetzlichen Bestimmungen in der Republik gestärkt.[51] Das Drägerwerk gehört dabei zu dem Typ kleiner Großunternehmen, die aus einer mittelständischen Tradition kamen, und durch eine ausgeprägte paternalistische Sozialpolitik eine Partizipation der Arbeitnehmer an arbeitsplatztechnischen Fragen schon lange vor der Machtergreifung zugelassen hatte.[52]

Im nationalsozialistischen Staat bedeuteten die Zerschlagung der Gewerkschaften und die Entwicklungen infolge der Gleichschaltung grundsätzlich eine Schwächung der Arbeitnehmerseite. Insgesamt besaßen die ausgewechselten Betriebsräte und späteren Vertrauensräte der Arbeitnehmer eher die Funktion eines Puffers denn einer eigenständigen Interessenvertretung. Gleichwohl spielten sie eine Rolle in dem System, die über eine reine »Scheinrepräsentanz« hinausging.[53] Mit dem Einsetzen der nationalsozialistischen Offensive im Arbeitsrecht, die ihren stärksten Ausdruck im Gesetz zur Ordnung der Arbeit 1934 fand, begannen sich auch im Drägerwerk im Bereich der innerbetrieblichen Arbeitsbeziehungen Veränderungen durchzusetzen.

Die zunehmende Bedeutung des umfangreichen neuen Managements während der Expansion der dreißiger Jahre verstärkte diese Veränderungsprozesse in dem Unternehmen. Während bis 1928 neben Bernhard Dräger und seiner Frau nur zwei Direktoren eine Teilprokura besaßen, verfügten 1942 21 leitende Mitarbeiter über das Zeichnungsrecht für die Firma.[54] Zwischen 1933 und 1938 stellte Heinrich Dräger neben der konsequenten personellen Erweiterung der Forschungs- und Entwicklungsabteilungen neue Mitarbeiter für leitende Funktionen ein. Dabei konnte er nur sehr begrenzt auf bewährte Werkstattleiter und Ingenieure zurückgreifen, da die Ressourcen des Unternehmens an Führungspersonal mit der schnellen und umfassenden Expansion aller Bereiche vollkommen überfordert waren. Darüber hinaus waren einige der wichtigen Werkstattleiter und Ingenieure, die die vergleichbare Expansion infolge der Rüstungsaufträge des Ersten Weltkrieges maßgeblich mitgetragen hatten, aus Altersgründen inzwischen ausgeschieden. Seit Mitte der dreißiger Jahre trat daher

51 Vgl. Chronik, SUD BS 32/62.
52 Vgl. für die Auseinandersetzungen über diese Fragen in der Forschung Erker, Aufbruch, S. 329ff.
53 Vgl. Frese, Betriebspolitik, S. 201f.; Tenfelde, Provinz, S. 335.
54 Zusammenstellung der Prokuristen des Drägerwerks, SUD BS 27/8.

ein Generationswechsel in der mittleren und oberen Führungsschicht des Betriebs ein.[55]

In zentralen Funktionsbereichen, die Dräger erstmals in der Unternehmensgeschichte in die Eigenverantwortlichkeit anderer als Familienangehöriger übergab, wurden neue, hochqualifizierte und überwiegend junge Kaufleute und Ingenieure eingesetzt. Die Neuorganisation des Unternehmens, die infolge der Expansion notwendig wurde, führte darüber hinaus zu einer klaren Delegierung und Zuweisung eigener Verantwortungsbereiche für die neuen leitenden Mitarbeiter. Das neue Dräger-Management bestand ausnahmslos aus akademisch ausgebildeten Männern, die zwischen 1900 und 1913 geboren waren. Von den 21 leitenden Mitarbeitern mit Prokurarechten des Jahres 1942 waren bis auf vier alle nach 1934 eingestellt worden und im Verlaufe der Entwicklung in den dreißiger Jahren in die entscheidenden Führungspositionen in dem Unternehmen vorgedrungen. Bis auf einen Oberingenieur und einen Direktor war das gesamte Management des Unternehmens im Jahr 1942 nach 1898 geboren. Außer Dräger und seinem engsten Vertrauten – dem Schulfreund Dr. Ing. Gerhard Stampe, der Leiter der chemischen Forschungsabteilung wurde – war der engste Führungskreis, mit dem der Unternehmer sich beriet und dessen Angehörige in der zweiten Kriegshälfte in den Selbstverwaltungsorganen der Rüstungsbürokratie ausnahmslos als Sonderausschuß- und Ringleiter Verantwortung übernahmen, 1906 oder danach geboren: Dr. Heinrich Maul (1906), Dr. Hans Kuhnert (1907), Dr. August Meier-Windthorst (1913). Mit Franz Mißfeld, dem Leiter der Buchhaltung, Karl Feldhahn, dem Verkaufsleiter und den Oberingenieuren sowie den maßgeblichen übrigen Prokuristen hatten diese drei Manager gemeinsam, daß sie hoch qualifiziert zwischen 1933 und 1938 in einer Expansionsphase in das Unternehmen gelangten, in der sie große Chancen hatten, in die oberste Führungsetage zu gelangen.[56]

Das Unternehmen wurde nach diesem Generationswechsel seit Mitte der dreißiger Jahre von einem hervorragend qualifizierten und motivierten jungen Management geleitet, das offensichtlich auf die Umgebung in konkurrierenden Unternehmen große Anziehungskraft ausübte. So konnten nicht nur die Abwerbungsversuche der Auergesellschaft abgewehrt, sondern auch zahlreiche Kaufleute und Ingenieure anderer Konzerne nach Lübeck gezogen werden.[57]

---

55 Vgl. die Nachrufe im Personalhauptbuch, SUD BÄD IX 1.1.2.

56 Alle Angaben dieses Absatzes nach SUD BS 10/1.

57 Dies führte zwischen dem Drägerwerk und der Auergesellschaft sogar zu detaillierten Verträgen über ein Verbot des Abwerbens. Vgl. SUD BÄD VII 2.20. Dennoch kam es zu Auseinandersetzungen über die übernahme einzelner Ingenieure während des Krieges. Dabei spielte die Selbstverantwortungsbürokratie eine zentrale Rolle. Auch das Rüstungsministerium war in der zweiten Kriegshälfte an Dräger-Managern immer wieder interessiert. Vgl. die Fälle in SUD BÄD VII 2.21. Wirtschaftsgruppe Luftfahrtindustrie an Drägerwerk »Wegengagieren von Gefolgschaftsmitgliedern« 16.1.1940, SUD BÄD VI 4.11.

Zu diesem Zeitpunkt war das Drägerwerk – konfrontiert mit der massiven personellen Expansion – weitestgehend ein »entrepreneurial enterprise«, in dem die Bedeutung der Beziehungen zwischen dem Unternehmer und den Managern durch einen hohen Grad an informeller Loyalität gekennzeichnet war. Diese Verhältnisse werden durch das Fehlen von nachhaltigen und fundamentalen Konfliktfeldern in den Personaldokumenten und Aktennotizen ebenso offensichtlich wie durch die hohen Sonderzahlungen und Gratifikationen an leitende Angestellte, die Dräger zwischen 1935 und 1945 immer wieder vergab. In den engeren entscheidungstragenden Kreis um den Eigentümerunternehmer gelangten nur Manager, die neben den Qualifikationen, die durch ein zunehmendes Maß an Akademisierung und Professionalisierung gekennzeichnet waren, auch in ihrer politischen Orientierung den Vorstellungen Heinrich Drägers und Gerhard Stampes entsprachen. In der Leitungsebene des Unternehmens gab es aufgrund von Drägers Auswahl während des gesamten Dritten Reiches keine internen Denunziationen, die dagegen schon in der zweiten Führungsebene des Betriebes mehrfach vorkamen.[58] Darüber hinaus waren die leitenden Angestellten dadurch nach dem Krieg vergleichsweise unbelastet und konnten eine bemerkenswerte Kontinuität in der Unternehmensleitung über die politische Zäsur von 1945 hinweg gewährleisten: keiner der sieben entscheidenden leitenden Mitarbeiter mußte aus politischen Gründen nach 1945 entlassen werden.[59]

Die Expansion des Managements und das innerbetriebliche Aufstiegssystem, das sich in den dreißiger Jahren etablierte, ging mit einem Bedeutungsverlust des familiären Kontextes einher. So spielte der jüngere Bruder Bernhard Dräger als Leiter der Drägergesellschaft Wien eine periphere Rolle, obschon sich das Tochterunternehmen während des Krieges zu einem Betrieb mit zeitweise mehr als 2000 Mitarbeitern entwickelte. Heinrich Drägers Mutter, Elfriede Dräger, die Frau des Erfinderunternehmers, die seit ihrer Heirat Prokurarechte besaß, nach dem Tod ihres Mannes 1928 vorübergehend die Geschäfte geleitet hatte und bis 1931 die Hauptkasse des Stammwerks verwaltete, sowie seine Schwester Pauline Brückner hatten nach 1931 keine Funktionen mehr in dem Unternehmen. Auch Drägers Schwager, der Mann Pauline Brückners, schied nach Auseinandersetzungen mit dem neuen Eigentümer 1929 aus der Leitung des Unternehmens aus.[60] Die Ehefrau Heinrich Drägers spielte von Beginn der Ehe an keine Rolle in dem Unternehmen. Insgesamt bedeutete der Generationenwechsel, der mit Heinrich Drägers Übernahme einsetzte, für das Unternehmen das Ende des Einflusses der Frauen der Familie auf das Unternehmen, die in den Generationen zuvor immer mitgearbeitet hatten.

---

[58] Vgl. die Fälle in der Korrespondenz, SUD BS 10/1 und »Privat«, SUD BS 15.

[59] Vgl. die Fragebögen und die Korrespondenz mit der britischen Besatzungsbehörde von Kuhnert, Meier-Windhorst, Maul, Stampe, Mißfeld, Feldhahn, Haase-Lampe, SUD BS 10/1.

[60] Alle Angaben nach Chronik, SUD BS 32/62.

Bei den Werkstattleitern, die in der mittleren Leitungsebene des Unternehmens neben den Ingenieuren traditionell die zweite Säule bildeten, konnte eine gewisse Kontinuität gewährleistet werden. Im Gegensatz zu den neueingestellten Ingenieuren und Kaufleuten waren die Karrierewege hier eher von einer langjährigen bewährten Mitarbeit geprägt, die dann zum Aufstieg während der Ausweitung der Fertigungskapazitäten führten. Während der Expansion in den dreißiger Jahren rückten vor allem Meister, die schon lange in der betreffenden Werkstatt tätig waren, in diese Positionen.[61]

Der überwiegende Teil der Führungsebene in dem Unternehmen engagierte sich während der NS-Zeit nicht in Partei oder Staat. Aufgrund dieser Zurückhaltung intervenierte die Kreisleitung der NSDAP mehrfach gegen die Vorschläge Drägers für Kriegsverdienstauszeichnungen an leitende Mitarbeiter. Als im November 1944 vom Rüstungsministerium die entscheidenden Sonderausschußleiter und Mitarbeiter des Drägerwerks Stampe, Kuhnert und Meier-Windhorst für eine Verleihung des Kriegsverdienstkreuzes erster Klasse vorgeschlagen wurden – der höchsten Auszeichnung für Mitglieder der Industrieelite – verweigerte die Kreisleitung der NSDAP Lübeck ihre notwendige Zustimmung. Sie begründete diesen Schritt damit, keiner der drei habe zu erkennen gegeben, »daß ihn neben seinem Beruf auch die Dinge der Allgemeinheit angehen.«[62]

Die übertarifliche leistungsbezogene Belohnung hatte im Drägerwerk eine lange Tradition und das Prämiensystem wurde in der NS-Zeit fortgeführt und ausgebaut. 1933 verdiente ein langjährig im Drägerwerk beschäftigter Facharbeiter mit allen Zuschlägen aber ohne die Prämien 1,10 RM in der Stunde, was den Reichsdurchschnitt von 0,79 RM bei weitem übertraf, aber auch den Lohn in den Stammwerken der Daimler-Benz AG, der 1,05 RM in der Stunde betrug.[63] Wie der Treuhänder der Arbeit 1934 feststellte, zahlte das Drägerwerk in der gesamten Lübecker Industrie die höchsten Löhne.[64] Die Sozialleistungen des Unternehmens entwickelten sich in der zweiten Hälfte der dreißiger Jahre darüber hinaus gleichsam zu einem »zweiten Lohn«. Gerade bei den leitenden Angestellten erhöhte das Unternehmen die Bezüge noch durch Sondergratifikationen, die in den Jahren des Aufschwungs gewährt wurden.[65] Angesichts des

---

61 Ebd.

62 NSDAP Kreisleitung Lübeck (der Kreisleiter) an Dräger 18.11.1944, SUD BS 10/1.

63 Vgl. die Angaben in: Personalhauptbuch, SUD BÄD IX 1.1.2; Pohl, Daimler-Benz , S. 141.

64 Heinrich Dräger an Treuhänder der Arbeit (ohne Datum, 1934), SUD BS 10/1. Die Löhne in den Hansestädten übertrafen die des Reichsdurchschnitts 1940 um 20,3 %. Vgl. Arbeitswissenschaftliches Institut der Deutschen Arbeitsfront, Das Verdienstgefälle im Deutschen Reich, in: Jahrbuch des Arbeitswissenschaftlichen Instituts der Deutschen Arbeitsfront 1940/41, Bd. II, S. 1004. Vgl. auch Hachtmann, Industriearbeit, S. 147ff.

65 Über genaue Höhe und Zusammensetzung der Gehälter Aussagen zu machen, ist angesichts des vorliegenden Quellenmaterials schwierig. Die relative Höhe ist indes unübersehbar. Der Leiter der Buchhaltung, der Kaufmann Franz Mißfeld, erhielt beispielsweise 1944 insgesamt Bezüge in Höhe von etwa 45.000 RM, was in die Nähe der Gehälter von Vorstandsmitgliedern der Daimler-Benz AG rückt. Vgl. Verträge und Fragebögen, SUD BS 17/10. Pohl, Daimler-Benz, S. 143ff.

Mangels an qualifizierten Arbeitskräften, der ab 1937 zunehmend spürbar wurde, bildete die Qualität der Arbeits- und Verdienstbedingungen eine entscheidende Voraussetzung für die Erhaltung und den Ausbau der Belegschaft. Dieses Motiv blieb für die Unternehmensleitung auch dann noch bestimmend, als die staatlichen Bemühungen um eine Kontrolle und Regulierung des Arbeitsmarktes 1939 verstärkt wurden und den Arbeitsplatzwechsel erschwerten.[66]

Die Tatsache, daß in der Überlieferung der Geschäftsakten kaum Hinweise auf Konflikte zwischen dem Betriebsobmann, den Institutionen der DAF und der Unternehmensleitung existieren, kann als Anhaltspunkt dafür gelten, daß das Verhältnis zwischen diesen vergleichsweise ruhig ablief. Das Verhalten der Unternehmensleitung bei den Angeboten der DAF scheint diese Annahme zu bestätigen. Bis 1943 erhielt das Drägerwerk bei Wettbewerben der DAF ein Leistungsabzeichen in Silber »für vorbildliches Wohnen und Heimstätten« (1938), ein Leistungsabzeichen für vorbildliche Berufserziehung 1941, ein Gaudiplom im gleichen Jahr – ein weiteres 1943, Abzeichen für Freizeitförderung mit der KdF, sowie die Anerkennung als Kriegsmusterbetrieb 1942.[67] Insgesamt erkannte die Unternehmensleitung in den von der DAF ausgeschriebenen Wettkämpfen eine Möglichkeit, sich im Wettbewerb um die begehrten Arbeitskräfte als attraktiver Arbeitgeber zu präsentieren, um sowohl die eigene Mitarbeiterschaft zu halten als auch andere Arbeitskräfte zu gewinnen. Eine erkennbare Kontrolle über die unternehmerische Sozialpolitik erreichte die DAF durch die Beteiligung des Unternehmens nicht.

Die Bemühungen der Unternehmensleitung um eine Anerkennung der eigenen Sozialleistungen durch die DAF, die von 1934/35 an deutlich erkennbar sind, wurden indessen partiell von Konflikten mit den nationalsozialistischen Funktionären überschattet. Bei diesen auf einige Sachfragen beschränkten Auseinandersetzungen schreckte der Vertrauensrat im Stammwerk nicht davor zurück, die Unternehmensleitung bei der zuständigen Staatspolizeistelle Kiel zu denunzieren. Als 1937 die Bezahlung der Wochentags-Feiertage gesetzlich geregelt wurde, ersuchte die Gestapo die Unternehmensleitung, weiterhin die bisher freiwillig gezahlten Weihnachtsgratifikationen über das gesetzlich vorgeschriebene hinaus auszuzahlen. Die präzisen Informationen hatte die Gestapo vom zuständigen Abwehrbeauftragten des Reichskriegsministeriums im Drägerwerk erhalten.[68] Die

---

[66] Vgl. die Verordnungen des Reichsarbeitsministeriums, das sich in diesen Punkten gegen den Widerstand der Partei und der Industrieelite durchsetzte. Vgl. Bernhard R. Kroener, Die personellen Ressourcen des Dritten Reiches im Spannungsfeld zwischen Wehrmacht, Bürokratie und Kriegswirtschaft 1939-1942, in: Deutsche Reich, Bd. 5 1. Halbband, S. 693-1002 (756ff.); ders., Menschenbewirtschaftung, Bevölkerungsverteilung und personelle Rüstung in der zweiten Kriegshälfte (1942-1944), in: ebd., Zweiter Halbband, Stuttgart 1999, S. 777-1002.

[67] Fernschreiben Karl Feldhahn an Drägerwerk Niederlassung Berlin 22.2.1943, SUD BÄD V 7.3.2.n.

[68] Gestapo Kiel an Drägerwerk 24.12.1937, SUD BS X/4. Vgl. die Korrespondenz der Unternehmensleitung mit dem Abwehrbeauftragten, SUD BS X/4.

Abwehrbeauftragten der Wehrmachtsabwehrstellen des Wehrbezirks X überwachten neben ihrer eigentlichen Aufgabe der Spionageabwehr auch unternehmensinterne Vorgänge wie etwa Arbeitsunfälle, wobei sie oft eng mit der Gestapo, dem SD, der DAF und anderen Institutionen zusammenarbeiteten. Sie stellten eine nachrichtendienstliche Frühwarneinrichtung in den Betrieben für das Geheime Staatspolizeiamt dar und kennzeichneten die vielen Interventionen oftmals miteinander konkurrierender Institutionen, die in unternehmensinterne Prozesse und Auseinandersetzungen gerade von mit Rüstungsaufträgen ausgestatteten Konzernen eingriffen.[69] Der Lübecker Unternehmensleitung gelang es in diesen Fällen jedoch, diese Interventionen abzuwehren.

Bei den wenigen rekonstruierbaren Auseinandersetzungen mit staatlichen Bürokratien und der DAF in diesem Bereich sind insgesamt zwei strategische Ziele der Unternehmensleitung erkennbar: *Erstens* suchte sie die zuständigen Institutionen des Staates und der Partei weitestgehend von den unternehmerischen Entscheidungsprozessen und -zentren fernzuhalten. Die Unternehmensleitung war bemüht, den Interventionen und Zugriffen durch eine offensive Strategie zu begegnen, indem sie Auseinandersetzungen mit der DAF durch präventive Maßnahmen umging und den sozialpolitischen Forderungen so weit wie möglich entgegenkam, ohne die Institution und ihre Vertreter tatsächlich in Entscheidungsprozesse zu integrieren. Dabei war man insgesamt relativ erfolgreich in der Abwehr externer Interventionen. Vergleicht man diese Prozesse im Drägerwerk mit der Entwicklung in der Auergesellschaft, werden die Erfolge des Dräger-Managements bei der Abwehr der Interventionen der DAF noch deutlicher. Im Unterschied zum Drägerwerk gelang es Aufsichtsrat und Vorstand in der Berliner Auergesellschaft keineswegs, die DAF von unternehmensinternen Entscheidungen auszuschließen. Im Gegenteil hatte die Organisation in der Kapitalgesellschaft einen erheblichen Einfluß auf strategische Entscheidungen, stellte für lange Zeit den Betriebsführer des Oranienburger Werkes und störte die Bemühungen der Degussa AG, den Konzern über den Aufsichtsrat unmittelbar zu kontrollieren. Das Unternehmen erhielt mit der »goldenen Fahne« mehrfach die höchste Auszeichnung der DAF. Erst mit der Unterstützung des Rüstungsministeriums konnten sich Vorstand und Aufsichtsrat 1944 gegen die DAF durchsetzen. Der Einfluß der DAF auf die Fertigung und der darauffolgende interne Machtkampf in der Aktiengesellschaft hatten zu diesem Zeitpunkt bereits katastrophale Konsequenzen für die Produktion und die Außenwirkung des Unternehmens.[70]

Zweitens knüpfte man beim Ausbau der sozialpolitischen Maßnahmen im Drägerwerk bewußt an die lange sozialpolitische Traditionen aus der Zeit vor 1933 an und konnte dabei auf ein gut funktionierendes und unter den Mitar-

[69] Vgl. Wysocki, Arbeit, S. 371.

[70] Vgl. die Berichte des Aufsichtsrats, IW 14.6.1 Unternehmensarchiv Degussa AG.

beitern bekanntes sowie akzeptiertes Instrumentarium zurückgreifen. Die Standards der Weimarer Jahre wurden gehalten und in einigen Bereichen deutlich verbessert. Dies betraf beispielsweise den betrieblichen Wohnungsbau und die Altersversorgung. Das Unternehmen ging bei den Sozialleistungen in den Jahren der Staatskonjunktur wie andere Großbetriebe auch weit über das gesetzlich vorgeschriebene Ausmaß hinaus, um die Mitarbeiterschaft zu halten.[71]

Nach dem Ausbruch des Krieges bestimmte vor allem die zunehmende Verknappung der Ressource Arbeit die Arbeitsbeziehungen und die Sozial- und Personalpolitik der Unternehmensleitung. Sie führte zu einer weiteren Einschränkung der unternehmerischen Handlungsspielräume und damit zur Notwendikeit einer Veränderung ihrer Unternehmenspolitik. Im Verlaufe des immer radikaleren Ressourcenmangels innerhalb der Kriegswirtschaft wurde eine Erhöhung der Produktionsziffern vor allem durch Mehrarbeit und eine Intensivierung des Faktors Arbeit erreicht. Anhaltende Konflikte mit den unterschiedlichen Bewirtschaftungsbürokratien bestimmten die Bemühungen der Unternehmensleitung um einen Erhalt der Beschäftigten in der Kriegswirtschaft. Zunehmend wurden in den Fertigungsstätten des Unternehmens ausländische Arbeitskräfte und Zwangsarbeiter aus den von Deutschland besetzten Gebieten eingesetzt.[72] Dabei war das Management in der ersten Kriegsphase bestrebt, selbständig Mitarbeiter in den besetzten Gebieten anzuwerben, um die Verluste infolge der Einberufungen in die Wehrmacht auszugleichen. So bemühte man sich im Sommer 1941 um die Einstellung von 300 kroatischen Frauen im Stammwerk, die Dräger-Manager mit der Erlaubnis des OKH und des Reichsarbeitsministeriums selbst angeworben hatten.[73]

Über die Arbeits- und Lebensbedingungen der Fremd- und Zwangsarbeiter, die im Lübecker Stammwerk beschäftigt waren, liegen nur wenige Hinweise vor. Vor staatlichen Maßnahmen konnte das Unternehmen die Menschen, die bei ihm beschäftigt waren, nur begrenzt schützen. Als im September 1944 drei im Stammwerk beschäftigte Zwangsarbeiter »wegen schweren Diebstahls« von der Gestapo verhaftet wurden, erfuhr die Unternehmensleitung erst nach der Vollstreckung davon, daß die betreffenden zum Tode verurteilt worden waren. Die zuständige Verwaltungsleitung der Sozialabteilung des Unternehmens schrieb über den Vorfall eine Aktennotiz an Heinrich Dräger, in der die Überraschung über die Härte der Bestrafung erkennbar ist. Für den Diebstahl einiger Ernteprodukte aus nahegelegenen Gärten hatte die Leitung der Abteilung mit einer Freiheitsstrafe gerechnet. Gegenüber dem über den Verlauf der Angele-

[71] Zusammenstellung der Gesamtleistungen des Drägerwerks März 1938, SUD BS 15/17.

[72] Vgl. für den Zusammenhang: Ulrich Herbert, Fremdarbeiter. Politik und Praxis des »Ausländer-Einsatzes« in der deutschen Kriegswirtschaft des Dritten Reiches, Bonn 1985.

[73] OKH an Landesarbeitsamt Nordmark 14.8.1941, SUD BS 10/1.

genheit offensichtlich unzufriedenen Dräger betonte die Sozialabteilung, »dass wir überhaupt keinen Einfluss auf diese Angelegenheit gewinnen konnten, da das Verfahren durch den Volksgerichtshof durchgeführt wurde.«[74] Um weitere Vorfälle zu vermeiden, beschloß die zuständige Abteilung, zukünftig die ausländischen Arbeitskräfte durch deutsche Mitarbeiter auf dem Weg in ihre Unterkunft begleiten zu lassen.[75]

Auf dem Höhepunkt der Beschäftigung ausländischer Arbeiter, im Sommer 1944, waren über 1200 Frauen und Männer aus den besetzten Gebieten im Lübecker Stammwerk tätig.[76] Neben etwa 550 Personen aus der Sowjetunion waren im Juli 1943 170 Menschen aus Polen und eine Gruppe von fast 300 Facharbeitern aus den westlichen Besatzungsgebieten beschäftigt. Im Sommer 1944 wurden dem Unternehmen darüber hinaus 50 Kriegsgefangene als Arbeitskräfte zur Verfügung gestellt.[77] Zu diesem Zeitpunkt arbeiteten in den Betrieben des Drägerwerks insgesamt nahezu 7000 Menschen.[78] Die Organisation der Fremdarbeit beschäftigte außerhalb des Unternehmens neben verschiedenen zentralen Rüstungsbürokratien auch die Arbeitsämter und andere regionale Institutionen. Im Betriebsführerarbeitskreis Lübeck I (Eisen und Metall) besprachen die beteiligten regionalen Betriebe gemeinsam mit der DAF und dem Arbeitsamt organisatorische Probleme. In den Diskussionen dieses Arbeitskreises, der von den großen Unternehmen der Region dominiert wurde, werden die Bemühungen der Betriebe deutlich, die ausländischen Beschäftigten in die leistungsbezogenen Lohnsysteme zu integrieren, um die Produktivität und den Nutzen der Arbeitskraft zu optimieren.[79]

Im Verhalten der Unternehmensleitung bei der Behandlung des Problemkreises Zwangsarbeit sind keinerlei Bedenken oder Zurückhaltung erkennbar. Bereitwillig beschäftigte das Unternehmen die angebotenen Arbeitskräfte, um die Fertigung aufrecht zu erhalten, als man immer mehr männliche Mitarbeiter bei den Einberufungen verlor.[80] Das Management war von Beginn an bemüht, die ausländischen Arbeitskräfte in das System der leistungsgerechten Belohnung in dem Betrieb zu integrieren und, soweit dies für die Arbeitsorganisation notwendig war, anzulernen. Um die Arbeitsleistung zu intensivieren, lernte die Unternehmensleitung mehr als 75 % der männlichen Fremdarbeiter, die längere

---

74 Sozialabteilung an Dräger 26.9.1944, SUD BS 10/1.

75 Sozialabteilung an Dräger, Maul, Schrepfer 30.9.1944, ebd.

76 Vgl. die Angaben im Personalhauptbuch, SUD BÄD IX 1.1.2.

77 Vgl. Fernschreiben für Sonderausschuß Abwehrgeräte 22.8.1944, SUD BÄD VI 2.2. Genauere Angaben liegen nicht vor. Insgesamt fluktuierten die einzelnen Zwangsarbeitergruppen in den Fertigungsstätten.

78 Aktennotiz Gefolgschaftsstärke 1.7.1943, SUD BS 27/8. Präzise Angaben über die Zusammensetzung der Arbeitskräfte in den anderen Fabriken fehlen vollkommen.

79 Niederschrift über Sitzung des Betriebsführerarbeitskreises Lübeck I (Eisen und Metall) am 15.1.1943, SUD BS 27/8. Der Arbeitskreis wurde 1943 in die Industrie- und Handelskammer integriert.

80 Bericht über Leistungssteigerung im Drägerwerk Lübeck ab Kriegsbeginn, September 1942, SUD BS 10/1.

Zeit im Stammwerk arbeiteten, an.[81] Der überwiegende Teil der ausländischen Arbeitskräfte aller nationalen Gruppen führte Arbeiten aus, die eine Qualifikation oder wenigstens eine spezielle Schulung erforderten. Dabei war der Facharbeiteranteil vor allem unter den osteuropäischen Beschäftigten gering. Die Arbeitsbedingungen für die Gesamtbelegschaft wurden während des Krieges schlechter: Die Arbeitszeit wurde erheblich von 48 (1934) auf zeitweise bis zu 72 Stunden (1944) im Stammwerk verlängert, die Nahrung verschlechterte sich und in vielen Arbeitsbereichen setzte eine stärkere Kontrolle ein. Diese Entwicklung der Arbeits- und Lebensbedingungen belastete die Fremd- und Zwangsarbeiter ungleich stärker als die deutschen Arbeitskräfte.[82]

Bei den Bemühungen, den Facharbeiteranteil unter den deutschen Mitarbeitern aufrecht zu erhalten, war die Unternehmensleitung insgesamt relativ erfolgreich.[83] Sie verwies bei den ständigen Auseinandersetzungen mit der Rüstungsbürokratie über Einziehungsaktionen und den Austausch von deutschen und ausländischen Arbeitskräften wirksam auf die Relevanz der Rüstungsfertigung des Unternehmens. Darüber hinaus gelang es dem Unternehmen partiell, sich der unmittelbaren Kontrolle der Rüstungsbürokratie, die den Beschäftigungsgrad in den einzelnen Produktionsbereichen des Konzerns wiederholt prüfte, zu entziehen. Dräger verwies gegenüber der staatlichen Verwaltung auf »die Vielseitigkeit der Fertigung in unseren Werken«, die dazu führe, »dass wir von einer grossen Anzahl von Ausschüssen und Ringen betreut werden. Dabei läßt sich der Einsatz der Arbeitskräfte nicht genau abgrenzen nach den einzelnen Programmen, für die gearbeitet wird.«[84] Die hohe Dringlichkeitsstufe, die die Gasschutzgerätefertigung in der zweiten Kriegshälfte besaß, sowie die Beteiligung des Drägerwerks an der Jägerfertigung durch ihre Höhenatmungsgeräte machte die Bemühungen der Unternehmensleitung bei der Abwehr der unterschiedlichen staatlichen Zugriffe vergleichsweise erfolgreich. Weniger rüstungsrelevante Produktionsbereiche konnten unter dem Mantel der Fertigung von Produkten für durchsetzungsfähige Sonderinstitutionen wie den »Jägerstab« vor Zugriffen auf ihre personellen Ressourcen geschützt werden.[85] Die Abwehr der Zugriffe durch die Rüstungsbürokratie erforderte jedoch von der Unternehmensleitung einen erheblichen Aufwand. In Anbetracht der hierarchischen

[81] Das geht aus den statistischen Berichten an das Rüstungsministerium hervor. Vgl. Maschinelles Berichtswesen des Reichsministeriums für Rüstung und Kriegsproduktion Bezirksstelle X Hamburg (Monatliche Berichte 1944-1945), SUD BÄD VI 4.8.

[82] Vgl. die Angaben im Personalhauptbuch, SUD BÄD IX 1.1.2; sowie die Betriebsordnung von 1934 und 1939, SUD BS 32/10.

[83] Eine genaue Erfassung der einzelnen Gruppen und des Ausbildungsgrades im Verlaufe der Entwicklung ist in Anbetracht der Quellenlage unmöglich. Vgl. Maschinelles Berichtswesen des Reichsministerium für Rüstung und Kriegsproduktion Bezirksstelle X Hamburg (Monatliche Berichte 1944-1945), SUD BÄD VI 4.8.

[84] Dräger an den Sonderausschuß Fliegersonderausrüstung 31.8.1944, SUD BÄD VI. 2.5.

[85] Vgl. beispielsweise Dräger an Gauunterkommission Schleswig-Holstein der Rüstungskommission X Kiel 3.5.1944, SUD BÄD VI 2.5.

Struktur der Verwaltungsbehörden mußte Dräger beispielsweise im Mai 1944 mehrfach persönlich gegenüber der Rüstungskommission auftreten, um den Austausch von 20 polnischen Arbeiterinnen gegen 20 deutsche, weibliche Teilzeitkräfte zu verhindern.[86] Zu diesem Zeitpunkt war Dräger Eigentümer und Leiter eines Konzerns mit 22 Fertigungsstätten.

Die staatlichen Interventionen in der NS-Zeit, die insgesamt die Kontrolle und Regulierung der betrieblichen Arbeitsbeziehungen und des gesamten Arbeitsmarktes anstrebten, setzten das Unternehmen einer erheblichen Veränderungsdynamik aus. Die Unternehmensleitung wehrte sich gegen diese Eingriffe, wenn sie ihren strategischen Interessen widersprachen. Aufgrund der Bedeutung der Fertigungskapazitäten für die Rüstung waren die Bemühungen der Unternehmensleitung, in ihrer Personalpolitik autonome Handlungsbereiche weitgehend zu erhalten, in den meisten Fällen erfolgreich. Im Krieg verstärkten sich die Auswirkungen der makroökonomischen Wandlungsprozesse auf die Organisation von Arbeit in dem Unternehmen. Die Handlungsspielräume der Unternehmensleitung wurden aufgrund der zunehmenden Interventionen der Rüstungsbürokratie immer mehr eingeschränkt. Die Alternativen, die zu der weitgehenden Kooperation mit den staatlichen Institutionen bei der immer intensiveren Ausnutzung der Arbeitskräfte bestanden, hätten dem strategischen Hauptinteresse der Unternehmensleitung, die Fertigung möglichst ungestört weiterführen zu können, fundamental entgegengestanden. Nur im Gesamtkontext der Zwänge, der Handlungsspielräume und der strategischen Prioritäten des Unternehmens wird die mikro- und makroökonomische Bedeutung des Faktors Zwangsarbeit als zentraler Teil des Produktionssystems in der Kriegswirtschaft erkennbar. Auch die Intensivierung der Arbeitskraft lag im Interesse der Unternehmensleitung, da nur durch sie die geforderten Fertigungsziele zu einem Zeitpunkt erreicht werden konnten, als man weitergehende Rationalisierungen der Arbeitsabläufe durch Investitionen in Maschinen unbedingt verhindern wollte. Die Konsequenzen, die diese strategischen Prioritäten für die betroffenen Menschen im Unternehmen bedeuteten, nahm die Unternehmensleitung in Kauf.

2. Das Unternehmen in einer Region: Das Werk Wolbrom im Generalgouvernement

Der neugegründete Sonderausschuß Gasschutz- und Atemgeräte drängte das Drägerwerk von 1942 an dazu, die Produktion aufgrund der Luftbedrohung im Altreich auszulagern und aufzuteilen. Diese Aufforderungen, die vor allem von

[86] Dräger an Gauunterkommission Schleswig-Holstein der Rüstungskommission X, 3.5.1944, SUD BS 27/8.

dem Ausschußvorsitzenden und Auervorstand Quasebart ausgingen, führten in der Unternehmensleitung des Drägerwerks zu einer Sondierung der Möglichkeiten in den besetzten Gebieten.[87] Darüber hinaus kam es – insbesondere unter dem Eindruck der umfangreichen Einberufungswelle im Frühjahr 1942 in Vorbereitung der Sommeroffensive an der Ostfront – zu folgender Forderung Quasebarts an das Drägerwerk: Das Unternehmen solle »eine umfassende Rationalisierung durchführen, um den Produktionsausfall wettzumachen, der durch die jetzigen Einberufungen entsteht«.[88] Dräger reagierte auf diese Forderungen mit dem Hinweis, daß sein Unternehmen »fertigungstechnisch Auer in jeder Hinsicht gleichwertig ist«. Diesen Hinweis richtete er zugleich an den Staatsrat Walther Schieber, den Leiter des Rüstungslieferamts, der für die Organisation der Ausschüsse zuständig war.[89] Der Druck auf das Unternehmen, die Produktion in bombengeschützte Gebiete wie das Generalgouvernement zu verlagern und gleichzeitig weiterhin die Fertigung zu rationalisieren, ließ jedoch nicht nach.

Im März 1942 kam es daraufhin in Wolbrom im Zuständigkeitsbereich des Rüstungskommandos Krakau (Generalgouvernement) zu ersten Verhandlungen des Drägerwerks mit der Gummiwarenfabrik Wolbrom AG, die zum deutschen Westen-Konzern gehörte. Von wem die Anregung zu dieser Kontaktaufnahme ausging, ist nicht mehr zu rekonstruieren. Diskutiert wurde die Produktion von Gummikörpern für Atemschutzmasken, wobei das Lübecker Unternehmen die Räume der Fabrik anmieten und mit einem größtenteils eigenen Maschinenpark fertigen wollte. Die Arbeitskräfte sollte der Westen-Konzern stellen.[90] Drägers strategische Prämisse bei den Planungen zur Erweiterung der Gummikörperzulieferung war es, die notwendigen Investitionen weitestgehend zu minimieren. Ein Beweggrund für die Unternehmensleitung, erstmals ernsthaft über eine Verlagerung in das Generalgouvernement nachzudenken, waren die verheerenden Bombenangriffe auf Lübeck im März 1942, die auch das Stammwerk getroffen hatten.[91] Für den Schutz des maschinellen Anlagevermögens erschien eine Auslagerung sinnvoll, zumal sich auf dem Weg über die Rüstungsbürokratie die Möglichkeit ergab, die umfangreichen Kosten an den Staat weiterzugeben.

Für die Leitung des Westen-Konzerns bildete die Vermietung der Fabrik und die Organisation der regionalen Infrastruktur eine lukrative Perspektive. Die

87 Protokoll über eine Sitzung des Sonderausschusses am 19.6.1942, SUD BÄD VI 2.4.
88 Quasebart an Dräger 7.2.1942, SUD BS VI 2.1.
89 Vgl. »Unterlagen für Leistungsnachweis bei Dr. Schieber« o. D., sowie »Beanstandung Drägerwerk betreffend Tätigkeit des Herrn Vorsitzenden des Sonderausschusses Gasschutz und Atemgeräte« o. D., SUD BS X/3.
90 Besprechungen und Versuche in Wolbrom 23.-25.3.1942, SUD BÄD V 7.2.15.
91 Vgl. Berichte im Kriegstagebuch der Rüstungsinspektion X 28.3.1942, RW 20/10-16 BArch-MA; sowie entsprechend im Kriegstagebuch des Rüstungskommandos X 28-30.3.1942 (S. 7ff.), RW 20/32 BArch-MA.

Fertigung des Drägerwerks in den Fatrawerken im Protektorat Böhmen und Mähren stellte für den Westen-Konzern bei den Verhandlungen mit den Lübeckern das Modell dar, an dem man sich orientierte. Dort stellte das Lübecker Unternehmen unter Ausnutzung der Fertigungskapazitäten des tschechischen Betriebes seit 1940 Gummikörper her. Der zuständige Direktor bestätigte das Interesse des Westen-Konzerns mit der Bemerkung, Fatra »hätte mit uns (dem Drägerwerk, B.L.) ein Bombengeschäft gemacht«, was die verhandelnden Dräger-Manager empört zurückwiesen.[92] Bei den weiteren Verhandlungen über die Fertigung kam es zunächst zu Auseinandersetzungen mit den zuständigen staatlichen Institutionen: einerseits der regionalen Rüstungsinspektion und andererseits dem Regierungsbeauftragten für Kautschuk und Mineralöl im Generalgouvernement. In dem ersten Bericht für ihren Chef betonten die zuständigen Verhandlungsführer des Drägerwerks die Eignung der Gummifabrik, die Fähigkeit der Belegschaft und insbesondere die unausgelasteten Fertigungskapazitäten des Wolbromer Unternehmens. Wie die weitere Entwicklung zeigte, waren für die Verlagerung der Fertigung in die Fabrik im Generalgouvernement jedoch nicht Überlegungen der Unternehmensleitung zur betriebswirtschaftlichen Rentabilität entscheidend, sondern vielmehr andere Faktoren, die außerhalb ihrer Entscheidungskompetenzen lagen. Diese Faktoren vergegenwärtigen signifikant die bestimmenden Prioritäten unternehmerischer Entscheidungen in der zweiten Kriegshälfte.

Zunächst bemühte sich die Lübecker Unternehmensleitung, die Zustimmung und Unterstützung der zuständigen Rüstungsinspektion im Generalgouvernement zu erhalten. »Wird die Rüstungsinspektion (...)«, so fragte man sich in Lübeck, »ihre volle Unterstützung bei der Auftragsverlagerung nach Wolbrom geben?« Erst nach der wiederholten Zusage und dem nachdrücklichen Engagement des zuständigen Beauftragten für Kautschuk ging man an eine Analyse der übrigen Probleme. Bei der maßgebenden Reichsstelle für Kautschuk in Berlin suchte man die dringende Frage der Rohstoffversorgung einer möglichen Maskenfertigung zu klären.[93] Diese gestaltete sich als außerordentlich schwierig: Täglich standen der Rüstungsinspektion Krakau für den Import aus dem Reich nur 10 Güterwaggons zur Verfügung. Man fand schließlich einen Weg über eine Niederlassung des Westen-Konzerns im Sudetengau, von wo aus man mit Lastwagen nach Wolbrom gelangte. Sowohl die Rüstungsinspektion als auch die Reichsstelle für Kautschuk sicherten schließlich dem Drägerwerk eine zuverlässige Rohstoffbelieferung zu.[94]

Nach Klärung dieser Fragen verzögerten die Dräger-Manager zunächst ein Anlaufen der Fertigung, indem sie gegenüber der zuständigen Rüstungsbürokra-

---

[92] Reisebericht Wolbrom 27.3.1942, S. 5, SUD BÄD V 7.2.15.
[93] Ebd., S. 10.
[94] Ebd., S. 9.

tie auf das ungelöste Problem der Organisation der Fertigung hinwiesen. Sie berichteten Dräger vor allem von dem Verwaltungsproblem, denn, »um zu ermitteln, welche Verwaltungskosten an Wolbrom für das Drägerwerk noch tragbar sind, wurde von einer neuen (...) Kalkulation ausgegangen«.[95] Insbesondere die Kostenberechnung mit den zuständigen Preisbehörden machte die Dräger-Manager zunächst skeptisch. Gegenüber der Rüstungsinspektion bemerkte man, »daß grundsätzlich schon verschiedentlich Streitigkeiten über die Höhe des im Generalgouvernement zu zahlenden Ausgleichsbetrages entstanden seien, und zwar sei es (...) in der eisenverarbeitenden Industrie so, dass das Generalgouvernement tatsächlich höhere Preise benötigt als das Reich.« Sowohl die an Drägers Engagement interessierte Wehrmacht als auch der Direktor des Westen-Konzerns bemerkten jedoch, daß die für die Kosten zuständigen Preisprüfer »ohne weiteres bereit seien, dem Drägerwerk diese Mehrkosten anzuerkennen.«[96]

Vorsichtig merkten die weiterhin zögernden Manager aus Lübeck gegenüber der Rüstungsbürokratie an, daß die Lohnstückkosten für einen Gummikörper in Wolbrom Schätzungen zufolge über 19,5 Pfennigen lägen – im Gegensatz zu 14,4 Pfennigen im Lübecker Stammwerk. Unter Berücksichtigung des deutschen Lohnniveaus würden in Wolbrom sogar 39 Pfennige erreicht werden. Das Alternativkonzept des Drägerwerks, Arbeitskräfte zwecks Kapazitätserhöhung von der unausgelasteten Wolbromer Fabrik nach Lübeck zu schaffen, lehnte die Rüstungsinspektion, wie die Dräger-Kaufleute ihrem Chef berichteten, mit der Argumentation ab, daß sie »einen Abzug von Arbeitskräften in das Reich (...) nicht mehr für angebracht halte, weil Wolbrom ja an und für sich die für uns gegebene Fertigungsstätte sei.«[97]

Für die Rüstungsbürokratie waren die betriebswirtschaftlichen Argumente des Dräger-Managements gegenstandslos. Im Gegenteil: Der zuständige Oberregierungsbaurat betonte unter Bezug auf die Bombenschäden in Lübeck »noch einmal ausdrücklich, (...) dass er darauf bestehen müsse, daß die Verlagerung ins Generalgouvernement erfolge.«[98] In der Tat hatte wenige Tage vor den entscheidenden Besprechungen im März 1942 der erste verheerende Bombenangriff der Alliierten auf Lübeck stattgefunden, der im Drägerwerk zu erheblichen Schäden der Fertigungs-, Verwaltungs- und Lagergebäude geführt hatte. In der neuen Lachswehranlage war ein Produktionsausfall von 10 % zu beklagen, andere Fabrikeinheiten konnten mehrere Tage nach den Vorfällen erst 10 % ihrer Fertigungskapazität erreichen.[99]

95 Reisebericht Schaal und Wieckmann an Verteiler 13.4.1942, SUD BÄD V 7.2.15.
96 Ebd., S. 3.
97 Ebd., S. 3.
98 Ebd., S. 3.
99 Vgl. die Berichte über die Produktionsausfälle im Kriegstagebuch der Rüstungsinspektion X 28.3.1942, RW 20/10-16 BArch-MA; sowie entsprechend im Kriegstagebuch des Rüstungskommandos X 28-30.3.1942 (S. 7ff.), RW 20/32 BArch-MA.

Argumenten ökonomischer Rationalität war man indessen in der Rüstungsbürokratie nicht zugänglich. Es folgten nur kurze weitere Verhandlungen, in denen das Drägerwerk noch erfolgreich große Teile der nötigen Verwaltung des Wolbromer Betriebes auf den vermietenden Westen-Konzern abschieben konnte. Danach gab das Unternehmen seinen hinhaltenden Widerstand auf. Im Juni 1942 lief die Fertigung von Gummikörpern für das Drägerwerk in Wolbrom an.[100] Ungeachtet des erheblichen Aufwandes an Transport- und Arbeitskapazitäten verlief die Produktion in den ersten Monaten vergleichsweise erfolgreich, was zu dem Angebot des Westen-Konzerns an das Lübecker Unternehmen führte, die Wolbromer Fabrik zu kaufen. Dies lehnte Dräger jedoch umgehend ab.[101] Einen eigentumsrechtlichen Übergang des Betriebes im Generalgouvernement auf den Dräger-Konzern war für die Unternehmensleitung im Sommer 1943 wenig attraktiv, da man die Bindung dort ohnehin ungern eingegangen war und nicht langfristig plante. Damit unterschied sich die Strategie der Unternehmensleitung von der anderer Industriekonzerne wie der Daimler-Benz AG, der Auergesellschaft, der Junkers Flugzeug- und Motoren AG, des Heinkel Konzerns und der Steyr-Daimler-Puch AG.[102] Während Generalgouverneur Hans Frank als Vertreter der Regierung des Generalgouvernements ursprünglich den Standpunkt vertreten hatte, vor Kriegsende dürften keine Industriebetriebe von Deutschen erworben werden, setzten sich seit 1943 Speer und Göring für eine grundsätzliche eigentumsrechtliche Lösung zugunsten der deutschen Rüstungsunternehmen durch. Speer versprach sich davon eine Steigerung der Investitionstätigkeit. Daraufhin wurden Verkäufe durch die Treuhandstelle des Generalgouvernements wesentlich erleichtert.[103] Diese neuen Voraussetzungen veränderten jedoch Drägers Zurückhaltung nicht.

In einem internen Aktenvermerk über die Entwicklung des Geschäfts im Generalgouvernement stellte man Ende Juni 1943 in Lübeck fest, daß durch den lokalen Arbeitsmarkt die Bedürfnisse der Wolbromer Gummifabrik nicht befriedigt werden konnten: Es fehlten weiterhin 100 Arbeitskräfte. Ansonsten liefe die von den Lübecker Managern nach dem Vorbild anderer Werke des Konzerns eingeführte Fließbandfertigung zufriedenstellend. Die Unternehmensleitung plante weitere Rationalisierungen, insbesondere da die von der Fertigungsstätte des Drägerwerks im Protektorat (Fatra) herbeigeschafften Spezialmaschinen zwar brauchbar aber veraltet seien.[104] Welche Arbeitskräfte in der

[100] Vertrag zwischen Drägerwerk und Gummifabrik-Wolbrom 20.4.1942, SUD BÄD VII 2.15.

[101] Witte an Dräger mit Kaufangebot Wolbrom über 5 Mio. RM 12.5.1943, ebd.; Dräger an Witte 26.6.1943, ebd.

[102] Vgl. Perz, Projekt, S. 101ff.; Gregor, Stern, 122ff; Budraß, Flugzeugindustrie, S. 616ff.; für die Auergesellschaft vgl. die Darstellung unten.

[103] Czeslaw Madajczyk, Die Okkupationspolitik Nazideutschlands in Polen 1939-1945, Berlin 1987, S. 558f.; Rolf-Dieter Müller, Albert Speer und die Rüstungspolitik im totalen Krieg, in: Deutsche Reich, Bd. 5 Zweiter Halbband, S. 275-776 (356ff.).

[104] Besprechung Wolbrom 24.-27.6.1943, SUD BÄD VII 2.15.

vom Drägerwerk gepachteten und geleiteten Fabrik im Generalgouvernement arbeiteten, ist nicht mehr zu rekonstruieren. Verschiedentlich wird jedoch in Aktennotizen und Berichten der Betriebsleitung deutlich, daß die Arbeitskräfte eine gewisse Autonomie besaßen. Die Arbeitskontrolle und -disziplin war im Wolbromer Betrieb für die Leitung ein anhaltendes Problem.[105] Auseinandersetzungen wegen der Überwachung oder Unterbringung der Arbeitskräfte gab es offensichtlich nicht, und Löhne wurden ausbezahlt. Im Kriegstagebuch des zuständigen Rüstungskommandos Krakau tauchen die Arbeiterinnen und Arbeiter des Drägerwerks Wolbrom im Unterschied zu den Fabriken mit jüdischen Zwangsarbeitern in der Region nicht auf.[106]

Nach der Räumung des Wolbromer Betriebs aufgrund des Vorrückens der Roten Armee kam es zu einer Übernahme der gesamten Belegschaft, die zu diesem Zeitpunkt aus »weiblichen polnischen« Arbeitskräften bestand, in das Lübecker Stammwerk. Wenigstens zu diesem Zeitpunkt ist die Herkunft der Arbeitskräfte zweifelsfrei festzustellen.[107] Insgesamt lassen diese Hinweise den Schluß zu, daß im Drägerwerk-Wolbrom – im Unterschied zu anderen deutschen Unternehmen – keine jüdischen Häftlinge oder Zwangsarbeiter beschäftigt waren, sondern überwiegend polnische Arbeiterinnen und Arbeiter.[108]

Eine erneute Intervention der Rüstungsbürokratie gefährdete 1943 indessen die für das Drägerwerk inzwischen tragfähige Situation in Wolbrom. Dabei ist eine Instrumentalisierung des Sonderausschusses durch die beteiligten Unternehmen für Wettbewerbsvorteile und eine Behinderung des Konkurrenten erkennbar. Der Sonderausschuß unter der Leitung des Auer-Vorstandsvorsitzenden Quasebart versuchte durch eine gemeinsame Intervention mit der Rüstungsinspektion Krakau, das Drägerwerk doch zu einer umfangreichen Investition in die Wolbromer Fertigungskapazitäten zu zwingen. Dabei sprachen die beiden Institutionen der Rüstungsbürokratie ihr Vorgehen gegenüber dem Drägerwerk offensichtlich ab. Der von der Auergesellschaft dominierte Sonderausschuß verlangte kategorisch eine Verlagerung weiterer Produktionsanlagen in das »bombensichere« Wolbrom, wobei er die aktuelle Gefährdung der Auer-Fabriken in Berlin-Oranienburg und die Sicherung der Fertigungskapazitäten ausdrücklich betonte. Der Sonderausschuß und die Rüstungsinspektion forderten nun vom Drägerwerk den Aufbau einer umfangreicheren Produktionsstelle für die Endfertigung der Gasmasken in Wolbrom.[109] Bisher waren in Wolbrom

[105] Vgl. verschiedene Berichte, ebd.

[106] Kriegstagebuch des Wehrwirtschaftsoffiziers bei der Rüstungsinspektion im Generalgouvernement, RW 46/453ff. BArch-MA.

[107] Mitteilung Dr. Maul 12.8.1944. Verteilung der polnischen weiblichen Arbeitskräfte aus Wolbrom, SUD BS 27/6; Bericht über die Räumung Wolbrom an den Sonderausschuß 9.8.1944, SUD BÄD VI 2.2; Anfrage des Sonderausschusses betr. Räumung, Sonderausschuß an Drägerwerk 9.8.1944, ebd.

[108] Vgl. für den Zusammenhang und das terminologische Problem Herbert, Fremdarbeiter.

[109] Sonderausschuß an Drägerwerk-Wolbrom 17.7.1943, SUD BÄD VI 2.2; Sonderausschuß an Drägerwerk-Wolbrom 3.9.1943, SUD BÄD VI 2.2.

aufgrund der Überlegungen und Rentabilitätsberechnungen der Lübecker Unternehmensleitung nur die vergleichsweise unkomplizierten und billigen Gummimaskenkörper angefertigt worden. Die aufwendige Endfertigung der Masken erfolgte im Lübecker Stammwerk.

Mit der Argumentation, Fertigungskapazitäten aus den luftgefährdeten Gebieten zu verlagern, wurde das Drägerwerk schließlich vom Sonderausschuß gezwungen, neben der Gummifabrik in Wolbrom eine eigene Fabrik zur Endfertigung der Masken zu errichten.[110] Dabei spielten auch die insgesamt ungenutzten Fertigungskapazitäten im Generalgouvernement und die Forderung, den Gesamtausstoß an Gasmasken zu erhöhen, eine entscheidende Rolle. Der Druck wurde zusätzlich durch die Bewirtschaftungsstelle für chemische Erzeugnisse im Generalgouvernement verstärkt, die der Lübecker Unternehmensleitung offen drohte, bei einer weiteren Weigerung des Drägerwerks-Wolbrom »müßte die Bewirtschaftungsstelle eines Tages eine kommissarische Verwaltung der Gummifabrik ins Auge fassen.«[111]

Das Drägerwerk lehnte die geforderten Investitionen zunächst ab. Man argumentierte erneut gegenüber der Rüstungsbürokratie, daß die Fertigung einer Maske des Modells »GM 38« in Wolbrom 18 Minuten und in Lübeck bei guten Bedingungen 11-12 Minuten Arbeitszeit benötige. Darüber hinaus habe das Drägerwerk schon Verlagerungen zu insgesamt 14 Fertigungsstätten durchgeführt, was im Vergleich zu Auer wesentlich mehr wäre.[112] Die Rentabilitätsargumente der Lübecker Kaufleute waren angesichts der ständigen verbissenen Preisverhandlungen des Unternehmens mit den zuständigen Prüfstellen keineswegs abwegig: Sie wurden jedoch sowohl von der Rüstungsinspektion als auch vom Sonderausschuß mit dem Hinweis abgelehnt, das Unternehmen müsse sich mit der zuständigen Preisbehörde im Generalgouvernement in Verbindung setzen. Der Reichskommissar für Preisbildung in Berlin, den die Lübecker Unternehmensleitung in dieser Frage umgehend um eine Information bat, lehnte Ausnahmepreise für dasselbe Produkt jedoch ausdrücklich ab. Es liege »kein Grund vor (...)«, so argumentierte man in Berlin, «für die Fabrikation im Generalgouvernement mehr zu nehmen als im Reichsgebiet.« Man wolle sich bei der Preisbildungsstelle Krakau erkundigen, ob ein nahezu dreifacher Preis für die in Wolbrom angefertigten Gasmasken, den das Drägerwerk angab, zu rechtfertigen sei.[113]

Als im Juli 1943 bei schweren Bombenangriffen die Fertigungskapazitäten des Hamburger Drägerwerks in Wandsbek nahezu vollständig ausfielen, wurde

[110] Drägerwerk an die Regierung des Generalgouvernements Hauptabteilung Wirtschaft Abt. I 21.12.1943 betr. Gewerbegenehmigungsantrag auf Eröffnung einer Zweigniederlassung in Wolbrom, SUD BÄD V 2.15.

[111] Reisebericht Kuhnert 21.9.1943, SUD BÄD V 2.15.

[112] Aktennotiz 14.5.1943, SUD BÄD V 2.15.

[113] Aktennotiz Betriebsabteilung Besuch beim Reichskommissar für die Preisbildung 17.11.1943, SUD BÄD VI 4.12.

die Durchsetzungsfähigkeit der Rüstungsbürokratie gegenüber dem Unternehmen zunächst vergrößert und der Prozeß beschleunigt.[114] In den regelmäßigen Sitzungen des Sonderausschusses wurde den Dräger-Kaufleuten die Instrumentalisierung des Ausschusses durch die Manager der Auergesellschaft offenbar: Offensichtlich schob Quasebart die Forderungen an die Branche nach weiteren Produktionsverlagerungen auf das Lübecker Unternehmen ab. Diese Forderungen stellte die zuständige staatliche Rüstungsbehörde – das Rüstungslieferamt – über den Hauptausschuß an den Sonderausschuß.[115]

Die Rüstungsbürokratie setzte sich schließlich in der Auseinandersetzung durch: Ende Juli 1943 gab man in Lübeck nach und teilte dem Sonderausschuß mit, daß die Endfertigung der Gasmasken ab September in der neuen Dräger-Niederlassung Wolbrom geplant sei. Dabei lieferte das Drägerwerk gebrauchte Maschinen aus Lübeck für die Fertigung ins Generalgouvernement, wie es auch schon für andere Werke des Konzerns geschehen war. Insgesamt arbeiteten Ende 1943 für die geplante monatliche Fertigung von 50.000 Gasmasken 700 polnische Arbeitskräfte in der Gummifabrik und weitere 550 Arbeitskräfte in der Anlage zur Endfertigung der Masken.[116]

Als entscheidenden Grund für eine letzte Verzögerung beim Anlaufen der Fertigung schilderte der zuständige Dräger-Manager Dr. Heinrich Maul dem Sonderausschuß die Probleme bei der notwendigen Devisenüberweisung in das Generalgouvernement. Die zuständigen Referenten konnten, wie sie versicherten, diese Probleme trotz mehrfacher Bemühungen nicht lösen. Das Devisenproblem sowie die Organisationsprobleme des deutschen Handels und der Fertigung im Generalgouvernement beschäftigten auch die militärische Führung. Daran war unter anderem Drägers alter Mitstreiter aus den konjunkturpolitischen Debatten in der Weltwirtschaftskrise beteiligt: Ernst Wagemann. Der Direktor des Instituts für Konjunkturforschung erstellte mehrere Gutachten und Denkschriften für das Wehrwirtschafts- und Rüstungsamt des OKW. In der Rüstungsbürokratie fand man keine adäquate Lösungen für das Problem.[117] Es hielt daher auch die geplante Fertigung in Wolbrom weiterhin auf. Wie das Drägerwerk bei der Monatsmeldung im August 1943 dem Rüstungsministerium mitteilte, war ein Erreichen des Fertigungssolls in Wolbrom »unmöglich, da aus devisentechnischen Gründen keine Möglichkeit besteht, die Fertigung zu finanzieren. (...) Wenn das Reichsluftfahrtministerium nicht in der Lage ist, aus seinem Devisenkontingent Zahlungsmittel für die VM-Fertigung in Wolbrom zur

114 Kriegstagebuch des Wehrwirtschaftskommandos X, RW 46 452 BArch-MA; Schadensmeldung Drägerwerk an Sonderausschuß 1.8.1943, SUD BÄD VI 2.1

115 Interne Aktennotiz 12.10.1943, SUD BÄD V 7.2.15.

116 Besprechung beim Drägerwerk Wolbrom, 13.10.1943, SUD BÄD V 7.2.15.

117 Gutachten und Berichte zur Frage des Zahlungsverkehrs mit den besetzten Gebieten (unter anderem Ernst Wagemann «Erzeugung und Verbrauch in der Ostmark«) Wehrwirtschafts- und Rüstungsamt, RW 19 1499 BArch-MA.

Verfügung zu stellen, muß die VM-Fertigung in Wolbrom ab 1.10.1943 stillgelegt werden«.[118]

Tatsächlich wurde das vorgesehene Fertigungssoll im Werk Wolbrom während der etwa einjährigen Produktionsdauer zu keinem Zeitpunkt erreicht. Als im Juli 1944 durch das Nahen der Ostfront die Notwendigkeit einer Verlagerung absehbar wurde, versuchte die Unternehmensleitung, die industriellen Fertigungskapazitäten weitestgehend für den Konzern zu erhalten. Die entscheidenden und wertvollsten Ressourcen – Arbeitskräfte und Maschinen – verteilte man auf die übrigen Fertigungsbetriebe des Konzerns im verbliebenen von Deutschland besetzten Gebiet. Aufgrund langfristiger Vorbereitungen gelang es der Unternehmensleitung selbst im Chaos des unmittelbaren Rückzugs das Anlagevermögen des Betriebes zu retten. Zur Überraschung der Rüstungsbürokratie vermochten es die Lübecker, neben den angelernten Arbeitskräften den gesamten Maschinenpark ins Lübecker Stammwerk zu schaffen. Am 17. August wurde die Fabrik Wolbrom nach Zustimmung des Rüstungskommandos Krakau endgültig geschlossen.[119]

3. Rationalität versus Rationalisierung? Die Produktion des Großunternehmens in den besetzten Gebieten

Im Sommer 1943 produzierte das Drägerwerk nach den umfangreichen Verlagerungsanforderungen und -bemühungen in neun eigenen Betrieben im Lübecker Raum. Darüber hinaus fertigte der Konzern selbst in folgenden Unternehmen, mit denen unterschiedliche Vertragsverhältnisse bestanden: In drei Betrieben in Hamburg, zwei Firmen im Sudetengau (Teplitz-Schönau), einer Fabrik in Wolbrom im Generalgouvernement, sowie in Anlagen im Elsass (Schettstadt), in Holland (Den Haag), in Wien, in Leipzig, an zwei Fertigungsstätten in Neumünster sowie in Delligsen. An der Pinnau-Werke GmbH Uetersen in Holstein sowie der saarländischen Dräger-GmbH war der Konzern ebenso beteiligt wie an der FEGA in Zürich, der Apparato Dräger S.A. in Spanien sowie der Dräger-Gesellschaft GmbH in Wien. Darüber hinaus arbeiteten zahlreiche weitere Betriebe im Altreich in Lizenz für das Unternehmen. Vor allem im Bereich der Gummiindustrie gab es im Altreich, aber auch in den besetzten Gebieten in Frankreich, dem Generalgouvernement und dem Protektorat Zuliefer-

[118] Monatsmeldung an den Sonderausschuß August 1943, SUD BS 27/8, S.2.

[119] Mitteilung Dr. Maul 12.8.1944. Verteilung der polnischen weiblichen Arbeitskräfte aus Wolbrom, SUD BS 27/6; Bericht über die Räumung Wolbrom an den Sonderausschuß 9.8.1944, SUD BÄD VI 2.2; Anfrage des Sonderausschusses betr. Räumung Sonderausschuß an Drägerwerk 9.8.1944, ebd.; Besprechung mit Drägerwerk und Rüstungskommando. Kriegstagebuch des Rüstungskommandos Krakau 17.8.1944, RW 23/12 BArch-MA.

betriebe des Konzerns. Zwischen 1935 und 1945 wurden daneben neun vollständige Gasschutz-Fertigungsbetriebe für Auftraggeber im Ausland eingerichtet.[120] Insgesamt fertigte das Drägerwerk auf dem Höhepunkt der Produktion in 22 eigenen Fabrikationsstätten im deutschen Machtbereich.

Dem Anwachsen der Produktion entsprach auch die zunehmende Beschäftigung. Am 1. Juli 1943 verzeichnet eine interne Aufstellung der Unternehmensleitung 7000 Mitarbeiter in den unmittelbar zum Konzern gehörenden Fertigungsbetrieben.[121] Im Verlaufe des Jahres 1943 waren Manager des Drägerwerks wiederholt auf Aufforderung des OKH oder des Sonderausschusses mit der Besichtigung und Begutachtung von stillgelegten Betrieben oder Betriebsteilen beschäftigt, um deren Kapazitäten für eine eventuelle Zulieferung bzw. Lizenzproduktion zu prüfen. Die Bewertung dieser überwiegend mittelständischen Unternehmen durch den Lübecker Konzern hing stark vom Wert der entscheidenden Ressourcen ab: dem Maschinenpark und der Qualität der Belegschaft. Die zahlreichen Besichtigungsreisen in der zweiten Kriegshälfte sind vor allem vor diesem Hintergrund verständlich.[122] Doch auch andere Motive brachten das Dräger-Management dazu, in die besetzten Gebiete zu reisen. Obgleich man bei der Expansion in die besetzten Gebiete zurückhaltend agierte, war die Unternehmensleitung von Anfang an an einer genauen Information über die konkurrierenden Atemschutzgerätefabriken in Frankreich, Belgien, Luxemburg und den Niederlanden sehr interessiert. Ende August 1940 reisten Dräger und seine leitenden Ingenieure gemeinsam mit Mitarbeitern von Continental in die besetzten Westgebiete und begutachteten die erreichbaren Fabriken der Branche. Nach einer genauen Kontrolle der technologischen und produktionstechnischen Kapazitäten verlor die Unternehmensleitung jedoch das Interesse an den Firmen. Der technologische Gewinn, den man aus den Wettbewerbern schöpfen konnte, war minimal. Gegen eine Verlagerung von Teilen der Endfertigung in die französischen und belgischen Unternehmen wehrte sich das Drägerwerk erfolgreich, um wichtiges Know How nicht in das »Ausland« weitergeben zu müssen. Für die Lübecker F & E Abteilung war diese Erfahrung die Bestätigung des eigenen technologischen Vorsprungs.[123]

Ende 1942 kam es zu nachdrücklichen Aufforderungen des Hauptausschusses IV »Wehrmacht und allgemeines Gerät« an das Drägerwerk, seine Fertigungskapazitäten konsequent in »luftgeschützte« Gebiete zu verlagern. Exponent dieser Offensive des Hauptausschusses gegen die Lübecker war der

120 Verschiedene Fertigungslisten, SUD BS 27/8, 14/8, 9/1.

121 Gefolgschaftsstärke 1.7.1943, SUD BS 27/8.

122 Vgl. Reiseberichte zu den Firmen Werner & Pfleiderer und Karl J. Scheel (beide Stuttgart), Dezember 1943, sowie zu Unternehmen in den besetzten Gebieten, SUD BÄD VI 4.12.

123 Vgl. ausführliche Reiseberichte und Bildbände über Frankreich Reise 20-28.8.1940, SUD BS 15/20. Zu ähnlichen Reisen deutscher Manager nach Frankreich 1940 vgl. Budraß, Flugzeugindustrie, S. 620f.

Ausschußleiter Generaldirektor Wilhelm Zangen, der Vorstandsvorsitzender des Mannesmann-Konzerns und zugleich Leiter der Reichsgruppe Industrie war.[124] Im Kern ging es um eine Verlagerung wichtiger Standorte. Dabei wurden in der zweiten Jahreshälfte 1942 unter dem Eindruck der zunehmenden Bedrohung durch den Luftkrieg mehrere Aufträge der Militärdienststellen unter der Bedingung vergeben, die Fertigung an mehreren Standorten zu organisieren, um das Risiko, daß der Auftrag wegen eines Luftangriffs auf eine Fabrik nicht erfüllt werden könne, zu reduzieren. Bei einem Auftrag an den Sonderausschuß über 52.000 Alkalipatronen für den Heeresatmer forderte die Marineleitung eine Fertigung an mindestens 6 unterschiedlichen Stellen, was die beiden betroffenen Unternehmensleitungen ablehnten, wobei Dräger darauf verwies, daß »diese Forderung (...) aus Rationalisierungsgründen (...) schwer durchführbar« sei.[125] In diesen Fällen kam es zu konkreten Verhandlungen zwischen den Auftraggebern und den Unternehmen über die Zahl und den Standort der Fabriken, in denen die gewünschten Produkte zu fertigen seien.

Im Oktober 1943 verlangte der Hauptausschuß erneut von dem Unternehmen über den Sonderausschuß »kategorisch (das) Herausziehen der Fertigung Gasschutzgeräte aus Lübeck (...). Insbesondere wird in Lübeck die Konzentration der Filterfertigung für Wehrmacht und Luftschutz, sowie die Anhäufung wertvoller Werkzeugmaschinen beanstandet.«[126] Dräger argumentierte in der folgenden harten Auseinandersetzung, »daß das Drägerwerk jetzt in einem weiten Gebiet bis Krakau und Elsaß hin in 12 verstreut liegenden Fertigungsstätten fertigt« und verwies auf die erheblichen Anstrengungen des Unternehmens, in den besetzten Gebieten die Produktion zu organisieren.[127]

Aufgrund des zunehmenden Drucks durch die Rüstungsbürokratie wandte sich Dräger in mehreren Memoranden an staatliche Institutionen und berichtete über die Kosten, den Aufwand und die übrigen Nachteile seines Unternehmens durch die erzwungene Verlagerung. Dabei war er bemüht, die Bürokratien von der ökonomischen Rentabilität, der sichereren Zulieferung und der effizienteren Endfertigung der Produktion bei einem Verbleib der entscheidenden Werkzeug- und Spezialmaschinen sowie der für die Maskenfertigung wichtigen Stufenpressen im Lübecker Stammwerk zu überzeugen. Gegenüber dem Arbeitsstab Gruppenpreise im Reichsministerium für Rüstung und Kriegsproduktion betonte Dräger insbesondere den immensen Transportaufwand zwischen den Fertigungsstätten, die damit verbundenen hohen Unkosten und –

[124] Sonderausschuß an Drägerwerk 19.11.1942, SUD BÄD VI 2.1. Zum Hauptausschuß IV und den Auseinandersetzungen bei dessen Bildung, Eichholtz, Kriegswirtschaft, Bd. II, S. 318f.; Ludwig, Technik, S. 396ff.; Janssen, Ministerium, S. 46ff.

[125] Dräger an Quasebart 10.9.1943, SUD BÄD VI 2.1.

[126] Quasebart an Drägerwerk 8.10.1943, SUD BÄD VI 2.1.

[127] Dräger an den Sonderausschuß Gasschutz und Atemgeräte (Quasebart) 23.9.1943, SUD BÄD VI 2.1.

angesichts der Situation in großen Teilen der besetzten Gebiete – die Unsicherheit der Fertigungsstätten.[128] Ergänzt man die Aussagen Drägers gerade über die Fertigungsprobleme im Generalgouvernement um die Berichte der Rüstungsinspektionen im Generalgouvernement, insbesondere die des für Wolbrom zuständigen Rüstungskommandos Krakau, wird die Situation, der die Dräger-Manager vor Ort gegenüberstanden, deutlich. Die Eingliederung des Generalgouvernements am 1. September 1942 als »Heimatkriegsgebiet« in die Wehrkreisorganisation des Reiches hatte an den Zuständen nichts geändert. Im Juni 1943 kam es zu 5699 «Bandenüberfällen« im Generalgouvernement, im Dezember 1943 waren es bereits über 6300, die teilweise von «Banden mit über 100 Mann« durchgeführt wurden, wie die Rüstungsinspektion meldete.[129]

In seiner Argumentation führte der Unternehmer an, daß die Umsätze des Unternehmens im Rüstungsbereich von 1942 bis 1943 um etwa 10 % gestiegen seien, »die Zahl der entsprechenden Fertigungsbetriebe um 100 %.«[130] Dräger argumentierte neben den bekannten Problemen der Fertigung in den besetzten Gebieten insbesondere mit betriebswirtschaftlichen Effizienzargumenten, indem er darauf verwies, daß durch die Verlagerungen insbesondere »die Vorteile von Rationalisierungsmassnahmen wieder ausgeglichen (werden)«. «Weitere Preissenkungen«, wie eigentlich geplant, seien daher unmöglich geworden.[131]

Bei seinen Bemühungen, die Rüstungsbürokratie von der fehlenden Rentabilität der auseinandergezogenen Produktion im europäischen Wirtschaftsraum zu überzeugen, suchte Dräger sich die Unterstützung der Reichsgruppe Industrie zu sichern, die über vergleichbare Probleme vor allem mit dem Rüstungsministerium verhandelte.[132] Darüber hinaus gab Dräger einige Hinweise auf die übrigen »Störungsfaktoren«, mit denen das Unternehmen seit Beginn des Verlagerungszwangs und der zunehmenden Verknappung der Ressourcen rechnen mußte: »Umstellung auf Ausweichstoffe«, »unerwartet notwendige Änderungen am Modell während der Fertigung«, »Fliegerschäden« von 9-10 Mio. RM, andauernde »Transportsperren« und schließlich die »Störung der Fertigung durch zu große Komplizität (sic.) von Verwaltungs- und Organisationsaufgaben.« Weitere Rationalisierungen oder Erhöhungen des Arbeitskräfteeinsatzes seien, schloß Dräger, aus diesen Gründen »zwecklos«.[133]

---

[128] Dräger an den Reichsminister für Rüstung und Kriegsproduktion (Arbeitsstab Gruppenpreise) 8.12.1943, SUD BÄD VI 4.6.

[129] Die Akten der Rüstungsinspektionen respektive Rüstungskommandos im Generalgouvernement sind nicht überliefert. Es lassen sich jedoch aus den überlieferten Kriegstagebüchern (mit Anlagen) die Zustände rekonstruieren, Kriegstagebuch der Rüstungsinspektion Krakau 1.11.1942-31.3.1943ff. RW 23/3 BArch-MA.

[130] Dräger an das Reichsministerium für Rüstung und Kriegsproduktion Amtsgruppe Preise Ministerialrat Dr. Wedler 30.3.1944, SUD BS 27/3; sowie RW 21, 23, 46 BArch-MA.

[131] Drägerwerk an den Sonderausschuß Gasschutz 8.10.1943, SUD BÄD VI 2.1.

[132] Korrespondenz mit der Reichsgruppe Industrie 1943, SUD BS 27/3.

[133] Dräger an den Sonderausschuß Gasschutz 11.3.1943, SUD BÄD VI 2.4.

Die Schwierigkeiten einer koordinierten Fertigung im europäischen Wirtschaftsraum insbesondere durch das Problem der Zulieferung von Gummikörpern für die Maskenfertigung, aber auch die umfangreichen Vorproduktionen für die wesentlich komplizierteren übrigen Drägerprodukte wie Sauerstoffgeräte, Höhenatmer und Raumlüftungsanlagen, führten zu einer Verstärkung der unternehmerischen Bemühungen um die Bewahrung eigener strategischer Prioritäten. Das Verhältnis zwischen der Rüstungsbürokratie und ihrer Absicht, wehrwirtschaftliche Prioritäten durchzusetzen auf der einen Seite und den unternehmerischen Interessen und strategischen Überlegungen auf der anderen Seite blieb von einem andauernden Konflikt gekennzeichnet. Bei den Entscheidungen über die Koordination der Fertigung wurden die unternehmerischen Handlungsspielräume einerseits zunehmend vom Druck der Rüstungsbürokratie eingeschränkt, andererseits waren die Unternehmen oft erfolgreich in der Durchsetzung eigener strategischer Prioritäten. Die unterschiedlichen Interessen prallten insbesondere in den Ausschüssen konzentriert aufeinander, die seit dem Sommer 1943 vom Hauptausschuß Wehrmachts- und Allgemeines Gerät zu weiterreichenden Verlagerungen und Kapazitätserweiterungen genötigt wurden. Während Quasebart und Dräger argumentierten, es genüge, »zweitklassige Maschinen in weniger luftgefährdeten Orten zur Aufstellung« zu bringen, forderte der Leiter des Hauptausschusses »gerade die Verlagerung für die hochwertigen Maschinen«. Den Bedingungen, die die Unternehmen für die unerwünschte Verlagerung stellten, begegnete die Leitung des Hauptausschusses dabei rigoros. Sie betonte, daß sich »irgendwie die Werke auch selbst zu helfen wissen (müssen). Alles kann behördlicherseits nicht gestellt werden.«[134] Dennoch konnten sich die Unternehmen an zentralen Punkten mit ihren Ansichten durchsetzen.

In der Frage der Organisation zusätzlicher Fertigungskapazitäten kam es immer wieder zu deutlich erkennbaren Bemühungen der Unternehmen, den ohnehin *geregelten Wettbewerb* noch weitergehend zu kontrollieren. Bei dem Hauptproblem der Branche im Sommer 1943, der Erhöhung der Volksmaskenfertigung, schlug das Drägerwerk dem Sonderausschuß die Integration einer neuen Fertigungsstätte vor, um das »Plansoll des Reichsluftfahrtministeriums« zu erfüllen. Die Firma Fatra in Napajedl im Protektorat Böhmen-Mähren war von dem Lübecker Unternehmen seit 1939 beobachtet worden. Zwei Wochen nach der Besetzung des Protektorats reiste eine Gruppe Ingenieure des Drägerwerks Ende März 1939 in das besetzte Gebiet und besichtigte elf Gasschutz- und Gummifabriken. Über die besichtigten Fabriken fertigte man detaillierte Berichte und vergleichende Analysen an, ohne dabei zu vergessen, die jeweilige »arische« bzw. »nichtarische« Beteiligung anzugeben. Die Fatra fiel durch einen modernen Maschinenpark, eine gut ausgebildete Belegschaft und ein organisiertes Management

134 Aktenvermerk über Verhandlungen am 7.10.1943 beim Hauptausschuß Wehrmachtsgerät, SUD BÄD VI 2.1.

mit ähnlicher Struktur wie das Dräger-Stammwerk besonders positiv auf.[135] Nach Kapazitätsanalysen und internen Berechnungen forderte Dräger schon 1939 Lizenzfertigungen und Zulieferungen aus dem Protektorat für das Lübecker Unternehmen. Insbesondere die vergleichsweise geringen Lohnstückkosten der Fatra hatten aus Rentabilitätsgründen die Kaufleute aus Lübeck überzeugt. Die Frage »nichtarischer« Beteiligungen spielte hierbei keine Rolle.[136]

Die Rüstungsbürokratie lehnte eine Produktion in tschechischen Gasmaskenfabriken und damit den regelnden Zugriff der Lübecker jedoch zunächst ab. Erst 1941 kam es zu Diskussionen über eine Fertigung für das Drägerwerk und nach komplizierten Verhandlungen zu umfangreichen Aufträgen über Gummimaskenkörper. Nach dem inzwischen eingespielten Modell lieferte das Drägerwerk dabei die notwendigen Spezialmaschinen für die Fertigung.[137] Im Verlaufe des Ausbaus der Geschäftsbeziehungen zwischen der Fatra und dem Drägerwerk kam es zu mehreren Angriffen durch den Konkurrenten Auer gegen die funktionierende Zusammenarbeit. Der Leiter des Sonderausschusses und Auer-Vorstandsvorsitzende beschwerte sich mehrfach über angebliche Bevorteilungen tschechischer Gasschutzfabriken. Als Dräger im Verlaufe der Auseinandersetzungen im Sonderausschuß über eine Erweiterung der Volksmasken-Fertigungskapazitäten im Sommer 1943 für die Vorproduktion ein weiteres Unternehmen aus dem Protektorat vorschlug, zu dem das Drägerwerk inzwischen gute Beziehungen besaß, nutzte Quasebart die Gelegenheit, um dem Konkurrenten große Teile der lukrativen Aufträge abzunehmen.[138] Hierbei konnte er seine Steuerungskompetenz als Ausschußvorsitzender effektiv einsetzen.

4. Marktverhalten und geregelter Wettbewerb: Die Auergesellschaft und das Drägerwerk

Im Vergleich mit der unmittelbaren Konkurrenz, der Auergesellschaft, werden die Besonderheiten der Lübecker Unternehmensstrategie erkennbar. Als tertium comparationis eines synchronen Vergleichs bieten sich neben der Strategie auch die Entwicklung der Handlungsspielräume und der Unternehmensstruktur an.[139] Wie veränderten diese sich während des dynamischen Wandlungsprozesses der Rahmenbedingungen? Welche Unterschiede und welche Gemeinsamkeiten sind bei den einzelnen Entwicklungswegen zu erkennen? Veränderte sich die Wettbe-

135 Reisebericht Kunze, Böhmen und Mähren, 28.3.-2.4.1939, SUD BS 27/5.

136 Reisebericht Dräger »OKH 14.4.1939«, SUD BS 15/9. Vgl. für das Verhalten der deutschen Wirtschaftselite Umbreit, Weg, S. 216ff.

137 Vermerk 22.8.1941 Dräger-Fatra, SUD BÄD V 7.2.15; vgl. allgemein auch: Teichova/Waller, Tschechoslowakische Unternehmer, S. 288ff.

138 Aktennotiz über eine Besprechung in Lübeck 2.6.1943, SUD BÄD VI 2.4.

139 Zur methodischen Diskussion über den Vergleich vgl. Haupt/Kocka, Geschichte, S. 9ff.

werbssituation durch die Kriegswirtschaft? Die vergleichende Perspektive muß die grundsätzlichen Unterschiede der Kapitalgesellschaft auf der einen und der familiengeführten Einzelhandelsgesellschaft auf der anderen Seite ebenso beachten wie die daraus resultierende Abhängigkeit der Auergesellschaft von der dominierenden Alleineigentümerin. Dem Einfluß der Degussa AG, der hauptsächlich über den Aufsichtsrat erfolgte, kommt daher entscheidende Bedeutung zu.

Auch die Auergesellschaft hatte sich im Sommer 1939 Gedanken über die Möglichkeit eines Engagement im Protektorat gemacht. Der Konzern agierte dabei jedoch im Vergleich zum Drägerwerk insgesamt schwerfällig und langsam. Als der Vorstand für den Aufsichtsrat im August 1939 einen kurzen Bericht über die Aussichten in der «Tschechoslowakei« abgab, stellte man fest, daß es die drei größten Gasmasken-Fabriken dort ablehnten, «irgendeine Art von Verständigung zu treffen.« «Die Auergesellschaft«, so berichtete der Vorstand, »hatte die Idee, sich an der kleinsten der drei Firmen zu beteiligen, um wenigstens dabei zu sein und bei Kartellbestrebungen der tschechischen Fabriken eine Rolle zu spielen.«[140] Der Aufsichtsrat lehnte das Beteiligungsansinnen des Vorstands indes ab, da sich die finanzielle Situation des Unternehmens infolge der immensen Expansion zwischen 1933 und 1939 inzwischen problematisch entwickelt hatte.[141] Für die Auergesellschaft war zudem die Zulieferung von Vorprodukten und Einzelteilen sowie von in Lizenz gefertigten Endprodukten aus Prag nicht so attraktiv wie für das Drägerwerk. Für sie war vielmehr die reibungslose Zusammenarbeit mit dem Exklusivlieferanten Continental im Altreich entscheidend. Das Drägerwerk konnte dagegen das Zulieferproblem nie vollständig lösen. Man beobachtete jedoch bei Auer in Berlin und bei der Degussa in Frankfurt das Verhalten des Konkurrenten in Lübeck genau. Im Verlaufe der engeren und erfolgreichen Zusammenarbeit des Drägerwerks mit den tschechischen Unternehmen suchte Auer immer wieder den Lübecker Konkurrenten aus dessen Marktposition zu verdrängen.[142]

1940 kaufte sich die Auergesellschaft schließlich selbst mit einer fünfzigprozentigen Beteiligung im Wert von 110.000 RM bei dem Prager Hersteller »Gasma Aktiengesellschaft« ein. Die Investition ist – vor dem Hintergrund der Entwicklung der Fertigungsstätten und des Organisationssystems des Gesamtkonzerns – im Vergleich zum Vorgehen des Drägerwerks gleichwohl bemerkenswert: Mit der Gasma AG setzte die Auergesellschaft im Gegensatz zu Dräger ihr konsequentes und umfangreiches finanzielles Engagement beim Ausbau *eigener* Fertigungskapazitäten innerhalb des von Rüstungsaufträgen dominierten Gasschutzsektors fort. Während der Lübecker Konzern Beteiligungen und

[140] Aktennotiz Besprechung bei der Auergesellschaft mit den drei Herren des Vorstands am 4.8.1939, IW 25.5/2 Unternehmensarchiv der Degussa AG.

[141] Vgl. ebd.

[142] Bericht über die Sitzung des Sonderausschusses 9.3.1943, SUD BÄD VI 2.4; Protokoll über die Sitzung des Sonderausschusses für Gasschutz- und Atemgeräte am 10.9. 1942, SUD BÄD VI 2.4.

Eigengründungen außerhalb des Altreichs zu umgehen suchte und auf Kooperationen setzte, investierte Auer in diesem Bereich mit erheblichen Anlauf- und Folgekosten.

Die strategischen Vorstellungen des Auervorstands waren offensichtlich: Die anderen 50 % an der Gasma hatte Continental erworben, und damit baute man in bewährter Arbeitsteilung nun auch in Prag die entscheidenden Gummimaskenkörper. Daneben waren es vor allem steuerliche Vorteile, die den Auervorstand dazu bewogen, sich im Protektorat und in anderen Teilen des von Deutschland besetzten Europas, wie Lothringen und dem Generalgouvernement, in vergleichbarem Maße zu engagieren.[143]

Gleichwohl bleiben einige Beweggründe für diese Beteiligung unklar. Dies gilt besonders, da sie zu einem Zeitpunkt erfolgt, als vor dem Hintergrund des Sieges über Frankreich im Sommer 1940 die weitere Entwicklung der Aufrüstung nicht berechenbar war. Beide Unternehmensleitungen bemerkten die Veränderung umgehend, da die Nachfrage der Rüstungsbürokratie erschreckend zurückging.[144] Das Problem der rückläufigen Aufträge wurde in Vorstand und Aufsichtsrat der Aktiengesellschaft bereits zwei Wochen nach dem Waffenstillstand mit Frankreich diskutiert. Das Bild, das sich einem eiligst zusammengerufenen Rumpfaufsichtsrat Anfang Juli 1940 bot, konnte im Vergleich zu der ordentlichen Sitzung des Gremiums nur vier Wochen zuvor kaum unterschiedlicher ausfallen: Der Berichterstatter Dr. Ernst Baerwind – Vorstandsmitglied der Degussa AG und Aufsichtsratsmitglied der Auergesellschaft – berichtete dem Aufsichtsratsvorsitzenden Schlosser von einem »völligen Stimmungsumschwung«. »Während sich am 11. Juni alles um die Frage drehte, wie die Auergesellschaft die ständig wachsenden Aufträge der drei Wehrmachtsteile erfüllen bzw. mit Anstand ablehnen könnte, standen dieses Mal die Ausführungen von Professor Quasebart ganz unter dem Eindruck der von den verschiedenen Waffenämtern teils schriftlich schon verfügten, teils mündlich angekündigten Auftragsstreichungen.«[145]

Gesamtumsatz der DEGEA A.G. (Auergesellschaft) 1937/38-1942/43 in Millionen RM[146]

	1937/38	1938/39	1939/40	1940/41	1941/42	1942/43
Umsatz	50	70[147]	95	100	117	110

143 Interner Bericht des Vorstandes für das Geschäftsjahr 1939/40, S. 7, IW 24.9/1 Unternehmensarchiv der Degussa AG; Bericht des Vorstandes für das Geschäftsjahr 1942/43 S. 18, ebd.; Bericht des Vorstandes für das Geschäftsjahr 1942/43 S. 18, ebd.

144 Vgl. zur Wahrnehmung im Drägerwerk die Aktennotizen in SUD BS X/3.

145 Aufsichtsratssitzung der Auergesellschaft am 10.7.1940 – Bericht Dr. Baerwind Unternehmensarchiv der Degussa AG IW 24.5/2.

146 Bericht des Vorstandes für das Geschäftsjahr 1942/43 S. 3, IW 24.9/1 Unternehmensarchiv der Degussa AG. Die Angaben für das Geschäftsjahr 1943/44 fehlen in den Akten.

147 Wegen der Umstellung des Geschäftsjahres kam es zu einem «Rumpfjahr 1939«, in dem bilanzmäßig 1 Mio. RM umgesetzt wurden.

Auch wenn sich der Nachfrageeinbruch des Sommers 1940 nur in einer Verringerung des Anstieges des Gesamtumsatzes ausdrückte, war der Eindruck für Vorstand und Aufsichtsrat alarmierend. Der sektorale Auftragsrückgang bedeutete für den Konzern drohende Überkapazitäten. Die Auergesellschaft hatte sich im Verlaufe der Aufrüstung im Vergleich zum Drägerwerk ungleich stärker auf den Bereich der prosperierenden Gasschutzgerätefertigung konzentriert. Der Vorstandsvorsitzende Quasebart mußte dem Aufsichtsrat daher bei der Krisensitzung mitteilen, daß bei dem zu erwartenden Friedensschluß in nahezu allen Produktionsbereichen ein massiver Umsatzeinbruch zu befürchten sei. Er nannte »ca. 20 Millionen Umsatz, welche die Auergesellschaft auch nach dem Wegfall aller durch den Krieg bedingten Lieferungen noch ohne Berücksichtigung der durch den Grosswirtschaftsraum eröffneten Expansionsaussichten mindestens erzielen kann, und die zur Aufrechterhaltung der bisherigen Dividendenhöhe nach menschlichem Ermessen ausreichen (...)«.[148]

Als eine erste Folge des Auftragsrückgangs beschloß der Aufsichtsrat einen sofortigen Investitionsstop bei allen geplanten Objekten. Schon während der Besetzung Belgiens und der Niederlande hatte sich der Aufsichtsrat Sorgen über die Bedeutung dieser Entwicklung für die internationalen Außenstände des Unternehmens gemacht, die allerdings nahezu alle durch Hermes-Bürgschaften abgesichert waren. Schon zu diesem Zeitpunkt befürchtete man »plötzliche Auftragsstockungen«, und stellte fest, daß im Gegensatz zu den bisherigen Gepflogenheiten nur noch »Monatsaufträge mit einer Abnahmegarantie für 3 Monate (erteilt werden)«. »Dadurch«, so registrierte man, »tritt auch bezüglich der Vorratshaltung ein grösseres Risiko (ein), (...) wenn je nach Lage der Verhältnisse mit einem plötzlichen Sinken des Auftragseingangs (...) gerechnet werden müsste.« Im übrigen konstatierte der zuständige Aufsichtsrat in seinem Bericht über die Auergesellschaft, daß »die Entwicklung der Investitionskonten (...) eine etwas unangenehme Überraschung bereite (...)«. »Wenn auch die Gewinne noch recht ansehnlich sind«, stellte er fest, »so werden sie, da ja ein erheblicher Teil durch Steuern absorbiert wird, doch nicht hinreichen, um die Investitionskonten auf den vorhergesehenen Stand (...) zu bringen.«[149]

Tatsächlich hatte der Berliner Konzern erhebliche Investitionen zur Erweiterung der Fertigungskapazitäten und der sozialen Einrichtungen des Konzerns getätigt. Offensichtlich war man angesichts der enormen Umsatzexpansion in den Jahren zwischen 1933 und 1940, von der hundertprozentigen Eigentümerin Degussa dabei relativ unbehelligt geblieben. Der Einfluß der DAF auf diese expansive Unternehmenspolitik war offenkundig massiv. Darüber hinaus hatte man – anders als das Drägerwerk – eine konsequente Akquisitionspolitik be-

[148] Aufsichtsratssitzung der Auergesellschaft am 10.7.1940 – Bericht Dr. Baerwind S. 2, IW 24.5/2 Unternehmensarchiv der Degussa AG.

[149] Aktennotiz Auergesellschaft Ernst Bernau 27.5.1940, ebd.

trieben und umfangreiche Beteiligungen erworben, die seit dem Beginn des Krieges auf die besetzten Gebiete ausgedehnt worden waren. Der Vorstandsvorsitzende der Degussa, Dr. Ernst Busemann, hatte noch 1938 festgehalten, daß »die Verschlechterung der Liquidität 1. Ranges aus der Gesellschaft heraus nur etwa 5,3 Millionen (beträgt) – ein Betrag, der angesichts der riesigen Aufwendungen klein erscheint«. Gleichzeitig sah er die Gesellschaft »in vielerlei Hinsicht« als einen wertvollen Bestandteil der Scheideanstalt«.[150]

Als der Aufsichtsrat unter dem neuernannten Degussa Vorstandsvorsitzenden Dr. Hermann Schlosser zwei Jahre später die Situation der Tochtergesellschaft analysierte, war er über das Ausmaß der in die Auergesellschaft investierten Mittel unangenehm überrascht: Die Bankschulden betrugen 13 Mio. RM, der Eigenkapitalanteil war auf 25 % gesunken, und die Degussa befürchtete, der Tochter mit weiteren umfangreichen Krediten helfen zu müssen.[151] Offensichtlich hatte die Frankfurter Scheideanstalt ihre Aufsichts- und Eingriffsmöglichkeiten als Alleinbesitzerin unter Schlossers Vorgänger Busemann relativ nachlässig gehandhabt. Als Ergebnis wurde die Tochter jetzt an die kurze Leine genommen und regelmäßig überwacht. Weitere Investitionen und Akquisitionen – das setzte Schlosser gegen den nachdrücklichen Widerstand des Vorstands unter Quasebart durch – konnten nur noch nach Rücksprache mit der Degussa getätigt werden, »so dass von jetzt ab keine unangenehmen Überraschungen mehr kommen können.« »Zusammenfassend«, stellte man 1940 in Frankfurt befriedigt fest, «kann man wohl sagen, daß unser gemeinsamer Besuch (in Berlin, B.L.) den beabsichtigten Erfolg, die Auergesellschaft in unsere Finanzkontrolle einzuschalten, gehabt hat.«[152]

Die Auergesellschaft hatte im Vergleich zum Drägerwerk in ihrer Fertigung eine erheblich stärkere Konzentrationsentwicklung vorgenommen, gegen die sich die Lübecker erfolgreich gewehrt hatten. Im Geschäftsjahr 1939/40 erwirtschaftete der Berliner Konzern 92 % (87 Mio. RM) des Gesamtumsatzes im Gasschutzbereich, wobei die direkten Rüstungsaufträge 81 % des Umsatzes in dieser Sparte und 75 % des Gesamtumsatzes ausmachten. Insgesamt erwirtschaftete das Unternehmen in den Jahren 1939 bis 1943 im Jahresdurchschnitt ca. 80-85 %, im Geschäftsjahr 1941/42 sogar 93 % des Gesamtumsatzes für Rüstungsdienststellen. Im Vergleich dazu kam das Drägerwerk – inklusive der Volksmaskenfertigung – in diesem Zeitraum nur im Mobilisierungsjahr 1939 auf 77 %. In den übrigen Jahren lag der Anteil der Rüstungsproduktion in Lübeck

[150] Zit. nach Aktennotiz Bernau 14.6.1940, IW 24.5/2 Unternehmensarchiv der Degussa AG; Vgl. zu Busemann und der Degussa AG Mechthild Wolf, Im Zeichen von Sonne und Mond. Von der Frankfurter Münzscheiderei zum Weltunternehmen Degussa AG, Frankfurt 1993, S. 201ff; sowie: Peter Hayes, Degussa AG in the Third Reich (erscheint voraussichtlich New York 2001).

[151] Aktennotiz Schlosser «Auergesellschaft«, 18.4.1940, IW 24.5/2 Unternehmensarchiv Degussa AG.

[152] Aktennotiz Bernau 14.6.1940, S. 3, IW 24.5/2 Unternehmensarchiv Degussa AG.

zwischen 60 und 65 % des Gesamtumsatzes.[153] Eine größere Rüstungskonzentration hatte der Lübecker Konkurrent immer vermieden. Viele Entwicklungen in den beiden Unternehmen waren ansonsten sehr ähnlich verlaufen: Wie im Drägerwerk hatte auch in der Auergesellschaft ein unternehmensinterner Bürokratisierungsprozeß eingesetzt, den der Vorstand zwar bemerkte, aber für weniger wichtig erachtete und infolge einer fehlenden Gegensteuerung kaum einschränken konnte.

Auch in finanzieller Hinsicht sind Entwicklungen zu beobachten, die auf Gemeinsamkeiten verweisen. In einer internen Aktennotiz zum Geschäftsbericht der Auergesellschaft 1940 stellte der Vorstand der Degussa eine Steigerung des Anlagevermögens seit der Übernahme 1933 um 23 Mio. RM fest. Zum überwiegenden Teil kam dieser Zuwachs aus eigenen Mitteln. Die Eigentümerin hatte bis auf eine Dividende in Höhe von durchschnittlich 4,8 % des investierten Kapitals keine Mittel aus dem Unternehmen gezogen. Rechnete man die umfangreichen stillen Reserven sowie die Wertsteigerung des Gesamtkonzerns mit ein, konnte die Degussa 1940 eine bemerkenswerte durchschnittliche jährliche Rendite von ungefähr 13,3 % des 1933 investierten Kapitals feststellen.[154] Konsequent konstatierte Bernau im Frühjahr 1940 für den Aufsichtsrat, daß – auch im Vergleich zu der Entwicklung der Scheideanstalt – »kein Anlass besteht, die Erträgnisbasis (sic.) der Auer zu beanstanden.«[155] Besorgnis erregte jedoch weiterhin das drohende Ausbleiben der Rüstungsnachfrage sowie die angespannte Kapitalbasis. Im Vergleich zum Drägerwerk entwickelten sich also die Finanzen in Berlin prinzipiell ähnlich. Der Vorstand investierte jedoch wesentlich mehr in die Ausweitung der Fertigungskapazitäten, während die Reserven, die man in dem Unternehmen konzentrierte, geringer waren.

Durch die im Unterschied zum Drägerwerk wesentlich konsequentere Konzentration auf den Rüstungsbereich hatte die Auergesellschaft auf dem zivilen Markt schon vor dem Krieg erhebliche Umsatzanteile verloren. Durch eine Erweiterung der Niederlassungen, die zeitlich und räumlich präzise mit der des Konkurrenten übereinstimmte, konnten diese Verluste nicht ausgeglichen werden. Auch im Außenhandel war die Entwicklung grundsätzlich ähnlich, wobei das Drägerwerk insgesamt erfolgreicher darin war, Kernbestände des Vorkriegsexportanteils zu erhalten und neue Auslandsmärkte zu erschließen. Dabei konnte der Lübecker Konzern auf seine traditionelle Stärke im Auslandsge-

---

[153] Interner Bericht des Vorstandes für das Geschäftsjahr 1939/40, 28.1.1941 IW 24.9/1 Unternehmensarchiv der Degussa AG; Aktennotiz Wernhausen für Quasebart betr. Gründung einer GmbH zwecks Konzentration aller Atemschutzgeräte bauenden Firmen in Deutschland, S. 3, IW 24.05/3 Unternehmensarchiv Degussa AG. Für das Drägerwerk vgl. oben.

[154] Aktennotiz Bernau 14.6.1940, S. 4, IW 24.5/2 Unternehmensarchiv Degussa AG.

[155] Im Geschäftsjahr 1939/40 rechnete Bernau eine Rendite von 8,5 % des aufgewandten Kapitals aus. Aktennotiz Bernau zum Geschäftsbericht der Auergesellschaft 24.2.1941S. 2, IW 24.9/1 Unternehmensarchiv Degussa AG.

schäft zurückgreifen, während bei Auer dieses Geschäft auch in der Zwischenkriegszeit keine nennenswerte Bedeutung gehabt hatte.[156] Auch in der Diversifikation der Produktpalette sowie beim Umsetzen eigener F & E Tätigkeit hatte Auer gerade in den neuen Produktbereichen des Atemschutzes gegenüber dem kleineren Konkurrenten in Lübeck zunehmend das Nachsehen. Entwicklungen wie Raumlüftungs- und Höhenatemgeräte gewannen in der zweiten Kriegshälfte gerade durch umfangreiche Innovationen, aber auch durch steigende Nachfrage eine zunehmende Bedeutung in der Branche. Zu spät begriff man in dem Berliner Konzern die Bedeutung dieser neuen Produkte.[157]

In dem von Deutschland 1942/43 kontrollierten Gebiet investierte Auer massiv in unterschiedliche Beteiligungen und kaufte mehrere Firmen auf. Vor allem in Lothringen, im Generalgouvernement, im Sudetengau und im Protektorat engagierte sich der Konzern. Der Vorstand der Auergesellschaft veränderte im Verlaufe der zweiten Kriegshälfte seine konsequente Akquisitionsstrategie in den besetzten Gebieten erst spät, während das Drägerwerk im Unterschied dazu deutlich bemüht war, Investitionen außerhalb des Altreiches von Beginn an und verstärkt nach 1942/43 zu vermeiden.[158]

In der betrieblichen Sozialpolitik engagierte sich die Auergesellschaft in der NS-Zeit in ähnlichem Umfang wie die Lübecker und setzte damit eigene Traditionen des Konzerns aus der Zeit vor 1933 fort. Der Oranienburger Stammbetrieb erhielt von der DAF die Auszeichnung »Kriegsmusterbetrieb«. Mehrfach wurde er zum »nationalsozialistischen Musterbetrieb« ernannt und handelte mit der Teilnahme an den Leistungswettkämpfen der DAF wie der Lübecker Konkurrent.[159] Der Einfluß der DAF auf die Unternehmenspolitik der Kapitalgesellschaft war durch mehrere Vertreter im Vorstand und in den unterschiedlichen Betriebsleitungen wesentlich größer.

Insgesamt ist in der Bereitschaft der Konzernleitung, angesichts der unsicheren Auftragslage im Rüstungsgüterbereich in hohem Maße in die Erweiterung der Fertigungskapazitäten zu investieren, ein maßgeblicher Unterschied in der Strategie der beiden Unternehmen zu erkennen. Seit Beginn des Rüstungsbooms agierte Dräger vorsichtig und suchte, die Rüstungsbürokratie bei den notwendigen Investitionen und Akquisitionen mit in die Verantwortung zu nehmen, um das Risiko von Überkapazitäten zu minimieren. Die Auergesell-

156 Interner Bericht des Vorstandes für das Geschäftsjahr 1939/40 28.1.1941, S. 3, IW 24.9/1 Unternehmensarchiv Degussa AG.

157 Interner Bericht des Vorstandes für das Geschäftsjahr 1942/43 5.4.1944, S. 5ff., IW 24.9/1 Unternehmensarchiv Degussa AG.

158 Ebd., S. 13ff.

159 Vgl. zu dem Einfluß der DAF, den Leistungswettkämpfen und ihrer Bedeutung Mason, Sozialpolitik, S. 247ff.; Hachtmann, Industriearbeit, S. 272f.; Jürgen Reulecke, Die Fahne mit dem goldenen Zahnrad: der »Leistungskampf der deutschen Betriebe« 1937-1939, in: ders. u. Detlev Peukert (Hgg.), Die Reihen fest geschlossen. Beiträge zur Geschichte des Alltags unterm Nationalsozialismus, Wuppertal 1981, S. 245-261.

schaft reagierte im Gegensatz dazu auf den Nachfrageüberhang mit einer konsequenten Expansions- und Akquisitionsstrategie.

Erst Mitte 1944 veränderte man diese Strategie im Vorstand und suchte vermehrt eine Perspektive für die Friedenswirtschaft zu entwickeln. Diese Umsteuerung geschah erst, nachdem die Degussa AG im Aufsichtsrat erheblichen Druck auf den Vorstand ausgeübt hatte.[160] Inzwischen arbeiteten mehr als 8.000 Menschen allein im Oranienburger Hauptwerk. Der Aufsichtsratsvorsitzende Hermann Schlosser hatte angesichts dieser Entwicklung schon 1940 bemerkt, daß »bei Professor Quasebart (...) deutlich die Tendenz (besteht), sich (...) allerhand Hilfsbetriebe anzugliedern, während ich es für richtiger halten würde, jede Gelegenheit zum Abbau zu benutzen.«[161] 1943 arbeiteten für die Auergesellschaft in Oranienburg mehr als 2.000 ausländische Arbeitskräfte und Kriegsgefangene.[162]

Zu Beginn des letzten Kriegsdrittels wurde schließlich von der Muttergesellschaft eine vernichtende Bilanz der Geschäftsentwicklung der Auergesellschaft gezogen und der Politik des Vorstandes eindeutig Verantwortung zugewiesen. In einem Bericht für den Aufsichtsrat referierte der zuständige Degussavorstand Bernau, daß insgesamt zwischen 1933 und 1943 mehr als 31 Mio. RM in das Anlagevermögen der Auergesellschaft investiert worden seien. »Wie hieraus hervorgeht«, bilanzierte Bernau für die Eigentümerin, «hat die Auergesellschaft in fast 10 Jahren es nicht nur nicht vermocht, ihre liquiden Mittel zu erhöhen, sondern sich insgesamt noch um rund 188.000 RM verschlechtert, ein Beweis dafür, daß der grösste Teil dieser Gewinne in dem Anlage- und Umlaufvermögen wieder investiert wurde.« Bemerkenswert ist darüber hinaus der Schluß, den der Aufsichtsrat aus der eingehenden Analyse der Geschäfts- und Auftragsentwicklung des Unternehmens zog. Die rückläufige Gewinnentwicklung gerade im Atemschutzbereich sei durch die «Einführung der Fest- und Grundpreise seitens der Wehrmacht entstanden. Weitere Preissenkungen sind noch über das erreichte Maß der Einheits- und Gruppenpreise hinaus zu erwarten«.[163]

Angesichts des massiven Drucks der Rüstungsbürokratie, die übernommenen Aufträge zu erfüllen, sowie der zunehmenden organisatorischen Probleme bei der Rohstoffbeschaffung war man in dem Berliner Unternehmen 1943 dazu übergegangen – wie überall in der deutschen Industrie – Halbfabrikate und Vorprodukte in großem Maße einzulagern. Ende 1943 wies die interne Bilanz einen Lagerbestand im Wert von 24,4 Mio. RM aus und damit nahezu einen Viertel-

160 Vgl. Interner Bericht des Vorstandes für das Geschäftsjahr 1942/43 5.4.1944, IW 24.9/1 Unternehmensarchiv Degussa AG.

161 Aktennotiz Schlosser «Personalbestand Auergesellschaft« 16.7.1940 IW 24.5/2 Unternehmensarchiv Degussa AG.

162 Vgl. Interner Bericht des Vorstandes für das Geschäftsjahr 1942/43 5.4.1944, IW 24.9/1 Unternehmensarchiv Degussa AG.

163 Aktennotiz Bernau 25.4.1944, S. 3, IW 24.9/1 Unternehmensarchiv Degussa AG.

jahresumsatz.[164] Zu der kostenintensiven Lagerhaltung war die Auergesellschaft aufgrund der massiven Angriffe der Rüstungsbürokratie wegen der unzureichenden Auftragserfüllung übergegangen, denn nur so konnten die unzuverlässigen Zulieferungen verhältnismäßig ausgeglichen werden. Das Drägerwerk dagegen gefährdete seine Position gegenüber der Rüstungsbürokratie schon 1943 mehrmals durch die Nichterfüllung zugesagter Aufträge. Es vermied erfolgreich eine ähnlich umfangreiche Lagerhaltung wie die Auergesellschaft, denn dies bedeutete für das Unternehmen betriebswirtschaftlich nur totes Kapital und angesichts eines möglichen Kriegsendes – aber auch eines ständig drohenden Luftangriffs – ein hohes finanzielles Risiko. In der Auergesellschaft war man sich dieses Risikos bewußt. Man nahm es jedoch in Kauf, um unangenehme Auseinandersetzungen mit der Rüstungsbürokratie zu vermeiden.

Die Investitionen, die für eine Ausweitung der Gasschutzprogramme im Rahmen des »Brandt-Programms« im April 1944 notwendig gewesen wären – über 20 Mio. RM –, wollte auch ein Teil des Vorstandes der Auergesellschaft nicht mehr tragen. Der Aufsichtsrat schloß sich dieser Entscheidung nur zu gerne an, »da die hierfür notwendigen Investitionen die Liquidität der Auergesellschaft, (...) noch mehr verschlechtern würden.«[165] In Aufsichtsrat und Vorstand war man auf der Suche nach Lösungen aus einem schwerwiegenden Dilemma: *Einerseits* wurde das Unternehmen von der Rüstungsbürokratie nachdrücklich aufgrund seiner bisherigen bereitwillig-expansiven Haltung zu einer zusätzlichen Erweiterung seiner Rüstungsfertigungskapazitäten aufgefordert. Hier geriet der Vorstand massiv unter Druck. *Andererseits* hatte man kein Interesse an weiteren Investitionen in einen kaum noch profitablen und zudem wahrscheinlich zukünftig wertlosen Bereich. Im April 1944 traten die Sonderbehörde des Generalkommissars Brandt, Hans Kehrl und mit ihm die Bürokratie des Rohstoffamts sowie andere Ämter des Rüstungsministeriums an die Auergesellschaft und die Degussa – unter anderem Schlosser persönlich – heran, um die Manager von der Notwendigkeit einer Erweiterung der Fertigungskapazitäten zu überzeugen. Infolge dieser Interventionen ging die Unternehmensleitung gemeinsam mit dem Aufsichtsrat zu einem radikalen Krisenmanagement über.[166]

Das von der Rüstungsbürokratie im April 1944 geforderte Erweiterungsprogramm sah eine Verdreifachung der Fertigung der Auergesellschaft vor. Vor dem Hintergrund der desolaten finanziellen Situation schlug der Aufsichtsrat dem Vorstand und der Rüstungsbürokratie in einer bemerkenswerten Denkschrift vor, den gesamten Atemschutzbereich der Firmen Drägerwerk und Auergesellschaft auszulagern und in einer GmbH zu konzentrieren. Der Vorschlag sah vor,

164 Vgl. Interner Bericht des Vorstandes für das Geschäftsjahr 1942/43 5.4.1944, S. 21f., IW 24.9/1 Unternehmensarchiv Degussa AG.
165 Aktennotiz Bernau 25.4.1944, S. 5, IW 24.9/1 Unternehmensarchiv Degussa AG.
166 Vertrauliche Aktennotiz Fischer 22.4.1944, IW 24.05/3 Unternehmensarchiv Degussa AG.

sämtliche Fertigungskapazitäten und -stätten der Firmen Drägerwerk und Auergesellschaft in »Grossdeutschland« der GmbH, die mit einem Grundkapital von 10 Mio. RM ausgestattet werden sollte, zu überlassen. Die Degussa wäre damit sämtliche Beteiligungen und Akquisitionen der Auergesellschaft sowie das hohe Risiko und die riesigen Lagerbestände, die selbst im Februar 1945 noch über 38 Mio. RM wert waren, auf einen Schlag los geworden.[167] Das Rüstungsministerium sollte dabei 51% der Gesellschaft übernehmen, während die übrigen anteilsgemäß auf die beteiligten Firmen – das Drägerwerk, die Auergesellschaft und die Dräger-Gesellschaft Wien – verteilt werden sollten.[168] Wenn sich ein staatliches Engagement dieser oder anderer Art als unmöglich herausstellen würde, dann sollten – so beschloß der eilig gebildete Krisenstab im Juli 1944 – die finanziellen Probleme durch eine konsequente Integration externer Geldgeber und Investoren gelöst werden. Dies hätte eine Aufgabe der Unabhängigkeit der Gesellschaft und gleichzeitig die Beendigung des Alleineigentums der Degussa bedeutet.[169] Die Pläne zur Gründung der GmbH wurden vom Aufsichtsrat weiter verfolgt und Heinrich Dräger vorgeschlagen, der sie jedoch ablehnte, weil sie seine unternehmerische Unabhängigkeit eingeschränkt hätten.

Im Vergleich werden die Unterschiede zwischen den Strategien der beiden Unternehmen deutlich: Insgesamt agierte das kleinere Einzelhandelsunternehmen Drägerwerk vorsichtiger als die Berliner Aktiengesellschaft. Nennenswerte Investitionen und Akquisitionen außerhalb von Lübeck tätigte man nur in Wien und in Hamburg. Im übrigen suchte man eine regionale Konzentration und war bemüht, das unternehmerische Risiko immer zu minimieren, indem man – wie im Falle der Lachswehranlage mit der Montan – zunächst den Staat mit in die Verantwortung nahm.

Die zunehmende Übernahme von Verantwortung in der Rüstungsbürokratie durch das Drägerwerk ging mit der Zuspitzung der finanziellen und geschäftlichen Krise in der Auergesellschaft einher und stand mit ihr in unmittelbarem Zusammenhang. Auer suchte mit der Akquisitionsstrategie im Sinne einer »economy of scale« mittelfristig Kosten zu minimieren und ein konzerneigenes Zulieferungssystem im europäischen Wirtschaftsraum aufzubauen, das das Unternehmen von anderen unabhängig machen sollte. Mit der Expansion wollte man den Wettbewerb und den Markt langfristig vollkommen beherrschen. Daß die Konzernleitung diese strategische Priorität in der zweiten Kriegshälfte nicht aufgab und auch nicht veränderte, sondern noch forcierte und kurzfristig weiterhin eine Profitmaximierung betrieb, brachte ihr in der langfristigen Perspektive – über das Jahr 1944 hinaus – um so größere Schwierigkeiten.

---

167 Aktennotiz Auergesellschaft Bernau 14.2.1945, S. 2, IW 24.05/3 Unternehmensarchiv Degussa AG.

168 Vertragsentwurf und Denkschrift an das Reichsministerium für Rüstung und Kriegsproduktion 2.4.1944 24.05/3, Unternehmensarchiv Degussa AG.

169 Aktennotiz Auergesellschaft Schlosser 29.7.1944, ebd.

Das Dräger-Management war unmittelbarer mit den Folgen seiner Handlungen für die Entwicklung des Unternehmens verbunden. Das gilt insbesondere für den Eigentümerunternehmer Dräger, der alle maßgeblichen Entscheidungen selbst traf und als Eigentümer die ausschließliche Verantwortung trug. Diese von der Angestelltenperspektive des Managers einer Kapitalgesellschaft grundverschiedene Perspektive führte offensichtlich in Lübeck zu einem wesentlich früheren Umdenken und Verändern der Unternehmensstrategie – von einer kurzfristigen zu einer langfristigen.

IV. Unternehmerische Handlungsspielräume im Spannungsfeld staatlicher Interventionen und Nachkriegsplanungen: Das Eingreifen der neuen Rüstungsbürokratien und die zweite Kriegshälfte

1. Interventionismus und unternehmerischer Handlungsspielraum: Die Auseinandersetzungen zwischen dem Drägerwerk, der Auergesellschaft und dem Rüstungsministerium im Jahre 1944

Im Zusammenhang mit den Auseinandersetzungen zwischen dem Rüstungsministerium und dem Auervorstand kam es im Sommer 1944 zu einem konzentrierten Zugriff des Chefs des Rüstungslieferamts Walther Schieber auf den Konzern. Im Kern ging es um eine Ausweitung der Fertigung bzw. eine Erfüllung der Aufträge durch die Auergesellschaft. Vorstand und Aufsichtsrat der Auergesellschaft erfuhren erstmals im August 1944 aufgrund einer vertraulichen internen Information aus dem Rüstungslieferamt im Rüstungsministerium, »dass die Gefahr besteht, dass in die Auergesellschaft ein Kommissar eingesetzt wird.« Der Aufsichtsratsvorsitzende Schlosser vermutete nach einer Rücksprache mit Generalkommissar Brandt, daß »Dräger eine gewichtige Rolle spielt« und wahrscheinlich auch zwei Vorstandskollegen Quasebarts in die Vorgänge verwickelt seien. Bei der weiteren Behandlung des brisanten Problems vertraute Schlosser nicht einmal mehr seinem gesamten Aufsichtsrat, sondern schränkte die Weitergabe der Informationen weiter ein.[1]

Für die Entwicklung im letzten Kriegsdrittel hat die vom Rüstungsministerium praktizierte Möglichkeit einer Entmachtung von Unternehmensleitungen eine maßgebliche Bedeutung. Welche Rolle spielte Dräger bei den erneuten Interventionen der Rüstungsbürokratie in die Auergesellschaft? Welche Auswirkungen hatte diese staatliche Initiative für die Strategie und die Situationsanalyse der Unternehmensleitung des Drägerwerks? Die einschneidenden Veränderungen bei dem Berliner Konzern im Verlauf dieses Vorgangs sind von entscheidender Bedeutung für Drägers Verhalten in der letzten Kriegsphase.

Veranlassung für den staatlichen Eingriff, so konstatierte Schlosser zunächst, sei die »angeblich ungenügende Produktion in Oranienburg und mangelhafte Ausnutzung der vorhandenen Maschinen und Arbeitskräfte.« Als Schuldigen hatte man im Rüstungsministerium den Vorstandsvorsitzenden Quasebart ausgemacht, der noch ein halbes Jahr zuvor von denselben Bürokratien als Leiter des Sonderausschusses und somit wesentlicher Verantwortungsträger der ge-

[1] Vgl. Vertraulicher Bericht Schlosser 30.8.1944, DL 3 Schlosser 1 Unternehmensarchiv Degussa AG.

samten Branche bestätigt worden war. Man war sich im Aufsichtsrat darüber im klaren, daß dieser Vorstoß des Ministeriums von Schieber ausging.[2]

Während im Vorstand der Auergesellschaft über die Aktion Schiebers Empörung und Entsetzen herrschte, hielt sich der Aufsichtsratsvorsitzende Schlosser zunächst zurück und teilte Quasebart und Schieber mit, daß er nicht beabsichtigte, »gegen die Einsetzung eines Werksbeauftragten Einspruch zu erheben«. Er suchte aber die Machtübertragung an der Spitze des Konzerns zu verzögern und zu beeinflussen.[3] Zu diesem Zeitpunkt war jedoch schon ein Werksbeauftragter – Direktor Jahn von den Radeberger Eschebachwerken – von Schieber eingesetzt und mit allen Vollmachten gegenüber dem Vorstand ausgestattet worden. Von dieser Maßnahme erfuhren die Auer-Manager erst einige Tage später.[4] Wie Schieber Quasebart mitteilte, waren es vor allem die mangelnde Koordination und Organisation der Gasschutzgerätefertigung in der Auergesellschaft, die zu dieser Maßnahme geführt hätten.[5] Darüber hinaus wurde von der Amtsgruppe Entwicklung im Technischen Amt des Rüstungsministeriums Professor Sörensen, Vorstandsmitglied der M.A.N. AG, beauftragt, die Entwicklungsarbeiten im Drägerwerk und in der Auergesellschaft zu überprüfen.[6] Für die Prüfung des fertigungstechnischen Teils der Produktion in der Auergesellschaft hatte Speer selbst den Hauptausschußleiter Heinrich Küppenbender, Vorstandsvorsitzender der Carl Zeiss AG, berufen.[7]

Hier werden die Umrisse einer koordinierten Aktion deutlich, die – darüber waren sich schon die beobachtenden Manager der Auergesellschaft und des Drägerwerks einig – eindeutig von Schieber ausging und von ihm auch kontrolliert wurde. Der Aufsichtsratsvorsitzende Schlosser zögerte, seinen Einfluß bei der Rüstungsbürokratie für eine Gegensteuerung geltend zu machen. Offensichtlich versuchte er, die Eingriffe des Ministeriums für eine radikale Veränderung der Unternehmensleitung des Berliner Betriebes zu nutzen. Darüber hatte man in der Degussa AG wegen der unerfreulichen finanziellen Entwicklung in Berlin schon länger nachgedacht. Erst Ende September intervenierte der einflußreiche Schlosser und wurde über die Hintergründe von Schiebers Maßnahmen informiert. Dabei konnte Schlosser auf ausgezeichnete Informationen zurückgreifen, die ihm ein ehemaliger Mitarbeiter der Degussa zuspielte. Der Referatsleiter »Kautschuk/Buna« Dr. August Kolb im Planungsamt des Rüstungsministeriums stand in engem Kontakt zu Schlosser. Schieber sagte Kolb gegenüber, er habe bei den Verhandlungen bemerken müssen, »dass die Auergesellschaft ein ›bürokrati-

2 Vgl. ebd.

3 Vgl. Schlosser an Quasebart und Weise 8.9.1944; Schlosser an Schieber 8.9.1944, IW 24.6/1 Unternehmensarchiv Degussa AG.

4 Ernennungsurkunde (Abschrift) 2.9.1944, IW 24.6/1 Unternehmensarchiv Degussa AG.; Weise an Schieber 7.9.1944, ebd.

5 Schieber an Quasebart 2.9.1944, ebd.

6 Quasebart an Schlosser 9.9.1944, IW 24.6/1 Unternehmensarchiv Degussa AG.

7 Quasebart an Schlosser 14.9.1944, ebd.

scher Laden‹ sei, dass er selbst von einem Staatsbetrieb nicht übertroffen werden könnte.« »Von einem wirklichen Pushing«, berichteten seine Vertrauensleute Schlosser weiter über Schiebers Meinung, »wäre nicht das geringste zu merken gewesen.« Schwere Vorwürfe erhob der Chef des Rüstungslieferamts zudem gegen die gesamte Leitung der Auergesellschaft, insbesondere Quasebart, dem er eine »sträflich gleichgültige« Haltung gegenüber den Rüstungsanforderungen bescheinigte. Wie in der Übergangsphase bei der Besetzung der Sonderausschußleitung im Frühjahr des Jahres auch schon, beurteilte Schieber nur Präsident Heinrich Paetsch vom Vorstand als weiterhin tragbar.[8]

Im Zentrum der vom Rüstungsministerium beauftragten Untersuchungen Küppenbenders und Jahns in der Auergesellschaft stand die Frage, wie es zu dem beträchtlichen Auseinanderklaffen der Aufträge bzw. der Sollzahlen und der tatsächlichen Produktionsziffern gekommen war. Im Sommer 1944 hatte diese Entwicklung Ausmaße angenommen, die nicht mehr zu verdecken waren. Im Zuge der »Brandt-Aktion« hatten sie die Rüstungsbürokratie zu einer vollkommen irreführenden Vorstellung über den Stand und die Potentiale der Gasschutzindustrie veranlaßt. Dies war ein Vorwurf, den Dräger und seine leitenden Mitarbeiter im Sonderausschuß bereits seit Ende 1943 mehrfach gegenüber der Auergesellschaft geäußert hatten. Dabei ging es in den Auseinandersetzungen zwischen dem Beauftragten des Rüstungsministeriums und Quasebart im Sommer 1944 auch um dessen Rolle als Vorsitzender des Sonderausschusses und seine Ablösung durch das Dräger-Management bzw. den Hauptausschuß.[9] Schlosser war sich nach diesen weitgehenden Vorwürfen mit dem Aufsichtsrat und seinen Vertrauensleuten im Rüstungsministerium einig, daß sowohl Quasebart als auch ein Teil des Vorstandes geopfert werden müßten. Darüber hinaus hielt er die staatlichen Eingriffe für nützlich, um seine Kontrolle der Berliner Gesellschaft zu verstärken. Er konstatierte, daß »es vielleicht ja sehr zweckmäßig (ist), wenn Sie (gemeint ist ein Mitarbeiter des Rüstungsministeriums, B.L.) bei dieser Gelegenheit einmal die Möglichkeit haben, in die Auergesellschaft gründlich hineinzuleuchten«.[10]

Im Vergleich zu den Anstrengungen Drägers, die Interventionen der Rüstungsbürokratie in sein Unternehmen weitestgehend zu begrenzen, werden hier die entscheidenden Unterschiede sichtbar. Schlosser konnte als Aufsichtsratsvorsitzender der Auergesellschaft und als Vorstandsvorsitzender der Degus-

8 Kolb an Schlosser 21.9.1944, IW 24.6/1 Unternehmensarchiv Degussa AG.

9 Quasebart verwies in seiner Entgegnung auf die Vorwürfe, daß seine Akten sowie große Teile der Akten des Sonderausschusses über die fragliche Zeit durch Bombenangriffe vernichtet worden seien. Aktennotiz über den Besuch von Dr. Küppenbender am 22.9.1944, IW 24.6/1 Unternehmensarchiv Degussa AG.; Schlosser an Quasebart 26.9.1944, ebd.

10 Schlosser fuhr fort: »denn wenn Sie sich nach dem Kriege dafür entscheiden sollten, ihre Tätigkeit für die Degussa in Berlin fortzusetzen, so würden Sie ja ohnehin (...) für eine Betreuung der Auergesellschaft bevorzugt in Betracht kommen.« Schlosser an Kolb 6.9.1944, IW 24.6/1 Unternehmensarchiv Degussa AG.

sa die Eingriffe des Ministeriums teilweise forcieren und instrumentalisieren. Bei einer internen Analyse der Gründe für die im Verlaufe der Untersuchungen durch die Beauftragten des Rüstungsministeriums zunehmenden Vorwürfe gegen die Auergesellschaft kamen Schlosser und Kolb zu dem Schluß, daß im wesentlichen die Unternehmensleitung mit ihrer untragbaren Organisation und der riesigen Bürokratie Schuld an den Problemen sei. In Übereinstimmung mit Küppenbender erkannte man in dem massiven Einfluß der DAF auf die Betriebs- und die Arbeitsorganisation das zentrale Problem. Die herausragenden Auszeichnungen, die der Oranienburger Betrieb von der DAF erhalten habe, hätten innerbetrieblich zu »Laxheit in der Betriebsführung« geführt, »dass selbst zu einer Zeit, als die Kommission im Betrieb war, um die Feststellungen zu machen, eine Stunde vor Geschäftsschluss in bestimmten Hallen überhaupt nicht mehr gearbeitet wurde.« Darüber hinaus wurde den Selbstverwaltungsorganen in der Zeit vor der Übernahme des Sonderausschusses durch das Dräger-Management Schuld zugewiesen.[11] Schlosser suchte im folgenden mit Hilfe von Küppenbenders Kommission den Einfluß der DAF auf den Vorstand der Auergesellschaft zu reduzieren. An den entscheidenden Punkten konnte sich dabei der Aufsichtsrat gegenüber dem Vorstand des Unternehmens durchsetzen.[12]

Während Schlosser und die verantwortlichen Aufsichtsräte in der Degussa zunächst glaubten, den Verlauf der Untersuchungen kontrollieren und instrumentalisieren zu können, entwickelte sich die von der Rüstungsbürokratie einmal in Gang gesetzte Intervention selbständig weiter. Nach und nach beteiligten sich alle wichtigen Ämter des Ministeriums mit eigenen Kontrollkommissionen an der Untersuchung und Überwachung der Auergesellschaft. Der unmittelbare Zusammenhang mit der im August 1944 erfolgten Institutionalisierung des Rüstungsstabes im Ministerium Speer ist unübersehbar. Sowohl Schieber als auch der Leiter des technischen Amts Saur hatten über dieses Instrument einen unmittelbaren Zugriff auf die Unternehmen, den sie durch die Einsetzung von Kommissionen und Werksbeauftragten konsequent für die Rüstungserweiterung ausnutzten.[13] Bei der Aktion des Ministeriums gegen Auer waren personelle Querverbindungen offenkundig: Es waren Mitglieder des Rüstungsstabes, die den Berliner Konzern kontrollierten.[14] Küppenbender hatte dabei durch seine unmittelbare Einsetzung durch Speer neben Jahn, der vom Rüstungslieferamt berufen worden war, die stärkste Position. In einem ersten entschlossenen

[11] Kolb an Schlosser 29.9.1944, IW 24.6/1 Unternehmensarchiv Degussa AG.

[12] Kolb gratulierte Schlosser nach den ersten Erfolgen gegen die Macht der DAF gleichzeitig zu der gelungenen Kraftdemonstration und merkte an, daß »damit (...) ein Strich unter eine Entwicklung gezogen (ist), die Ihnen schon seit längerer Zeit Sorge macht«. Vgl. Kolb an Schlosser 29.9.1944, IW 24.6/1 Unternehmensarchiv Degussa AG.

[13] Vgl. Eicholtz, Kriegswirtschaft Bd. III, S. 49ff.; Müller, Speer, S. 399.

[14] Vgl. beispielsweise in der Person von Dr. William Werner von der Auto Union-Junkers, der im Rüstungsstab für Fertigungsplanung zuständig war und von Speer zugleich zum Leiter des neuen Hauptausschusses Motoren ernannt wurde. Vgl. dazu Eichholtz, Kriegswirtschaft Bd. III, S. 52.

Eingriff in die Autonomie verfügte er die Absetzung des Betriebsführers des Oranienburger Werks, eines überzeugten Nationalsozialisten, der von der DAF energisch unterstützt worden war.[15] Im Zuge der Auswertung von Küppenbenders erstem Untersuchungsbericht über die Auergesellschaft im Rüstungsministerium geriet schließlich auch die Degussa selbst in die Schußlinie Schiebers. Der Amtschef brachte sich damit in unmittelbare Konfrontation mit dem Vorstandsvorsitzenden der Degussa, Schlosser, der in dem Chef des Rüstungslieferamts den Hauptwidersacher seines Konzerns ausmachte.[16]

Als Folge befürchtete man in der Zentrale in Frankfurt zunehmend eine Verwicklung in Untersuchungen unter Beteiligung der Gestapo oder des Sicherheitsdienstes der SS, da sich der zentrale Vorwurf immer mehr verdichtete, »dass die Auergesellschaft mehr Aufträge hereingenommen hat als sie verkraften konnte«. Dies war ein Vorwurf, der in der Unternehmensleitung des Drägerwerks angesichts der Arbeit des Sonderausschusses intern mehrfach geäußert worden war.[17] Im Gegensatz zur Auergesellschaft hatte sich das Drägerwerk seit 1943 gegen eine Erweiterung der Aufträge für Gasschutzgeräte durch die Rüstungsbürokratie gewehrt. Durch diese Haltung waren die Lübecker schon früh in Gegensatz zu den von Auer dominierten Ausschüssen, aber auch zum Rüstungsministerium bzw. der gesamten Rüstungsbürokratie geraten.

Die Ergebnisberichte einiger Kommissionen des Rüstungsministeriums, die einzelne Bereiche des Industriebetriebes untersuchten, erinnern in ihrem Duktus, der anwendungs- und lösungsorientierten Darstellung und der ausführlichen Problemanalyse an Berichte moderner Unternehmensberatungen. Einige Kommissionen bezogen das Drägerwerk kurzerhand in ihre Untersuchung mit ein.[18] Die Frage des Umsetzens der weitgehenden Ergebnisse und Vorschläge der Kommissionen beschäftigte den Aufsichtsrat ebenso wie den Berliner Vorstand. Angesichts der nachhaltigen Eingriffe entwickelten beide Leitungsgremien Ende November 1944 erneut den Plan, den gesamten Bereich der Gasschutzgerätefertigung aus dem Auerkonzern auszugliedern. Man dachte weiterhin an die Gründung einer staatseigenen GmbH, zusammen mit dem entsprechenden Unternehmensteil des Drägerwerks.[19] Zunächst mußte man jedoch den Vorwürfen und Vorschlägen Küppenbenders begegnen, dessen machtvolle Stellung im Rüstungsministerium die Unternehmensleitung beunruhigte. Es gelang indes dem Vorstand, Küppenbender und seinen beeindruckenden Stab auf der entscheidenden gemeinsamen Sitzung – nach Vorarbeit durch die Degussa – in

[15] Niederschrift über Besprechung Küppenbenders mit Vorbau und Jahn 29.9.1944, IW 24.6/1 Unternehmensarchiv Degussa AG.

[16] Kolb an Schlosser 4.10.1944, ebd.

[17] Aktennotiz Schlosser »Auergesellschaft« 14.10.1944, ebd.

[18] Vgl. den elfseitigen Bericht Dr. William Werners von der Auto Union über die Auergesellschaft. Bericht 29.11.1944, IW 24.6/1 Unternehmensarchiv Degussa AG.

[19] Quasebart an Schlosser 11.11.1944, ebd.

die Schranken zu weisen. Am Ende mußte Küppenbender einräumen, daß gegenüber den Eingriffen der zahlreichen Kommissionen »der Betriebsführer das alleinige Anordnungsrecht im Betrieb habe.« Den Werksbeauftragten stehe es dabei frei, sich im Ministerium zu beschweren. Zugleich offenbarte der Vertrauensmann Speers gemeinsam mit seinen Mitarbeitern jedoch die langfristige Absicht des Rüstungsministeriums: Man plane Rüstungsunternehmen wie die Auergesellschaft durch einen Werksbeauftragten »als verlängerten Arm des Ministers« dauerhaft zu überwachen. Dabei gestand ein Mitarbeiter des Rüstungsministeriums zu, daß die »Tätigkeit dieses Leitstabes« ausgeweitet worden und in diesem Maße in Zukunft »nicht erforderlich sei«.[20]

Die Perspektive, dauerhaft unter der Kontrolle des Rüstungsministeriums zu arbeiten, schockierte den neuen Vorstand der Auergesellschaft um so mehr, als man gerade erst Mitte November eine Entschärfung der Situation angenommen hatte. Schieber war von seinen Ämtern im Ministerium entlassen worden. Einmal mehr erwiesen sich dabei die informellen Verbindungen und Netzwerkbeziehungen der Konzernleitung als ausgezeichnet. Schon einige Tage vor der endgültigen Entlassung hatte man »gerüchteweise« davon gehört. »Damit«, so konstatierte Quasebart in Anspielung auf Schiebers Entlassung, »werden die bisher laufenden Aktionen im Gasschutz auf eine völlig neue Grundlage gestellt, wenn man überhaupt noch von einer Grundlage sprechen kann. Ich fürchte, dass wir zunächst keinen Grund finden werden, sondern noch mehr ins Schlittern geraten, als es schon bisher der Fall war.«[21] Infolge der Entmachtung Schiebers kam es zu einer einschneidenden Umorganisation der Zuständigkeitsbereiche im Rüstungsministerium und auch der einzelnen Sonderausschüsse. Diese wurden neuen Hauptausschüssen bzw. Ämtern zugeordnet. Die folgende Phase war aufgrund der notwendigen Neuorganisation zunächst von einer bürokratischen Unordnung und Konkurrenz gekennzeichnet, die in ihrem Ausmaß eine neue Qualität besaß. Diese Entwicklung wurde sowohl vom Auervorstand als auch von der Unternehmensleitung des Drägerwerks erschrocken beobachtet.[22]

Bei einer Analyse der Fertigungszahlen der Auergesellschaft von August 1943 bis Dezember 1944 fällt die deutliche Steigerung des Ausstoßes auf. Der »Take off« begann im Juli/August 1944 indes zu einem Zeitpunkt, als das Unternehmen unter der strengen Überwachung des Aufsichtsrates bereits seit einem Jahr nur noch minimale Beträge in eine Erweiterung des Anlagevermögens investierte.[23] Wie konnte es dennoch zu den beeindruckenden Produktionssteigerungen

[20] Quasebart an Schlosser 22.11.1944, ebd.

[21] Quasebart an Schlosser 14.11.1944, ebd.; zu Schiebers Entlassung vgl. Müller, Speer, 384.

[22] Vgl. Quasebart an Schlosser 15.11.1944, IW 24.6/1 Unternehmensarchiv Degussa AG; ähnliche Entwicklungen im Drägerwerk vgl. SUD BS X/3.

[23] Vgl. Interner Bericht des Vorstandes der Auergesellschaft über das Geschäftsjahr 1942/43 5.4.1944, IW 24.6.1 Unternehmensarchiv der Degussa AG.

des Jahres 1944 in dem Unternehmen kommen? Zunächst ist festzustellen, daß aufgrund der drastisch erhöhten Nachfrage der Rüstungsdienststellen durch die Rüstungsperspektiventscheidungen im Mai 1943 in der Branche seit dem Sommer 1943 eine Hochkonjunktur herrschte. Die Einstufung in höhere Dringlichkeitsstufen verbesserte die Fertigungsmöglichkeiten dabei grundlegend.[24] Am 1. Oktober 1943 betrug der Auftragsbestand der Auergesellschaft im Bereich Gasschutzgeräte 165 Mio. RM im Vergleich zu 80 Mio. RM am 1. Oktober des Vorjahres. Der Auftragsbestand von nahezu zwei Jahresumsätzen erhöhte das Sicherheitsgefühl des Auervorstandes.[25]

Analysiert man die möglichen Faktoren für die Steigerung der Produktionszahlen des Unternehmens in der zweiten Jahreshälfte 1944, fällt auf, daß ein unmittelbarer Zusammenhang zu der Entwicklung der Gesamtzahlen der Branche existiert. Diese vom Sonderausschuß für das Rüstungsministerium gesammelten Zahlen erreichen den Höhepunkt der Entwicklung ebenfalls etwa im Herbst 1944.[26] Der Index der gesamten Rüstungsendfertigung erreichte – wenn man den Januar 1942 mit 100 bezeichnet – im Juli 1944 mit 322 den absoluten Höhepunkt. Noch im Januar 1945 lag er mit 227 wesentlich über dem Jahresdurchschnitt von 1943. Wenn man die nachgewiesene Verfälschung dieser Produktionsbilanzen durch Speer in die Berechnungen integriert, ist die vorgebliche Steigerung des Sommers 1944 etwas zu relativieren. Das Gesamtbild verändert sich jedoch nicht entscheidend.[27] Im Großen und Ganzen entspricht die Entwicklung der Gasschutzindustrie demzufolge dem Gesamttrend.

Eine Abwägung der Bedeutung einzelner Maßnahmen für diese Steigerung ist außerordentlich schwierig, da sie von unterschiedlichen Faktoren abhingen. Diese wurden wiederum von verschiedenen Machtzentren beeinflußt, wie dem inzwischen vom Dräger-Management dominierten Sonderausschuß, dem Rüstungslieferamt unter Schieber und den Unternehmen. Einige Gründe lagen in Maßnahmen, die schon vor dem folgenschweren Eingreifen des Rüstungsministeriums unter Speer im Frühjahr eingeleitet worden waren. So war beispielsweise die Erweiterung der Fertigungskapazitäten und die Ausnutzung der be-

[24] Vgl. für den Hintergrund der Konjunktur der Gaskriegsplanungen Groehler, Tod, S. 222f.; Müller, Speer, S. 705ff.; Chemische Kriegsführung. Chemische Abrüstung. Dokumente und Kommentare, hrsg. v. Hans Günter Brauch und Rolf-Dieter Müller, Berlin 1984.

[25] Vgl. Interner Bericht des Vorstandes der Auergesellschaft über das Geschäftsjahr 1942/43 5.4.1944, S. 4f., IW 24.6.1 Unternehmensarchiv der Degussa AG. Im Drägerwerk gestaltete sich die Auftragslage ähnlich: Ende 1942 waren es 100 Mio. RM. Vgl. Kreditantrag der Dresdner Bank Lübeck, 4.8.1943, unverzeichneter Bestand, Altbankarchiv der Dresdner Bank. Zum Zusammenhang von Auftragsbestand und unternehmerischer Unsicherheit: Budraß, Flugzeugindustrie, S. 852.

[26] Vgl. Der Beauftragte für den Vierjahresplan – Der Generalbevollmächtigte für Rüstungsaufgaben: Statistische Schnellberichte zur Kriegsproduktion Stand Januar 1945 BArch R3 1730.

[27] Rolf Wagenführ, Die deutsche Industrie im Kriege 1939-1945, Berlin 1963, S. 178; Müller, Mobilisierung, 630ff.; Müller, Speer, S. 753f. weist die Fälschungen Speers erstmals eindeutig nach.

setzten Gebiete 1941/42 im wesentlichen schon vollzogen. Mit der effektiveren Steuerung und Planung durch die Neustrukturierung des Munitions- bzw. Rüstungsministeriums wurden diese erweiterten Möglichkeiten jedoch erstmals wirksam eingesetzt.[28]

Seit der Jahreswende 1942/43 wurden in den Fabriken der Auergesellschaft die vorhandenen Fertigungskapazitäten zunehmend konsequent ausgelastet. Die Einführung eines Mehrschichtensystems zog eine effektivere Nutzung der größtenteils neuen Maschinen nach sich. Industrielle Rationalisierung bedeutete zu diesem Zeitpunkt in der Auergesellschaft wie im Drägerwerk und großen Teilen der Rüstungsindustrie zumeist einen Mehreinsatz von Arbeitskräften.[29] Die Interventionen des Werksbeauftragten seit dem August 1944 scheinen bei der Auergesellschaft zu einer Ausweitung der Arbeitszeiten und insgesamt zu einer weiteren Intensivierung der Arbeit geführt zu haben.

Auch wenn man im Sonderausschuß das Transport-, das Arbeitskräfte- und das Rohstoffproblem während des Krieges nie vollständig in den Griff bekam, waren die Ergebnisse Mitte des Jahres 1944 merklich besser als zwei Jahre zuvor. Diese Entwicklungen, die zum Teil auf Maßnahmen des neuen Dräger-Managements im Sonderausschuß zurückzuführen sind, wurden sowohl von den zuständigen Verantwortlichen in der Auergesellschaft als auch im Drägerwerk bemerkt. Die organisatorischen Umstellungen innerhalb des Sonderausschusses stellten jedoch eine Sonderentwicklung in der vergleichsweise kleinen Branche dar.

Die entscheidende Voraussetzung für die Produktionssteigerung schuf die veränderte Schwerpunktsetzung in der Rüstung, die die Gasschutzgeräte in die höchste Dringlichkeitsstufe einordnete. Durch diese Einstufung, die die Produktion in der Rüstungshierarchie unmittelbar hinter die Ausnahmebereiche »Jägerstab« und »Panzer« stellte, ermöglichte das Rüstungsministerium dem Sonderausschuß einen besseren Zugang zu den Ressourcen. So erleichterte sie den Unternehmen 1943 die Materialzufuhr erheblich und sicherte ihnen die industriellen Arbeitskräfte. Die Einführung konsequenterer Planungsinstitutionen innerhalb des Sonderausschusses führte zu einer besseren Ausnutzung und Organisation dieser Ressourcen. Diese Entwicklung bildete in Kombination mit dem Druck der Rüstungsbürokratie auf die Unternehmen und den besseren Steuerungsleistungen des Sonderausschusses den zentralen Begründungszusam-

[28] Vgl. zu den organisatorischen Änderungen Kehrl, Krisenmanager, S. 244ff.; Walter Naasner, Neue Machtzentren in der deutschen Kriegswirtschaft 1942 bis 1945. Die Wirtschaftsorganisation der SS, das Amt des Generalbevollmächtigten für den Arbeitseinsatz und das Reichsministerium für Bewaffnung und Munition/Reichsministerium für Rüstung und Kriegsproduktion im nationalsozialistischen Herrschaftssystem, Boppard 1994, S. 163ff.; Eichholtz, Kriegswirtschaft Bd. II, S. 47ff.; Janssen, Ministerium Speer, S. 49ff.; Müller, Speer, S. 369ff., 545ff.

[29] Vgl. für den Gesamtzusammenhang der Rationalisierungen Siegel/Freyberg, Rationalisierung. Ähnliche Entwicklungen für den Daimler-Benz Konzern bei Gregor, Stern, S. 167ff.

menhang. Insgesamt handelt es sich damit um eine Kombination der bürokratischen Steuerungseingriffe, insbesondere Schiebers, der Umorganisation des Sonderausschusses und betrieblicher Maßnahmen. Ob man in diesem Kontext von einem »Produktionswunder« als einer Folge organisatorischer Maßnahmen im Zentrum der Rüstungsbürokratie sprechen kann, bleibt zweifelhaft.[30] Vielmehr – das zeigt das Beispiel der Einsetzung des Werksbeauftragten bei Auer – erhöhte sich der Druck der Rüstungsbürokratie auf die Unternehmen noch einmal radikal.

Eine Abwägung des Einflusses langfristiger Maßnahmen und Trends von Rationalisierung oder industrieller Modernisierung innerhalb der Unternehmen auf die Entwicklung der Fertigungszahlen ist schwierig. Ansätze zu einer Rationalisierung in einem engeren ökonomischen Sinne des Begriffs sind in der Auergesellschaft während der Jahre 1943 und 1944 nicht mehr erkennbar. Das gilt im wesentlichen auch für das Drägerwerk. Dabei wird betriebliche Rationalisierung hier als eine ökonomische Verbesserung des Verhältnisses von Kosten bzw. Aufwand und Ertrag als Reaktion auf bestimmbare Änderungen des unternehmerischen Handlungsfeldes im Sinne einer Produktivitätssteigerung verstanden. Das terminologische Verständnis des Begriffs ist definitorisch entscheidend für die Abgrenzung zu dem Begriff einer systemischen Rationalisierung.[31] Der definitorische Rahmen des stark strapazierten Begriffs bestimmt maßgeblich die unterschiedlichen Ergebnisse, die sich in der Forschung zu dieser Frage abzeichnen. Im Kern geht es bei diesem Problem, das mit dem umstrittenen Modernisierungsparadigma eng verbunden ist, um die Frage einer »herrschaftseigenen Rationalität« und eines spezifisch nationalsozialistischen Rationalisierungskonzepts.[32]

Bei den vorgeblichen ökonomischen Modernisierungsfunktionen und -intentionen des Nationalsozialismus besteht das eminente Problem, den in der Wirtschaftswissenschaft häufig verwendeten Begriff in operable ökonomische Kriterien umzusetzen, die als tertium comparationis dienen können. Die Frage nach der Konkretisierung des Modernisierungskonzepts durch ökonomische Implikationen muß nicht nur bei der Analyse der Wirkungen der NS-Wirt-

[30] Von einem »Wunder der deutschen Rüstung« sprach als erster Speer selbst in einem Vortrag von Industriellen am 9.6.1944, in: Nachrichten des Reichsministeriums für Rüstung und Kriegsproduktion, 1944, S. 397-404.

[31] Vgl. zu der begrifflichen Problematik Siegel/Freyberg, Rationalisierung, S. 17ff.; Budraß, Flugzeugindustrie, S. 515ff. Für den zeitgenössischen Hintergrund und das Verständnis sind die Diskussionen in den Jahrbüchern des Arbeitswissenschaftlichen Instituts der DAF außerordentlich instruktiv. Vgl. Arbeitswissenschaftliches Institut der DAF, Jahrbuch 1937-1944, Berlin. Darüber hinaus spielte das Reichskuratorium für Wirtschaftlichkeit, dem Dräger eng verbunden war, eine maßgebliche Rolle.

[32] Vgl. für den von unterschiedlichen Seiten in der Historiographie bemühten Begriff: Norbert Frei, Wie modern war der Nationalsozialismus?, in: GG 19 (1993), S. 367-387; Aly/Heim, Vordenker, S. 481ff.; Kershaw, NS-Staat, S. 351ff.; Hans Mommsen, Der Mythos von der Modernität. Zur Entwicklung der Rüstungsindustrie im Dritten Reich, Essen 1999.

schaftspolitik, sondern auch bei einer Einordnung der Entwicklung der ökonomischen Rahmenbedingungen in der NS-Zeit in den langfristigen konjunkturellen Gesamttrend Deutschlands und der Weltwirtschaft im Zentrum der wirtschaftshistorischen Forschung stehen, die mit dem Begriff arbeitet.[33] Legt man ökonomische Wachstumsorientierung, Arbeitsmarktpolitik sowie das Problem der funktionalen Differenzierung von Technik und Organisation als Maßstäbe an, verschwinden die scheinbar modernisierenden Effekte des Nationalsozialismus schnell.[34] Für die wirtschafts- und insbesondere die unternehmenshistorische Analyse bietet es sich neben diesen generellen Maßstäben an, die Kriterien Steigerung von Effizienz und Funktionalität eines Systems, also höhere Leistung und die Flexibilität zur Selbsterhaltung, zu integrieren.[35] Für die Anwendung eines mit diesen ökonomischen Kriterien definierten Modernisierungsbegriffs finden sich bei den hier untersuchten Unternehmen und ihrer Einbindung in die Kriegswirtschaft kaum Hinweise. Dies gilt insbesondere für die zweite Kriegshälfte.

Im Kontext der Fertigungsbedingungen in der zweiten Kriegshälfte steht auch die Frage nach der Bedeutung der Zwangsarbeit für die Fertigungsziele der Betriebe. Diese wird immer öfter nicht mehr ausschließlich unter einer sozialgeschichtlichen Perspektive analysiert, sondern in den notwendigen Zusammenhang mit den Bedingungen der Werksproduktion im Krieg gestellt.[36] Die zunehmende Ausübung von Zwang gegenüber den Arbeitskräften und die radikale Intensivierung des Faktors Arbeit waren dominierende Aspekte der »Rationalisierungsmaßnahmen« im Krieg und bildeten gleichzeitig einige der Grundlagen der nach 1942 erreichten Fertigungserfolge.[37]

Wenn man diesem definitorischen Rahmen, der auf das Kriterium einer allgemeinen Strategie der »Leistungssteigerung« im Sinne einer Optimierung der

[33] Vgl. Ritschl, NS-Wirtschaftsideologie, S. 48ff. Zum Modernisierungsbegriff grundlegend Hans-Ulrich Wehler, Modernisierungstheorie und Geschichte, Göttingen 1975; sowie die Einleitung, in: ders., Deutsche Gesellschaftsgeschichte. Erster Band, Vom Feudalismus des Alten Reiches bis zur Defensiven Modernisierung der Reformära 1700-1815, 2. Aufl. München 1989, S. 12ff.; Hartmut Kaelble u.a. (Hgg.), Probleme der Modernisierung in Deutschland. Sozialhistorische Studien zum 19. und 20. Jahrhundert, Opladen 1978; Wolfgang Zapf, Modernisierung und Modernisierungstheorien, in: ders. (Hg.), Die Modernisierung moderner Gesellschaften. Verhandlungen des 25. Deutschen Soziologentages in Frankfurt am Main 1990, Frankfurt/M. 1991, S. 23-39; zu dem Anwendungsproblem: Horst Matzerath und Heinrich Volkmann, Modernisierungstheorie und Nationalsozialismus, in: Jürgen Kocka (Hg.), Theorien in der Praxis des Historikers. Forschungsbeispiele und ihre Diskussion, Göttingen 1977 (GG Sonderheft 3), S. 86-102; Prinz/Zitelmann, Nationalsozialismus; zusammenfassend: Kershaw, NS-Staat, S. 351ff.

[34] Vgl. Ritschl, NS-Wirtschaftsideologie, S. 55ff.

[35] In diesem Sinne argumentiert Jens Alber, Nationalsozialismus und Modernisierung, in: Kölner Zeitschrift für Soziologie und Sozialpsychologie 41 (1989), S. 346-365 (349f.).

[36] Vgl. dazu Mommsen/Grieger, Volkswagenwerk, S. 410ff.; Barbara Hoppmann/Mark Spoerer/Birgit Weitz/Beate Brüninghaus, Zwangsarbeit bei Daimler-Benz, Stuttgart 1994; Wysocki, Arbeit, S. 456ff.

[37] Vgl. dazu Budraß, Flugzeugindustrie, S. 892; Gregor, Stern, S. 147; Erker, Aufbruch, S. 331ff.

Zweck-Mittel-Relation reduziert wird, folgt, dann fand auch in den beiden untersuchten Unternehmen in der zweiten Kriegshälfte eine umfassende Rationalisierung statt.[38] Insgesamt waren die betrieblichen Maßnahmen und die Steuerungsversuche verschiedener Institutionen der Rüstungsbürokratie jedoch eher von einem ständigen Improvisieren und der Koordinierung der Folgen von Einzelaktionen bestimmt, die immer weniger aufeinander abgestimmt waren. Drägers Vorstellungen von der Notwendigkeit einer Deregulierung der Wirtschaft, die er seit 1942 mehrfach gegenüber der Rüstungsbürokratie geäußert hatte, berührten dabei einen zentralen Problemzusammenhang: die Schwierigkeit, daß die Industrie auf indirekte oder direkte Steuerungsimpulse der Lenkungsbehörden immer weniger reagierte.[39]

Die innerbetrieblichen Gründe der hohen Produktionszahlen in der Auergesellschaft waren ein Mehreinsatz von Arbeitskräften – überwiegend KZ-Häftlingen oder Zwangsarbeitern – eine weitere Intensivierung der Ausnutzung der Arbeitskraft, die konsequente Nutzung der vorhandenen Fertigungskapazitäten und die Übernahme bzw. Auslastung weiterer Betriebe. Die Berichte der prüfenden Kommissionen des Rüstungsministeriums im Herbst 1944 belegen, daß die Auergesellschaft in fertigungstechnischer Hinsicht keineswegs ein so moderner Betrieb war, wie sie angab. Das bestätigte der Aufsichtsrat den Prüfern und dem empörten Vorstand gegenüber. »Der Eindruck«, schrieb Schlosser an Quasebart, »dass in Oranienburg noch sehr viel mehr Fliessarbeit (Fließbandarbeit, B.L.) eingeführt und außerdem erhebliche Transportwege eingespart werden könnten, hatte sich seinerzeit ja auch den meisten Herren aufgedrängt, die an dem Besuch der Scheideanstalt in Oranienburg teilgenommen haben.«[40]

---

[38] Vgl. zu diesen definitorisch entscheidenden Aspekten vor dem Hintergrund des »nationalsozialistischen« Begriffsverständisses, das von der DAF dominiert wurde, Siegel/Freyberg, Rationalisierung, S. 422. Die Autoren betonen, daß dieses Begriffsverständnis dem von einer »echten Rationalisierung« der Nationalsozialisten in der DAF entspreche. Ebd., S. 423; Budraß, Flugzeugindustrie, S. 515ff. Auch Herbst, nationalsozialistisches Deutschland, S. 414 weist den Rationalisierungsmaßnahmen bei der Abwägung der Faktoren die »größte Wirkung« zu. Wie aus den Ausführungen hervorgeht, begreift auch er den Begriff im Sinne einer »Leistungssteigerung« in einem weiten Definitionsrahmen. Vgl. ebd., S. 412ff.

[39] Vgl. Herbst, totale Krieg, S. 405, der dieses Steuerungsdefizit allgemein aufgrund des wachsenden Kaufkraftüberhangs konstatiert. Wie das Beispiel des Sonderausschusses Gasschutz und der Firmen Drägerwerk und Auergesellschaft zeigt, hing das Ausmaß dieses Prozesses darüber hinaus von mehreren Faktoren ab: Erstens hing er mit der individuellen Strategie der Unternehmen, zweitens mit der Organisationskompetenz der zuständigen Rüstungsbürokratie (beispielsweise eines Ausschusses) und drittens mit dem Ausmaß an Kontrolle und Druck auf die Unternehmen zusammen. Zu den Vorstellungen Heinrich Drägers, vgl. unten IV.3.

[40] Schlosser an Quasebart 8.1.1945, IW 24.6.1 Unternehmensarchiv der Degussa AG.

Fertigungszahlen von Gasschutzgeräten in der Auergesellschaft 1943/44 in Tausend Stück[41]

	Aug. 1943	Nov. 1943	Febr. 1944	Mai 1944	Aug. 1944	Okt. 1944
GM 38[42]	80	60	85	120	120	200
VM FE[43]	600	700	700	900	1200	1350
VM 40[44]	300	200	450	450	550	700

Gesamtfertigungszahlen des Sonderausschusses Gasschutz- und Atemgerät (bzw. Abwehrgeräte) Juli 1943 bis Januar 1945 in Tausend Stück[45]

	Juli 1943	Aug. 1943	Sept. 1943	Okt. 1943	Nov. 1943	Dez. 1943	Jan. 1944	Febr. 1944	März 1944	April 1944
GM[46]	374	317	295	365	215	341	368	452	461	480
VM[47]	528	363	374	419	189	323	422	531	507	551
VM II	728	523	535	637	309	603	812	531	917	958
FE[48]	1667	1158	1429	1129	1282	1266	1157	1154	1390	1531

	Mai 1944	Juni 1944	Juli 1944	Aug. 1944	Sept. 1944	Okt. 1944	Nov. 1944	Dez. 1944	Jan. 1945
GM	510	543	490	575	613	753	673	557	505
VM I	594	624	667	710	849	1401	1747	1765	1209
VM II	594	1154	1304	1593	1638	1991	2387	3031	2800
FE	1636	1702	1882	2405	2907	2835	2897	1909	1200

41 Vgl. Statistiken, IW 24.6.1 Unternehmensarchiv der Degussa AG.

42 »Gasmaske Modell 38«: das Gasmaskenmodell für die Wehrmacht.

43 Filtereinsatz für die »Volksmaske«.

44 »Volksmaske 40«, das Gasmaskenmodell für die Zivilbevölkerung.

45 Der Beauftragte für den Vierjahresplan – Der Generalbevollmächtigte für Rüstungsaufgaben: Statistische Schnellberichte zur Kriegsproduktion Stand Januar 1945, BArch R 3 1730. Statistisches Zahlenmaterial über die Rüstungsproduktion ist durch verschiedene Institutionen überliefert. Für die Zuverlässigkeit des Zahlenmaterials ist die Verbreitung und der Geheimhaltungsgrad entscheidend. Beides spricht für diese Zahlen, die nur in zwölf Ausfertigungen vom Planungsamt verteilt wurden. Vgl. zum Problem Müller, Speer, S. 618ff.

46 Militärgasmasken (alle Modelle zusammen).

47 Es wurden zwei unterschiedliche Typen der Volksgasmaske (»VM«) produziert.

48 Filtereinsätze für Militärgasmasken.

2. *Rüstungsperspektiventscheidungen und Rüstungskonjunktur: Die Gasschutzgerätenachfrage im Krieg*

Vor dem Hintergrund der Entscheidungen des militärischen Oberkommandos verwundert die ungebrochene Konjunktur von Gasschutzgeräten ab 1942 und die bemerkenswerte Steigerung der Fertigung in der zweiten Kriegshälfte. Die Überzeugung, daß ein Gaskrieg drohe, auf den man sich vorbereiten müsse, war indessen in der Wehrmachtsführung und der Rüstungsbürokratie keineswegs ungebrochen. Auf einer Besprechung im Reichsluftfahrtministerium stellte der für die Gasschutzausrüstung zuständige Ministerialdirektor Knipfer im September 1942 gegenüber den Unternehmen fest, daß der »Ausbruch eines Gaskrieges« »sehr unwahrscheinlich« sei und es »bei Deutschlands Kriegsgegnern (...) keinerlei Anzeichen für die Vorbereitung« gäbe.[49] Militärisch wollte man sich die Option einer Gasoffensive jedoch offenhalten und bemühte sich daher – angesichts der unübersehbaren Gefährdung der Zivilbevölkerung durch die Angriffe der alliierten Bomber – insbesondere die Gasschutzausrüstung der Zivilbevölkerung zu forcieren.[50]

Die Details der Entwicklung zu dieser Frage innerhalb des Regimes sind noch immer nicht vollständig geklärt.[51] Die Ansichten über einen Einsatz von Gaskampfstoffen divergierten in den verschiedenen Machtzentren der militärischen Führung. Darüber hinaus veränderten sich die Meinungen im Verlauf der Kriegsentwicklung mehrfach. Im Mai 1943 – angesichts ununterbrochen zunehmender Ausstoßanforderungen an die Industrie – berichtete Quasebart dem Sonderausschuß, »daß er vor etwa 14 Tagen zur Berichterstattung im Führerhauptquartier gewesen« sei. Bei Hitler, so stellte Quasebart seine persönliche Interpretation der Konferenz dar, bestehe für die Gasschutzausrüstung des Heeres und der Zivilbevölkerung ungebrochenes Interesse. Als Folge dieser entscheidenden Besprechung im Führerhauptquartier am 15. Mai 1943 wurde das Arbeitsgebiet Gasschutz- und Atemgeräte bei der Zuteilungskontingentierung in die zweithöchste mögliche Dringlichkeitsstufe aufgenommen.[52] Das Problem, »Abwehrgeräte gegen eine Waffe« zu produzieren, die bisher noch nicht eingesetzt worden war, war im Sonderausschuß mehrfach diskutiert wor-

[49] Aktennotiz über Besprechung bei Ministerialdirektor Knipfer am 12.9.1942, SUD BÄD VI 2.4

[50] Groehler, Tod, S. 236f.; Müller, Speer, S. 711ff.

[51] Groehler, Tod, S. 177ff.; zuletzt: Müller, Speer, S. 705ff.

[52] Bericht über die Besprechung des Sonderausschusses am 31.5.1943, SUD BÄD VI 2.4; Müller, Speer, S. 710; Groehler, Tod, S. 244 ff., S. 157 f.; Rudolf Lusar, Die deutschen Waffen und Geheimwaffen und ihre Weiterentwicklung, 3.Aufl. München 1959, S. 232 ff.; Günther W. Gellermann, Der Krieg, der nicht stattfindet – Möglichkeiten, Überlegungen und Entscheidungen der obersten deutschen Führung zur Verwendung chemischer Kampfstoffe im 2. Weltkrieg, Koblenz 1986, S. 211; Fritz Hahn, Waffen und Geheimwaffen des deutschen Heeres 1933-1945. Bd.1: Infanteriewaffen, Pionierwaffen, Artilleriewaffen, Pulver, Spreng- und Kampfstoffe, Koblenz 1986, S. 234.

den, führte jedoch offensichtlich zu keinerlei Reaktionen.[53] Hitlers Interesse am Gaskrieg blieb während des gesamten Kriegsverlaufes bestehen und war Gegenstand verschiedener Konferenzen mit Mitgliedern des Rüstungsministeriums. Insbesondere der unzureichende zivile Luftschutz beschäftigte den Diktator 1944 mehrfach und hielt ihn unterschiedlichen Berichten zufolge von einem Gaseinsatz ab. Aufgrund dieser Unzulänglichkeiten bei der »Volksmaskenfertigung« forderte Hitler wiederholt, diesen Bereich ausbauen.[54]

Dräger war seit Beginn der Aufrüstung selbst mehrfach in Denkschriften an die militärische Führung herangetreten. Darin warnte er nachdrücklich vor einer möglichen Konfrontation mit Gaswaffen im Krieg. Die Überlegungen Drägers hinsichtlich eines Gaseinsatzes waren von der persönlichen Fronterfahrung des 1. Weltkrieges geprägt. Während er in der Vorkriegszeit vor allem auf die Gefahr eines feindlichen Gaseinsatzes und die Notwendigkeit eines ausreichenden Schutzes hinwies, veränderte die Entwicklung des zunehmend totalen Krieges die Einstellung des Unternehmers in dieser Frage.[55] In einer Aktennotiz nach verschiedenen Besprechungen im Sonderausschuß und mit Vertretern des OKH faßte Dräger im August 1942 seine Argumentation zusammen und resümierte, daß das »Ergebnis der Berechnungen und Überlegungen (dazu führt), daß wir unter allen Umständen es vermeiden müssen, dass es zum Gaskrieg kommt. Einmal ganz generell gesehen wegen der ungünstigen Lage unserer Schwerpunkt-Rüstungsgebiete im Bereich der feindlichen Luftwaffe, während die feindlichen Schwerpunkt-Rüstungsindustrien (...) für uns unerreichbar sind. Und außerdem ist die Gasschutz-Rüstung unserer Zivilbevölkerung (...) im Gegensatz zu unseren wesentlichen Gegnern noch höchst unvollständig. Weiter ergibt sich, daß bei Anwendung von Gas der totale Krieg Formen annehmen kann, die alles bisher dagewesene in der Kriegführung übertreffen«. Mit einem bemerkenswert weitsichtigen Schluß resümierte Dräger in dem Memorandum seine Überlegungen, und meinte, »es dürfte damit zu rechnen sein, daß in fernster Zukunft, wenn die Formen des totalen Krieges (...) ›verfeinert‹ werden, dann Gas einmal in wirklich großem Umfang angewandt wird. Das dürfte dann übrigens dazu beitragen, der Menschheit das Krieg führen als solches noch stärker zu verleiden, als es bei den heutigen Methoden schon der Fall ist.«[56]

---

53 Protokoll von der Vollsitzung des Sonderausschusses am 22.1.1943, SUD BÄD VI 2.4.

54 Müller, Speer, S. 712; Deutschlands Rüstung im Zweiten Weltkrieg. Hitlers Konferenzen mit Albert Speer 1942-1945, hrsg. und eingeleitet von Willi A. Boelcke, Frankfurt am Main 1969, S. 159, 241, 309, 347, 501.

55 ›Wie sieht die Gasgefahr aus und wie können wir uns gegen sie schützen?‹ Denkschrift Drägers an das Heereswaffenamt 1937, SUD BS 27/11; Draeger-Gasschutz-Mitteilungen Nr. 21, S. 89 ff., Beilage zu Draeger-Hefte Nr. 162 (1932); Walther Mielenz, Die S-Maske, in: Gasschutz und Luftschutz. Heft 4, 1934; ders., Die deutsche Volksgasmaske, in: Gasschutz und Luftschutz. Heft 6 und 7, 1937.

56 Aktennotiz »Schluß« 20.8.1942, SUD BS 27/11. Tatsächlich hatte Churchill schon im Mai 1942 in einer Rundfunkrede mit der Giftgasbombardierung deutscher Städte für den Fall eines strategischen Gaseinsatzes der Deutschen gedroht. Gellermann, Krieg, S. 150. Im Mai 1942 wurde in der

Gegenüber der Rüstungsbürokratie hatte Dräger 1942 mehrfach auf die katastrophalen Auswirkungen eines möglichen Gaskrieges aufmerksam gemacht. Generaloberst Fromm sowie zuständigen Teilen des OKH teilte Dräger im April 1942 seine Ansicht mit, daß eine weitere forcierte Ausrüstung der Truppe an der Ostfront unsinnig sei und plädierte für eine »vorsorgliche Lagerung der Gasschutzausrüstung in Magazinen« im Reich. Bei verschiedenen Anlässen 1942 schlug er darüber hinaus eine Einschränkung und eine veränderte Schwerpunktsetzung der Gasschutzrüstung vor.[57] Die militärische Führung blieb von Drägers Mahnungen offensichtlich unbeeindruckt: Die Nachfrage der Rüstungsdienstellen nach Gasschutzgeräten blieb bis in das letzte Kriegsjahr hinein ungebrochen.

3. Organisierte Selbstverwaltung oder Improvisation? Unternehmer und Manager als Funktionsträger in der Organisation der Kriegswirtschaft

Im Frühjahr 1942 kam es infolge der zunehmenden Forderungen der Rüstungsbürokratie zu einer Steigerung der staatlichen Interventionen in alle Unternehmensbereiche. Die wachsende Nachfrage betraf sowohl den zivilen als auch den militärischen Atemschutz. Im Sommer 1942 wurde die Entwicklung durch einen expliziten Führerbefehl zum Ausbau der Gaskriegsvorbereitungen noch einmal forciert.[58] Zugleich wurde mit der Gründung des Sonderausschusses für Gasschutz und Atemgeräte im Hauptausschuß Wehrmachts- und allgemeines Gerät beim Reichsminister für Bewaffnung und Munition im Frühjahr 1942 die Organisation der Fertigung in der Branche nachhaltig verändert. Dies entsprach dem Wandlungsprozeß in der gesamten Kriegswirtschaft. Die Steuerung wurde in steigendem Maße den entstehenden 178 Sonderausschüssen und -ringen übertragen, die mit zahlreichen Arbeitsausschüssen und -ringen eine breite und zunehmend ausdifferenzierte institutionelle Grundlage bildeten. Mit Speers Erlaß »über den Verantwortungsbereich und die Geschäftsordnung für Selbstverantwortungsorgane (Ausschüsse und Ringe) in der Rüstungswirtschaft« beauftragte der Minister im April 1942 in enger Abstimmung mit Hitler die neuen Organe »bei den ihnen angeschlossenen Firmen (...) die zweckmäßigste Durch-

Weltpresse offen über diese Möglichkeiten spekuliert. Vgl. Wollt ihr den Totalen Krieg? Die geheimen Goebbels-Konferenzen 1939-1943, hrsg. und ausgewählt von Willi A. Boelcke, Stuttgart 1967, S. 239.

57 Aktennotiz Dräger betreffend Vorschläge an OKH März, April 1942, SUD BS 27/11; Aktennotiz betreffend Einsparungsmöglichkeiten 1942, ebd.

58 Zu der forcierten Gasschutzgeräteproduktion, Müller, Speer, S. 707f.; Groehler, Tod, S. 237ff.; Boelcke, Deutschlands Rüstung, S. 159; Gellermann, Krieg, S. 151.

führung der Aufträge auf rationellstem Wege (...) sicherzustellen.«[59] Insgesamt setzte mit dem Beginn der »Ära Speer« im Umfeld des Drägerwerks ein erneuter, tiefgreifender Wandlungsprozeß ein.

Mit der Überlegung, einen Ausschuß für die Organisation der Gasschutzgerätefertigung zu konstituieren, hatte sich die Wirtschaftsgruppe Feinmechanik und Optik unter ihrem Vorsitzenden Paul Heinrichs (Carl Zeiss AG) seit der Jahreswende 1941/42 befaßt. Auf die Weisung des Leiters der Reichsgruppe Industrie Generaldirektor Zangen hin, bat die Wirtschaftsgruppe das Drägerwerk um eine Stellungnahme hierzu.[60] Dräger hatte bereits 1941 gegenüber dem Reichsminister für Bewaffnung und Munition Todt sowie dem OKW eine Umorganisation der Rüstungsbürokratien in der Branche und eine stärkere Integration der unternehmerischen Kompetenzen gefordert.[61] Er zeigte sich daher auf die Anfrage hin durchaus interessiert an der Bildung eines solchen Gremiums, machte umfangreiche Vorschläge über die einzubeziehenden Institutionen und stellte sein Unternehmen für die Leitung zur Verfügung. Zu diesem Zeitpunkt hatte das OKH jedoch bereits mit Professor Quasebart den Vorstandsvorsitzenden der Auergesellschaft zur Leitung des zu gründenden Sonderausschusses bestellt.[62] Einmal mehr hatte sich die Degussa-Tochter am Drägerwerk vorbei den Entscheidungszentren der Rüstungsbürokratie nähern können. Für die Vergabe des Vorsitzes war auch die enge Kooperation des Auer-Konzerns mit dem Heereswaffenamt in der Gaskampfstoffproduktion entscheidend.[63]

Die Gründung des Sonderausschusses verlief zeitgleich mit einer Erweiterung der Gasschutzgeräteproduktion. Im März 1942 hatte das Heereswaffenamt in einem Programm die Anhebung der monatlichen Heeresgasmaskenfertigung von 63.252 im Januar 1942 auf 213.198 gefordert. Ab Juni 1942 sollten monatlich 388.333 Schutzmasken für die Wehrmacht produziert werden. Schon im Februar 1942 war die Fertigung militärischer Gasschutzgeräte in die Dringlichkeitsstufe S und im März sogar in die Stufe SS gehoben worden, was der Industrie die Bedarfsdeckung mit Arbeitskräften und Rohstoffen erheblich erleichterte. Im Heereswaffenamt hielt man die Fertigungskapazitäten immer noch für zu gering und stellte fest, daß sie nicht ausreichen würden, »um die Forderungen nach (einem) Gaskriegsbeginn zu erfüllen.«[64]

---

[59] Nachrichten des Reichsministers für Bewaffnung und Munition Nr. 3, 6.5.1942 Anlage 1. Vgl. dazu Müller, Speer, S. 275ff.; Hans-Joachim Weyres von Levetzow, Die deutsche Rüstungswirtschaft von 1942 bis zum Ende des Krieges, München 1975, S. 27; Eichholtz, Kriegswirtschaft Bd. II, S. 67ff.; Naasner, Machtzentren, S. 163ff.

[60] Wirtschaftsgruppe Feinmechanik und Optik an Drägerwerk, 9.2.1942, SUD BÄD VI 4.5.

[61] Vgl. verschiedene Unterlagen, SUD BÄD IV 6.15.

[62] Dräger an Wirtschaftsgruppe Feinmechanik und Optik, 16.2.1942; Wirtschaftsgruppe an Dräger 6.3.1942, SUD BÄD VI 4.5.

[63] Vgl. zur Rolle der Auergesellschaft beim Aufbau der Kampfstoffindustrie Groehler, Tod, S. 108ff.

[64] Vgl. Groehler, Tod, S. 195ff.; zum Problem der Dringlichkeiten: Müller, Speer, S. 614ff.

Parallel zur Umorganisation der Gasschutzindustrie durch die Gründung des Sonderausschusses wurde auch für die Gaskampfstoffproduktion eine Arbeitsgruppe beim Rüstungslieferamt und schließlich ein Sonderausschuß gegründet, der hauptsächlich entsprechende Kompetenzen des Heereswaffenamts übernahm und größtenteils von den IG-Farben kontrolliert wurde.[65] Auf der konstituierenden Sitzung des Sonderausschusses für Gasschutz und Atemgeräte gab der Vorstandsvorsitzende der Auergesellschaft den Arbeitsplan bekannt.[66] Schon bei der nächsten Zusammenkunft des Sonderausschusses wurden die Pläne des Munitionsministeriums mit der neuen Institution erkennbar. Wie Quasebart dem Sonderausschuß mitteilte, habe »der Amtschef des Hauptausschusses eine Prüfung angeordnet (..) über die Möglichkeit einer Steigerung der deutschen GM-Fabrikation (Gasmasken, B.L.) von 400.000 auf 600.000 Stück pro Monat.«[67]

Bei den Sitzungen des Ausschusses waren neben den Firmenvertretern die beiden wichtigsten beteiligten Rüstungsbürokratien – das OKH für die Heeresgeräte und das Reichsluftfahrtministerium für den zivilen Luftschutz – anwesend. In einer Besprechung mit der Unternehmensleitung der Auergesellschaft wurde deutlich, wie sich Dräger die Zusammenarbeit der Unternehmen mit der staatlichen Bürokratie vorstellte, als er die Notwendigkeit betonte, »daß bei beabsichtigten Besprechungen mit oder Vorschlägen an Behörden (sic.) vorher eine Fühlungnahme beider Firmen (des Drägerwerks und der Auergesellschaft, B.L.) stattfindet«.[68] Tatsächlich suchten die Firmen im Vorfeld der Sitzungen die meisten möglichen Konfliktbereiche bilateral zu klären. Regelmäßig kamen die Manager im Vorfeld der Ausschußsitzungen zusammen. Diese informellen Treffen konnten jedoch die unmittelbare Konkurrenzsituation der Unternehmen in entscheidenden Fragen keineswegs beseitigen. Vielmehr führten die Wettbewerber weiterhin anhaltende Auseinandersetzungen über die Einführung neuer Geräte sowie deren Schutzrechte, die beteiligten Zulieferfirmen und den Ausbau wie auch die Verlagerung von Fertigungskapazitäten. Diese Konflikte wurden oft in den Sitzungen des Sonderausschusses ausgetragen.

Vergleicht man die offiziellen Protokolle des Sonderausschusses mit denen, die ein Mitarbeiter des Drägerwerks zusätzlich über die bilateralen informellen Gespräche im Vorfeld sowie die Vollsitzungen für die Lübecker Unternehmensleitung anfertigte, werden sowohl die Schwerpunkte der Unternehmensstrategie als auch die Auseinandersetzungen mit Auer deutlich. Insgesamt ist eine Instrumentalisierung der neuen Organisationsstrukturen durch die Wettbewerber

[65] Groehler, Tod, S. 201, 248f.

[66] Bericht über die Sitzung des Sonderausschusses Gasschutz und Atemgeräte am 20.3.1942 in Berlin im Hause der Auergesellschaft unter Vorsitz von Prof. Quasebart, SUD BÄD VI 2.4.

[67] Protokoll der Sitzung des Sonderausschusses Gasschutz und Atemgeräte vom 19.6.1942, SUD BÄD VI 2.4.

[68] Sitzung betr. Sauerstoffgeräte 10.9.1942, ebd., S. 4.

erkennbar.[69] Die Bemühungen der beiden Großunternehmen zielten darauf ab, gegenüber den staatlichen Institutionen mit Hilfe einer selbst durchgeführten und kontrollierten Organisation der Branche möglichst weitgehende Entscheidungs- und Handlungsspielräume zu erhalten und Vorteile für ihre Unternehmen zu sichern. Die Kooperation der beiden Firmen endete exakt an dem Punkt, an dem eine die Möglichkeit sah, einen fertigungs- oder entwicklungstechnischen Vorsprung vor der anderen zu erhalten.

Die Ausgangsposition Auers in diesem *geregelten Wettbewerb* war dabei aufgrund mehrerer entscheidender Faktoren besser: Erstens durch die Leitung des maßgeblichen Ausschusses, zweitens die engeren Netzwerkbeziehungen des Konzerns mit den Militärinstitutionen, drittens das ergänzende Produktionsangebot im Kampfstoffbereich und viertens die größeren Fertigungskapazitäten, mit denen man die technologische Überlegenheit des Lübecker Konkurrenten ausglich. In der zwischen den beiden Firmen umstrittenen und entscheidenden Frage, zu welcher Wirtschaftsgruppe die Gasschutz- und Sauerstoffgerätefertigung gehören sollte, wurden die unterschiedlichen Interessen erstmals deutlich. Während das Drägerwerk für eine Betreuung durch die Wirtschaftsgruppe Feinmechanik und Optik plädierte, die dem Unternehmen durch andere Produktbereiche vertraut war, setzte sich Quasebart mit seiner Forderung nach einer ausschließlichen Zugehörigkeit zur chemischen Industrie, in der Auer wie die Degussa wichtige und einflußreiche Mitglieder waren, durch.[70] Auch bei den Auseinandersetzungen um die Besetzung der wichtigen Arbeitsausschüsse, die weitgehend selbständig arbeiteten, konnte sich Auer durchsetzen: Sechs der anfangs 16 Arbeitsausschußleiter stellte der Berliner Konzern, vier der Lübecker; 1943 erhöhte sich die Zahl der Ausschüsse auf 19 bei einer Aufteilung von sieben zu vier. Die übrigen, weniger wichtigen Ausschüsse leiteten Mitarbeiter anderer Unternehmen. Die entscheidenden Arbeitsausschüsse, die die Zulieferung der Maskenaufträge koordinierten, kontrollierten dabei Manager der Auergesellschaft.[71]

In der Frage der Einbeziehung der Gasschutzfabriken in den besetzten Gebieten für die Erweiterung der deutschen Fertigungskapazitäten setzten sich dagegen die Traditionen der Markt- und Kartellabsprachen, die die beiden Firmen schon aus der Weimarer Republik kannten, durch. Gemeinsam bemühten sich die Unternehmen, ausländische Fertigwarenproduzenten von selbständigen Aufträgen und Rohstoffkontingenten fernzuhalten.[72]

[69] Vgl. Protokolle der Sitzungen des Sonderausschusses für Gasschutz und Atemgeräte 1942-1944, SUD BÄD VI 2.4.

[70] Vgl. Protokolle und Aktennotizen der Sitzungen des Sonderausschusses am 18.1. und am 2.2.1943, SUD BÄD VI 2.4.

[71] Übersichten des Sonderausschusses 1942 und 1943, SUD BÄD VI 2.3.

[72] Sitzung des Sonderausschusses 9.3.1943, SUD BÄD VI 2.4; Protokoll über die Sitzung des Sonderausschusses für Gasschutz und Atemgeräte am 10.9. 1942 («über die Steuerung und Verteilung von Sauerstoffgeräten«), SUD BÄD VI 2.4.

Im Laufe des Jahres 1942 ist bei der Neuverteilung der Steuerungskompetenzen in der Branche eine deutliche Verschiebung zugunsten des Sonderausschusses zu erkennen. Diese Umorganisation fand vor dem Hintergrund der Neustrukturierung der gesamten Wirtschaftslenkung des nationalsozialistischen Herrschaftssystems statt. Der Ausschuß konnte erfolgreich Kompetenzen an sich ziehen und ein hohes Maß an Selbständigkeit bei der Steuerung der Fertigung gewinnen. Diese Entwicklung bekam infolge der zeitgleich überall in der Rüstungsbürokratie verlaufenden Verdrängung der militärischen Institutionen eine besondere Dynamik.[73]

Zur Jahreswende 1943/44 erreichte die Machtkonzentration des Sonderausschusses bei der Organisation der Produktionskapazitäten der Branche im von Deutschland besetzten europäischen Wirtschaftsraum einen Höhepunkt. Schon Ende 1942 hatte das Drägerwerk bei der Übergabe einer umfangreichen Denkschrift über Fertigungshindernisse im OKH die Weisung erhalten, sich »mit diesen Schwierigkeiten nunmehr laufend an den Sonderausschuß (...) zu wenden«. Dieser Hinweis war angesichts der Beschwerden über Maßnahmen des Konkurrenten Auer im Ausschuß, die den Hauptteil des Memorandums ausmachten, sarkastisch.[74] Während sich das Drägerwerk bei den Verhandlungen im Sonderausschuß zwischen 1942 und der Jahreswende 1943/44 gegenüber dem Konkurrenten meist deutlich erkennbar in der Defensive befand, ging Quasebart bei der Instrumentalisierung seiner Macht noch weiter. Im September 1942 griff er erfolgreich nach der Kontrolle des privaten Marktes für Sauerstoffgeräte durch den Ausschuß. Der Vorstandsvorsitzende der Auergesellschaft teilte als Vorsitzender dem Ausschuß mit, er halte »es (...) für notwendig, die Steuerung der Aufträge in Sauerstoffgeräten (...) für den Bergbau (durch den Sonderausschuß, B.L.) vorzunehmen, um die Bedürfnisse im Rahmen der Gesamtkapazität der Herstellerfirmen aufeinander abzustellen.«[75] Die Integration der Zivilproduktion in den Zuständigkeitsbereich des Ausschusses wurde vom Reichswirtschaftsministerium gegenüber dem Hauptausschuß, der durch seine Schwerpunkte eng mit der Konsumgüterfertigung beschäftigt war, ausdrücklich gebilligt.[76] Quasebarts Forderung, die er auch gegenüber den Bewirtschaftungsstellen erhob, nach Steuerung und Kontrolle eines Marktes, der bislang traditionell zu den Domänen des Lübecker Konkurrenten gehört hatte, ist symptoma-

[73] Vgl. Naasner, Machtzentren, S. 445ff.; Müller, Mobilisierung, S. 677ff.

[74] Denkschrift Drägerwerk an den Leiter des Sonderausschusses für Gasschutz und Atemgeräte (Dezember 1942), SUD BÄD VI 2.4.

[75] Quasebarts Argumentation war für den ablaufenden Machtkonzentrationsprozeß im Sonderausschuß symptomatisch. Er sah einen Regelungsbedarf, da «auch im Hinblick auf den (...) häufigen Einsatz von Sauerstoffgeräten bei der Brandbekämpfung nach Großangriffen (...) die Frage der Auftragserteilung an die einzelnen Bedarfsträger neu überprüft werden (müsse).« Protokoll über die Sitzung des Sonderausschusses für Gasschutz und Atemgeräte am 10.9.1942 («über die Steuerung und Verteilung von Sauerstoffgeräten«), SUD BÄD VI 2.4.

[76] Vgl. Eichholtz, Kriegswirtschaft Bd. II, S. 318f.

tisch für das Verhalten der Konzerne im Umgang mit dem Ausschuß. Hier werden die Veränderungen des Wettbewerbs in der zweiten Kriegshälfte sichtbar.

Für die Frage nach den unternehmerischen Handlungsspielräumen in der zweiten Kriegshälfte sind die Interventionen in geschäftliche Entscheidungsprozesse von zentraler Bedeutung. Diese Eingriffe waren offensichtlich stark vom Interesse der Rüstungsbürokratie an der Fertigung des Unternehmens abhängig. Das entscheidende Machtzentrum in der Kriegswirtschaft war nach der Wende 1942 das Reichsministerium für Bewaffnung und Munition bzw. Rüstung und Kriegsproduktion.[77] Speer selbst und Schieber vom Rüstungslieferamt des Ministeriums interessierten sich im Frühjahr 1943 erneut verstärkt für die Gasschutzgerätefertigung des Sonderausschusses. Wie Quasebart dem Sonderausschuß im Januar 1943 berichtete, zeigten sowohl der Chef des Rüstungslieferamts wie auch der Reichsminister persönlich lebhaftes Interesse für den Stand der Erweiterung und Rationalisierung der Fertigungskapazitäten.[78] Die Nachfrage des Rüstungsministeriums entspricht der Konjunktur des Interesses der militärischen Führung im OKH bzw. Hitlers selber. Vom Generalstab wurde zu diesem Zeitpunkt »die Vervollständigung der Abwehrmittel« mit Nachdruck betrieben.[79] Auch in der Fachpresse wurde die Frage eines möglichen Gaskrieges nach längerer Unterbrechung 1943 wieder aufgeworfen und eine erhöhte Alarmbereitschaft der Wehrmacht und der Zivilbevölkerung eingefordert.[80] Aufgrund dieses anhaltenden Interesses schritt die außerordentlich dynamische Entwicklung der Organisation der Branche weiter fort.

Im Zuge der Umorganisation von Teilen der Rüstungswirtschaft 1944 kam es auch im Bereich der Gasschutzindustrie abermals zu massiven staatlichen Interventionen durch neue Sonderbehörden. Im Januar 1944 deutete sich im Zusammenhang mit diesen Eingriffen im Hauptausschuß Wehrmachtsgerät eine Infragestellung der Position Quasebarts als Leiter des Sonderausschusses an. Dräger und die als Funktionsträger in den Arbeitsausschüssen mitarbeitenden Dräger-Manager suchten zunächst den Konkurrenten in seiner Position zu stützen. Dräger war jedoch von Beginn der Personaldiskussion an, die im Rüstungsministerium und im Hauptausschuß Rüstungsgerät – dem Nachfolger des Hauptausschusses für Wehrmachts- und allgemeines Gerät –, geführt wurde, selbst als neuer Sonderausschußleiter in der Diskussion.[81] Er und der Arbeitsausschußleiter und Drägermitarbeiter Stampe erklärten jedoch dem Hauptaus-

[77] Vgl. Naasner, Machtzentren, S. 445ff.; Müller, Speer, S. 275ff.

[78] Protokoll der Sitzung des Sonderausschusses 18-22.1.1943, SUD BÄD VI 2.4; vgl. für den Hintergrund dieser Entwicklung Groehler, Tod; Müller, Gaskriegsvorbereitungen.

[79] Zit. nach Groehler, Tod, S. 212; Ernst Klink, Das Gesetz des Handelns. Die Operation Zitadelle 1943, Stuttgart 1963, S. 29ff.

[80] Karl Unger, Der Gasschutzunteroffizier und die neuen Bestimmungen über den Nachweis seines Gerätes, in: Gasschutz und Luftschutz Heft 10 (1943), S. 252ff.

[81] Vgl. Aktennotizen und Protokolle Januar/Februar 1944, SUD BÄD VI 4.12.

schuß, daß sie für die Leitung des Sonderausschusses keineswegs zur Verfügung stünden.[82] Diese Haltung blockierte zunächst eine vollkommene Entmachtung der Auergesellschaft im Sonderausschuß, da ohne eine Mitarbeit der beiden Firmen die Arbeit dort sinnlos war.

Der Anlaß für die folgenreiche Schwächung der Position Quasebarts im Sonderausschuß waren Auseinandersetzungen zwischen ihm und dem Hauptausschuß über die Anerkennung von Entwicklungsarbeiten der beiden Unternehmen Auergesellschaft und Drägerwerk. In der entscheidenden Sitzung im Hauptausschuß kam es zu einer außerordentlich heftigen Auseinandersetzung zwischen Dräger und Quasebart. Im Verlauf des Gesprächs kompromittierte sich der Vorstandsvorsitzende der Auergesellschaft vor dem gesamten Ausschuß mit Vorwürfen gegenüber Dräger, so daß der neue Leiter des Hauptausschusses – Max Feuerhake – Dräger gegenüber anschließend äußerte, er »habe sich den Konkurrenzkampf zwischen den beiden Firmen nicht so scharf vorgestellt«. Bei den Ausführungen Feuerhakes wird die Strategie des Rüstungsministeriums deutlich, den Wettbewerb der Firmen um Aufträge grundsätzlich auszunutzen, denn »gerade diese Konkurrenz habe (...) etwas durchaus Gesundes und sei viel besser als ein dauerndes solidarisches Zusammengehen der Firmen.«[83]

Hintergrund der Auseinandersetzungen zwischen Quasebart und dem Hauptausschuß waren die komplizierten Probleme bei der Ausweitung der Volksmaskenfertigung und die für diese Aufgabe zur Disposition stehenden Entwicklungsaufträge. Der Sonderausschuß hatte ungeachtet der nachdrücklichen Anstrengungen in den Jahren 1942 und 1943 vor allem im Bereich des zivilen Atemschutzes die vom Reichsluftfahrtministerium geforderten Fertigungsziele bei weitem nicht erreicht. Diese hatten eine monatliche Produktion in Höhe von 1 Mio. Masken bei Auer und 250.000 im Drägerwerk vorgesehen.[84] Dabei beruhten die höheren Anforderungen des Ministeriums offensichtlich auf Anregungen aus der Industrie selbst – insbesondere einer Denkschrift Drägers vom Herbst 1942 über die »Einstufung der VM«. In der an mehrere Ministerien und Ämter gesandten Denkschrift ging Dräger auf Fertigungspotentiale und -probleme vor dem Hintergrund seiner Erfahrung mit der Steuerungsbürokratie ein. Er forderte einen radikalen Abbau der Bewirtschaftungsbürokratie, eine Vereinfachung und Straffung der Verwaltung und im Kern eine konsequente Zuweisung der Verantwortung an die wenigen großen und rentablen Firmen, die an der Endfertigung der Masken beteiligt waren: das Drägerwerk, die Auergesellschaft, die Drägergesellschaft Wien und die größte Firma im Protektorat, Eckardt in Prag. Das Problem der Zulieferung wollte Dräger durch eine scharfe

82 Aktennotiz über Unterredung im Hauptausschuß 10.2.1944, SUD BÄD VI 4.2.
83 Aktennotiz Dräger über eine Besprechung mit Feuerhake am 4.1.1944, SUD BÄD VI 4.2.
84 Aktennotiz über Besprechung bei Ministerialdirektor Knipfer 12.9.1942, SUD BÄD VI 2.4.

Kontrolle der dem Hauptausschuß unmittelbar unterstellten entsprechenden Firmen erreichen. Insgesamt plante Dräger eine stärkere Eigenverantwortung der Unternehmen, denen er einen Teil ihrer Handlungsfreiheit zurückgeben wollte. Darüber hinaus sollten die Unternehmen die gesamte verbliebene Verwaltung der Ausschüsse in ihre entsprechenden Abteilungen integrieren. Die Planung sah vor, die Rohstoffbewirtschaftung und -kontingentierung der Branche bei einer der beiden Hauptfirmen in einer neuen Institution zu konzentrieren.[85]

Im Prinzip schlug Dräger eine Rückgabe von Kompetenzen, die sich als Folge der staatlichen Dauerinterventionen in der Rüstungsbürokratie zentralisiert hatten, an die Unternehmen vor. Gleichzeitig signalisierte der Unternehmer, daß unter den Bedingungen einer solchen radikalen Entbürokratisierung eine umfangreiche Erweiterung der Fertigung möglich wäre. In der Konsequenz hätten die Reformvorschläge Drägers eine radikale Umsteuerung bedeutet und durch die Enthierarchisierung und Dezentralisierung weitreichende Folgen für das Steuerungssystem gehabt. Zentrales Anliegen der Schrift war eine partielle Rückkehr zu Mechanismen der Selbstorganisation. Von der Ministerialbürokratie wurde die Möglichkeit, die Fertigungszahlen der Branche zu erhöhen, die Dräger in seiner Denkschrift als Ergebnis der Umsetzung seiner Reformvorschläge angedacht hatte, als Grundlage für die Forderung an die Industrie genommen, mehr Produkte zu liefern. Dies führte dazu, daß das Drägerwerk zur Anerkennung einer Solleistung von monatlich 250.000 Volksmasken vom Sonderausschuß gezwungen wurde, was eine Erhöhung um 50.000 bedeutete. Damit setzte der Sonderausschuß sich gegen das Unternehmen mit einem Ansinnen durch, gegen das sich die Konzernleitung bisher lange erfolgreich gewehrt hatte.[86] Die weitreichenden Reformvorschläge der Drägerschen Denkschrift lehnte man jedoch vollständig ab.

Die Versuche der Rüstungsbürokratie nach 1942, die organisatorischen Voraussetzungen für die Fertigung zu verbessern und das Scheitern dieser Anstrengungen, das sich mit der Isolierung Quasebarts im Frühsommer 1944 abzeichnete, veranschaulichen eindrucksvoll die Dauerimprovisation des Rüstungssystems, das zudem mit seiner erklärten Absicht, das Eigeninteresse der Unternehmen zu instrumentalisieren, in zentralen Bereichen zunehmend Probleme bekam. Darüber hinaus wird das von einer beeindruckenden Eigendynamik geprägte Kompetenzgerangel während der zweiten Kriegshälfte erneut und in steigendem Maße deutlich. Unternehmerisches Interesse und kriegswirt-

---

85 Denkschrift «VM«, 1942, SUD BÄD VI 4.11, VI 4.7.

86 Aktennotiz über Besprechung bei Ministerialdirektor Knipfer 12.9.1942, SUD BÄD VI 2.4., S. 3. In der anschließenden Besprechung zwischen den beiden Unternehmensleitungen machte Quasebart aus seiner Ansicht über die Denkschrift Drägers kein Geheimnis und meinte: «Sie haben dies alles durch die Denkschrift (...) angerichtet, jetzt müssen sie auch mehr liefern«. Aktennotiz in der Anlage, ebd.

schaftliche Anforderungen waren im Verlaufe der Entwicklung immer weniger von einer Interessenkongruenz geprägt. Das Unternehmen war sogar ganz im Gegenteil bei der Übernahme von Rüstungsaufträgen bemüht, strategische Prioritäten zu verfolgen, die neben einer betriebswirtschaftlichen Rationalität immer mehr auch von Nachkriegsplanungen geprägt waren. So beharrte das Drägerwerk während der gesamten Kriegszeit erfolgreich gegenüber der Rüstungsbürokratie auf einer weitreichenden Fertigungsbreite und Produktpalette, die neben der modernen Serienfertigung in vielen Bereichen aufrechterhalten wurde. Für das Unternehmen bot diese ausgeprägte Diversifikation, die sich auch in der F & E Tätigkeit widerspiegelt, die Möglichkeit, auf Veränderungen der Märkte – wie sie ein Kriegsende zweifellos mit sich bringen würde – flexibel zu reagieren.[87] In internen Maßnahmen der Unternehmensleitung des Drägerwerks wird damit bereits 1944 eindeutig der Rahmen einer möglichen Demobilisierung sichtbar.

Über die Frage nach der Realisierung der Produktionsvorgaben des Reichsluftfahrtministeriums und des Rüstungsministeriums im Gasschutzbereich kam es schließlich um die Jahreswende 1943/44 zu den schon genannten schwerwiegenden Kompetenzauseinandersetzungen.[88] Von der Leitung des Hauptausschusses wurde der Posten Quasebarts nach weiteren Auseinandersetzungen offiziell in Frage gestellt. Dräger stützte dagegen in mehreren Gesprächen mit der Leitung des Hauptausschusses weiterhin Quasebart und stellte kategorisch fest, er wisse genau, »daß aus der Firma Auer aus Solidarität sich niemand bereit erklären würde, Nachfolger von Prof. Quasebart als Sonderausschußvorsitzender zu werden und aus dem gleichen Grunde werde auch (...) (er) selbst (sich) weigern, die Nachfolge von Prof. Quasebart anzutreten.« Das gleiche, fuhr der Unternehmer fort, gelte für seine leitenden Mitarbeiter, die im übrigen ebenfalls die nötigen Fähigkeiten besäßen.[89] Dem Auer-Vorstandsvorsitzenden gegenüber äußerte Dräger im Anschluß, daß die Präferenz des Hauptausschusses und seine eigene seit Beginn des Streites darin bestehe, »Prof. Quasebart als Sonderausschußleiter (...) durch eine mehr neutrale Persönlichkeit zu ersetzen«.[90]

Entscheidender Hintergrund des Konflikts war die Entwicklung einer zivilen Gasschutzmaske, die im Material und der Herstellungsart stark an den Realisierungsmöglichkeiten einer modernen Massenfertigung in der deutschen Kriegswirtschaft des Jahres 1944 orientiert sein sollte. Es ging um eine gigantische Ausweitung der Fertigung für den zivilen Luftschutz im Rahmen des sogenann-

---

[87] Vgl. dazu die Überlegungen in den Ministerien und den IG-Farben, Herbst, totale Krieg , S. 407f.; ähnliche Entwicklungen bei Daimler-Benz: Gregor,Stern, S. 287; und anderen Unternehmen: Budraß, Flugzeugindustrie, S. 888ff.

[88] Aktennotiz betr. Besprechung Drägers mit Prof. Quasebart in Berlin 12.1.1944, SUD BÄD VI 2.4.

[89] Aktennotiz Besuch von Dräger im Hauptausschuß bei Direktor Feuerhake resp. Dr. Werth 12.1.1944, SUD BÄD VI 4.4.

[90] Aktennotiz über Besuch bei Prof. Quasebart in Berlin am 12.1.1944, SUD BÄD VI 2.4.

ten »Brandt-Programms«. Der Vorschlag des Drägerwerks berücksichtigte besonders den in der Kriegswirtschaft fehlenden Rohstoff Kautschuk und ersetzte Teile des Maskenkörpers durch chemisch imprägnierte Textilien, was den Preis der Maske minimierte, den Verbrauch der wertvollen Rohstoffe senkte und insbesondere die Kapazitäten der Textilindustrie in die Zulieferung und damit den Produktionsprozeß integrierte.

Im Zuge der intensiven Auseinandersetzungen, an denen neben dem Hauptausschuß unmittelbar Schieber und Speer teilnahmen, stellte Feuerhake entscheidende Unterschiede zwischen den beiden Wettbewerbern fest: «A (Auer, B.L.), der mächtige Konzern mit weitreichenden Kapitalverpflichtungen, D (Drägerwerk, B.L.), die typische selbständige Unternehmerfirma. D daher für Massenfertigung, billige Artikel in riesigen Mengen auf Textilgebiet garnicht (sic.) heranzuziehen, hat ganz andere Aufgaben.«[91]

Der Grund für die zunehmende Entmachtung der Auergesellschaft im Sonderausschuß war vor allem ihre Verantwortung für die niedrigen Fertigungszahlen der gesamten Branche im Jahre 1943: Das Drägerwerk hatte seit dem Beginn der forcierten Produktion bis zum August 1942 nur 36 % seiner Aufträge an Gasmasken erfüllt, im Jahre 1943 erreichte man erneut nur knapp 40 %; die Quoten der Auergesellschaft waren nur geringfügig besser. Darüber hinaus warf der Hauptausschuß Quasebart und der Auergesellschaft die Inkompetenz der Leitung des Ausschusses bei der Entwicklung einer technologisch fertigungsreifen neuen Volksmaske und die organisatorischen Mängel in der Branche vor.[92] Die Restriktionen des Rüstungsministeriums gegen die Industrie wegen der niedrigen Produktionsziffern beschränkten sich zunächst auf die Entlassung Quasebarts aus der Verantwortung im Sonderausschuß. Wie Feuerhake Dräger vertraulich mitteilte, war in der Ministerialbürokratie gleichwohl aufgrund der ungenügenden Fertigung des Drägerwerks der Vorschlag diskutiert worden, nach Lübeck »doch einen Kommissar« zu schicken.[93] Auch aus dem Reichsluftfahrtministerium bekam Dräger im Frühjahr 1944 von Regierungsrat Mielenz den Rat, daß es »im Falle kriegsgerichtlicher Verhandlungen wegen Nichterfüllung zugesagter Lieferung (...) wichtig (ist), schriftliche Unterlagen über alle Hemmnisse nachweisen zu können, die vorhanden waren, auch wenn solche Hemmnisse im Eingreifen höchster Stellen bestanden (haben).«[94] Das Drägerwerk war als Endfertigungsbetrieb der Gasschutzgeräte für die Erfüllung der Rüstungsanforderungen verantwortlich und mußte daher grundsätzlich auch

91 Aktennotiz Dräger über Unterredung mit Feuerhake in Berlin 4.1.1944, ebd.

92 Fertigungszahlen 1943, SUD BS 27/8; Bericht über Fertigungszahlen auf der Sitzung des Sonderausschusses am 19.1.1943; vgl. Protokoll der Sitzung des Sonderausschusses am 19.1.1943, SUD BÄD VI 2.4.

93 Aktennotiz Dräger über Unterredung mit Feuerhake in Berlin 4.1.1944, ebd., S. 2.

94 Aktennotiz »Zusatz zum Bericht vom 14.2.1944 in Berlin bei Herrn Min. Rat Dr. Mielenz«, SUD BÄD VI 4.12., S. 3.

mangelnde Zulieferungen und Rohstoffengpässe vertreten. Offensichtlich stand im Rüstungsministerium Anfang 1944 die Verfügungsgewalt Drägers über sein Unternehmen zur Disposition, und die Einsetzung eines Werksbeauftragten wurde erwogen.

Die Auswirkungen dieser Bedrohung auf das weitere strategische Verhalten des Unternehmers lassen sich schwer abschätzen. Insgesamt hatte der Druck des nationalsozialistischen Herrschaftssystems auf die Unternehmensleitung des Drägerwerks und auf Dräger persönlich mit der Jahreswende 1943/44 erheblich zugenommen. Dräger war sich der Gefährdung seiner persönlichen Stellung und der verbliebenen Unabhängigkeit seines Unternehmens vor dem Hintergrund der zunehmend radikaleren interventionistischen Politik im nationalsozialistischen Herrschaftssystem sehr wohl bewußt. Die Fälle der Entmachtung und Isolierung von Eigentümerunternehmern wie Ernst Heinkel und Walther Blohm, die Behandlung Quasebarts sowie die drohenden Eingriffe bei der Auergesellschaft seit der Jahreswende 1943/44 waren dem Unternehmer durch die Geschäftsbeziehungen des Drägerwerks und seine weitreichenden Netzwerkbeziehungen bekannt.[95] Die Warnungen von Teilen der Rüstungsbürokratie beeindruckten den Unternehmer und beeinflußten sein weiteres Verhalten im Umgang mit den Selbstverwaltungsorganen. Diese Erfahrungen führten im Zusammenhang mit der Entmachtung Auers in der Rüstungsbürokratie zu einer schwerwiegenden und nachhaltigen Veränderung der unternehmerischen Strategie: Das Unternehmen ging im Umgang mit der staatlichen Rüstungsbürokratie in eine Form der *kontrollierten Offensive*. Man versuchte – im Gegensatz zu der bisherigen Zurückhaltung im Schatten des großen und einflußreichen Konkurrenten – nun selbst die Selbstverwaltungsbehörden der Branche weitestgehend zu kontrollieren, um das eigene Unternehmen vor einem staatlichen Zugriff besser zu schützen. Dabei wollte man die Auergesellschaft keineswegs vollständig aus der Verantwortung entlassen. Während sich langsam zwischen April und Oktober des Jahres 1944 bei den entscheidenden Fragen eine kommissarische Leitung des Sonderausschusses durch den Hauptausschuß durchsetzte, wurde sukzessiv ein stärkerer Einfluß des Drägerwerks durch intensive Zusammenarbeit mit der Leitung des Hauptausschusses eingeleitet.[96] Das Interesse der Unternehmensleitung war dabei unübersehbar: Es ging um die Erhaltung der verbliebenen Handlungs-

---

[95] Ähnliche Zusammenhänge ereigneten sich bei der familiengeführten Werft Blohm & Voss Mitte 1944. Hier konnten die Brüder Blohm einen Machtverlust im Betrieb nicht verhindern, und Walther Blohm wurde von einem Feldkriegsgericht verurteilt. Zu Walther Blohm und der Einsetzung eines Werksbeauftragten bei Blohm & Voss: Susanne Wiborg, Walther Blohm: Schiffe und Flugzeuge aus Hamburg, Hamburg 1993, S. 102ff.; Zu Heinkels Entmachtung durch die Rüstungsbürokratie Anfang 1943: Erker, Industrie-Eliten, S. 63f.; Budraß, Flugzeugindustrie, S. 757ff. Zur drohenden Einsetzung eines Werksbeauftragten bei der Berliner Auergesellschaft ab dem Frühjahr 1944: vgl. IW 24.6.1 Unternehmensarchiv Degussa AG.

[96] Aktennotiz über Besuch bei Direktor Feuerhake am 27.4.1944, SUD BÄD VI 4.4.

spielräume und um ein Abschirmen des Unternehmens vor weiteren staatlichen Interventionen.

Mit dem konzentrierten Tagesangriff alliierter Bomber auf das Hauptwerk der Auergesellschaft in Berlin-Oranienburg in den Mittagsstunden des 15. März 1945, der zur vollständigen Vernichtung der gesamten Anlage führte, wurde die Position des bisherigen Branchenführers schließlich entscheidend und nachhaltig geschwächt: Bei der Endfertigung von Gasschutz- und Sauerstoffgeräten spielte das Unternehmen von nun an in der Branche nur noch eine untergeordnete Rolle.[97] In dem Wettbewerb war damit endgültig ein grundlegender und langfristiger Wandlungsprozeß beendet, der als eine »Wachablösung« verstanden werden kann und über das Kriegsende hinaus wirkte. Diese Entwicklung begann um die Jahreswende 1943/44. Die Zunahme des Lübecker Einflusses führte zwischen Juli und August 1944 zu der Übernahme der Macht in den verschiedenen Institutionen durch das Dräger-Management. Die Zerstörung des Werkes in Oranienburg war nurmehr eine Bestätigung dieser Entwicklung. Zu den Faktoren, die diesen Entwicklungsprozeß bestimmten und beschleunigten, kam jedoch ein weiteres Moment, das die Machtgewichte in der Branche grundlegend veränderte: Das Eingreifen der Sonderbehörde »Brandt« in der Branche im Frühsommer 1944.

Die Entwicklungsdynamik in der Kriegswirtschaft, die infolge der Steuerungsdefizite 1944 entstand, wurde durch das Eingreifen von Sonderstäben und Kommissionen noch verstärkt. Die Delegierung von Sondervollmachten, die meistens von Hitler oder Speer selbst vergeben wurden, an einzelne Beauftragte für spezielle Aufgabenbereiche dehnte sich 1944 zu einem charakteristischen Regulierungselement aus. Die Sonderinstitutionen konnten nach Speers Aussage »über alle hinweg als ›Minister‹ arbeiten«.[98] Die Konstituierung von Sonderinstitutionen zur Leistungssteigerung in Krisensituationen ist ein Charakteristikum der nationalsozialistischen Führungspraxis. Diese Sonderbehörden wurden neben die bestehenden Bürokratien des traditionellen Verwaltungsapparates gestellt, ohne deren Kompetenzen vollständig zu übernehmen. In der Gasschutzgerätebranche wurde am 1. März 1944 der Leibarzt Hitlers und Generalkommissar für das Sanitäts- und Gesundheitswesen Professor Dr. Karl Brandt von Hitler selbst als Generalkommissar für den militärischen und zivilen Gasschutz ernannt. Das Ziel war ein Fertigungsprogramm von 60 Mio. »Volksgasmasken«. Brandt war 1939 neben Bouhler maßgeblich an den Ermordungen im Rahmen der »Euthanasieaktionen« beteiligt gewesen und in einem Führererlaß am 5. September 1943 zum zentralen Koordinator des gesamten medizinischen Vorrats- und Versorgungswesens ernannt worden.[99] Mit seiner dafür zuständigen

[97] Vgl. Geschichte der Auergesellschaft, S. 36; Aktennotizen und Korrespondenz, SUD BÄD VI 4.6.

[98] Vernehmung Speer 20.5.1945 NL Speer, Bd. 8, IFZ ED 99. Vgl. auch Eichholtz, Kriegswirtschaft Bd. III, S. 53ff., Kroener, Ressourcen, S. 754; Müller, Speer, S. 712f.

[99] Vgl. dazu: Peter Longerich, Politik der Vernichtung. Eine Gesamtdarstellung der nationalsozialistischen Judenverfolgung, München 1998, S. 235ff.

Behörde unterstand der »Reichsbeauftragte für das Sanitäts- und Gesundheitswesen« unmittelbar Hitler. Mit dem Zugriff auf die Gasschutzgerätefertigung durch einen Führererlaß vom März 1944 befand sich der SS-Gruppenführer und Generalleutnant der Waffen-SS Brandt auf dem Höhepunkt seiner Macht. Im Oktober des Jahres wurde er unter dem Einfluß Bormanns von Hitler entlassen. Gleichzeitig mit der Ernennung Brandts wurde die Dringlichkeitsstufe der Gasschutzgeräte, die jetzt offiziell »Brandt-Geräte« hießen, vom Ministerium erneut angehoben.[100]

Die ohnehin unklare Kompetenzverteilung sowie die Probleme der Informationsverarbeitung im Sonder- bzw. Hauptausschuß und den beteiligten Ministerien wurden durch den Generalkommissar noch verstärkt. 17 Tage nach der Ernennung durch Hitler war der zuständige Ministerialdirektor im Reichsluftfahrtministerium offiziell von der Einsetzung Brandts noch nicht informiert.[101] Der Leiter des Hauptausschusses Feuerhake informierte Dräger bereits Ende April darüber, daß seines Erachtens »Prof. Brandt noch über dem Minister (Speer, B.L.) (stehe), da er mit dem Führer direkt arbeite.«[102] Der in der Branche vollkommen unerfahrene Brandt wurde umgehend in die Machtkämpfe einbezogen. Gemeinsam mit Feuerhake gelang es Dräger den zunächst weitestgehend hilflosen Generalkommissar in den meisten zur Entscheidung stehenden Fragen für das Drägerwerk einzunehmen. Noch im April besuchte der Generalkommissar das Lübecker Werk.[103] Dräger erklärte Brandt sogleich seine Sicht der Lage des zivilen Gasschutzbereichs: »Unvorstellbar sei es, wie ungemein verschiedene Stellen aus den verschiedensten Ministerien und Ämtern bei jeder einzelnen Frage des zivilen Luftschutzes mit zu bestimmen hätten. Dadurch entstände eine erhebliche Unübersichtlichkeit und Erschwerung der Arbeit.«[104]

Die Lübecker Unternehmensleitung positionierte sich selbst energisch und erfolgreich in dem Machtvakuum innerhalb der Rüstungsbürokratie, das durch den Verlust von Auers Einfluß und die Verwirrung infolge des Zugriffs Brandts entstanden war. Konsequent brachte Dräger den Chef der Einkaufsabteilung des Drägerwerks und wichtigen Arbeitsausschußleiter Dr. Kuhnert für den vakanten Posten des Sonderausschußleiters ins Gespräch.[105] Schon im Mai 1944

100 »Karl Brandt«, in: Robert Wistrich, Wer war wer im Dritten Reich. Anhänger, Mitläufer, Gegner aus Politik, Wirtschaft, Militär, Kunst und Wissenschaft, München 1983, S. 30f.; verschiedene Unterlagen, BArch R 13 XIV/22; Reichsministerium für Rüstungs- und Kriegsproduktion an Drägerwerk 15.4.1944, SUD BÄD VI 4.2.

101 Aktennotiz «Zusatz zum Bericht vom 14.2.1944 in Berlin bei Herrn Min.Rat Dr. Mielenz«, SUD BÄD VI 4.12., S. 3; die Annahme Groehlers, Tod, S. 238, Brandt sei Sonderausschußleiter geworden, ist falsch.

102 Aktennotiz »Besuch bei Herrn Dir. F. am 27.4.1944 in Berlin«, SUD BÄD VI 4.4.

103 Brandt an Dr. Otten (Arbeitsausschuß Abwehrgeräte auf Textilbasis), BArch R 13 XIV/25; Hauptausschuß an Brandt 31.3.1944, SUD BÄD VI 4.4; Aktennotiz und Bericht über Brandts Besuch im Drägerwerk 10.4. und 27.4.1944, SUD BÄD VI 4.4.

104 Dr. Stampe Bericht »Zur Unterhaltung mit Herrn Prof. Brandt am 25. Mai 1944«, SUD BÄD VI 4.4.

105 Anlage zum Bericht »Besuch von Prof. Brandt im Drägerwerk am 10.4.1944, SUD BÄD VI 4.4.

hatte sich auch in dem für den Bunkerbau in der zweiten Kriegshälfte wichtig gewordenen Bereich der Belüftungsanlagen für Schutzräume ein Drägermitarbeiter im zuständigen Ausschuß durchgesetzt.[106] Dr. August Meier-Windhorst, Leiter des Sonderausschusses »Abwehranlagen« im Hauptausschuß Maschinen, konnte erfolgreich den Auerkonzern in den vier Arbeitsausschüssen und 17 Unterausschüssen seines Zuständigkeitsbereiches integrieren. Der Sonderausschuß betreute annähernd 50 Firmen in dieser Produktsparte, unter anderem die entsprechenden Abteilungen von Unternehmen wie Siemens und der AEG.[107]

Der Prozeß des Machtverlustes der Auergesellschaft vollzog sich indessen langsam und dauerte durch die Dominanz des Konzerns in der gesamten Selbstverwaltungsbürokratie der Branche bis zum Juli/August des Jahres. Noch im Juni konnten der Sonderausschuß und einige von Auer dominierte Arbeitsausschüsse erfolgreich erhebliche Vorteile für sich gegenüber dem Drägerwerk durchsetzen und auf den Konkurrenten in strittigen Fragen Druck ausüben.[108]

Mit der Neuorganisation des Sonderausschusses Gasschutz und Atemgeräte in einen Sonderausschuß Abwehrgeräte am 20. Juni 1944 und der Umstrukturierung der Arbeitsausschüsse, von denen das Drägerwerk nun fünf und Auer sechs leitete, konnte Dräger gegenüber Brandt und dem Hauptausschuß zugleich wichtige Änderungen in der Organisation der Produktion durchsetzen. Hier werden die Möglichkeiten sowie die Handlungsspielräume einzelner Unternehmen in dem *geregelten Wettbewerb* innerhalb der Selbstverwaltungsorgane erkennbar.

Im September ernannte der Chef des Rüstungslieferamts im Rüstungsministerium Schieber schließlich den Drägermitarbeiter Kuhnert zum neuen Sonderausschußleiter. Mit der Ernennung Kuhnerts vollzog sich die institutionelle Anerkennung des Durchsetzungsprozesses der Lübecker, der sich seit dem April/Mai 1944 konsequent vollzogen hatte.[109] Schieber war im Mai 1944 von dem Generalkommissar zum Leiter der »Arbeitsgruppe Brandt-Geräte« berufen worden und damit auch in dem neuen rüstungswirtschaftlichen Machtzentrum der Branche etabliert.[110] Im Mai 1944 griff Schieber bei seinen Anstrengungen, die Organisation der Ressourcen vollständig zu kontrollieren, auf die Steuerungsbereiche der beiden anderen Amtschefs im Rüstungsministerium zu.

---

106 Sonderausschuß Abwehrgeräte: Organisationsplan, BArch R 13 XIV/25; Protokolle und Korrespondenz, SUD BÄD VI 4.2 und SUD BÄD VI 4.4; Sonderausschuß Abwehranlagen: Organisationspläne, BArch R 13 XIV/22; Protokolle, Organisationsplan, SUD BÄD VI 4.4.

107 Vgl. Sonderausschuß Abwehrgeräte, Organisationsplan, Firmenliste, und Korrespondenz, SUD BÄD VI 4.4.

108 Vgl. beispielsweise die versuchte Übernahme der zunächst vom Drägerwerk betreuten Firma Oehler in Zeitz durch Auer im Juni 1944, Drägerwerk an Auer 31.5.1944, SUD BÄD VI 2.2; sowie Auer an Dräger 31.5.1944, ebd.

109 Aktennotiz Kuhnert 26.9.1944, SUD BÄD VI 2.4; Schieber an Kuhnert 13.10.1944, SUD BÄD VI 4.4.

110 Vgl. Organogramm und Korrespondenz, SUD BÄD VI 2.2.

In einem Brief an den Chef des Rohstoff- und Planungsamts Hans Kehrl und an Georg Seebauer – zuständig für das Produktionsamt – schrieb er, daß er beabsichtige, »die Planung, Abstimmung und Sicherung der erforderlichen Zulieferung durch einen Zulieferungsstab durchführen zu lassen, der aus den Vertretern (...) der einzelnen Ämter (...) besteht.« Im Kern ging es um die »Sicherung der Zulieferung für die verschiedenen Fertigungsausschüsse«, die im Zusammenhang mit der geplanten gigantischen Erweiterung der Fertigung durch das »Brandt-Programm« eine entscheidende Bedeutung besaß. Darüber hinaus versuchte Schieber durchzusetzen, die notwendige Rohstoffverteilung in der »Zentralen Planung« zu konzentrieren.[111] Schon im Januar/Februar hatten sich das Planungsamt innerhalb des Rüstungsministeriums und der Staatssekretär in der Vierjahresplanbehörde Paul Körner angesichts der stagnierenden Produktionszahlen der Branche Gedanken über die Möglichkeiten einer Erweiterung der Fertigung für die Herstellung von 27-30 Millionen ziviler Gasschutzgeräte gemacht.[112] Es spricht für die strategische Kompetenz Schiebers, daß er das Zulieferungsproblem verbunden mit dem Rohstoffkomplex als entscheidend für eine Produktionserweiterung ansah.[113]

Die Dräger-Manager teilten diese Ansicht Schiebers und hatten im Sonderausschuß mehrere Anläufe unternommen, um das Problem selbst zu lösen. Dabei stellte sich heraus, daß der Ausschuß gegen die Stillegungen verschiedener zuliefernder Gummifabriken ebenso machtlos war wie das für den zivilen Luftschutz zuständige Reichsluftfahrtministerium. Die Stillegungen in der Gummibranche gehörten nicht zum Zuständigkeitsbereich dieser Institutionen und konnten daher nicht verhindert werden. Die Firmen Radium und Wetzel fielen dadurch zeitweise aus und das Drägerwerk konnte weitere Aktionen kaum abwehren. Die Stillegung industrieller Anlagen war offenbar zu einem schwer steuerbaren und zunehmend selbstläufigen Prozeß geworden.[114]

Doch auch die kontinuierlichen Bemühungen des Drägerwerks, das Conti-Auer-Kartell bei den Gummimaskenkörpern zu lösen, scheiterte an den Machtgrenzen der Rüstungsbürokratie. Daran änderte sich auch nach der Neuorgani-

---

[111] Chef des Rüstungslieferamts an den Chef des Rohstoff- und Planungsamt und den Chef des Produktionsamtes 15.5.1944, BArch R 3/1987.

[112] Planungsamt an Regierungsrat Schmidt-Lenssen 15.2.1944, BArch R 3/1932; Beauftragter für den Vierjahresplan – Der Staatssekretär (Regierungsrat Schmidt-Lenssen) an Oberregierungsrat Stoffregen 18.1.1944, BArch R 3/1932.

[113] Dies wurde zunehmend auch im Rüstungsministerium begriffen. In einer Denkschrift des Ministeriums Ende 1943/Anfang 1944 erkannte man die Bedeutung: »Der Aufstieg der Zulieferindustrie (...) ist die wichtigste Voraussetzung zur Sicherung des Rüstungsprogramms von 1944.« Zit nach Fear, Rüstungsindustrie, S. 199.

[114] Vgl. den Bericht von Kuhnert an Dräger vom Februar 1944, worin er über eine Auseinandersetzung zwischen ihm, Auer, dem Reichsluftfahrtministerium und den Gummifabrikanten berichtete. Dabei zeigte sich in der unmittelbaren Konfrontation der Beteiligten, daß »das RLM (Reichsluftfahrtministerium, B.L.) über diese Machtmittel (die Stillegungen aufzuhalten, B.L.) nicht verfüge.« Bericht Kuhnert Februar 1944, SUD BÄD VI 4.4.

sation der staatlichen Lenkung in der zweiten Kriegshälfte nichts. Die alten Kartelle der Branche bestanden hier weiter und wurden keineswegs durch staatliche Maßnahmen aufgehoben. Diese Tatsache läßt Zweifel an der Reichweite entgegengesetzter Thesen aufkommen. In der Gasschutzbranche beschreibt die Annahme, die Steuerung des Rüstungsministeriums habe das Ende der Kartelle bedeutet, die Intention, nicht aber die Realität des Systems.[115] Weder das Reichsluftfahrtministerium noch der nach 1942 zuständige Hauptausschuß verfügten über die Kompetenzen, das Kartell aufzulösen und damit unmittelbar in die Geschäftsinteressen der Auergesellschaft bzw. der Degussa und der Continental einzugreifen, obwohl dies zu einer Steigerung der Produktionszahlen und zu einer Kostensenkung geführt hätte.[116]

Schon in dem organisatorischen Ansatz Schiebers wird die Aussichtslosigkeit des Projektes angesichts der zu bewältigenden Komplexität der Aufgabe deutlich. Der Versuch, die Bewirtschaftungsstellen einzubinden und die organisatorische Kompetenz auf sich zu konzentrieren, war nur begrenzt erfolgreich und stieß auf erheblichen Widerstand der etablierten Bürokratien. Das rücksichtslose Krisenmanagement, das Schiebers Verhalten in der Branche bis zum Jahresende bestimmte, konnte die Widerstände partikularer Interessen der zu integrierenden Bürokratien nur kurzfristig überwinden und damit die Fertigung zwar bis zum Oktober 1944 verdoppeln, danach aber überschritt die Komplexität die Grenze des Organisierbaren. Dies zeigte sich in der drastischen Abnahme des Fertigungsausstoßes ab dem November 1944 und einer immer deutlicheren Auflösung der Verwaltungsstrukturen von staatlichen und unternehmensinternen Bürokratien, die sich in steigendem Maße mit sich selbst beschäftigten oder mit Aufforderungen an andere, bürokratische Konstruktionen abzubauen.[117]

Die Grundlage der Machtkonzentration des Drägerwerks bildeten Netzwerkstrukturen, die die Unternehmensleitung zur Durchsetzung ihrer Ziele

[115] Vgl. uneingeschränkt in diesem Sinne: Weyres-v. Levetzow, Rüstungswirtschaft, S. 30ff.; Hans Pohl, Die Konzentration der deutschen Wirtschaft vom ausgehenden 19. Jahrhundert bis 1945, in: Die Konzentration der deutschen Wirtschaft seit dem 19. Jahrhundert, Wiesbaden 1978, S. 4-44 (30ff.).

[116] Kuhnert berichtet wiederholt über das Scheitern der Bemühungen der Lübecker Unternehmensleitung, das Conti-Auer-Kartell aufzulösen. Der zuständige Ministerialrat antwortete 1943 darauf: »Ich weiss schon, Herr Dr. Dräger, jetzt kommen Sie mit Ihrer alten Forderung nach Beteiligung an den Lieferungen der Conti. Sie wissen aber, dass das nicht geht.« Bericht Kuhnert Februar 1944, SUD BÄD VI 4.4.

[117] Vgl. für die Fertigungszahlen: Der Beauftragte für den Vierjahresplan – Der Generalbevollmächtigte für Rüstungsaufgaben: Statistische Schnellberichte zur Kriegsproduktion Stand Januar 1945, BArch R 3 1730. Die Aufforderungen unterschiedlicher Bürokratien an andere, dieselben abzubauen sind in ihrer Dominanz ein bemerkenswertes Phänomen der Entwicklung 1944. Vgl. beispielsweise den Erlaß Speers darüber vom 26.7.1944, der eine Einsparung der Verwaltung um 30 % vorsah, und der Bezug darauf in unterschiedlichen Institutionen. Vgl. Wirtschaftsgruppe Feinmechanik und Optik an alle Mitglieder o. D. »Betr.: Vereinfachung der Verwaltung«, SUD BÄD VII 3.2.

mobilisieren konnte. Diese Verbindungen gingen durch die langjährige Entwicklungsarbeit weit über den engeren Branchenrahmen der Sonderausschüsse hinaus in die Textilindustrie.[118] Dort arbeitete das Drägerwerk bei Geräteentwicklungen mit den zuständigen Mitarbeitern der Wirtschaftsgruppe Textilindustrie, die für die Fertigung im Rahmen des Brandt-Programms entscheidend wurden, eng zusammen. Dr. Otten, der Beauftragte der Wirtschaftsgruppe Textilindustrie für die Gasmaskenfertigung, selbst Arbeitsausschußleiter in Sonderausschüssen, die vom Drägerwerk betreut wurden und »Gesamtleiter des Brandt-Programms« bildete eine wichtige Schnittstelle in diesem Netzwerk von Funktionsträgern in mehreren Machtzentren. Otten war darüber hinaus mit Dräger persönlich befreundet. Gleiches gilt für den Beauftragten der Reichsstelle für Textilwirtschaft Hans Bäumler.[119] Gemeinsam war man sich in der Gruppe im Sommer 1944 in internen Diskussionen über die strukturellen Defizite der Wirtschaftsorganisation einig.[120]

Als Ergebnis der »kontrollierten Offensive« war das Drägerwerk in der zweiten Kriegshälfte in einem Ausmaß in die industrielle »Selbstverwaltung« eingebunden, das die breite Produktionspalette des Unternehmens ebenso widerspiegelte wie die Bedeutung des technologischen Know Hows. Von zentraler Bedeutung waren jedoch auch die Fertigungskapazitäten in einigen wichtigen Hochtechnologiebereichen. Die leitenden Mitarbeiter des Unternehmens waren ausnahmslos Ausschuß- oder Ringleiter. Neben den genannten Sonderausschüssen stellte das Drägerwerk mit Dr. Maul den Leiter des Sonderausschusses für Höhenatmeranlagen im Hauptausschuß Elektrotechnik und gleichzeitig den des entsprechenden Rings. Einzelne Manager und Oberingenieure des Unternehmens erfüllten in Bereichen, in denen das Unternehmen technologisch führend war – was für das gesamte Feld der Druckgasreduzierung und deren wichtigste Anwendungen gelten kann – gleichzeitig in elf unterschiedlichen Ausschüssen, Ringen oder regionalen Verbandsorganisationen Funktionen.[121]

Die Vielseitigkeit der Produktpalette und das damit verbundene breite Engagement der Manager als Funktionäre brachte dem Unternehmen deutliche Handlungsspielräume im immer enger werdenden Wettlauf um die knappen Ressourcen. Gerade die Beteiligung an den wichtigsten militärischen Hochtech-

118 Dies gilt in ähnlichem Maß auch für die übrigen Ringe und Ausschüsse, an denen das Unternehmen beteiligt war. Vgl. die umfangreiche Korrespondenz, SUD BÄD VI 4.

119 Korrespondenz Reichsstelle für Textilwirtschaft mit den betreuten Firmen, BArch R 13 XIV/16; Korrespondenz des Gesamtleiters des Brandt-Programms und Leiters des Arbeitsausschusses M 44 der Wirtschaftsgruppe Textilindustrie und des Arbeitsausschusses für textile Maskenkörper im Hauptausschuß Rüstungsgerät, BArch R 13 XIV/22.

120 Aktennotiz über Unterredung in Berlin Dr. Otten, Hans Bäumler, Dr. Kuhnert, Dräger 4.8.1944, SUD BÄD VI 4.2.

121 Vgl. Dipl. Ing. Cordes, Leiter der Abteilung Druckminderer im Drägerwerk. Aufstellung der Funktionen ohne Datum, SUD BÄD VI 4.9. Das Drägerwerk war zudem funktional in mehr als 20 weitere Organe der Selbstorganisation der Wirtschaft eingebunden; vgl. SUD BÄD VI 4.4.

nologieprojekten machte sich in dem System, in dem eine erfolgreiche Unternehmung immer mehr von der Priorität des Produktes für die Rüstungswirtschaft abhing – da hieran sämtliche Ressourcen gebunden waren – zunehmend bezahlt. Nur mit Stichworten wie »Jägerstab«, »Panzer« oder »Brandt-Programm« konnte in den letzten beiden Kriegsjahren die Substanz des Unternehmens vor weitergehenden Zugriffen konkurrierender Instanzen geschützt werden. Die enge Einbindung in Netzwerkbeziehungen, die zu großen Teilen in einer Kontinuität seit der Zwischenkriegszeit bestanden, erleichterte in dem zunehmend geschlossenen nationalsozialistischen Informationssystem die für das Unternehmen lebenswichtige Versorgung mit Informationen aus der Umwelt.

Das intensive Engagement des Unternehmens in der »Selbstverwaltung der Wirtschaft« zahlte sich aus: Dräger und seine leitenden Mitarbeiter konnten die verbliebenen Handlungsspielräume in der Wirtschaftsorganisation der zweiten Kriegshälfte durch eine Ausnutzung der Kapazitäten des Unternehmens bei der Informationsbeschaffung und den Auseinandersetzungen mit den Rüstungsbürokratien vergleichsweise optimal ausnutzen. Die These, daß die funktionale Verbindung der unternehmerischen und der bürokratischen Aufgabenbereiche über die wirtschaftspolitische Macht und den Erfolg eines Managers entschied, kann nach den Untersuchungsergebnissen bestätigt werden.[122] Sie ist jedoch in mehrfacher Hinsicht zu erweitern: *Zum einen* zeigt das Beispiel Dräger und Auer, daß, anders als in der ursprünglich formulierten These angenommen, auch kleinere Konkurrenten sich im Verlaufe der Systemveränderungen gegenüber scheinbar übermächtigen Großkonzernen durchsetzen konnten. Es waren keineswegs nur die leitenden Angestellten riesiger Kapitalgesellschaften, wie der Degussatochter Auer, die diese Tätigkeiten synergetisch verknüpfen konnten.

Zweitens wurden mit der Durchsetzung der kleineren Wettbewerber die bestehenden Markt- und Machtverhältnisse selbst radikal verändert. Die Dräger-Unternehmensleitung konnte die ungewohnte wirtschaftliche Führungsrolle nutzen, um die Branche neu zu gestalten. Dabei bestimmte der Wettbewerb untereinander die Strategien der beiden Konzernleitungen bei ihrer Arbeit in den Ausschüssen mehr als die Umsetzung der Rüstungsziele des Staates.

Drittens entwickelte sich der Sonderausschuß zu einer Nahtstelle zwischen Industrie und staatlicher Wirtschaftsverwaltung, die den beteiligten Unternehmern und Managern innerhalb des Systemrahmens einen relativ großen Handlungsspielraum überließ, den sie dazu nutzen konnten, ihre Firmen vor weiteren staatlichen Eingriffen zu schützen. Der so in das staatliche Steuerungssystem integrierte »Funktionär-Unternehmer« blieb in erster Linie

[122] Vgl. Martin Broszat, Grundzüge der gesellschaftlichen Verfassung des Dritten Reiches, in: ders./Horst Möller (Hgg.), Das Dritte Reich. Herrschaftsstruktur und Geschichte, 2. Aufl. München 1986, S. 38-50; Broszat, Staat Hitlers, S. 374f.

jedoch immer den Interessen seiner Firma verhaftet.[123] Indem sie die ökonomischen Interessen ihrer Unternehmen vor die der Rüstungsbürokratie stellten, unterschieden sich die hier untersuchten Manager der Auergesellschaft und des Drägerwerks sowie Dräger selbst von den jungen »Parteibuchindustriellen« im Rüstungsministerium wie Walther Schieber, Hans Kehrl, Paul Pleiger oder Walter Rohland.[124]

Die Führungsarbeit in den Ausschüssen erforderte von den Managern neben den gewohnten organisatorischen Fähigkeiten neue Formen von Koordination, um die komplexen Steuerungsprobleme einer Branche in der Kriegswirtschaft zu organisieren. Neben ihren Kompetenzen, die gefragten Technologien zu beherrschen und weiterzuentwickeln, wurde der Umgang mit den zahlreichen Rüstungsbürokratien entscheidend für den Erfolg eines »Funktionärs-Unternehmers«. Obwohl die Auswahl eines Unternehmers für die Übertragung eines Leitungsmandats mit weitreichenden Vollmachten verbunden war, war sie in den hier untersuchten Fällen primär nicht an politischen, sondern an funktionalen Kriterien orientiert.

Viertens agierten die Ausschüsse neben den weiter bestehenden privaten Kartellen. Im Gasschutzsektor ersetzten sie diese keineswegs, sondern schufen an zentralen Knotenpunkten der Branche Regelungsmechanismen, die die Steuerungsdefizite, die in diesen Bereichen andauernd bestanden, zeitweise beheben konnten. Dieser Regelungsmechanismus war offensichtlich in einem Rüstungssektor, in dem ein dicht vernetztes System von Konzernunternehmen und Zulieferfirmen bestand, außerordentlich erfolgreich. Der »Funktionär-Unternehmer« löste hier strukturelle Probleme wie Logistik, Fertigungstechnik und Arbeitsorganisation, die er aus seinem Konzern kannte. Der Sonderausschuß für Gasschutz stand mit seiner Regelungsfunktion im Zentrum eines hochvernetzten Systems. Von der Flexibilität und Durchsetzungsfähigkeit der Ausschußleitung hing der Produktionserfolg der Branche und oft auch die Unabhängigkeit der Unternehmen ab. Die Durchsetzungsfähigkeit, mit der die

123 Vgl. zu dem Begriff »Funktionär-Unternehmer«, mit jeweils voneinander abweichenden Implikationen: Gerhard Th. Mollin, Der Strukturwandel der Montanindustrie in der NS-Wirtschaft, in: Wolfgang Michalka (Hg.), Der Zweite Weltkrieg. Analysen, Grundzüge, Forschungsbilanz, München/Zürich 1989, S. 371-383 (372f.); Erker, Industrie-Eliten, S. 27; Lutz Budraß, Unternehmer im Nationalsozialismus: Der »Sonderbevollmächtigte des Generalfeldmarschalls Göring für die Herstellung der Ju 88«, in: Plumpe/Kleinschmidt, Unternehmen, S. 74-89; Plumpe, IG Farbenindustrie, S. 728ff.

124 Vgl. zu dieser Gruppe: Mollin, Strukturwandel, S. 374f.; Müller, Mobilisierung, S. 416ff.; Kurt Pritzkoleit, Die neuen Herren. Die Mächtigen in Staat und Wirtschaft, Wien 1955, S. 448ff. Die Identifizierung von einzelnen Typen und Gruppen innerhalb der Industrieelite in der NS-Zeit hat bislang zu keiner überzeugenden Zuordnung geführt. Vergleicht man den begrifflichen Rahmen, den die einzelnen Untersuchungen, die in diesem Sinne argumentieren, ihren »Typen« zuweisen, scheint es mehr oder weniger für jeden Manager einen eigenen »Typus« zu geben. Dies spiegelt sich auch in den entsprechenden Auseinandersetzungen über einzelne Personen wieder. Vgl. Budraß, Unternehmer, S. 74ff.; Erker, Industrie-Eliten, S. 26ff.; ders., Einleitung, in: ders./Pierenkemper, Unternehmer S. 4ff.; Berghoff/Rauh-Kühne, Fritz, S. 351ff.

Bewahrung der verbliebenen Handlungsspielräume eng verbunden war, hing neben der Beherrschung bürokratischer Organisationstechniken stark von der Fähigkeit des einzelnen ab, sowohl durch seine Arbeit im Unternehmen als auch durch funktionierende soziale Netzwerke innnerhalb der Rüstungsbürokratie ausreichende Informationen über den dynamischen Veränderungsprozeß innerhalb des Steuerungssystems der Kriegswirtschaft zu erhalten.

Fünftens ist die Tatsache, daß der von Hitler unmittelbar eingesetzte Generalkommissar im Unterschied zu anderen Sonderbevollmächtigten in der Kriegswirtschaft kein entscheidendes und unabhängiges Machtzentrum etablieren konnte, in hohem Maße auf seine Abhängigkeit von einem künstlichen Informationstransfer durch die Konzerne und die Rüstungsbürokratie zurückzuführen. Brandt war anders als andere Sonderbevollmächtigte kein Mitglied der Industrieelite, vielmehr beruhte seine Macht ausschließlich auf der Bevollmächtigung durch Hitler. Der immediate Charakter der Vollmacht Brandts wurde durch die Abhängigkeitsverhältnisse, die durch das Gesamtsystem bedingt waren, von Anfang an eingeschränkt.

4. Zwischen kurzfristiger Perspektive und langfristigem Interesse: Das KZ-Außenlager Drägerwerk-Wandsbek

Im Zuge der erhöhten Anforderungen des »Brandt-Programms« kam es im Frühjahr 1944 zu einer gravierenden Auseinandersetzung zwischen der Unternehmensleitung des Drägerwerks und der Rüstungsbürokratie. Streitpunkt war die Frage eines Einsatzes von KZ-Häftlingen als Arbeitskräfte in dem Unternehmen. Der Chef des Rüstungslieferamts im Reichsministerium für Rüstung und Kriegsproduktion, SS-Brigadeführer und Staatsrat Dr. Walther Schieber, suchte nach Wegen, die anhaltenden Diskussionen mit dem Drägerwerk, das sich gegen eine Ausweitung der Produktionskapazitäten ziviler Gasschutzmasken entschieden wehrte, zu beenden. Dabei hatte die Unternehmensleitung in mehreren Denkschriften und Diskussionen bei ihrer Argumentation zu der Frage, warum ein Mehrausstoß an »Volksmasken« unmöglich sei, auf die prekäre Arbeitskräftesituation und die Unmöglichkeit verwiesen, weitere Mitarbeiter von den zuständigen Verwaltungsinstitutionen zu erhalten. Das Planungsamt hatte beim Beginn von Schiebers Aktionen Anfang Februar 1944 festgestellt, daß etwa 5000 zusätzliche Arbeitskräfte für die Realisierung der Produktionsziele notwendig seien.[125] Weitergehende Rationalisierungen der Produktion hielt die Unternehmensleitung für untragbar. Um Investitionen in das maschinelle Anlagevermögen zu vermeiden, kam für sie nur eine Erweiterung der Be-

[125] Planungsamt an Regierungsrat Schmidt-Lenssen 15.2.1944, BArch R 3/1932.

legschaft in Frage, um die geforderte Erweiterung der Fertigungskapazitäten zu realisieren. Die Fertigung der billigen »Volksmaske« zu den niedrigen Preisen war für das Unternehmen ohnehin kaum rentabel und nur im Hinblick auf die hohe Dringlichkeitsstufe der Geräte – die vor Interventionen der Rüstungsbürokratien schützte – attraktiv. Hier wird ein zentrales Steuerungsproblem des Jahres 1944 in Umrissen erkennbar: Die Industrie ließ sich zunehmend nicht mehr durch Profitmöglichkeiten lenken, sondern richtete ihre strategischen Entscheidungen nach anderen Kriterien aus.

Zu einer ähnlichen Analyse der geschäftlichen Situation wie im Drägerwerk war man im Frühjahr 1944 auch im Vorstand der Berliner Auergesellschaft gekommen.[126] In der Lübecker Unternehmensleitung spielten bei der Entscheidung, eine Expansion der Aufträge abzulehnen, jedoch auch Nachriegsvorbereitungen eine maßgebliche Rolle. Als im Frühjahr 1944 der Ausstoß der Masken im Zuge des »Brandt-Programms« in einem Ausmaß gesteigert werden sollte, das das Auseinanderklaffen von Anspruch und Realität in der deutschen Kriegswirtschaft des Jahres 1944 verdeutlicht, unternahm Schieber einen neuen Anlauf, um den hinhaltenden Widerstand des Lübecker Unternehmens zu brechen. Dabei handelte er an dem zuständigen Sonderausschuß für Gasschutz, der zu dieser Zeit noch weitestgehend von der Auergesellschaft kontrolliert wurde, vorbei. In Fortsetzung der Kooperation seines Ministeriums mit dem Wirtschaftsverwaltungshauptamt der SS beim Arbeitseinsatz von KZ-Häftlingen in der deutschen Rüstungsindustrie ersuchte Schieber das Amt am 24. Februar 1944, in Anbetracht der andauernden Klagen der Lübecker über den Arbeitskräftemangel, dem Drägerwerk »1.500 weibliche Häftlinge zur Steigerung der Produktion von Volksmasken sobald als möglich« zur Verfügung zu stellen.[127]

---

126 Interner Bericht des Vorstandes für das Geschäftsjahr 1942/43, S. 3ff., IW 24.9/1 Unternehmensarchiv der Degussa AG.

127 Unter Bezugnahme auf diese Anfrage Schiebers vom 24.2.1944 schrieb das Amt an das Drägerwerk: Chef des Amtes D II im SS-Wirtschaftsverwaltungshauptamt SS-Obersturmbannführer Maurer an Drägerwerk 29.2.1944, SUD BS 27/3, abgedruckt in: Stefan Romey, Ein KZ in Wandsbek. Zwangsarbeit im Hamburger Drägerwerk, Hamburg 1994, S. 41; vgl. für den Gesamtzusammenhang die Untersuchung von Stefan Romey über das Außenlager, der allerdings ohne die Quellen des Schriftgut- und Dokumentenarchivs der Drägerwerk AG arbeitete. Romey suchte das Quellenproblem bei der Beantwortung der Frage nach den Lebensbedingungen im Lager mit Methoden der Oral History zu lösen. Vgl. Romey, KZ; ders., Das KZ-Außenlager Drägerwerk, in: Deutsche Wirtschaft. Zwangsarbeit von KZ-Häftlingen für Industrie und Behörden, hrsg. v. der Hamburger Stiftung zur Förderung von Wissenschaft und Kultur, Hamburg 1991, S. 213-221; Fritz Bringmann, KZ Neuengamme. Berichte, Erinnerungen, Dokumente, Frankfurt/M. 1981; Initiative Atomwaffenfreies Europa: Das Drägerwerk – Ein Konzern mit zwei Gesichtern. Ergänzte Neuauflage, Lübeck 1987; Herbert Obenaus, Konzentrationslager und Rüstungswirtschaft. Der Einsatz von KZ-Häftlingen in Industriebetrieben Hannovers, in: Ludwig Eiber (Hg.), Verfolgung – Ausbeutung – Vernichtung. Die Lebens- und Arbeitsbedingungen der Häftlinge in deutschen Konzentrationslagern 1933-1945, Hannover 1985, S. 160-283; ders., Die Räumung der hannoveranischen Konzentrationslager im April 1945, in: Rainer Fröbe/Claus Füllberg-Stollberg/Christoph Gutmann/Rolf Keller/Herbert Obenaus/Hans Hermann Schröder, Konzentrations-

Diese Intervention Schiebers fand ohne eine Rücksprache mit der Lübecker Unternehmensleitung statt.

Die Initiative Schiebers ist in mehrfacher Hinsicht bemerkenswert. In dem erneuten Eingriff der Rüstungsbürokratie werden die unmittelbaren Auswirkungen der komplexen Prozesse, die in der Macht- und Entscheidungsstruktur der deutschen Kriegswirtschaftsbürokratie abliefen, auf ein Unternehmen deutlich. Wie unter einem Brennglas gebündelt, werden dabei die unmittelbaren Zusammenhänge der Dynamik einmal ausgelöster Prozesse sichtbar. In den Auseinandersetzungen zwischen dem Wirtschaftsverwaltungshauptamt der SS, den zuständigen regionalen und überregionalen Baubehörden, dem Rüstungsministerium und dem Sonder- bzw. Hauptausschuß werden die zentralen Konflikte und Problemfelder der Kriegswirtschaftsorganisation im letzten Kriegsdrittel faßbar. Steuerungspotentiale und -grenzen der zentralen Bürokratien infolge der anhaltenden Interventionen und des daraus resultierenden Regelungsbedarfs werden erkennbar. Darüber hinaus bieten sie eine aufschlußreiche Perspektive auf die Möglichkeiten der Unternehmensleitung, autonome Handlungsfelder zu behalten bzw. zu verlieren.

Schon im September 1942 hatte die SS-Führung dem Vorschlag des Reichsministers für Bewaffnung und Munition Albert Speer zugestimmt, in Rüstungsbetrieben zukünftig in zunehmender Anzahl KZ-Außenlager zu errichten, um dem anhaltenden Arbeitskräftemangel in der Industrie zu begegnen.[128] Seitdem hatte die Zahl dieser Lager stetig zugenommen und entwickelte sich ab März 1944 nahezu exponentiell.[129] Während im August 1943 insgesamt 224.000 Häftlinge in den Konzentrationslagern und ihren Außenlagern unter der Kontrolle des Wirtschaftsverwaltungshauptamts inhaftiert waren, stieg die Zahl bis zum Januar 1945 auf ca. 714.000 an. Darunter waren ca. 203.000 weibliche Gefangene. Im März 1944 existierten zwanzig Hauptlager mit 165 Außenlagern, die dem Wirtschaftsverwaltungshauptamt der SS unterstanden.[130] Im Sommer 1944 verrichteten ca. 400.000 KZ-Häftlinge Zwangsarbeit in deutschen Rüstungsun-

lager in Hannover. KZ-Arbeit und Rüstungsindustrie in der Spätphase des Zweiten Weltkrieges, 2 Bde., Hildesheim 1985, S. 493-544; ders., Arbeitssklaven für SS und Kriegswirtschaft. Häftlingsarbeit im KZ-Neuengamme 1940-1945, in: Arno Herzig (Hg.), Arbeit in Hamburg, Hamburg 1983, S. 559-567.

128 Protokoll der Führerbesprechung vom 20.-22.9.1942, BArch R 3/1505; vgl. dazu Ulrich Herbert, Arbeit und Vernichtung. Ökonomisches Interesse und Primat der »Weltanschauung« im Nationalsozialismus, in: ders. (Hg.), Europa und der »Reichseinsatz«. Ausländische Zivilarbeiter, Kriegsgefangene und KZ-Häftlinge in Deutschland 1938-1945, Essen 1991, S. 384-426 (406ff.).

129 Vgl. Hermann Kaienburg, KZ-Haft und Wirtschaftsinteresse: Das Wirtschaftsverwaltungshauptamt der SS als Leitungszentrale der Konzentrationslager und der SS-Wirtschaft, in: ders. (Hg.), Konzentrationslager und deutsche Wirtschaft 1939-1945, Opladen 1996, S. 29-60 (51).

130 Hermann Kaienburg, »Vernichtung durch Arbeit«. Der Fall Neuengamme. Die Wirtschaftsbestrebungen der SS und ihre Auswirkungen auf die Existenzbedingungen der KZ-Gefangenen, Bonn 1990, S. 294f.; Kaienburg, Wirtschaftsinteresse, S. 51; Martin Broszat, Nationalsozialistische Konzentrationslager 1933-1945, in: Hans Buchheim u.a., Anatomie des SS-Staates, Bd. 2, München 1989 (5. Aufl.), S. 11-133 (131).

ternehmen, was einem Anteil von 1,1 % der Gesamtbeschäftigtenzahl im Reich entsprach.[131] Während aufgrund der territorialen Verluste Deutschlands die Zahl der Hauptlager zurückging, nahm die Zahl der Außenlager, die in Größe und Dauerhaftigkeit sehr unterschiedlich waren, auch im Altreich weiterhin zu und lag 1944 bei über 1000. Um jedes Hauptlager bestand ein »Netz« von teilweise über 100 Außenlagern.[132]

Vor dem Hintergrund der Machtverteilung in der Organisation der Häftlingsarbeit wird die funktionale Bedeutung des Zugriffs und der Initiative Schiebers bei der Anfrage an das Drägerwerk deutlich. Seit dem Herbst 1942 mußte die SS auf Weisung Hitlers der privaten Rüstungsindustrie und staatlichen Institutionen KZ-Häftlinge als Arbeitskräfte zur Verfügung stellen. Die Konzentrationslager wurden unter die Hoheit des Wirtschaftsverwaltungshauptamts gestellt, das die Arbeitskraft der Häftlinge in der Folge an die Industrie »vermietete«. Ein unmittelbares arbeitsrechtliches Vertragsverhältnis zwischen Häftling und Unternehmen bestand nicht.[133] In den überwiegenden Fällen kam es zu einer unterschiedlich motivierten »Anforderung« von Häftlingsarbeitskräften aus der Industrie direkt an das Wirtschaftsverwaltungshauptamt, das die Bedingungen des Einsatzes festlegte. In der Regel hatte das Hauptlager die Versorgung der Wachmannschaften und die Bewachung zu organisieren, während das Unternehmen die Unterkünfte stellte. Die Bedingungen waren jedoch von Fall zu Fall verschieden.[134]

In einem systeminternen Machtverschiebungsprozeß hatte das Rüstungsministerium zwischen 1942 und 1944 die maßgeblichen Entscheidungskompeten-

131 Naasner, Machtzentren, S. 454; Falk Pingel, Häftlinge unter SS-Herrschaft. Widerstand, Selbstbehauptung und Verweigerung im Konzentrationslager, Hamburg 1978, S. 129f.

132 Es existieren verschiedene Listen für diesen Nachweis, vgl. ebd.; sowie Johannes Tuchel, Die Inspektion der Konzentrationslager 1938-1945. Das System des Terrors, Berlin 1994, S. 212f.; zum Wirtschaftsverwaltungshauptamt vgl. Miroslav Karny, Das SS-Wirtschafts-Verwaltungshauptamt. Verwalter der KZ-Häftlingsarbeitskräfte und Zentrale des SS-Wirtschaftskonzerns, in: Deutsche Wirtschaft, S. 153-169; Josef Henke, Von den Grenzen der Macht. Eine Fallstudie zur Tätigkeit des SS-Wirtschafts-Verwaltungshauptamtes, in: Verwaltung contra Menschenführung im Staat Hitlers. Studien zum politisch-administrativen System, hrsg. v. Dieter Rebentisch u. Karl Teppe, Göttingen 1986, S. 255-277.

133 Vgl. Tuchel, Inspektion, S. 146f.; dazu auch die Darstellung Speers in: Albert Speer, Der Sklavenstaat. Meine Auseinandersetzung mit der SS, Stuttgart 1981, S. 426ff.

134 Vgl. Rainer Fröbe, Der Arbeitseinsatz von KZ-Häftlingen und die Perspektive der Industrie 1943-1945, in: Herbert, Europa, S. 351-383; entsprechende »Antragsformulare« lagen hierfür bei der Rüstungsbürokratie vor, vgl. Isabell Sprenger, Groß-Rosen. Ein Konzentrationslager in Schlesien (Neue Forschungen zur Schlesischen Geschichte Bd. 6), Wien 1996, S. 24; sowie die Dokumentation in: Ulrich Bauche/Heinz Brüdigam/Ludwig Eiber/Wolfgang Wiedey (Hgg.), Arbeit und Vernichtung. Das Konzentrationslager Neuengamme 1938-1945, Hamburg 1986, S. 226; Renate Ragwitz, Frauenaußenkommandos des Konzentrationslagers Buchenwald, Weimar-Buchenwald 1982, S. 17ff.; Claus Füllberg-Stollberg, Martina Jung, Renate Riebe, Martina Scheitenberg (Hgg.), Frauen in Konzentrationslagern. Bergen-Belsen, Ravensbrück, Bremen 1994; Lutz Budraß/Manfred Grieger, Die Moral der Effizienz. Die Beschäftigung von KZ-Häftlingen am Beispiel des Volkswagenwerks und der Henschel-Flugzeugwerke, in: JfW 1993, S. 89-136.

zen an sich gezogen, während der Einfluß des Wirtschaftsverwaltungshauptamts auf die Gestaltung und Organisation abgenommen hatte. Entsprechend der Entwicklung der Entscheidungszentren innerhalb der Rüstungsbürokratie im Jahr 1944 gewannen zunehmend Institutionen und Sonderbehörden innerhalb des Rüstungsministeriums wie der Jägerstab Zugriff auf den Häftlingseinsatz. Das im Konzentrationslager Oranienburg stationierte Amt D II des Wirtschaftsverwaltungshauptamts, das eigentlich für die Organisation der Häftlingsarbeit zuständig war, übernahm mehr und mehr ausführende Verwaltungsfunktionen.[135]

Der Amtschef Dr. Ing. Walther Schieber spielte in dem Prozeß der Kompetenzverschiebung zugunsten seines Ministeriums, der im Spätsommer/Herbst 1944 vollendet wurde, selbst eine maßgebliche Rolle. In der Person des SS-Brigadeführers wird ein zentrales Machtzentrum erkennbar, das bei dem Wettlauf und Wettbewerb um Entscheidungskompetenzen innerhalb der Rüstungsorganisation die maßgeblichen Merkmale erfüllte: Der Chef des Rüstungslieferamts hatte innerhalb des Ministeriums eine zentrale Doppelstellung inne, da er mit seinem SS-Ehrenrang und seiner Funktion im Rüstungsministerium in zwei Entscheidungszentren Einfluß besaß. Schieber war im März 1942 mit der »Gesamtaufgabe des Einsatzes von Konzentrationslägern (sic.) für die Rüstung« beauftragt worden und hatte im Sommer des Jahres zwei Pilotprojekte in den Konzentrationslagern Buchenwald und Neuengamme gestartet.[136] Die Integration der Gustloff-Werke in Weimar, in denen Schieber selbst Vorstandsvorsitzender war, führte zu einem ersten industriellen Arbeitskräfteeinsatz von Häftlingen innerhalb eines Konzentrationslagers.[137] In den Gustloff-Werken war der Generalbevollmächtigte für den Arbeitseinsatz bzw. Gauleiter des Gaues Thüringen, Fritz Sauckel, Aufsichtsratsvorsitzender und ergänzte damit das extrem effektive Netzwerk Schiebers. Gegen einen Häftlingseinsatz in Außenlagern, den Schieber schon seit der Jahreswende 1941/42 gerade im Fall Neuen gamme betrieben hatte, wehrte sich die SS-Führung jedoch lange erfolgreich.[138]

Speers spätere Vermutung, Schieber sei ein »Vertrauensmann Himmlers« gewesen, ist sicher einzuschränken – in jedem Fall stellte er aufgrund seiner Doppelstellung einen besonderen Machtfaktor in der Rüstungsbürokratie dar.[139]

135 Vgl. Naasner, Machtzentren, S. 304ff.; Kaienburg, Wirtschaftsinteresse, S. 57f.; Müller, Speer, S. 403ff.

136 Vgl. Naasner, Machtzentren, S. 300f.

137 Vgl. für den regional interessanten Zusammenhang im »Reichsgau Thüringen« John, Wirtschaftsentwicklung, S. 110ff.; sowie ders., Rüstungsindustrie und NSDAP-Organisation in Thüringen 1933-1939, in: ZfG 22 (1974), S. 412-422.

138 Vgl. Naasner, Machtzentren, S. 302f. Die Bedeutung der informellen Netzwerkbeziehungen zwischen den einzelnen Machtzentren wird in der Forschung weitgehend vernachlässigt. Vgl. dazu demnächst die Studie von Martin Fiedler, Netzwerkbeziehungen in der deutschen Industrieelite; sowie: Karin Orth, Die Konzentrationslager-SS, Sozialstrukturelle Analysen und biographische Studien, Wallstein 2000.

139 Speer, Sklavenstaat, S. 33.

Zudem war er im Vorstand bzw. Aufsichtsrat mehrerer Unternehmen. Vor seiner Tätigkeit für die Rüstungsbürokratie arbeitete er für den IG-Farben Konzern. In der Thüringer Industrie spielte er als Gauwirtschaftsberater eine regional besondere Rolle.[140] Eine herausragende Stellung besaß Schieber innerhalb der Gasschutzbranche sowie innerhalb der Giftgasproduktion:[141] Er war im Mai 1944 als Leiter der »Arbeitsgruppe Brandt-Geräte« von dem Generalkommissar selbst eingesetzt worden und damit ins rüstungswirtschaftliche Zentrum der Gasschutzgerätefertigung gerückt. Betrachtet man diese Bedeutung und die Durchsetzungsfähigkeit Schiebers, ist es erstaunlich, daß er von der Forschung zum Nationalsozialismus weitestgehend unbeachtet geblieben ist.[142]

Im Herbst 1944 war die Kontrolle des Rüstungsministeriums infolge des Zugriffs von Speer und Schieber vollkommen: Alle Anträge der Industrie auf Häftlingsarbeitskräfte mußten an das Ministerium gestellt werden, das eine Zwischenschaltung der SS ausdrücklich untersagte und mit dem Generalbevollmächtigten für den Arbeitseinsatz gemeinsam über die Anträge entschied. Diese Verschiebung zugunsten der im Bereich der Konzentrationslager neuen Machtzentren entspricht der Entwicklung in der übrigen Rüstungsbürokratie.[143] Die unmittelbare Intervention Schiebers im Falle des Drägerwerks zu einem Zeitpunkt, als das Wirtschaftsverwaltungshauptamt die Organisation der Häftlingsarbeit noch partiell mitkontrollierte, ist vor diesem Hintergrund als ein Sondieren der Machtposition des Rüstungsministeriums zu bewerten.[144] Der Amtschef hatte seit Beginn des Häftlingseinsatzes mehrfach die Einsetzung von Außenlagern in der privaten Rüstungsindustrie angeregt. Wiederholt war er mit

140 Vgl. Wer leitet? Die Männer der Wirtschaft und der einschlägigen Verwaltung 1941/42, Berlin 1942, S. 857f.; Kehrl, Krisenmanager, S. 212ff.; Hayes, IG-Farben, S. 146; John, Rüstungswirtschaft.

141 Zur Rolle Schiebers in der industriellen Giftgasproduktion vgl. Groehler, Tod.

142 Vgl. das Organigramm und die Korrespondenz, SUD BÄD VI 2.2. So verzeichnen ihn mehrere biographische Sammelwerke und Lexika überhaupt nicht: Erich Stockhorst, Fünftausend Köpfe. Wer war wer im Dritten Reich, Bruchsal/Baden 1967; Wistrich, Wer; Ronald Smelser, Rainer Zitelmann (Hgg.), Die braune Elite I. 22 biographische Skizzen, Darmstadt 1994 (3. Aufl.); Ronald Smelser/Enrico Syring/Rainer Zitelmann (Hgg.), Die braune Elite II. 21 weitere biographische Skizzen, Darmstadt 1993; Hermann Weiss (Hg.), Biographisches Lexikon zum Nationalsozialismus, Frankfurt 1998. Ein Grund für diese Lücke mag die Entmachtung Schiebers nach einer Intrige der SS, ausgehend von Gauleiter Hoffmann, sein, die zu seiner Entlassung am 13.11.1944 führte. Vgl. Janssen, Ministerium, S. 283ff.; Eichholtz, Kriegswirtschaft Bd. II, S. 68f.; sowie die problematische Darstellung bei Speer, Sklavenstaat, S. 100ff.

143 Vgl. Janssen, Ministerium, S. 69, 102f.; Naasner, Machtzentren, S. 309, 470ff.; Kaienburg, Vernichtung, S. 293.

144 Speer berichtet, Schieber habe bereits im März 1942 »die Gesamtaufgabe des Einsatzes von Konzentrationslagern für die Rüstung« übernommen und geht dabei sicherlich zu weit. Speer, Sklavenstaat, S. 33ff. (34). Auch das Neuengamme-Außenlager Laagberg entstand zwischen März und Mai 1944. Mommsen/Grieger, Volkswagenwerk, S. 768ff.

diesen Projekten erfolgreich gewesen. Widerstand oder Ablehnung gegen diese Entwicklung existierten in der Industrie kaum.[145]

Von welcher Seite bei dem Einsatz der Häftlinge in der Rüstungsindustrie die Initiative ausging, ist umstritten, und der Anteil der Beteiligung einzelner immer noch weitgehend ungeklärt.[146] Während Pohl, Maurer, Höß und Sommer als die verantwortlichen SS-Offiziere des Wirtschaftsverwaltungshauptamts bei den Nürnberger Prozessen aussagten, daß grundsätzlich »die Zuteilung von KZ-Insassen als Arbeitskräfte (...) regelmäßig durch die jeweilige Firma beim Wirtschaftsverwaltungshauptamt Amtsgruppe D (...) direkt beantragt (wurde)«, zeichnete die Industrie erwartungsgemäß ein gegenteiliges Bild von der Zusammenarbeit.[147] Schon während der Befragungen bei den Prozessen kam es zu widersprüchlichen Darstellungen auf Seiten der Industrie und der Rüstungsbürokratie.[148] Die Aussagen der Beteiligten in den unterschiedlichen Bürokratien zu der Frage nach der Initiative der Industrie bzw. des staatlichen Zwangs waren bemerkenswert einheitlich: die Organisation der Häftlingsarbeit sei, von den regionalen Arbeitsämtern losgelöst, in der Hand des Wirtschaftsverwaltungshauptamts bzw. des Rüstungsministeriums gewesen. Zwang wäre gegenüber den Unternehmen keineswegs ausgeübt worden: die Anfragen seien im Gegenteil meist aus der Industrie gekommen. Dabei seien die organisatorischen Abläufe von Fall zu Fall verschieden gewesen. Eine einheitliche und systematische Ordnung der Verwaltungsabläufe gab es in dem polykratischen System der Rüstungsbürokratie in der zweiten Kriegshälfte – insbesondere im Jahre 1944 – nicht. Erst die Übernahme der Organisation durch das Ministerium Speer im Oktober/November des Jahres brachte eine Steuerung und Ordnung, die sich freilich nicht mehr vollständig durchsetzen konnte.[149]

In den bereits 1943 in Hannover eingerichteten Außenlagern des Lagers Neuengamme war die Initiative zunächst auch von Schieber ausgegangen. Die staatliche Anregung wurde von der Industrie jedoch überwiegend positiv aufgenommen. In einem Fall bezog der Amtschef auch das für die Firma zuständige Oberkommando der Marine in seine Bemühungen mit ein und überzeugte mit dieser Maßnahme die Unternehmensleitung.[150] In vielen Fällen lag jedoch ein-

[145] Herbert Obenaus, Die Außenkommandos des Konzentrationslagers Neuengamme in Hannover, in: Kaienburg, Konzentrationslager, S. 211-226.

[146] Dies gilt, obschon inzwischen eine Sammlung von Detail- und Regionalstudien vorliegt: vgl. zusammenfassend Obenaus, Außenkommandos, S. 213ff.

[147] Eidesstattliche Erklärung Karl Sommer 4.10.1946, zit. nach Benjamin B. Ferencz, Lohn des Grauens. Die verweigerte Entschädigung für jüdische Zwangsarbeiter. Ein Kapitel deutscher Nachkriegsgeschichte, Frankfurt 1981, S. 144ff.; für die Haltung der Industrie in den sechziger Jahren vgl. Hans-Eckardt Kannapin, Wirtschaft unter Zwang, Köln 1966. Zur zeitgenössischen Werbung für das Buch durch den Bundesverband der deutschen Industrie vgl. Fröbe u.a., Konzentrationslager.

[148] Vgl. Erker, Industrie-Eliten, S. 31.

[149] Vgl. Naasner, Machtzentren, S. 308f.

[150] Obenaus, Rüstungswirtschaft, S. 168ff.; ders., Außenkommandos, S. 214f.

deutig eine industrielle Nachfrage als Grund für die Installation eines Außenlagers vor. Einer Anregung der Rüstungsbürokratie bedurfte es in diesen Fällen meist nicht und, wenn sie erfolgte, wurde sie in den Unternehmensleitungen bereitwillig aufgenommen.[151] Häftlingsarbeit war nicht zuletzt billig – 1944 betrug der Tageslohn 4 RM für einen Hilfs- und 6 RM für einen Facharbeiter. Den Lohn hatte das Unternehmen der SS zu zahlen. Häftlinge waren darüber hinaus meist die einzigen Arbeitskräfte, die Unternehmen auf ihre Anforderungen hin noch bekamen.[152] Der Lohn lag unter dem Satz, der für Zwangsarbeiter aus der Sowjetunion zu zahlen war.[153] Für weibliche Häftlinge wurde grundsätzlich noch weniger bezahlt; die Entgelte lagen zwischen 2,50 RM und 4 RM.[154] Die Einnahmen führte die SS an den Staat ab.[155] Bei Teilen der Industrie bestand angesichts des Arbeitskräftemangels im Reich ein großes Interesse an dem Einsatz von KZ-Gefangenen. Die organisatorischen Probleme waren bis 1942 jedoch zu umfangreich, und die Firmen griffen zunächst auf zivile ausländische Arbeitskräfte und Kriegsgefangene zurück. So waren im Drägerwerk seit Kriegsbeginn

151 Dies gilt beispielsweise für die Firmen Krupp, Heinkel, IG Farben, Messerschmidt, Daimler-Benz AG, Steyr-Daimler-Puch, das Volkswagenwerk und zahlreiche andere staatliche oder private Konzerne: Zu Messerschmidt vgl. Toni Siegert, Das Konzentrationslager Flossenbürg. Ein Lager für sogenannte Asoziale und Kriminelle, in: Martin Broszat u. Elke Fröhlich (Hgg.), Bayern in der NS-Zeit Bd. 2. Herrschaft und Gesellschaft im Konflikt, München 1979, S. 450. Zu Daimler-Benz vgl. Hoppman, Zwangsarbeit; Gregor, Stern, S. 275ff.; Rainer Fröbe, »Wie bei den alten Ägyptern«. Die Verlagerung des Daimler-Benz-Flugzeugmotorenwerks Genshagen nach Obrigheim am Neckar 1944/45, in: Daimler-Benz Buch, S. 392-470; Peter Koppenhöfer, »In Buchenwald war die Verpflegung besser«. KZ-Häftlinge bei Daimler-Benz in Mannheim, in: ebd., S. 514-542; Michael Schmied, »Unsere ausländischen Arbeitskräfte«. Zwangsarbeiter in den Werken und Barackenlagern des Daimler-Benz-Konzerns. Ein Überblick, in: ebd., S. 559-593. Zu den IG-Farben vgl. Peter Hayes, Die IG-Farben und die Zwangsarbeit von KZ-Häftlingen im Werk Auschwitz, in: Kaienburg, Konzentrationslager, S. 129-148. Zu Krupp und Heinkel: Ferencz, Lohn, S. 121ff. und Naasner, Machtzentren, S. 314ff.; zu VW: vgl. Mommsen/Grieger, Volkswagenwerk; zu Steyr-Daimler-Puch vgl. Perz, Projekt Quarz, (mit Anmerkungen zur österreichischen Forschung); mit anderen industriellen Beispielen: Christa Naumann, Die arbeitsteilige Zusammenarbeit von SS und deutschen Rüstungskonzernen 1942-1945, dargestellt am Beispiel der Außenkommandos des Konzentrationslagers Buchenwald, Phil. Diss. HUB 1973; Herwart Vorländer (Hg.), Nationalsozialistische Konzentrationslager im Dienst der totalen Kriegsführung. Sieben württembergische Außenkommandos des Konzentrationslagers Natzweiler/Elsaß, Stuttgart 1978. Zu den Hermann Göring Werken vgl. Wysocki, Arbeit, S. 136ff. Bei der Frage des Arbeitseinsatzes von Kriegsgefangenen gestaltete sich die industrielle Initiative ähnlich, vgl. Christian Streit, Keine Kameraden. Die Wehrmacht und die sowjetischen Kriegsgefangenen 1941-1945, Stuttgart 1978, S. 211, 393.

152 Kaienburg, KZ-Haft, S. 60.

153 Diese Kosten richteten sich nach dem »Ostarbeiterentgelt«, das – abzüglich der Aufwendungen – ausbezahlt wurde. Vgl. Verordnung über die Einsatzbedingungen der Ostarbeiter vom 30.6.1942, in: RGBl. I (1942), S. 419ff. sowie die folgenden Verordnungen der Jahre 1943 und 1944, vgl. dazu Herbert, Fremdarbeiter, S. 172f.; Eichholtz, Kriegswirtschaft Bd. II, S. 217ff.

154 Kaienburg, Vernichtung, S. 259.

155 Darüber bestehen keinerlei Zweifel, vgl. die zahlreichen Belege bei Götz Diekmann, Existenzbedingungen und Widerstand im Konzentrationslager Dora-Mittelbau unter dem Aspekt der funktionellen Einbeziehung der SS in das System der faschistischen Kriegswirtschaft, Diss. Berlin 1968, S. 387f., 103.

in steigendem Maße zivile ausländische Arbeitskräfte und im Verlaufe der Entwicklung im Stammwerk und in den anderen Fertigungsstätten auch Zwangsarbeiter beschäftigt.[156]

Die Anforderung Schiebers an das Wirtschaftsverwaltungshauptamt hatte am 28. Februar zu einer telefonischen Nachfrage desselben im Drägerwerk geführt. Dräger antwortete dem SS-Obersturmbannführer Karl Sommer, daß die fragliche Volksmaskenfertigung vom Drägerwerk in andere Betriebe verlagert und abgegeben worden sei, man in Lübeck also keine Häftlinge für diese Arbeit benötige.[157] Es sind wahrscheinlich diese ablehnenden Äußerungen Drägers gewesen, die Sommer bei den Nürnberger Prozessen zu der Aussage veranlaßten, das Drägerwerk sei bei dem Angebot der SS an die Industrie, ungarische Juden als Arbeitskräfte zu erhalten, das einzige einer Vielzahl von Unternehmen gewesen, das dieses Angebot abgelehnt habe.[158] Hitler hatte im Frühjahr 1944 aufgrund des Arbeitskräftemangels in der Industrie entschieden, auch im Altreich ungarische Juden, die schon deportiert waren, von der unmittelbaren Ermordung auszuschließen. Nach einer Selektion in Auschwitz sollten die Arbeitsfähigen in Konzentrationslager im Altreich eingewiesen werden und der Rüstungsindustrie als Arbeitskräfte zur Verfügung stehen. Auch in Hamburger Rüstungsbetrieben wurden diese Juden eingesetzt.[159]

Der Chef des zuständigen Amts II (»Arbeitseinsatz der Häftlinge«) in der Amtsgruppe D (»Konzentrationslager«), Obersturmbannführer Gerhard Maurer, der in dieser Frage unmittelbarer Vorgesetzter Sommers im Wirtschaftsverwaltungshauptamt war, wollte sich daraufhin diese offensichtlich außergewöhnliche Ablehnung von der Unternehmensleitung schriftlich bestätigen lassen, um sie dem Chef des Rüstungslieferamts Schieber und damit dem Reichsministerium für Rüstung und Kriegsproduktion anzuzeigen. Er forderte von Dräger einen Bescheid, »daß ein Bedarf an Arbeitskräften bei Ihnen nicht besteht und daß im übrigen Volksgasmasken in Ihrem Werk nicht angefertigt werden.«[160] Diese Bestätigung hätte für das Unternehmen weitreichende Folgen haben kön-

[156] Vgl. zum Einsatz der Kriegsgefangenen Streit, Keine Kameraden, S. 198ff.; Herbert, Fremdarbeiter, S. 117ff.; Wysocki, Zwangsarbeit, S. 113ff., sowie die Darstellung oben (III. 1.).

[157] Vgl. Aktennotiz Dräger, SUD BÄD VI 4.12.; abgedruckt in der Dokumentation: Romey, Wandsbek, S. 40.

[158] Aussage Sommer, NARA II M 1019 Roll 69, zit. in Feldenkirchen, Siemens, S. 524. Später, so fuhr Sommer fort, habe das Drägerwerk dann doch Arbeitskräfte angefordert. Die Aussage Sommers ist in Auszügen abgedruckt in: Anatomie des Krieges. Neue Dokumente über die Rolle des deutschen Monopolkapitals bei der Rolle und der Vorbereitung und Durchführung des Zweiten Weltkrieges, hrsg. v. Dietrich Eichholtz und Wolfgang Schumann, Berlin 1969, S. 472ff.; Diese Aussage Sommers hält einer kritischen Berücksichtigung möglicher apologetischer Zielsetzungen stand. Vgl. für die Übernahme dieser jüdischen Häftlinge in ein Unternehmen, Mommsen/Grieger, Volkswagenwerk, S. 896ff.

[159] Für die Auswirkungen der Entscheidungen auf eine Großzahl der Außenlager vgl. Sprenger, Groß-Rosen, S. 262.

[160] SS-Sturmbannführer Maurer an Dräger 29.2.1944, SUD BS 27/3.

nen, da damit ein entscheidendes Argument seiner Abwehrstrategie gegenüber der Rüstungsbürokratie ad absurdum geführt worden wäre. Mehrfach hatte die Unternehmensleitung die vom Rüstungsministerium geforderten Produktionserweiterungen unter dem Hinweis auf den Arbeitskräftemangel abgelehnt, was Maurer wie auch Schieber sehr wohl wußten. Auch wenn eine Einschätzung der möglichen Folgen dieser Versicherung gegenüber dem Wirtschaftsverwaltungshauptamt schwierig ist: Im Zusammenhang mit der Offensive Schiebers gegen die Unternehmen und den Sonderausschuß wurde sie aus der zeitgenössischen Perspektive der Unternehmensleitung zu einer möglichen Blankovollmacht für das Rüstungsministerium und das Wirtschaftsverwaltungshauptamt.

Die genaue Entscheidungsfindung der Unternehmensleitung läßt sich aus den zur Verfügung stehenden Unterlagen nicht rekonstruieren. Das Rüstungslieferamt gab jedoch offensichtlich nicht nach: Nur eine Woche nach diesem Vorstoß trafen im März die entscheidenden leitenden Mitarbeiter des Lübecker Unternehmens Feldhahn, Hamm und Kuhnert auf Druck des Hauptausschusses mit dem kommissarischen Leiter des Sonderausschusses, dem Auer-Mitarbeiter Heinrich Paetsch, in Berlin zusammen, um über die Frage zu beraten. In der Aufforderung des Sonderausschusses wurde noch einmal der Zusammenhang mit der gesteigerten Rüstungsnachfrage erkennbar. Paetsch fragte die Drägerwerk-Manager, »wieviele Häftlinge (wir) (...) brauchen, um (das) Programm in GM 30, GM 38 und VM zu erfüllen, die Mindestanforderung ist 100. (...) Auer hat die Sache für ihre Produktion ebenfalls positiv in Bearbeitung und Herr Präsident Paetsch ist der Meinung, dass wir auch im positiven Sinne die Sache aufgreifen müßten.«[161] Bei der Auergesellschaft kam es kurz darauf zur Einrichtung eines Außenlagers, in dem etwa 2000 Frauen des Konzentrationslagers Oranienburg arbeiteten.[162]

Als unmittelbare Konsequenz dieser Interventionen der Rüstungsbürokratie kam es in den folgenden Wochen tatsächlich zu Verhandlungen des Drägerwerks mit dem Wirtschaftsverwaltungshauptamt wegen eines Arbeitseinsatzes von Häftlingen. Offensichtlich suchte Dräger indessen auf Zeit zu spielen und bezifferte den Bedarf zunächst nur auf 220 Arbeitskräfte. Das Wirtschaftsverwaltungshauptamt war jedoch, wie man in Lübeck erfuhr, »am Einsatz von nur 220 Häftlingen nur wenig interessiert, da im Verhältnis zu viel Bewachung erforderlich« wäre. Die Unternehmensleitung erwog daraufhin gemeinsam mit dem Wirtschaftsverwaltungshauptamt, 500 Häftlinge in einem anderen Betrieb zu installieren und dem Drägerwerk »dafür eine geringere Anzahl Zivilarbeiter zur Verfügung« zu stellen.[163] Diese alternativen Lösungsmöglichkeiten genügten der Rüstungsbürokratie offensichtlich nicht. Die SS besichtigte das

161 Feldhahn an Dräger, 7.3.1944, SUD BÄD V 7.3.2.n.

162 Eidesstattliche Erklärung von Karl Sommer, zit. bei Ferencz, Lohn, S. 270.

163 Aktennotiz über Telefongespräch Dräger mit Sommer 16.3.1944, SUD BÄD VI 4.12.

Gelände der ehemaligen Skara-Werke, um die es ging, schon einmal vorsorglich, und der Hauptausschuß setzte gemeinsam mit dem Sonderausschuß das Unternehmen mit der Nachfrage weiter unter Druck, »ob inzwischen eine Klärung bezüglich des Einsatzes von 220 Häftlingen in den Betrieben Wandsbek erfolgt ist.«[164]

Inzwischen hatte das Wirtschaftsverwaltungshauptamt auch das regionale Konzentrationslager Neuengamme in die Vorbereitung eingeschaltet. Von dort bekam der Betriebsleiter des Lübecker Stammwerks Dr. Heinrich Maul in den letzten Märztagen einen Anruf, in dem ihm der zuständige Obersturmbannführer Pauly mitteilte, »dass Berlin (gemeint ist das Wirtschaftsverwaltungshauptamt, B.L.) mit dem Einsatz von nur 220 Häftlingen nicht einverstanden (...) (ist). Berlin verlangt, wahrscheinlich im Einverständnis mit Minister Speer, dass ein Lager von mindestens 500 Häftlingen eingerichtet werden soll, da sie nicht wünschen, dass der Einsatz in kleinen Lagern verzettelt wird.«[165] Dräger blieb angesichts dieser neuen Vorstöße zunächst bei seiner Verzögerungstaktik, woraufhin das Rüstungsministerium in der ersten Aprilwoche seinen Druck auf das Unternehmen intensivierte.

Am 3. April fand der Hauptausschuß deutliche Worte für Drägers Verhalten: »Es ist sehr bedauerlich, dass seit der ersten Anfrage des Sonderausschusses am 7.3.1944 betreffend den Einsatz von KZ-Häftlingen und trotz meines mehrmaligen Hinweises, dass nur ein Großeinsatz von 500 Häftlingen infrage (sic.) kommt, fast vier Wochen vergangen sind, bis Sie sich dazu bereit erklärt haben, 500 Häftlinge zu beschäftigen, und dass somit kostbare Zeit für den Einsatz und insbesondere Vorbereitung der Unterkunft verloren gegangen ist, zumal Sie angeben, dass Sie wegen des Kräftemangels nicht in der Lage sind, Maskenkörper herzustellen.«[166] Es ging um die Fertigung der Vorprodukte in der Wandsbeker Fabrik des Konzerns, die vor den vernichtenden Bombenangriffen auf die Hamburger Industrie 1943 der wichtigste Zulieferer des Drägerwerks für Gummimaskenkörper gewesen war.[167] Die Arbeitskräfte des Wandsbeker Betriebes waren nach der Zerstörung der Fabrik durch alliierte Bombenangriffe im Spätsommer 1943 in das Lübecker Stammwerk versetzt worden und dort inzwischen unentbehrlicher Bestandteil der Belegschaft.

Im April fragte der inzwischen umbenannte Hauptausschuß Rüstungsgerät bei der Lübecker Unternehmensleitung täglich nach den Fortschritten bei der Organisation der Häftlingsbaracken in dem Wandsbeker Betrieb. Hauptausschuß, Sonderausschuß, regionale Baubehörden und der Generalbevollmächtigte »Bau« zeigten sich bei der Erstellung der notwendigen Baracken »Typ Pfer-

164 Sonderausschuß Gasschutz und Atemgeräte an Dräger 1.4.1944, SUD BÄD VI 2.2.

165 Oberingenieur Thiel an Dr. Maul 27.3.1944, SUD BÄD V 7.3.15i.

166 Sonderausschuß an Dr. Maul 3.4.1944, SUD BÄD VI 2.2.

167 Vgl. verschiedene Schadensmeldungen nach Bombenangriffen, Kriegstagebuch der Wehrwirtschaftsoffiziere der Rüstungsinspektion X, W 46 452 BArch-MA.

destall« für die avisierten 500 Häftlinge ungewöhnlich engagiert.[168] Die Selbstverwaltungsbürokratie verwies »in diesem Zusammenhang« gegenüber dem Unternehmen noch einmal ausdrücklich »auf die Tatsache, daß die ganze Aktion von Staatsrat Schieber persönlich veranlaßt worden ist, der bereits über das langsame Fortschreiten unwillig ist.«[169] Auf seine Frage nach alternativen Unterbringungsmöglichkeiten erfuhr Dräger, daß andere als die »Pferdestall-Baracken« aus Zeitgründen nicht in Frage kämen, die im übrigen die reichseigene Rüstungskontor GmbH subventionieren würde. Noch im April gab die Unternehmensleitung ihre Verzögerungstaktik angesichts des Drucks durch den Sonderausschuß, den Hauptausschuß und vor allem Schieber selbst auf und bestätigte die geplante Beschäftigung von 500 Häftlingen.[170] Der Bau der nötigen Baracken zog sich indessen hin, wobei der Druck des Rüstungslieferamts keineswegs nachließ. Im Juni bestätigte das Unternehmen schließlich dem Sonderausschuß, daß 300 Häftlinge eingesetzt seien und weitere 300 erwartet würden. Die Ankunft der zweiten Häftlingsgruppe schob das Drägerwerk bis in den Juli hinein auf.[171] Gegenüber der städtischen Behörde, die die notwendigen Baumaßnahmen in dem Unternehmen beaufsichtigte, betonte die Unternehmensleitung, daß »auf Anordnung der Waffen-SS Neuengamme (...) auf unserem Werksgelände ein Arbeitslager für Häftlinge eingerichtet worden« sei.[172]

Der energische Einsatz Schiebers und des Sonderausschusses für das Außenlager im Drägerwerk war Teil einer von dem Chef des Rüstungslieferamts koordinierten Gesamtinitiative zur Erhöhung der Fertigungszahlen der Branche. Gleichzeitig mit der Entwicklung im Drägerwerk wurde im Juni 1944 der Einsatz von weiblichen Häftlingen bei Zulieferern der Auergesellschaft – der Continental AG in Hannover – organisiert. Auch dort arbeiteten ab Juni 1944 mehrere hundert Häftlinge für die Fertigung.[173]

---

[168] Vgl. die Korrespondenzen Außenlager Hamburg Drägerwerk-Wandsbek, NG 6.4.43.2 Archiv der Gedenkstätte Neuengamme.

[169] Fernschreiben Sonderausschuß und Hauptausschuß (Schulze-Tholens) an Drägerwerk 3.4., 5.4., 6.4.1944, SUD BÄD VI 2.2.

[170] »Vom Rüstungslieferamt wird in regelmäßigen Abständen beim Sonderausschuß angefragt, wie der Stand der Angelegenheit (Häftlingseinsatz, B.L.) ist. Insbesondere interessiert die Frage, wann die ersten Häftlinge (...) bei Ihnen eintreffen werden.« Fernschreiben Sonderausschuß an Drägerwerk 20.4.1944, SUD BÄD VI 2.2. »Zur Zeit sind wir im Begriff, mit großen Unkosten und Mühen ein Lager in Hamburg für 500 weibliche KZ-Häftlinge einzurichten (...)« Drägerwerk an den Sonderausschuß 24.4.1944, ebd. Zur Firma Rüstungskontor vgl. Erlaß «Rüstungskontor« von Reichsminister Speer, in: Nachrichten des Reichsministers für Bewaffnung und Munition, Berlin Nr. 8, 7.8.1942, S. 91.

[171] Drägerwerk an Auer und den Sonderausschuß 12.6.1944, SUD BÄD VI 2.2. Vorhergegangen waren vier Nachfragen über den Stand der «Häftlingsfrage« durch das Amt, ebd.

[172] Drägerwerk-Wandsbek an Tiefbauamt Hamburg 20.6.1944, NG 6.4.43.2 Archiv der Gedenkstätte Neuengamme.

[173] Claus Füllberg-Stollberg, Frauen im Konzentrationslager: Limhagen und Limmer, in: Fröbe u.a., KZ-Arbeit, S. 277-329; Rainer Fröbe/Claus Füllberg-Stollberg, Von der Résistance zum Widerstand im Konzentrationslager. Weibliche KZ-Häftlinge in Ravensbrück und Hannover-Limmer, in: Dachauer Hefte 7 (1991), S. 191-209.

Als die Hamburger Werft Blohm & Voss im September 1944 ein weiteres Außenlager Neuengammes auf dem Unternehmensgelände errichtete, griff sie auf die Erfahrung des Drägerwerks zurück. Ob sich Walther und Rudolf Blohm in vergleichbarem Maße wie Dräger gegen die Errichtung des Lagers gewehrt haben und ob in der Werft zu diesem Zweck sogar ein Werksbeauftragter der Rüstungsbürokratie eingesetzt wurde, ist umstritten.[174] Bei der Besichtigung des Außenlagers in Wandsbek protokollierte Walther Blohm die Lebens- und Arbeitsverhältnisse der Häftlinge und stellte fest, die Häftlinge bekämen die gleiche Verpflegung wie die deutschen Arbeitskräfte. Im übrigen sollten »die deutschen Vorarbeiter durch Vorarbeiter aus den Häftlingen ersetzt werden, da diese rigoroser durchgreifen«. Die Arbeitszeit der Häftlinge, so notierte man, sei länger und die Fehlzeiten geringer als bei den deutschen Mitarbeitern. Insgesamt stellte man fest, »daß die Bedingungen schärfer klingen als sie gehandhabt werden.«[175]

Die ersten weiblichen Häftlinge kamen am 8. Juni 1944 aus dem Konzentrationslager Ravensbrück in das Außenlager in Wandsbek. Mehr als 50 % der Frauen waren aus Rußland, der Ukraine oder Polen, während etwa 10 % aus Deutschland und Slowenien stammten. Darüber hinaus gab es Frauen aus anderen besetzten europäischen Ländern. Die Zusammensetzung des zweiten Frauentransports von Ravensbrück nach Wandsbek ist unbekannt.[176] Ob jüdische Häftlinge in dem Arbeitslager waren, ist unklar, wahrscheinlich aber kamen diese erst mit den Evakuierungstransporten aus anderen Lagern kurz vor Kriegsende in das Wandsbeker Außenlager. Insgesamt waren die Häftlinge, die im Außenlager des Drägerwerks arbeiteten, wohl zumeist Frauen aus Osteuropa.[177] Auch für die Arbeitszeit und -bedingungen der Häftlinge fehlen Aktenbelege vollständig. Grundsätzlich richtete sich die Arbeitszeit in den Außenlagern nach den Anforderungen der Unternehmen, an die sich die SS weitestgehend hielt. In der überwiegenden Zahl der Rüstungsunternehmen waren dies 1944 12 Stunden am Tag. Die Sonntagsarbeit war unterschiedlich geregelt.[178] Im Wandsbeker Außenlager mußten die Häftlinge an Sonntagen auf Anweisung der SS-Wachmannschaften oft als Schikane Arbeiten im Lager verrichten.[179] Die Arbeitszeit der Häftlinge im Betrieb betrug ebenso wie die

---

174 Vgl. dazu Wiborg, Blohm, S. 102f. (ähnlich: Hermann Pohlmann, Chronik eines Flugzeugwerkes 1932-1945. Blohm & Voss, Hamburg 1982, S 57.) unter Hinweis auf Unterlagen aus dem Unternehmensarchiv, die Eiber offensichtlich nicht einsehen konnte. Vgl. Ludwig Eiber, Das KZ-Außenlager Blohm & Voss im Hamburger Hafen, in: Kaienburg, Konzentrationslager, S. 227-238 (230ff.); Kaienburg, Konzentrationslager, S. 213ff.

175 Aufzeichnung über Betriebsbesichtigung 29.8.1944 abgedruckt in Romey, KZ, S. 44f.; Aufzeichnung von Blohm & Voss 29.8.1944, NG 6.4.43.2 Archiv der Gedenkstätte Neuengamme.

176 Romey, KZ, S. 46ff.

177 Romey, KZ, S. 62; Bauche nimmt an, daß ein hoher Anteil aus Lettland und Litauen kam, vgl. Bauche u.a., Arbeit, S. 118. Unterlagen über die Zusammensetzung fehlen vollkommen.

178 Kaienburg, Konzentrationslager, S. 194.

179 Romey, KZ, S. 70.

der deutschen Mitarbeiter 72 Wochenstunden, was der Leiter des Hamburger Betriebes, Oberingenieur Thiel, durchgesetzt hatte.[180] Bei Blohm & Voss arbeiteten die Häftlinge 78 Stunden in der Woche.[181]

Die Arbeits- und Lebensbedingungen unterschieden sich in den einzelnen Außenlagern sehr, da die Lebensqualität auch von dem Einsatz und dem Verhalten der Unternehmensleitungen abhing. Die Arbeit in den Außenlagern war daher von den Häftlingen oft nicht weniger gefürchtet als die zumindest berechenbaren Umstände beim Verbleib in den Stammlagern. In den einzelnen Konzentrationslagern variierte diese Meinung indessen.[182] In Neuengamme waren die Meinungen der Häftlinge über die einzelnen Außenlager sehr unterschiedlich; über das Wandsbeker Lager ist keine Aussage überliefert, was auch durch die fast vollkommen fehlende Fluktuation mit dem Hauptlager Neuengamme begründet sein kann – unter den gefürchteten Außenlagern war es offenbar nicht.[183]

Die Bedingungen, zu denen die Arbeitskraft der Häftlinge im Wandsbeker Betrieb von der SS schließlich »vermietet« wurde, entsprachen denen der übrigen Unternehmen. Das Drägerwerk-Wandsbek mußte 4 RM pro Arbeiterin und Tag zahlen. Die Verpflegung der Bewachungsmannschaften übernahm das Konzentrationslager, während die Häftlinge vom Drägerwerk versorgt wurden, wofür das Unternehmen 80 Pfennige von dem Lohn an die SS abzog. Die Häftlingsverpflegung hatte das Unternehmen selbst zu organisieren. Kleidung und Unterkunft der Häftlinge fielen in den Zuständigkeitsbereich des Drägerwerks, wohingegen die Bewachung durch SS-Angehörige von Neuengamme aus gelenkt wurde.[184] Damit entsprachen die Bedingungen den im Wirtschaftsverwaltungshauptamt für diese Fälle üblichen.

Die Lebensbedingungen im Wandsbeker Lager unterschieden sich grundsätzlich nicht von denen anderer vergleichbarer Lager: Die Häftlinge waren in Baracken menschenunwürdig zusammengedrängt, die sanitären Anlagen und die ärztliche Versorgung waren mangelhaft, die Bewachung durch die SS war schikanös bzw. brutal und die Ernährung – so wie sie die Betroffenen aus ihrer Erinnerung schildern – ungenügend.[185] Die Möglichkeiten der Industriellen, die Lebensbedingungen der Häftlinge zu verändern, waren durch das Gesamtsystem begrenzt, aber innerhalb des Vertrags mit der SS gleichwohl vorhanden.

---

180 Thiel (Skara) an Drägerwerk Lübeck 17.8.1944, SUD BÄD V 7.3.15i; Dräger an Thiel 23.8.1944, ebd. Hier irrte Blohm bei seinen Besuchsnotizen (Aufzeichnung über Betriebsbesichtigung 29.8.1944 abgedruckt in Romey, KZ, S. 44f.).

181 Eiber, Blohm & Voss, S. 233.

182 Eugen Kogon, Der SS-Staat. Das System der deutschen Konzentrationslager, München 1974 (Erstveröffentlichung Berlin 1947), S. 277f.

183 Obenaus, Konzentrationslager, S. 172, 174; Kaienburg, Konzentrationslager, 132.

184 Konzentrationslager Neuengamme (Kommandantur) an Drägerwerk-Wandsbek 15.7.1944, NG 6.4.43.2 Archiv der Gedenkstätte Neuengamme.

185 Vgl. Romey, KZ, S. 59ff.

Insgesamt nutzten jedoch die Unternehmensleitungen diese Möglichkeiten sehr selten.

Die Ernährung in Wandsbek war besser als in Ravensbrück, von wo die Häftlinge kamen. Die Leitung des Wandsbeker Betriebs setzte sich mehrfach für eine bessere Ernährung der Häftlinge ein und wies die SS-Wachmannschaften an, die Nahrungsmittel, für die das Unternehmen vertragsgemäß verantwortlich war, ordnungsgemäß auszugeben. Gegen den technischen Leiter der Gummifabrik Boris Herdemann, der mehrfach vor allem für die Häftlinge aus Osteuropa eintrat und sie vor den Schikanen der Wachmannschaften zu schützen suchte, ermittelte die SS wegen seines Verhaltens.[186] Den Berichten ehemaliger Häftlinge zufolge kam es im Wandsbeker Lager zu medizinischen Versuchen über die Konzentration von Ausatemluft (CO2) in Bunkeranlagen beim Einsatz von Raumlüftungsanlagen des Drägerwerks. An diesen medizinisch für die betroffenen Häftlinge ungefährlichen Versuchen, zu deren Teilnahme die Häftlinge gleichwohl gezwungen wurden, nahmen als Versuchspersonen auch deutsche Drägermitarbeiter teil.[187]

Als im März 1945 der SS-Standortarzt des Konzentrationslagers Neuengamme Dr. Trzebinski für den Leiter des Sanitätswesens im Wirtschaftsverwaltungshauptamt und den Chef des Amts D III den Zustand der Neuengammer Außenlager inspizierte, stellte er katastrophale Verhältnisse fest. Zwischen Dezember 1944 und März 1945 hatte es insgesamt 3040 Todesfälle in den Außenlagern gegeben. In dem Hauptlager und den Außenlagern zusammen waren 95 weibliche und 6129 männlichen Häftlingen gestorben. Im Wandsbeker Außenlager arbeiteten zu diesem Zeitpunkt 526 Frauen.[188]

---

[186] Romey, KZ, S. 63, 72, 104ff; ehemalige Häftlinge schrieben nach dem Krieg Dankesschreiben über die Behandlung im Drägerwerk und im Außenlager an Herdemann. Herdemann selbst verwies darauf, daß die vergleichsweise gute Behandlung der Häftlinge von Dräger angewiesen worden sei, vgl. Romey, KZ, S. 106f. Vgl. auch die Aussagen ehemaliger deutscher Arbeiter, die nach Kriegsende Dräger selbst als Urheber vieler Vergünstigungen für die Häftlinge bezeichneten; dafür fehlen andere Belege. Vgl. Damals. Dräger Mitarbeiter erinnern sich, Lübeck 1987.

[187] Tatsächlich fanden nach den Aussagen mehrerer Häftlinge und eines ehemaligen Mitarbeiters des Unternehmens im Außenlager Versuche über die Konzentration von Kohlendioxid bei der Nutzung von Raumlüftungsanlagen des Drägerwerks statt. In den umfangreichen Unterlagen des Leiters des Sonderausschusses Abwehranlagen und Drägermitarbeiters Dr. Meier-Windhorst sowie der Korrespondenz des Ausschusses und der zuständigen Abteilung im Drägerwerk finden sich keinerlei Unterlagen über diese Versuche. Auch nach den Aussagen der ehemaligen Häftlinge war das Leben oder die Gesundheit der betroffenen Prüfpersonen zu keinem Zeitpunkt durch die Versuche gefährdet. Dennoch: Freiwillig nahmen die Häftlinge nicht an den Versuchen teil und die Ängste der ohnehin von der SS schikanierten Opfer waren bei der gesundheitlich ungefährlichen Versuchsanordnung groß (Romey, KZ, S. 78ff.). Angesichts der schwierigen Quellensituation lassen sich die Entscheidungsprozesse, die schließlich zu den Versuchen geführt haben, nicht rekonstruieren. In Anbetracht der dankbaren Haltung eines Teils der betroffenen Häftlinge gegenüber dem Leiter des Drägerwerks/Wandsbek Boris Herdemann, die diese in Briefen ausdrückten, und diesen Berichten verbleibt ein ambivalenter Gesamteindruck über diese Vorfälle.

[188] Vgl. letzter Bericht Dr. Trzebinski 29.3.1945 an das Wirtschaftsverwaltungshauptamt, NG 2.3.2.1. Archiv der Gedenkstätte Neuengamme. Hermann Kaienburg, Das Konzentrationslager

Vergleicht man die überlieferte Totenliste des Außenlagers Blohm & Voss, das nach dem Bericht Trzebinskis 419 männliche Gefangene beschäftigte, mit den Angaben aus Interviews und Prozeßakten über die Todesfälle im Außenlager Wandsbek, verbleibt ein deutlicher Eindruck: In der Werft kamen zwischen November 1944 und April 1945 allein 47 polnische Häftlinge ums Leben, und Berichte sprechen davon, daß insgesamt etwa 50 % der Häftlinge in diesem Lager gestorben seien.[189] In anderen von den Häftlingen besonders gefürchteten Außenlagern kam es bis Ende 1944 zu mehreren hundert Toten, was den Zahlen Trzebinskis entspricht.[190] In Wandsbek gab es von der Errichtung des Lagers im Juni 1944 bis zur Ankunft mehrerer hundert Häftlinge aus anderen Außenlagern wenige Tage vor Kriegsende insgesamt 5 Todesfälle durch Maßnahmen der SS.[191] Im Vergleich zu den Entwicklungen in den übrigen Außenlagern, in denen Frauen arbeiteten, fällt darüber hinaus auf, daß es in Wandsbek offensichtlich zu keinen Todesfällen infolge von Hunger oder Überarbeitung gekommen ist.[192]

Im Januar 1945 war sich Dräger der möglichen Folgen einer Aufgabe der Fertigung in Wandsbek für die dort beschäftigten Häftlinge offenbar bewußt und konnte dies zumindest in dem von Auer und dem Drägerwerk kontrollierten Teil der Rüstungsbürokratie auch aussprechen. An den Leiter des Arbeitsausschusses für die Fertigung der Heeresgasmasken, den Auer-Ingenieur Wagner, schrieb Dräger angesichts des angekündigten drohenden Auslaufs der Fertigung des Modells GM 38, »daß wir (das Drägerwerk. B.L.) mit Rücksicht auf die von uns beschäftigten Häftlinge (in Wandsbek, B.L.) dringend gezwungen sind, den Auslauf der GM 38 Fabrikation in vernunftmäßiger Weise durchzuführen.[193]« Über das Schicksal der Häftlinge in Außenlagern des Konzentrationslagers Neuengamme, die wegen »Unbrauchbarkeit« von ihren Unternehmen zurückgeschickt wurden, waren die Unternehmensleitungen der beteiligten Betriebe

Neuengamme 1938-945. Herausgegeben von der KZ-Gedenkstätte Neuengamme, Bonn 1997, S. 123ff.; sowie Bringmann, KZ-Neuengamme, S. 142ff. Für die Todesfälle im Wandsbeker Lager gibt es keine schriftliche Überlieferung.

189 Bericht Miron Tschernoglasow und Totenliste polnischer Häftlinge bei Blohm & Voss, in: Bauche u.a., Arbeit, S. 213; vgl. dazu Eiber, Blohm & Voss, S. 234.

190 Vgl. Außenlager Dessauer Ufer und Außenlager Spaldingstraße, Eiber, Blohm & Voss, S. 230.

191 Nach den Berichten der Häftlinge, sowie den Prozeßakten gab es insgesamt 5 Todesfälle während der Dauer des Lagers: 2 Erschießungen durch die SS »auf der Flucht«, eine Hinrichtung wegen angeblicher Sabotage und 2 weitere ungeklärte Todesfälle. Vgl. Romey, KZ, S. 82ff.

192 Romey, KZ, S. 83f. Auch die Gauleitung schaltete sich in den letzten Kriegswochen schließlich in die Frage der Versorgungslage der Häftlinge ein. In einem Rundschreiben der Gauwirtschaftskammer, Abteilung Industrie, am 6. Januar 1945 wurde angemahnt, daß »wenn auch der SS die Kontrolle des in den KZ-Lägern (sic.) verabreichten Essen obliegt, so wünscht der Gauleiter trotzdem, daß sich auch die Betriebsführer um die Verpflegung kümmern, da gerade die an einer ordnungsgemäßen Ernährung der bei ihnen arbeitenden KZ-Häftlinge interessiert sein müssen.« zit. nach Eiber, Blohm & Voss, S. 233.

193 Dräger an Arbeitsausschuß GM 30 und GM 38 Dipl. Ing. Wagner (Auergesellschaft) 20.1.1945, SUD BÄD VI 2.3.

zu diesem Zeitpunkt informiert.[194] Das Außenlager Wandsbek blieb bis zur seiner partiellen Evakuierung Ende April 1945 bestehen. Nachdem kurzfristig mehrere hundert Häftlinge von ausgebombten und geräumten anderen Lagern in Wandsbek untergebracht worden waren, wurden große Häftlingsgruppen von der SS mit unterschiedlichen Zielen abtransportiert.[195]

Nur sehr vereinzelt offenbarten Unternehmer Zurückhaltung bei der Einrichtung von Außenlagern oder deren Erweiterung. Drägers Gesamtverhalten war innerhalb der industriellen Elite Deutschlands selten.[196] Wenige gingen noch weiter, leisteten aktiven Widerstand und schützten durch ihr Unternehmen Häftlinge vor der Vernichtung – Unternehmer wie Oskar Schindler und Berthold Beitz waren seltene Ausnahmen.[197] Dräger war keiner der wenigen, die aktiv Widerstand leisteten. Er fügte sich dem Druck der Rüstungsbürokratie, als seine Machtstellung gefährdet schien und lenkte ein.

Der intensive Druck auf das Unternehmen durch die beiden Machtzentren in der Kriegswirtschaft – das Wirtschaftsverwaltungshauptamt und das Rüstungsministerium – ist ein bemerkenswerter Aspekt der Einrichtung des Außenlagers Wandsbek. Staatliche Interventionen bei der Entstehung des Einsatzes von Häftlingen in der Industrie bildeten oft nur einen Impuls für die Unternehmensleitungen und gingen von unterschiedlichen Institutionen der Rüstungsbürokratie aus. In einem anderen Hamburger Fall, bei der Werft Blohm & Voss, wurde einige Wochen nach der Einrichtung des Wandsbeker Lagers auf dasselbe als Beispiel verwiesen. Die entsprechende Initiative zum Häftlingseinsatz ging dort vom zuständigen Rüstungskommando aus. Bei der Organisation des Außenlagers in der Werft durch die regionale Rüstungsbürokratie im Wehrkreis X wird ein umfassendes Informationsdefizit gegenüber den Berliner Ämtern deutlich. Die oft beschriebene Improvisation in der Steuerung der Kriegswirtschaft gestaltete sich hier einmal mehr außerordentlich ineffektiv.[198] Das Lenkungsdefizit hinderte die Rüstungsbürokratie indessen keineswegs, ihre Absichten durchzusetzen.

Insgesamt führte eine Abwägung des Für und Wider einer Beschäftigung von KZ-Häftlingen in den überwiegenden Fällen zu einer Zustimmung bei deutschen Industrieunternehmen; auch wenn die Anregung von staatlicher Seite kam. Die Dräger-Unternehmensleitung lehnte dagegen den Einsatz zunächst ab und stimmte ihm nur unter Druck zu, um keine weitergehenden Nachteile zu bekom-

194 Vgl. Naasner, Machtzentren, S. 342.

195 Romey, KZ, S. 109ff.

196 Vgl. Hermann Kaienburg, Zwangsarbeit für das »deutsche Rohstoffwunder«. Das Phrix-Werk Wittenberge im Zweiten Weltkrieg, in: 1999 9 (1994), S. 12-41.

197 Vgl. zu Schindler und dem Lager Brünnlitz Sprenger, Groß-Rosen, S. 256ff.; zu Beitz: Thomas Sandkühler, »Endlösung in Galizien«. Der Judenmord in Ostpolen und die Rettungsinitiativen von Berthold Beitz 1941-1944, Bonn 1996, S. 322ff.

198 Vgl. Eiber, Blohm & Voss, S. 228ff.

men. Das Interesse der SS war zweifelsfrei eine Einflußnahme auf große Teile der Rüstungswirtschaft, der beteiligten Institutionen der Rüstungsbürokratie und der »Selbstverwaltungsorgane«. Darüber hinaus wollte sie die eigene ökonomische Position in dem Machtgefüge des Gesamtsystems absichern. Die weitgehende Kooperation der Industrie im Verlaufe dieser Entwicklung, die durch die Übernahme der Organisations- und Initiativfunktionen durch das Rüstungsministerium 1944 verstärkt wurde, folgt vor dem Hintergrund der makroökonomischen Entwicklung des Arbeitskräftesektors einer NS-spezifischen wirtschaftlichen »Logik«. Hier werden die Umrisse eines »systemimmanenten Rationalisierungsparadigmas« erkennbar, das von den Erkenntnissen der Volks- und Betriebswirtschaftslehre schon aus einer internationalen zeitgenössischen Perspektive weit entfernt war.[199] Zu welcher Form von innerbetrieblicher Hierarchisierung das System bei einer längeren Dauer geführt hätte, deutete sich in der Vision eines Unternehmensvorstandes der Automobilindustrie an, als er davon sprach, daß »für die Bedienung der automatischen Maschine (...) in nicht allzulanger Zeit primitivere Menschen aus dem Osten und dem Süden« herangezogen werden sollten. Deutsche hätten nur noch leitende Funktionen.[200]

Das Beispiel Dräger zeigt, daß der Häftlingseinsatz der privaten Rüstungsindustrie keineswegs ausschließlich »unter den gegebenen kriegswirtschaftlichen Bedingungen auf dem Arbeitskräftesektor als ein freiwillig eingesetztes Mittel zur Realisierung betriebswirtschaftlicher Ziele, vorwiegend kurz- und mittelfristiger Art und (...) daher von den Führungsgremien des Konzerns unter rein ökonomischem Blickwinkel gesehen« wurde.[201] Der Arbeitseinsatz der Häftlinge entzog sich einer Einordnung in Muster betriebswirtschaftlicher Effizienz und konnte von Dräger kaum für seine eigenen strategischen Prioritäten genutzt werden. Dräger war im Gegenteil offensichtlich eher davon überzeugt, durch den Einsatz keine Vorteile, sondern langfristig sogar Nachteile zu haben und wehrte sich daher zunächst. Der ökonomische Wert der Arbeitskraft der Häftlinge – das ist an verschiedenen Faktoren erkennbar – war ohnehin minimal und für das Unternehmen uninteressant.

Die Gründe der industriellen Elite für die Beschäftigung der Häftlinge – das wird an Drägers Verhalten deutlich – waren mehrschichtig und sind in unterschiedlichen komplizierten Motivbündeln zu suchen.[202] Viele Ergebnisse sprechen dafür, daß für den massiven Einsatz gerade im letzten Kriegsjahr keineswegs ein rationales Gewinnkalkül oder der Plan, innovative Produktionstechniken einzuführen, ausschlaggebend waren, obschon diese Faktoren im Einzelfall einiger Großkonzerne wie VW oder Daimler-Benz durchaus eine Rolle ge-

[199] Vgl. Siegel/Freyberg, Rationalisierung, S. 17ff.
[200] Mommsen/Grieger, Volkswagenwerk, S. 410.
[201] So argumentieren: Hoppmann u.a., Zwangsarbeit, S. 80.
[202] Vgl. dazu Naasner, Machtzentren, S. 352; Mommsen/Grieger, Volkswagenwerk, S. 43.

spielt haben mögen. Während im Falle des württembergischen Rüstungskonzerns langfristige strategische Überlegungen zu diesem Zeitpunkt »eine immer geringere Rolle« spielten, waren die Entscheidungen des Eigentümerunternehmers Dräger unter anderem von Erwägungen geprägt, die das Unternehmen, das mit seinem eigenen Namen eng verbunden war, unbeschadet in die Nachkriegs- und Friedenszeit bringen sollten.[203]

Dräger erkannte den ökonomischen Interessengegensatz zwischen seiner unternehmerischen Strategie und den Prioritäten der Rüstungsbürokratie. Dies wird in seinen Entscheidungen in der letzten Kriegsphase offenkundig. Vor diesem Hintergrund wird auch sein hinhaltender Widerstand gegen das Außenlager verständlich. Dräger war seit der Kriegswende 1942/43, den Ergebnissen der Konferenz von Casablanca und verstärkt während der Entwicklung der militärischen Lage im ersten Halbjahr 1944 davon überzeugt, daß die Entscheidungsträger in Deutschland nach Kriegsende für ihre Handlungen zur Verantwortung gezogen werden würden. Diese Erkenntnis wurde durch die Beschlüsse von Jalta noch einmal bestätigt. Als langfristige Perspektive beeinflußte sie seine Entscheidungen. Im Kontext dieser Erwägungen und des Durchsetzungsprozesses der Rüstungsbürokratie wird die enge Verknüpfung der kriegswirtschaftlichen, militärischen und der unternehmensstrategischen Entwicklung deutlich, die die letzte Phase des Regimes kennzeichnete.

Man kann die ursprüngliche Weigerung Drägers unterschiedlich deuten. Vielleicht wollte er sich nur »Ärger« ersparen. Wenn Dräger von Anfang an entschlossen war, seine Häftlinge besser zu behandeln als üblich, wäre es humaner gewesen, der raschen Entstehung des Lagers zuzustimmen. Ein weiterer möglicher Begründungszusammenhang war seine persönliche Abneigung gegen einen Einsatz der Häftlinge, die damit in der Kontinuität seines Engagements für einige Verfolgte des Regimes steht. Seine schließliche Tolerierung der terroristischen Regularien des Konzentrationslagers auf dem Unternehmensgelände bedeutete eine Hinnahme der unmenschlichen wirtschaftlichen Ordnungsvorstellungen der SS. Diese Tatsache ist nur vor dem Hintergrund eines offenkundigen Anpassungsdrucks zu verstehen, den die SS und die mit ihr in dieser Frage kooperierende Rüstungsbürokratie aufgrund ihres Machtpotentials in der letzten Kriegsphase ausüben konnte. Das Verhaltensspektrum Drägers vom hinhaltenden Widerstand bis zur Behandlung der Häftlinge im Unternehmen zeigt die Möglichkeiten wie auch die Grenzen der geringfügigen verbliebenen Autonomiebereiche bzw. Handlungsspielräume der Unternehmensleitung im Umgang mit dem System.

[203] Gregor, Stern, S. 297; Hans Mommsen, Zwangsarbeit und Konzentrationslager bei den Volkswagenwerken, in: Deutsche Wirtschaft, S. 221-225.

5. Unternehmerische Strategie in der zweiten Kriegshälfte: Industrielle Nachkriegsplanungen

Zu den langfristigen strategischen Überlegungen der deutschen Unternehmensleitungen in der Kriegszeit gehörte über große Zeiträume hinweg die Vorbereitung auf das Kriegsende und die Nachkriegs- bzw. Friedenszeit. Dabei veränderten sich die Vorstellungen des Friedens im Verlaufe der Kriegsentwicklung.[204] Die Nachkriegsplanungen hingen jedoch entscheidend von der jeweilig erwarteten Nähe des Kriegsendes ab. Erstmals bereitete man sich im Sommer 1940 auf eine in greifbare Nähe gerückte Friedenszeit intensiv vor. Der drastische Rückgang der Rüstungsaufträge nach dem Sieg über Frankreich bestärkte die Friedenserwartungen der Unternehmer. Im Drägerwerk führten die Nachkriegsplanungen zu einem zunehmenden Prozeß des Umdenkens, der sich sukzessiv auf sämtliche zentrale Entscheidungen der Unternehmensleitung auswirkte. Darüber hinaus versuchte man, die wirtschaftlichen Folgen eines Endes der Rüstungsaufträge zu berechnen. Ähnliche Überlegungen setzten auch in Vorstand und Aufsichtsrat der Auergesellschaft ein.[205]

Nachdem die Friedenserwartungen des Sommer 1940 relativ schnell vergangen waren und die Vorbereitungen des Überfalls auf die Sowjetunion durch die Rüstungsnachfrage spürbar wurden, nahm der Umfang der Nachkriegsüberlegungen zunächst ab. Von entscheidender Bedeutung in der unternehmensgeschichtlichen Forschung ist jedoch die Frage, wann in der Unternehmerschaft ein Nachdenken über das Ende des Krieges und die Überzeugung einer Niederlage einsetzte. Inwieweit sowie in welcher Form stellte man sich ein eventuelles Kriegsende vor und welche Informationen über alliierte Nachkriegspla-

---

204 Herbst, totale Krieg, S. 327ff.; ders., Nachkriegspläne, S. 15ff.; ders., Krisenüberwindung und Wirtschaftsneuordnung. Ludwig Erhards Beteiligung an den Nachkriegsplanungen am Ende des Zweiten Weltkrieges, in: VfZ 25 (1977), S. 305-340; ders., Kontinuität und Diskontinuität in den deutschen Nachkriegsplanungen 1943-1946/47, in: Bulletin des Arbeitskreises Zweiter Weltkrieg Nr. 1-4, 1985, S. 49-69; Olaf Groehler/Klaus Mammach, Nachkriegsvorstellungen der deutschen Großbourgeoisie und des deutschen Widerstandes, in: Bulletin des Arbeitskreises Zweiter Weltkrieg Nr. 1-4, 1985, S. 7-31; Werner Plumpe, Vom Plan zum Markt. Wirtschaftsverwaltung und Unternehmerverbände in der britischen Zone, Düsseldorf 1987; Joachim Piskol, Konzeptionelle Pläne und Maßnahmen der deutschen Monopolbourgeoisie für den Übergang vom imperialistischen Krieg zum imperialistischen Frieden und zur Rettung ihrer Machtgrundlagen aus der faschistischen Niederlage (1943-1945), Phil. Diss. Jena 1972; ders., Zur Entwicklung der außenpolitischen Pläne der deutschen Monopolborgeoisie 1943-1945, in: JfW 1969, S. 329-345; Wolfgang Schumann, Die wirtschaftliche Überlebensstrategie des deutschen Imperialismus in der Endphase des Zweiten Weltkrieges, in: ZfG 27 (1979), S. 499-513; ders., Nachkriegsplanungen der Reichsgruppe Industrie im Herbst 1944. Eine Dokumentation, in: JfW 3 (1972), S. 259-295; ders., Politische Aspekte der Nachkriegsplanungen des faschistischen deutschen Imperialismus in der Endphase des zweiten Weltkrieges, in: ZfG 27 (1979), S. 395-408; Anatomie des Krieges, S. 459ff.; Roth, Wirtschaftliche Vorbereitungen, S. 509ff.

205 Aktennotiz Baerwind 12.7.1940, IW 24.5/2 Unternehmensarchiv Degussa AG.

nungen waren vorhanden? Wie bereitete man die Konzerne auf das Kriegsende vor?[206]

Als angesichts der militärischen Situation im letzen Drittel des Krieges die Entwicklung absehbar und mit der Zunahme der alliierten Bombenangriffe die Veränderungen des Kriegsverlaufs auch im Reich spürbar wurden, setzte innerhalb der industriellen Elite auch ein Umdenken hinsichtlich der Dauerhaftigkeit des Regimes ein. Eine genaue Bestimmung des Zeitpunkts, an dem die optimistische Einschätzung des Kriegsausgangs in eine kritischere und schließlich eine realistische überging, ist angesichts der Quellenlage schwierig und in jedem Unternehmen unterschiedlich. So ist im Vorstand der Daimler-Benz AG schon im Frühjahr 1943 eine beginnende Zurückhaltung gegenüber einer weiteren Expansion der Rüstungsfertigung erkennbar, die sich bis zum Sommer 1944 zu der strategischen Entscheidung für Nachkriegsvorbereitungen entwickelte.[207] Die Entscheidung, das Unternehmen auf eine Nachkriegsperspektive hin auszurichten, war maßgeblich vom Informationsstand der Unternehmensleitung abhängig. Dieser war grundsätzlich bei großen Unternehmen besser als bei kleinen, hing im übrigen aber stark vom Bestehen funktionierender Netzwerkbeziehungen ab.

Bei der Untersuchung der Nachkriegsvorbereitungen einer Unternehmensleitung existiert ein eminentes Quellenproblem, das die Grenzen der Forschung maßgeblich prägt. Es besteht, da das hohe persönliche Risiko einer Denunziation zu einem sparsamen und vorsichtigen Umgang der Unternehmer und Manager mit schriftlichem Material führte. Im Falle des Drägerwerks und insbesondere Drägers selbst stellt sich dieses Problem in besonderer Weise, da der Eigentümerunternehmer keinem Vorstand oder Aufsichtsrat gegenüber Rechenschaft ablegen mußte und daher kaum zu Schriftlichkeit gezwungen war. Dennoch können aus den strategischen Entscheidungen Drägers wie etwa dem Investitionsverhalten oder der Konzentration von F & E Kapazitäten Rückschlüsse auf den Stand der Nachkriegsvorbereitungen und -überlegungen gezogen werden. Dabei werden scheinbar gegensätzliche Tendenzen innerhalb der unternehmerischen Strategie erkennbar. Während die Unternehmensleitung auf der einen Seite ab dem Frühjahr/Sommer 1944 zunehmend in den Selbstverwaltungsorganen des Rüstungsministeriums die Initiative ergriff und sich bemühte, den hohen Produktionsausstoß aufrecht zu erhalten, suchte man andererseits Investitionen weitestgehend zu vermeiden, zunehmend die Rüstungskonzentration in der Fertigung zu überwinden, unrentable Produktionsstätten zu verkaufen und sich in jeder Hinsicht auf die Nachkriegszeit vorzubereiten. Das kurzfristige Handeln der Unternehmensleitung wird jedoch vor dem Hintergrund der lang- bzw. mittelfristigen Strategie schlüssig. Um das Unternehmen mög-

[206] Vgl. Herbst, Kontinuität, S. 49ff.; Herbst, totale Krieg, S. 348ff.
[207] Gregor, Stern, 151ff.

lichst unbeschadet zu halten, mußte man in dem Lenkungssystem einflußreich bleiben. Dies war jedoch nur durch ein Festhalten an dem hohen Rüstungsausstoß möglich.

Im Mai 1944 – unmittelbar vor der Landung der Alliierten in der Normandie – verfaßte Dräger gemeinsam mit seinem engsten Mitarbeiterstab eine Denkschrift, in der sich die Unternehmensleitung explizit mit der Frage der Nachkriegsplanungen auseinandersetzte. »Nach Kriegsende«, begann Dräger das Memorandum, »dürfte mit folgendem zu rechnen sein«.[208] Im Zentrum der Überlegungen stand die Erkenntnis, daß in der Nachkriegszeit angesichts des Kaufkraftüberhangs ein umfangreicher Geldwertverlust stattfinden würde. »Bereits vor dem Kriege«, führt er aus, »war von 1933-39 etwa ein Betrag von schätzungsweise RM 20-40 Milliarden geldähnlicher Werte aus dem Nichts heraus geschaffen worden.« Daher wäre angesichts der zu erwartenden Entwicklung mit einem »Schwund« des »im Kriege scheinbaren Vermögenszuwachses« zu rechnen.[209] Stabile Preise hielt Dräger in der Nachkriegszeit für unwahrscheinlich. Für sein Unternehmen erwartete er nach Kriegsende eine Reduzierung auf einen Betrieb mit 1000-1500 Mitarbeitern, um rentabel weiterarbeiten zu können.

Detailliert analysierte Dräger die Folgen der erwarteten Niederlage für die Struktur der zukünftigen Fertigungsstätten des Konzerns in Europa. Neben dem Stammwerk sowie der Lachswehranlage nahm er an, die Standorte Leipzig, Leine, Neumünster und Hamburg halten zu können. Er rechnete mit dem Verlust der Betriebe in Wolbrom, im Sudetenland, im Elsaß, in Wien, in Ütersen und in den Niederlanden.[210] An dieser Perspektive wird der Frieden, den Dräger für wahrscheinlich hielt, erkennbar: Ein Deutschland in den Grenzen von 1937. Gemeinsam mit diesen Rahmenvorstellungen stellte die Unternehmensleitung einen klaren Stufenplan, den man »Umstellungsplan« nannte, für die Vorbereitung auf die Demobilisierungsphase auf. Man unterschied zwischen Betrieben, »welche bestehen bleiben sollten« und solchen, »welche zur gegebenen Zeit aufgegeben werden sollten«. Darüber hinaus legte man fest, auf welche Produktgruppen sich die einzelnen Forschungsabteilungen und Betriebsteile konzentrieren sollten. Im Vordergrund stand die medizinische Nutzung von Sauerstoffgeräten, der Bau kleiner Landmaschinen, der gewerbliche Atemschutz und die Fertigung von autogenen Brenngeräten insbesondere Schweißbrennern. Die Unternehmensleitung begann Marktanalysen über mögliche Absatzgebiete vorzunehmen, potentielle Konkurrenten zu identifizieren und sich im übrigen darauf einzustellen, »14-30 Tage nach Umstellungstag Prospekte und Hauszeitung für (den) Umstellungsabsatz herauszugeben.«[211]

[208] Denkschrift Dräger 21.5.1944, SUD BS 10/1.
[209] Ebd., S. 2.
[210] Ebd., S. 3.
[211] Vgl. ebd., S. 3ff.

An die Umsetzung des Planes machte man sich in der Folge mit aller Konsequenz. Im Juni versuchte man die Fertigungsstätten in Auperschin im Sudetengau mit Hilfe mehrerer Zeitungsannoncen zu verkaufen.[212] Die Bemühungen um einen Verkauf zogen sich bis in den Dezember hin.[213] Auch die Wiener Drägergesellschaft versuchte die Unternehmensleitung im Juli 1944 für 2 Mio. RM zu verkaufen. Einen geeigneten Käufer fand man jedoch nicht, was auch am Widerstand von Drägers Bruder lag, der den Betrieb leitete und sich den Plänen der Lübecker widersetzte. Der Leiter des Verkaufs, Karl Feldhahn, versuchte daraufhin, Bernhard Dräger wenigstens von der Notwendigkeit einer langfristigen Umstellung auf die Produktion von Druckminderern und Schneidbrennern zu überzeugen.[214]

In der letzten Kriegsphase war Dräger bemüht, neben den maschinellen auch die personellen Ressourcen und Potentiale des Unternehmens in Lübeck und der Umgebung zu konzentrieren. Nur die wichtigsten Niederlassungen wurden weitgehend selbständig gemacht, damit sie bei einer Besetzung – oder dem Abbruch des Kontaktes – unabhängig verfahren konnten.[215]

Ähnliche Strategien sind in Vorstand und Aufsichtsrat der Auergesellschaft zu beobachten. Insgesamt setzten die Überlegungen hier etwas später ein. Anfang September 1944, als die Rote Armee an der Grenze Ostpreußens stand, Warschau und Bukarest bereits gefallen und die Niederlage unübersehbar war, ging die Aktiengesellschaft dazu über, aus den noch besetzten Gebieten die finanziellen Mittel herauszuziehen. Darüber hinaus war man bemüht, die einzelnen Konzernteile strukturell unabhängig von der Berliner Zentrale zu machen.[216]

6. *Interesse und Verweigerung: Dräger als Parteimitglied, Wehrwirtschaftsführer und politischer Unternehmer*

Das unternehmerische Verhalten Heinrich Drägers im nationalsozialistischen Herrschaftssystem ist grundsätzlich durch einen Anpassungsprozeß gekennzeichnet. Er stand nach seinem Engagement für eine interventionistische Wirtschaftspolitik in der Weltwirtschaftskrise wie der überwiegende Teil der deutschen Wirtschaftselite großen Bereichen der nationalsozialistischen Industriepolitik zunächst aufgeschlossen gegenüber. Dennoch blieb er bis zu

212 Dräger an Ernst Assmus Müller Juni 1944, SUD BS X/3. Verschiede Zeitungsanzeigen aus Dresdner Zeitungen, ebd.

213 Vgl. die Korrespondenz zwischen der Niederlassung in Dresden und dem Stammwerk, SUD BÄD V 7.2.15.

214 Vgl. die Verkaufsannoncen, die Dräger über den Wiener Anwalt Kammerlander lancierte, SUD BS 15/4. Feldhahn an Bernhard Dräger 11.1.1945, SUD BS 3/2.

215 Briefwechsel mit leitenden Angestellten 1945, SUD BS 32/58.

216 Notiz für Herrn Bernau, o.D., DL 3 Schlosser 1 Unternehmensarchiv der Degussa AG.

seinem Eintritt in die NSDAP am 22. Juli 1935 den Organisationen der Partei fern.[217] Nach seinem Parteieintritt wurde er weder Amts- noch Funktionsträger in der Partei oder in einer der ihr angegliederten Verbände, während er in der industriepolitischen Steuerungsbürokratie innerhalb der »Selbstverwaltungsorgane« durchaus Verantwortung übernahm. Damit entsprach er dem überwiegenden Teil der Industrieelite.[218]

Mit dem Inkrafttreten des Gesetzes zur Ordnung der nationalen Arbeit am 20. Januar 1934 wurde Dräger auch »Betriebsführer« des Drägerwerks. Die Ernennung von Eigentümerunternehmern zu »Betriebsführern« war allgemein üblich und wurde von den Gesetzesinitiatoren empfohlen.[219] Er wurde demnach zunächst nationalsozialistischer Betriebsführer, ohne Parteimitglied zu sein – ein Vorgang, der weit verbreitet war.[220] Auch der stark erweiterte Führungskreis der leitenden Mitarbeiter war entweder nicht Mitglied der NSDAP oder vollständig inaktiv, was mehrfach zu Beschwerden durch die Gau- und Kreisleitung der Partei führte.[221] Für den Unternehmer Dräger war der Anpassungsprozeß während der Vorkriegszeit durch die massive Expansion seines Unternehmens, die mit zunehmender Nachfrage stärker werdenden staatlichen Interventionen sowie die allgemeinen Folgen der nationalsozialistischen Politik geprägt. Während Dräger spätestens ab 1936/37 der interventionistischen Wirtschaftspolitik, der forcierten Aufrüstung aber auch der zunehmend aggressiven antisemitischen Politik sowie der risikoreichen Außenpolitik ablehnend gegenüberstand, teilte er die verbreitete Ansicht, daß die nationalsozialistische Politik die Wirtschaftskrise überwunden habe. Mit dem Beginn des Krieges, den er befürchtet hatte und den er mißbilligte, setzte jedoch ein Solidaritätsgefühl gegenüber dem Staat und der Truppe ein. Diese Haltung führte im Zusammenhang mit dem Bewußtsein, vom anhaltenden Rüstungsboom nachhaltig und massiv zu profitieren, zu einer partiell affirmativen Haltung gegenüber dem Staat in der ersten Kriegsphase bis zum Überfall auf die Sowjetunion. Im Verlauf des Krieges setzte bei Dräger jedoch ein Prozeß des kritischen Umdenkens

[217] Vgl. Dr. Heinrich Dräger, Bestand personenbezogene NS-Akten (ehemalige Berlin Document Center) BArch. Nach Drägers eigener Darstellung, sowie den Unterlagen im Bundesarchiv wurde das Parteieintrittsdatum auf den 1.5.1933 vordatiert, da seit dem 19.4.1933 eine Aufnahmesperre in die NSDAP bestand, die indes schon 1935 stark aufgelockert wurde. Vgl. Broszat, Staat, S. 252ff.

[218] Dräger war ab 1942 Leiter des selbständigen Arbeitsausschusses Tauchergeräte, den das Drägerwerk vollkommen kontrollierte, sowie Mitglied zahlreicher anderer Institutionen der Rüstungsbürokratie. Vgl. SUD BÄD VI/1 ff. Für die Industrieelite konstatiert dies allgemein: Lutz Niethammer, Die Mitläuferfabrik. Die Entnazifizierung am Beispiel Bayerns, Berlin 1982, S. 557ff.; Erker, Industrie-Elite.

[219] Vgl. Gesetz zur Ordnung der nationalen Arbeit (AOG) RGBL I (1934), S. 45. Vgl. Wolfgang Spohn, Betriebsgemeinschaft und innerbetriebliche Herrschaft, in: Sachse u.a., Angst, S. 140-208 (145 ff.).

[220] Vgl. Gehrig, Rüstungspolitik, S. 155 f.

[221] Vgl. die Fälle in: SUD BS 10/1, Teil 1. Sowie die personenbezogenen NS-Akten im Bundesarchiv (ehemaliges Berlin Document Center) BArch.

ein, der zunehmend zu einer kaum mehr auflösbaren Ambivalenz in der politischen Grundeinstellung sowie in einzelnen Handlungsfeldern führte.

Bei der Untersuchung von Drägers Haltung gegenüber dem Regime in den unterschiedlichen Phasen der Entwicklung besteht ein eminentes Quellenproblem. Darüber hinaus ist es methodisch außerordentlich schwierig, die Entwicklung von Distanzierung zum NS-Regime bzw. den Übergang zu Verweigerungs- und Widerstandshandlungen zu analysieren. Die Bedingungen dieses Distanzierungsvorgangs sind sowohl kollektive als auch individuelle und in ihrer Bedeutung für den einzelnen kaum einzuschätzen.[222] Dazu kommen weitere methodische Probleme: *Einerseits* bestand aufgrund des hohen persönlichen Risikos einer Denunziation eine äußerste Zurückhaltung bei schriftlichen Äußerungen. Zudem sind die vorhandenen Unterlagen oft codiert und schwer zu entschlüsseln. *Andererseits* ist eine Vielzahl der Quellen im Zusammenhang mit der Entnazifizierung nach Kriegsende entstanden und äußerst kritisch zu beurteilen. Daß seine Ernennung zum Wehrwirtschaftsführer am 2. Oktober 1938 durch General Becker, den Chef des Heereswaffenamts, gegen den anfänglich entschiedenen Einspruch Drägers beim zuständigen Rüstungsinspekteur der Rüstungsinspektion X (Hamburg) erfolgte, ist mehrfach von verschiedenen Seiten belegt und plausibel.[223] Auch General Thomas bestätigte nach dem Krieg, der Unternehmer habe sich gegen die Ernennung gewehrt.[224] Die Ernennung Drägers durch das Heereswaffenamt erfolgte schließlich aufgrund der technologischen Verdienste seines Unternehmens.[225] Insgesamt wirft die mehrfach von verschiedenen Seiten belegte ablehnende Haltung Drägers gegenüber seiner Ernennung ein bezeichnendes Licht auf die Ansichten des Unternehmers zur Übernahme von politischen Funktionen im nationalsozialistischen Staat.

Thomas machte nach Kriegsende sehr unterschiedliche Aussagen über Dräger, was dem allgemeinen Nachlassen seines ansonsten überwiegend präzisen Gedächtnisses zuzuschreiben ist. In seiner nach Kriegsende verfaßten Schrift »die Opposition«, die er Dräger zusandte, erwähnt der ehemalige Chef des Wehrwirtschaftsamts Dräger als Verbindungsmann zur Wirtschaftselite. Mit Dräger habe er zudem wiederholt Gespräche mit oppositionellen Inhalten ge-

[222] Vgl. Peter Hüttenberger, Dimensionen des Widerstandsbegriffs, in: Peter Steinbach (Hg.), Widerstand. Ein Problem zwischen Theorie und Geschichte, Köln 1987, S. 80-95 (93f.).

[223] Vgl. Aussage Oberst Hecker, Rüstungsinspekteur bei der Rüstungsinspektion X. Erklärung 16.10.1945, Aussage Oberstleutnant Lück Rüstungskommando Kiel 1.11.1945, Heinrich Dräger, Bericht über die näheren Umstände meiner Ernennung zum Wehrwirtschaftsführer, 15. Juli 1946, SUD BS 10/23. Die Ernennung von Unternehmern zu Wehrwirtschaftsführern zu einem Kriterium der Zustimmung zum Nationalsozialismus zu machen, lehnt auch Roland Peter in seiner regionalhistorischen Untersuchung ab. Vgl. Roland Peter, Rüstungspolitik in Baden. Kriegswirtschaft und Arbeitseinsatz in einer Grenzregion im Zweiten Weltkrieg, München 1995, S. 77f. Vgl. zum Korps der Wehrwirtschaftsführer auch die eidesstattliche Erklärung von Walter Warlimont für den Chief of Conucil for War Crimes 31.1.1947, NARA II, RG 260 Box 5 Folder 2.

[224] General Thomas an Dräger, 22.11.1945, SUD BS 10/23.

[225] Oberbefehlshaber des Heeres (General Becker) an Dräger 2.10.1938, SUD BS 10/23.

führt.[226] Mehrmals sagte Thomas später aus, daß die Organisation der Wehrwirtschaftsführer von ihm als Gegengewicht gegen die Gauwirtschaftsberater der NSDAP geschaffen worden sei und bis 1939 weitestgehend von ihm selbst geführt wurde. Die einzelnen Unternehmer habe er bis dahin ohne Rücksicht auf deren nationalsozialistische Gesinnung berufen; erst nach 1939 gelangte die Organisation schrittweise unter den Zugriff der Partei und anderer Teile der Rüstungsbürokratie.[227] Diese nachträgliche Darstellung des Generals war keineswegs frei von apologetischen Aussagen zugunsten einzelner Unternehmer. Thomas' Darstellung in früheren Schriften und Berichten war wesentlich neutraler, und tatsächlich ging es bei den Wehrwirtschaftsführern wohl um die Institutionalisierung einer Gruppe von Vermittlern zwischen Industrie und Wehrmacht: Eine Initiative, die auf keiner Seite nennenswerte Unterstützung fand und in der Phase bis 1939 der Verleihung eines »Ehrentitels« für verdiente Industrielle gleichkam.[228] Der unmittelbare Kontakt Drägers mit Thomas, der aus verschiedenen Besprechungen zwischen 1936 und 1938 entstanden war, riß bis zu Thomas' Verhaftung nicht ab. 1942 verlieh der Chef des Wehrwirtschaftsamts Dräger das Kriegsverdienstkreuz Erster Klasse.[229] Die Beziehung zu Thomas entsprach Drägers Art, politische Kontakte zu pflegen und Informationen zu erhalten, wesentlich mehr als die Mitarbeit in Gremien und die Partizipation an komplizierten Entscheidungsprozessen in Institutionen.

Das Verhalten Drägers in einzelnen Fällen, in denen er mit der gewalttätigen und mörderisch-antisemitischen Politik des Regimes unmittelbar konfrontiert wurde, offenbarte ein mutiges und entschlossenes Eintreten für die betroffenen Opfer des Regimes. So fanden sowohl der jüdische Philosoph Hans Blumenberg als auch der Braunschweiger Künstler und Architekturprofessor Mühlenpford als Mitarbeiter des Unternehmens Schutz vor dem Staat.[230] Der zuständige Lübecker Polizeipräsident intervenierte mehrfach gegen die Beschäftigung zahlreicher »unerwünschter« Arbeiter und Angestellter im Drägerwerk – wie die langjährige Leiterin des Personalbüros im Drägerwerk Dr. Klara Elisabeth

[226] Vgl. Schriften und Korrespondenzen, SUD BS 10/23; ein Exemplar der Schrift befindet sich auch im Archiv des IfZ, Georg Thomas, Die Opposition, November 1945, IfZ ZS 310 IIa; Zu Thomas' Schrift und seiner Rolle in der Widerstandsbewegung vgl. Thomas, Wehrwirtschaft, S. 6ff.; Vgl. zu Thomas: Gerhard Ritter, Carl Goerdeler und die deutsche Widerstandsbewegung, Stuttgart 1954; Klaus Müller, Das Heer und Hitler. Armee und nationalsozialistisches Regime 1933-1940, Stuttgart 1969; Jürgen Schmädecke, Militärische Umsturzversuche und diplomatische Oppositionsbestrebungen zwischen Münchner Konferenz und Stalingrad, in: Peter Steinbach/Johannes Tuchel (Hgg.), Widerstand gegen den Nationalsozialismus, Bonn 1994, S. 294-319 (309f.).

[227] Bericht von General Georg Thomas 25.3.1946, OMGUS FINAD 2/173, abgedruckt in Erker, Wirtschaftselite, S. 96ff.

[228] Thomas, Wehrwirtschaft, S. 108ff.; Müller, Mobilisierug, S. 371f.

[229] Dräger an Thomas 8.9.1942, SUD BS 15/3.

[230] Vgl. verschiedene Dokumente, SUD BS 10/1, Akte 1; Martin Thoemmes, Die verzögerte Antwort. Neues über den Philosophen Hans Blumenberg, in: FAZ Nr. 72 (26.3.1997), S. 37.

Zimmermann – konnte sich jedoch gegen Dräger nicht durchsetzen. Auch verschiedene Interventionen der NSDAP verfehlten dieses Ziel.[231] Mehrfach wurde Mitarbeitern auch aus der zweiten Reihe des Unternehmens die Verleihung von Auszeichnungen wegen fehlender Parteimitgliedschaften verweigert.[232]

Den langjährigen Berliner Geschäftsfreunden des Unternehmens – der jüdischen Familie Silten – half Dräger intensiv, um sie vor der Deportation zu schützen. Gemeinsam mit dem Berliner Anwalt Dr. Helmut Pfeiffer intervenierte Dräger zwischen 1942 und 1945 mehrmals beim Reichsärzteführer sowie nach der Deportation der Familie in das Konzentrationslager Theresienstadt bei Gestapo, Reichssicherheitshauptamt und schließlich der zuständigen Lagerleitung der SS.[233] Neben Silten suchte Dräger auf verschiedenen Wegen über die Schweiz seit 1942 auch andere jüdische Häftlinge in Theresienstadt zu unterstützen. Dabei nutzte der Unternehmer geschäftliche Kontakte und die Hilfe von leitenden Mitarbeitern seines Vertrauens.[234] Während der mit Dräger eng zusammenarbeitende Anwalt Pfeiffer aufgrund dieser Aktivitäten für Juden noch am 17. April 1945 in Kopenhagen von der Gestapo ermordet wurde, konnte der Unternehmer sein Engagement bis zum Kriegsende verbergen.[235]

Betrachtet man das Engagement Drägers in der zweiten Kriegshälfte, ist ein Zusammenhang mit seinen Beschwerden gegen die antisemitische Politik des Regimes seit der Mitte der dreißiger Jahre zu erkennen. Auch die Korrespondenz mit dem jüdischen Bankier Max Warburg in Hamburg riß erst mit dessen Emigration 1938 ab und setzte im Juni 1945 umgehend wieder ein.[236] Im Zusammenhang mit der Tatsache, daß der Unternehmer gleichzeitig erfolgreich einen Konzern leitete, der Gewinne mit der Fertigung von Atemschutzgeräten, Tauchgeräten und den Sauerstoffanlagen von Hochgeschwindigkeitsflugzeugen erzielte, werden die Widersprüche gerade in der zweiten Kriegshälfte evident. Doch schon vor dem Krieg hatte Dräger die Tatsache, daß er mit dem Kauf der Skara von der antisemitischen Wirtschaftspolitik des Regimes profitierte, nicht gestört, obwohl er gleichzeitig gegen dieselbe Politik protestierte. Die Gleichzeitigkeit illegaler und zum Teil lebensgefährlicher Aktivitäten zum Schutz von Juden und der Beschäftigung von KZ-Häftlingen sowie von ausländischen Zwangsarbeitern im eigenen Betrieb offenbaren gerade im Kontext der Radikalisierungsprozesse der letzten Kriegsphase eine in ihrem Ausmaß erstaunliche Ambivalenz.

231 Vgl. verschiedene Erklärungen, SUD BS 17/1.

232 Bereichsleiter Clausen NSDAP, Gauleitung Schleswig-Holstein an Dräger, 18.11.1944, SUD BS 17/11.

233 Dräger an SS-Obersturmbannführer Gemmicke 15.11.1943, SUD BS 10/33 a,b.

234 Der Befehlshaber der Sicherheitspolizei und des SD. Zentralamt für die Judenfrage in Böhmen und Mähren an Drägerwerk, 11.8.1944. Vgl. auch den Schriftwechsel Silten/Dräger 1942-1945, SUD BS 10/33 a, b.

235 Vgl. den Briefwechsel Pfeiffer/Dräger, SUD BS 10/33a, b.

236 Vgl. die Korrespondenz mit Max und Eric Warburg, SUD BS 15/3 und SUD BS 15/6.

Durch sein funktionierendes Netzwerk und die Mitarbeit in Institutionen wie dem deutschen auslandswissenschaftlichen Institut, der deutschen kolonialwissenschaftlichen Gesellschaft sowie dem Reichskuratorium für Wirtschaftlichkeit und der Mitgliedschaft in verschiedenen Beiräten war Dräger gut über die aktuelle politische Situation informiert. Aufgrund seiner wenngleich losen Kontakte zu Oppositionellen wurde er infolge des Attentats am 20. Juli 1944 im Zusammenhang der Ermittlungen offensichtlich als Mitwisser verdächtigt. Um sich von dem Verdacht während der Verfolgung der Täter zu befreien, wandte sich Dräger im Herbst 1944 an Werner Daitz, um Zeugnisse seiner Tätigkeit für das wirtschaftliche Sofortprogramm der NSDAP im Sommer 1932 zu erhalten.[237] Tatsächlich wußte Dräger möglicherweise entweder von Thomas oder über Wagemann und Jessen von Diskussionen über ein Attentat. Schon im Sommer 1943 besprach er diesbezügliche Überlegungen mit befreundeten Offizieren. Der Unternehmer stieß hier jedoch auf Widerstände. Ein befreundeter Frontoffizier schrieb ihm, »daß diese Art der ›Lösung‹ (gemeint ist ein Attentat, B.L.) völlig unmöglich ist und bleiben muß«.[238]

Schon in dem ökonomischen Dissens, den Dräger gegenüber staatlichen Lenkungsbürokratien ab 1934 und verstärkt in der Folge der Zäsur 1936/37 mehrfach äußerte, werden die Konturen eines unangepaßten Verhaltens deutlich. Dieser liberalkonservative Dissens Drägers entwickelte sich während der Durchsetzung des totalitären Machtanspruchs des Regimes zu weitergehender Ablehnung. Dieses Verhalten führte aufgrund der sich radikalisierenden Prozeßdynamik des Systems in nahezu allen gesellschaftlichen, wirtschaftlichen und politischen Systembereichen zu einer partiellen Verweigerung, die sich in vorsätzlich begangenen Übertretungen geltender Gesetze äußerte. Durch die brutale Sanktionierung dieser Handlungen erhielten sie eine politische Dimension.[239] In Drägers Verhalten ist dabei eine Entwicklung zu erkennen, die von Verweigerungs- und Protestformen, die aus Konflikten mit dem System infolge der Interventionen resultierten, über einen ökonomischen Dissens zu aktiven Handlungen in der zweiten Kriegshälfte führten. Diese waren von einzelnen Erfahrungen und den Umweltveränderungen geprägt und nur vor dem unmittelbaren Hintergrund des »situativen Kontextes« verständlich.[240] Die Handlungsmotivation veränderte sich dabei im Verlaufe der nationalsozialistischen Herrschaft. Einige Aktionen in der zweiten Kriegshälfte sind angesichts ihrer Gefährlichkeit nur vor dem Hintergrund ethischer Grundentscheidungen zu verstehen.[241]

---

[237] Vgl. die Korrespondenz mit Lummitsch und Daitz, SUD BS 10/1.

[238] Hauptmann Asimont an Dräger 12.6.1943, SUD BS 15/3; Dräger an Asimont 5.7.1943, ebd.

[239] Vgl. zum Problem der Einordnung Rauh-Kühne, Unternehmer, S. 106ff.

[240] Vgl. dazu: Klaus-Michael Mallmann/Paul Gerhard, Herrschaft und Alltag. Ein Industrierevier im Dritten Reich, Bonn 1991, S. 13ff.

[241] Vgl. zur terminologischen Diskussion Kershaw, NS-Staat, S. 267-315; Martin Broszat, Resistenz und Widerstand, in: ders./Elke Fröhlich/Anton Grossmann (Hgg.), Bayern in der NS-Zeit, Bd. 4,

An diesem Zusammenhang wird erneut die Ambivalenz der einzelnen Handlungsbereiche und Motivstränge Drägers im nationalsozialistischen Herrschaftssystem deutlich. Das in den letzten Kriegsmonaten partiell eindeutig nonkonforme Verhalten ging mit den anhaltenden industriellen Anstrengungen im Dienste der Rüstungswirtschaft und damit einer systemkonformen Effizienz einher. Es führte angesichts der grundsätzlichen strategischen Priorität, die unternehmerische Unabhängigkeit und den Eigentumserhalt gegenüber anderen Zielen zu favorisieren, zur Annahme von Teilen des verbrecherischen Systems der Ausbeutung menschlicher Arbeitskräfte. In wenigen Bereichen ging Dräger über das interessengebundene Handeln des überwiegenden Teils der industriellen Elite hinaus. In diesen Feldern überwand er die dominierende Motivation von Unternehmern bei unangepaßtem Verhalten im Nationalsozialismus, die darin bestand, weitergehende Interventionen und Übergriffe des Staates in den eigenen Betrieb zu verhindern.

Durch die internationale Verflechtung seines Konzerns reiste Dräger selbst in nahezu alle besetzten Gebiete; unter anderem auch im Herbst 1943 in das Generalgouvernement. Der Einfluß dieser Erfahrungen ist schwer abzuschätzen, spätestens ab 1943 ist jedoch in unterschiedlichen unternehmerischen Entscheidungen ein strategisches Umschwenken auf eine noch vorsichtigere Politik hin zu erkennen. Die massiven Interventionen und der unmittelbare Zugriff der staatlichen Rüstungsbürokratie auf die Auergesellschaft, den er durch die enge Zusammenarbeit unmittelbar erlebte, veränderten gemeinsam mit den übrigen Erfahrungen des Spätsommers 1944 die Haltung Drägers noch einmal entscheidend. Der Unternehmer war sich der schwebenden Gefahr der Entmachtung, die die drohende Einsetzung einer kommissarischen Führung des Betriebs durch die Rüstungsbürokratie bedeutet hätte, bewußt und verhielt sich außerordentlich vorsichtig. Das Ausmaß der Ambivalenzen sowie die Improvisationsnotwendigkeiten des letzten Kriegsdrittels werden in den Aktennotizen, Besprechungsprotokollen und der Korrespondenz dieser Zeit anschaulich. So konnte Dräger an einem einzigen Arbeitstag gegenüber wichtigen Vertretern des Rüstungsministeriums klare neue Rüstungsperspektiventscheidungen in einer umfangreichen Denkschrift fordern, sich gegen die Abziehung einzelner Arbeitskräfte aus einer Fabrik wehren, sich um Entwicklungsaufträge im Son-

München 1981, S. 691-709; Hüttenberger, Dimensionen, S. 80-95. Zum unternehmerischen »Widerstand«: Walter Rohland, Bewegte Zeiten. Erinnerungen eines Eisenhüttenmannes, Stuttgart 1978; Wilhelm Treue, Widerstand von Unternehmern und Nationalökonomen, in: Jürgen Schmädecke/Peter Steinbach (Hgg.), Der Widerstand gegen den Nationalsozialismus. Die deutsche Gesellschaft und der Widerstand gegen Hitler, München/Zürich 1986, S. 917-937; ders., Eduard Schulte, Ein Unternehmer in der Zeit des Nationalsozialismus, in: ZUG 33 (1988), S. 118-122; Joachim Scholtyseck, Der »Stuttgarter Kreis« – Bolz, Bosch, Ströblin: Ein Mikrokosmos des Widerstandes gegen den Nationalsozialismus, in: Rudolf Lill/Michael Kißener (Hgg.), Der 20. Juli in Baden und Württemberg, Konstanz 1994, S. 61-123; Joachim Scholtyseck, Robert Bosch und der liberale Widerstand gegen Hitler 1933-1945, München 1999.

derausschuß bewerben und gleichzeitig – die kommende Besetzung Deutschlands vor Augen – das Überleben des Kapitalstocks seines Unternehmens für die Nachkriegszeit vorbereiten. Sein Verhalten war wie bei großen Teilen der industriellen Elite bis zum Schluß durch ein starkes Solidaritätsgefühl für die kämpfende Truppe gekennzeichnet. Viele Handlungen des letzten Kriegsdrittels werden nur vor diesem Hintergrund verständlich. Das Ziel, das Unternehmen möglichst unbeschadet in die Nachkriegszeit zu bringen, erforderte die Aufrechterhaltung einer kontinuierlich hohen Rüstungsgüterproduktion, um an den maßgeblichen Entscheidungsprozessen weiterhin partizipieren zu können.

Die Frage nach der Effizienz der industriellen Fertigung und den Gründen für die erhebliche Produktionssteigerung in der zweiten Kriegshälfte wird in der Forschung anhaltend diskutiert und ist das zentrale Paradigma wirtschaftshistorischer Forschung über diesen Zeitraum. Zusammenfassend lassen sich für die vieldiskutierte Frage als Ergebnis der Untersuchung des Drägerwerks *drei zentrale Faktoren* identifizieren.[242]

Erstens ist bei den massiven Steigerungen der Gasschutzgerätefertigung im Jahr 1944 von einem *multifaktoriellen Begründungszusammenhang* auszugehen. Investitionen spielten nur noch eine periphere Rolle und Rationalisierungen lediglich, wenn man sie als eine allgemeine Produktionssteigerung versteht. Die Arbeitsproduktivität, die zentrales Merkmal einer ökonomischen Rationalisierung ist, wurde hingegen in dieser Zeit nicht mehr merklich erhöht. Vielmehr wurde die Arbeitskraft intensiviert. Die meisten entscheidenden Bedingungen für die Produktionssteigerung waren im Drägerwerk wie in der Auergesellschaft schon vor 1942 mit den umfassenden Investitionsprogrammen eingeleitet worden, die die Rüstungsbürokratie im Falle Dräger zu großen Teilen subventionierte. Gegen die Forderung nach darüber hinausgehenden Kapazitätserweiterungen wehrte sich schließlich auch die Auergesellschaft entschieden. Die modernen Fertigungskapazitäten wie die Lübecker Lachswehranlage und Teile des Oranienburger Werks wurden infolge der erhöhten Anforderungen nach der Wende 1941/42 erstmals vollständig ausgelastet. Die nach dem Winter 1941/42 eingeleiteten organisatorischen Maßnahmen wie die konsequente Einführung der Schichtarbeit, die Erhöhung der Arbeitszeiten, die Umorganisation des Zuliefersystems, die Hebung der Dringlichkeitsstufe und nicht zuletzt der Einsatz der ausländischen Arbeitskräfte schufen die Voraussetzungen für die höheren Ausstoßziffern. Diese Umstrukturierungen konnten deshalb mit so großem Erfolg in den Betrieben der beiden Konzerne umgesetzt werden, weil sie nicht nur auf die nahezu ungeteilte Unterstützung der Unternehmensleitung trafen, son-

[242] Vgl. für die Forschung zusammenfassend: Naasner, Machtzentren, S. 455ff. Bei diesen Ergebnissen soll keineswegs induktiv von der Entwicklung des Drägerwerks auf die des Gesamtsystems oder die anderer Unternehmen geschlossen werden. Diesen methodischen Fehler macht beispielsweise Gregor, Stern, S. 141.

dern zu großen Teilen von ihr selbst in den zuständigen Selbstverwaltungsorganen angeregt worden waren und in den meisten Fällen – wie der kartellartigen Organisation der Zulieferer – traditionellem Wettbewerbsverhalten der Unternehmen entsprachen oder – wie im Fall der Kooperation des Drägerwerks mit anderen Firmen – einer vom Management geteilten betriebswirtschaftlichen Rationalität.

Zweitens hatte sich innerhalb der industriellen Elite nach dem Scheitern der Offensive 1941/42 vor Moskau und der sowjetischen Winteroffensive die Vorstellung von einem nahen Ende des Krieges verändert: Die Planungen für einen langen Krieg rückten zunehmend in den Vordergrund. Diese Überlegung war einer der entscheidenden Aspekte der Zäsur, die der Winter 1941/42 für die Industrieelite bedeutete. Hier wird ein charakteristisches Wesensmerkmal des nationalsozialistischen Herrschaftssystems im Krieg deutlich: Die Abhängigkeit aller Bereiche von Staat, Wirtschaft und Gesellschaft von den Veränderungen der Rahmenbedingungen. Diese wurden jedoch zunehmend vom Kriegsverlauf bestimmt. Neben der Umstellung in der Steuerungsbürokratie veränderte sich auf Seiten der Unternehmer in entscheidendem Maße das Vertrauen in ein mittelfristiges Anhalten der Rüstungsgüternachfrage. Die Kriegsmobilisierung, die man bislang als Ausnahme angesehen hatte, wurde zu einer längerfristigen Realität. Teile des Vorstandes der Auergesellschaft hielten sie sogar für einen anhaltenden Trend, der in die strategischen Überlegungen mit einbezogen werden mußte. Angesichts dieser Feststellung stieg die Bereitschaft der Unternehmensleitung im Drägerwerk und auch in der Auergesellschaft, sich den steigenden Anforderungen der Rüstungsbürokratie anzupassen. Dies galt um so mehr, als ihnen die Einbindung in die Selbstverwaltung Möglichkeiten gab, die Organisation der Fertigung selbst mitzubestimmen und so Freiräume zu erhalten bzw. wiederzugewinnen. Der Zeitpunkt, an dem sich dieser Prozeß durch die Erkenntnis der baldigen Niederlage veränderte, war in den einzelnen Unternehmensleitungen verschieden.

Drittens läßt sich feststellen, daß das Eingreifen der Sonderbehörde in der letzten Kriegsphase in der Branche offensichtlich keinerlei entscheidende Veränderungsdynamik mehr in Gang setzen konnte. Die Sonderaktion Brandt, die mit dem Einsetzen des Generalkommissars durch Hitler ausgelöst wurde, hatte an den Produktionssteigerungen des Sommers 1944 nur peripheren Anteil. Die etablierten Bürokratien, an die sich auch Brandt anpassen mußte, waren zu stark und reagierten zudem flexibel auf die partielle Umstrukturierung von Zuständigkeiten. Mit der Institutionalisierung von Schieber als leitendem Mitarbeiter konnte Brandt jedoch zunächst einige Maßnahmen wie den Einsatz von KZ-Häftlingen in der Branche forcieren, die schließlich aber kaum noch Auswirkungen auf die Fertigungszahlen hatten.[243] Von den Maßnahmen des Jahres

[243] Vgl. dagegen die Ergebnisse in Groehlers Darstellung, Grohler, Tod, S. 238, der einen unmittelbaren Zusammenhang annimmt.

1944, die sich tatsächlich positiv auf die Produktionszahlen auswirkten, war die Anhebung der Dringlichkeitsstufe und die damit für die Unternehmen entstandene Möglichkeit, die vorhandenen Ressourcen besser zu verteilen und regelmäßiger zu erhalten, weitaus bedeutender. Insgesamt litt die Fertigung in der zweiten Kriegshälfte im Drägerwerk und der Auergesellschaft wesentlich mehr unter verzögerten Zulieferungen, fehlenden Rohstoffen oder Arbeitskräften und Bombenalarm als unter zu geringen Fertigungskapazitäten.

Ausblick: Der politische Unternehmer und das Drägerwerk nach 1945

Das Kriegsende erlebte Dräger im Lübecker Stammwerk durch den Einmarsch der englischen Truppen am 2. Mai 1945. Dräger selbst teilte die Besetzung Lübecks durch die Alliierten dem Oberkommando unter Dönitz telefonisch mit, während die ersten britischen Kampfpanzer am Hauptverwaltungsgebäude vorbeirollten. In dem von Nachrichten weitgehend abgeschnittenen Oberkommando in Plön, wenige Kilometer von Lübeck entfernt, war man von dieser Information vollständig überrascht. Da damit das letzte »Tor« für Flüchtlinge nach Westen geschlossen war, leitete man daraufhin umgehend die Evakuierung der »Regierung« und die Kapitulation der in Norddeutschland befindlichen deutschen Resttruppen ein.[1] Das Drägerwerk wurde von der britischen Besatzungsmacht zunächst geschlossen.

Für Dräger waren in der unmittelbaren Nachkriegszeit zwei Dinge entscheidend: die Weiterführung des Betriebes und das Überstehen der Anklagen und Überprüfungen, die man durch die Besatzungsbehörden erwartete. Eine gedankliche Reflexion über die NS-Zeit findet sich in den persönlichen Akten und der Korrespondenz selten. In einem Brief an Eric Warburg, den Sohn des Hamburger Bankiers, schrieb er im Juni 1945 von seinen eigenen Erfahrungen im Nationalsozialismus und warb um Verständnis. Der Brief zeigt einen erstaunlich geringen Reflexionsgrad und eine nur zögerliche Verarbeitung der zurückliegenden Erfahrungen.[2] In einigen Bereichen seiner Darstellung des Vergangenen ist eine Form von Viktimisierung erkennbar; es war jedoch vor allem die konsequente Verdrängung der NS-Zeit, die mit dem Rückzug in die »gutbürgerliche Sekurität« (Herbert) einherging und das Verhalten des Unternehmers prägte.

Diese Distanz gegenüber der Vergangenheit prägte viele Handlungen Drägers in der Nachkriegszeit. Das fehlende Nachdenken gerade in der Umbruchsphase scheint bei deutschen Unternehmern weit verbreitet gewesen zu sein.[3]

---

1 Vgl. Eidesstattliche Aussagen und Berichte, SUD BS 10/1. Walter Lüdde-Neurath, der Adjutant von Dönitz, berichtet von diesem Vorfall, der demnach unmittelbar zur Einleitung der Kapitulationsverhandlungen führte. Vgl. Walter Lüdde-Neurath, Regierung Dönitz. Die letzten Tage des Dritten Reiches, Göttingen 1964, S. 62.

2 Dräger an Eric Warburg 7.6.1945, SUD BS 15/3. Mit ganz ähnlichen Ergebnissen über diese Unternehmermentalität: Alexander von Plato, »Wirtschaftskapitäne«: Biographische Selbstkonstruktion von Unternehmern in der Nachkriegszeit, in: Axel Schildt/Arnold Sywottek (Hgg.), Modernisierung im Wiederaufbau: Die westdeutsche Gesellschaft der 50er Jahre, Bonn 1993, S. 377-391; Karin Hartewig, Die »alliierte Besatzungsmacht« in den Lebensgeschichten westdeutscher Unternehmer, in: BIOS 5 (1993), S. 95-119; Klaus-Dietmar Henke, Die amerikanische Besetzung Deutschlands, München 1995, S. 570f.

3 Berghahn, Unternehmer; ders., Friedrich; Berghoff/Rauh-Kühne, Fritz; Erker/Pierenkemper, Unternehmer; zum Begriff der »bürgerlichen Sekurität«: Herbert, Best, S. 477.

Die britischen Militärbehörden interessierten sich unmittelbar nach Kriegsende intensiv für die Forschungs- und Entwicklungsarbeiten des Drägerwerks. Noch im Spätsommer 1945 gehörte das Unternehmen zu den ersten Firmen, die vom zuständigen alliierten »Combined Intelligence Sub-Committee« untersucht wurden, um den technologischen Wert und den Entwicklungsstand der Drägergeräte abzuschätzen.[4] Dräger und seine leitenden Ingenieure kooperierten bereitwillig mit den alliierten Ingenieuren und demonstrierten die Ergebnisse ihrer Entwicklungsarbeiten an Atemschutzgeräten, Tauchgeräten, Höhenatmern und Hochdruckreduzierventilen. Die gründlichen Untersuchungen des alliierten Teams führten zu dem im Abschlußbericht formulierten Schluß: »the firm ›Dragerwerk‹ (sic.) was efficient in all respects.« Insbesondere »research and development«, so urteilte die Kommission, wären »of the highest caliber«. In wichtigen Entwicklungsbereichen war das Unternehmen demnach »well ahead of the Western Aliies and superior to any we have thus far seen.«[5]

Auch wenn diese ersten Kontakte der Unternehmensleitung mit der Besatzungsmacht ausgesprochen positiv verliefen: Die Einstellung der Fertigung der Atemschutzgeräte, die als »Kriegsmaterialien« von Beginn an auf den Listen der Alliierten über verbotene Industrien an erster Stelle standen, hatte katastrophale Folgen für das Unternehmen.[6] Um als Industrieunternehmen bestehen und den Kern der Belegschaft weiter beschäftigen zu können, begann Dräger mit der Produktion von Ersatzgeräten, die schon in den Nachkriegsplänen des Jahres 1944 von der Unternehmensleitung vorbereitet worden war. Schwerpunkt dieser Fertigung waren landwirtschaftliche Geräte und Maschinen, Brenninjektoren, Schweißgeräte sowie kleine Koch- und Heizgeräte.[7] Diese Produktion erwies sich als wenig profitabel und die Unternehmensleitung reduzierte die Belegschaft 1947 auf weniger als 2000 Beschäftigte. Nach internen Berechnungen entwickelte sich die finanzielle Situation des Unternehmens zunehmend desolat. Erst durch die Wiederaufnahme der Produktion von Atemschutzgeräten für den Ruhrbergbau, die die alliierte Wirtschaftsverwaltung nach schweren Bergunglücken unter Tage in der britischen Besatzungszone 1947 zuließ, konnte die finanzielle Lage langsam stabilisiert werden.[8]

Die Auswirkungen der Währungsreform bedeuteten für das geschwächte Unternehmen wie für große Teile der deutschen Industrie eine erneute Schwierigkeit, die 1949 abermals zu Massenentlassungen führte. Das Unternehmen be-

4 Vgl. Draegerwerk, Luebeck Germany CIOS, London 1945, SUD BS 10/1.

5 Vgl. ebd., S. 54.

6 Vgl. Liste der verbotenen und zu beschränkenden Industrien entsprechend dem ersten Industrieplan für die vier Besatzungszonen (26.3.1946), abgedruckt in: Martina Köchling, Demontagepolitik und Wiederaufbau in Nordrhein-Westfalen, Essen 1995, S. 355ff.

7 Vgl. Listen, SUD BS 15/7.

8 Vgl. Köchling, Demontagepolitik; Plumpe, Plan; Dietmar Petzina und Walter Euchner, Wirtschaftspolitik in der Besatzungszeit, in: dies. (Hgg.), Wirtschaftspolitik im britischen Besatzungsgebiet 1945-1949, Düsseldorf 1984, S. 7-25.

fand sich zu diesem Zeitpunkt in der schwersten Krise seiner Geschichte. Die Ergebnisse der Unternehmensentwicklung in der NS-Zeit manifestierten sich 1949 für die Konzernleitung im folgenschweren Verlust der Patentrechte, der Wertlosigkeit eines großen Teils der Forschungs- und Entwicklungsarbeiten und überwiegend nutzlosen industriellen Überkapazitäten.

1949 und 1950 wies die Bilanz ein Defizit von mehr als 2 Mio. DM auf, was das Familienunternehmen nahe an einen Konkurs brachte.[9] Die notwendigen Entlassungen der Jahre 1948/49 wurden von Dräger in enger Kooperation mit dem sich gleichzeitig konstituierenden Gesamtbetriebsrat vorgenommen. Die Belegschaft wurde auf weniger als 900 Mitarbeiter reduziert.[10]

Unmittelbar nach der Währungsreform bemühte sich Dräger vermehrt um eine Wiederankurbelung des Exportes. Als Karl Feldhahn, Leiter der Verkaufsabteilung seit den dreißiger Jahren, im Herbst 1948 im Auftrag Drägers eine längere Reise in die USA und Kanada unternahm, um die Märkte zu sondieren, mußte er den Rückstand des ehemaligen Lübecker Weltmarktführers gegenüber den amerikanischen Konkurrenten anerkennen. »Die Wichtigkeit des amerikanischen Marktes«, schrieb er an Dräger, halte er für entscheidend »nicht allein in kaufmännischer Beziehung, sondern mit grossem Nachdruck in technischer und fertigungsmäßiger Hinsicht«.[11] In seinen Berichten über die Besichtigungen und Sondierungen seines Teams wird das Erstaunen über die Überlegenheit der amerikanischen Produktivität und die »ungeheuere Kaufkraft« deutlich. Das niedrige Preisniveau der amerikanischen Konkurrenten veranlaßte Feldhahn schließlich zu der Aussage: »Als Industriemensch bekommt man hier geradezu einen moralischen Katzenjammer.« Nachdem Dräger selbst bei einem kurzen Aufenthalt in den USA über Eric Warburg einige wichtige Kontakte für sein Unternehmen reaktivieren konnte, gelang den Lübeckern eine langsame Etablierung auf dem amerikanischen Markt. Feldhahn, Dräger und ihre Mitarbeiter waren sich nach ihrer Reise darüber im klaren, »daß die Amerikanisierung der Gebrauchsgüterfertigung unvermeidlich sei, um zu vernünftigen Marktverhältnissen zu kommen.«[12] Für Dräger war die Amerikaerfahrung indessen in erster Linie eine Bestätigung seiner Beobachtungen bei USA-Besuchen in den zwanziger Jahren. Dennoch blieben die Versuche, ähnliche Marktpositionen wie in der Zwischenkriegszeit oder gar vor dem Ersten Weltkrieg in Nordamerika zu erreichen, lange Zeit erfolglos. Erst in den sechziger Jahren gründete Dräger eine eigene Tochtergesellschaft, North American Draeger, und

[9] Heinrich Dräger: Über unsere wirtschaftliche Lage, 27.4.1951 (Denkschrift mit Anlagen), SUD BS 20/4; Beurteilung eines Kreditantrags der Firma Drägerwerk 10.11.1945 (Dresdner Bank in Hamburg), unverzeichneter Bestand, Altbankarchiv der Dresdner Bank.

[10] Vgl. Protokoll der konstituierenden Betriebsratssitzung 29.6.1948 mit Anlagen, SUD BS 20/4; Chronik, SUD BS 36/62.

[11] Feldhahn an Dräger 13.10.48, SUD BS 10/1.

[12] Feldhahn an Dräger 30.12.48, SUD BS 10/1.

leitete damit eine schon bald außerordentlich erfolgreiche und konsequente Internationalisierung der Auslandsbeziehungen des Unternehmens ein.[13]

Gesamtumsatz des Drägerwerks 1946-1954 in Mio. RM (bzw. DM)[14]

	1946	1947	1948[15]	1949	1950	1951	1952	1953	1954
Inland	k. A.	k. A.	k. A.	7	7,4	10,8	13,5	14,6	17,8
Ausland	k. A.	k. A.	0,8	1,6	1,4	4,8	5,6	6,6	6,9
Gesamt	9,4	13,1	9	8,6	8,8	15,6	19,1	21,2	24,7

Erst 1951 konnte mit dem einsetzenden Nachfrageboom im Inland und den Exportmöglichkeiten infolge der Überwindung der Außenhandelsprobleme eine deutliche Umsatzsteigerung erwirtschaftet werden, die eine langanhaltende Expansion des Unternehmens einleitete.[16] Vor allem das Exportgeschäft entwickelte sich zunehmend zur treibenden Kraft bei der Weiterentwicklung des Unternehmens. In steigendem Maße wurde aus dem Drägerwerk wieder ein an internationalen Märkten orientierter Konzern. Neben dem traditionellen Geschäftsbereich Atemschutz wurde vor allem die Medizintechnik für die weitere Expansion entscheidend, die schon in den fünfziger Jahren durch die technologische Entwicklung neben dem Atemschutz zum zweiten und zunehmend gleichberechtigten Standbein des Konzerns heranwuchs.[17] Die einzelnen Bedingungen und Faktoren dieser Entwicklung sind aufgrund der überlieferten Quellenlage kaum zu rekonstruieren.[18] Das Wachstum des Unternehmens, das parallel zur konjunkturellen Prosperität in der Bundesrepublik verlief, wurde erst 1968 unterbrochen, nachdem man schon 1966 im Umsatz die 100 Mio. DM Grenze deutlich überschritten hatte. Die Gründung der Aktiengesellschaft und die Wandlung zum multinationalen High-Tech Konzern mit einem Umsatz in Milliardenhöhe waren Ergebnisse der siebziger und achtziger Jahre, in denen eine neue Unternehmensleitung die Firma kontrollierte.

Die Auergesellschaft konnte aufgrund ihrer immensen Verluste infolge ihrer industriellen Schwerpunkte in der sowjetischen Besatzungszone in weitaus geringerem Umfang an der konjunkturellen Entwicklung in den fünfziger Jahren

---

13 Interview mit Dr. Christian Dräger, 16.3.1995; für die Diskussion über die Amerikanisierung der deutschen Industrie vgl. Paul Erker, »Amerikanisierung« der westdeutschen Wirtschaft? Stand und Perspektiven der Forschung, in: Konrad Jarausch/Hannes Siegrist (Hgg.), Amerikanisierung und Sowjetisierung in Deutschland 1945-1970, Frankfurt 1997, S. 137-145.

14 Quelle: Umsatz-Hauptbuch, SUD BÄD I 1.34;

15 Bis zum 20.6.1948 (Währungsreform).

16 Vgl. für diesen Prozeß: Christoph Buchheim, Die Wiedereingliederung Deutschlands in die Weltwirtschaft 1945-1958, München 1990; Werner Abelshauser, Wirtschaft in Westdeutschland 1945-1948. Rekonstruktion und Wachstumsbedingungen in der amerikanischen und britischen Zone, Stuttgart 1975.

17 Vgl. Geschäftsberichte und Korrespondenz, KS.

18 Aufgrund der Überlieferungsgeschichte des Schriftgut- und Dokumentenarchivs der Drägerwerk AG fehlen große Teile der Überlieferung für den Zeitraum nach 1945.

teilnehmen. Für die Eigentümerin, die Degussa AG, war das unrentable Tochterunternehmen kaum mehr interessant. 1958 verkaufte der Frankfurter Mischkonzern die Aktien der Auergesellschaft an die amerikanische Mine Safety Appliances Company (MSA), die größte außereuropäische Konkurrenz von Dräger und Auer. Der internationale Wettbewerb zwischen den beiden Unternehmen prägt noch heute große Teile der Branche.

Dräger selbst wurde nach dem Krieg aufgrund seiner Kontakte zu Teilen des konservativen Widerstandes, zu jüdischen Emigranten – insbesondere der Familie Warburg – sowie wegen seiner Unterstützung von Verfolgten des Regimes schon am 19. November 1946 von der britischen Besatzungsbehörde nach einer relativ kurzen Untersuchung als unbedenklich eingestuft. Ein juristisches Verfahren wurde gegen den Unternehmer weder von der Besatzungsmacht noch von den deutschen Spruchkammern geführt.[19] Dabei spielte auch die entscheidende Bedeutung der Dräger-Atemschutzgeräte für den lebenswichtigen Steinkohlebergbau in der britischen Zone eine Rolle. Hier verhielten sich die Briten wesentlich pragmatischer als die Amerikaner.[20] Gleichwohl ist diese Behandlung des Unternehmers in Anbetracht seiner Funktionen im nationalsozialistischen Staat, seiner Rolle als Eigentümer und Betriebsführer des Drägerwerks und der finanziellen Gewinne in der NS-Zeit ungewöhnlich. Dies gilt insbesondere, wenn man sie mit den zahlreichen Verfahren gegen andere Unternehmer vergleicht.[21]

Für die wirtschaftspolitische Tätigkeit Drägers bedeutete das Kriegsende keine erkennbare tiefgreifende Zäsur. Vielmehr konnte der Unternehmer nach dem Kriegsende an große Teile seiner Netzwerke und seine persönlichen Beziehungen aus der Zeit vor 1945 anknüpfen. Mit den grundsätzlichen wirtschaftspolitischen Fragen, die ihn in der konjunkturellen Debatte am Ende der Weimarer Republik interessiert hatten, beschäftigte Dräger sich auch in der Bundesrepublik. Er beteiligte sich mit umfangreichen Publikationen an den öffentlichen Diskussionen über Vermögensbildung von Arbeitnehmern, Altersversorgung, Mitbestimmung, Wiederbewaffnung und den zivilen Luftschutz. Im Zentrum seines wirtschaftspolitischen Denkens und Handelns stand weiterhin das Problem einer »gesteuerten Marktwirtschaft«.[22]

19 Vgl. Unbdenklichkeitserklärung mit Anlagen 19.11.1946, SUD BS 10/23.

20 Vgl. Clemens Vollnhals (Hg.), Entnazifizierung. Politische Säuberung und Rehabilitation in den vier Besatzungszonen 1945-1949, München 1991, S. 29f.; Heiner Wember, Umerziehung im Lager. Internierung und Bestrafung von Nationalsozialisten in der Britischen Besatzungszone Deutschlands, Essen 1991; Ian D. Turner, Denazification in the British Zone, in: ders. (Hg.), British Occupation Policy and the Western Zones 1945-55, Oxford 1989, S. 239-270; Cornelia Rauh-Kühne, Die Entnazifizierung und die deutsche Gesellschaft, in: AfS 35 (1995), S. 35-71.

21 Vgl. die Behandlung anderer, ähnlich involvierter Unternehmer: Berghoff/Rauh-Kühne, Fritz; Gehrig, Rüstungspolitik; Bräutigam, Unternehmer; Niethammer, Mitläuferfabrik; Erker/Pierenkemper, Unternehmer.

22 Heinrich Dräger/Wilhelm Grotkopp, Was kann Deutschland an Lasten tragen?, Düsseldorf 1953; Heinrich Dräger, Altersversorgung auf Gegenseitigkeit für alle. Kaufkraftfähige Arbeitsrente, Düsseldorf 1956; ders./Hellmuth Heye/Franz Sackmann, Probleme der Verteidigung der Bundes-

Als er 1956 eine erweiterte Neuauflage seiner Schrift »Arbeitsbeschaffung durch produktive Kreditschöpfung« herausgab, kennzeichnete Ernst Wagemann, der ehemalige Präsident des statistischen Reichsamts, in seinem Geleitwort diese Situation: »Die Lage der heutigen Wirtschaft ist zwar eine grundverschieden andere (als zur Zeit der Weltwirtschaftskrise, B.L.). Beruhigend ist vor allem, daß auf wichtigen Kommandostellen der deutschen Wirtschaftspolitik wie bei der Bank deutscher Länder und im Bundeswirtschaftsministerium, Männer sitzen, die damals dem Kreis der Reformer persönlich oder ideologisch nahestanden. Die Leitung der Wirtschaftspolitik ruht in den besten Händen.«[23] Sowohl Heinrich Brüning als auch Hans Luther steuerten Geleitworte zur Neuauflage der Drägerschen Schrift bei.

Hans Kuhnert, der langjährige Mitarbeiter Drägers und Leiter des Sonderausschusses für Gasschutz, wurde 1946 Amtschef für Wirtschaft und Verkehr beim Oberpräsidenten der Provinz Schleswig-Holstein.[24] Seine Kontakte zur politischen Elite der Bundesrepublik pflegte Dräger bis in die achtziger Jahre. Zu Ludwig Erhard, dem Bundeswirtschaftsminister und späteren Bundeskanzler, den Dräger aus den konjunkturpolitischen Diskussionen der dreißiger Jahre kannte, hatte er bis zu dessen Tode regelmäßig Kontakt. Auch mit dem sozialdemokratischen Wirtschaftspolitiker, Hamburger Senator und späteren Bundesminister Karl Schiller pflegte er einen regen Gedankenaustausch.[25] In einigen wirtschaftspolitischen Beraterkreisen der CDU spielte Dräger bis in die achtziger Jahre eine Rolle als Mäzen und Stifter. Als einer der wichtigsten Industriellen in Schleswig-Holstein hielt der Unternehmer enge politische Kontakte zu den Regierungen des Bundeslands.[26]

Die Einbindung in ein intaktes Netzwerk von persönlichen und politischen Kontakten in der industriellen und politischen Elite der Bundesrepublik schlug sich unter anderem in den vielfältigen Auszeichnungen und Ehrungen nieder, die Dräger erfuhr. Dazu gehörte das Große Bundesverdienstkreuz mit Stern (1974), die Ehrendoktorwürde der medizinischen Hochschule Lübeck (1978), die Ehrenbürgerschaft der Hansestadt und umfangreiche Festschriften mit

republik. Ihre Betrachtung unter Berücksichtigung wirtschaftlicher und technischer Belange, Lübeck 1959; dies., Der Grundschutz. Das ABC des baulichen Bevölkerungsschutzes. Beiträge zu einem Schutzraumgesetz ohne Fehlinvestitionen, 2. überarbeitete Auflage Berlin 1963; Heinrich Dräger, Die Illusion unserer Produktivität. Ein Diskussionsbuch mit statistischen Unterlagen und Sachverständigengutachten über die Zusammenhänge zwischen Produktivität, Lohn, Sozial-Rente und Preis, Düsseldorf 1961; ders., Das große Ziel. Soziale Gerechtigkeit durch gesteuerte Marktwirtschaft, Stuttgart 1976.

23 Heinrich Dräger, Arbeitsbeschaffung durch produktive Kreditschöpfung, überarbeitete und ergänzte Neuauflage Düsseldorf 1956, S. 13.

24 Dräger an Max Warburg, März 1946, SUD BS 15/6

25 Vgl. Korrespondenz, KS.

26 Vgl. die Schilderungen in den Erinnerungen von Manfred Zach, dem Regierungssprecher von Lothar Späth, Manfred Zach, Monrepos oder die Kälte der Macht, 2. Auflage 1996, S. 184ff. Das gilt insbesondere für das Verhältnis zu Gerhard Stoltenberg. Vgl. die Korrespondenz, SUD KS.

Beiträgen renommierter Wirtschaftswissenschaftler und Politiker zu seinen Geburtstagen.[27] Sein Unternehmen leitete Dräger noch bis zum Anfang der sechziger Jahre selbständig. Bis zum Ende der siebziger Jahre blieb er im Vorstand der Drägerwerk AG, deren Aktienmehrheit heute seinem Sohn gehört, der das Unternehmen als Vorstandsvorsitzender leitet.[28] Heinrich Dräger starb kurz vor seinem 88. Geburtstag am 28. Juni 1986 in seiner Heimatstadt Lübeck.

[27] Vgl. Urkunden SUD BS 21/11 und SUD BS 12/6. 3 Jahrzehnte Wirtschafts- und Gesellschaftspolitik. Die Stimme eines Unternehmers, Heinrich Dräger zum 70. Geburtstag, hrsg. v. Gottfried Bombach, Düsseldorf 1968; Wirtschaftspolitik in kritischen Zeiten. Festschrift zum 80. Geburtstag von Heinrich Dräger, hrsg. v. Walter Petwaidic mit Beiträgen von Reinhard Blum, Gottfried Bombach, Dieter Kirchner, Fritz Neumark, Hans J. Ramser, Rudolf Regul, Hajo Riese, Hanns Joachim Rüstow, Gerhard Stoltenberg, Frankfurt 1979; Wege aus der Stagnation. Heinrich Dräger zum 85. Geburtstag, hrsg. v. Gottfried Bombach, Hans Jürgen Ramser, Manfred Timmermann, Basel 1983.

[28] Vgl. Aussage von Dr. Christian Dräger, 16.3.1995.

Schlußbetrachtung

Die ökonomischen Rahmenbedingungen für unternehmerisches Handeln waren in der Zeit zwischen der Weltwirtschaftskrise und dem Kriegsende einem dynamischen Veränderungsprozeß unterworfen, der in erster Linie durch eine Zunahme staatlicher Interventionen gekennzeichnet ist. Dieser Prozeß bedeutete für die Industrieelite eine stetige Verengung der Handlungsspielräume, die den einzelnen Unternehmer zu einem Anpassungsprozeß zwang. Heinrich Dräger gelang dieser Anpassungsprozeß insgesamt rasch und problemlos. Zu Auseinandersetzungen mit dem Staat kam es, wenn Dräger die Interessen seines Unternehmens durch die Interventionspolitik des Regimes bedroht sah. Sein unternehmerisches Verhalten während der gesamten Zeit war summa summarum von strategischen Überlegungen bestimmt, die die Interessen des Unternehmens vor die des Staates stellten: Insofern war es grundsätzlich einer ökonomischen Zweckrationalität verpflichtet.[1] Strategische Entscheidungen wie sie von dem jungen Industriellen wenige Jahre nach der Übernahme des väterlichen Betriebs sowohl bei seinen unternehmerischen als auch bei seinen wirtschaftspolitischen Handlungen gefordert waren, sind jedoch immer auch individuell *lebensweltlich präfiguriert*. In vielerlei Hinsicht war Heinrich Dräger Mitglied einer sozialen Gruppe jener Generation, deren Erfahrungshorizont durch Weltkriegsteilnahme, Kriegsende und Revolution sowie die ökonomische und politische Instabilität der Weimarer Republik gekennzeichnet war. Seine ersten unternehmerischen Erfahrungen machte er während der Weltwirtschaftskrise.

Die Ergebnisse der Untersuchung von Drägers unternehmerischen und wirtschaftspolitischen Handlungsfeld lassen sich in drei Bereiche unterteilen: Erstens handelte der Unternehmer Dräger im Kontext einer individuellen *lebensweltlichen Präfigurierung*. Zweitens wurden bei der Analyse die *Besonderheiten der Unternehmensentwicklung* des Drägerwerks und damit verbunden die Stärken und Schwächen des eigentümergeleiteten Familienunternehmens erkennbar. Durch die Einordnung in den Kontext anderer Unternehmensentwicklungen – soweit dies der Forschungsstand zuläßt – konnten auch Gemeinsamkeiten festgestellt werden. Neben dieser empirischen Ver-

---

[1] Dieses Ergebnis der Studie steht im Gegensatz zur Annahme von Henry A. Turner, Das Verhältnis der Großunternehmer zur NSDAP, in: Mommsen/Petzina/Weisbrod, Industrielles System, S. 919-932. Der internationale Vergleich zeigt, daß das Überwiegen ökonomischer Interessen in den Unternehmensstrategien von Industriekonzernen keineswegs eine nationale Eigenart ist. Vgl. Herbst, Unternehmensstrategie, S. 74f.; Harrison, Resource Mobilisation.

gleichsbasis bot die Perspektive auf die Auergesellschaft die Möglichkeit, einige Feststellungen auf ihre Repräsentativität hin zu überprüfen. Daher verweisen drittens einige Ergebnisse des »mikroskopischen« Zugriffs der Fallstudie auf *generelle Veränderungsprozesse und Entwicklungstendenzen* von Industrieunternehmen.

Es war seine *lebensweltliche Präfigurierung*, die Heinrich Dräger in der unmittelbar nach der Übernahme der Unternehmensleitung einsetzenden Weltwirtschaftskrise dazu brachte, sich entschieden politisch zu engagieren: Die hanseatische Unternehmerfamilie war traditionell »staatsnah« und Dräger beschäftigte sich spätestens seit den Studien an seiner Dissertation mit wirtschaftspolitischen Fragen. Bei seinen Aktionen wirkte er in einem sozialen Netzwerk, das – obgleich konservativ geprägt – die Durchsetzungsmöglichkeiten der eigenen politischen Ziele auf unterschiedlichen Wegen und Ebenen suchte und dabei vor einer partiellen Kooperation mit der NSDAP nicht zurückschreckte. In der konjunkturpolitischen Debatte forderte der Unternehmer eine Staatsintervention, deren radikale Weiterentwicklung in der nationalsozialistischen Wirtschaftspolitik dann aber von ihm vehement kritisiert wurde. Die Erfahrung, daß innovative konjunkturpolitische Vorschläge aus der Enklave der Wissenschaft in den dreißiger Jahren erfolgreich in die Meinungszentren großer politischer Parteien getragen werden konnten, prägte das Verständnis des Unternehmers von gesellschaftlicher und politischer Ordnung fundamental. Fragt man nach der Tragweite des politischen Umbruchs, den die Machtergreifung bedeutete, war sicherlich der Verlust der öffentlichen politischen Auseinandersetzung und der Formen von Einflußnahme, an denen Dräger so nachdrücklich mitgewirkt hatte, eine der entscheidenden Erfahrungen. Seine wirtschaftspolitische Kritik brachte der politische Unternehmer nunmehr nur noch privat oder in zurückhaltenden Eingaben an einzelne staatliche Institutionen an. Das funktionierende *Netzwerk* der Studiengesellschaft blieb indessen bis in die Bundesrepublik bestehen, obgleich es durch Vertreibung und Emigration viele seiner jüdischen Mitglieder verlor. Die übrigen paßten sich dem nationalsozialistischen Regime weitestgehend an, gelangten jedoch kaum in wirtschaftspolitisch entscheidende Machtzentren, sondern behielten den Status politischer Berater. An den Debatten um die Gestaltung der sozialen Marktwirtschaft in der Bundesrepublik nahm Dräger als ein typischer Unternehmer der Wirtschaftswunder-Gesellschaft teil und begegnete dort großen Teilen seines Netzwerks aus der Weltwirtschaftskrise.

In den dreißiger Jahren bot der Nachfrageboom infolge der Aufrüstung dem Unternehmer wie dem überwiegenden Teil der deutschen Industrieelite eine große Anzahl von Geschäftschancen, die das von den finanziellen Einbrüchen der Weltwirtschaftskrise geschwächte Unternehmen nicht auslassen konnte und wollte. Die Aufrüstung stellte in dem neuen System eine vielversprechende

Möglichkeit dar, einen lukrativen Ersatz für die seit der Krise schwachen internationalen Märkte zu gewinnen. Diese Einschränkung der unternehmerischen Handlungsspielräume setzte mit der Weltwirtschaftskrise ein – unmittelbar nachdem Dräger mit seiner unternehmerischen Tätigkeit begann. Die Teilnahme an der Aufrüstung bedeutete für ihn die Fortsetzung einer Tradition des Familienunternehmens, die seit dem Ersten Weltkrieg bestand.

Es bleibt schwierig, die Gründe und Motive für Drägers Verhalten im nationalsozialistischen Herrschaftssystem abzuwägen. In begrenztem Umfang nahm er an oppositionellen Handlungen gegen die Verfolgung der Juden teil und lehnte große Bereiche der Politik des Regimes ab. Außer in den unmittelbar lebensrettenden Aktionen für einzelne Verfolgte, die für ihn persönlich risikoreich waren, ging der Unternehmer in seiner Auseinandersetzung mit der nationalsozialistischen Politik jedoch nicht vom Wissen und Planen zur aktiven Widerstandshandlung über. Obschon sich gerade im Krieg seine Abwendung vom nationalsozialistischen Staat verstärkte, überwogen die Einbindung in das kriegswirtschaftliche System und die unternehmerische – von Pragmatismus dominierte – Mentalität, das Überleben und die Unabhängigkeit des Betriebs und damit die Grundkoordinaten unternehmerischen Denkens in den Vordergrund der eigenen Handlungen zu stellen.

Die partiell widersprüchliche Verstrickung in die verbrecherischen Maßnahmen des nationalsozialistischen Staats in der Kriegswirtschaft ist nur durch ein generationsspezifisches Verständnis von Verantwortung für das Unternehmen sowie einen weitgehend von den Realitäten abgehobenen »Staatsgedanken« und ein tiefgreifendes Solidaritätsgefühl mit der kämpfenden Fronttruppe zu erklären, das bei Dräger wie bei anderen Industriellen auch später immer wieder als Begründungszusammenhang für das eigene Handeln diente.[3] Während Dräger gerade in den letzten Kriegsmonaten viele sinnlose Aktionen wie die Zerstörung von Industrieanlagen ablehnte und verhinderte, spielte auch bei ihm lange Zeit die in der Industrieelite weit verbreitete Ansicht eine Rolle, daß eine Reduzierung der Rüstungsanstrengungen eine entscheidende Bedeutung für den Kriegsausgang im Osten und damit für die Gestaltung des Friedens nach dem Dritten Reich haben könnte.[4] Nur vor diesem Hintergrund ist das Festhalten an der Rüstungsfertigung angesichts einer Wirtschaftsentwicklung erklärbar, der in der letzen Phase eine volks- oder betriebswirtschaftliche Rationalität zunehmend fehlte. In der Konsequenz bedeutete Drägers Verhalten ein hohes Maß an systemkonformer Effizienz.

Im Kontext von Drägers lebensweltlicher Präfigurierung wird ein weiterer zentraler Begründungszusammenhang für dieses Verhalten in der letzten

---

3 Auf diesen Erklärungszusammenhang für das Verhalten der Industrieelite weist Hayes hin. Peter Hayes, Diskussionsbeitrag, in: Gall/Pohl, Unternehmen, S. 133.

4 Vgl. für die Verbreitung dieser Ansicht, Werner Plumpe, Politische Zäsur und funktionale Kontinuität: Industrielle Nachkriegsplanungen und der Übergang zur Friedenswirtschaft 1944-1946, in: 1999 4 (1992), S. 11-37 (17); ebenso Erker, Industrie-Eliten, S. 72.

Kriegsphase erkennbar. Es ist grundsätzlich in einer biographischen Studie methodisch außerordentlich problematisch, von intellektuellen Grundüberzeugungen und Vorstellungen des Biographierten auszugehen. Dies gilt in besonderer Weise, da man – wie Pierre Bourdieu jüngst im Anschluß an Siegfried Kracauer anmerkte – realisieren muß, daß es eine »biographische Illusion« ist, eine einheitliche Lebensführung anzunehmen.[5] Dräger hat zudem selbst in seinen wenigen reflektierenden Äußerungen zentrale Grundüberzeugungen kaum charakterisiert. Die Studie hat diesen Überlegungen durch die Untersuchung von zwei Handlungsfeldern – dem politischen und dem unternehmerischen – Rechnung getragen und ist in Anlehnung an Bourdieu davon ausgegangen, daß beide »Felder« einer jeweils eigenen Handlungslogik unterworfen sind.[6] Bei der Analyse der Lebensführung Drägers in diesen beiden Handlungsfeldern wurde jedoch *ein* zentrales Paradigma signifikant, das in seiner Kohärenz auffallend und in allen Lebensbereichen des Unternehmers wiederzufinden ist: der Ordnungsgedanke als Grundelement jeden politischen Handelns. Dräger ging es um die Konstituierung einer ausgeprägten staatlichen Ordnung, die an der fortschreitenden Funktionalisierung der staatlichen Interventionsmechanismen am Ende der Weimarer Republik orientiert war. Das Problem der Steuerbarkeit einer kapitalistisch organisierten Marktwirtschaft war dabei ebenso von zentraler Bedeutung für den Unternehmer wie die Auswirkungen staatlicher Eingriffe – von deren prinzipieller Notwendigkeit er überzeugt war – auf Wirtschaft und Gesellschaft. Ein Problembewußtsein über diese Zusammenhänge läßt sich auch in seinem unternehmerischen Handeln wiederfinden. Diese *ordnungspolitischen Vorstellungen* ziehen sich wie ein roter Faden durch das politische und unternehmerische Denken und Handeln Drägers bis in die Zeit der Bundesrepublik und sind zudem die einzige »intellektuelle Grundüberzeugung«, die er selbst bei allen Wandlungen immer wieder formulierte.

Im Kontext dieser Überlegungen wird das erstaunlich lange Festhalten an der Rüstungsproduktion nach dem Sommer/Herbst 1944 klarer. Das Regime, von dem sich Dräger zunehmend distanzierte und dessen Ende er spätestens seit der Jahreswende 1942/43 befürwortete, bildete in den Augen des Unternehmers in der letzten Kriegsphase offensichtlich den Garanten einer »Scheinordnung«. An dieser Vorstellung hielt Dräger fest, obschon er die Verfassungslosigkeit und Organisationsdefizite in zentralen Regelungsbereichen längst erkannt hatte. Die Kooperation mit dem Staat schien am Ende des Krieges die einzige Möglichkeit zu sein, ein befürchtetes Machtvakuum zu vermeiden. Diese Haltung wurde durch die generationsspezifische Erfahrung von Kriegsende 1918 und Revolution verstärkt.

[5] Bourdieu, Illusion, S. 75.
[6] Bourdieu, Ontologie.

Neben diesen Überlegungen führte die Untersuchung des unternehmerischen Handlungsfeldes zu Ergebnissen über das Verhalten des Eigentümerunternehmers Dräger und die Entwicklung seiner Firma. Durch die Integration der Unternehmensentwicklung in den gesamtwirtschaftlichen Kontext wurden zentrale mikroökonomische Prozesse in ihrer Interdependenz zu den makroökonomischen erkennbar und dadurch die Spielräume unternehmerischer Politik greifbar. Die beiden Hauptstränge der Analyse, die Wechselwirkungen zwischen staatlichen Interventionen und der Entwicklung des Betriebs sowie die Handlungsspielräume der Unternehmensleitung lassen dabei exzeptionelle und exemplarische Aspekte der *Entwicklung* des eigentümergeführten Unternehmens deutlich werden. Zusammenfassend lassen sich *drei zentrale Ergebnisse* der Untersuchung hervorheben. Sie werden insbesondere im Vergleich zur Auergesellschaft deutlich erkennbar und verweisen auf einige zentrale Begründungszusammenhänge für die Ausgangsposition des Unternehmens in der Nachkriegszeit.

Erstens war Drägers unternehmerische Strategie in der Auseinandersetzung mit dem dynamischen Veränderungsprozeß der makroökonomischen Rahmenbedingungen von einer bemerkenswerten Kontinuität geprägt: Zentrales strategisches Ziel war es, das Unternehmen von den Interventionen der Partei und des Staates freizuhalten. Die besondere Unabhängigkeit des Eigentümerunternehmers Dräger stellt in diesem Zusammenhang ein Charakteristikum dar, das in mehreren Handlungsbereichen nachweisbar ist. Die Bedeutung des vergleichsweise hohen Ausmaßes an Unabhängigkeit für Dräger veränderte sich in einem Prozeß, der durch zwei Entwicklungsstränge gekennzeichnet ist: Die Einschränkung der unternehmerischen Handlungsspielräume und die Entwicklung eines geregelten Wettbewerbs.

Die in der Weltwirtschaftskrise einsetzende Einengung der unternehmerischen Handlungsspielräume wurde in den dreißiger Jahren infolge der wirtschaftspolitischen Interventionen der Regierung erheblich verstärkt. Dieser Prozeß wurde von der Unternehmensleitung wie in vielen anderen Konzernen wahrgenommen. Während man sich einerseits gegen nachteilig empfundene Ergebnisse dieser Entwicklung zu wehren suchte, war auch Dräger bereit, vorteilhafte Aspekte des Staatsinterventionismus auszunutzen. Diese grundsätzliche Anpassungsbereitschaft wurde im Verlaufe der Entwicklung differenziert. Sie war in einem Bereich besonders groß, wenn damit in anderen Selbständigkeit und Autonomie bewahrt werden konnten. Auf die dynamischen Veränderungsprozesse des Markts und des Wettbewerbs, die mit der Weltwirtschaftskrise und der Aufrüstung in den dreißiger Jahren verbunden waren, reagierte Dräger zunächst, indem er die staatlichen Rüstungsaufträge nutzte, um moderne Fertigungskapazitäten aufzubauen, diese auszulasten und das durch die Krise finanziell geschwächte Unternehmen zu konsolidieren. Das gleiche gilt für die staatliche Subventionierung der Expansion und Modernisierung. Die zunehmenden

Eingriffe und Anforderungen infolge der forcierten Aufrüstung nach 1936/37 führten bei Dräger zu einem Umdenken. Er verhielt sich zurückhaltend und vorsichtig bei den weiteren von der Rüstungsbürokratie geforderten Investitionen. Das Einsetzen des Vierjahresplans mit seinen Auswirkungen auf Staat, Wirtschaft und Gesellschaft stellt in dem Prozeß der Einengung unternehmerischer Handlungsspielräume eine entscheidende Zäsur dar: Die Alternativen zur Anpassung wurden zunehmend geringer.

Die vorsichtige Expansion der Fertigungskapazitäten des Drägerwerks – nachdem die vorhandenen mit den Forderungen der Rüstungsbürokratie überlastet waren – fand schließlich unter weitgehender Inanspruchnahme staatlicher Subventionen und im Bewußtsein des strategischen Vorteils statt, auf diesem Weg auch weiterhin den ohnehin geschrumpften Privatmarkt beliefern zu können. Die größeren Produktionspotentiale verstärkten die Position des Unternehmens gegenüber der Rüstungsbürokratie und waren unentbehrlich, um im Wettbewerb mit der Auergesellschaft weiterhin eine Rolle zu spielen.

Die Bedingungen der Kriegswirtschaft forcierten die staatlichen Interventionen in das Unternehmen und setzten es erneut einer starken Veränderungsdynamik aus. Seit dem kurzfristigen Auftragseinbruch im Sommer 1940 war für Dräger der kommende Frieden schon im Krieg ein Faktor, der viele Entscheidungen mit beeinflußte. Anders als der Hauptkonkurrent Auer verhielt er sich zurückhaltend angesichts der Geschäftsmöglichkeiten in den besetzten Gebieten. Hier bestehen entscheidende Unterschiede zu anderen Unternehmern und gleichzeitig eine bemerkenswerte Kontinuität in der Unternehmensstrategie Drägers. Die Firmenleitung setzte außerhalb des Altreiches von Beginn an auf ein Konzept der Kooperation und der Auslagerung der Fertigung von Vorprodukten, wobei man darauf achtete, die wertvollen Ressourcen in Lübeck, Hamburg und Wien zu konzentrieren. Schwerwiegende und nachhaltige Investitionen in den besetzten Gebieten konnte Dräger entgegen den Forderungen der Rüstungsbürokratie vermeiden. Insgesamt gelang es dem Eigentümerunternehmer vergleichsweise erfolgreich, unter den radikalen, dynamischen Veränderungsprozessen der Umwelt, die die letzte Kriegsphase kennzeichneten, eigene strategische Ziele zu verfolgen, auch wenn diese partiell – wie bei den Nachkriegsvorbereitungen – denen des Regimes entgegenstanden.

Der Wettbewerb ging während der gesamten NS-Zeit weiter, er wurde jedoch aufgrund der staatlichen Lenkung zunehmend zu einem *geregelten* und spielte sich vor allem im Medium der Bürokratie ab. Dieser Prozeß zeichnete sich schon in der Weltwirtschaftskrise und der Aufrüstungsphase der dreißiger Jahre ab, am prägnantesten ist er jedoch in der Kriegswirtschaft erkennbar: Die Unternehmensleitung engagierte sich in der zweiten Kriegshälfte energisch in den Selbstverwaltungsbürokratien, um das Unternehmen einerseits von den staatlichen Interventionen freizuhalten und andererseits im Wettbewerb, der in den Institutionen seine entscheidende Plattform hatte, bestehen zu können. Dabei setzte man sich intensiv mit dem Hauptkonkurrenten Auer auseinander, der eine wesentlich bessere Ausgangsposition hatte. Das unternehmerische Verhalten in diesem geregelten Wettbewerb weist viele traditionelle Verhaltensmerkmale aus der Zwischenkriegszeit auf; hier bestand angesichts der radikalen Veränderungen des Marktes eine überraschend eindeutige strategische Kontinuität: Die Grundkoordinaten unternehmerischen Handelns standen im Vordergrund. Das spiegelt sich auch beim Wettbewerbsverhalten in der europäischen »Großraumwirtschaft« ab. Konkurrierende ausländische Unternehmen schloß man, soweit man konnte, aus. Diese bemerkenswerte Beständigkeit zeigt auch, wie polyvalent sich die kapitalistischen Grundelemente an die dynamischen Wandlungsprozesse der Rahmenbedingungen anpassen können. Im Verlaufe der Entwicklung gelang es Dräger und seinen leitenden Managern – vor allem aufgrund der Erfolge im Bereich der Forschung und Entwicklung – Auer von seiner privilegierten Stellung zu verdrängen und damit entscheidende Vorteile im Wettbewerb wie bei der Gestaltung der verbliebenen autonomen Handlungsfelder in der letzten Kriegsphase zu gewinnen. Auf diese Weise fand ein langfristig anhaltender Führungswechsel in der Branche statt, der bis in die Gegenwart hinein wirkt. Diese Erfolge sind auf die strategischen Grundkonstanten sowie die Flexibilität und Lernfähigkeit der Unternehmensleitung zurückzuführen. Dräger konnte seine strategischen Prioritäten auch deshalb so konsequent verfolgen, weil er aufgrund seiner Unabhängigkeit als Eigentümerunternehmer keinem Kapitalgeber gegenüber sein Geschäftsverhalten erklären mußte oder gezwungen war, eine vorgegebene Kapitalrendite zu erreichen.

Zweitens wird in den Auseinandersetzungen mit der Rüstungsbürokratie über den Zustand der Verwaltung in dem Unternehmen eine weitere Besonderheit deutlich, die als zentrales Merkmal der Gesamtentwicklung gelten kann: die *strukturelle Rückständigkeit* des Unternehmens. Sie bot nach 1933 zunächst kaum zu überschätzende Vorteile gegenüber den staatlichen Kontrollen, Zugriffen und Interventionen.[7] Auch nach dem unumgänglichen Ausbau der Verwaltungsstrukturen, der Mitte der dreißiger Jahre begann, konnte Dräger weiterhin wichtige autonome Handlungsräume für die Unternehmensleitung bewahren: Aufgrund seiner Unabhängigkeit als Eigentümer mußte er nur den staatlichen Kontrollorganen begrenzte Einblicke in die betriebswirtschaftlichen Verhältnisse seines Unternehmens gewähren. Dies erwies sich in Anbetracht der wachsenden Steuerungszugriffe des nationalsozialistischen Staats zunehmend als vorteilhaft.

Auch andere Bereiche der Unternehmenstradition des Familienbetriebs erwiesen sich als zweckmäßig: Die traditionell starke Produktdiversifizierung ermöglichte ein hohes Ausmaß an Flexibilität, die Dräger angesichts sich verän-

---

[7] Auf diesen interessanten Faktor kann auch Hartmut Berghoff als Ergebnis seiner Untersuchung des in dieser Beziehung ähnlichen Familienunternehmens Hohner verweisen, Berghoff, Kleinstadt, S. 615ff.

dernder Märkte bemüht war beizubehalten. Das gleiche gilt für die Fortsetzung der ausgeprägten paternalistischen Sozialpolitik, die eine qualifizierte und außerordentlich motivierte Mitarbeiterschaft schuf und diese dem Unternehmen aufgrund von Loyalitätsverhältnissen über die politischen Zäsuren hinweg erhielt. Darüber hinaus ermöglichte sie der Unternehmensleitung, die Versuche der DAF, über die Sozialpolitik einen Zugriff auf den Betrieb zu bekommen, abzuwehren. Diese Faktoren bedeuteten am Kriegsende wichtige Startvorteile für die Nachkriegsentwicklung, in der die Flexibilität über den Fortbestand mitentschied.

Drittens wurden die internen strukturellen Wandlungsprozesse in dem Unternehmen durch die Veränderungsdynamik ausgelöst, die als Folge der nationalsozialistischen Politik alle Bereiche von Wirtschaft und Gesellschaft beeinflußte. Diese Veränderungen sind durch die zunehmenden staatlichen Interventionen gekennzeichnet, die eine Paralysierung der sich selbst regulierenden marktwirtschaftlichen Prozesse auslösten. Dabei kam es zu einer sukzessiven Annäherung staatlicher und unternehmerischer Verwaltungsstrukturen, die beide das systemimmanente Problem der Steuerung, Lenkung und Kontrolle mit einer wachsenden Bürokratisierung zu lösen suchten. Diese Veränderungsdynamik bestimmte den Rahmen unternehmerischen Handelns bei der strukturellen Organisation des Konzerns. Die Gestaltung der notwendigen strukturellen Anpassung an die Umweltveränderung war jedoch maßgeblich von der Unternehmensleitung gesteuert, in vielen Fällen sogar das Ergebnis klar identifizierbarer interner Entscheidungsprozesse. Das Spannungsverhältnis zwischen diesen beiden Steuerungsimpulsen, den makroökonomischen Rahmenbedingungen der Umwelt und den unternehmerischen Entscheidungen – das ist eines der zentralen Ergebnisse dieser Studie – ist wesentlich von der einzelnen Unternehmerpersönlichkeit bzw. der Fähigkeit des Managements abhängig. Die Selbstorganisationsdynamik, die in Phasen historischer Umbrüche am stärksten ist, bildet dabei die Voraussetzung und Bedingung für unternehmerisches Handeln. Drägers Leistung, das wird gerade im Vergleich zur Auergesellschaft deutlich, war die frühe sowie sensible Wahrnehmung der Veränderungsprozesse und ihrer Auswirkungen auf das Unternehmen und die Gegensteuerung gegen diese Entwicklung, die am deutlichsten in der stetig zunehmenden Bürokratisierung in Erscheinung trat.

Die unternehmensinterne Bürokratisierung bedeutete dabei ein Angleichen interner Strukturen an Umweltanforderungen und war insofern zunächst ein rationaler Prozeß der Anpassung an Umweltbedingungen. Dies gilt um so mehr, als zahlreiche endogene Faktoren der Fertigungsstruktur der Branche, wie die umfangreiche mehrfach gegliederte Zulieferung, sich veränderten oder erst entstanden. Begreift man das Ziel einer Strategie darin, Bedingungen, die dem unmittelbaren Zugriff des Betriebs unzugänglich sind, in einer Weise zu transformieren, daß sie für das Unternehmen kontrollierbar und steuerbar werden, war Drägers »Transformationsleistung« insgesamt außerordentlich erfolgreich darin, die Außenbedingungen organisatorisch abzufangen.[8] Die Prägung der formalen Strukturen – das zeichnet sich in gleicher Weise in der Unternehmensentwicklung ab – war jedoch auch das Ergebnis eines internen und externen Kommunikations- und Interaktionsprozesses zwischen verschiedenen Entscheidungszentren in der Unternehmensleitung und den sich ändernden makroökonomischen Bedingungen.

Über Erfolg oder Mißerfolg eines Industrieunternehmens innerhalb der sich dynamisch verändernden Rahmenbedingungen zwischen Weltwirtschaftskrise und Besatzungszeit entschied in vielerlei Hinsicht gerade die Fähigkeit des Betriebs, Umweltkomplexität auf ein beherrschbares Maß zu reduzieren und die Fähigkeit der Unternehmensleitung, bei den hierfür notwendigen Entscheidungen von den eigenen Erfahrungen zu lernen. Im Krieg zeigte die Entwicklung des Drägerwerks, daß die Etablierung zentralistischer bürokratischer Strukturen in dem Unternehmen für die Entscheidungsfindungsprozesse und Problemlösungskapazität der Leitung unter den Bedingungen der Kriegswirtschaft keine effektive Lösung war: Die hierarchische Struktur der staatlichen Bürokratien führte zu der Notwendigkeit, daß Dräger periphere Entscheidungen – wie über den Verbleib von 20 weiblichen Hilfsarbeitskräften in einer bedeutungslosen, abgelegenen Fabrik – selber treffen mußte, um sie gegenüber der staatlichen Verwaltung durchzusetzen. Die weiträumige Verlagerung der einzelnen Betriebe hatte keineswegs eine entsprechende Dezentralisierung der Entscheidungskompetenzen zur Folge. Die Rüstungsbürokratie war ebenso wie die Unternehmensverwaltung in dem System, in dem Informationen zunehmend zur wichtigsten Ware wurden, gezwungen, sich hochgradig zu vergrößern. Man könnte sagen, das Subsystem Unternehmen fand in dem Gesamtsystem keine grundsätzlich adäquate Organisationsform, um die wachsende Umweltkomplexität effektiv zu reduzieren. Das Ergebnis war ein Prozeß der Zentralisierung Entdifferenzierung bei gleichzeitiger Kumulierung von Entscheidungskompetenzen. Der unternehmensinterne Bürokratisierungsprozeß zwischen Weltwirtschaftskrise und Kriegsende stellte damit als Folge der generellen ökonomischen Veränderungsdynamik eine bemerkenswert gegenläufige Entwicklungstendenz zu der oft konstatierten Ausdifferenzierung und Rationalisierung im Sinne einer Modernisierung von bürokratischen Unternehmensstrukturen bis zum Ersten Weltkrieg dar.

Der relative Erfolg von Drägers Steuerung der Unternehmensentwicklung ist auf ein frühes Erkennen dieses Prozesses zurückzuführen sowie die fruchtba-

[8] Vgl. zum Begriff der Transformationsleistung, Heiner Minssen, Der soziale Prozeß betrieblichen Wandels, in: Lauschke/Welskopp, Mikropolitik, S. 16-48 (21ff.). Kocka, Unternehmer, S. 8 spricht vom Unternehmer als »Transmissionsgelenk« zwischen dem Unternehmen und seiner Umwelt.

ren Versuche, denselben organisatorisch zu kontrollieren.[9] Aus diesem Grund war das quantitative Verhältnis der Verwaltungsangestellten zu den Arbeitern im Vergleich zu anderen Unternehmen so gering. Die neue branchenübergreifende vertikale Konzernstruktur, die durch die Integration wichtiger Zulieferbetriebe wie der Gummihersteller entstand, kann ebenso als Ergebnis dieses Prozesses gelten wie die zunehmende Auslagerung der Vorproduktion aus dem Stammwerk, in dem nur der Kern des Kapitalstocks sowie das Innovations- und Verwaltungspotential des Unternehmens konzentriert wurde. Auch die verwaltungstechnische Eingliederung der Lachswehranlage in den Konzern von Beginn an – als der Betrieb noch der Montan gehörte – war ein Ergebnis dieser Bemühungen. Diese Entwicklungen, die die Unternehmensleitung früher und insgesamt konsequenter als die Auergesellschaft einleitete, bildeten entscheidende Voraussetzungen für die – an ihren eigenen Zielen (ökonomische Rentabilität und Bewahrung der Unabhängigkeit) gemessen – relativ erfolgreiche Unternehmensführung in der zweiten Kriegshälfte.

Drägers Verhalten bestätigt die These, daß die Verstrickung der Unternehmer in die nationalsozialistische Politik im Verlauf von Aufrüstungspolitik und Kriegswirtschaft zu keinem Zeitpunkt von einer ideologischen Übereinstimmung geprägt war. Vor dem Hintergrund anderer Unternehmensentwicklungen und im Vergleich mit der Auergesellschaft werden damit Prozesse erkennbar, die über den engeren Untersuchungsrahmen hinaus auf *generelle Enwicklungstendenzen* industrieller Konzernunternehmen verweisen. Dräger lehnte die rassistische und imperialistische Zielsetzung der nationalsozialistischen Politik ab und wehrte sich entschieden gegen die Verfolgung von Juden, soweit sie in seiner unmittelbaren sozialen Umgebung davon betroffen waren. Dieses Verhalten scheint grundsätzlich kein Sonderfall in der Industrieelite gewesen zu sein. Mit den ab 1941 für ihn lebensgefährlichen Handlungen gehörte er gleichwohl zu einer kleinen Minderheit in der deutschen Industrieelite.

Dieses in vielerlei Hinsicht nonkonforme Verhalten verlief jedoch parallel zu einer hohen Anpassungsbereitschaft in Systembereichen, in denen sie dem Unternehmer wertvolle politische Netzwerke und Beziehungen erhielt.

Aus Drägers eigener Perspektive waren die Parteimitgliedschaft und die Übernahme von Funktionen in der Rüstungsbürokratie ebenso wie die Beschäftigung von Zwangsarbeitern und KZ-Häftlingen Zugeständnisse, die die Möglichkeit eröffneten, die Verfügungsmacht über die Produktionsmittel zu behalten, den

---

9 Ein internationaler Vergleich unternehmensinterner Bürokratisierungsprozesse in Großbritannien, Frankreich oder den USA würde die hier aufgezeigte Perspektive sicher differenzieren und ergänzen. Zudem wäre er eine Ergänzung, die in der unternehmensgeschichtlichen Forschung nahezu vollkommen fehlt. Bernd Dornseifer hat im Anschluß an Jürgen Kocka auf einige Aspekte dieser Prozesse im 19. Jahrhundert im internationalen Vergleich hingewiesen. Vgl. Dornseifer, Bürokratisierung.

Schaden für das Unternehmen zu begrenzen und dieses schließlich im bestmöglichen Zustand in die Nachkriegszeit zu bringen. Indem Dräger an diesen strategischen Prioritäten auch und gerade in der zweiten Kriegshälfte festhielte, wurde er individuell mitverantwortlich für die erstaunlich lange Existenzdauer des Regimes. Damit entsprach sein Verhalten dem großer Teile der Industrieelite. Eine ideologische Übereinstimmung war nicht notwendig, vielmehr wird hier eine ökonomische Rationalität in der unternehmerischen Strategie erkennbar, die alle Entscheidungen prägte.

In der Instrumentalisierung dieser strategischen Prioritäten der Unternehmer, das verbliebene Minimum an kapitalistischen Strukturmerkmalen zu bewahren, indem man die Fertigung aufrecht erhielt, lag ein entscheidender Grund für den Erfolg der nationalsozialistischen Kriegswirtschaft nach der Wende 1942/43. Diese Instrumentalisierung ist an Drägers Handlungsweise erkennbar und in den untersuchten Ausschüssen bei nahezu allen Beteiligten greifbar. In den Institutionen der industriellen Selbstverantwortung kam es zu einer bemerkenswert symbiotischen Verflechtung von politischem und ökonomischem Subsystem, die von den Industriellen als Interessenaustausch mit der staatlichen Rüstungsbürokratie verstanden wurde und aus ihrer Perspektive als vorübergehend erfolgreich und vorteilhaft gelten konnte. Für die Unternehmer erfüllte die Mitarbeit in den Selbstverwaltungsorganen – das zeigen die Beispiele des Drägerwerks und der Auergesellschaft deutlich – eine Doppelfunktion: Neben dem vermeintlichen Schutz vor weitergehenden Interventionen wurden die eigenen Wettbewerbsinteressen und verbliebenen Handlungsspielräume bewahrt. Darüber hinaus nahm man innerhalb der Industrieelite an, durch die Kooperation das eigene Hauptinteresse – die Bewahrung einer kapitalistischen Ordnung – unterstützen und die Rückkehr zu einer marktgesteuerten Wirtschaftsordnung beeinflussen zu können.[10]

Aufgrund eines an Selbsttäuschung grenzenden Mangels an Reflexion der eigenen Aktionen, mit dem auch Dräger bis zum Ende fortfuhr, die verbliebenen autonomen privatkapitalistischen Handlungsspielräume zu bewahren, kooperierten die beteiligten Unternehmensleitungen weiterhin mit einem Regime, von dem er sich – wie große Teile der Industrieelite – in der letzten Kriegsphase innerlich schon distanziert hatte.[11] Heinrich Dräger war früher als die meisten bislang untersuchten Unternehmer und Manager von einer deutschen Niederlage und den volkswirtschaftlich problematischen Folgen der Rüstungskonzentration überzeugt. Er ordnete seine Entscheidungen spätestens

[10] In dieser Hinsicht kann das Beispiel des Sonderausschusses für Gasschutz als repräsentativ gelten, soweit das Verhalten von Unternehmern in anderen Selbstverwaltungsinstitutionen bislang bekannt ist. Vgl. Herbst, totale Krieg; Gregor, Stern; Gehrig, Rüstungspolitik; Bräutigam, Unternehmer; Kampmann, Werkzeughandel; Erker/Pierenkemper, Unternehmer; Erker, Aufbruch; Erker, Industrie-Elite; Plumpe, Zäsur.

[11] Vgl. Hans Mommsen, Diskussionsbeitrag, in: Gall/Pohl, Unternehmen, S. 126.

seit dem Frühsommer 1944 vollständig der strategischen Priorität unter, dem Unternehmen eine möglichst erfolgversprechende Ausgangsstellung für die Nachkriegszeit zu verschaffen. Über die fehlende betriebswirtschaftliche Rationalität vieler Maßnahmen des Regimes in der letzten Kriegsphase wie beispielsweise dem Einsatz der KZ-Häftlinge war er sich im klaren. Dennoch vollzog auch er diese Maßnahmen in seinem Unternehmen nach anfänglichem Widerstand.

Insgesamt engagierte sich Dräger neben dem unternehmerischen im Handlungsfeld Wirtschaftspolitik gerade in Zeiten mit intensiver ökonomischer Veränderungsdynamik aktiv und partizipierte dadurch an dem Wandel der Bedingungen wirtschaftlichen Handelns. Er baute weitreichende personale Netzwerkbeziehungen auf. Diese Netzwerke bilden einen zentralen Begründungszusammenhang für die überdurchschnittliche Anpassungs- und Lernfähigkeit des Drägerwerks. In der NS-Zeit waren es weniger Begünstigungen, von denen Dräger profitieren konnte, vielmehr ging es um Denkanstöße und Informationen, die das Netzwerk lieferte. Sie erlangten in der totalitären Gesellschaft mit gleichgeschalteten Medien eine entscheidende Bedeutung, die den Verlust des freien Wissensmarktes kompensierte. Auf diese Weise war Dräger in der Lage, »Anpassung« langfristig und damit strategisch zu gestalten und sich von kurzfristigen Reaktionsmechanismen zu befreien.

Für die Beantwortung der Frage nach der Bedeutung der Unternehmensentwicklung in der NS-Zeit für die Nachkriegszeit (und damit die Erfolge während des Wirtschaftswunders in den fünfziger Jahren) stellt die Auseinandersetzung mit dem Problem der angeblich modernisierenden Wirkungen des Nationalsozialismus auf die säkulare Wirtschaftsentwicklung in Deutschland für die wirtschaftshistorische Forschung eine herausragende Möglichkeit dar, die Ergebnisse der neueren Forschung zur Weimarer Zeit und der Weltwirtschaftskrise in die Analyse der NS-Zeit zu integrieren.[12]

Wenn man den Modernisierungsbegriff mit operablen ökonomischen Kriterien nutzbar macht, wird eine Einordnung der ökonomischen Rahmenbedingungen in der NS-Zeit in längerfristige Prozesse möglich. Durch diese konzeptionelle Konkretisierung relativieren sich die scheinbaren Modernisierungsleistungen. Dies gilt insbesondere, wenn man die politische Steuerung eines organisierten Kapitalismus, die in der Lage ist, eine funktionsfähige und krisenfeste industriekapitalistische Marktwirtschaft zu erhalten, als Folge eines komplexen Lern- und Anpassungsprozesses ansieht und diesen Vorgang als Basisprozeß und zentrales Kriterium der Modernisierung eines Systems betrachtet. Integriert man für die unternehmenshistorische Analyse die Kriterien Steigerung von Effizienz und Funktionalität eines Systems, also höhere Leistung

[12] So überzeugend: Ziegler, Zukunft, S. 409ff.

und die Flexibilität zur Selbsterhaltung, verweisen die Ergebnisse der Untersuchung im wesentlichen auf *zwei Tendenzen*.

Erstens entstand schon gegen Ende des Kriegs bei Dräger das Bewußtsein eines Widerspruchs zwischen den kurzfristigen Gewinnmöglichkeiten in der Kriegswirtschaft und den Folgen, die eine Verfolgung dieser Ziele für die längerfristige Entwicklung des Unternehmens bedeutete. Dieser Widerspruch ist ein entscheidender Aspekt bei der Beantwortung der Frage nach der Bedeutung der NS-Zeit für die langfristigen Trends der Entwicklung des Unternehmens. Bilanzmäßig bedeutete die kommerzielle Expansion in Gewinn und Umsatz – die in den Bilanzen nur zu einem Teil wiedergegeben wird – eine enorm profitable Phase: das industrielle Anlagevermögen des Drägerwerks wurde in der Zeit von 1933 bis 1943 von 1,9 auf über 8 Mio. RM vervierfacht. Tatsächlich fand jedoch kaum eine Modernisierung im ökonomischen Verständnis des Begriffs in Form einer Steigerung der Effizienz oder der Funktionalität des Systems statt, sondern eine kurzfristige Konzentration auf die Erfüllung einer durch die Staatskonjunktur und die Aufrüstung von Beginn an verzerrten Nachfrage. Die Entwicklung der Technologie, der Unternehmens- und der Investitionsstruktur und der internationalen Wettbewerbsfähigkeit im Drägerwerk sprechen dafür, anzunehmen, daß unter den politischen und ökonomischen Rahmenbedingungen einer Entwicklung, die sich ohne die weitreichenden Auswirkungen von Rüstung und Kriegswirtschaft vollzogen hätte, die Modernisierung wesentlich energischer abgelaufen wäre.[13] Als das nationalsozialistische Regime auf dem angeblichen Höhepunkt der scheinbaren Modernität seine Wirtschaftspolitik dem Regelungsbedarf einer immer totaleren Kriegswirtschaft anpaßte, arbeitete man in der Lübecker Unternehmensleitung schon an der Bewältigung der Kosten dieser »Modernisierung«.

Zweitens bleibt als Ergebnis der Untersuchung des Drägerwerks festzuhalten, daß die buchmäßigen Gewinne und Investitionen keineswegs Aussagen über die entscheidende Frage nach den Verwendungsmöglichkeiten von Kapital oder industriellem Anlagevermögen für die Nachkriegszeit und damit die langfristige Entwicklung zulassen. Auch wenn Bombenschäden und Demontagen für das Drägerwerk im Gegensatz zur Auergesellschaft keineswegs von entscheidender Bedeutung waren, blieb durch die Totalverluste der Wiener Fabrik und anderer Investitionen sowie die insgesamt einseitigen Schwerpunkte der Fertigungskapazitäten infolge der durch die Rüstungskonzentration verzerrten Nachfrage ein großer Teil der Ergebnisse der Expansion in den Kapitalstock in der NS-Zeit zunächst wenig produktives Kapital oder wurde vernichtet. Das Wiedererreichen internationaler Wettbewerbsfähigkeit, an der man sich in der Zwi-

[13] Vgl. zu diesen Überlegungen: Hans Mommsen, Nationalsozialismus als vorgetäuschte Modernisierung, in: Walter H. Pehle (Hg.), Der historische Ort des Nationalsozialismus. Annäherungen, Frankfurt am Main 1990, S. 11-46.

schenkriegszeit orientierte, wurde dauerhaft verzögert. Der politische Unternehmer Heinrich Dräger führte sowohl seine unternehmerische als auch seine wirtschaftspolitische Tätigkeit nach 1945 weiter und das Drägerwerk begann Anfang der fünfziger Jahre eine finanziell außerordentlich erfolgreiche Expansionsperiode. Diese Erfolge sind jedoch keineswegs im Sinne einer Monokausalität als ein Ergebnis der Unternehmensentwicklung während der NS-Zeit zu interpretieren. Zentrale Ursachen und Bedingungen für die Expansion im »Wirtschaftswunder« liegen vielmehr in der Nachkriegszeit. Diejenigen Entwicklungen in der NS-Zeit, die schließlich den Fortbestand des Unternehmens ermöglichten, waren gerade in strategischen Entscheidungen begründet, die der Unternehmer als Gegensteuerung und im eindeutigen Widerspruch zu den ökonomischen Entwicklungstendenzen der Rüstungs- und Kriegswirtschaft und den Anforderungen der nationalsozialistischen Wirtschaftspolitik durchsetzte.

Quellen- und Literaturverzeichnis

Archivalien

Archiv der KZ-Gedenkstätte Neuengamme
– Verschiedene Unterlagen zum KZ-Außenlager Drägerwerk (Wandsbek)

Altbankarchiv der Commerzbank
– Filialakten (unverzeichneter Bestand) Kreditakten

Bundesarchiv Berlin
– Personenbezogene NS-Akten (ehemaliger Bestand Berlin Document Center)
– R 2 (R 21.01) Reichsfinanzministerium
– R 3 (R 46.03) Reichsministerium für Rüstung und Kriegsproduktion
– R 7 (R 31.01) Reichswirtschaftsministerium
– R 12 I Reichsgruppe Industrie
– R 13 VI Wirtschaftsgruppe Feinmechanik und Optik
– R 13 XII Wirtschaftsgruppe Chemische Industrie
– R 13 XIV Wirtschaftsgruppe Textilindustrie
– R 41 (R 39.01) Reichsarbeitsministerium
– R 43 Reichskanzlei
– R 84 Deutsche Revisions- und Treuhand-Aktiengesellschaft
– R 121 Industriebeteiligungsgesellschaft
– NS 3 SS-Wirtschaftsverwaltungshauptamt
– NS 22 Reichsorganisationsleiter der NSDAP
– Nachlaß Paul Silverberg
– Nachlaß Hans Luther

Bundesarchiv Militärchiv Freiburg im Breisgau
– RW 19 Wehrwirtschafts- und Rüstungsamt OKW
– RW 20 Rüstungsinspektionen im Reichsgebiet
– RW 21 – 32 Rüstungskommando Kiel
– RW 21 – 31 Rüstungskommando Kattowitz
– RW 23 Rüstungsdienststellen im Generalgouvernement
– RW 46 Wehrwirtschaftsoffiziere
– RL 3 Generalluftzeugmeister
– RH 8 Heereswaffenamt
– RH 15 Oberkommmando des Heeres/Allgemeines Heeresamt

Hauptstaatsarchiv Dresden
– Bestand Altbanken Dresdner Bank
– Bestand Altbanken Commerzbank

Hauptarchiv der Commerzbank
– Sekretariat der Filialen und Depositenkassen
– Mitteilungsblätter
– Arbeitsausschußprotokolle
– Aufsichtsratsprotokolle

Institut für Weltwirtschaft Kiel (Archiv)
- Nachlaß Jens Jessen
- Varia

Institut für Zeitgeschichte (Archiv)
- ED 65/1-9 Wagener, Otto Tagebuchaufzeichnungen 1929-1933
- ZS/A 36 1 und 2 Holtzendorff, Hanshenning
- ZS 310 Aussage General Thomas
- ED 93 Schäffer, Hans
- ED 99 Nachlaß Speer
- Verschiedene Mikrofilme

National Archives Washington D.C.
- RG 260 OMGUS
- Varia

Schriftgut und Dokumentenarchiv der Drägerwerk AG
- BÄD Unternehmensarchiv Drägerwerk
- BS und KS Nachlaß Dr. Heinrich Dräger

Staatsarchiv Hamburg
- Jüdische Gemeinde
- Varia

Unternehmensarchiv der Degussa AG
- Auergesellschaft
- Nachlass Schlosser
- Varia

Unternehmensarchiv der Dresdner Bank AG
- Filiale Lübeck (unverzeichneter Bestand) Kreditakten Drägerwerk

Akteneditionen und veröffentlichte Quellen

Akten der Parteikanzlei der NSDAP. Rekonstruktion eines verlorengegangenen Bestandes, Regesten, Teil 1, Bd. 2 bearb. v. H. Heiber, München 1983

Akten der Reichskanzlei, Weimarer Republik, hrsg. von Karl Dietrich Erdmann und Wolfgang Mommsen bzw. Hans Booms, Boppard 1968ff.

Akten der Reichskanzlei, Regierung Hitler, Teil I: 1933/34, 2 Bde., hrsg. von K.-H. Minuth, Boppard 1983

Anatomie des Krieges. Neue Dokumente über die Rolle des deutschen Monopolkapitals bei der Rolle und der Vorbereitung und Durchführung des Zweiten Weltkrieges, hrsg. von Dietrich Eichholtz und Wolfgang Schumann, Berlin 1969

Deutschlands Rüstung im Zweiten Weltkrieg. Hitlers Konferenzen mit Albert Speer 1942-1945, hrsg. und eingeleitet von Willi A. Boelcke, Frankfurt am Main 1969

Hitler. Reden, Schriften und Anordnungen. Februar 1925 bis Januar 1933, Band V: Von der Reichspräsidentenwahl bis zur Machtergreifung. April 1932 – Januar 1933, hrsg. und kommentiert von Klaus A. Lankheit, München 1996

IMT (International Military Tribunal): Der Prozeß gegen die Hauptkriegsverbrecher vor dem Internationalen Militärgerichtshof, Nürnberg 14.11.1945 bis 1.10.1946, 42 Bde., Nürnberg 1947-1949

Meldungen aus dem Reich. Die geheimen Lageberichte des Sicherheitsdienstes der SS 1938-1945, 17 Bde., hrsg. von Heinz Boberach, Herrsching 1984

Politik und Wirtschaft in der Krise 1930-1032. Quellen zur Ära Brüning. Eingeleitet von Gerhard Schulz (Quellen zur Geschichte des Parlamentarismus und der politischen Parteien, Dritte Reihe, Bd. 3) 2 Teile, Düsseldorf 1980

Schulthess' Europäischer Geschichtskalender, hrsg. von U. Thürauf, Neue Folge Jg. 48, 1932, München 1933

Stenographische Berichte der Verhandlungen des Reichtages und Anlagen hierzu

Die Tagebücher von Joseph Goebbels. Sämtliche Fragmente, hrsg. von Elke Fröhlich im Auftrag des Instituts für Zeitgeschichte und in Verbindung mit dem Bundesarchiv, 4 Bde., München 1987

The United States Strategic Bombing Survey (USSBS), 10 Bde., hrsg. von David MacIsaac, New York 1976

Ursachen und Folgen. Vom deutschen Zusammenbruch 1918 und 1945 bis zur staatlichen Neuordnung Deutschlands in der Gegenwart. Eine Urkunden- und Dokumentensammlung zur Zeitgeschichte, hrsg. und bearb. von Herbert Michaelis und Ernst Schraepler, Berlin o. J.

Zeitungen, Zeitschriften und Periodika

Das Tagebuch

Der Deutsche Oekonomist

Der Deutsche Volkswirt

Die Deutsche Volkswirtschaft

Die Wirtschaftswende

Draeger-Gasschutz-Mitteilungen

Draeger-Hefte

Europa-Wirtschaft

Gasschutz und Luftschutz

Jahrbuch des Arbeitswissenschaftlichen Instituts der Deutschen Arbeitsfront

Reichsgesetzblatt

Wolffs's Telegrahisches Büro

Mündliche Auskünfte

Hans Uwe Lorenzen 29.3.1992

Dr. Christian Dräger 16.3.1995

Ernst Niemann 18.6.1995

Monographien, Sammelbände, zeitgenössisches Schrifttum und Aufsätze

Werner Abelshauser, Wirtschaft in Westdeutschland 1945-1948. Rekonstruktion und Wachstumsbedingungen in der amerikanischen und britischen Zone, Stuttgart 1975

Uwe Dietrich Adam, Judenpolitik im Dritten Reich, Düsseldorf 1972

Hans-Günther Adler, Theresienstadt 1941-1945. Das Antlitz einer Zwangsgemeinschaft, Tübingen 1955

Jens Alber, Nationalsozialismus und Modernisierung, in: Kölner Zeitschrift für Soziologie und Sozialpsychologie 41 (1989), S. 346-365

Allgemeiner Konjunkturdienst. Die Wirtschaftslage in Deutschland, in: Vierteljahrshefte für Konjunkturforschung 11 (1936) Teil A, N. F.

Goetz Aly/Susanne Heim, Vordenker der Vernichtung. Auschwitz und die deutschen Pläne für eine neue europäische Ordnung, Frankfurt am Main 1993 (Erstausgabe 1991)

Michael Appel, Werner Sombart. Theoretiker und Historiker des modernen Kapitalismus, Marburg 1992

Arbeitsbeschaffung. Eine Gemeinschaftsarbeit. Unter Mitwirkung zahlreicher Fachleute bearbeitet von Heinrich Dräger u.a., Berlin 1933

Manfred Asendorf, Ulrich von Hassels Europakonzeption und der Mitteleuropäische Wirtschaftstag, in: Tel Aviver Jahrbuch für deutsche Geschichte VII (1978), S. 387-419

Jürgen Backhaus, Werner Sombarts Konjunkturtheorie, in: Bertram Schefold (Hg.), Studien zur Entwicklung der ökonomischen Theorie VII, Berlin 1989, S. 77-98

Frank Bajohr, »Arisierung« in Hamburg: Die Verdrängung der jüdischen Unternehmer 1933-1945, Hamburg 1997

Theodore Balderston, The Origins of the German Economic Crisis. November 1923 to May 1932, Berlin 1993

Avraham Barkai, »Schicksalsjahr 1938«. Kontinuität und Verschärfung der wirtschaftlichen Ausplünderung der deutschen Juden, in: Walter H. Pehle (Hg.), Der Judenpogrom 1938. Von der »Reichskristallnacht« zum Völkermord, Frankfurt am Main 1988, S. 94-118

Ders., Vom Boykott zur »Entjudung«. Der wirtschaftliche Existenzkampf der Juden im Dritten Reich 1933-1943, Frankfurt am Main 1987

Ders., Die deutschen Unternehmer und die Judenpolitik im »Dritten Reich, in: GG 15 (1989), S. 227-247

Ders., Die Wirtschaftsauffassung der NSDAP, in: APUZ B 9/75 (1975), S. 3-16

Ders., Wirtschaftliche Grundanschauungen und Ziele der NSDAP. Ein unveröffentlichtes Dokument aus dem Jahre 1931, in: Jahrbuch des Instituts für Deutsche Geschichte 7 (1978), S. 355-385

Ders., Das Wirtschaftssystem des Nationalsozialismus. Ideologie, Theorie, Politik 1933-1945, Frankfurt am Main 1988 (Originalausgabe Köln 1977)

Ulrich Bauche/Heinz Brüdigam/Ludwig Eiber/Wolfgang Wiedey (Hgg.), Arbeit und Vernichtung. Das Konzentrationslager Neuengamme 1938-1945, Hamburg 1986

Kurt Baumann, Autarkie und Planwirtschaft, in: Zeitschrift für Sozialforschung II (1933), S. 79-103

Reinhard Bendix, Max Weber, das Werk, München 1964

Volker R. Berghahn, Unternehmer und Politik in der Bundesrepublik, Frankfurt am Main 1985

Ders., Paul J. Friedrich, Otto A. Friedrich, ein politischer Unternehmer. Sein Leben und seine Zeit 1902-1975, Frankfurt am Main 1993

Hartmut Berghoff/Cornelia Rauh-Kühne, Fritz K. Ein deutsches Leben im zwanzigsten Jahrhundert, München 2000

Hartmut Berghoff, Zwischen Kleinstadt und Weltmarkt: Hohner und die Mundharmonika 1857-1961. Unternehmensgeschichte als Gesellschaftsgeschichte, Paderborn 1997

Ders., Englische Unternehmer 1870-1914. Eine Kollektivbiographie führender Wirtschaftsbürger in Birmingham, Bristol und Manchester, Göttingen 1991

Ders./Roland Möller, Unternehmer in Deutschland und England 1870-1914. Aspekte eines kollekiv-biographischen Vergleichs, in: HZ 256 (1993), S. 353-386

Paul Beusch/Goetz Briefs/C.A. Fischer (Hgg.), Währungszerfall und Währungsstabilisierung, Berlin 1928

Martin Birke, Betriebliche Technikgestaltung und Interessenvertretung als Mikropolitik. Fallstudien zum arbeitspolitischen Umbruch, Wiesbaden 1992

Fritz Blaich, Die bayerische Industrie 1933-1939. Elemente von Gleichschaltung, Konformismus und Selbstbehauptung, in: Martin Broszat/Elke Fröhlich (Hgg.), Bayern in der NS-Zeit, Bd. 2, München 1979, S. 237-280

Stephan Böhm, Teil und Ganzes. Einige Bemerkungen aus ökonomischer Sicht oder: Smith, Keynes und die Heutigen, in: Karl Acham/Winfried Schulze (Hgg.), Teil und Ganzes, München 1990, S. 45-71

Willi A. Boelcke, Die Kosten von Hitlers Krieg. Kriegsfinanzierung und finanzielles Kriegserbe in Deutschland 1933-1948, Paderborn 1985

Ders., Die Deutsche Wirtschaft 1933-1945. Interna des Reichswirtschaftsministeriums, Düsseldorf 1983

Ders., Deutschland als Welthandelsmacht 1930-1945, Stuttgart 1994

Gottfried Bombach u.a. (Hgg.), Der Keynesianismus I-III, Berlin 1976-1981

Knut Borchardt, Geleitwort, in: Harold James, Deutschland in der Weltwirtschaftskrise 1924-1936, Stuttgart 1988

Ders., Wachstum Krisen Handlungsspielräume: Studien zur Wirtschaftsgeschichte des 19. und 20. Jahrhunderts, Göttingen 1982

Ders., Wege aus der Arbeitslosigkeit: Die Diskussion in Deutschland in den frühen dreißiger Jahren, in: Vierteljahrsheft für Wirtschaftsforschung 1/1984, S. 6-16

Ders., Zur Aufarbeitung der Vor- und Frühgeschichte des Keynesianismus in Deutschland. Zugleich ein Beitrag zur Position von W. Lautenbach, in: Jahrbücher für Nationalökonomie und Statistik 197 (1982), S. 359-370

Ders./Hans Otto Schütz (Hgg.), Wirtschaftspolitik in der Krise. Die (Geheim)Konferenz der Friedrich List-Gesellschaft im September 1931 über die Möglichkeiten und Folgen einer Kreditausweitung, Baden-Baden 1991

Ders., Wirtschaftspolitische Beratung in der Krise: Die Rolle der Wissenschaft, in: Heinrich A. Winkler (Hg.), Die deutsche Staatskrise 1930-1933. Handlungsspielräume und Alternativen, München 1992, S. 109-132

Ders., Das Gewicht der Inflationsangst in den wirtschaftspolitischen Entscheidungsprozessen während der Weltwirtschaftskrise, in: Gerald D. Feldman (Hg.), Die Nachwirkungen der Inflantion auf die deutsche Geschichte 1924-1933, München 1984, S. 233-260

Ders., Wachstum und Wechsellagen 1914-1970, in: Hermann Aubin/Wolfgang Zorn, Handbuch der deutschen Wirtschafts- und Sozialgeschichte, Bd. 2, Stuttgart 1976, S. 685-720.

Ders., Trends, Zyklus, Strukturbrüche, Zufälle: Was bestimmt die deutsche Wirtschaftsgeschichte des 20. Jahrhunderts?, in: VSWG 64 (1977), S. 145-178

Pierre Bourdieu, Die politische Ontologie Martin Heideggers, Frankfurt am Main 1988

Ders., Die biographische Illusion, in: BIOS. Zeitschrift für Biographieforschung und Oral History 3 (1990), S. 75-81

Karl Dietrich Bracher, Die Auflösung der Weimarer Republik. Eine Studie zum Problem des Machtverfalls in einer Demokratie, 4. Aufl. Villingen 1964

Ders./Wolfgang Sauer/Gerhard Schulz, Die nationalsozialistische Machtergreifung, Köln 1962

Petra Bräutigam, Mittelständische Unternehmer im Nationalsozialismus. Wirtschaftliche Entwicklungen und soziale Verhaltensweisen in der Schuh- und Lederindustrie Badens und Württembergs, München 1997

Stefan Breuer, Anatomie der konservativen Revolution, Darmstadt 1993

Ders., Bürokratie und Charisma. Zur politischen Soziologie Max Webers, Darmstadt 1994

Fritz Bringmann, KZ Neuengamme. Berichte, Erinnerungen, Dokumente, Frankfurt am Main 1981

Martin Broszat, Grundzüge der gesellschaftlichen Verfassung des Dritten Reiches, in: ders./Horst Möller (Hgg.), Das Dritte Reich. Herrschaftsstruktur und Geschichte, 2. Aufl. München 1986, S. 38-50

Ders., Resistenz und Widerstand, in: ders./Elke Fröhlich/Anton Grossmann (Hgg.), Bayern in der NS-Zeit, Bd. 4, München 1981, S. 691-709
Ders., Nationalsozialistische Konzentrationslager 1933-1945, in: Hans Buchheim/ Martin Broszat/ Hans-Adolf Jacobsen/ Helmut Krausnick, Anatomie des SS-Staates, Bd. 2, 5. Aufl. München 1989, S. 11-133
Ders., Der Staat Hitlers. Grundlegung und Entwicklung seiner inneren Verfassung, 12. Aufl. München 1989
Jonathan Brown/Mary B. Rose (Hgg.), Entrepreneurship, networks and modern business, Manchester 1993
Christoph Buchheim, Die Wiedereingliederung Deutschlands in die Weltwirtschaft 1945-1958, München 1990
Ders., Zur Natur des Wirtschaftsaufschwungs in der NS-Zeit, in: Christoph Buchheim/Michael Hutter/Harold (Hgg.), Zerrissene Zwischenkriegszeit. Wirtschaftshistorische Beiträge. Knut Borchardt zum 65. Geburtstag, Baden-Baden 1994, S. 97-119
Ders., Michael Hutter, Harold James (Hgg.), Zerrissene Zwischenkriegszeit. Wirtschaftshistorische Beiträge. Knut Borchardt zum 65. Geburtstag, Baden-Baden 1994
Gunilla-Friederike Budde, Auf dem Weg ins Bürgerleben. Kindheit und Erziehung in deutschen und englischen Bürgerfamilien 1840-1914, Göttingen 1994
Lutz Budraß/Manfred Grieger, Die Moral der Effizienz. Die Beschäftigung von KZ-Häftlingen am Beispiel des Volkswagenwerks und der Henschel-Flugzeugwerke, in: JfW 1993, S. 89-136
Lutz Budraß, Unternehmer im Nationalsozialismus: Der »Sonderbevollmächtigte des Generalfeldmarschalls Göring für die Herstellung der Ju 88«, in: Plumpe/Kleinschmidt, Unternehmen, S. 74-89
Ders., Flugzeugindustrie und Luftrüstung in Deutschland 1918-1945, Düsseldorf 1998
Rainer Bühner, Betriebs- und Organisationslehre, 4. Aufl. München 1989
Werner Bührer, Zum Wandel der wirtschafts- und sozialpolitischen Zukunftsvorstellungen in der deutschen Industrie zwischen Weltwirtschaftskrise und Wirtschaftswunder, in: Matthias Frese und Michael Prinz (Hgg.), Politische Zäsuren und sozialer Wandel im 20. Jahrhundert. Regionale und vergleichende Perspektiven, Paderborn 1996, S. 81-105
Ursula Büttner, Politische Alternativen zum Brüningschen Deflationskurs. Ein Beitrag zur Diskussion über ökonomische Zwangslagen in der Endphase von Weimar, in: VfZ 37 (1989), S. 209-251
Youssef Cassis (Hg.), Business Elites, Aldershot 1994
Mark Casson, Entrepreneuship and business culture, in: Brown/Rose, Entrepreneurship, S. 30-54
Georges Castellan, Le Réarmement clandestin du Reich 1930-1935. Vu par le 2e Bureau de 1'Etat-Major Francais, Paris 1954
Alfred D. Chandler, Business History as Institutional History, in: G.R. Taylor/L.F. Ellsworth (Hgg.), Approaches to American Economic History, Charlottsville 1971, S. 17-24
Ders., Scale and Scope. The Dynamics of Industrial Capitalism, Cambridge 1990
Chemische Kriegsführung. Chemische Abrüstung. Dokumente und Kommentare, hrsg. von Hans Günter Brauch und Rolf-Dieter Müller, Berlin 1984 (=Militärpolitik und Rüstungsbegrenzung Bd. 1)
Frank C. Child, The Theory and Practise of Exchange Control in Germany. A Study of Monopolist Exploitation in International Markets, The Hague 1958
T. A. B. Corley, The Entrepreneur: the central issue in business hstory?, in: Jonathan Brown/Mary B. Rose (Hgg.), Entrepreneurship, networks and modern business, Manchester 1993, S. 11-30

Eberhard Czichon, Wer verhalf Hitler zur Macht? Zum Anteil der deutschen Industrie an der Zerstörung der Weimarer Republik, 3. Aufl. Köln 1967

Ralf Dahrendorf, Class and Class Conflict in Industrial Society, Stanford 1959

Ders., Eine neue deutsche Oberschicht?, in: Die Neue Gesellschaft, 1962, S. 23-32

Rudolf Dalberg, Deutsche Währungs- und Kreditpolitik 1923-1926, Berlin 1926

Ders., England seit der Aufgabe des Goldstandards. Die Währungspolitik im Kampf gegen die Weltkrise, in: Der Internationale Kapitalismus und die Krise. Festschrift für Julius Wolf zum 20.4.1932, hrsg. v. S. v. Kardorff u. a., Stuttgart 1932, S. 315-339

Das Daimler-Benz Buch. Ein Rüstungskonzern im Dritten Reich, hrsg. von der Hamburger Stiftung für Sozialgeschichte des 20. Jahrhunderts, Hamburg 1987

Hans Decken, Die Arbeiten des Agrarreferates im DIW 1929-1945, in: Deutsches Institut für Wirtschaftsforschung (Institut für Konjunkturforschung), Das deutsche Institut für Wirtschaftsforschung (IfK) 1925-1945 in der Erinnerung früherer Mitarbeiter, Berlin 1966

Deutsche Wirtschaftsführer. Lebensgänge deutscher Wirtschaftspersönlichkeiten, bearb. v. Georg Wenzel, Hamburg 1929

Die Deutsche Volkswirtschaft, 1. Sonderheft, »Das Sofortprogramm« 1932

Götz Diekmann, Existenzbedingungen und Widerstand im Konzentrationslager Dora-Mittelbau unter dem Aspekt der funktionellen Einbeziehung der SS in das System der faschistischen Kriegswirtschaft, Diss. Berlin 1968

Bernd Dornseifer, Zur Bürokratisierung deutscher Unternehmen im späten 19. und frühen 20. Jahrhundert, in: JfW 1993, S. 69-91

Christian Dräger, Der angemessene kalkulatorische Gewinn bei öffentlichen Aufträgen, München 1964

Heinrich Dräger, Die Instleute oder Insten in Schleswig-Holstein. Ihre Geschichte, ihre Bedeutung und ihre Entlohnung, Innaugural-Dissertation zur Erlangung der Würde eines Doktors der Landwirtschaft, Langenselza 1927

Ders., Arbeitsbeschaffung durch produktive Kreditschöpfung. Ein Beitrag zur Frage der Wirtschaftsbelebung durch das sogenannte »Federgeld«, 1. Aufl. München 1932 (Nationalsozialistische Bibliothek / Heft 41)

Ders./Wilhelm Grotkopp, Was kann Deutschland an Lasten tragen?, Düsseldorf 1953

Ders., Altersversorgung auf Gegenseitigkeit für alle. Kaufkraftfähige Arbeitsrente, Düsseldorf 1956

Ders., Arbeitsbeschaffung durch produktive Kreditschöpfung, überarbeitete und ergänzte Neuauflage Düsseldorf 1956

Ders./Hellmuth Heye/Franz Sackmann, Probleme der Verteidigung der Bundesrepublik. Ihre Betrachtung unter Berücksichtigung wirtschaftlicher und technischer Belange, Lübeck 1959

Ders., Die Illusion unserer Produktivität. Ein Diskussionsbuch mit statistischen Unterlagen und Sachverständigengutachten über die Zusammenhänge zwischen Produktivität, Lohn, Sozial-Rente und Preis, Düsseldorf 1961

Ders./Hellmuth Heye/Franz Sackmann, Der Grundschutz. Das ABC des baulichen Bevölkerungsschutzes, Beiträge zu einem Schutzraumgesetz ohne Fehlinvestitionen, 2. überarbeitete Aufl. Berlin 1963

Ders., Das große Ziel. Soziale Gerechtigkeit durch gesteuerte Marktwirtschaft, Stuttgart 1976

Ders., Quellen keynesianischer Wirtschaftspolitik in Deutschland und ihre Protagonisten bis 1935, in: Bombach, Keynesianismus II, S. 315-324

Karl Drechsler, Hans Dress, u. Gerhard Hass, Europapläne des deutschen Imperialismus im Zweiten Weltkrieg, in: ZfG XIX (1971), S. 917-931

Drei Jahrzehnte Wirtschafts- und Gesellschaftspolitik. Die Stimme eines Unternehmers, Heinrich Dräger zum 70. Geburtstag, hrsg. von Gottfried Bombach, Düsseldorf 1968
Eduard Düll, »Arbeitsbeschaffung« in: Handwörterbuch der Rechtswissenschaft, Bd. VIII (Rechtsentwicklung der Jahre 1935/36), Berlin 1936, S. 32
Ludwig Eiber, Das KZ-Außenlager Blohm & Voss im Hamburger Hafen, in: Kaienburg, Konzentrationslager, S. 227-238
Dietrich Eichholtz, Geschichte der deutschen Kriegswirtschaft 1939-1945 Bd. II: 1941-1943, Berlin 1985
Ders., Geschichte der deutschen Kriegswirtschaft Bd. III: 1943-1945 (unter Mitarbeit von Hagen Fleischer, Manfred Oertel, Berthold Puchert und Karl Heinz Roth), Berlin1996
Bernhard Endrucks, Das Ende der Erwerbslosigkeit: Die Nationalunternehmung, Berlin 1932
Ernst Engelberg/Hans Schleier, Zur Geschichte und Theorie der historischen Biographie, in: ZfG 38 (1990), S. 195-217
René Erbe, Die nationalsozialistische Wirtschaftspolitik im Lichte der modernen Theorie, Zürich 1958
Paul Erker/Toni Pierenkemper (Hgg.), Deutsche Unternehmer zwischen Kriegswirtschaft und Wiederaufbau. Studien zur Erfahrungsbildung von Industrie-Eliten, München 1999
Ders., Wachsen im Wettbewerb. Eine Zeitgeschichte der Continental Aktiengesellschaft (1971-1996), Düsseldorf 1996
Ders., Aufbruch zu neuen Paradigmen. Unternehmensgeschichte zwischen sozialgeschichtlicher und betriebswirtschaftlicher Erweiterung, in: AfS 37 (1997), S. 321-365
Ders., The Emergence of Modern Business Structures? Industry and War Economy in Nazi-Germany, in: Jan Sakudo/Takao Shiba (Hgg.), World War II and the Transformation of the Business System, Tokio 1994, S. 158-181.
Ders., »Amerikanisierung« der westdeutschen Wirtschaft? Stand und Perspektiven der Forschung, in: Konrad Jarausch/Hannes Siegrist (Hgg.), Amerikanisierung und Sowjetisierung in Deutschland 1945-1970, Frankfurt am Main 1997, S. 137-145
Ders., Industrie-Eliten in der NS-Zeit: Anpassungsbereitschaft und Eigeninteresse von Unternehmern in der Rüstungs- und Kriegswirtschaft 1936-1945, Passau 1994
Jeffrey Fear, Die Rüstungsindustrie im Gau Schwaben 1939-1945, in: VfZ 35 (1987), S. 193-216
Rudolf Federmann, Bilanzierung nach Handelsrecht und Steuerrecht, 10. Aufl. Berlin 1994
Wilfried Feldenkirchen, Siemens 1918-1945, München 1995
Gerald D. Feldman, Army, Industry and Labor in Germany 1914-1918, Princeton 1966
Ders., Hugo Stinnes. Biographie eines Industriellen, 1870-1924, München 1998
Benjamin B. Ferencz, Lohn des Grauens. Die verweigerte Entschädigung für jüdische Zwangsarbeiter. Ein Kapitel deutscher Nachkriegsgeschichte, Frankfurt am Main 1981
Martin Fiedler, Betriebliche Sozialpolitik in der Zwischenkriegszeit. Wege der Interpretation und Probleme der Forschung im deutsch-französischen Vergleich, in: GG 22 (1996), S. 350-375
Guido Fischer, LSÖ – Kosten und Preis, Leipzig 1941
Wolfram Fischer, Deutsche Wirtschaftspolitik 1918-1945, 3. Aufl. Opladen 1968
Ders., Probleme von Außenhandel und Aufrüstung (Koreferat zu H.-E. Volkmann), in: Forstmeier/Volkmann, Wirtschaft, S. 132-135
Ders., Unternehmensgeschichte und Wirtschaftsgeschichte – Über die Schwierigkeiten, mikro- und makroökonomische Ansätze zu vereinen, in: Hermann Kellenbenz und

Hans Pohl (Hgg.), Historia Socialis et Oeconomia, Festschrift Wolfgang Zorn, Stuttgart 1987, S. 61-71
Friedrich Forstmeier/Hans-Erich Volkmann (Hgg.), Wirtschaft und Rüstung am Vorabend des Zweiten Weltkrieges, Düsseldorf 1975
Friedrich Forstmeier/Hans-Erich Volkmann (Hgg.), Kriegswirtschaft und Rüstung 1939-1945, Düsseldorf 1977
Siegfried Francke, Militärchemie, Bd. 1, Berlin 1977
Norbert Frei, Wie modern war der Nationalsozialismus?, in: GG 19 (1993), S. 367-387
Matthias Frese, Zugeständnisse und Zwangsmaßnahmen. Neuere Studien zur nationalsozialistischen Arbeits- und Sozialpolitik, in: NPL 32 (1987), S. 53-74
Ders., Betriebspolitik im Dritten Reich. Deutsche Arbeitsfront, Unternehmer und Staatsbürokratie in der westdeutschen Großindustrie 1933-1933, Paderborn 1991
Ders., Sozial und Arbeitspolitik im »Dritten Reich«. Ein Literaturbericht, in: NPL 38 (1993), S. 403-446
Ders., Betriebsrat und Betriebsrätetätigkeit zwischen 1920 und 1960. Handlungsspielräume und –muster betrieblicher Interessenvertretung am Beispiel der Carl-Freudenberg-Werke in Weinheim a. d. Bergstraße, in: Lauschke/Welskopp, Mikropolitik, S. 123-160
Robert Friedlaender-Prechtl, Wirtschaftswende. Die Ursachen der Arbeitslosen-Krise und deren Bekämpfung, Leipzig 1931
Klaus Fritzsche, Politische Romantik und Gegenrevolution. Fluchtwege in der Krise der bürgerlichen Gesellschaft: Das Beispiel des »Tat«-Kreises, Frankfurt am Main 1976
Rainer Fröbe/Claus Füllberg-Stollberg/Christoph Gutmann/Rolf Keller/Herbert Obenaus/Hans Hermann Schröder, Konzentrationslager in Hannover. KZ-Arbeit und Rüstungsindustrie in der Spätphase des zweiten Weltkrieges, 2 Bde. Hildesheim 1985
Rainer Fröbe/Claus Füllberg-Stollberg, Von der Résistance zum Widerstand im Konzentrationslager. Weibliche KZ-Häftlinge in Ravensbrück und Hannover-Limmer, in: Dachauer Hefte 7 (1991), S. 191-209
Rainer Fröbe, Der Arbeitseinsatz von KZ-Häftlingen und die Perspektive der Industrie 1943-1945, in: Herbert, Europa, S. 351-383
Ders., »Wie bei den alten Ägyptern«. Die Verlagerung des Daimler-Benz-Flugzeugmotorenwerks Genshagen nach Obrigheim am Neckar 1944/45, in: Daimler-Benz Buch, S. 392-470
Claus Füllberg-Stollberg, Frauen im Konzentrationslager: Limhagen und Limmer, in: Fröbe u.a., KZ-Arbeit, S. 277-329
Franz Josef Furtwängler, Die Gewerkschaften. Ihre Geschichte und internationale Auswirkung, 4. Aufl. Hamburg 1964
John Kenneth Galbraith, A Life in Our Times, New York 1981
Lothar Gall, A Man for all Seasons? Hermann Josef Abs im Dritten Reich, Online Version, München 1998
George Garvy, Keynes and the Economic Activists in Pre-Hitler Germany, in: Journal of Political Economy 83 (1975), S. 391-405
Johann Sebastian Geer, Der Markt der geschlossenen Nachfrage. Eine morphologische Studie über die Eisenkontingentierung in Deutschland 1937-1945, Berlin 1961
Astrid Gehrig, Nationalsozialistische Rüstungspolitik und unternehmerischer Handlungsspielraum. Vergleichende Fallstudien zur württembergischen Maschinenbauindustrie, München 1996
Günter Gehrig, Eine Zeitreihe für den Sachkapitalbestand, in: IFO-Studien 7 (1961), S. 7-60
Günther W. Gellermann, Der Krieg, der nicht stattfindet – Möglichkeiten, Überlegungen und Entscheidungen der obersten deutschen Führung zur Verwendung chemischer Kampfstoffe im 2. Weltkrieg, Koblenz 1986

Helmut Genschel, Die Verdrängung der Juden aus der Wirtschaft im Dritten Reich, Göttingen 1966

Günther Gereke, Ich war königlich-preußischer Landrat, Berlin 1971

Uta Gerhardt, Charismatische Herrschaft und Massenmord im Nationalsozialismus. Eine soziologische These zum Thema der freiwilligen Verbrechen an Juden, in: GG 24 (1998), S. 503-538

Geschichte der Auergesellschaft von der Gründung im Jahre 1892 bis zum Jahre 1958. hrsg. v. Friedrich Klauer (Technischer Direktor), Berlin (Eigendruck der Auergesellschaft)

A. Gerschenkron, Social attitudes, entrepreneurship and econoic development, in: Explorations in Entrepreneurial History VI (1953), S. 1-19

Andreas Gestrich, Einleitung: Sozialhistorische Biographieforschung, in: ders./Peter Knoch/Helga Merkel (Hgg.), Biographie – sozialgeschichtlich. Sieben Beiträge, Göttingen 1988

Michael Geyer, Das Zweite Rüstungsprogramm, in: MGM 17 (1975), S. 125-172

Ders., Aufrüstung oder Sicherheit. Die Reichswehr in der Krise der Machtpolitik 1924-1934, Wiesbaden 1980

Ders., Deutsche Rüstungspolitik 1850-1980, Frankfurt am Main 1984

Ulrich Giermann, Einrichtungen zur Ertragsbeteiligung und Vermögensbildung der Arbeitnehmer im Drägerwerk Lübeck (Wissenschaftliche Arbeit im Rahmen der Ersten Staatsprüfung für das Lehramt für die Sekundarstufe II – unveröffentlichtes Manuskript), Bonn 1981

John Gillingham, Industry and politics in the Third Reich: Rhur coal, Hitler and Europe, Cambridge 1985

Daniel Yonah Goldhagen, Hitlers willige Vollstrecker. Ganz gewöhnliche Deutsche und der Holocaust, Berlin 1996

Guido Golla, Nationalsozialistische Arbeitsbeschaffung in Theorie und Praxis 1933-1936, Köln 1994

Ders., Zielvorstellungen und Auswirkungen der Brüningschen Sparmaßnahmen, Köln 1994

Ludwig Grebler, Die Deutsche Arbeitsbeschaffung 1932-1935, in: Internationale Rundschau der Arbeit 15 (1937), S. 418-424.

Neil Gregor, Stern und Hakenkreuz. Daimler Benz im Dritten Reich, Berlin 1997

Olaf Groehler/Klaus Mammach, Nachkriegsvorstellungen der deutschen Großbourgeoisie und des deutschen Widerstandes, in: Bulletin des Arbeitskreises Zweiter Weltkrieg Nr. 1-4 1985, S. 7-31

Olaf Groehler, Der lautlose Tod. Einsatz und Entwicklung deutscher Giftgase von 1914 bis 1945, Reinbek 1989 (Erstausgabe Berlin 1978)

Wilhelm Grotkopp, Die grosse Krise. Lehren aus der Überwindung der Wirtschaftskrise 1929-32, Düsseldorf 1954

Lothar Gruchmann, Nationalsozialistische Großraumordnung. Die Konstruktion einer ›deutschen Monroe-Doktrin‹, Stuttgart 1962

Michael Grübler, Die Spitzenverbände der Wirtschaft und das erste Kabinett Brüning. Vom Ende der Großen Koalition 1929/39 bis zum Vorabend der Bankenkrise 1931. Eine Quellenstudie, Düsseldorf 1982

Rüdiger Hachtmann, Arbeitsmarkt und Arbeitszeit in der deutschen Industrie 1929-1939, in: AfS 27 (1987), S. 177-229

Ders., Industriearbeit im »Dritten Reich«. Untersuchungen zu den Lohn- und Arbeitsbedingungen in Deutschland 1933-1945, Göttingen 1989

Harald Hagemann, Lohnsenkung als Mittel der Krisenbekämpfung? Überlegungen zum Beitrag der <Kieler Schule> in der beschäftigungspolitischen Diskussion am Ende der

Weimarer Republik, in: ders., H. D. Kurz (Hgg.), Beschäftigung, Verteilung und Konjunktur. Festschrift für Adolph Lowe, Bremen 1984, S. 97-129

Handbuch der deutschen Aktiengesellschaften, 49. Jg. 1944

Ernst Willi Hansen, Reichswehr und Industrie. Rüstungswirtschaftliche Zusammenarbeit und wirtschaftliche Mobilmachungsvorarbeiten 1923-1932, Boppard 1978

Fritz Hahn, Waffen und Geheimwaffen des deutschen Heeres 1933-1945, Bd.1: Infanteriewaffen, Pionierwaffen, Artelleriewaffen, Pulver, Spreng- und Kampfstoffe, Koblenz 1986

Hakan Hakansson/Jan Johanson, The network as a governance structure. Interfirm cooperation beyond markets and hierarchies, in: Gernot Grabber (Hg.), The embedded firm, London 1993, S. 35-51

Ulrich von Hassel, Vom anderen Deutschland, Frankfurt am Main 1964

Mark Harrison, Resource Mobilisation for World War II: The U.S.A., U.K., U.S.S.R., and Germany 1938-1945, in: Economic History Review 41 (1988), S. 171-184

Ders. (Hg.), The economics of World War II. Six great powers in international comparison, Camebridge 1998

Karin Hartewig, Die »alliierte Besatzungsmacht« in den Lebensgeschichten westdeutscher Unternehmer, in: BIOS 5 (1993), S. 95-119

Claus Hartwig, Englands schicksalsschwere Entscheidung, in: EW 1.1.1932, S. 31-37

Heinz-Gerhard Haupt und Jürgen Kocka (Hgg.), Geschichte und Vergleich. Ansätze und Ergebnisse international vergleichender Geschichtsschreibung, Frankfurt am Main 1996

Peter Hayes, »A Question Mark with Epaulettes?« Kurt von Schleicher and Weimar Politics, in: JMH 52 (1980), S. 35-60

Ders., Industry and ideology. IG Farben in the Nazi era, Cambridge 1987

Ders., Fritz Roessler and Nazism: The Observations of an German Industrialist, 1930-1937, in: Central European History XX (1987), S. 58-79

Ders., Zur umstrittenen Geschichte der I.G. Farbenindustrie AG, in: GG 18 (1992), S. 405-417

Ders., Polycracy and Policy in the Third Reich: The Case of the Economy, in: Thomas Childers/Jane Caplan (Hgg.), Reevaluating the Third Reich, New York 1993, S. 139-160

Ders., Die IG Farben und die Zwangsarbeit von KZ-Häftlingen im Werk Auschwitz, in: Kaienburg, Konzentrationslager, S. 129-148

Ders., Big Business and Aryanization in Germany, 1933-1939, in: Jahrbuch für Antisemitismusforschung 3 (1995), S. 254-281

Ders., Diskussionsbeitrag, in: Unternehmen im Nationalsozialismus, hrsg. von Lothar Gall, und Manfred Pohl, München 1998 (Schriftenreihe zur Zeitschrift für Unternehmensgeschichte Bd. 1), S. 132

Ders., Die „Arisierungen" der Degussa AG. Geschichte und Bilanz, in: ders./Irmtraud Wojek (Hgg.), „Arisierung" im Nationalsozialismus. Volksgemeinschaft, Raub und Gedächtnis, Frankfurt am Main 2000, S. 85-124

Hannes Heer, Burgfrieden oder Klassenkampf. Zur Politik der Sozialdemokratischen Gewerkschaften 1930-33, Neuwied 1971

Kaspar Hellmut, Die Handhabung des Neuen in organisierten Sozialsystemen, Berlin 1990

Josef Henke, Von den Grenzen der Macht. Eine Fallstudie zur Tätigkeit des SS-Wirtschafts-Verwaltungshauptamtes, in: Verwaltung contra Menschenführung im Staat Hitlers. Studien zum politisch-administrativen System, hrsg. von Dieter Rebentisch u. Karl Teppe, Göttingen 1986, S. 255-277

Klaus-Dietmar Henke, Die amerikanische Besetzung Deutschlands, München 1995

Volker Hentschel, Weimars letzte Monate. Hitler und der Untergang der Republik, Düsseldorf 1978
Ders., Zur Politik internationaler Wettbewerbsbeschränkungen in der Zwischenkriegszeit, in: Wettbewerbsbeschränkungen auf internationalen Märkten – Maßnahmen und Wirkungen. USA, Großbritannien, Deutschland und Frankreich (Referate und Diskussionsbeiträge des 10. Wissenschaftlichen Symposiums der Gesellschaft für Unternehmensgeschichte), Stuttgart 1988, S. 110-162
Ders., Daimler-Benz im Dritten Reich. Zu Inhalt und Methode zweier Bücher zum gleichen Tema, in: VSWG 75 (1988), S. 74-100
Ulrich Herbert, Fremdarbeiter. Politik und Praxis des »Ausländer-Einsatzes« in der deutschen Kriegswirtschaft des Dritten Reiches, Bonn 1985
Ders. (Hg.), Europa und der „Reichseinsatz". Ausländische Zivilarbeiter, Kriegsgefangene und KZ-Häftlinge in Deutschland 1938-1945, Essen 1991
Ders., Arbeit und Vernichtung. Ökonomisches Interesse und Primat der »Weltanschauung« im Nationalsozialismus, in: ders., Europa, S. 384-426
Ders., Best. Biographische Studien über Radikalismus, Weltanschauung und Vernunft 1903-1989, Berlin 1996
Ludolf Herbst, Krisenüberwindung und Wirtschaftsneuordnung. Ludwig Erhards Beteiligung an den Nachkriegsplanungen am Ende des Zweiten Weltkrieges, in: VfZ 25 (1977), S. 305-340
Ders., Die Krise des nationalsozialistischen Herrschaftssystems am Vorabend des Zweiten Weltkrieges und die forcierte Aufrüstung, in: VfZ 26 (1978), S. 347-392
Ders., Die Mobilmachung der Wirtschaft 1938/39 als Problem des nationalsozialistischen Herrschaftssystems, in: Wolfgang Benz und Hermann Graml (Hgg.), Sommer 1939. Die Großmächte und der europäische Krieg, Stuttgart 1979, S. 62-106
Ders., Der totale Krieg und die Ordnung der Wirtschaft. Die Kriegswirtschaft im Spannungsfeld von Politik, Ideologie und Propaganda, Stuttgart 1982
Ders., Kontinuität und Diskontinuität in den deutschen Nachkriegsplanungen 1943-1946/47, in: Bulletin des Arbeitskreises Zweiter Weltkrieg Nr. 1-4, 1985, S. 49-69
Ders., Der Krieg und die Unternehmensstrategie deutscher Industrie-Konzerne in der Zwischenkriegszeit, in: Martin Broszat und Klaus Schwabe (Hgg.), Die deutschen Eliten und der Zweite Weltkrieg, München 1989, S. 72-135
Ders., Die Nationalsozialistische Wirtschaftspolitik im internationalen Vergleich, in: Der Nationalsozialismus. Studien zur Ideologie und Herrschaft, hrsg. von Wolfgang Benz/Hans Buchheim/Hans Mommsen, Frankfurt am Main 1993, S. 153-176
Ders., Die Wirtschaftlichen Nachkriegspläne der SS, des Reichswirtschaftsministeriums und der Reichsgruppe Industrie im Angesicht der Niederlage (1943-1945), in: Michel Dumoulin (Hg.), Plans des temps de guerre pour l'Europe d'après-guerre 1940-1947, Brüssel 1995, S. 15-24
Ders., Das nationalsozialistische Deutschland 1933-1945. Die Entfesselung der Gewalt: Rassismus und Krieg, Frankfurt am Main 1996
Ders., Das nationalsozialistische Herrschaftssystem als Vergleichsgegenstand und der Ansatz der Totalitarismustheorien, in: Klaus-Dietmar Henke (Hg.), Totalitarismus. Sechs Vorträge über Gehalt und Reichweite eines klassischen Konzepts der Diktaturforschung, Dresden 1999, S. 19-26
Ders., Entkoppelte Gewalt – Zur chaostheoretischen Interpretation des NS-Herrschaftssystems, in: Tel Aviver Jahrbuch für deutsche Geschichte XXVIII (1999), S. 117-158
Ulrich Hess, Rüstungs- und Kriegswirtschaft in Sachsen (1935-1945), in: Sachsen in Mitteldeutschland: politische, wirtschaftliche und soziale Wandlungen im 20. Jahrhundert, hrsg. von Werner Bramke und Ulrich Hess, Wismar 1995, S. 73-93

Klaus Hildebrand, Das Dritte Reich, München 1991
Susanne Hilger, Sozialpolitik und Organisation. Formen betrieblicher Sozialpolitik in der rheinisch-westfälischen Eisen- und Stahlindustrie seit der Mitte des 19. Jahrhunderts bis 1933, Stuttgart 1996
Walter G. Hofmann, Das Wachstum der deutschen Wirtschaft seit der Mitte des 19. Jahrhunderts, Berlin 1965
Claus-Ludwig Holtfrerich, Zur Debatte über die deutsche Wirtschaftspolitik von Weimar zu Hitler, in: VfZ 44 (1996), S. 119-132
Barbara Hoppmann/Mark Spoerer/Birgit Weitz/Beate Brüninghaus, Zwangsarbeit bei Daimler-Benz, Stuttgart 1994
Barbara Hoppmann, Von der Montan zur Industrieverwaltungsgesellschaft (IVG) 1916-1951, Stuttgart 1996
Michael Hudson, German Economists and the Depression of 1929-1933, in: History of Political Economy 17 (1985), S. 35-50
Ursula Hüllbüsch, Gewerkschaften und Staat. Ein Beitrag zur Geschichte der Gewerkschaften zu Anfang und zu Ende der Weimarer Republik, (unveröffentlichte Dissertation) Heidelberg 1958
Ursula Hüllbüsch, Die Deutschen Gewerkschaften in der Weltwirtschaftskrise 1929-1933, in: W. Conze/H. Raupach (Hgg.), Die Staats- und Wirtschaftskrise des Deutschen Reiches 1929/1933, Stuttgart 1967, S. 126-154
Peter Hüttenberger, Nationalsozialistische Polykratie, in: GG 2 (1976), S. 417-442
Ders., Interessenvertretung und Lobbyismus im Dritten Reich, in: Gerhard Hirschfeld/Lothar Kettenacker (Hgg.), Der Führerstaat: Mythos und Realität. Studien zur Struktur und Politik des Dritten Reichs, Stuttgart 1981, S. 447-465.
Ders., Dimensionen des Widerstandsbegriffs, in: Peter Steinbach (Hg.), Widerstand. Ein Problem zwischen Theorie und Geschichte, Köln 1987, S. 80-95
Initiative Atomwaffenfreies Europa: Das Drägerwerk – Ein Konzern mit zwei Gesichtern, Ergänzte Neuauflage Lübeck 1987
Hans Jaeger, Unternehmensgeschichte in Deutschland seit 1945, in: GG 18 (1992), S. 107-132
Harold James, The Reichsbank and Public Finance in Germany 1924-1933: A Study of the Politics of Economics during the Great Depression, Frankfurt am Main 1985
Ders., Deutschland in der Weltwirtschaftskrise 1924-1936, Stuttgart 1988 (Originalausgabe Oxford 1986)
Ders., Innovation and conservatism in economic recovery: the alleged »Nazi-recovery« of the 1930's, in: W. R. Garside (Hg.), Capitalism in Crisis. International Responses to the Great Depression, London 1993, S. 70-95
Ders., Die Deutsche Bank und die Diktatur 1933-1945, in: Lothar Gall u.a., Die Deutsche Bank 1870-1995, S. 315-408
Ders., Die Rolle der Banken im Nationalsozialismus, in: Unternehmen im Nationalsozialismus, hrsg. von Lothar Gall und Manfred Pohl, München 1998 (Schriftenreihe zur Zeitschrift für Unternehmensgeschichte Bd. 1), S. 25-37
Hauke Janssen, Nationalökonomie und Nationalsozialismus. Die deutsche Volkswirtschaftslehre in den dreißiger Jahren, Marburg 1998
Gregor Janssen, Das Ministerium Speer. Deutschlands Rüstung im Krieg, Berlin 1968
Jürgen John, Faschistische Rüstungswirtschaft und regionale Industrie. Probleme der industriellen Entwicklung in Thüringen, Diss. Jena 1969
Ders., Rüstungsindustrie und NSDAP-Organisation in Thüringen 1933-1939, in: ZfG 22 (1974), S. 412-422
Ders., Wirtschaftsentwicklung und politische Umbrüche in Thüringen zwischen den beiden Weltkriegen, in: Sachsen in Mitteldeutschland: politische, wirtschaftliche und so-

ziale Wandlungen im 20. Jahrhundert, hrsg. von Werner Bramke und Ulrich Hess, Wismar 1995, S. 93-121
Hervé Joly, Die »Ingenieurs du Corps des Mines« und die Bergassessoren. Ein Vergleich industrieller Eliten, in: JfW 1992, S. 45-68
Ders., Patrons d'Allmagne. Sociologie d'une Élite Industrielle 1933-1945, Paris 1996
Hartmut Kaelble, Industrielle Interessenpolitik in der Wilhelminischen Gesellschaft. Centralverband Deutscher Industrieller, 1895-1914, Berlin 1967
Ders. u.a. (Hgg.), Probleme der Modernisierung in Deutschland. Sozialhistorische Studien zum 19. und 20. Jahrhundert, Opladen 1978
Ders., Soziale Mobilität und Chancengleichheit im 19. und 20. Jahrhundert, Göttingen 1983
Ders., Wie feudal waren die deutschen Unternehmer im Kaiserreich? Ein Zwischenbericht, in: Richard Tilly (Hg.), Beiträge zur quantitativen vergleichenden Unternehmensgeschichte, Stuttgart 1985 (=Historisch-sozialwissenschaftliche Forschungen Bd. 19), S. 148-174
Ders. (unter Mitarbeit von Hasso Spode), Sozialstruktur und Lebensweise deutscher Unternehmer 1907-1927, in: Scripta Merkatura 24 (1990), S. 132-178
Hermann Kaienburg, »Vernichtung durch Arbeit«. Der Fall Neuengamme. Die Wirtschaftsbestrebungen der SS und ihre Auswirkungen auf die Existenzbedingungen der KZ-Gefangenen, Bonn 1990
Ders., Zwangsarbeit für das »deutsche Rohstoffwunder«. Das Phrix-Werk Wittenberge im Zweiten Weltkrieg, in: 1999 9 (1994), S. 12-41
Ders. (Hg.), Konzentrationslager und deutsche Wirtschaft 1939-1945, Opladen 1996
Ders., KZ-Haft und Wirtschaftsinteresse: Das Wirtschaftsverwaltungshauptamt der SS als Leitungszentrale der Konzentrationslager und der SS-Wirtschaft, in: ders., Konzentrationslager, S. 29-60
Ders., Das Konzentrationslager Neuengamme 1938-945. hrsg. von der KZ-Gedenkstätte Neuengamme, Bonn 1997
Nicholas Kaldor, The German War Economy, in: The Review of Economic Studies 13 (1945/46), S. 39-51
Tobias Kampmann, Vom Werkzeughandel zum Maschinenbau. Der Aufstieg des Familienunternehmens W. Ferd Klingenberg Söhne 1900-1950, Stuttgart 1990
Hans-Eckardt Kannapin, Wirtschaft unter Zwang. Anmerkungen und Analysen zur rechtlichen und politischen Verantwortung der deutschen Wirtschaft unter der Herrschaft des Nationalsozialismus im Zweiten Weltkrieg besonders im Hinblick auf die Behandlung und den Einsatz von ausländischen Arbeitskräften und Konzentrationslagerhäftlingen in deutschen Industrie- und Rüstungsbetrieben, Köln 1966
Miroslav Kárny, Das SS-Wirtschafts-Verwaltungshauptamt. Verwalter der KZ-Häftlingsarbeitskräfte und Zentrale des SS-Wirtschaftskonzerns, in: Deutsche Wirtschaft. Zwangsarbeit von KZ-Häftlingen für Industrie und Behörden, hrsg. von der Hamburger Stiftung zur Förderung von Wissenschaft und Kultur, Hamburg 1991, S. 153-169
Hans Kehrl, Krisenmanager im Dritten Reich. 6 Jahre Frieden – 6 Jahre Krieg Erinnerungen, Düsseldorf 1973
Ian Kershaw, Der NS-Staat. Geschichtsinterpretationen und Kontroversen im Überblick, Reinbek 1994 (Originalausgabe London 1985)
Ders., Hitlers Macht. Das Profil der NS-Herrschaft, München 1992 (Originalausgabe London 1991)
Ders., Hitler 1889-1936, Stuttgart 1998
Uwe Keßler, Zur Geschichte des Managments bei Krupp. Von den Unternehmensanfängen bis zur Auflösung der Fried. Krupp AG (1811-1943), Stuttgart 1995

Uwe K. Ketelsen, »Die Jugend von Langemarck«. Ein poetisch-politisches Motiv der Zwischenkriegszeit, in: Thomas Koebner u.a. (Hgg.), »Mit uns zieht die neue Zeit«. Der Mythos Jugend, Frankfurt am Main 1985, S. 68-96

John Maynard Keynes, The Economic Consequences of the Peace, London 1919

Ders., Die wirtschaftlichen Folgen des Friedensvertrages, München 1920

Ders., Die große Krise des Jahres 1930, in: Wirtschaftsdienst 1930/2, S. 2165-2168

Hak-Ie Kim, Industrie, Staat und Wirtschaftspolitik. Die konjunkturpolitische Diskussion in der Endphase der Weimarer Republik 1930-1932/33, Berlin 1997

Charles P. Kindleberger, Die Weltwirtschaftskrise 1929-1939 (Geschichte der Weltwirtschaft im 20. Jahrhundert Band 4), München 1973

Udo Kissenkoetter, Gregor Straßer und die NSDAP, Stuttgart 1977

Christian Kleinschmidt/Thomas Welskopp, Zu viel »Scale« und zu wenig »Scope«. Eine Auseinandersetzung mit Alfred D. Chandlers Analyse der deutschen Eisen- und Stahlindustrie in der Zwischenkriegszeit, in: JfW 1993, S. 251-297

Ernst Klink, Das Gesetz des Handelns. Die Operation Zitadelle 1943, Stuttgart 1963

Jürgen Kocka, Unternehmensverwaltung und Angestelltenschaft am Beispiel Siemens 1847-1914, Stuttgart 1969

Ders., Industrielles Management. Konzeptionen und Modelle in Deutschland vor 1914, in: VSWG 56 (1969), S. 332-372

Ders., Unternehmer in der deutschen Industrialisierung, Göttingen 1975

Ders., Industriebürokratie und »neuer Mittelstand« im Kaiserreich, in: ders. (Hg.), Die Angestellten in der deutschen Geschichte 1850-1980, Göttingen 1981, S. 64-89

Ders., Bürgertum im 19. Jahrhundert. Deutschland im internationalen Vergleich, 3 Bde., München 1988

Ders., Klassengesellschaft im Krieg. Deutsche Sozialgeschichte 1914-1918, 3. Aufl. Frankfurt am Main 1988

Ders., Bodenverluste und Chancen der Wirtschaftsgeschichte, in: VSWG 82 (1995) S. 503-510

Ders., Managment in der Industrialisierung. Die Entstehung und Entwicklung des klassischen Musters, in: ZUG 44 (1999), S. 135-149.

Martina Köchling, Demontagepolitik und Wiederaufbau in Nordrhein-Westfalen, Essen 1995

Henning Köhler, Arbeitsbeschaffung, Siedlung und Meliorationen in der Schlußphase der Regierung Brüning, in: VfZ 17 (1969), S. 276-307

Eugen Kogon, Der SS-Staat. Das System der deutschen Konzentrationslager, München 1974 (Erstausgabe Berlin 1947)

Eberhard Kolb, Die Weimarer Republik, 3. Aufl. München 1993

Ders., Die Arbeiterräte in der deutschen Innenpolitik 1918-1919, Berlin 1962

Peter Koppenhöfer, »In Buchenwald war die Verpflegung besser«. KZ-Häftlinge bei Daimler-Benz in Mannheim, in: Daimler-Benz Buch, S. 514-542

Andreas Korsch, Der Stand der beschäftigungspolitischen Diskussion zur Zeit der Weltwirtschaftskrise in Deutschland, in: Bombach, Keynesianismus I, S. 9-132

Reinhart Koselleck, Der Einfluß der beiden Weltkriege auf das soziale Bewußtsein, in: Wolfram Wette (Hg.), Der Krieg des kleinen Mannes. Eine Militärgeschichte von unten, 2. Aufl. München 1995, S. 324-344

Siegfried Kracauer, Geschichte – Vor den letzten Dingen, Frankfurt am Main 1973

Gerhard Kratzsch, Der Gauwirtschaftsapparat der NSDAP – »Arisierung«, Menschenführung – Wehrwirtschaft im Gau Westfalen-Süd, Münster 1989

David J. Krieger, Einführung in die allgemeine Systemtheorie, München 1996

Bernhard R. Kroener, Die personellen Ressourcen des Dritten Reiches im Spannungsfeld zwischen Wehrmacht, Bürokratie und Kriegswirtschaft 1939-1942, in: Das Deutsche

Reich und der Zweite Weltkrieg Bd. 5.1 (Organisation und Mobilisierung des Deutschen Machtbereichs. Erster Halbband: Kriegsverwaltung, Wirtschaft und personelle Ressourcen 1939-1941), Stuttgart 1988, S. 693-1002

Ders., Menschenbewirtschaftung, Bevölkerungsverteilung und personelle Rüstung in der zweiten Kriegshälfte (1942-1944), in: Das Deutsche Reich und der Zweite Weltkrieg Bd. 5.2 (Organisation und Mobilisierung des Deutschen Machtbereichs. Zweiter Halbband: Kriegsverwaltung, Wirtschaft und personelle Ressourcen 1942-1944), Stuttgart 1999, S. 777-1002.

Claus Dieter Krohn, Wirtschaftstheorien als politische Interessen. Die akademische Nationalökonomie in Deutschland 1918-1933, Frankfurt am Main 1981

Ders., Die Krise der Wirtschaftswissenschaft in Deutschland im Vorfeld des Nationalsozialismus, in: Leviathan 13 (1985), S. 311-333

Gerhard Kroll, Von der Weltwirtschaftskrise zur Staatskonjunktur, Berlin 1958

Alfred Kube, Pour le Mérite und Hakenkreuz. Hermann Göring im Dritten Reich, München 1986

Karlheinz Küting, Stille Rücklagen – ein betriebswirtschaftliches Problem, Heidelberg 1995

Franz Ladendorff, Wie Deutschland seine Arbeitslosigkeit beheben kann, Berlin 1932

Naomi R. Lamoreux/Daniel M.G. Raff (Hgg.), Coordination and Information: Historical Perspectives on the Organization of Entreprise, Chicago 1995

Karl Lauschke/Thomas Welskopp, Einführung – Mikropolitik im Unternehmen: Chancen und Voraussetzungen beziehungsanalytischer Ansätze in der Industrie- und Arbeitergeschichte, in: dies., Mikropolitik, S. 7-15

Dies. (Hgg.), Mikropolitik im Unternehmen. Arbeitsbeziehungen und Machtstrukturen in industriellen Großbetrieben des 20. Jahrhunderts, Essen 1994

Theodor Leipart, Entschiedene Außenpolitik, Tatkräftige Wirtschaftspolitik (Rundfunkvortrag), in: GZ 6.2.1932, S. 81-83

Friedrich Lenger, Werner Sombart, München 1994

Rainer M. Lepsius, Das Modell der charismatischen Herrschaft und seine Anwendbarkeit auf den »Führerstaat« Adolf Hitlers, in: ders., Demokratie in Deutschland. Soziologisch-historische Konstellationsanalysen. Ausgewählte Aufsätze, Göttingen 1993, S. 95-118

Stephan Lindner, Das Reichskommissariat für die Behandlung feindlichen Vermögens im Zweiten Weltkrieg. Eine Studie zur Verwaltungs-, Rechts- und Wirtschaftsgeschichte des nationalsozialistischen Deutschlands, Stuttgart 1991

Peter Longerich, Hitlers Stellvertreter. Führung und Kontrolle des Staatsapparates durch den Stab Heß und die Parteikanzlei Bormann, München 1992

Ders., Politik der Vernichtung. Eine Gesamtdarstellung der nationalsozialistischen Judenvernichtung, München 1998

Ottokar Lorenz, Die Beseitigung der Arbeitslosigkeit, (Nationalsozialistische Wirtschaftspolitik Heft 1) Berlin 1932

Johannes Ludwig, Boykott, Enteignung, Mord. Die »Entjudung« der deutschen Wirtschaft, München 1992

Karl-Heinz Ludwig, Technik und Ingenieure im Dritten Reich, Düsseldorf 1974

Ders., Strukturmerkmale nationalsozialistischer Aufrüstung bis 1935, in: Forstmeier/Volkmann, Wirtschaft, S. 39-65

Lübeckische Geschichte, hrsg. von A. Grassmann, 2. Aufl. Lübeck 1989

Walter Lüdde-Neurath, Regierung Dönitz. Die letzten Tage des Dritten Reiches, Göttingen 1964

Niklas Luhmann, Soziale Systeme. Grundriß einer allgemeinen Theorie, Frankfurt am Main 1984

Rudolf Lusar, Die deutschen Waffen und Geheimwaffen und ihre Weiterentwicklung, 3. Aufl. München 1959

Hans Luther, Vor dem Abgrund 1930-1933. Reichsbankpräsident in Krisenzeiten, Berlin 1964

Czeslaw Madajczyk, Die Okkupationspolitik Nazideutschlands in Polen 1939-1945, Berlin 1987

Charles Maier, In Search of Stability, New York 1987

Klaus-Michael Mallmann/Paul Gerhard, Herrschaft und Alltag. Ein Industrierevier im Dritten Reich, Bonn 1991

Helmut Marcon, Arbeitsbeschaffungspolitik der Regierungen Papen und Schleicher. Grundsteinlegung für die Beschäftigungspolitik im Dritten Reich, Frankfurt am Main 1974

Karl Marx. Das Kapital. Kritik der politischen Ökonomie, Erster Band, Buch I: Der Produktionsprozeß des Kapitals, (Karl Marx/Friedrich Engels, Werke, Bd. 23) Berlin 1968

Horst Matzerath und Heinrich Volkmann, Modernisierungstheorie und Nationalsozialismus, in: Jürgen Kocka (Hg.), Theorien in der Praxis des Historikers. Forschungsbeispiele und ihre Diskussion, Göttingen 1977 (GG Sonderheft 3), S. 86-102

Timothy W. Mason, Sozialpolitik im Dritten Reich. Arbeiterklasse und Volksgemeinschaft, Opladen 1977

Ders., Die Bändigung der Arbeiterklasse im nationalsozialistischen Deutschland, in: Carola Sachse/Tilla Siegel/Hasso Spode u.a., Angst, Belohnung, Zucht und Ordnung. Herrschaftsmechanismen im Nationalsozialismus. Mit einer Einleitung von Timothy W. Mason, Opladen 1982, S. 11-53

Thomas K. McCraw (Hg.), The Essential Alfred Chandler, Boston 1988

M.d.R. Die Reichstagsabgeordneten der Weimarer Republik in der Zeit des Nationalsozialismus. Politik, Verfassung, Emigration und Ausbürgerung 1933-1945. Eine biographische Dokumentation, hrsg. von Martin Schumacher, 3. Aufl. Düsseldorf 1994

Rainer Meister, Die Große Depression. Zwangslagen und Handlungsspielräume der Wirtschafts- und Finanzpolitik in Deutschland 1929-1932, Regensburg 1991

Peter Meyer, Beziehungen zwischen der faschistischen deutschen Militärdoktrin und der Investitionsentwicklung in kriegswirtschaftlich wichtigen Betrieben, Berlin 1971

Eugen von Mickwitz, Die Bekämpfung der deutschen Arbeitslosigkeit durch Kreditausdehnung. Wissenschaftliche Thesen zu den Vorschlägen von F. Ladendorff, Hamburg 1932

Alan S. Milward, Die Deutsche Kriegswirtschaft 1939-1945, Stuttgart 1966

Ders., Der Einfluß ökonomischer und nicht-ökonomischer Faktoren auf die Strategie des Blitzkrieges, in: Forstmeier/Volkmann, Wirtschaft, S. 189-201

Ders., Arbeitspolitik und Produktivität in der deutschen Kriegswirtschaft unter vergleichendem Aspekt, in: Forstmeier/Volkmann, Kriegswirtschaft, S. 73-91

Ders., Review of P. Mathias and M.M. Postan (Hgg.), Cambridge Economic History of Europe, VII, Cambridge, 1978, in: EHR XXXII (1979), S. 886

Heiner Minssen, Der soziale Prozeß betrieblichen Wandels, in: Lauschke/Welskopp, Mikropolitik, S. 16-48

Armin Mohler, Die Konservative Revolution in Deutschland 1918-1932, 2 Bde. 3. Aufl. Darmstadt 1989

Gerhard Mollin, Die Eisen- und Stahlindustrie im Nationalsozialismus, in: Ottfried Dascher/Christian Kleinschmidt (Hgg.), Die Eisen- und Stahlindustrie im Dortmunder Raum, Dortmund 1992, S. 469-391

Ders., Der Strukturwandel der Montanindustrie in der NS-Wirtschaft, in: Wolfgang Michalka (Hg.), Der Zweite Weltkrieg. Analysen, Grundzüge, Forschungsbilanz, München/Zürich 1989, S. 371-383

Hans Mommsen, Nationalsozialismus, in: Sowjetsystem und demokratische Gesellschaft. Eine vergleichende Enzyklopädie, Freiburg u.a. 1971, Bd. 4, Sp. 695-713

Ders., Die verspielte Freiheit. Der Weg der Republik von Weimar in den Untergang 1918-1933, Frankfurt am Main 1989

Ders., Nationalsozialismus als vorgetäuschte Modernisierung, in: Walter H. Pehle (Hg.), Der historische Ort des Nationalsozialismus. Annäherungen, Frankfurt am Main 1990, S. 11-46

Ders., Zwangsarbeit und Konzentrationslager bei den Volkswagenwerken, in: Deutsche Wirtschaft, S. 221-225

Ders./Wolfgang Grieger, Das Volkswagenwerk und seine Arbeiter im Dritten Reich, Düsseldorf 1996

Werner E. Mosse, Jews in the German Economy 1820-1935, Oxford 1987

Ders., The German-Jewish Economic Elite 1820-1935, Oxford 1989

Klaus Müller, Das Heer und Hitler. Armee und nationalsozialistisches Regime 1933-1940, Stuttgart 1969

Rolf-Dieter Müller, Die deutschen Gaskriegsvorbereitungen 1919-1945. Mit Giftgas zur Weltmacht?, in: MGM 1 (1980), S. 25-54.

Ders., Die Mobilisierung der Deutschen Wirtschaft für Hitlers Kriegsführung, in: Das Deutsche Reich und der Zweite Weltkrieg Bd. 5.1 (Organisation und Mobilisierung des Deutschen Machtbereichs. Erster Halbband: Kriegsverwaltung, Wirtschaft und personelle Ressourcen 1939-1941), Stuttgart 1988, S. 349-692

Ders., Albert Speer und die Rüstungspolitik im totalen Krieg, in: Das Deutsche Reich und der Zweite Weltkrieg Bd. 5.2 (Organisation und Mobilisierung des Deutschen Machtbereichs. Zweiter Halbband: Kriegsverwaltung, Wirtschaft und personelle Ressourcen 1942-1944), S. 275-776

Alfred Müller-Armack, Art. »Konjunkturforschung und Konjunkturpolitik«, in: Handwörterbuch der Staatswissenschaften, 4. Aufl. Jena 1929 (Ergänzungsband), S. 627

Christa Naumann, Die arbeitsteilige Zusammenarbeit von SS und deutschen Rüstungskonzernen 1942-1945, dargestellt am Beispiel der Außenkommandos des Konzentrationslagers Buchenwald, (Phil. Diss. Humboldt-Universität zu Berlin) 1973

Reinhard Neebe, Großindustrie, Staat und NSDAP 1930-1933. Paul Silverberg und der Reichsverband der Deutschen Industrie in der Krise der Weimarer Republik, Göttingen 1981

Franz Neumann, Behemoth, 2. Aufl. New York 1944

Lutz Niethammer, Die Mitläuferfabrik. Die Entnazifizierung am Beispiel Bayerns, Berlin 1982

Thomas Nipperdey, Deutsche Geschichte 1866-1918. Machtstaat vor der Demokratie, München 1992

Karl Nuß, Einige Aspekte der Zusammenarbeit von HWA und Rüstungskonzernen vor dem Zweiten Weltkrieg, in: ZfM 4 (1965), S. 433-443

Herbert Obenaus, Arbeitssklaven für SS und Kriegswirtschaft. Häftlingsarbeit im KZ-Neuengamme 1940-1945, in: Arno Herzig (Hg.), Arbeit in Hamburg, Hamburg 1983, S. 559-567.

Ders., Konzentrationslager und Rüstungswirtschaft. Der Einsatz von KZ-Häftlingen in Industriebetrieben Hannovers, in: Ludwig Eiber (Hg.) Verfolgung – Ausbeutung – Vernichtung. Die Lebens- und Arbeitsbedingungen der Häftlinge in deutschen Konzentrationslagern 1933-1945, Hannover 1985, S. 160-283

Ders., Die Räumung der hannoveranischen Konzentrationslager im April 1945, in: Rainer Fröbe/Claus Füllberg-Stollberg/Christoph Gutmann/Rolf Keller/Herbert Obenaus/Hans Hermann Schröder, Konzentrationslager in Hannover. KZ-Arbeit und Rüstungsindustrie in der Spätphase des zweiten Weltkrieges, 2 Bde. Hildesheim 1985, S. 493-544

Ders., Die Außenkommandos des Konzentrationslagers Neuengamme in Hannover, in: Kaienburg, Konzentrationslager, S. 211-226.

Dietrich Orlow, A History of the Nazi Party 1919-1933, Pittsburg 1969

Karin Orth, Die Konzentrationslager-SS, Sozialstrukturelle Analysen und biographische Studien, Wallstein 2000

Gustav Ortruba, Wirtschafts- und Gesellschaftspolitik des Nationalsozialismus im Spiegel der Österreichischen Gesandtschaftsberichte, in: F.-W. Henning (Hg.), Probleme der nationalsozialistischen Wirtschaftspolitik, Berlin 1976

Richard Overy, Hitler's war and the German Economy. A Reinterpretation, in: The Economic History Review 35 (1982), S. 272-313

Ders., Mobilisation for Total War in Germany 1939-1941, in: English Historical Review 103 (1988), S. 613-639

Ders., State and Industry in the Twentieth Century, in: German History 12 (1994), S. 180-189

Ders., War and Economy in the Third Reich, Oxford 1994

Ders., The Nazi economic recovery 1932-1938, Cambridge 1996

Bertrand Perz, Projekt Quarz, Stayr-Daimler-Puch und das Konzentrationslager Melk, Wien 1991

Roland Peter, Rüstungspolitik in Baden. Kriegswirtschaft und Arbeitseinsatz in einer Grenzregion im Zweiten Weltkrieg, München 1995

Dietmar Petzina, Hauptprobleme der Deutschen Wirtschaftspolitik 1932/33, in: VfZ 15 (1967), S. 18-55

Ders., Autarkiepolitik im Dritten Reich. Der nationalsozialistische Vierjahresplan, Stuttgart 1968

Ders., Vierjahresplan und Rüstungspolitik, in: Forstmeier/Volkmann, Wirtschaft, S. 65-80

Ders., Die Deutsche Wirtschaft in der Zwischenkriegszeit, Wiesbaden 1977

Ders./Walter Euchner, Wirtschaftspolitik in der Besatzungszeit, in: dies. (Hgg.), Wirtschaftspolitik im britischen Besatzungsgebiet 1945-1949, Düsseldorf 1984, S. 7-25

Detlev Peukert, Die Weimarer Republik. Krisenjahre der klassischen Moderne, Frankfurt am Main 1987

Dieter Pfliegensdörfer, Vom Handelszentrum zur Rüstungsschmiede: Wirtschaft, Staat und Arbeiterklasse in Bremen, 1929 bis 1945, Bremen 1986.

Toni Pierenkemper, Die westfälischen Schwerindustriellen 1852-1913. Soziale Struktur und unternehmerischer Erfolg, Göttingen 1979

Falk Pingel, Häftlinge unter SS-Herrschaft. Widerstand, Selbstbehauptung und Verweigerung im Konzentrationslager, Hamburg 1978, S. 129f.

Joachim Piskol, Konzeptionelle Pläne und Maßnahmen der deutschen Monopolbourgeoisie für den Übergang vom imperialistischen Krieg zum imperialistischen Frieden und zur Rettung ihrer Machtgrundlagen aus der faschistischen Niederlage (1943-1945), Phil. Diss. Jena 1972

Ders., Zur Entwicklung der außenpolitischen Pläne der deutschen Monopolbourgeoisie 1943-1945, in: JfW 1969, S. 329-345

Gottfried Plumpe, Die IG Farbenindustrie AG. Wirtschaft, Technik und Politik 1904-1945, Berlin 1990

Werner Plumpe, Vom Plan zum Markt. Wirtschaftsverwaltung und Unternehmerverbände in der britischen Zone, Düsseldorf 1987

Ders., Politische Zäsur und funktionale Kontinuität: Industrielle Nachkriegsplanungen und der Übergang zur Friedenswirtschaft 1944-1946, in: 1999 4 (1992), S. 11-37
Ders., Statt einer Einleitung. Stichworte zur Unternehmensgeschichtsschreibung, in: ders./Christian Kleinschmidt (Hgg.), Unternehmen zwischen Markt und Macht. Aspekte deutscher Unternehmens- und Industriegeschichte im 20. Jahrhundert, Essen 1992 (Bochumer Schriften zur Unternehmens- und Industriegeschichte Bd. 1), S. 9-13
Ders., »Unternehmen«, in: Gerold Ambrosius u.a. (Hgg.), Moderne Wirtschaftsgeschichte. Eine Einführung für Historiker und Ökonomen, München 1996, S. 47-66
Dieter Pohl, Die Holocaust-Forschung und Goldhagens Thesen, in: VfZ 45 (1997), S. 1-48
Hans Pohl, Die Konzentration der deutschen Wirtschaft vom ausgehenden 19. Jahrhundert bis 1945, in: Die Konzentration der deutschen Wirtschaft seit dem 19. Jahrhundert, Wiesbaden 1978, S. 4-44
Ders., Die unternehmensgeschichtliche Forschung in der Bundesrepublik Deutschland seit 1945, in: Entrepreneurship and the transformation of the economy (10th-20th Centuries). Essays in Honor of Hermann von der Wee, Leuven 1994, S. 113-132
Ders./Stephanie Habeth/Beate Brüninghaus, Die Daimler-Benz AG in den Jahren 1933 bis 1945, Stuttgart 1986
Manfred Pohl, Die Finanzierung der Russengeschäfte zwischen den Weltkriegen. Die Entwicklung der 12 großen Rußlandkonsortien, Frankfurt am Main 1975
Hermann Pohlmann, Chronik eines Flugzeugwerkes 1932-1945. Blohm & Voss, Hamburg 1982
Hans-Jürgen Puhle, Diskussionsbeitrag, in: Hans Mommsen/Dietmar Petzina/Bernd Weissbrod (Hgg.), Industrielles System und politische Entwicklung in der Weimarer Republik, Düsseldorf 1974, Bd. 2, S. 933
Michael Prinz und Rainer Zitelmann (Hgg.), Nationalsozialismus und Modernisierung, 2. Aufl. Darmstadt 1994
Michael Prinz, Moderne Elemente in der Gesellschaftspolitik des Nationalsozialismus, in: Prinz/Zitelmann, Nationalsozialismus, S. 297-328
Probleme des europäischen Grosswirtschaftsraumes, in: Veröffentlichungen des Auslandswissenschaftlichen Instituts, hrsg. von F. A. Six, Berlin 1943
Helge Pross, Manager und Aktionäre in Deutschland, Frankfurt am Main 1965
Berthold Puchert, Einige Probleme des deutschen Außenhandels 1933-1939, in: JfW 1989, S. 61-81
Joachim Radkau, Entscheidungsprozesse und Entscheidungsdefizite in der deutschen Außenwirtschaftspolitik 1933-1940, in: GG 2 (1976), S. 33-65
Cornelia Rauh-Kühne/Michael Ruck (Hgg.), Regionale Eliten zwischen Diktatur und Demokratie. Baden und Württemberg 1930-1952, München 1993
Cornelia Rauh-Kühne, Mittelständische Unternehmer im Konflikt mit Partei und Staat, in: Formen des Widerstandes im Südwesten 1933-1945, hrsg. von Thomas Schnabel, Ulm 1994, S. 105-114
Dies., Die Entnazifizierung und die deutsche Gesellschaft, in: AfS 35 (1995), S. 35-71
Dieter Rebentisch, Führerstaat und Verwaltung im Zweiten Weltkrieg. Verfassungsentwicklung und Verwaltungspolitik 1939-1945, Stuttgart 1989
Regimentsgeschichte des Feldartillerieregiments No. 108. 1915-1919, Hamburg 1919
Reich – Volksordnung – Lebensraum, Bd. 1, 1941
Reichshandbuch der Deutschen Gesellschaft, 2 Bde., Berlin 1930
Fritz Reinhardt, Die Arbeitsschlacht der Reichsregierung, Berlin 1933
Ders., Generalplan gegen die Arbeitslosigkeit. Vortrag, Oldenburg 1933
Jürgen Reulecke, Die Fahne mit dem goldenen Zahnrad: der »Leistungskampf der deutschen Betriebe« 1937-1939, in: ders. u. Detlev Peukert (Hgg.), Die Reihen fest ge-

schlossen. Beiträge zur Geschichte des Alltags unterm Nationalsozialismus, Wuppertal 1981, S. 245-261

Bertold Ries, Die Finanzpolitik im Deutschen Reich von 1933-1935, (unveröffentlichte Dissertation) Freiburg 1964

Albrecht Ritschl, Zu hohe Löhne in der Weimarer Republik? Eine Auseinandersetzung mit Holtfrerichs Berechnungen zur Lohnposition der Arbeiterschaft 1925-1932, in: GG 16 (1990), S. 375-402

Ders., Über die Höhe und Struktur der gesamtwirtschaftlichen Investitionen in Deutschland 1935-1938, in: VSWG 79 (1992), S. 156-176

Ders., Die NS-Wirtschaftsideologie – Modernisierungsprogramm oder reaktionäre Ideologie?, in: Prinz/Zitelmann, Nationalsozialismus, S. 48-70

Gerhard Ritter, Carl Goerdeler und die deutsche Widerstandsbewegung, Stuttgart 1954

Wilhelm Röpke, Keynes 'Treatise on Money, in: DV 25.9.1931, S. 1742-1747

Walter Rohland, Bewegte Zeiten. Erinnerungen eines Eisenhüttenmannes, Stuttgart 1978

Stefan Romey, Das KZ-Außenlager Drägerwerk, in: Deutsche Wirtschaft. Zwangsarbeit von KZ-Häftlingen für Industrie und Behörden, hrsg. von der Hamburger Stiftung zur Förderung von Wissenschaft und Kultur, Hamburg 1991, S. 213-221

Ders., Ein KZ in Wandsbek. Zwangsarbeit im Hamburger Drägerwerk, Hamburg 1994

Gerhard Rossbach, Mein Weg durch die Zeit. Erinnerungen und Bekenntnisse, Weilburg 1950

Karl Heinz Roth, Der Weg zum guten Stern des »Dritten Reichs«: Schlaglichter auf die Geschichte der Daimler-Benz AG und ihrer Vorläufer (1890-1945), in: Daimler-Benz Buch, S. 27-389

Ders., Wirtschaftliche Vorbereitungen auf das Kriegsende und Nachkriegsplanungen, in: Dietrich Eichholtz, Geschichte der deutschen Kriegswirtschaft Bd. III (1943-1945), Berlin 1996, S. 509-612

Michael Ruck, Führerabsolutismus und polykratisches Herrschaftsgefüge – Verfassungsstrukturen des NS-Staates, in: Karl Dietrich Bracher/Manfred Funke/Hans-Adolf Jacobsen (Hgg.), Deutschland 1933-1945. Neue Studien zur nationalsozialistischen Herrschaft, Bonn 1992, S. 32-57

Ders., Bibliographie zum Nationalsozialismus, Köln 1995

Thomas Sandkühler, »Endlösung in Galizien«. Der Judenmord in Ostpolen und die Rettungsinitiativen von Berthold Beitz 1941-1944, Bonn 1996

Hjalmar Schacht, Grundsätze deutscher Wirtschaftspolitik, Oldenburg 1932

Ders., Abrechnung mit Hitler, Hamburg 1948

Ders., Jahre meines Lebens, Bad Wörishofen 1953

Theodor Schieder, Strukturen und Persönlichkeiten in der Geschichte, in: ders., Geschichte als Wissenschaft. Eine Einführung, 2. Aufl. München 1965, S. 157-194

Ders., Hermann Rauschnings »Gespräche mit Hitler« als Geschichtsquelle. Vorträge der Rheinisch-Westfälischen Akademie der Wissenschaften Nr. 178, Opladen 1972

Jürgen Schiemann, Die deutsche Währung in der Weltwirtschaftskrise 1929-1933, Bern 1980

Axel Schildt, Militärdiktatur mit Massenbasis? Die Querfrontkonzeption der Reichswehrführung um General von Schleicher am Ende der Weimarer Republik, Frankfurt am Main 1981

Jürgen Schmädecke/Peter Steinbach (Hgg.), Der Widerstand gegen den Nationalsozialismus. Die deutsche Gesellschaft und der Widerstand gegen Hitler, München/Zürich 1986

Jürgen Schmädecke, Militärische Umsturzversuche und diplomatische Oppositionsbestrebungen zwischen Münchner Konferenz und Stalingrad, in: Peter Steinbach/Johannes Tuchel (Hgg.), Widerstand gegen den Nationalsozialismus, Bonn 1994, S. 294-319

Michael Schmied, »Unsere ausländischen Arbeitskräfte«. Zwangsarbeiter in den Werken und Barackenlagern des Daimler-Benz-Konzerns. Ein Überblick, in: Daimler-Benz Buch, S. 559-593
Dorothea Schmidt, Massenhafte Produktion? Produkte, Produktion und Beschäftigte im Stammwerk von Siemens vor 1918, Münster 1993
Michael Schneider, Unternehmer und Demokratie. Die freien Gewerkschaften in der unternehmerischen Ideologie 1918-1933, Bonn 1975
Ders., Das Arbeitsbeschaffungsprogramm des ADGB. Zur gewerkschaftlichen Politik in der Endphase der Weimarer Republik, Bonn 1975
Joachim Scholtyseck, Der »Stuttgarter Kreis« – Bolz, Bosch, Ströblin: Ein Mikrokosmos des Widerstandes gegen den Nationalsozialismus, in: Rudolf Lill/Michael Kißener (Hgg.), Der 20. Juli in Baden und Württemberg, Konstanz 1994, S. 61-123
Ders., Robert Bosch und der Widerstand gegen den Nationalsozialismus, in: Gall/Pohl, Unternehmen, S. 99-106
Ders., Robert Bosch und der liberale Widerstand gegen Hitler 1933-1945, München 1999
Hans-Jürgen Schröder, Deutsche Südosteuropapolitik 1929-1936, in: GG 2 (1976), S. 5-27
Gerhard Schulz, Die Anfänge des totalitären Maßnahmenstaates, in: K.D. Bracher, W. Sauer, G. Schulz, Die nationalsozialistische Machtergreifung. Studien zur Errichtung des totalitären Herrschaftssystems in Deutschland 1933/34, 2. Aufl. Köln 1962
Ders., Von Brüning zu Hitler. Der Wandel des politischen Systems in Deutschland 1930-1933, Berlin 1992
Dirk Schumann, Bayerns Unternehmer in Gesellschaft und Staat 1834-1914. Fallstudien zu Herkunft, Familie, politischer Partizipation und staatlichen Auszeichnungen, Göttingen 1992
Ders., Wirtschaftsbürgertum in Deutschland: segmentiert und staatsnah, in: Österreichische Zeitschrift für Geschichtswissenschaften 3 (1992), S. 367-384
Wolfgang Schumann, Nachkriegsplanungen der Reichsgruppe Industrie im Herbst 1944. Eine Dokumentation, in: JfW 3 (1972), S. 259-295
Ders. (Hg.), Griff nach Südosteuropa. Neue Dokumente des deutschen Imperialismus und Militarismus gegenüber Südosteuropa im Zweiten Weltkrieg, Berlin 1973
Ders., Die wirtschaftliche Überlebensstrategie des deutschen Imperialismus in der Endphase des Zweiten Weltkrieges, in: ZfG 27 (1979), S. 499-513
Ders., Politische Aspekte der Nachkriegsplanungen des faschistischen deutschen Imperialismus in der Endphase des zweiten Weltkrieges, in: ZfG 27 (1979), S. 395-408
Joseph Schumpeter, Theorie der wirtschaftlichen Entwicklung. Eine Untersuchung über Unternehmergewinn, Kapital, Kredit, Zins und den Konjunkturzyklus, 2. Aufl. München 1928
Walter R. Scott, Grundlagen der Organisationstheorie, Frankfurt am Main 1986
Tilla Siegel/Thomas von Freyberg, Industrielle Rationalisierug unter dem Nationalsozialismus, Frankfurt am Main 1991
Toni Siegert, Das Konzentrationslager Flossenbürg. Ein Lager für sogenannte Asoziale und Kriminelle, in: Martin Broszat u. Elke Fröhlich (Hgg.), Bayern in der NS-Zeit Bd. 2. Herrschaft und Gesellschaft im Konflikt, München 1979
Hannes Siegrist, Vom Familienbetrieb zum Managerunternehmen. Angestellte und industrielle Organisation am Beispiel der Georg Fischer AG in Schaffhausen 1797-1930, Göttingen 1981
Dan Silvermann, National Socialist Economics: The »Wirtschaftswunder« Reconsidered, in: B. Eichengreen/T.J. Hatton (Hgg.), Interwar unemployment in International Perspective, Doodrecht 1988, S. 205-137
Ders., Fantasy and Reality in the Nazi Work-Creation Programs, 1933-1936, in: JMH 65 (1993), S. 113-151

Henryk Skrzypczak, Fälscher machen Zeitgeschichte. Ein quellenkritischer Beitrag zur Gewerkschaftspolitik in der Ära Papen und Schleicher, in: IWK 11 (1975), S. 452-471

Ronald Smelser, Rainer Zitelmann (Hgg.), Die braune Elite I. 22 biographische Skizzen, 3. Aufl. Darmstadt 1994

Ronald Smelser/Enrico Syring/Rainer Zielmann (Hgg.), Die braune Elite II. 21 weitere biographische Skizzen, Darmstadt 1993

Adam Smith, An Inquiry into the Nature and Causes of the Wealth of Nations, 2 Bde., London 1776

Werner Sombart, Die Zukunft des Kapitalismus, Berlin 1932

Kurt Sontheimer, Antidemokratisches Denken in der Weimarer Republik, München 1962

Ders., Der Tat-Kreis, in: VfZ 7 (1959), S. 229-260

Albert Speer, Der Sklavenstaat. Meine Auseinandersetzung mit der SS, Stuttgart 1981

Mark Spoerer, »Wahre Bilanzen!« Die Steuerbilanz als unternehmenshistorische Quelle, in: ZUG 40 (1995), S. 158-179

Ders., Von Scheingewinnen zum Rüstungsboom. Die Eigenkapitalrentabilität deutscher Industrieaktiengesellschaften 1925-1941, Wiesbaden 1996

Wolfgang Spohn, Betriebsgemeinschaft und innerbetriebliche Herrschaft, in: Carola Sachse/Tilla Siegel/Hasso Spode u.a., Angst, Belohnung, Zucht und Ordnung. Herrschaftsmechanismen im Nationalsozialismus. Mit einer Einleitung von Timothy W. Mason, Opladen 1982, S. 140-208

Isabell Sprenger, Groß-Rosen. Ein Konzentrationslager in Schlesien (Neue Forschungen zur Schlesischen Geschichte Bd. 6), Wien 1996

Peter D. Stachura, Gregor Strasser and the Rise of Nazism, London 1983

Statistisches Handbuch von Deutschland 1928-1944, hrsg. vom Länderrat des Amerikanischen Besatzungsgebietes, München 1949

Vera Stecken/Reinhard Lahr, Erfolgsbeteiligung und Vermögensbildung der Arbeitnehmer bei Krupp. Von 1811 bis 1945, Stuttgart 1992

Dirk Stegmann, Zum Verhältnis von Großindustrie und Nationalsozialismus 1930-1933, in: AfS 13 (1973), S. 399-482

Ders., Antiquierte Personalisierung oder sozioökonomische Faschismus-Analyse? Eine Antwort auf H. A. Turners Kritik an meinen Thesen zum Verhältnis von Nationalsozialismus und Großindustrie vor 1933, in: AfS 17 (1977), S. 275-296

Gerhard Steiger, Die dogmenhistorische Entwicklung der Lehre vom notwendigen Haushaltsdefizit, Meisenheim am Glan 1958

Jürgen Stelzner, Arbeitsbeschaffung und Wiederaufrüstung 1933-1936. Nationalsozialistische Beschäftigungspolitik und Aufbau der Wehr- und Rüstungswirtschaft, Tübingen 1976

Erich Stockhorst, Fünftausend Köpfe. Wer war wer im Dritten Reich, Bruchsal/Baden 1967

Dietrich Stoltzenberg, Fritz Haber. Chemiker, Nobelpreisträger, Deutscher, Jude, Weinheim 1994

Herbert A. Strauss, The Drive for War and the Progroms of November 1938: Testing Explanatory Models, in: Leo Baeck Institute Yearbook 35 (1990), S. 267-284.

Christian Streit, Keine Kameraden. Die Wehrmacht und die sowjetischen Kriegsgefangenen 1941-1945, Stuttgart 1978

Holm Sundhausen, Die Weltwirtschaftskrise im Donau-Balkan-Raum und ihre Bedeutung für den Wandel der deutschen Außenpolitik unter Brüning, in: Wolfgang Benz/Hermann Graml (Hgg.), Aspekte deutscher Außenpolitik im 20. Jahrhundert, Stuttgart 1976, S. 121-164

Maxine Y. Sweezy, German Corporate profits: 1926-1938, in: Quarterly Journal of Economics 54 (1940), S. 384-198

Dieter Swatek, Unternehmenskonzentration als Ergebnis und Mittel nationalsozialistischer Wirtschaftspolitik, Berlin 1972
Margit Szöllösi-Janze, Fritz Haber 1868-1934. Eine Biographie, München 1998
Eckart Teichert, Autarkie und Großraumwirtschaft. Außenwirtschaftspolitische Konzeptionen zwischen Wirtschaftskrise und Zweitem Weltkrieg, München 1984
Alice Teichova/Robert Waller, Der Tschechoslowakische Unternehmer am Vorabend und zu Beginn des Zweiten Weltkrieges, in: Waclav Dlugoborski (Hg.), Zweiter Weltkrieg und sozialer Wandel. Achsenmächte und besetzte Länder, Göttingen 1981, S. 288-302
Peter Temin, Lessons from the Great Depression, Cambridge 1989
Ders. (Hg.), Inside the Business Enterprise. Historical Perspectives on the Use of Information, Chicago 1991
Klaus Tenfelde, Proletarische Provinz. Radikalisierung und Widerstand in Penzberg/Oberbayern 1900-1945, in: Martin Broszat u.a. (Hgg.), Bayern in der NS-Zeit, Bd. 4, München 1981, S. 1-382
Martin Thoemmes, Die verzögerte Antwort. Neues über den Philosophen Hans Blumenberg, in: FAZ Nr. 72 (26.3.1997), S. 37
Hermann Tholens, Das Interesse von Staat und Wirtschaft an Meliorationen, in: Landeskultur, Staat und Arbeit, 2. Aufl. Berlin 1931 (hrsg. vom Verband Deutscher Landeskulturgenossenschaften e.V.)
Georg Thomas, Geschichte der deutschen Wehr- und Rüstungswirtschaft (1918-1943/44), hrsg. von Wolfgang Birkenfeld, Boppard am Rhein 1966
Steven W. Tolliday, Entrepreneurs in Business History, in: Business History Review LXIII (1989) (Vorwort)
J. Adam Tooze, »Thesen zur Geschichte des IfK/DIW 1925-1945«, DIW Diskussionspapier Nr. 82 (Berlin, 1993)
Ders., Weimar's statistical economics: Ernst Wagemann, the Reich's Statistical Office, and the Institute for Business-Cycle Research, 1925-1933, in: EHR LII (1999), S. 523-543
Jakob Toury, Jüdische Textilunternehmer in Baden-Württemberg 1683-1938, Tübingen 1984
Wilhelm Treue und Günther Frede, Wirtschaft und Politik 1933-1945, Braunschweig 1953
Ders., Die Haltung einiger deutscher Großindustrieller zu Hitlers Außenpolitik, in: GWU 17 (1966), S. 491-507
Ders., Widerstand von Unternehmern und Nationalökonomen, in: Schmädecke/Steinbach, Widerstand, S. 917-937
Ders., Eduard Schulte. Ein Unternehmer in der Zeit des Nationalsozialismus, in: ZUG 33 (1988), S. 118-122
Henry A. Turner, Faschismus und Kapitalismus in Deutschland, Göttingen 1972
Ders., Das Verhältnis der Großunternehmer zur NSDAP, in: Mommsen/Petzina/Weisbrod, Industrielles System, S. 919-932
Ders., Großunternehmertum und Nationalsozialismus 1930-1933. Kritisches und Ergänzendes zu zwei neuen Forschungsbeiträgen, in: HZ 221 (1975), S. 18-68
Ders. (Hg.), Hitler aus nächster Nähe: Aufzeichnungen eines Vertrauten 1929-1932, Frankfurt am Main 1978
Ders., Otto Wagener – Der vergessene Vertraute Hitlers, in: Smelser u.a., Braune Elite II, S. 243-253
Ders., Die Großunternehmer und der Aufstieg Hitlers, Berlin 1985
Ders., Hitlers Weg zur Macht. Der Januar 1933, München 1997
Ian D. Turner, Denazification in the British Zone, in: ders. (Hg.), British Occupation Policy and the Western Zones 1945-55, Oxford 1989, S. 239-270

Johannes Tuchel, Die Inspektion der Konzentrationslager 1938-1945. Das System des Terrors, Berlin 1994

Albrecht Tyrell (Hg.), Führer Befiel... Selbstzeugnisse aus der »Kampfzeit« der NSDAP. Dokumentation und Analyse, Düsseldorf 1969,

Hans-Peter Ullmann, Interessenverbände in Deutschland, Frankfurt am Main 1988

Ders., Das Deutsche Kaiserreich 1871-1918, Frankfurt am Main 1995

Hans Umbreit, Auf dem Weg zur Kontinentalherrschaft, in: Das Deutsche Reich und der Zweite Weltkrieg Bd. 5.1 (Organisation und Mobilisierung des Deutschen Machtbereichs Erster Halbband: Kriegsverwaltung, Wirtschaft und personelle Ressourcen 1939-1941), Stuttgart 1988, S. 3-348

»Unternehmensgewinne. Seismograph der Konjunktur«, in: Informationsdienst des Instituts der deutschen Wirtschaft 21 (1995), Nr. 2, S. 4-5

Unveröffentlichte Diskussionsbeiträge der Tagung des DFG-Sonderforschungsbereichs 177: »Die wirtschaftsbürgerliche Elite in Deutschland im 20. Jahrhundert«, Universität Bielefeld 1997

Verhandlungen der Sektion des deutschen Historikertages in Berlin 1984: Generationenkonstellationen und Jugendprotest in Deutschland 1890-1933

Reinhard Vogelsang, Der Freundeskreis Himmler, Göttingen 1972

Thilo Vogelsang, Neue Dokumente zur Geschichte der Reichswehr 1930-1933, in: VfZ 2 (1954), S. 397-436

Hans-Erich Volkmann, Außenhandel und Aufrüstung in Deutschland 1933-1939, in: Forstmeier/Volkmann, Wirtschaft, S. 81-132

Ders., Die NS-Wirtschaft in Vorbereitung des Krieges, in: Das Deutsche Reich und der Zweite Weltkrieg, Bd. 1 (Ursachen und Voraussetzungen der deutschen Kriegspolitik), Stuttgart 1979, S. 177-370

Ders., Wirtschaft im Dritten Reich. Eine Bibliographie, Bd. 2: 1939-1945, Koblenz 1984

Clemens Vollnhals (Hg.), Entnazifizierung. Politische Säuberung und Rehabilitation in den vier Besatzungszonen 1945-1949, München 1991

Herwart Vorländer (Hg.), Nationalsozialistische Konzentrationslager im Dienst der totalen Kriegsführung. Sieben württembergische Außenkommandos des Konzentrationslagers Natzweiler/Elsaß, Stuttgart 1978

Ernst Wagemann, Geld und Kreditreform, (= Staatswissenschaftliche Zeitfragen 1) Berlin 1932

Otto Wagener, Das Wirtschaftsprogramm der NSDAP, München 1932

Rolf Wagenführ, Die deutsche Industrie im Kriege 1939-1945, Berlin 1963

Raimund Wagner, Dokumente zur Entwicklung des staatsmonopolistischen Kapitalismus in Deutschland in der ersten Phase des zweiten Weltkrieges, in: ZfG 17 (1969), S. 479-503

Max Weber, Wirtschaft und Gesellschaft. Grundriss einer verstehenden Soziologie, 5. Aufl. Tübingen 1972

Wege aus der Stagnation. Heinrich Dräger zum 85. Geburtstag, hrsg. von Gottfried Bombach, Hans Jürgen Ramser, Manfred Timmermann, Basel 1983

Hans-Ulrich Wehler, Modernisierungstheorie und Geschichte, Göttingen 1975

Ders., Deutsche Gesellschaftsgeschichte. Erster Band, Vom Feudalismus des Alten Reiches bis zur Defensiven Modernisierung der Reformära 1700-1815, 2. Aufl. München 1989

Ders., Deutsche Gesellschaftsgeschichte. Dritter Band, Von der »Deutschen Doppelrevolution« bis zum Beginn des Ersten Weltkrieges, München 1995

Hermann Weiss, Biographisches Lexikon zum NS, Frankfurt am Main 1998

Thomas Welskopp, Der Betrieb als soziales Handlungsfeld. Neuere Forschungsansätze in der Industrie- und Arbeitergeschichte, in: GG 22 (1996), S. 118-142

Heiner Wember, Umerziehung im Lager. Internierung und Bestrafung von Nationalsozialisten in der Britischen Besatzungszone Deutschlands, Essen 1991
Udo Wengst, Der Reichsverband der Deutschen Industrie in den ersten Monaten des Dritten Reiches, in: VfZ 28 (1980), S. 94-110
Hans Wenzel, Das Revolutionsjahr 1918/19 in Braunschweig, 1949 (unveröffentlichte Staatsexamensarbeit der Pädagogischen Hochschule Braunschweig)
Wer leitet? Die Männer der Wirtschaft und der einschlägigen Verwaltung 1941/42, Berlin 1942
Joachim Weyres von Levetzow, Die deutsche Rüstungswirtschaft von 1942 bis zum Ende des Krieges, München 1975
Susanne Wiborg, Walther Blohm: Schiffe und Flugzeuge aus Hamburg, Hamburg 1993
Helmut Wilke, Systemtheorie, 4. Aufl. Stuttgart 1993
Heinrich August Winkler (Hg.), Organisierter Kapitalismus. Voraussetzungen und Anfänge, Göttingen 1974
Ders. (Hg.), Unternehmerverbände zwischen Ständeideologie und Nationalsozialismus, in: ders., Liberalismus und Antiliberalismus. Studien zur politischen Sozialgeschichte des 19. und 20. Jahrhunderts, Göttingen 1979, S. 175-194
Ders., Von der Revolution zur Stabilisierung 1918-1924. Arbeiter und Arbeiterbewegung in der Weimarer Republik, Berlin 1984
Ders., Der Weg in die Katastrophe. Arbeiter und Arbeiterbewegung in der Weimarer Republik 1930-1933, Berlin 1987
Ders., Weimar 1918-1933. Die Geschichte der ersten deutschen Demokratie, München 1993
Wirtschaftliches Sofortprogramm der NSDAP, ausgearbeitet von der Hauptabteilung IV (Wirtschaft) der Reichsorganisationsabteilung der NSDAP, München 1932
Wirtschaftspolitik in kritischen Zeiten. Festschrift zum 80. Geburtstag von Heinrich Dräger, hrsg. von Walter Petwaidic mit Beiträgen von Reinhard Blum, Gottfried Bombach, Dieter Kirchner, Fritz Neumark, Hans J. Ramser, Rudolf Regul, Hajo Riese, Hanns Joachim Rüstow, Gerhard Stoltenberg, Frankfurt am Main 1979
Albert Wissler, Ernst Wagemann. Begründer der empirischen Konjunkturforschung. Mit einem Geleitwort von Ferdinand Friedensburg, Berlin 1954.
Robert Wistrich, Wer war wer im Dritten Reich. Anhänger, Mitläufer, Gegner aus Poli tik, Wirtschaft, Militär, Kunst und Wissenschaft, München 1983
Mechthild Wolf, Im Zeichen von Sonne und Mond. Von der Frankfurter Münzscheiderei zum Weltunternehmen Degussa AG, Frankfurt am Main 1993
Michael Wolffsohn, Banken, Bankiers und Arbeitsbeschaffung im Übergang von der Weimarer Republik zum Dritten Reich, in: Bankhistorisches Archiv 3 (1977), S. 54-70
Ders., Industrie und Handel im Konflikt mit staatlicher Wirtschaftspolitik? Studien zur Politik der Arbeitsbeschaffung in Deutschland 1930-1934, Berlin 1977
Wollt ihr den Totalen Krieg? Die geheimen Goebbels-Konferenzen 1939-1943, hrsg. und ausgewählt von Willi A. Boelcke, Stuttgart 1967, S. 239.
Wladimir Woytinsky, Europa an der Schwelle zweier Geschichtsphasen, in: EW Februar 1930, S. 15-25
Ders., Der Zusammenschluß Europas und der soziale Fortschritt, in: EW September 1930, S. 397-404
Ders., Das Wirtschaftsprogramm der Reichsregierung, in: Die Arbeit, 10.10.1932, S. 586-597
Ders., Internationale Arbeitsbeschaffung, in: EW Januar 1932, S. 18-26
Birgit Wulff, Arbeitslosigkeit und Arbeitsbeschaffungsmaßnahmen in Hamburg 1933-1939. Eine Untersuchung zur nationalsozialistischen Wirtschafts- und Sozialpolitik, Frankfurt am Main 1987

Gerd Wysocki, Arbeit für den Krieg. Herrschaftsmechanismen in der Rüstungsindustrie des »Dritten Reiches« bei den Reichswerken »Hermann Göring« 1937/38-1945, Braunschweig 1992

Manfred Zach, Monrepos oder die Kälte der Macht, 2. Aufl. Tübingen 1996

Clemens Zahr, Lohnkosten und Lebenslagen zwischen Inflation und großer Krise. Zur Geschichte der Weimarer Lohnbewegung, München 1993

Wolfgang Zapf, Wandlungen der deutschen Elite. Ein Zirkulationsmodell deutscher Führungsgruppen, 1919-1961, München 1965

Ders., Modernisierung und Modernisierungstheorien, in: ders. (Hg.), Die Modernisierung moderner Gesellschaften. Verhandlungen des 25. Deutschen Soziologentages in Frankfurt am Main 1990, Frankfurt am Main 1991

Dieter Ziegler, Die Zukunft der Wirtschaftsgeschichte. Versäumnisse und Chancen, in: GG 23 (1997), S. 405-422

Abkürzungsverzeichnis

ADGB	Allgemeiner Deutscher Gewerkschaftsbund
AfS	Archiv für Sozialgeschichte
AdR	Akten der Reichskanzlei
BArch	Bundesarchiv
Barch-MA	Bundesarchiv-Militärarchiv
Bd.	Band
Bde.	Bände
BuB	Buch und Betriebsprüfung
BDC	Berlin Document Center
BHR	Business History Review
DAF	Deutsche Arbeitsfront
DDO	Der deutsche Oekonomist
DDP	Deutsche Demokratische Partei
DIHT	Deutscher Industrie- und Handelstag
DIW	Deutsches Institut für Wirtschaftsforschung
DNVP	Deutschnationale Volkspartei
DV	Der Deutsche Volkswirt
EHR	Economic History Review
EW	Europa-Wirtschaft
FAZ	Frankfurter Allgemeine Zeitung
Fn.	Fußnote
F & E	Forschung und Entwicklung
GG	Geschichte und Gesellschaft
GWU	Geschichte in Wissenschaft und Unterricht
GZ	Gewerkschaftszeitung
HAG	Hanseatische Apparatebau GmbH
HZ	Historische Zeitschrift
IHK	Industrie- und Handelskammer
IfK	Institut für Konjunkturforschung
IfZ	Institut für Zeitgeschichte
IG Farben	I.G. Farbenindustrie Aktiengesellschaft
IWK	Internationale wissenschaftliche Korrespondenz zur Geschichte der deutschen Arbeiterbewegung
Jb.	Jahrbuch
JfW	Jahrbuch für Wirtschaftsgeschichte
JMH	Journal of Modern History
k. A.	keine Angaben
KdF	Kraft-durch-Freude
MAN	Maschinenfabrik-Augsburg-Nürnberg
MGM	Militärgeschichtliche Mitteilungen
MPG	Max Planck Gesellschaft
m.w.N.	mit weiteren Nachweisen
NARA	National Archives
NPL	Neue Politische Literatur
NS	Nationalsozialismus

NSDAP	Nationalsozialistische Deutsche Arbeiterpartei
o.D.	ohne Datum
OKH	Oberkommando des Heeres
RDI	Reichsverband der deutschen Industrie
RGBl	Reichsgesetzblatt
RM	Reichsmark
SD	Sicherheitsdienst
SPD	Sozialdemokratische Partei Deutschlands
SS	Schutzstaffel
StA	Staatsarchiv
SUD	Schriftgut- und Dokumentenarchiv der Drägerwerk AG
USSBS	United States Strategic Bombing Survey
VSWG	Vierteljahrsschrift für Sozial- und Wirtschaftsgeschichte
VfZ	Vierteljahrshefte für Zeitgeschichte
WPA	Wirtschaftspolitische Abteilung
WP	Wirtschaftspartei
WTB	Woytinsky-Tarnow-Baade-Plan
WW	Die Wirtschaftswende
ZfM	Zeitschrift für Militärgeschichte
ZfG	Zeitschrift für Geschichtswissenschaft
ZUG	Zeitschrift für Unternehmensgeschichte

Verzeichnis der Tabellen und Grafiken

Personenregister

Der Name Heinrich Dräger wurde nicht aufgenommen

Firmenregister

Der Name Drägerwerk wurde nicht aufgenommen